Die Geschichte der Fotografie

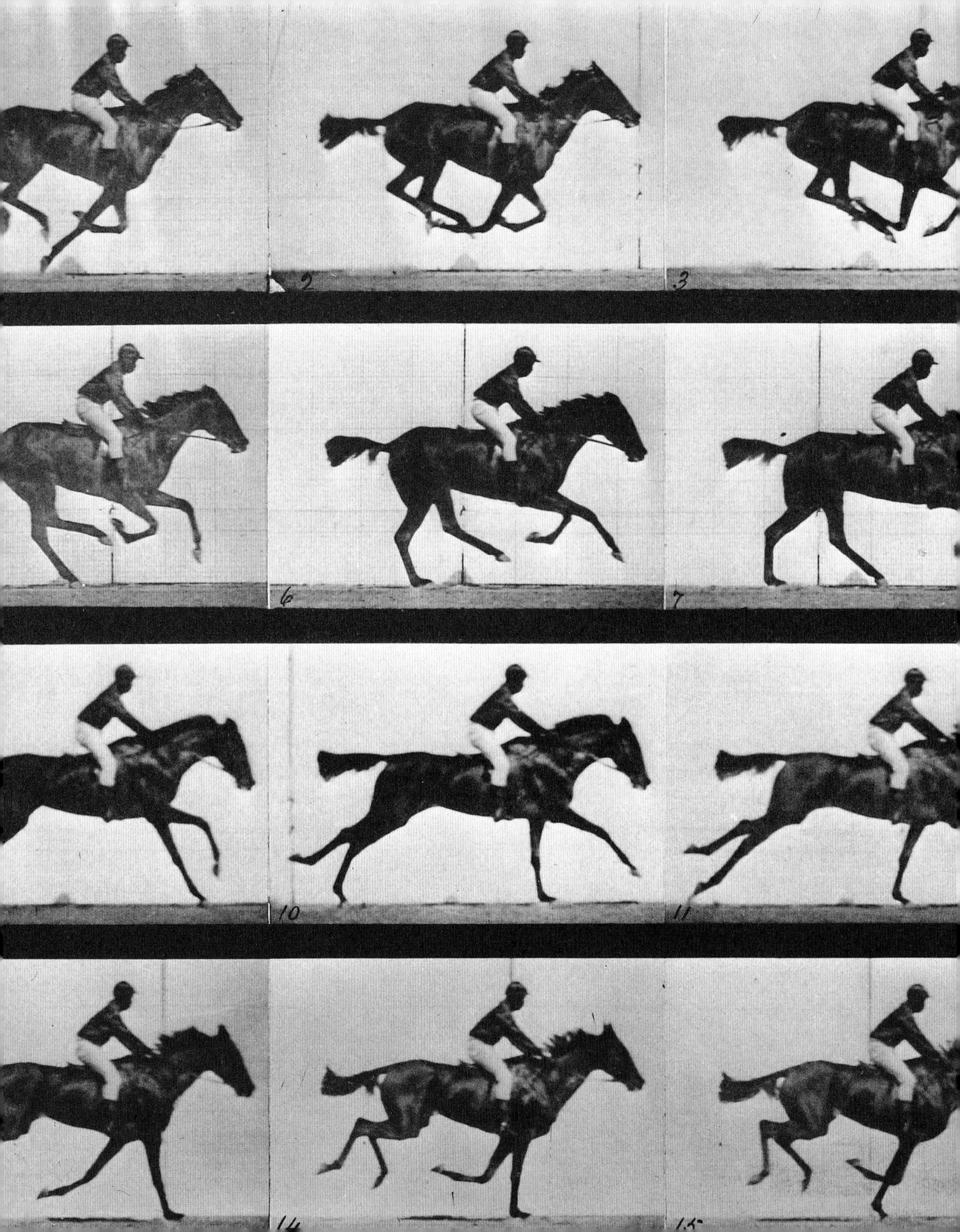
2
3
6
7
10
11
14

Paul Lowe

Die Geschichte der Fotografie

Von der Camera obscura bis Instagram

PRESTEL
MÜNCHEN • LONDON • NEW YORK

Inhalt

Einführung

Als Sir John Herschel, der bekannte Wissenschaftler und Astronom, am 14. März 1839 vor der Royal Society in London seinen Vortrag „Bemerkungen zur Kunst der Fotografie oder zur Anwendung chemischer Lichtstrahlen zum Zwecke der bildlichen Darstellung" hielt, gab er dem neuen Medium, das die Dinge, unser Verständnis von der Welt um uns herum und ihre Darstellung, für immer verändern sollte und ein neues Zeitalter einleitete, in welchem der sichtbare Bereich zu einer dominierenden Form der Kommunikation wurde, seinen Namen. Er konnte nicht vorhersehen, wie allgegenwärtig das fotografische Bild in etwas mehr als 175 Jahren werden würde, mit geschätzten 1,3 Billionen Bildern, die 2017 aufgenommen wurden, und davon erstaunliche 24 Milliarden mit Smartphones. Aus den griechischen Wörtern φωτός (*phōtos*), „Licht", und γραφή (graphē), „Zeichnung", entstand Fotografie. Sie wurde über Nacht populär, eine beispiellos schnelle Durchsetzung einer neuen Technik in der Geschichte der Menschheit. Die ersten Fachleute dieses Verfahrens, eine frühe Form von Open-Source-Technologie, zu denen neben Joseph Nicéphore Niépce, Louis Daguerre, Hippolyte Bayard und William Henry Fox Talbot auch Herschel gehörte, definierten rasch die bis heute bestehenden grundlegenden Merkmale: Eine Art optische Linse, die das vom Objekt reflektierte Licht auf eine lichtempfindliche Oberfläche leitet, welche das Bild dauerhaft aufzeichnen kann. Durch ihre Arbeit etablierten sie auch das Gebiet der fotografischen Untersuchung und ihrer Anwendung als Wissenschaft, ebenso als Kunst und als dokumentarische Darstellung der Welt.

Innerhalb weniger Jahrzehnte fand das neue Medium ein breites Anwendungsspektrum: für Porträts, sowohl populistische als auch symbolische; für die Aufzeichnung von Landschaften, um die Topografie ferner Länder zu vermitteln oder die erhabene Schönheit der Natur; für die Dokumentation historischer Ereignisse; für die Visualisierung wissenschaftlicher Phänomene, die das menschliche Auge ohne fremde Hilfe nicht wahrnehmen konnte; für die staatliche Kontrolle und Überwachung der Gesellschaft; und für die rein ästhetische Darstellung von Ideen und Konzepten. Tatsächlich lassen sich die Wurzeln vieler der heute als innovativ und radikal erscheinenden visuellen Strategien, wie etwa die Inszenierung komplexer Tableaus mittels digitaler Bildmanipulation und viele Debatten um die Ethik der Repräsentation

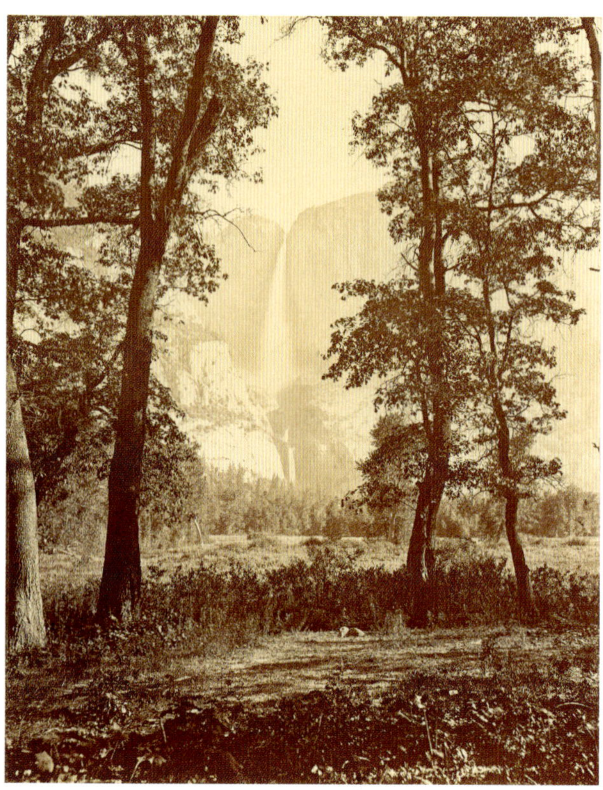

Carleton E. Watkins – *Yosemite Falls*
Die fesselnden Panoramen von Carleton E. Watkins (1829–1916) zeigen nicht nur, dass Fotografie die Schönheit der Natur vermitteln, sondern auch die Sozialpolitik beeinflussen kann. Watkins nahm die Bilder vom Yosemite Valley mit einer „Mammutplatten"-Kamera auf, die Albumindrucke von hoher Detailgenauigkeit und Tonwertqualität lieferte. Seine technische Beherrschung des Mediums zeigt sich in der Verwendung einer großen Schärfentiefe und einer sorgfältigen Motivwahl. Die Bäume im Vordergrund führen den Blick zum Wasserfall in der Ferne. Watkins' Fotografien schürten die Nachfrage nach Bildern der idealisierten amerikanischen Wildnis, ignorierten aber die Ureinwohner, die von ihrem Land vertrieben wurden, um den Siedlerscharen Platz zu machen.

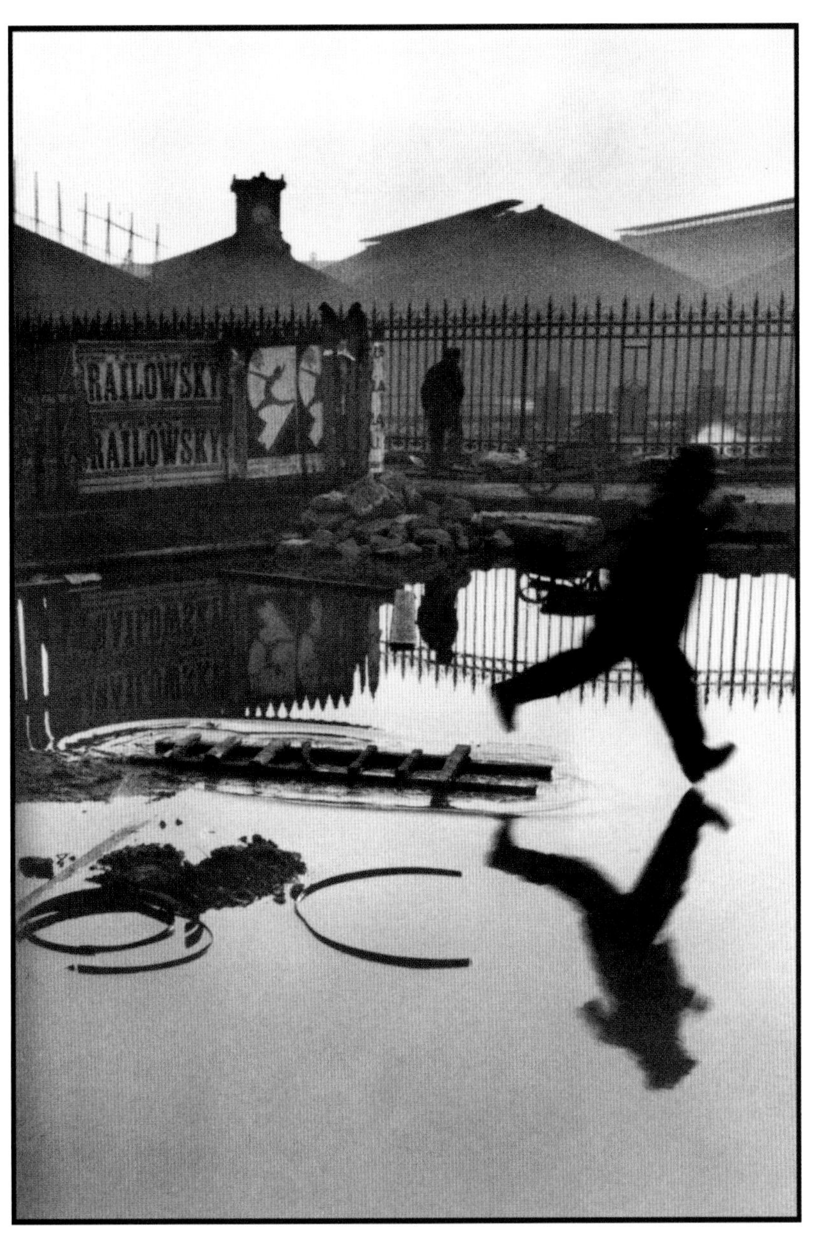

Henri Cartier-Bresson – *Hinter dem Gare Saint-Lazare* (1932)
Henri Cartier-Bresson ist der Inbegriff des agilen Straßenfotografen, der sich auf die komplexe, sich stetig verändernde Geometrie der Umgebung einstellt und das Motiv zu streng komponierten Fotografien orchestriert, die im Bruchteil einer Sekunde das Wesen der Szene einfangen. Bresson, ursprünglich als Maler ausgebildet und von Surrealisten beeinflusst, war ein Meister der Kleinbildkamera Leica, die in den 1930er Jahren die Fotografie aus der Bewegung heraus revolutionierte. In seinem in den 1950ern erschienenen Buch, betitelt ursprünglich mit *Images à la Sauvette* („Bilder im Vorübergehen"), besser bekannt jedoch als *Der entscheidende Augenblick*, postulierte er seine Philosophie: Großartige Bilder entstehen, wenn der Fotograf seine Eindrücke mit „Kopf, Auge und Hand" gleichermaßen fixiert.

und um Rechte und Unrechte der Bildmanipulation in der Postproduktion des Fotos, bis zu den Pionieren der Fotografie zurückverfolgen.

Obwohl die beiden Verfahren von Daguerre und Talbot technisch schnell verbessert wurden, konstituierten sie doch bereits damals eines der Hauptmerkmale des Mediums: den Kontrast zwischen der Aufzeichnung kleinster Spuren und damit einer scheinbar perfekten Abbildung der Realität und andererseits der Ausdruckskraft eines Fotos, das eher die Atmosphäre eines Ereignisses vermittelt als seine faktischen Details. Obwohl die fixierte Bildoberfläche wie eine getreue Aufnahme dessen erscheint, was vor der Linse war, ist diese doch weit entfernt von einer objektiv neutralen; sie ist höchst subjektiv, fragmentarisch, flüchtig und selektiv. Diese Debatte über die wesentlichen Eigenschaften eines Fotos und wie es die Welt darstellt, lässt sich denn auch von den Piktorialisten und Photo-Sezessionisten mit ihrem Fokus auf Stimmungen, über die Gruppe f/64 und ihrer als überlegen betrachteten „straight photography" der Großformatkamera bis hin zur radikalen Vision von William Klein nachzeichnen, der mit seiner Verwendung von Unschärfe und grober Körnung die Atmosphäre der 1950er und 1960er Jahre versinnbildlichte.

Dieses Buch zeichnet die Entwicklung der Fotografie von den Anfängen bis zur Gegenwart nach, wobei die Erzählung von den Fotografien und ihren Schöpfern bestimmt wird. Anhand ihrer Geschichten und Bilder umreißt das Buch die wichtigsten Momente, Entwicklungen und Themen in der Fotografiegeschichte und bietet einen klar umrissenen Überblick. Die Auswahl der rund 320 Bilder, stellvertretend für die gesamte Geschichte des Mediums, war eine gewaltige Aufgabe; wir haben uns bemüht, möglichst viele Fotografen in den Kanon einzubeziehen und sowohl die Vielfalt der Themen und die Bandbreite des Genres als auch die wichtige und oft unterschätzte Rolle der Fotografinnen und die jener Kollegen jenseits der eurozentristischen Weltsicht zu berücksichtigen. Darüber hinaus haben wir einige Werke weniger bekannter, zeitgenössischer Fotografen aufgenommen, um künftige Wege des Mediums aufzuzeigen. Es wurde pro Person ein Bild ausgewählt, das ein besonderes Merkmal des jeweiligen Schaffens zeigt und einen wichtigen Teil zum Ganzen beiträgt. Da es in diesem Buch um Fotografie und nicht um Geschichte geht, wurden viele berühmte Bilder nicht aufgenommen, die uns weniger über das Medium als über die Situation erzählen. Dennoch sind auch viele

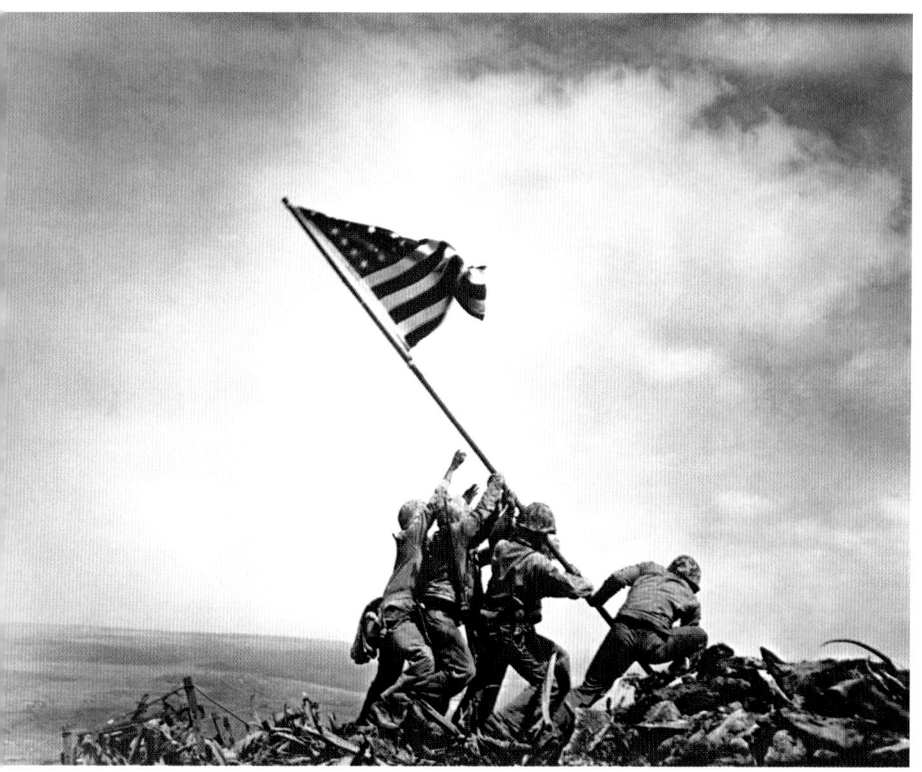

Joe Rosenthal – *Flaggenhissung auf Iwojima* (1945)

Joe Rosenthals Foto von US-Marines, die auf dem Gipfel des Suribachi eine riesige amerikanische Flagge hissen, um die Eroberung der japanischen Insel Iwojima im Februar 1945 zu demonstrieren, ist ein ikonisches Bild. Obwohl dies die zweite Flagge war, die an Ort und Stelle gehisst wurde, nachdem eine kleinere wieder entfernt worden war, symbolisierte das Foto nicht nur den unmittelbaren Sieg dieser Schlacht, sondern auch den Erfolg der amerikanischen Kriegsanstrengungen gegen die Achsenmächte. Das Foto wurde auf 3,5 Millionen Plakaten für Kriegsanleihen verwendet, um Geld für die Streitkräfte zu sammeln, zum Modell für das Denkmal für das Marinekorps in Washington, D.C., und zum Thema des Hollywood-Films *Flags of Our Fathers* (2006) von Clint Eastwood. Sie wurde aber auch zu einem Symbol des US-Imperialismus für die Aktivisten der Gegenkultur, die das Bild karikierten, indem sie die Flagge sowohl durch das Friedenssymbol als auch durch das Coca-Cola-Logo ersetzten.

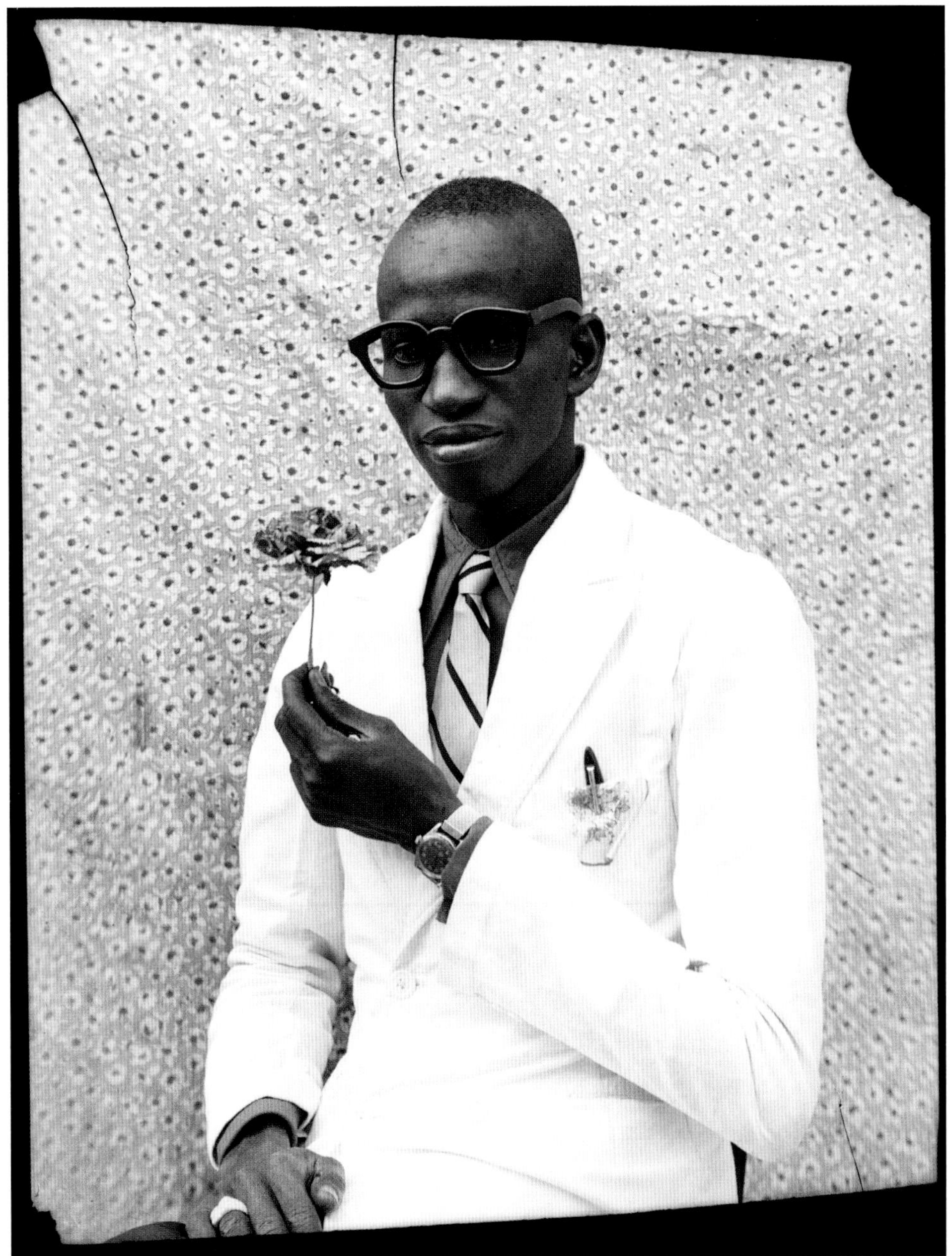

Seydou Keïta – *Junger Mann mit Blume* (1959)

Seydou Keïta eröffnete 1948 ein Porträtstudio in Bamako, Mali, wo er mit sorgfältigen Kompositionen und Tageslicht ein außergewöhnliches Archiv afrikanischer Gesichter schuf und die Menschen und ihr Wesen mit seiner Kamera festhielt. Selbstidentität und Kleidung stehen im Mittelpunkt seiner Fotografien, wobei sich die Porträtierten oft in europäischen Modestilen der 1960er und 1970er Jahre oder in traditionellen Mali-Stoffen kleideten. Bemerkenswert ist, dass er mit einer 13 × 18-Zoll-Fachkamera mit schadhaftem Verschluss arbeitete, die er bedienen musste, indem er den Objektivdeckel für genau die richtige Zeit manuell entfernte, um den Film richtig zu belichten. Keïtas Werk wurde der internationalen Fotowelt bekannt, als es 1992 auf dem einflussreichen Fotofestival Rencontres la Photographie d'Arles in Frankreich präsentiert wurde. Danach wurde sein Werk weltweit als einzigartiger Beitrag zur Kunst und Geschichte der Fotografie anerkannt.

ikonische Bilder vertreten – jene, die eine starke Ästhetik und einen hoch aufgeladenen Augenblick zu symbolischen Bildern verschmelzen und für mehr als nur das Ereignis selbst stehen. Sie verwandeln einen bestimmten Moment in der Geschichte in etwas Universelles und Weitreichendes, wie Robert Capas bewegende Bilder von der Landung der alliierten Truppen am D-Day 1944.

Das Buch dient daher als ideale Einführung in die ganze Breite und Tiefe des Mediums und der Fotografinnen und Fotografen. Es bietet die Möglichkeit, mehr über einzelne Persönlichkeiten, aber auch über Techniken und Verfahren sowie über die wichtigsten Fotografenbewegungen zu erfahren. Bücher, Ausstellungen und die jeweiligen Autoren, Herausgeber und Kuratoren spielten ebenfalls eine bedeutende Rolle in der Geschichte der Fotografie, und so wird auch auf Schlüsseltexte, Monografien und Ausstellungen verwiesen. Die am Ende des Buchs verzeichneten Lektüretipps sowie das Glossar sollen die weitere Erforschung einzelner Themengebiete erleichtern.

Das Buch ist in Zeitabschnitte unterteilt, und obwohl die Länge dieser Zeiträume in gewissem Sinne willkürlich ist, so bilden diese doch Phasen ab, in denen die Fotografie große Veränderungen erfuhr. Jedes Kapitel wird mit einem kurzen Text eingeleitet, der einige der bedeutendsten Meilensteine dieser Periode beleuchtet; dann werden die wichtigsten Neuerungen der Fotografietechnik jener Zeit genauer beschrieben. Die Zeitabschnitte beleuchten zunächst die Geburt des Mediums zwischen 1826 und 1850, anschließend die rasche und massive Ausbreitung zwischen 1850 und 1900, als die Fotografie zu einer populären Ausdrucksform in einer Vielzahl von Bereichen wie Handel, Kunst, Journalismus und Wissenschaft wurde. Im 20. Jahrhundert dann wendet sich der erste Abschnitt den beiden Weltkriegen zu, die diesen Zeitraum prägten, künstlerisch zu großer Kreativität führten und den Weg für die Dominanz des Mediums in der Zeit unmittelbar nach dem Zweiten Weltkrieg ebneten, indem definiert wurde, wie Informationen über die Welt in die Wohnzimmer der Menschen gelangten. In der Nachkriegszeit kam eine persönlichere, intimere Ausdrucksform auf. Die Dokumentarfotografie erkundete die Verwendung einer metaphorischeren, symbolischeren Bildsprache, um die Umgebung darzustellen, während der Vietnamkrieg die Rolle der Medien bei der Konfliktberichterstattung infrage stellte. Mitte der 1970er Jahre entwickelte sich ein konzeptuelles Herangehen an das Medium, als eine Generation von Fotografen, Künstlern und

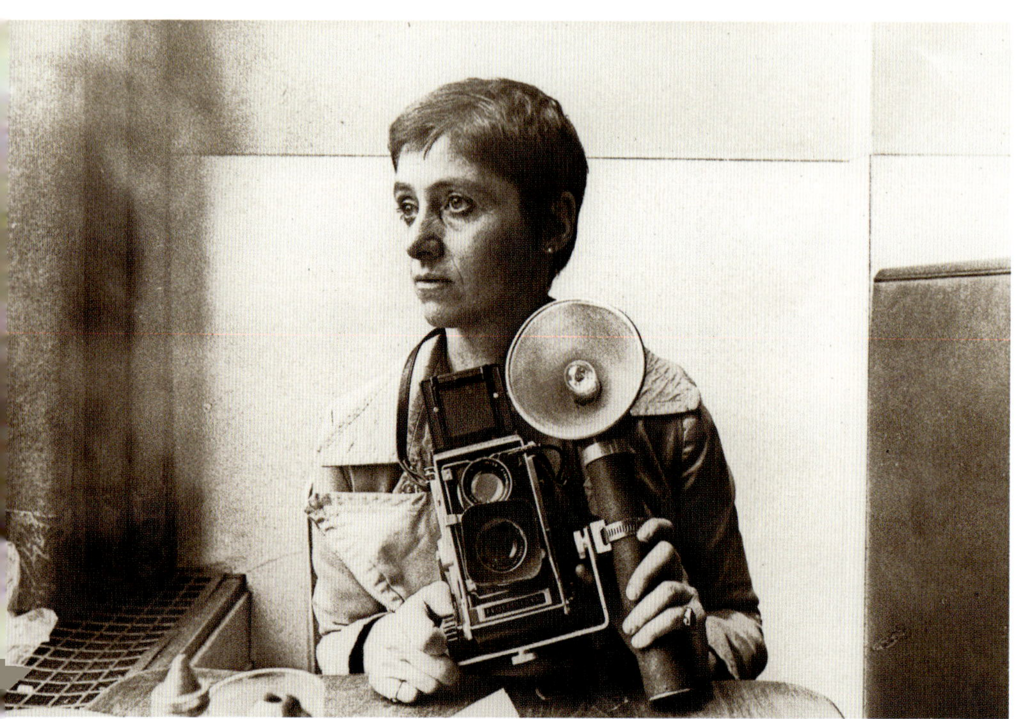

Roz Kelly – *Porträt von Diane Arbus* (1968)

Die intimen Porträts, die Diane Arbus von Randgruppen der amerikanischen Gesellschaft anfertigte, sagen uns wohl ebenso viel über sie selbst wie über ihre Sujets. Arbus fand in der Kamera einen Schlüssel zum Privatleben der Menschen, die sie interessierten. Man sieht sie in diesem Porträt von Roz Kelly mit ihrem Markenzeichen, der Mittelformat-Rolleiflex, die sie oft mit direktem Blitzlicht benutzte, und die die Porträtierten scheinbar so in den Bann zog, dass sie sich unverstellt präsentierten. Es faszinierte sie, in das verborgene Leben anderer einzutauchen: „Ein Foto ist ein Geheimnis um ein Geheimnis. Je mehr es einem sagt, desto weniger weiß man." Seit ihrem Selbstmord 1971 ist Arbus' Werk zu einem Maßstab dafür geworden, wie eine zutiefst persönliche fotografische Vision uns immer noch wichtige Lehren über unsere Umgebung vermitteln kann.

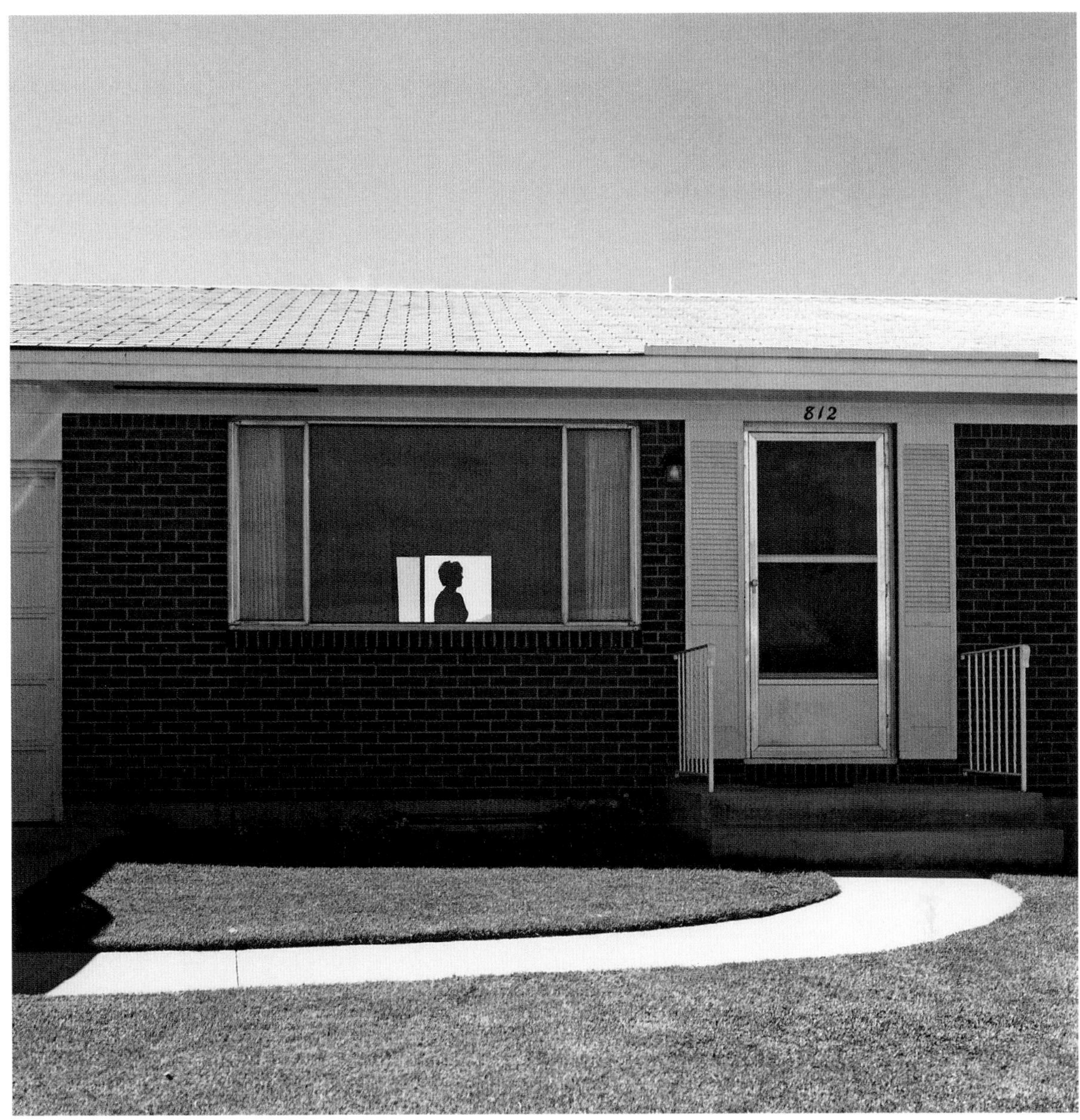

Robert Adams – *Colorado Springs* (1968)

Robert Adams ist nicht nur einer der größten Dokumentaristen der Landschaft Amerikas, sondern auch einer der eloquentesten Schriftsteller über die Kunst und das Handwerk der Fotografie. Er bringt die profunde Freude an der Fotografie prägnant auf den Punkt: „Man ringt nicht ewig mit einer Fachkamera bei Wind und Wetter, nur um eine Philosophie zu illustrieren. Über Felsen klettern, Schlangen riskieren und Fliegen totschlagen, das macht man nur für die Aussicht. Man muss sich an dem freuen, was man sieht, und sich dafür einsetzen, nicht für das, was man rational versteht, andernfalls sind Einsatz und Aufwand absurd.“ Wie die anderen Fotografen des New Topographic Movement, mit dem er in den 1970er Jahren in Berührung kam, ist auch er stark von den Einflüssen des 19. Jahrhunderts geprägt, von Timothy O'Sullivan, William Henry Jackson und Carleton E. Watkins; er aktualisiert quasi ihre Ansichten des amerikanischen Westens, die heute von der Zersiedelung durch stetig wachsende Städte entstellt sind.

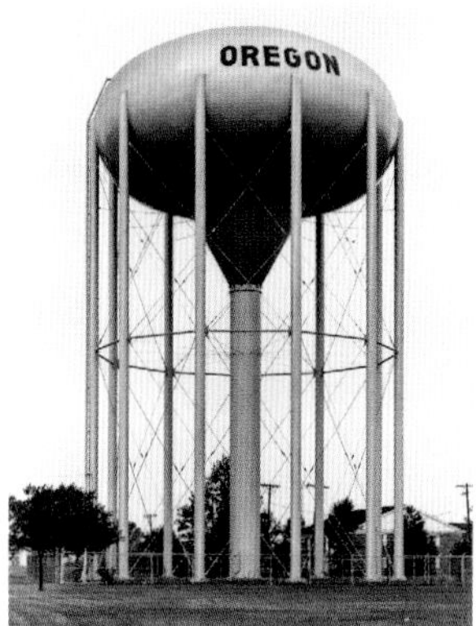

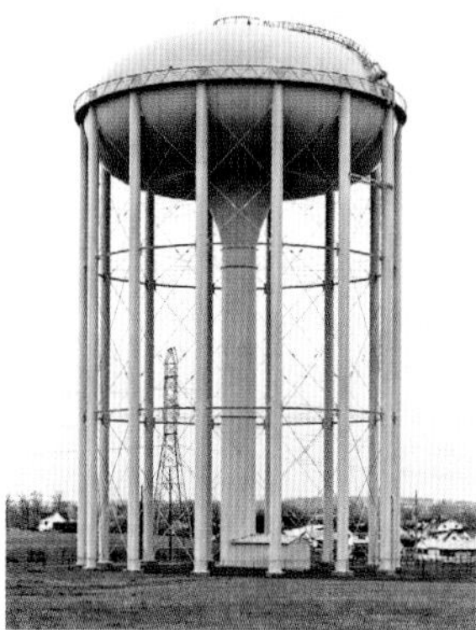

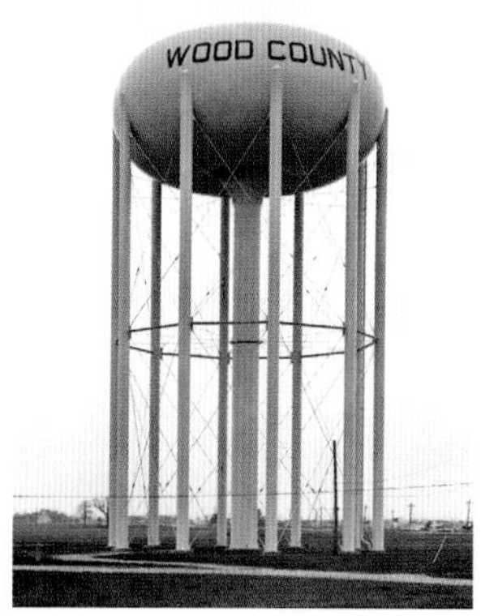

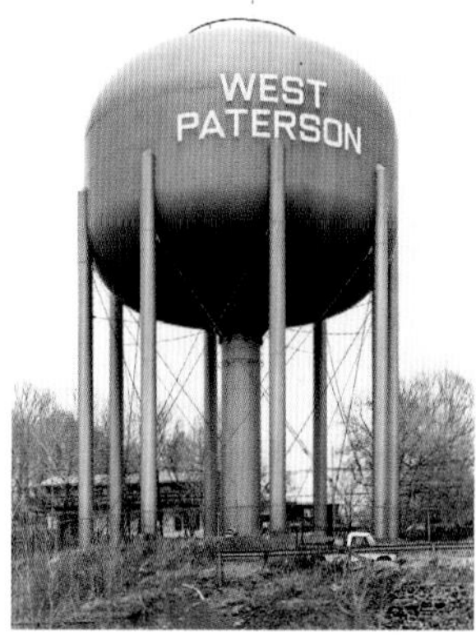

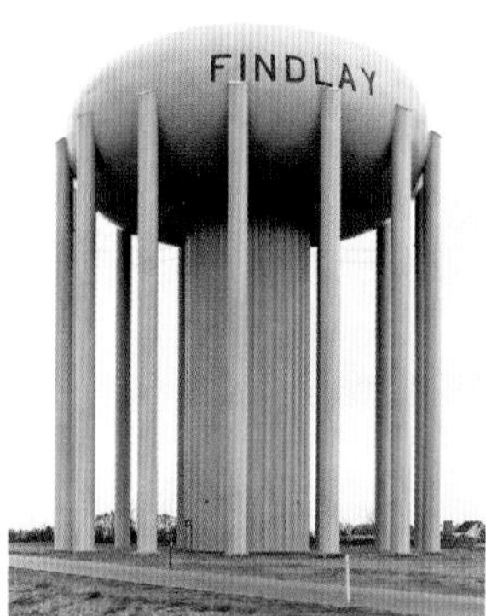

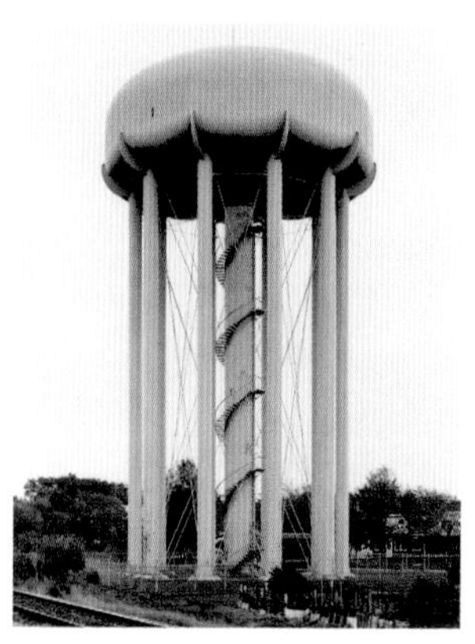

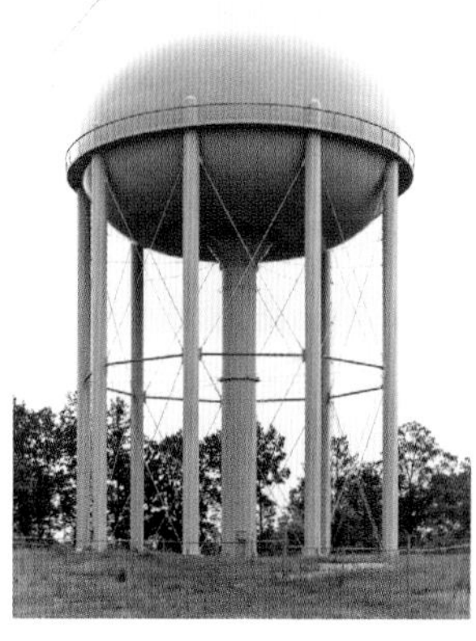

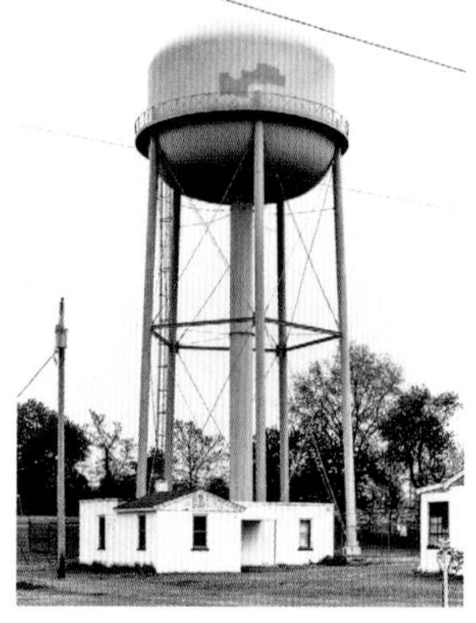

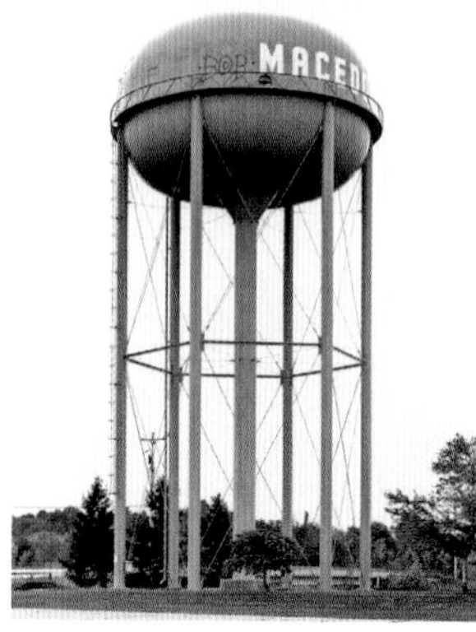

Bernd und Hilla Becher –
***Wassertürme* (1988)**

Der Einfluss von Bernd und Hilla Becher auf die zeitgenössische Fotografie kann nicht genug gewürdigt werden. Die beiden lernten sich 1957 an der Kunstakademie Düsseldorf kennen, arbeiteten bereits als Studenten zusammen und später über vierzig Jahre lang an einer systematischen Dokumentation der Formen und Strukturen der Architektur der modernen industrialisierten Welt. Ihr Ansatz, scheinbar objektive Aufzeichnungen vergleichbarer Formen dessen zu erstellen, was sie *Grundformen* nannten, wurzelte in dem Wunsch, das schnell verschwindende industrielle Erbe des westlichen Kapitalismus zu katalogisieren. Ihre seriellen Typologien dessen, was sie als „anonyme Skulpturen" bezeichneten, war sowohl hochgradig konzeptuell als auch gesellschaftlich bedeutsam. Von großem Einfluss war ihre pädagogische Arbeit. Bernd Becher übernahm 1976 eine Professur an der Kunstakademie Düsseldorf und prägte dort die sogenannte „Düsseldorfer Schule", eine Generation von deutschen Fotografen, zu denen Andreas Gursky, Thomas Ruff, Thomas Struth und Candida Höfer zählen.

Fotokünstlern auf die Herausforderungen der Postmoderne reagierte. Dies führte zu einer zunehmenden Akzeptanz der Fotografie als Kunstform seitens der Museen und Galerien. Zu Beginn des 21. Jahrhunderts schließlich sind die digitale Revolution und die Verbreitung des Internets die treibenden Kräfte des Wandels, die Genrebarrieren überwanden und in die Welt der Fotografie eindrangen. Jeder konnte seine Bilder jetzt online veröffentlichen oder mit anderen teilen, gleichzeitig aber erlebte das Medium eine unglaubliche Reife in Tiefe und Vielfalt der Werke professioneller Fotografen.

In die Zeittafel wurde eine Reihe von Beiträgen zu wichtigen Themen, Zeitpunkten und Konzepten eingestreut, die in einem eher vergleichenden Ansatz aufzeigen sollen, wie Fotografen auf die Fragen der Darstellung über einen längeren Zeitraum hinweg reagierten. Die Art und Weise, wie sich Fotografen auf die Arbeit historischer und zeitgenössischer Kollegen beziehen, ist von entscheidender Bedeutung für das Verständnis der internen Entwicklungsdynamik dieses Mediums. Oft handelt es sich dabei um eine formale Innovation, die jedoch ebenso oft auf einem tiefen Verständnis der Natur und der Geschichte der Fotografie selbst beruht.

Eine lange Tradition der kritischen Reflexion und Darstellung der amerikanischen Soziallandschaft zieht sich beispielsweise von den topografisch arbeitenden Fotografen des amerikanischen Westens im 19. Jahrhundert, wie etwa Timothy O'Sullivan, der großformatige Plattenkameras verwendete, über Walker Evans in den 30er Jahren des 20. Jahrhunderts, der mit jedem damals verfügbaren Kameraformat arbeitete, über Robert Frank in den 1950er Jahren und William Eggleston in den 1970ern, die beide das handliche und agile Kleinbildformat favorisierten, über Stephen Shore und Joel Sternfeld in den 1980er Jahren bis hin zu Alec Soth in diesem Jahrtausend; alle kehrten sie aufgrund der unglaublichen Fähigkeit zur Abbildung kleinster Details zur Großformatkamera zurück. Fotografen haben immer neue und aufregende Wege gefunden, um die Natur des Mediums zu nutzen, und zu erforschen, wie es die Welt auf einzigartige Weise darstellt und interpretiert. Der Magnum-Fotograf Gilles Peress fasst diese komplexe Beziehung zwischen der Technologie, dem Fotografen und der Welt aus der Perspektive des Fotografen zusammen und argumentiert, dass ein Foto „eine Vielzahl von Autoren hat; der Fotograf, die Kamera, alle haben eine Stimme, eine 28 mm-Leica, eine 24 mm-Nikon, alle sprechen anders, Kameras sprechen. Dann gibt es die Realität, und die Realität spricht immer mit Macht, mit einer sehr eindringlichen Stimme, außerdem gibt es den Leser, den Betrachter. Je offener also die Bilder sind, desto stärker ist die Beteiligung des Publikums, eine Fotografie, das ist ein offener Text mit einer Vielzahl von Autoren."

Nach dem Ästhetiktheoretiker Patrick Maynard besitzt die Kamera alle typischen Merkmale einer von Menschenhand geschaffenen Maschine zur Potenzierung unserer physischen Kräfte. Ebenso wie der Verbrennungsmotor unsere Bewegungsmöglichkeit erweiterte, verstärkt der fotografische Prozess unsere Fähigkeit, Dinge wahrzunehmen, die sonst ungesehen blieben. Mit dieser „Visualisierungsmaschine", um

Ivan Frederick – *Abu Ghuraib* (2003)
Es ist wohl Ironie des Schicksals: Eines der verbreitetsten und symbolträchtigsten Bilder des 21. Jahrhunderts war nie für die Öffentlichkeit bestimmt. Dieses beklemmende Bild wurde von einem US-Soldaten als „Trophäenbild" gemacht und sollte den Wärtern des Abu-Ghuraib-Gefängnisses zukommen, wo Insassen routinemäßig gefoltert wurden. Der „Vermummte", wie das Bild später genannt wurde, entpuppte sich als Ali Shallal al-Qaisi; auf seine ungewollt christusähnliche Pose richtete sich der Fokus der Kritiker des US-Militärs im Irak. Andererseits zeigen Tausende von den Wachen selbst mit digitalen Kompaktkameras aufgenommene Fotos viel grauenhaftere Szenen von Misshandlungen, bei denen nackte Gefangene gezwungen wurden, sexuelle Handlungen zu simulieren. Vielleicht ist gerade dieses Bild berühmt geworden, weil es keine Nacktheit zeigt. Als der Missbrauch an die Öffentlichkeit gelangte, wurden die Daten zu Tag und Uhrzeit der von den Soldaten aufgenommenen Fotos zu einem wichtigen Beweismittel in der Anklage.

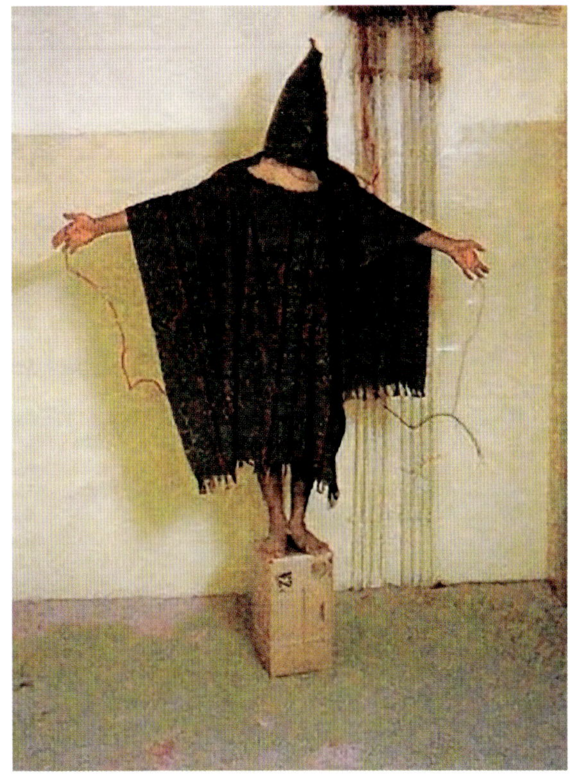

in Maynards Bildern zu sprechen, kann das Sehvermögen des Auges erweitert werden, um Objekte, Ereignisse und Personen wahrzunehmen, die sowohl räumlich als auch zeitlich vom Wahrnehmenden entfernt sind. Die Kamera dient somit als Sichtprothese, mit der man Darstellungen der Welt einfangen, speichern, übertragen, verteilen, archivieren und interpretieren kann, lange nachdem das Bild gemacht wurde. Eine Art „Uhr zum Sehen", wie Roland Barthes sie poetisch nannte. Fotografien sind demnach dauerhafte Einkapselungen des Vergangenen, die unserem persönlichen und kollektiven Gedächtnis als wichtige Markierungen dienen und die Vergangenheit in der Gegenwart darzustellen vermögen. Das besondere Vermögen des Standfotos, das Wesen der Welt einzufangen, ist das Produkt von Form und Inhalt, geprägt von Technik und Ästhetik, von menschlicher Vorstellungskraft und Vision. Oliver Wendell Holmes, der amerikanische Arzt, Schriftsteller, Dichter und Amateurfotograf, schrieb 1859 über die Erfindung der Fotografie: „Dieser Triumph menschlicher Genialität ist der kühnste, abseitigste, unmöglichste, unglaublichste; derjenige, der am unwahrscheinlichsten wiederzugewinnen ist, wenn alle Spuren von allen Entdeckungen, die der Mensch je gemacht hat, verloren gingen. Sie ist für uns so alltäglich geworden, dass wir ihre wunderbare Natur vergessen, so wie wir die der Sonne selbst vergessen, der wir die Schöpfungen unserer neuen Kunst verdanken."

Ellen DeGeneres und Bradley Cooper – ***Ellen DeGeneres Oscar Selfie*** **(2014)**

Dieses Selfie, aufgenommen von Ellen DeGeneres und Bradley Cooper bei der Oscar-Verleihung 2014, ist als „Internet-Hit" bekannt, wurde in der ersten Stunde nach dem Posting auf Twitter über eine Million Mal retweeted und ist inzwischen das Bild mit den meisten Retweets der Geschichte, mit einer Gesamtzahl von 3,3 Millionen. Ein Beleg dafür, dass das Foto nun zum Beweis unserer Anwesenheit bei einem Event geworden ist. Das Bild traf auch deshalb den Nerv, weil es zeigte, dass sich selbst Hollywood-Stars von der Aufregung des Augenblicks mitreißen lassen.

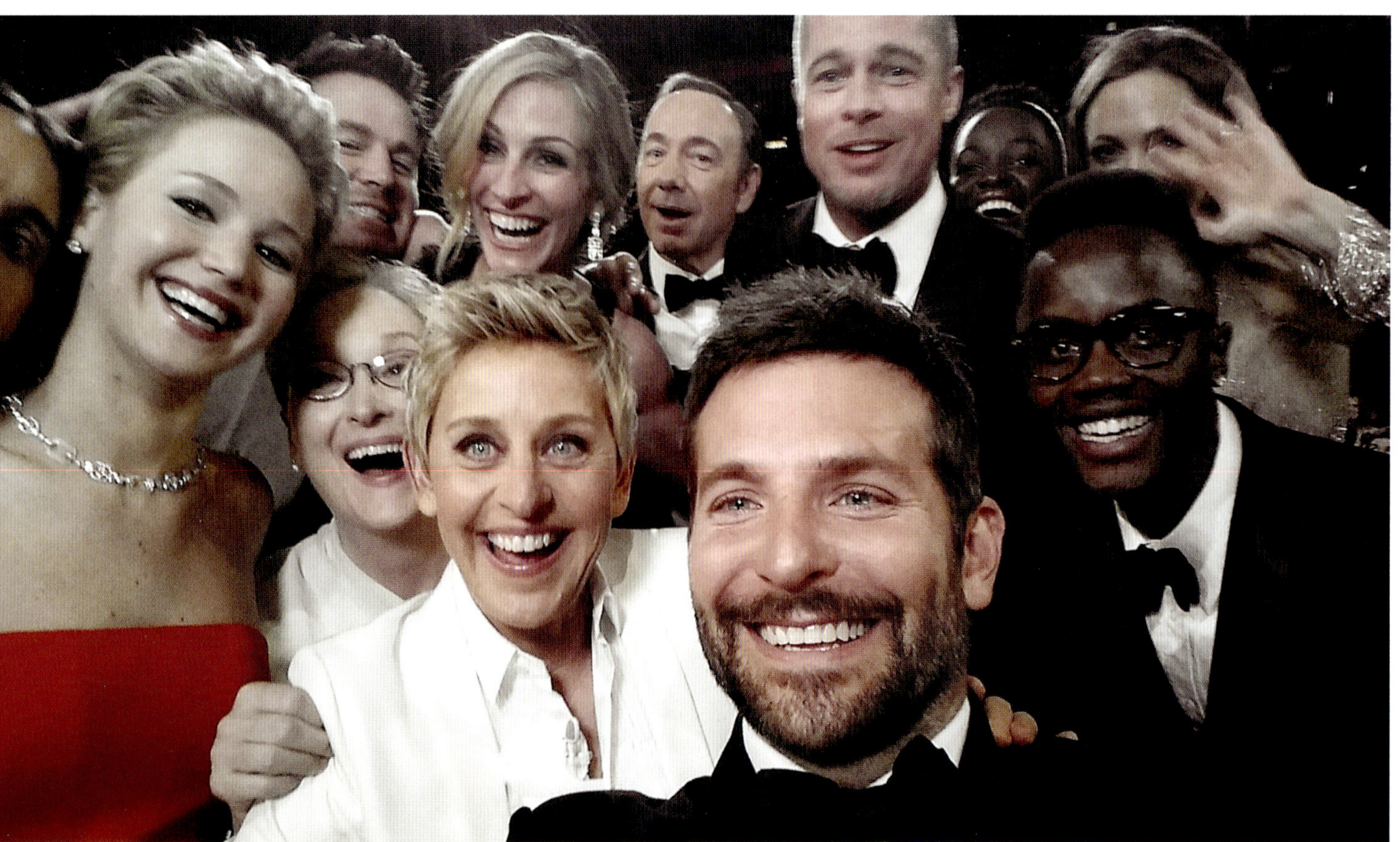

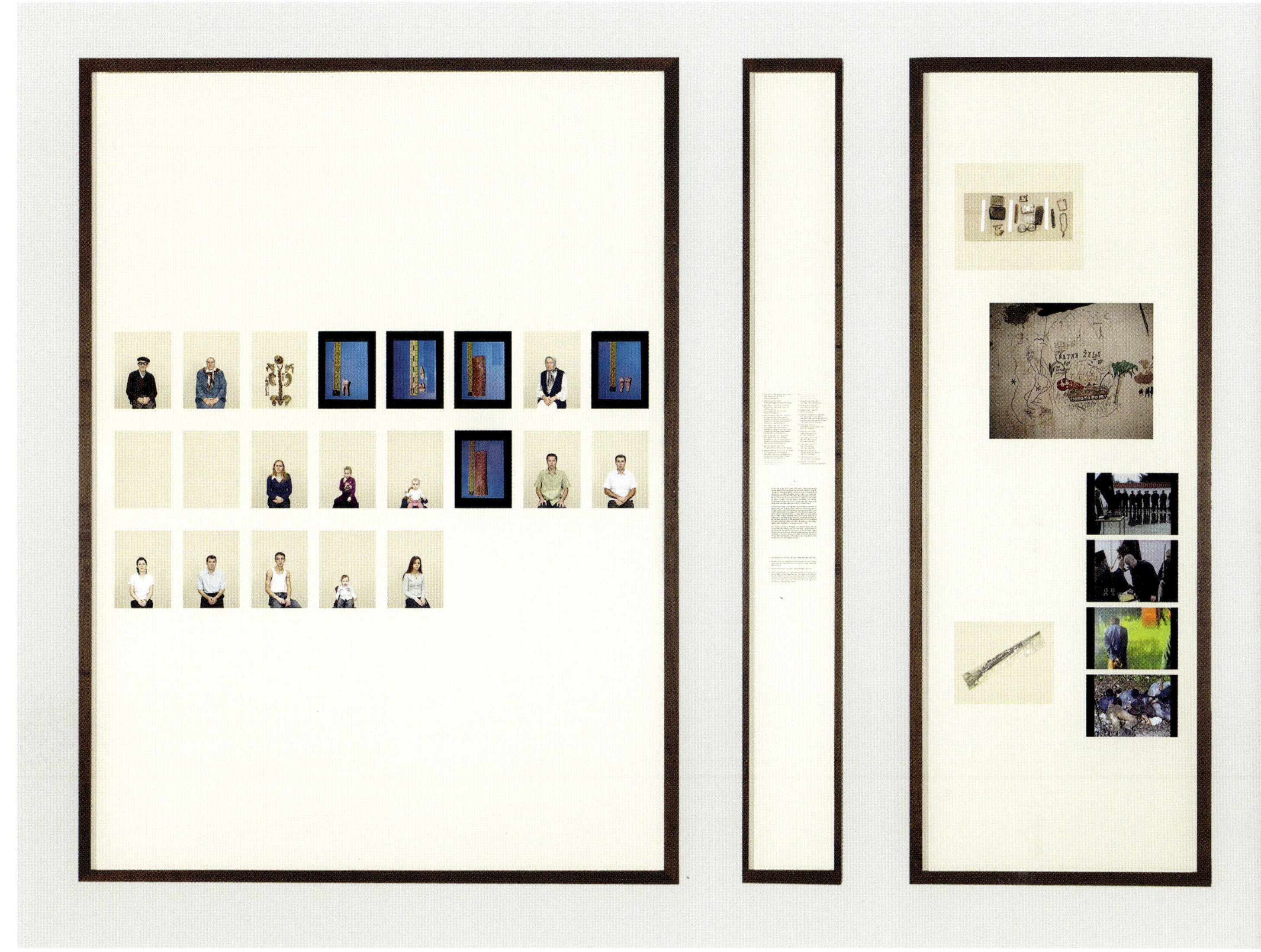

Taryn Simon – *Kapitel VII* aus *Ein Lebender für tot erklärt und andere Kapitel I–XVIII* (2011)

Die amerikanische Künstlerin Taryn Simon steht hier exemplarisch für Konzeptfotografie, Kompositionen und Reihungen: journalistische Themen werden geschickt mit Produktionstechniken und Verbreitungsweisen vermischt, wie man sie eher aus der bildenden Kunst kennt. In ihrer Serie *Ein Lebender für tot erklärt und andere Kapitel* zeichnet Simon die Abstammungslinien einer Reihe von Menschen auf der ganzen Welt nach, die von einer Schlüsselfigur der Gründung des Staates Israel bis zu einer chinesischen Familie reichen, die eine Behörde für sie auswählte. Simons Werk besteht aus Porträts und Forschungsarbeiten, die formal einem Stammbaum gleichen, spielt auf komplexe Themen wie Erbe, Religion und Staatsmacht an und verweist auf anthropologische, ethnografische und archivarische Museumspraktiken, um eine Typologie des Leidens zu erschaffen.

1

ANFÄNGE BIS 1850

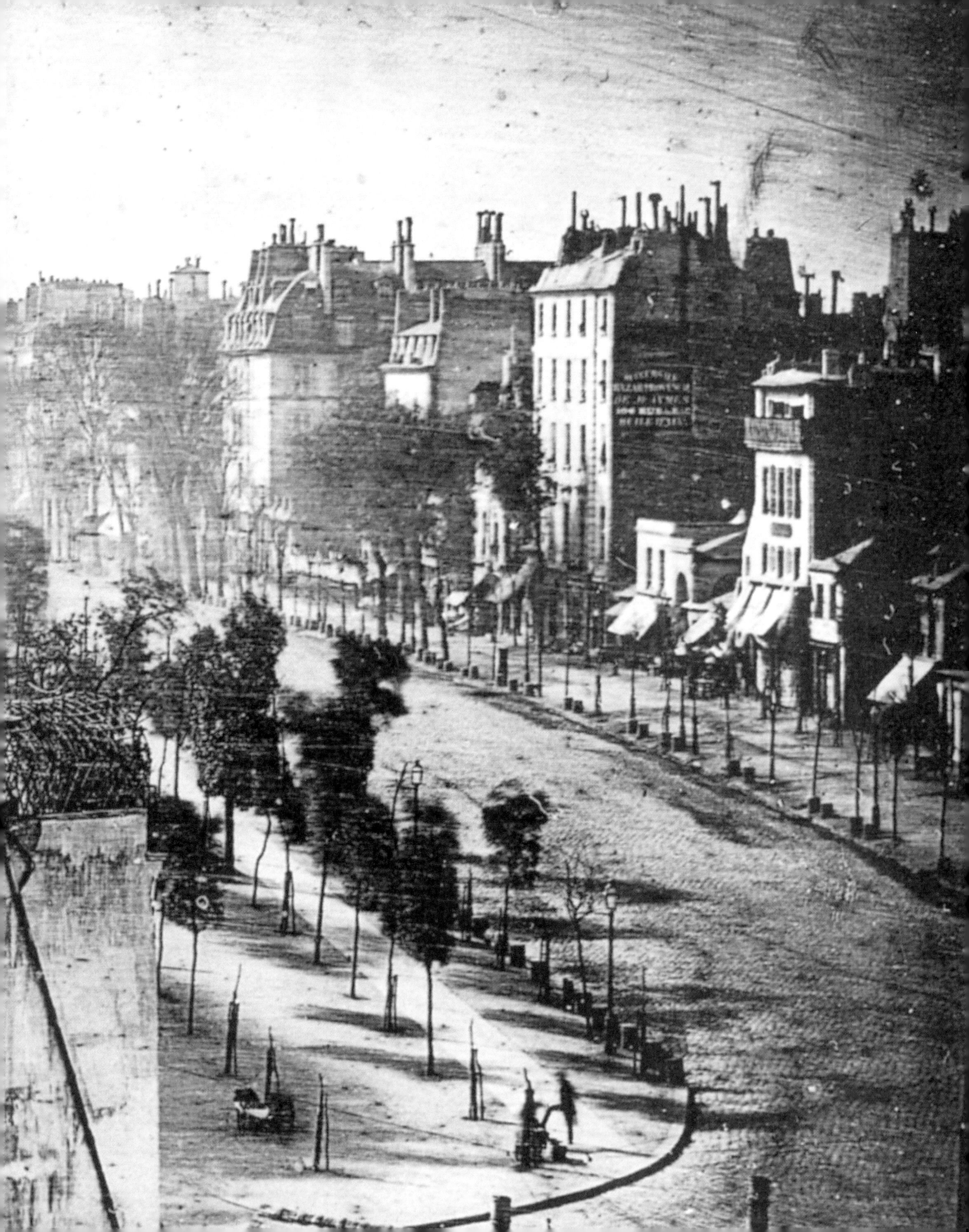

Das 19. Jahrhundert erlebte eine unglaubliche Revolution der menschlichen Kommunikation. Telegrafie und später Telefonie, Eisenbahn und Dampfschiffe ermöglichten den Menschen, die Grenzen von Zeit und Raum zu überschreiten. Schwer vorstellbar, wie radikal das Aufkommen der Fotografie für die Menschen des 19. Jahrhunderts gewesen sein muss. Die Erfindung eines greifbaren Objekts, das ein Abbild der realen Welt erstellen konnte, kam plötzlich und nahezu fertig ausgeformt. Das Medium Fotografie entwickelte sich quasi über Nacht; die grundlegenden Eigenschaften eines optischen Geräts, das Licht auf eine empfindliche Oberfläche bündelt, sind bis heute unverändert.

Wegbereiter dieses Mediums hatten bereits im Sinn, es nicht nur für die Porträtmalerei, sondern auch für wissenschaftliche Zwecke zu nutzen. Einer von Louis Daguerres (1787–1851) größten Förderern, François Arago (1786–1853), stellte sich vor, dass diese „gegenständliche Netzhaut" (*rétine physique*) zur Untersuchung des Lichts und zur Dokumentation der Ruinen des alten Ägypten verwendet werden könnte. Bemerkenswert ist, dass es nicht nur Nicéphore Niépce (1765–1833), Daguerre und William Henry Fox Talbot (1800–1877) waren, die herausgefunden hatten, wie man das Bild dauerhafter auf einer Oberfläche fixieren kann. Im Grunde war das Verfahren relativ einfach: Hippolyte Bayard (1801–1887) schuf zur gleichen Zeit ein Direktpositiv, als Daguerre sein Patent ankündigte, während Sir John Herschel (1792–1871) Talbot im Februar 1839 vom Erfolg bei der Herstellung von „fotografischen Proben" berichtete. Ein Jahr später entwickelte er das Verfahren, auf das sich das Medium bis ins digitale Zeitalter stützen sollte, und erklärte: „Um viele Umschreibungen zu vermeiden, darf ich die Begriffe Positiv und Negativ verwenden, um Bilder zu charakterisieren, in denen die Lichter und Schatten wie in der Natur oder wie im Original sind, und solche, in denen sie das Gegenteil darstellen, d. h. Licht stellt Schatten dar, und Schatten Licht." Beide Verfahren entstanden fast zeitgleich, jedes mit seiner eigenen Entwicklungsgeschichte und eigenen Methode der Fixierung von Licht auf einer empfindlichen Oberfläche. Jedes Verfahren hatte Stärken und Schwächen. Die Daguerreotypie lieferte eine unglaubliche Detailgenauigkeit, die Herschel als „wunderbar" bezeichnete und von der Talbot behauptete, dass die Methode „alles übertraf, was ich mir im Rahmen der Vernunft hätte vorstellen können ... jede Abstufung von Licht und Schatten ist derart zart und genau abgebildet, dass alle Malerei in unermessliche Ferne rückt". Talbot blieb dabei, dass sein reproduzierbares Verfahren der Daguerreotypie gegenüber im Vorteil sei,

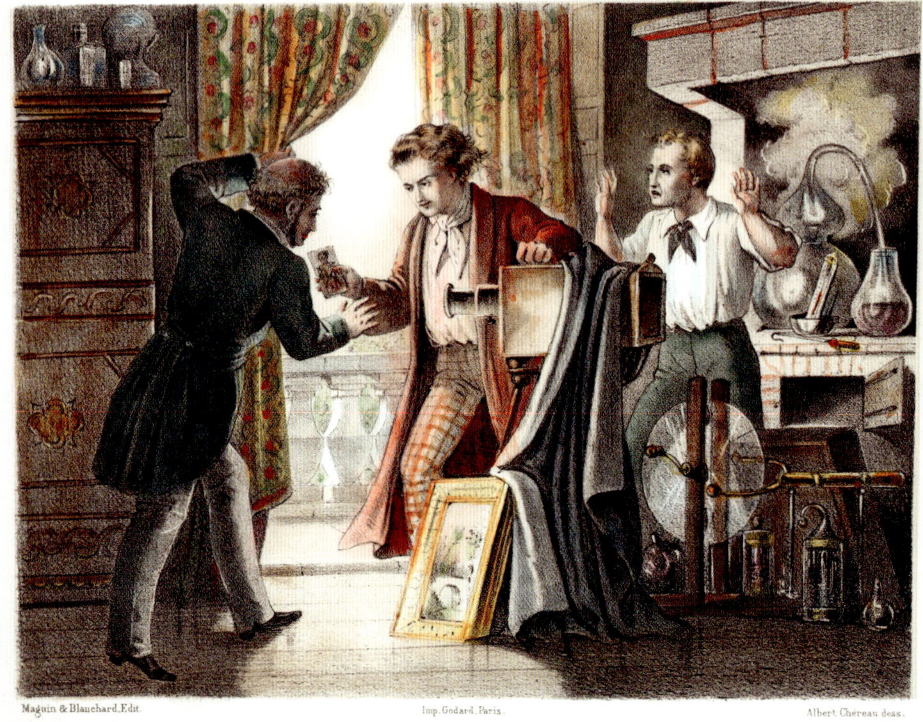

VORSEITE. Louis Daguerre – *Boulevard du Temple* (1838)

LINKS. *Daguerre und Niépce de Saint Victor* (ca. 1851)

RECHTS. Théodore Maurisset – *Daguerreotypomanie* (1839)

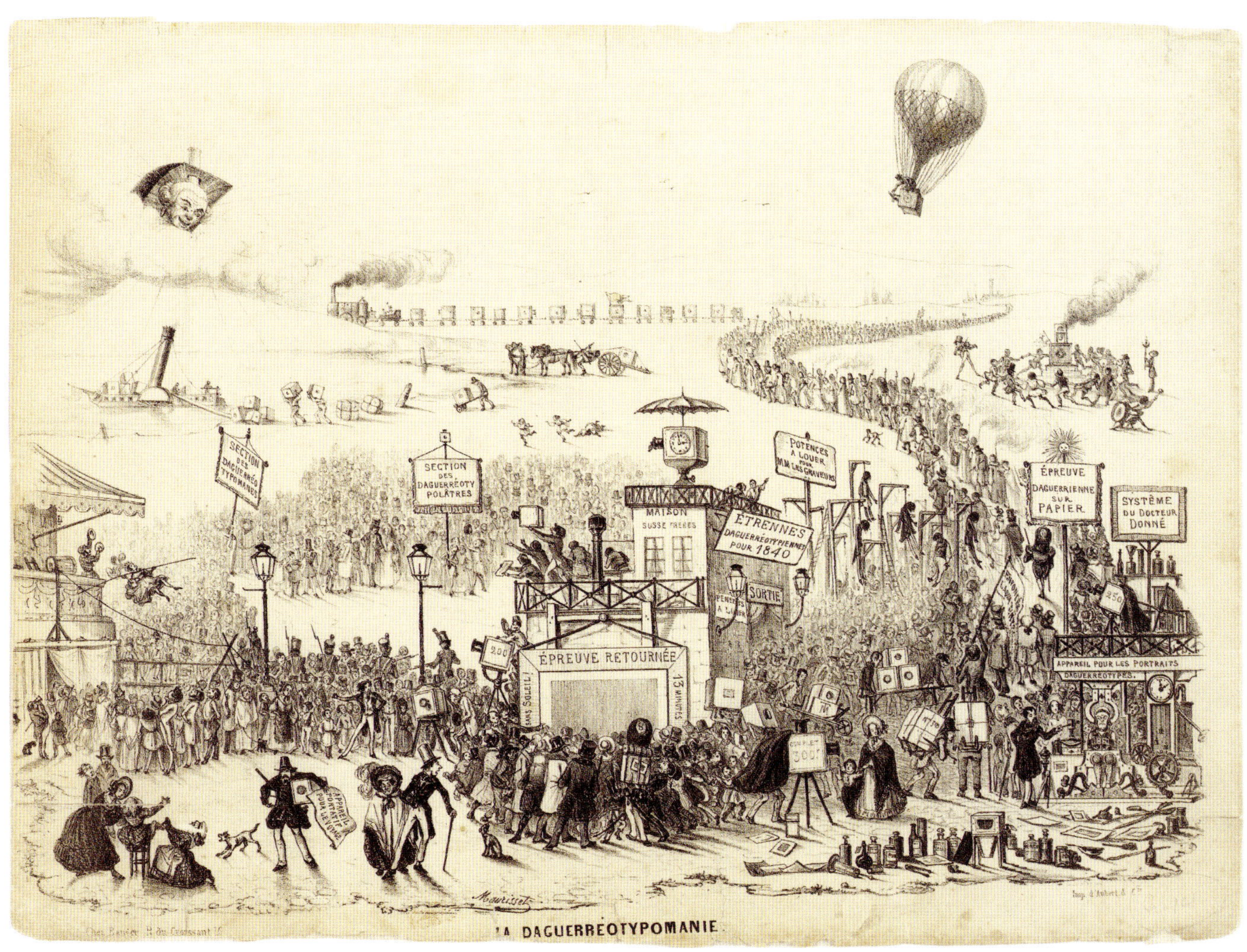

trotz ihrer weicheren, weniger detaillierten Wiedergabe. Talbot experimentierte auch mit dem Direktdruck und fertigte, wie er es nannte, fotogenische Zeichnungen oder „sciagraphs" (Schattenzeichnungen), Vorläufer des Fotogramms, das Anfang des 20. Jahrhunderts populär wurde. Die Unzulänglichkeiten dieser Methoden wurden in den 1850er Jahren mit der Einführung des Kollodium-Nassplatten-Verfahrens überwunden. Verglichen mit vielen anderen technischen Neuerungen des Industriezeitalters verlief die Entwicklung der Fotografie relativ schnell; innerhalb weniger Jahre war eine ganze Industrie herangewachsen, mit Fotografen, Assistenten, Technikern und Fabriken zur Herstellung der notwendigen Materialien. Das Zeitalter der Fotografie fiel mit dem der Technik und des Bürgertums zusammen und etablierte das Medium schnell als eines, das sowohl als Kunst als auch als Wissenschaft anzusehen ist. Diese ersten, von der Qualität des Mediums als Ausdrucksform faszinierten Experimentatoren waren sich jedoch auch seines kommerziellen Potenzials bewusst, wie ihr Bestreben nach einer Patentierung der Verfahren zeigt, um an der harten Arbeit zu verdienen.

Der Beruf des Fotografen entstand fast über Nacht. Inspiriert von der Bewerbung des Verfahrens, für das „keine Kenntnisse des Zeichnens" erforderlich seien und mit dem „jeder Erfolg haben … und so gut arbeiten könnte, wie dessen Erfinder", waren innerhalb weniger Jahre nach der Entwicklung der Daguerreotypie Tausende von Fotostudios in Europa und Amerika gegründet worden, die Aufsehen erregten und sofort großen Zulauf hatten. Die bisher mühsame Anfertigung eines Porträts mittels einer Zeichnung verwandelte sich in einen Prozess, der im Handumdrehen vollzogen werden konnte. Die „Daguerreotypomanie" wurde sofort ein Hype, wie dieser französische Stich von 1839 (oben) illustriert, in welchem das gesamte Verfahren detailliert beschrieben und karikiert wird, einschließlich einer qualvoll und gefährlich anmutenden Vorrichtung, die den Porträtierten in Position hält. Ein neuer Berufsstand war entstanden, und Fotostudios, die wegen der riesigen Fenster, die für genügend Licht sorgen sollten, oft als „Gewächshäuser" bezeichnet wurden, wurden zu einer festen Institution in vielen Hauptstraßen. Um 1850 gab es allein in New York City über siebzig Daguerreotypie-Studios, und die Daguerreotypisten luden Politiker, Prominente und die lokale Elite zum Posieren ein, um ihre Bilder im Schaufenster auszustellen und so das Geschäft anzukurbeln, wobei ihre Studios zu Galerien wurden, in die die Öffentlichkeit strömte.

Der Fotograf als Künstler wurde weithin beworben; die Ausstaffierung mit einem Fez oder einer anderen exzentrischen Kopfbedeckung, einem Samt-Smoking und einem aus der Tasche hängenden Schnupftuch geriet in der illustrierten Presse zur Karikatur. Der Franzose Nadar (1820–1910) war ein Vorbild des neuen fotografischen Unternehmers und wurde fast so berühmt wie die Prominenten, die er fotografierte. Er hatte rotes Haar und trug rote Gewänder, er hielt sogar sein Atelier in Rot und bewarb es mit seinem Namen in riesigen roten Gaslicht-Buchstaben. Die Strategie war erfolgreich und lockte Besucher an, wie er schrieb: „Bei Einbruch der Dunkelheit setzten wir unsere Lichter in die Fenster. Die Menschen auf dem Boulevard wurden wie Motten vom Licht angezogen, viele Neugierige, selbst Gleichgültige, konnten nicht widerstehen, die Stufen hinaufzusteigen, um zu sehen, was hier geschah. Diese Besucher, aus allen Klassen, unbekannt oder sogar berühmt, waren mehr als willkommen und für uns kostenlose Modelle, die auf die neue Erfahrung aus waren." 1858 machte er die allerersten Luftaufnahmen von einem Heißluftballon aus und leistete Pionierarbeit bei der Verwendung von künstlichem Blitzlicht, um die Katakomben und Abwasserkanäle von Paris zu fotografieren.

Die Daguerreotypie hatte aufgrund ihrer einzigartigen Beschaffenheit, ihrer silbrigen, spiegelartigen Oberfläche, ihrem Gewicht und ihrer Haptik im Gegensatz zur fragilen papiernen Kalotypie eine materielle Präsenz, die durch die Art der Präsentation der Bilder in Rahmen oder oft sehr kunstvoll gearbeiteten und verzierten Schatullen noch verstärkt wurde. Die Möglichkeiten des Mediums als Vehikel für politische Propaganda wurden ebenfalls schnell erkannt; das Porträt von John Brown (oben rechts), dem Vorkämpfer für die Abschaffung der Sklaverei, zeigt seine zum feierlichen Schwur erhobene Hand und eine Flagge, die für die der Underground Railroad gehalten wird, eines Netzwerks, das befreiten Sklaven die Flucht in den Norden ermöglichte. Das Bild wurde von dem afroamerikanischen Fotografen Augustus Washington aufgenommen, einem Mitstreiter Browns, der schließlich nach Liberia emigrierte, wo er mehrere Fotoateliers betrieb und auch Mitglied des Parlaments war.

Innerhalb nur eines Jahrzehnts nach ihrer Erfindung etablierte sich die Fotografie rasch als die dominierende Form der Aufzeichnung der Welt, ob Neuigkeiten oder historische Ereignisse, natürliche oder von Menschenhand geschaffene Phänomene, Gesichter von Persönlichkeiten oder von geliebten Familienmitgliedern.

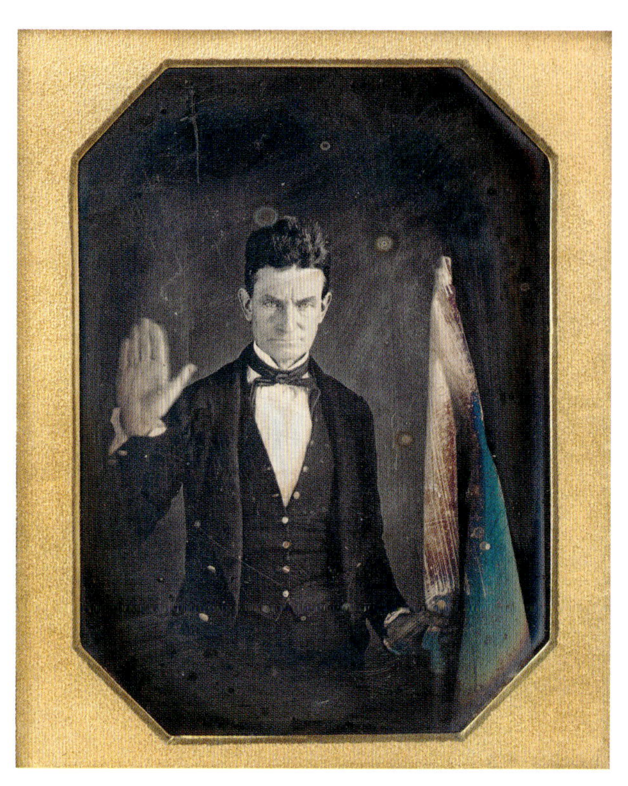

OBEN. Augustus Washington – ***Porträt von John Brown*** **(*ca.* 1846)**

RECHTS. „Nadar erhebt die Fotografie zur Kunst" (*ca.* 1850)

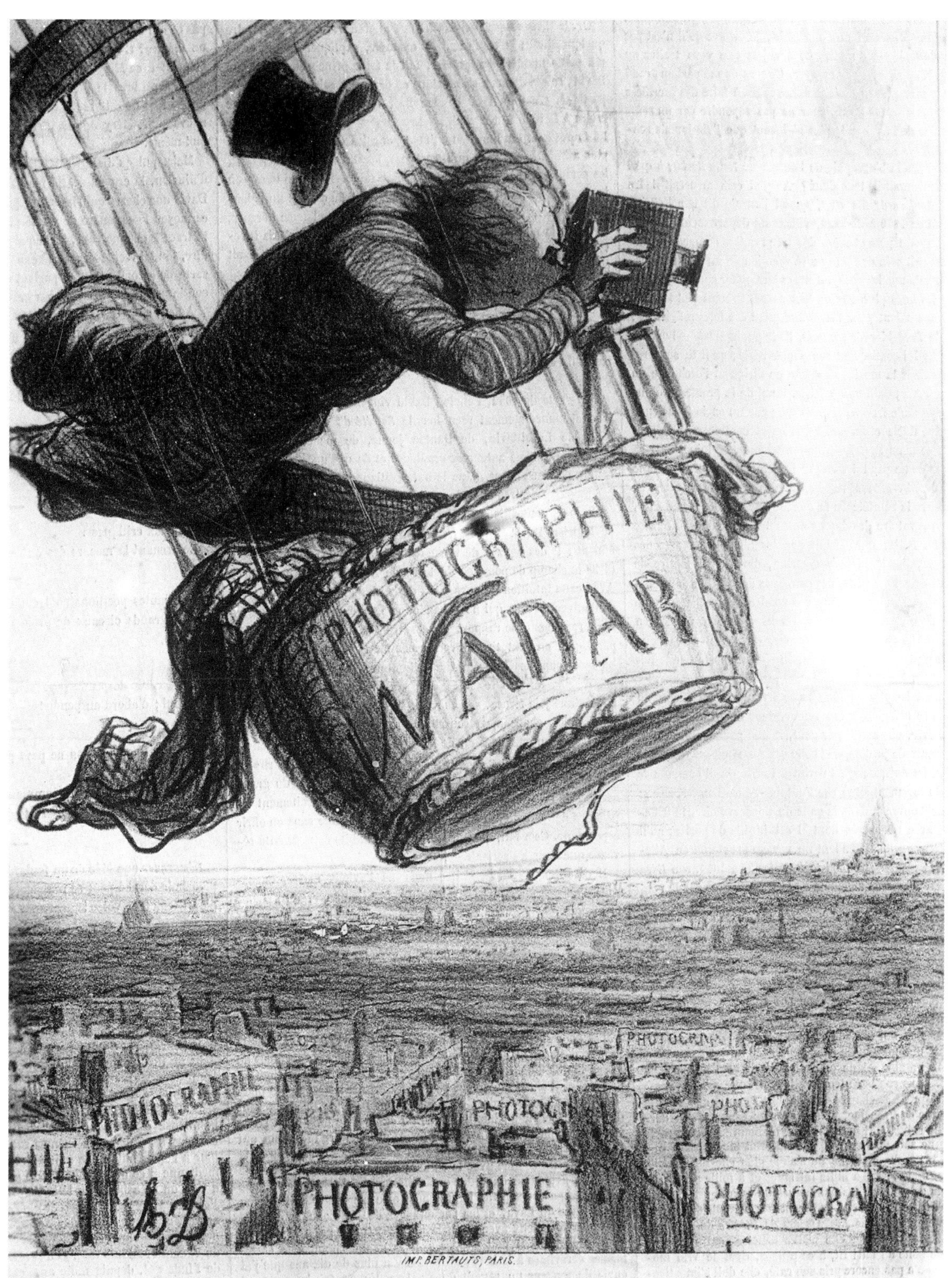

NADAR élevant la Photographie à la hauteur de l'Art

DIE DAGUERREOTYPIE

Das Fixieren eines von einer Linse auf eine lichtempfindliche Oberfläche projizierten Bildes war komplex und beruhte auf einer Reihe von chemischen Innovationen sowie auf dem Ideenreichtum, dem Interesse und der Inspiration von Wissenschaftlern, Künstlern und Unternehmern. Der italienische Arzt und Chemiater Angelo Sala schrieb Anfang des 17. Jahrhunderts, dass pulverisiertes Silbernitrat von der Sonne geschwärzt würde, wusste dies aber nicht zu nutzen. Ende des 18. Jahrhunderts experimentierte Thomas Wedgwood, Sohn des Töpfers Josiah Wedgwood, mit der Fixierung eines von einer Camera obscura projizierten Bildes. Zusammen mit seinem Freund, dem Wissenschaftler Sir Humphry Davy, veröffentlichte er im *Journal of the Royal Institution* (1802) einen Artikel über diese Forschung: „Bericht über eine Methode, Glasbilder zu kopieren und Silhouetten herzustellen durch Einwirkung von Licht auf Silbernitrat. Erfunden von T. Wedgwood, mit Beobachtungen von H. Davy". Sie waren jedoch nicht in der Lage, ihre Experimente dauerhaft zu konservieren: das Bild „muss unmittelbar nach der Aufnahme an einem dunklen Ort aufbewahrt werden. Dort kann es geprüft werden, aber die Belichtung sollte nur für einige Minuten erfolgen; bei Kerzen- oder Lampenschein, wie üblicherweise verwendet, wird es nicht merklich beeinträchtigt". Mit der Entdeckung und Handelsverfügbarkeit von Halogeniden (Jod, Brom, Chlor) in den 1820er Jahren wurde die Anwendung eines silberbasierten Verfahrens praktikabel, wodurch Louis Daguerre entdeckte, dass das latente Bild auf einer belichteten, versilberten Kupferplatte mithilfe von Quecksilberdämpfen in dreißig Minuten statt in mehreren Stunden zum Vorschein gebracht – „entwickelt" – werden konnte. 1837 vermochte er die fotografischen Bilder mit einer Meersalzlösung zu „fixieren", ab 1839 dann, dem Beispiel von Sir John Herschel folgend, verwendete er dazu Hyposulfit; die Daguerreotypie war geboren.

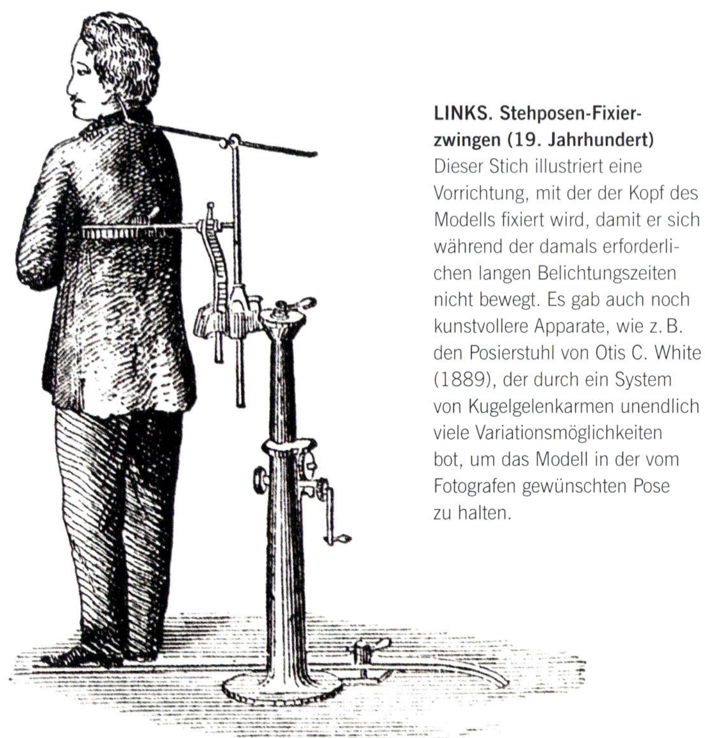

LINKS. Stehposen-Fixierzwingen (19. Jahrhundert)
Dieser Stich illustriert eine Vorrichtung, mit der der Kopf des Modells fixiert wird, damit er sich während der damals erforderlichen langen Belichtungszeiten nicht bewegt. Es gab auch noch kunstvollere Apparate, wie z. B. den Posierstuhl von Otis C. White (1889), der durch ein System von Kugelgelenkarmen unendlich viele Variationsmöglichkeiten bot, um das Modell in der vom Fotografen gewünschten Pose zu halten.

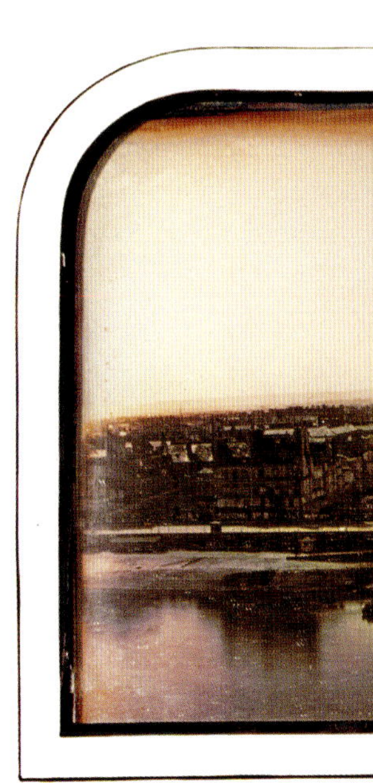

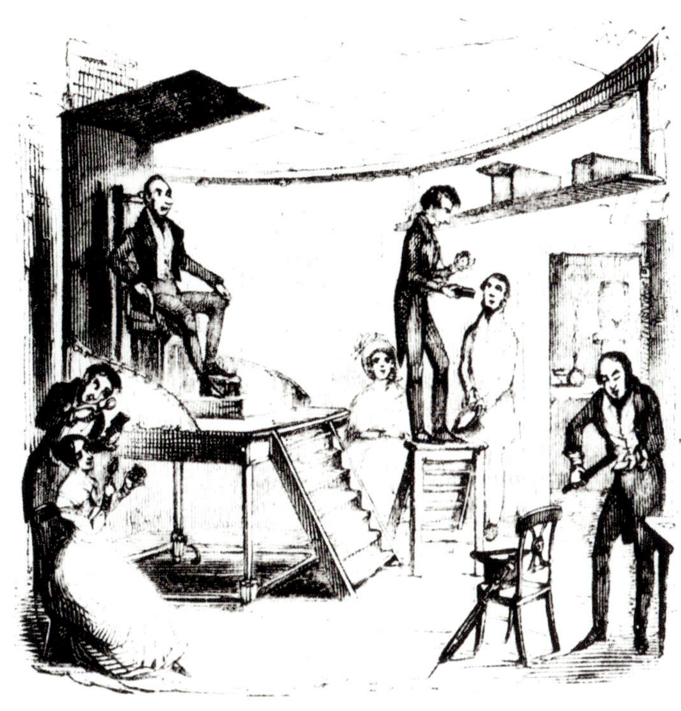

LINKS. Richard Beards Daguerreotypie-Studio (*ca.* 1841)
Richard Beard eröffnete im März 1841 das erste öffentliche Fotostudio Europas am Royal Polytechnic Institute in der Londoner Regent Street, man weiß allerdings nicht genau, ob er selbst überhaupt fotografierte oder eher der Unternehmer hinter dem Geschäft war. Dieser Stich zeigt sein für die damalige Zeit typisches Atelier mit einem Glasdach, um möglichst viel Licht hereinzulassen, und dem Posierstuhl zur Stütze des Modells. Auch das Verfahren der Daguerreotypie wird dargestellt, vom Assistenten in der rechten Ecke, der die Metallplatte vorbereitet, über die Dunkelkammer, um das Bild zu entwickeln, bis hin zum endgültigen Bild, das mit einer Lupe betrachtet wird.

UNTEN. Frédéric Martens – *Seine, Rive Gauche und Île de la Cité* (1842)
Mit seiner Megaskop-Kamera mit 150-Grad-Sichtfeld und seinen 14 gekrümmten Daguerreotypie-Platten leistete Martens Pionierarbeit in der Panoramafotografie. Seine bahnbrechende Innovation war ein handkurbelgetriebenes Zahnradsystem, das ein sanftes Schwenken des Objektivs ermöglichte, und eine sich nach oben verjüngende Blende hinter dem Objektiv, um den Himmel nicht überzubelichten.

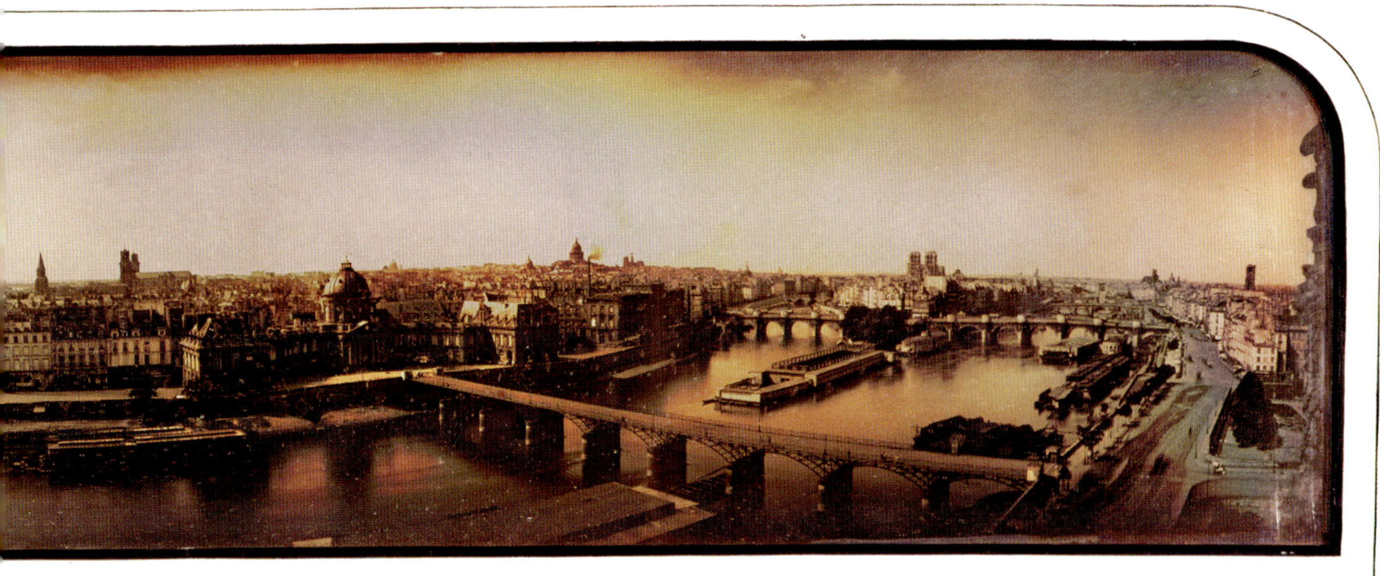

DIE KALOTYPIE

Wie alle frühen fotografischen Verfahren war die Kalotypie eine aufwendige Angelegenheit. Zuerst wurde ein Blatt hochwertiges Papier mit möglichst glatter und gleichmäßiger Textur ausgewählt und dann bei Kerzenlicht mit Silbernitrat gewaschen. Wenn es fast trocken war, wurde es in Kaliumiodid getränkt, abgespült und vollständig getrocknet, um das zu erzeugen, was Talbot jodiertes Papier nannte. Dieses lichtempfindliche Papier war relativ haltbar und konnte vorproduziert werden. Kurz vor der Aufnahme wurde eine Lösung aus Gallussäure und Silbernitrat hergestellt, die sehr instabil war und sofort verwendet werden musste. Das vorbereitete Papier wurde mit dieser Lösung beschichtet und war damit aufnahmebereit. Im Halbdunkel wurde das Kalotypiepapier in die Kamera eingelegt und dann zehn Sekunden bis mehrere Minuten lang belichtet.

Das Papier mit dem latenten Bild wurde danach in Gallussäure und Silbernitrat entwickelt, mit einer Kaliumbromidlösung dauerhaft fixiert und dann gewaschen und getrocknet. Dadurch entstand ein Papiernegativ von tiefbrauner oder schwarzer Farbe, von dem – in Wachs getränkt – Kontaktabzüge auf lichtempfindlichem Papier gedruckt werden konnten, das seinerseits mit Salz und Silbernitrat behandelt wurde, wodurch der sogenannte Salzdruck entstand. Der Vorteil der Kalotypie gegenüber der Daguerreotypie bestand darin, dass von jedem Foto mehrere Abzüge angefertigt werden konnten. Trotz ihrer Innovationen bei der Fixierung des fotografischen Bildes auf einer lichtempfindlichen Oberfläche waren die beiden Methoden der frühen Pioniere Talbot und Daguerre jedoch relativ kurzlebig in ihrer Beliebtheit, da sie schnell von beständigeren und reproduzierbaren Techniken überholt wurden.

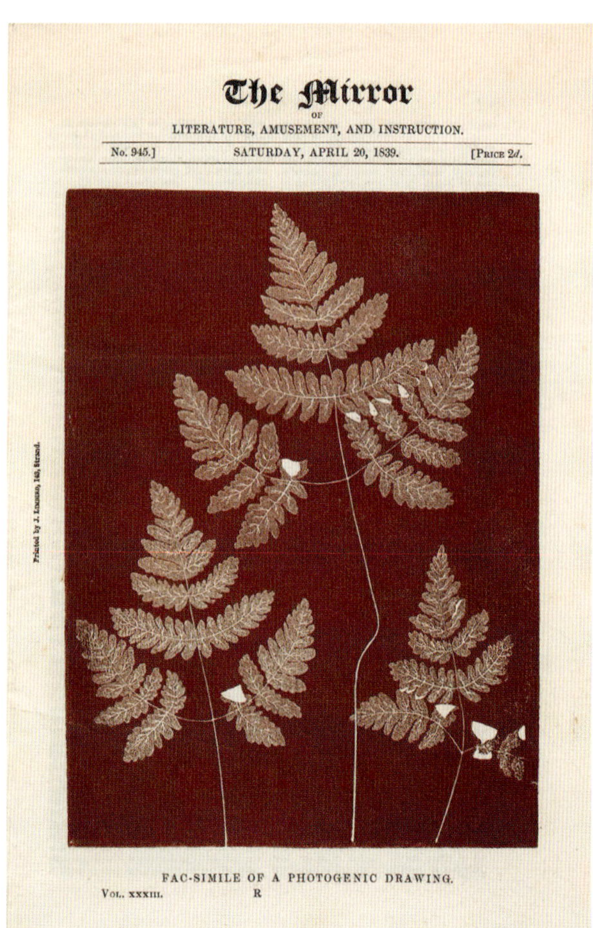
The Mirror
OF
LITERATURE, AMUSEMENT, AND INSTRUCTION.
No. 945.] SATURDAY, APRIL 20, 1839. [PRICE 2d.

FAC-SIMILE OF A PHOTOGENIC DRAWING.
VOL. XXXIII. R

LINKS. Dr. Golding Bird – *Faksimile einer fotogenischen Zeichnung* (1839)
Dieses zarte Bild von Farnen ist das erste veröffentlichte Faksimile einer Fotografie. Es erschien auf der Titelseite der illustrierten Zeitschrift *The Mirror of Literature, Amusement, and Instruction* vom 20. April 1839 zusammen mit einem Artikel von Dr. Golding Bird (1814–1854). Bird, ein bekannter Chemiker, Arzt und Amateurfotograf, wird auch die Erfindung des flexiblen Stethoskops zugeschrieben. Die Zeitschrift druckte den Holzschnitt mit folgender Erklärung: „So kommt *The Mirror* die Ehre zu, die erste Reproduktion einer Fotografie veröffentlicht zu haben.“ Das Faksimile war zunächst nach Vorlage der Fotografie gezeichnet und dann als Holzstich angefertigt worden. Die Herausgeber der Zeitschrift überdruckten die Seite mit brauner Tinte, um die Anmutung einer Kalotypie nachzuahmen.

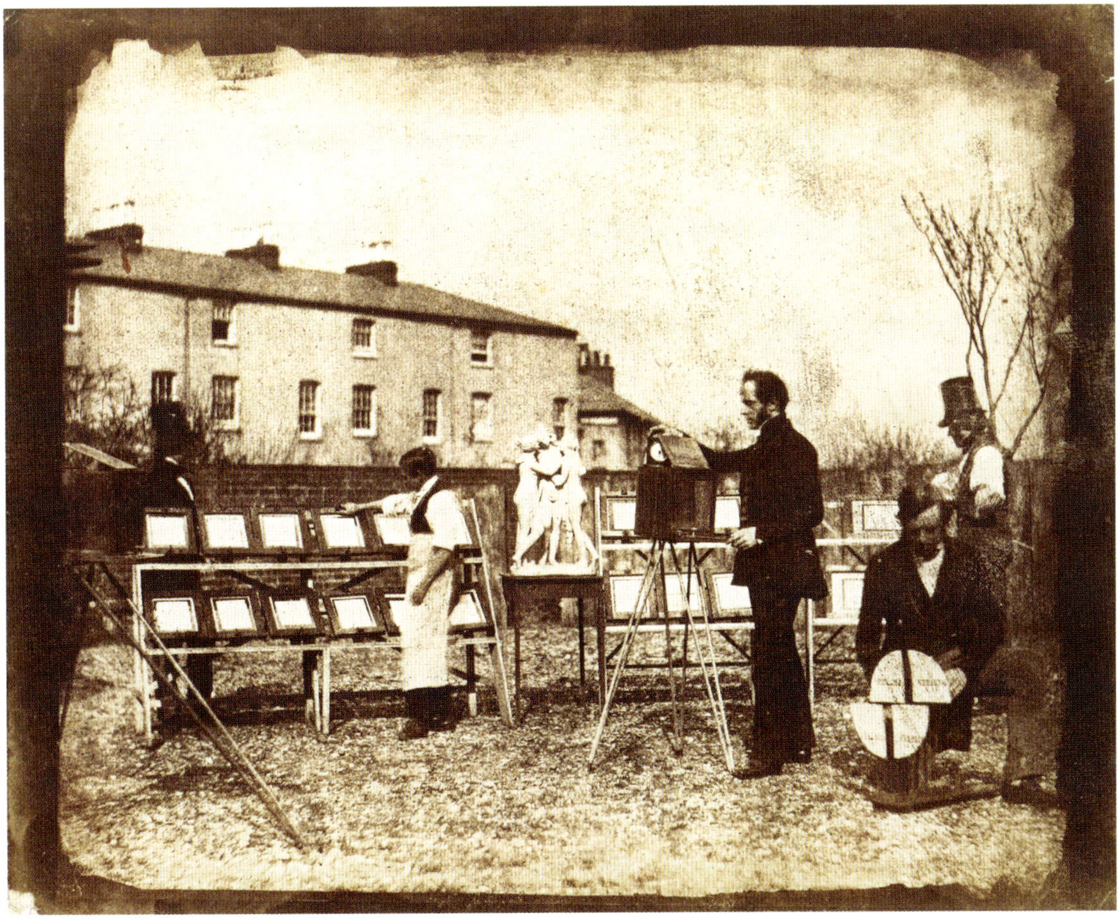

OBEN. Talbots Atelier (1846)
Links im Bild legt ein Assistent der Druckerei von William Henry Fox Talbot Holzrahmen aus, um Abzüge von Papiernegativen unter Verwendung von Sonnenlicht zu machen. In der Mitte ist Talbots Diener Nicolas Henneman zu sehen, der die Skulptur der Drei Grazien fotografiert. Henneman posierte häufig als Motiv für Talbot, wurde aber auch angestellt, um bei der Verwaltung seiner kurzlebigen Drucke zu helfen und die Veröffentlichung von *The Pencil of Nature* zu beaufsichtigen. Später eröffnete er ein eigenes Atelier in London, gab den Beruf aber Mitte der 1860er Jahre wieder auf.

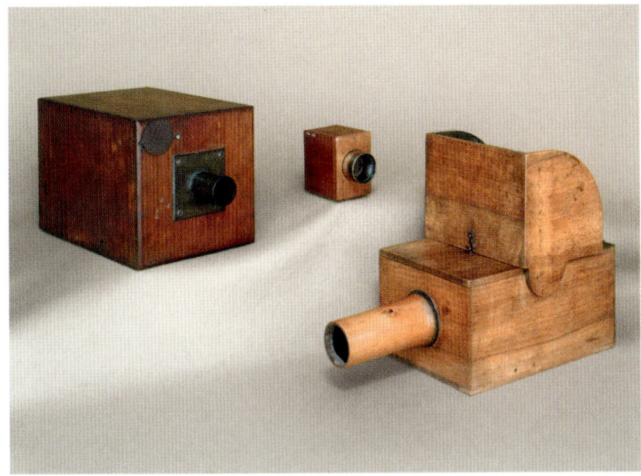

LINKS. Talbots Kameras
William Henry Fox Talbot benutzte mindestens 30 verschiedene Kameras, viele wurden vom örtlichen Zimmermann Joseph Foden hergestellt. Hier zu sehen (v.l.n.r.): Kalotypiekamera mit Linse und Fokussierhilfe aus Metall (1841–1842); kleine Experimentierkamera mit Linse (1834–1836); Camera obscura (ca. 1820) mit einem Rahmen zur Befestigung des Papiers für das manuelle Anfertigen von Abzügen.

VOR DER FOTOGRAFIE

Künstler wie auch Wissenschaftler hatten sich lange schon der Technik bedient, um die Welt besser zu verstehen. Die frühesten Verweise auf eine Camera obscura stammen aus chinesischen Texten eines sogenannten *Mozi* aus dem 4. Jahrhundert v. Chr.

Die Camera obscura wurde 1558 durch den Italiener Giambattista della Porta (1535–1615) populär, der das Gerät als Hilfsmittel für exaktere Zeichnungen empfahl. Viele Künstler machten sich diese Technik zunutze; man behauptete etwa, dass der holländische Maler Johannes Vermeer ein optisches Gerät für die Erstellung der Kompositionen seiner Gemälde verwendete. Eine weitere Zeichenhilfe war die Camera lucida, die 1806 von William Hyde Wollaston (1766–1828) patentiert wurde. Diese bestand aus einem verstellbaren Metallarm mit einem Glasprisma und einem Okular an einem Ende, während der andere Arm am Zeichenbrett des Künstlers befestigt war. Der Apparat warf die Umrisse des Motivs auf das Papier, so konnte es einfach nachgezeichnet werden.

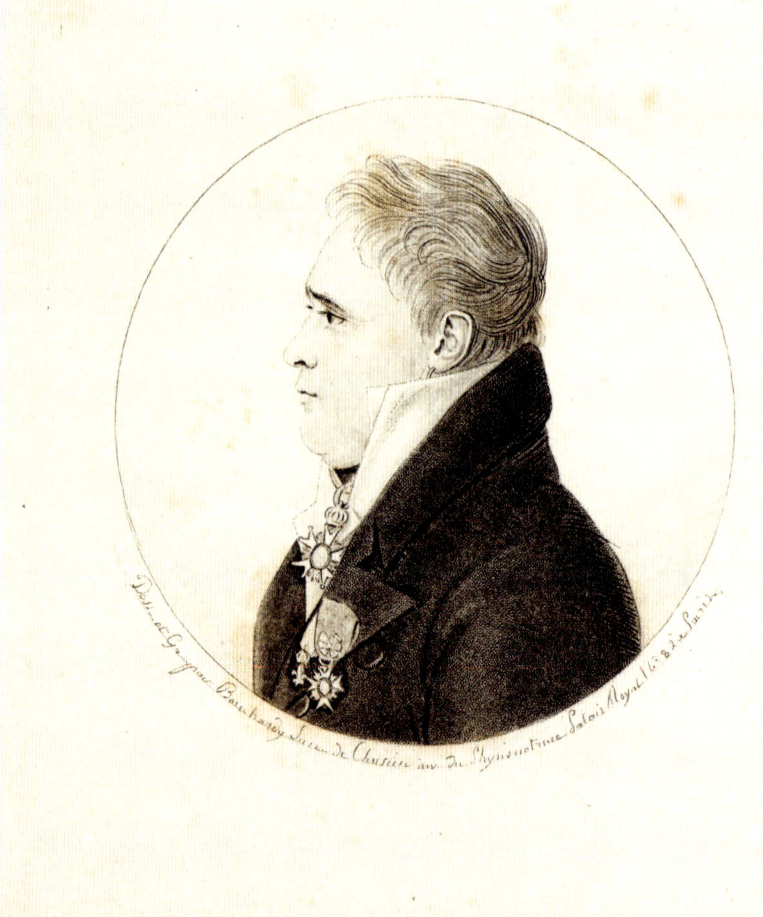

LINKS. Bouchardy–*Physionotrace eines Mannes* (*ca.* 1808)
Der Physionotrace war ein geniales Instrument: die Profilkonturen des Modells wurden mittels eines Gestänges nachgefahren, das durch ein Hebelsystem an einem Pantografen befestigt war, der die Konturen auf ein Papier übertrug. Von diesem konnten dann Kupferstiche angefertigt werden, eine Verbesserung gegenüber den handgestochenen Konturen, die Ende des 18. Jahrhunderts populär geworden waren. Der Physionotrace wurde um 1783–1784 von Gilles-Louis Chrétien in Frankreich patentiert, ein verbesserter Silhouettierstuhl um 1802 von John Isaac Hawkins in Amerika. Die gestochenen Zeichnungen wurden sehr populär, man fertigte Porträts von Koryphäen wie George Washington und vertrieb sie als Massenware. Dieses Porträt hier wurde von Chrétiens späterem Ateliernachfolger Bouchardy père im Palais-Royal in Paris angefertigt.

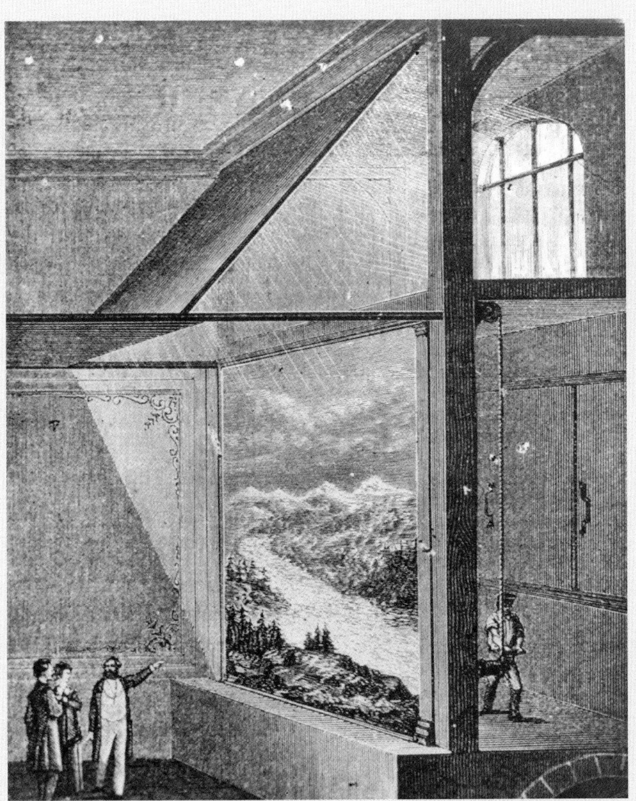

LINKS. Louis Daguerre – ***Diorama*** **(1823)**
Bevor er sich mit Fotografie beschäftigte, war Daguerre Maler und Architekt und schuf Bühnenbilder für Theater und Opernhäuser. Er entwickelte diese Fähigkeiten weiter, als er 1822 mit Charles Marie Bouton eines der ersten „Multimediaerlebnisse", das Pariser Diorama, erfand und eröffnete. Es bestand aus riesigen Bühnenprospekten, die in einem abgedunkelten, rotierenden Zuschauerraum ausgestellt und von vorn und hinten wechselnd beleuchtet wurden. Die Prospekte waren lichtdurchlässig und blickdicht; mit verschiedenen Methoden wurde das natürliche Licht so gesteuert, dass es sowohl auf die Vorder- als auch auf die Rückseite der Bilder fiel, wodurch eine Art Animation als Live-Spektakel entstand, der Vorläufer des Kinos.

UNTEN. Camera obscura, aus ***The Magazine of Science*** **Vol. I (1840)**
Der seit dem 17. Jahrhundert gebräuchliche Ausdruck „camera obscura" ist vom lateinischen *camera*, „Kammer" oder „Raum", und *obscura*, „dunkel", abgeleitet. Genutzt wird das natürliche Phänomen, das entsteht, wenn Licht durch ein Loch in der Wand fällt und ein umgekehrtes Bild der Außenwelt projiziert. Camerae obscurae waren oft abgedunkelte Räume mit weiß getünchten Wänden als Projektionsflächen. Sie dienten zur ungefährlichen Betrachtung von Sonnenfinsternissen und als Hilfsmittel für das genaue Nachzeichnen der Umrisse des projizierten Motivs. Es wurden auch tragbare Versionen für den Einsatz im Gelände entwickelt, um Landschaften genau wiedergeben zu können. Später wurden Spiegel und Linsen verwendet, um das Licht besser zu fokussieren, wie in diesem Stich von 1840 dargestellt ist.

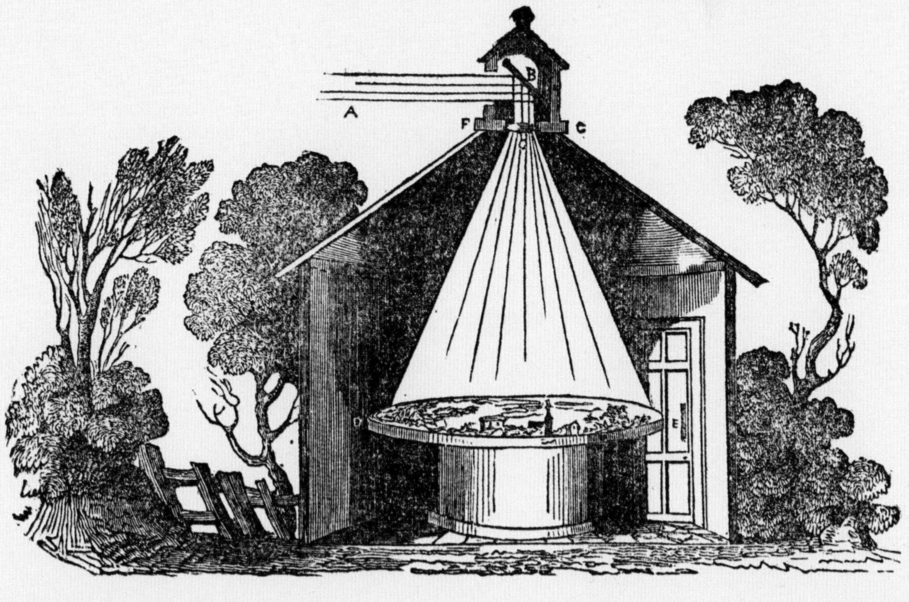

1826–1834

Joseph Nicéphore Niépce war es vergönnt, mit einem optischen Gerät die ersten dauerhaften Bilder herzustellen. Niépce, 1765 in Chalon-sur-Saône in Frankreich geboren, dient im Militär und arbeitet als Lehrer, bevor er 1801 nach Hause zurückkehrt, um den Familienbesitz Le Gras zu verwalten. Zusammen mit seinem Bruder Claude entwickelt er ein wissenschaftliches Interesse und experimentiert mit Techniken, um Bilder einer Camera obscura festzuhalten, eines optischen Geräts, das von Künstlern zur Anfertigung detaillierter Zeichnungen verwendet wurde. Erste Versuche gehen auf das Jahr 1816 zurück; 1822 gelingt Niépce die Herstellung eines Bildes nach einem Stich von Papst Pius VII., das später leider zerstört wird. 1826 fängt er den Blick aus seinem Haus in Le Gras ein, die erste erhaltene Fotografie der Außenwelt. 1827 reist er nach England, wo ihn der Botaniker Francis Bauer ermutigt, seine Heliografien der Royal Society zu präsentieren. Niépce beschreibt seine frühen Beispiele als „die ersten Ergebnisse, die spontan durch die Wirkung des Lichts erzielt wurden“, aber sie werden abgelehnt, weil er sein Verfahren nicht offenlegen will. 1829 beginnt er eine Kooperation mit Louis Daguerre, der die Arbeit daran nach seinem Tod fortsetzen und einen Großteil der Anerkennung für seine Erfindung erhalten sollte. PL

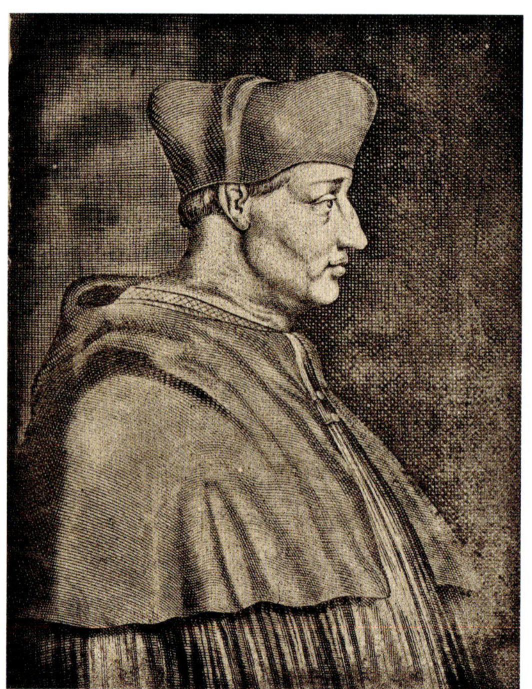

Joseph Nicéphore Niépce–*Cardinal d’Amboise*
Bereits 1814 experimentierte Joseph Nicéphore Niépce (1765–1833) mit dem Lithografie-Verfahren, indem er mit einem lichtempfindlichen Lack versuchte, Kopien von Stichen und Zeichnungen anzufertigen. Dies gipfelte 1826 in der erfolgreichen Reproduktion eines gestochenen Porträts des römisch-katholischen Kardinals d’Amboise aus dem 16. Jahrhundert. Dafür wurde eine Zinnplatte mit lichtempfindlichem Asphalt aus Judäa beschichtet, belichtet und dann gewaschen, um unbelichtete Partien zu entfernen; es verblieb ein in Metall geätztes Bild. Das Verfahren wurde als „Heliografie“ bezeichnet; und es war das erste Mal, dass ein Bild dauerhaft auf einer Oberfläche fixiert worden war. Dies ist eine von nur sechzehn erhaltenen heliografischen Platten von Niépce, sie befindet sich in der Sammlung der Royal Photographic Society in England.

1826

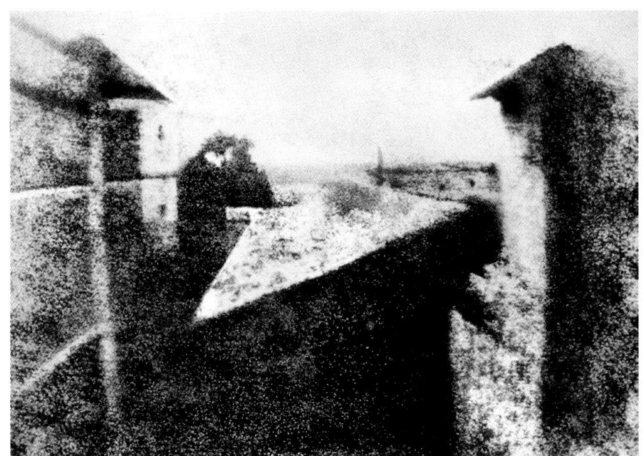

Joseph Nicéphore Niépce – *Blick aus dem Fenster von Le Gras*

Dieses blasse, unscharfe Bild ist besonders: Es ist die erste, noch erhaltene Fotografie. Niépce machte das Bild mit einer Camera obscura aus einem Hofseitenfenster seines Hauses und bündelte das Licht auf eine 16,2 × 20,2 cm große Metallplatte; Belichtungszeit etwa acht Stunden. Niépces bemerkenswertes Bild wurde von den bedeutenden Fotohistorikern Helmut und Alison Gernsheim wiederentdeckt, die diesen kontraststärkeren Abzug von der ursprünglichen Zinnplatte anfertigten. Es befindet sich im Harry Ransom Center in Texas und hat bis heute seine außergewöhnliche, ätherische Qualität als bahnbrechende wissenschaftliche und künstlerische Leistung bewahrt.

William Henry Fox Talbot – *Skizze der Villa Metzi, 5. Oktober 1833*

Dies ist die wohl wichtigste Zeichnung in der Geschichte der Fotografie. William Henry Fox Talbot schuf sie während seiner Flitterwochen am Comer See in Italien. Talbot benutzte eine Camera lucida, um die schöne Aussicht zu studieren, war aber von den Ergebnissen bitter enttäuscht und konstatierte: „Dieser treulose Stift hat nur allzu traurige Spuren auf dem Papier hinterlassen." Doch dann sinnierte er „über die malerische Schönheit der Bilder, die die Natur durch die Glaslinse der Kamera auf das Blatt warf… und die ebenso schnell wieder verblasst". Dieser Gedanke ließ ihn unweigerlich davon träumen, wie „bezaubernd es doch wäre, diese Naturbilder dazu zu bringen, sich selbst dauerhaft aufzudrucken und auf dem Papier fixiert zu bleiben."

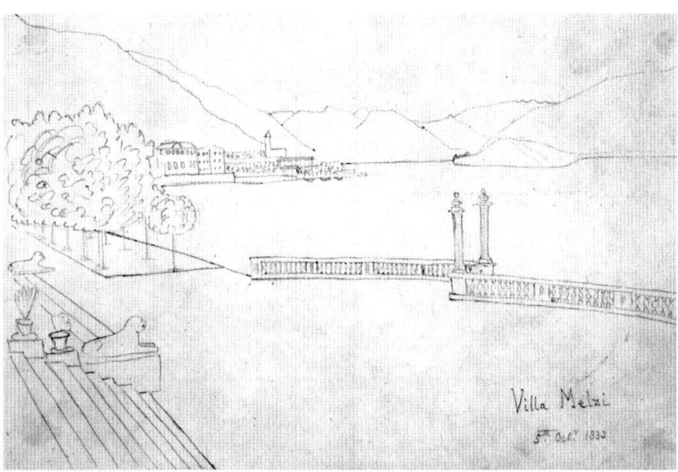

Der Russisch-Osmanische Krieg endete mit dem Frieden von Adrianopel; Griechenland wird unabhängig.

1829

Amerikas erste Bahnstation wird in Baltimore eröffnet.

1830

Charles Darwin bricht ohne Auftrag zur Forschungsreise der HMS Beagle nach Südamerika, Neuseeland und Australien auf.

1831

Der Slavery Abolition Act beendet die Praxis der Sklaverei im gesamten Britischen Weltreich.

1833

1835–1837

Neben Daguerre und Niépce gehört der englische Amateurwissenschaftler und Gentleman William Henry Fox Talbot (1800–1877) zu den Pionieren der Fotografie. Talbot war ein wahrer Universalgelehrter und Erfinder, der siebenundzwanzig wissenschaftliche Artikel und vier Bücher zu einem breiten Spektrum von Themen wie Chemie, Optik, Botanik, Mathematik, Astronomie und Philosophie veröffentlichte. Er war Absolvent des Trinity College in Cambridge, Fellow der Astronomical Society, der Linnean Society of London und der Royal Society, und saß von 1832 bis 1835 als Abgeordneter der Whigs im Parlament in Chippenham. Sein angestammtes Familienanwesen, die mittelalterliche Lacock Abbey in Wiltshire, England, wird heute vom National Trust als Museum erhalten, als Geburtsstätte der Fotografie. Hier war das Zentrum seiner fotografischen Experimente, hier traf er sich mit seinen zahlreichen Freunden, um mit ihnen die Möglichkeiten des neuen Mediums zu erforschen. PL

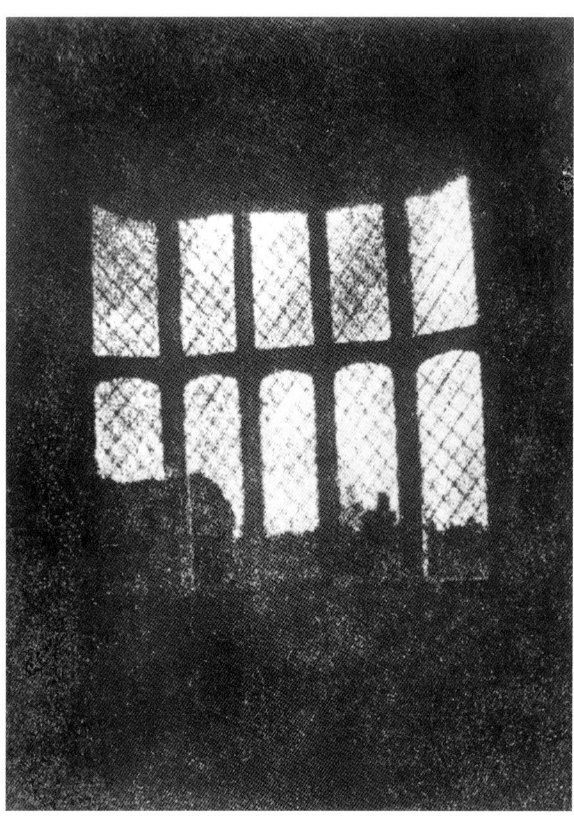

William Henry Fox Talbot–
Das Erkerfenster von Lacock Abbey
Im Sommer 1835 setzte William Henry Fox Talbot Linsen aus Fernrohren in kleine Holzkisten ein, die von seiner Frau Constance „Mausefallen“ genannt wurden und in die er mit Silbersalzen beschichtete, lichtempfindliche Papiere legte. Dann stellte er die Kistchen überall auf seinem Anwesen Lacock Abbey auf, und tatsächlich gelang es, Sonnenlicht darin festzuhalten, wenn auch nur auf winzigen Papierquadraten von der Größe einer Briefmarke, die das jeweilige Bild als Negativ zeigten. Talbot beschrieb das Positiv von diesem Papiernegativ so: „Beim ersten Abzug konnte man mit einer Lupe die Fensterquadrate zählen, an die 200 Stück.“ Das empfindliche, fragile Negativ wird in den Archiven des National Science and Media Museum in Bradford aufbewahrt.

Samuel Colt gründet eine Schusswaffenfirma, um seine Erfindung, den Colt-Revolver, zu bauen.

1835

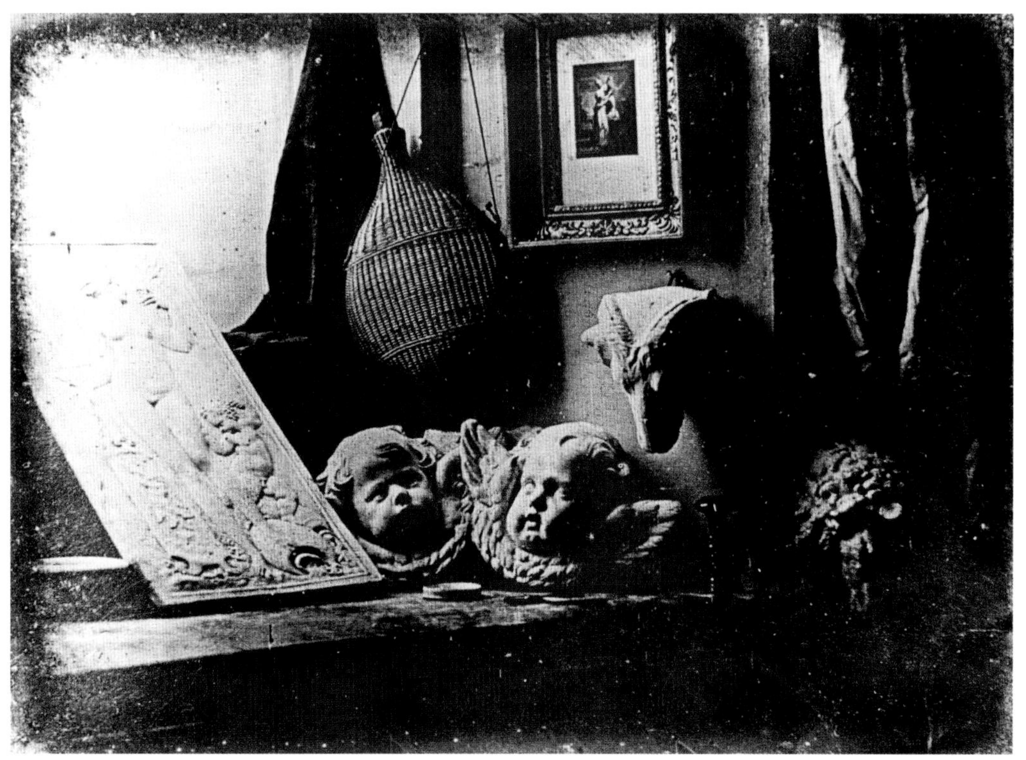

Louis Daguerre – ***Das Atelier des Künstlers***

Daguerre setzte die Arbeit fort, die er mit Niépce begonnen hatte, bis es ihm um 1835 vermutlich gelang, die Prototypen dessen zu schaffen, was als Daguerreotypie bekannt werden sollte. Keines dieser frühen Experimente hat jedoch überlebt, so ist diese detaillierte Stilllebenstudie einer Ecke seines Ateliers, die durch das Chiaroscuro-Licht vom Fenster her beleuchtet wird, das früheste bekannte Beispiel für dieses Verfahren. Bevor er sich mit Fotografie beschäftigte, arbeitete Daguerre als Maler und Architekt und war vor allem durch seine Bühnenbilder für Theater und Opernhäuser bekannt. Später kombinierte er diese Bereiche und schuf 1822 das „multimediale" Pariser Diorama. Für seine Entwürfe bediente er sich häufig der Camera obscura, sodass er im Laufe der Zeit dazu kam, mit diesem Medium zu experimentieren, um das optische Bild schließlich auf einer lichtempfindlichen Oberfläche zu fixieren.

Die Schlacht von Alamo zwischen texanischen Siedlern und mexikanischer Armee ist zentral für die texanische Revolution.

Nach dem plötzlichen Tod seiner Frau, dem er nicht beiwohnen konnte, lässt Samuel Morse den Telegrafen patentieren – eine neue Methode der schnellen Fernkommunikation.

1836

1837

STILLLEBEN

Arrangements von Objekten, ob für die Kamera inszeniert oder in der Welt gefunden, gaben den Fotografen die Möglichkeit, ästhetisch zu erkunden, wie sich Licht und Form im dreidimensionalen Raum in zwei Dimensionen übersetzen ließen, und wie Dinge ein Gespür für die Person vermitteln können, der sie einst gehörten.

Die frühen Fotografen ließen sich vom etablierten Genre der Stilllebenmalerei inspirieren; einige, wie Henri Le Secq (1818–1882), hatten eine künstlerische Bildung genossen und etwa Malerei bei Paul Delaroche studiert. Le Secq fertigte 1856 Objektstudien, zu denen auch ein Arrangement von Gläsern mit einer halb gefüllten Flasche Wein gehörte, die sowohl als formale Komposition als auch als Kommentar zur Kultur Frankreichs und zu seinem eigenen Leben betrachtet werden kann. In ähnlicher Weise begann Roger Fenton (1819–1869) nach seiner Rückkehr aus dem zehrenden Krimkrieg einen inhaltlichen Neuanfang. Inspiriert von der Arbeit englischer Stilllebenmaler wie George Lance arrangierte und fotografierte er Früchte, die mit großem Erfolg ausgestellt wurden. Ein Kritiker bemerkte im *British Journal of Photography*, dass Fenton nun „in einem völlig neuen Licht und in der Welt der Fotografie etwa auf gleicher Stufe" stehe, wie „Lance unter den Malern". Andere Fotografen wie Edward Weston, Imogen Cunningham und Robert Mapplethorpe ließen sich von der Schönheit der Flora inspirieren und schufen erlesene Studien von Blumen und sogar von Gemüsen. Wiederum andere untersuchten Objekte nach Hinweisen auf das menschliche und das soziale Leben. 1955 veröffentlichte Walker Evans (1903–1975) in der Zeitschrift *Fortune* eine Studie mit dem Titel „Beauties of the Common Tool". Vor schlichtem grauem Hintergrund und im Stil von Museumsartefakten aufgenommene gewöhnliche Werkzeuge werden zu Kunstwerken von monumentaler, skulpturaler Qualität erhoben, dargestellt mit feinem Gespür für Tonalität und Zeichnung. Sie wirken dreidimensional, fast plastisch, als könnte man sie ergreifen oder aufnehmen, und sind von einer solchen Gewichtigkeit und visuellen Stabilität, dass diese ihre zweidimensionale Darstellung auf dem Blatt zu widerlegen scheinen.

UNTEN. Karl Blossfeldt–*Allium ostrowskianum/ Knoblauchpflanze* (1929)
Karl Blossfeldt (1865–1932) war gelernter Bildhauer und Hobby-Botaniker. Diese beiden Interessen inspirierten ihn zu einer drei Jahrzehnte währenden fotografischen Studie von über 6.000 Blumen, Samen und Gemüsen. Er verwendete die Bilder in seinen Klassen am Kunstgewerbemuseum in Berlin, wo er Architekten und Künstler unterrichtete. Durch die Arbeit mit großen Glasplattennegativen, mittels derer er die Flora um ein Vielfaches größer als lebensgroß zu reproduzieren vermochte, und durch lange Belichtungszeiten mit Tageslicht schuf er atemraubende Bilder mit einem Detailreichtum, einer Tiefe und einer Dreidimensionalität, die über ihren ursprünglichen Zweck als Lehrmittel hinausgingen und zu außergewöhnlichen Studien natürlicher Formen wurden.

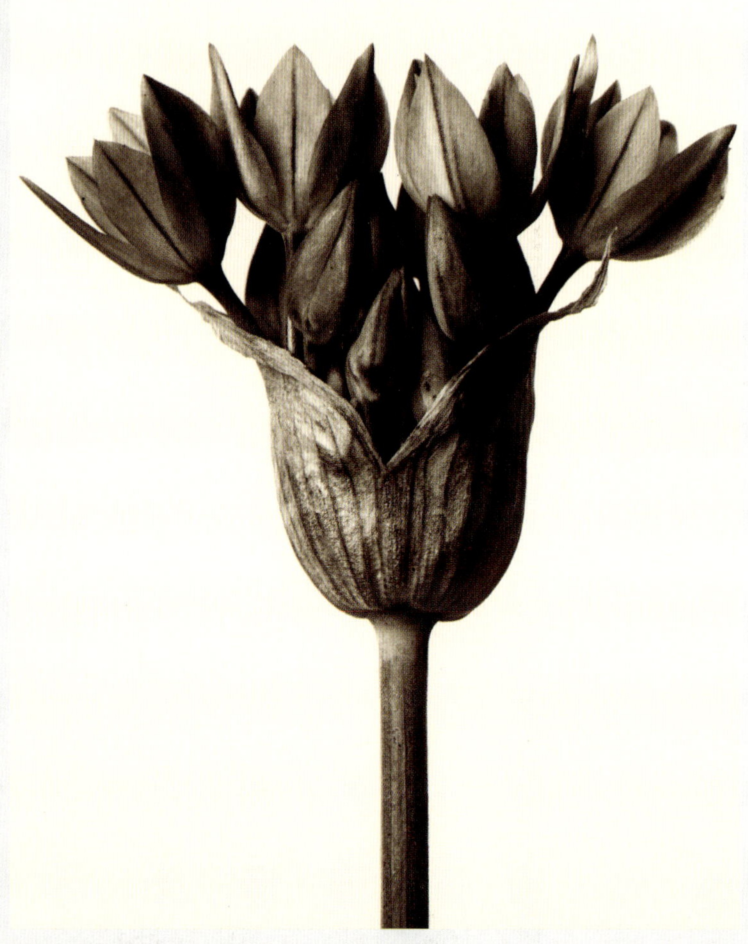

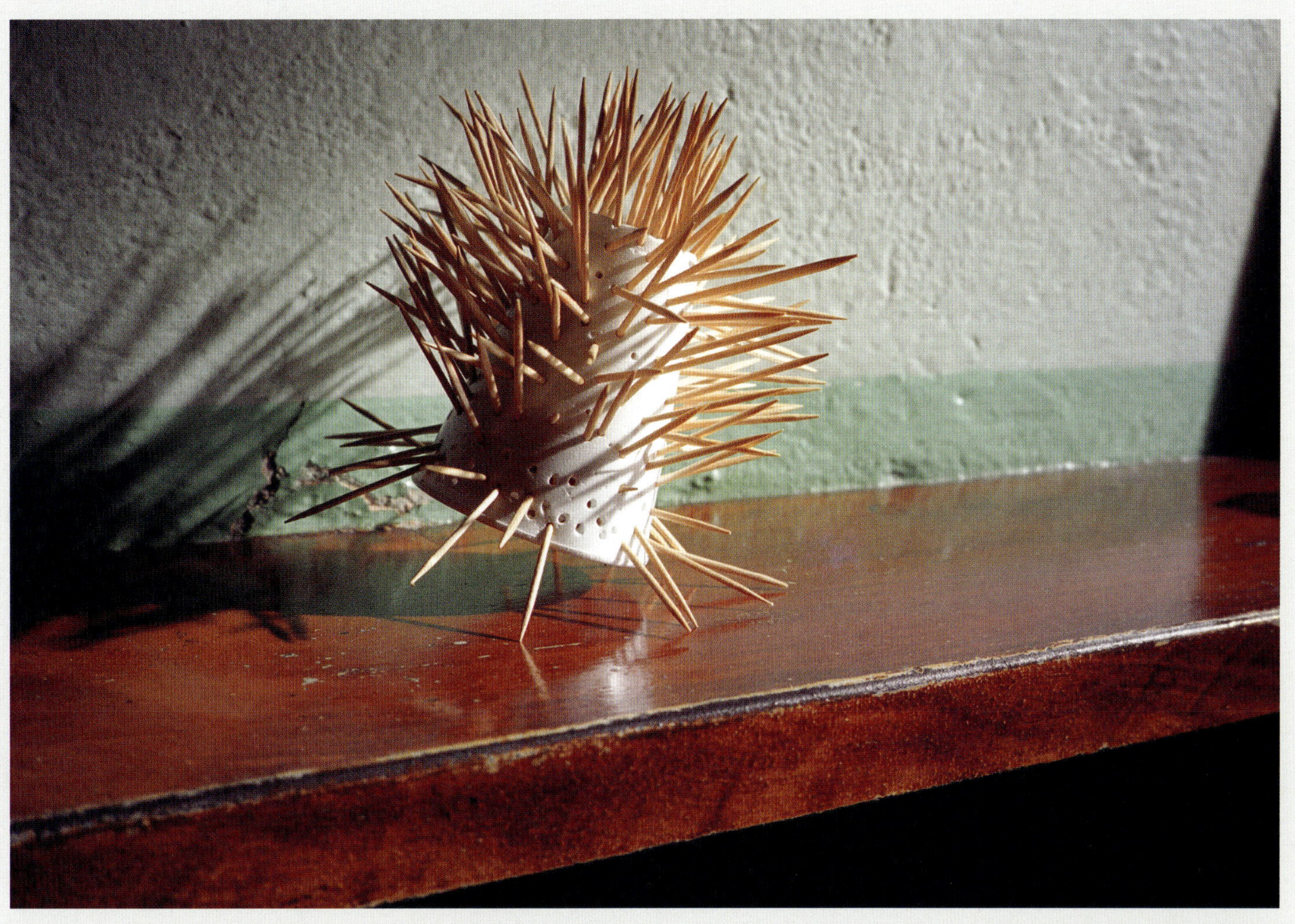

OBEN. Peter Fraser–*Ohne Titel* (2006)
Peter Fraser (geb. 1953) untersucht in seinem Werk, wie die materielle Welt, in der wir leben, tiefe psychologische Einblicke in die menschliche Wesensart gewähren kann. „Die Welt, die ich vorfand, war unendlich komplexer, fesselnder und rätselhafter als jede meiner Vorstellungen davon, wie sie durch meine eigene Manipulation aussehen sollte." Seine Methode besteht darin, in die Welt hinauszugehen, sich auf ihre Schwingungen einzustimmen, sich in einem meditativen Prozess mit ihr zu verbinden und nach kleinen Details zu suchen, die Einsicht gewähren. Es fasziniert ihn, Objekte aus nächster Nähe zu betrachten, weil er das Gefühl hat, dass „kleine Dinge wirklich wichtig sind, nicht zuletzt, weil alles im Universum aus Materie besteht, die so klein ist, dass wir sie mit dem bloßen Auge nicht sehen können. Ich mische mich fast nie in meine Themen ein: In der Welt sind geheimnisvolle Kräfte am Werk, und sie wissen besser als ich, wie die Dinge platziert werden sollten."

1838–1840

Nachdem Louis Daguerre sein Verfahren Interessierten privat vorgeführt hat, darunter der amerikanische Erfinder Samuel Morse, präsentiert er seine Entdeckung auf einer Tagung der Akademie der Wissenschaften und am 19. August 1839 in der Akademie der Schönen Künste in Paris der Öffentlichkeit. Als Gegenleistung für die Rechte daran erhalten er und der Sohn und Erbe von Niépce, Isidore, von der französischen Regierung eine lebenslange Rente. Das Verfahren wird der Welt zur freien Nutzung zur Verfügung gestellt, bizarrerweise mit Ausnahme Englands, denn dort hatte Daguerre fünf Tage zuvor ein Patent anmelden lassen. Es trug den Titel *Patent No. 8194 of 1839, Neue oder verbesserte Methode zur spontanen Reproduktion aller Bilder, die mit einer Camera obscura aufgenommen wurden.* Für die Aufnahme von Daguerreotypien war in Großbritannien demnach eine Lizenz erforderlich. Tragischerweise wurde Daguerres Atelier bei einem Brand im März 1839 zerstört. Heute existieren nur noch 25 ihm zugeschriebene Werke. PL

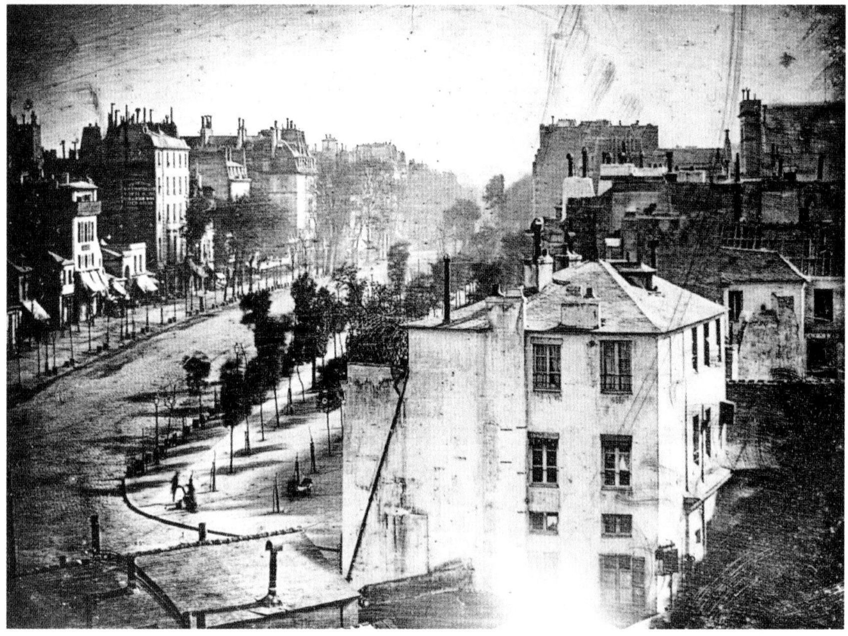

Louis Daguerre–*Boulevard du Temple*

Diese von Louis Daguerre frühmorgens aufgenommene Pariser Straßenszene wirkt seltsam menschenleer, was an den Belichtungszeiten von 7–15 Minuten liegt, die für Aufnahmen von Bildern auf lichtempfindliche Kupferplatten erforderlich waren, die wir heute Daguerreotypien nennen. Nur die gespenstische Figur des Mannes, dem die Schuhe geputzt werden, ist zu erkennen, die erste Abbildung eines Menschen auf einem Foto. Die Daguerreotypie war ursprünglich ein Unikat und nicht reproduzierbar, was das Verfahren weniger attraktiv machte, obwohl zeitgenössische Kritiker die Detailgenauigkeit der Ansicht bewunderten. Dass diese schlichte Straßenszene berühmt wurde, zeigt, wie die Fotografie das Sehen demokratisiert hat.

Talbot veröffentlicht sein fotografisches Verfahren in „Einiges über die Kunst der fotogenischen Zeichnung“.

Sarah Anne Bright fertigt mit ihrer Serie von Fotogrammen die frühesten erhaltenen fotografischen Bilder einer Frau. Sechs davon existieren noch.

1838

1839

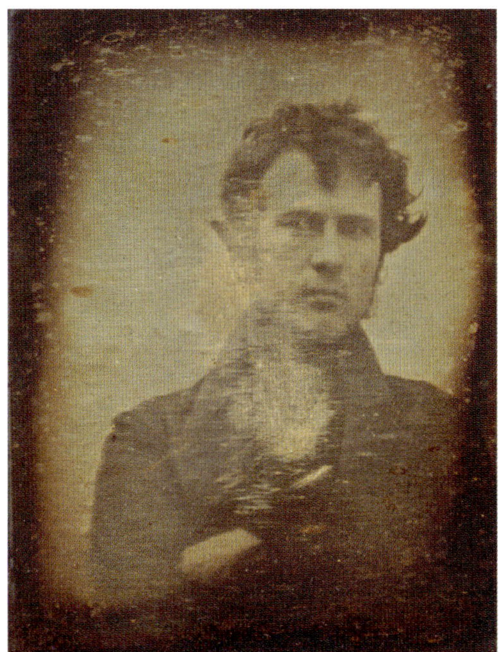

Robert Cornelius – ***Selbstporträt***
Dieses fesselnde Bild von Robert Cornelius (1809–1893) ist eines der frühesten Porträts, vielleicht sogar das Ur-„Selfie“. Auf die Rückseite des Bildes schrieb er: „Das erste Lichtbild, das je gemacht wurde. 1839“. Cornelius arbeitete zunächst für seinen Vater und spezialisierte sich auf das Versilbern und Polieren von Metall. Seine Fertigkeiten ließen sich leicht auf die Herstellung von Silberplatten für Daguerreotypien übertragen. Er verlegte sich auf die Fotografie und eröffnete zwischen 1841 und 1843 zwei der ersten Fotostudios in Amerika. Trotz erster Erfolge gab er den Beruf bald auf; das Familienunternehmen für Gas und Beleuchtung war profitabler.

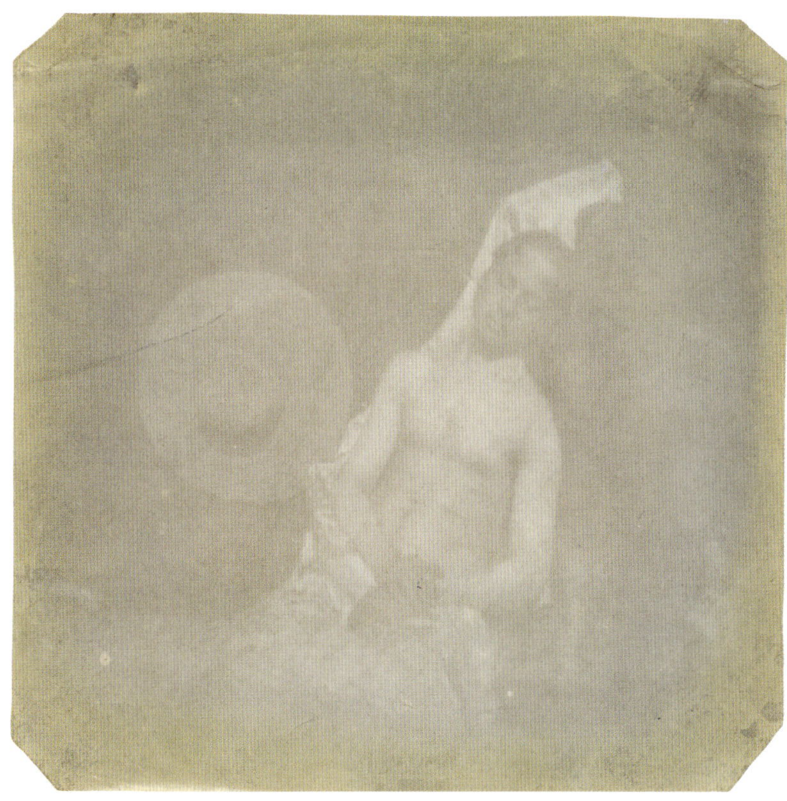

Hippolyte Bayard – ***Selbstporträt als Ertrunkener***
Dieses Foto wirkt beunruhigend, war aber ein ironischer Kommentar zur willkürlichen Wahl von Berühmtheiten. Der Urheber, Hippolyte Bayard (1801–1887), schrieb auf die Rückseite des Abzugs: „Die Leiche, die Sie umseitig sehen, ist die des Herrn Bayard, Erfinder des hier illustrierten Verfahrens. Soweit ich weiß, hat sich dieser unermüdliche Forscher drei Jahre seiner Entdeckung gewidmet. Die Regierung, die Herrn Daguerre gegenüber so großzügig gewesen war, erklärte, nichts für Herrn Bayard tun zu können. So hat sich der Unglückliche ertränkt. Oh Launen menschlichen Lebens!“ Bayard war verärgert, dass seine Experimente mit dem Direktpositiv nicht die gleiche Anerkennung wie die seines Konkurrenten Daguerre gefunden hatten, und inszenierte deshalb den eigenen Tod.

Louis Daguerre präsentiert sein Verfahren der Daguerreotypie der Öffentlichkeit.

Alexander Wolcott erhält für seine Kamera das erste amerikanische Patent in der Fotografie und eröffnet in New York das erste Fotostudio der Welt.

1840

1841–1843

Die Daguerreotypie wird schnell zum Hype und geht um die Welt. Die Weiterentwicklung von Linsen und chemischen Verfahren ermöglicht kürzere Belichtungszeiten; die Aufnahme von Porträts wird einfacher. Die relativ preiswerte Herstellung führt dazu, dass Scharen von Menschen aller Schichten ihre Bildnisse reproduzieren lassen. Samuel Morse führt das Verfahren in Amerika ein, das schnell zum größten Verbrauchermarkt wird. Der amerikanische Autor Oliver Wendell Holmes beschreibt die Daguerreotypie wortgewandt als „Spiegel mit Gedächtnis". 1841 führt William Henry Fox Talbot sein patentiertes Papiernegativverfahren der Kalotypie (oder „Talbotypie") ein, die im Gegensatz zum Unikat einer Daguerreotypie die Belichtungszeit verkürzt und ein reproduzierbares Bild erzeugt. Der Erfolg der Kalotypie wird aber durch das Patent und die nun anfallenden Lizenzgebühren für kommerzielle Nutzer behindert; erst 1852 gibt er die Verwertungsrechte ab. PL

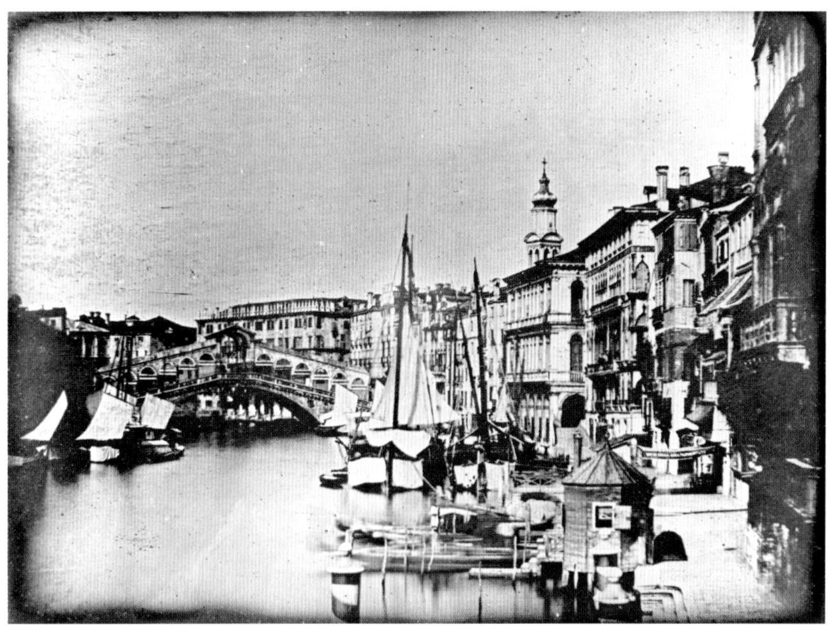

Alexander John Ellis–***Rialtobrücke, Venedig***

Alexander John Ellis (1814–1890) dokumentierte seine „Kavalierstour", die traditionelle Europareise junger englischer Gentlemen vor dem Ernst des Lebens. Er war ein früher Pionier der Daguerreotypie und plante, seine Studien der Sehenswürdigkeiten in einem Band mit dem vorläufigen Titel *Italy Daguerreotyped* zu veröffentlichen. Sie würden „dem Reisenden, der wissen möchte, wie Italiens Gebäude wirklich aussehen, den gewünschten Nachweis erbringen". Obwohl er das Buch nie herausbrachte, hatte er über 100 Fotografien angefertigt, die frühesten bekannten Ansichten Italiens, und sorgfältig Datum, Zeit und Ort jeder einzelnen Aufnahme notiert. Diese malerische Sicht auf die Rialtobrücke wurde zwischen 15.29 Uhr und 15.42 Uhr aus einem Fenster im Obergeschoss des White Lyon Inn aufgenommen. Die 13-minütige Belichtung lässt die Straßen unheimlich menschenleer erscheinen.

Der US Supreme Court entscheidet, dass die Afrikaner an Bord der *Amistad* rechtlich keine Sklaven sind und nach Sierra Leone zurückkehren dürfen.

Sir John Herschel erfindet die Cyanotypie.

1841

Joseph-Philibert Girault de Prangey–*Das Olympieion in Athen*
1842 begab sich Girault de Prangey (1804–1892) auf eine dreijährige Expedition durch Italien, Griechenland, die Türkei, Syrien, Ägypten und Palästina, während der er über 800 Daguerreotypien von Architekturen und Landschaften anfertigte. Nach seiner Rückkehr veröffentlichte er eine limitierte Auflage von Lithografien seiner Bilder, stellte sie aber nie öffentlich aus. Sie blieben bis in die 1920er Jahre unentdeckt und wurden nur zufällig beim Verkauf seines verfallenen Hauses gefunden. 80 Jahre später erlangten sie weltweite Aufmerksamkeit, als sie für die riesige Summe von 3,8 Millionen Pfund (5,3 Millionen Euro) an Scheich Saud al-Thani von Katar versteigert wurden. Für dieses Foto wurden £ 565.250 (785.000 Euro) geboten, ein damals weltweiter Rekordpreis für Fotografien jeder Art.

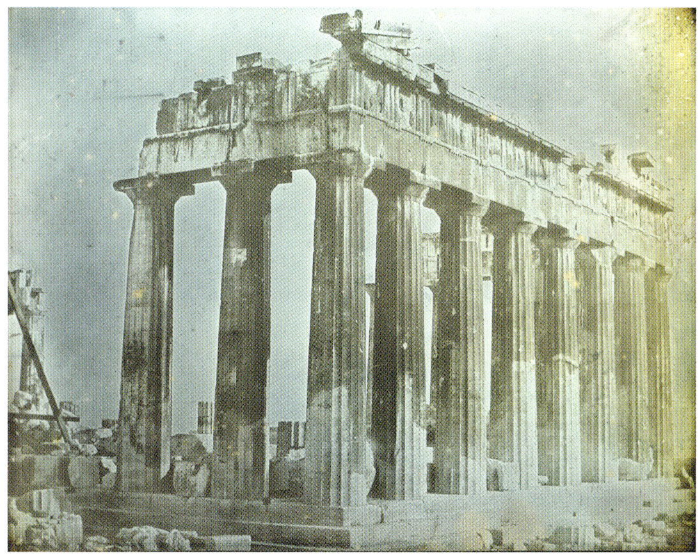

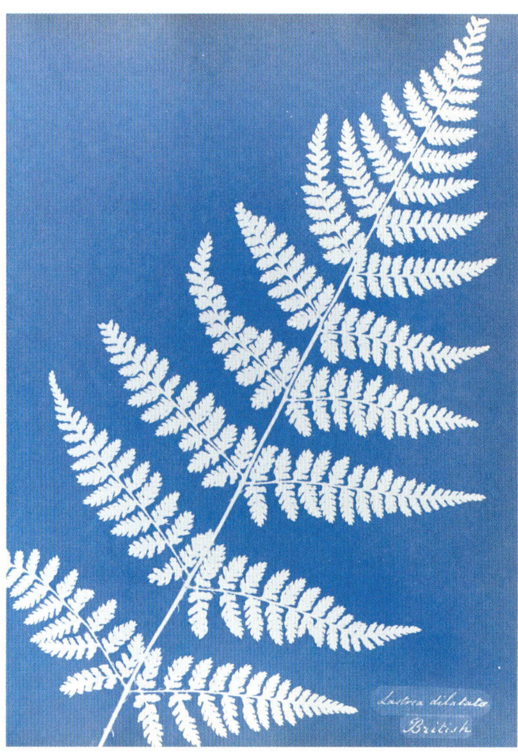

Anna Atkins–*Cystoseira granulata*
Anna Atkins (1799–1871) war eine Pionierin der wissenschaftlichen Fotografie; ihr Cyanotypie-Band *British Algae: Cyanotype Impressions* gilt als erste, mit Fotografien illustrierte Publikation. Sie war Mitglied der Botanical Society of London und eine sehr gute Zeichnerin, erkannte aber bald, dass die Fotografie in viel kürzerer Zeit genauere Ergebnisse liefern konnte. 1843 begann sie mit der Katalogisierung von Algen und fertigte Kontaktabzüge, die den blauen Farbton aufweisen, der durch die Oxidation der für die Belichtung verwendeten Eisensalze entsteht.

Die erste illustrierte Wochenzeitung der Welt erscheint unter dem Titel *The Illustrated London News*.

Die erste Werbung mit einem Foto wird in Philadelphia veröffentlicht.

Charles Thurber erfindet die Schreibmaschine.

1842

1843

DER AKT

Wie in der Kunst ist auch in der Fotografie die Darstellung und Erforschung des nackten menschlichen Körpers ein zentrales Thema und damit Gegenstand intensiver Debatten über Zensur und Geschmack. Fotografen balancieren hier auf einem schmalen Grat zwischen Ästhetik, Erotik und Pornografie und müssen die Grenzen dessen ausloten, was als gesellschaftlich akzeptabel gilt, und gleichzeitig doch auch die Schönheit des nackten Körpers feiern.

Seit der Geburtsstunde der Fotografie war der Akt eines der großen Themen dieses Mediums, wobei die Fotografen die Fähigkeit der Kamera ausloteten, Zartheit, Zeichnung und Textur des Lichts einzufangen, das auf männliche oder weibliche Haut fällt. Diese Erkundungen führten aber auch zu erheblichen Kontroversen über Fragen von Geschmack und Anstand, wobei einige Fotografen die herrschenden Sitten bewusst infrage stellten, insbesondere durch die Darstellung von Genitalien. Oscar Gustave Rejlanders (1813–1875) Bild *The Two Ways of Life* (1857) löste 1859 in Schottland große Kontroversen aus und führte zur Spaltung der Photographic Society of Scotland. Die Abtrünnigen gründeten 1861 die Edinburgh Photographic Society, nachdem das Bild halb verhüllt ausgestellt worden war, um die nackten Figuren zu verdecken. Das Ansehen dieser Fotografie war jedoch gerettet, als Königin Victoria ein Exemplar für Prinz Albert erwarb, nachdem sie es 1857 auf der Kunstausstellung in Manchester gesehen hatte. Später schuf Bill Brandt (1904–1983) eine Serie surrealistischer weiblicher Akte. Er nutzte dafür den verzerrenden Effekt eines Superweitwinkelobjektivs an seiner Hasselblad-Kamera, um komplexe, Henry-Moore-Skulpturen ähnelnde Formen zu schaffen, und positionierte seine Modelle in klaustrophobischen Innenräumen oder vor der offenen Küstenlandschaft in Sussex, England.

UNTEN. Jean Louis Marie Eugène Durieu – *Männlicher Akt, sitzend* (1858)
Jean Louis Marie Eugène Durieu (1800–1874) widmete sich nach seiner Arbeit als Rechtsanwalt der Fotografie und wurde Präsident einer der ersten fotografischen Gesellschaften der Welt, der 1854 gegründeten französischen Société française de photographie (SFP). Mit einem guten Freund, dem Maler Eugène Delacroix, arbeitete er an der systematischen Erforschung des nackten menschlichen Körpers. Delacroix hatte das Potenzial der Fotografie als Hilfsmittel für Künstler sofort erkannt: „Sie ist eine Vermittlungsinstanz, die uns tiefer in die Geheimnisse der Natur einweiht… eine Kopie, in gewisser Weise trügerisch, weil sie so getreu ist.“ Er wählte die Modelle aus und positionierte sie, und Durieu machte die Fotos, nach denen Delacroix dann zeichnete und malte.

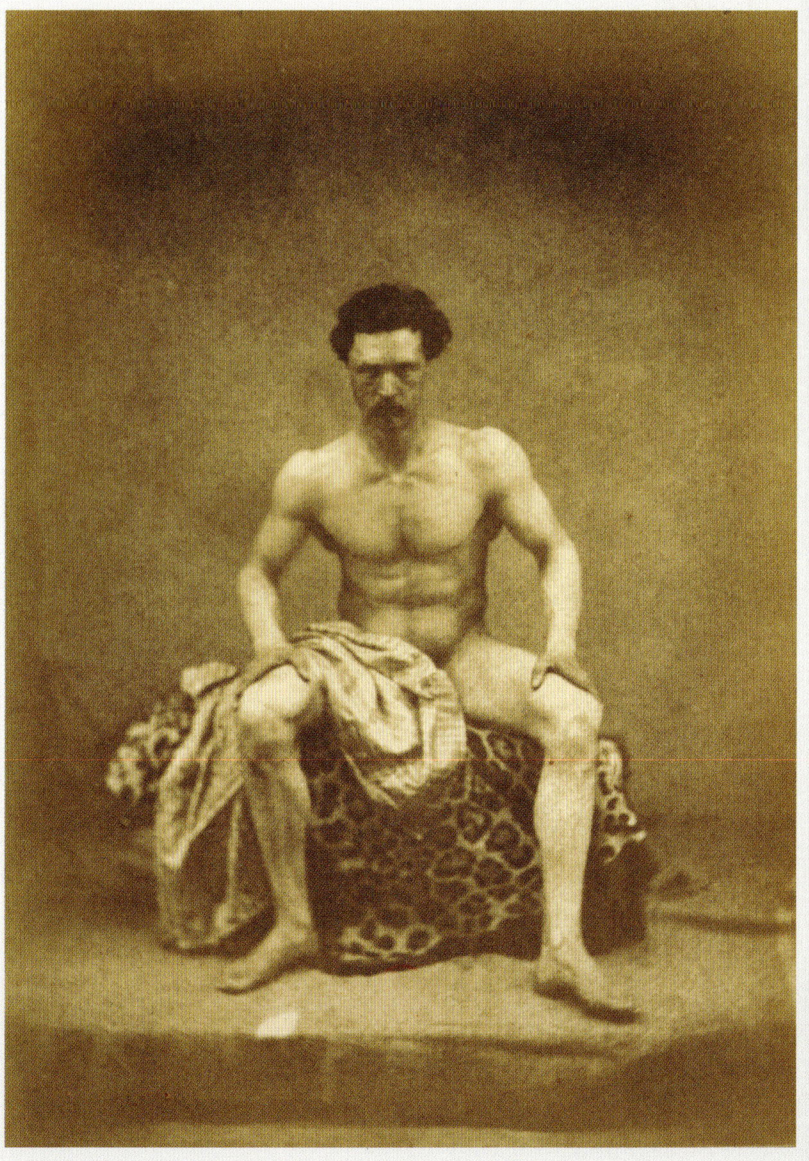

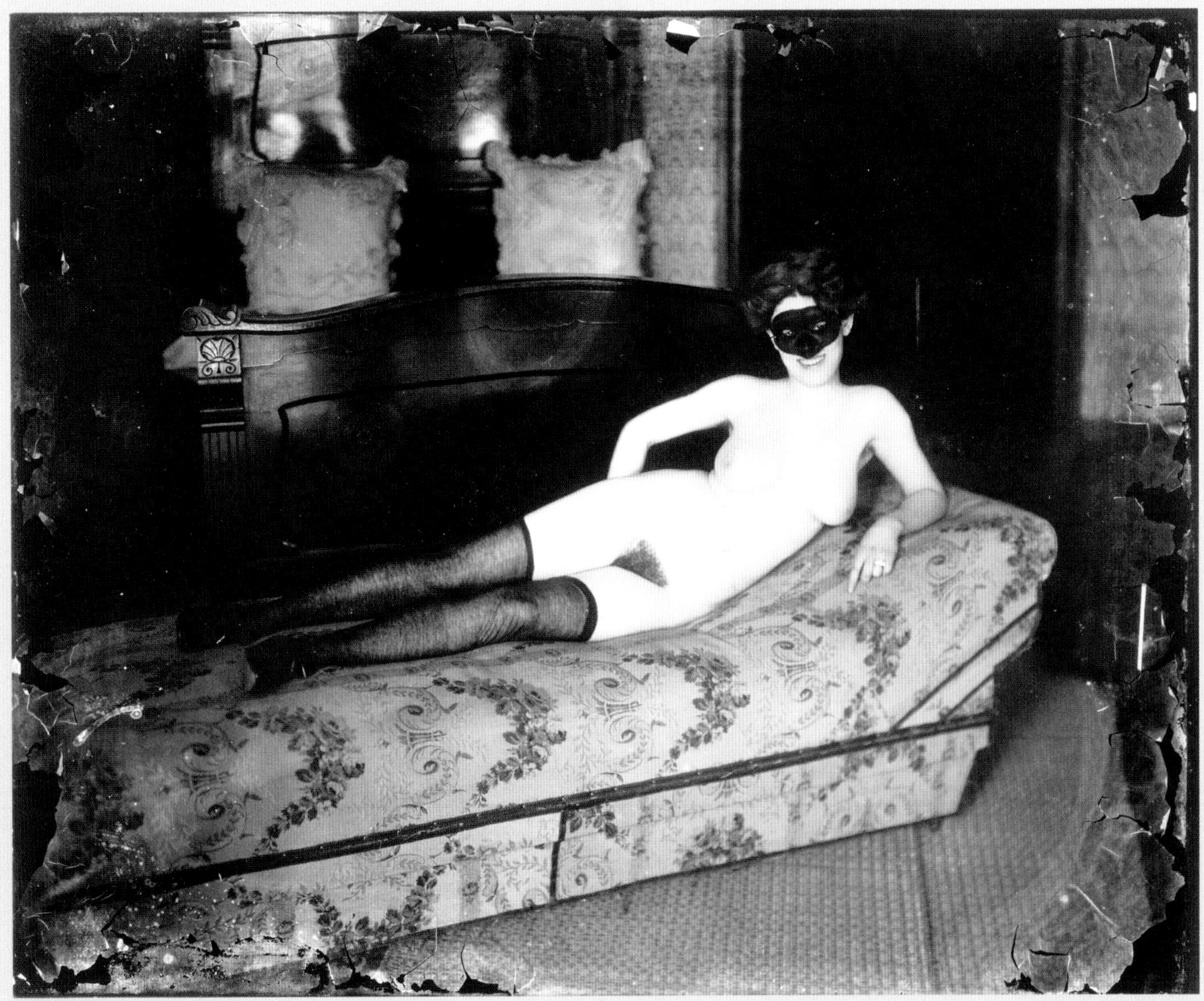

OBEN. E. J. Bellocq – ***Ohne Titel*** **(1912)**
Über E. J. Bellocq (1873–1949) weiß man wenig, seine intimen und sexuell aufgeladenen Bilder wurden erst bekannt, nachdem sie 1970 im Museum of Modern Art in New York mitsamt der angekauften Sammlung von Lee Friedlander, einem Verfechter des Werkes, ausgestellt wurden. Bellocq war regelmäßiger Gast von Storyville, dem Rotlichtviertel von New Orleans, das nach dem Politiker Sidney Story benannt wurde, der während seiner Amtszeit eine Verlegung aller Bordelle in einen Stadtbezirk umgesetzt hatte. Trotz der Tatsache, dass viele der Frauengesichter ausgekratzt oder, wie auf diesem Foto, maskiert waren, erscheinen die Porträtierten in den Bildern als Individuen mit starken und unabhängigen Charakteren und wirken oft eher spielerisch denn erotisch.

Helmut Newton (1920–2004)

Nach seiner Flucht aus Nazi-Deutschland begann Newton seine Karriere als Modefotograf in Melbourne, Australien, bevor er 1961 nach Paris zog, wo er für *Vogue* und *Harper's Bazaar* arbeitete. Er entwickelte in seinem Werk eine ausgeprägt stilisierte Erotik, die Elemente des Sadomasochismus und Fetischismus mit exklusiver Mode verband. Seine stark inszenierten und gestellten Schwarz-Weiß-Bilder, die zumeist vor Ort an Jetset-Treffpunkten wie Villen und eleganten Hotels aufgenommen wurden, adaptierten den Stil des Film Noir und des New-Wave-Kinos der 1930er Jahre, mit voyeuristischen Untertönen, und zeigten statueske Frauen an glamourösen Schauplätzen. Sein Werk war höchst umstritten: Feministinnen kritisierten es als sexistisch und erniedrigend, Befürworter sahen darin sexuell aufgeladene Ikonen.

1844–1846

William Henry Fox Talbots historische Publikation *The Pencil of Nature* ist das erste kommerziell produzierte Buch, das mit Fotografien illustriert ist.

Das zwischen 1844 und 1846 in sechs Folgen erschienene Werk enthält 24 Kalotypien, die von Erläuterungen begleitet werden. In diesen Beobachtungen und Notizen zu seinem Verfahren stellt Talbot fest: „Das Bild, bar aller Gedanken, die es begleiten, und nur in seiner reinen Beschaffenheit betrachtet, ist lediglich eine Abfolge oder Vielfalt von stärkeren Lichtern, die auf den einen Teil des Papiers geworfen werden, und von tieferen Schatten auf einen anderen Teil. Das belebte Spiel von Licht und Schatten könnte das Bild oder seinen Eindruck gar hinter sich lassen, mehr oder weniger in verschiedenen Bereichen vielleicht, je nach Grad der Schwachheit des Lichts, das dort gewirkt hat." Von der Originalausgabe existieren nur noch 15 vollständige Exemplare. PL

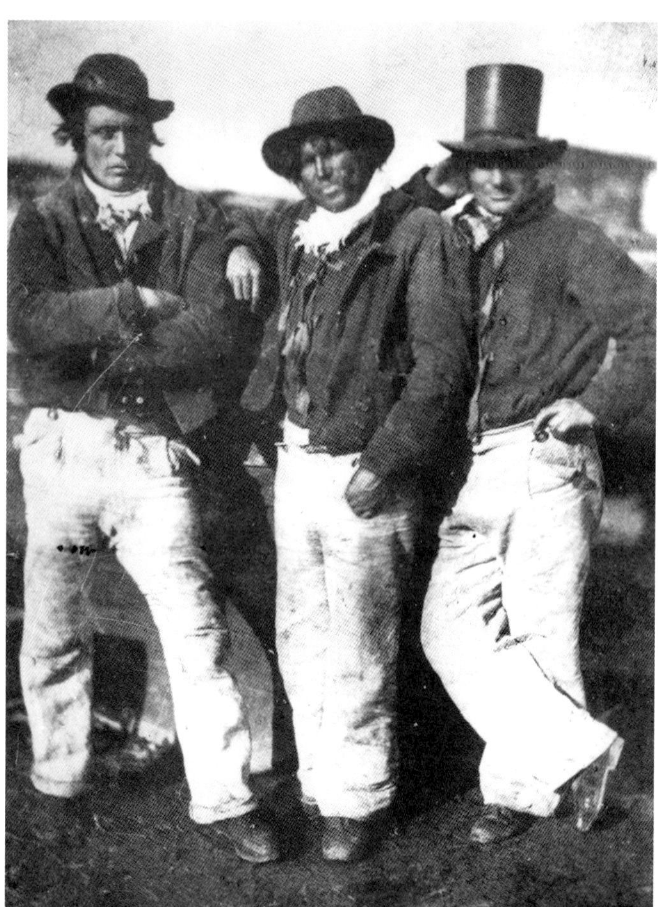

David Octavius Hill and Robert Adamson – *Alexander Rutherford, William Ramsay und John Liston* (*ca.* 1843–1847)

Robert Adamson (1821–1848) und David Octavius Hill (1802–1870) eröffneten 1843 das erste Fotostudio Schottlands. Adamson war Ingenieur und Hill Maler; ihre technisch und künstlerisch enorm versierte Zusammenarbeit brachte in nur vier Jahren 3.000 Fotografien hervor. Adamson bediente die Kamera und entwickelte die Kalotypie-Abzüge, während Hill die Kompositionen leitete und die Beleuchtung arrangierte. In ihrem Atelier fertigten sie Porträts von allen, die in Schottland Rang und Namen hatten, aber sie fotografierten auch unterwegs, wie hier die Fischer aus Newhaven, als Teil des wohl ersten unabhängigen Projekts der Dokumentarfotografie.

In Australien wird der Aboriginal Orphans Act verabschiedet, der es Kirchen und Missionaren erlaubt, Kinder der Aborigines zu entführen und zu „zivilisieren".

Teil 1 von William Henry Fox Talbots *Pencil of Nature* erscheint.

1844

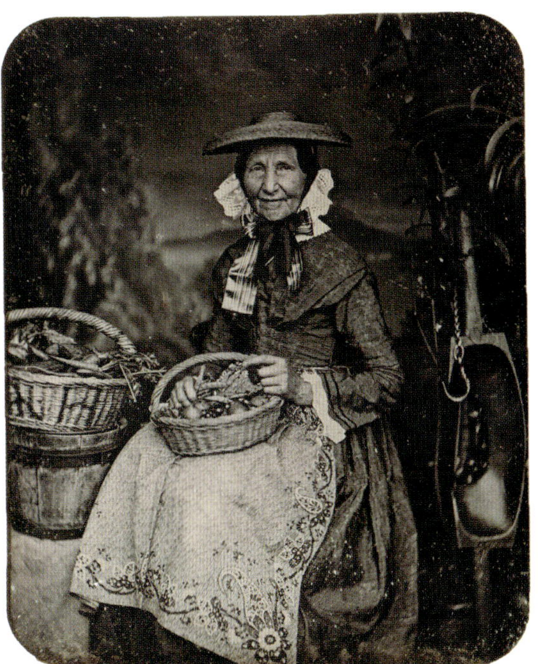

Carl Ferdinand Stelzner–*Mutter Albers, die Gemüsefrau der Familie*
Der deutsche Maler Carl Ferdinand Stelzner (1805–1894) reiste nach Paris, um die Techniken der Fotografie direkt von Louis Daguerre, dem Erfinder der Daguerreotypie, zu erlernen. Zusammen mit seinem Kollegen Hermann Biow (1804–1850) eröffnete Stelzner dann ein Atelier. Sie fertigten einige der frühesten Pressefotografien an, als sie die Verwüstungen des großen Hamburger Brandes aufzeichneten, der vom 5. bis 8. Mai 1842 wütete. Für dieses Porträt setzte Stelzner eine idealisierte Version einer Gemüsehändlerin vor einen gemalten Hintergrund; eine Romantisierung der Arbeiterklasse. Leider erblindete Stelzner später und musste 1858 die Fotografie aufgeben.

Reverend Calvert Jones–*Santa Lucia, Neapel*
Calvert Richard Jones (1804–1877) stammte aus einer Landbesitzerfamilie in Wales. Nachdem er 1837 aus dem Priesteramt ausgeschieden war, interessierte er sich für Aquarellmalerei und Zeichnen, Fähigkeiten, die er dann in die neue Kunstform der Fotografie einbrachte. 1841 lernte er Hippolyte Bayard kennen, den französischen Erfinder des Direktpositivs, den er seinem engen Freund Talbot vorstellte und damit die Pioniere in der Entwicklung dieses Mediums zusammenbrachte. Auf seinen Reisen durch Europa fertigte Calvert Jones dann Kalotypien. In diesem innovativen Beispiel nutzte er seinen Malerblick für die Komposition, um eine Art Panorama zu schaffen, indem er zwei Fotos mit geringem Abstand voneinander aufnahm. Talbot war von der Arbeit seines Freundes so beeindruckt, dass er davon eine Reihe von Abzügen fertigte und über sein Buch-Geschäft verkaufte. Nach dem Tod seines Vaters 1847 erbte Calvert Jones das Familienunternehmen und sein Interesse an der Fotografie ließ nach. Bis 1856 hatte er sie völlig aufgegeben, obwohl er weiterhin malte.

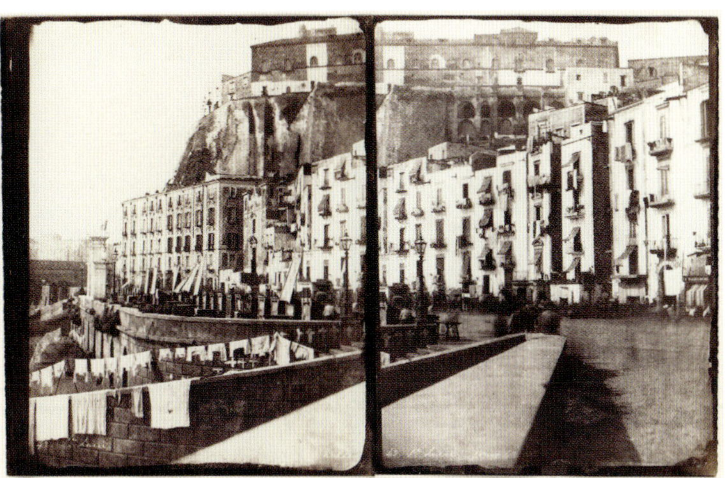

Durch den Transport von Kartoffeln von Amerika über den Atlantik gelangt die Kartoffelfäule nach Europa und führt auf dem ganzen Kontinent zu Ernteausfällen und zur Großen Hungersnot in Irland.

Der Italienische Chemiker Ascanio Sobrero erfindet das Nitroglycerin.

1845

1846

1847–1849

Die Popularität des Daguerreotypie-Porträts schafft sofort einen riesigen Markt für Unternehmer; in Amerika eröffnen Tausende von Fotostudios. Die Nachfrage wird durch den Goldrausch und die West-Expansion noch angetrieben. Goldgräber hinterlassen ihren Lieben Fotos von sich mit all ihrer Bergbauausrüstung und lassen Bilder ihrer Familien erstellen, die sie auf ihren Abenteuern mitführen. Der Montag gilt als besonders günstiger Tag für Geschäfte, da romantische Treffen an Wochenenden die Nachfrage nach Porträts zum Austauschen steigern. Es wird geschätzt, dass 1853 über 10.000 Fotografen in ganz Amerika arbeiteten, weitere 5.000 Arbeiter belieferten die Industrie mit Material, und eine ganze Stadt am Hudson River widmete sich diesem Verfahren: Daguerreville. Die *New York Daily Tribune* schätzt 1853, dass jährlich drei Millionen Daguerreotypien angefertigt werden, fast alle sind private Porträts. PL

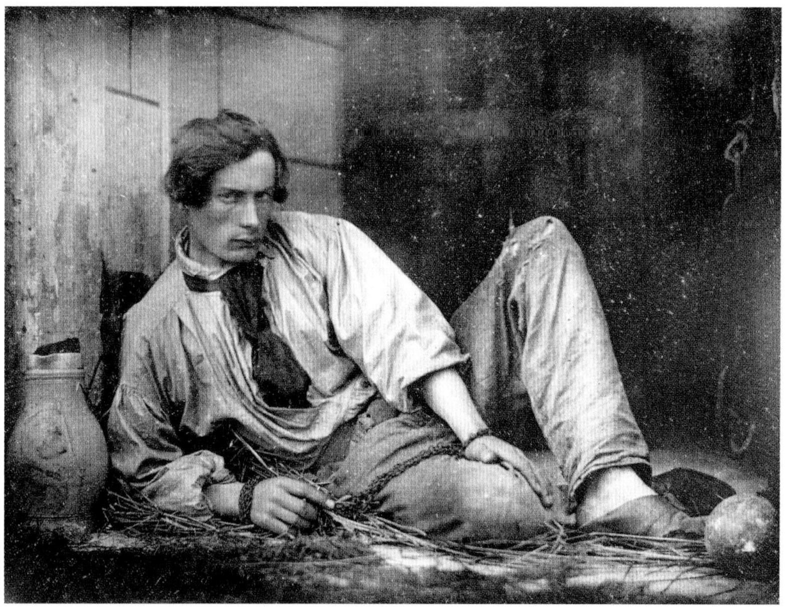

Louis Adolphe Humbert de Molard – *Louis Dodier als Gefangener*
Ein wohlhabender Gentleman-Fotograf wie Baron Louis Adolphe Humbert de Molard (1800–1874) konnte es sich leisten, das teure neue Medium zu erforschen. Er begann 1843 mit Daguerreotypien und war Mitte der 1850er Jahre einer der ersten französischen Fotografen, die Kalotypien anfertigten. Oft inszenierte er das Landleben, seine Familie, Freunde und Diener standen ihm Modell. Unter dem Einfluss der Piktorialisten entstand dieses gestellte Porträt seines Hofmeisters Louis Dodier. Eine für ihn typische, sorgfältig komponierte Genreszene, von der er mehrere Varianten fertigte und für die er mit verschiedenen Posen experimentierte.

Das Studio von Southworth & Hawes in Boston fertigt Daguerreotypien von den ersten Operationen im Massachusetts General Hospital.

Karl Marx und Friedrich Engels veröffentlichen *Das Kommunistische Manifest.*

Die Brüder Langenheim projizieren die ersten Lichtbilder mit einer Laterna magica.

1847

Albert Sands Southworth – ***Selbstporträt***

Albert Sands Southworth (1811–1894) betrieb mit seinem Partner Josiah Johnson Hawes (1808–1901) eines der ersten und berühmtesten Fotostudios in den Vereinigten Staaten. Southworth & Hawes, in Boston ansässig, fotografierten die Reichen und Berühmten der Stadt. In ihrer Werbung hieß es, dass „ein Bild für eine geliebte Person oder für die Familie von jener inneren Fröhlichkeit geprägt sein sollte, die dem sozialen Umfeld oder dem heimischen Herd so eigen ist. Bilder für die Öffentlichkeit, von Würdenträgern und Persönlichkeiten, erlauben mehr Festigkeit, Strenge und Nüchternheit." Das pathetische Bild hier ist wahrscheinlich ein Selbstporträt von Southworth, obwohl Hawes es aufgenommen haben könnte, da es die für ihn charakteristische Vignettierung der Bildecken zeigt, die der Hervorhebung des Hauptmotivs diente.

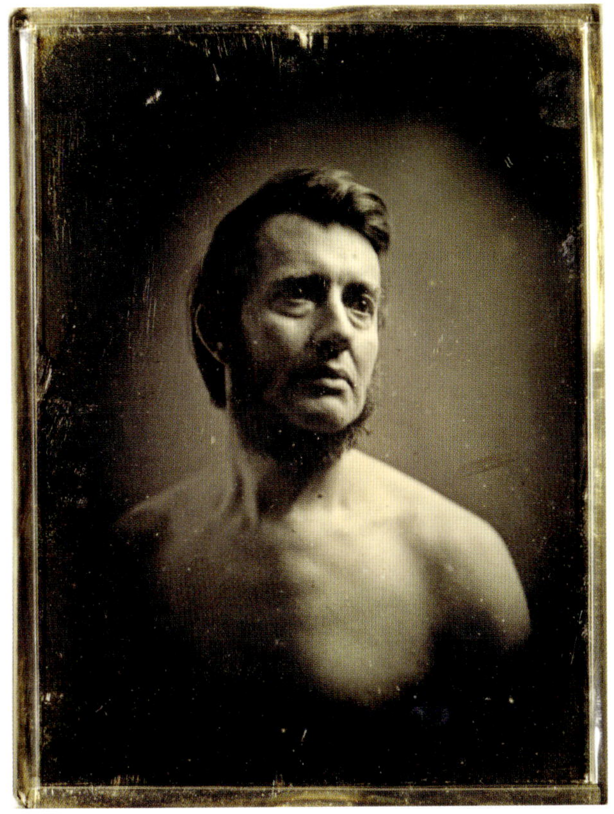

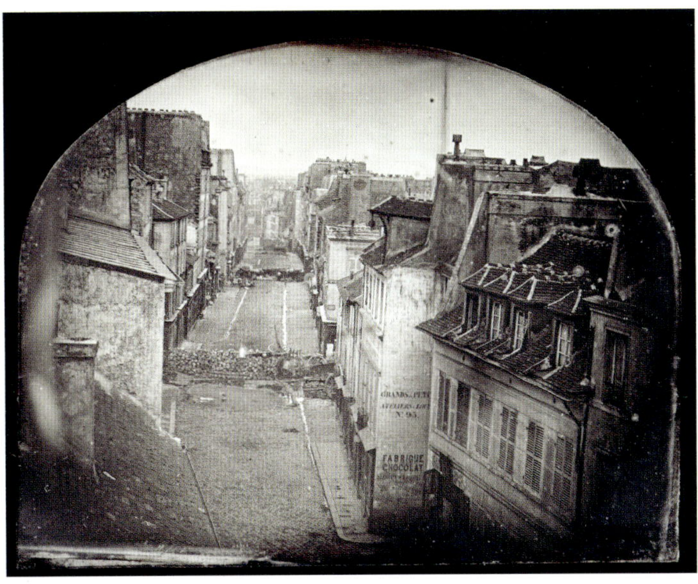

Thibault – ***Die Revolution von 1848***

Dies ist eine von zwei Daguerreotypien – vielleicht die ersten Beispiele für das, was als Genre der „Dokumentarfotografie" bekannt werden sollte – eines wagemutigen Fotografen, der als Thibault bekannt ist. Die beiden Bilder, die vor und nach einem Angriff aufgenommen wurden, bei dem die Truppen von General Christophe Lamoricière die Barrikaden der Revolutionäre auf der Rue Saint-Maur-Popincourt in Paris durchbrachen, überlassen die schreckliche Gewalt der Geschehnisse der Fantasie des Betrachters. Die Fotos erschienen umgehend in der Wochenzeitung *L'Illustration,* ein frühes Beispiel für Fotojournalismus.

David Brewster, Erfinder des Kaleidoskops, entwickelt das dioptrische Stereoskop, ein tragbares Gerät zur Betrachtung stereoskopischer Bilder.

1848

1849

2

1850 BIS 1900

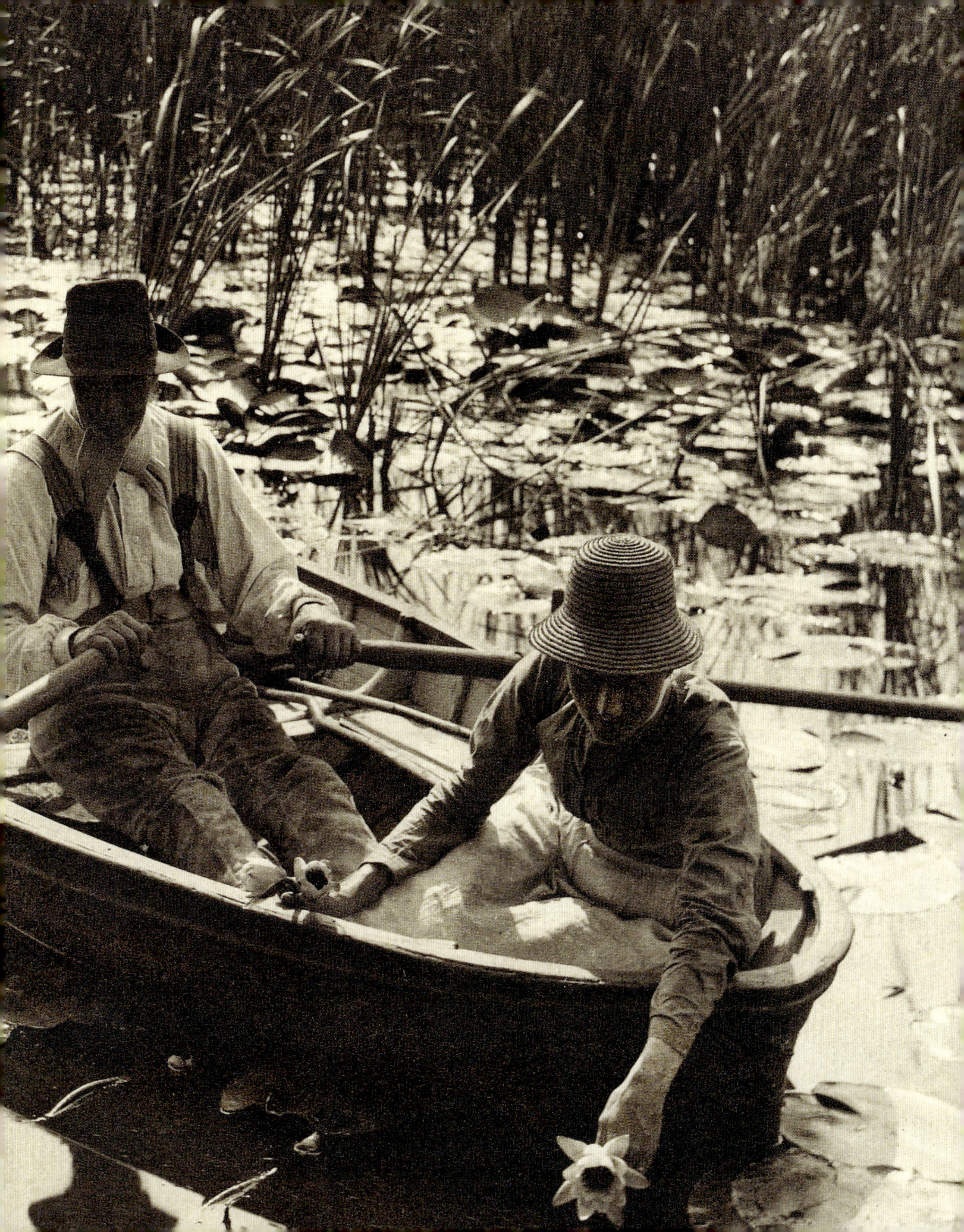

Das Jahr 1851 war geprägt von der Eröffnung der „Great Exhibition", der ersten Weltausstellung im Londoner Hyde Park, bei der die Fotografie eine zentrale Rolle unter den britischen Errungenschaften spielte. Im Rahmen der Veranstaltung wurden über 700 Fotografien präsentiert; 140 Alben wurden eigens erstellt, um sie den ausländischen Regierungen als Beleg für ihre Teilnahme an der Feier des industriellen und wissenschaftlichen Könnens Großbritanniens zu überreichen. Die Fotografie wurde bald zur anerkannten Kunstform. Die Photographic Society of London veranstaltete 1859 im South Kensington Museum – dem heutigen Victoria & Albert Museum – die allererste Fotoausstellung in einem Museum. Die Schau umfasste 1009 Fotografien, darunter Werke von Roger Fenton, Francis Frith und Gustave Le Gray, und wurde vom offiziellen Museumsfotografen Charles Thurston Thompson (1816–1868) dokumentiert. In beiden Ausstellungen wurde die Fotografie als Kunst und als Wissenschaft gewürdigt, was von der wachsenden Beliebtheit des Mediums zeugte. Breite Publikumsschichten nutzten es, um die Welt zu erforschen, zu verstehen und zu interpretieren.

Bemerkenswert war das Mitte des 19. Jahrhunderts entstandene Netzwerk von Gesellschaften, durch die es möglich wurde, Kunst und Handwerk dieses Mediums umfassend zu diskutieren. Die erste fotografische Gesellschaft der Welt, die Société héliographique, wurde 1851 gegründet und zählte Maler, Schriftsteller, Persönlichkeiten des öffentlichen Lebens und Fotografen zu ihren Mitgliedern, ein Beleg dafür, wie schnell die Fotografie andere Kunstformen und gesellschaftliche Diskurse durchdrang. Wie ähnliche Gesellschaften, die in Europa und Amerika entstanden, hielt die Gruppe regelmäßige Treffen ab, bei denen ihre Mitglieder voneinander lernen und miteinander neue Techniken diskutieren konnten. 1854 folgte die Société française de photographie, die einen populistischeren Ansatz hatte und Camille Silvy (1834–1910) zu ihren Mitgliedern zählte. Sein Werk steht für eine Mischung aus ästhetischer Sensibilität und der Lösung technischer Probleme, die die Mitglieder der Gesellschaft erforschten; durch die Kombination von zwei Negativen zur getrennten Belichtung von Himmel und Wasser konnte er die durch die damaligen Fotoemulsionen gesetzten Grenzen überwinden. Fünf Mitglieder der Société héliographique – Édouard Baldus, Hippolyte Bayard, Gustave Le Gray, Henri Le Secq und Auguste Mestral wurden von der französischen Regierung beauftragt, die Missions héliographiques zu gründen, um das architektonische Erbe der Nation zu dokumentieren und zu bewahren, eine der ersten staatlich

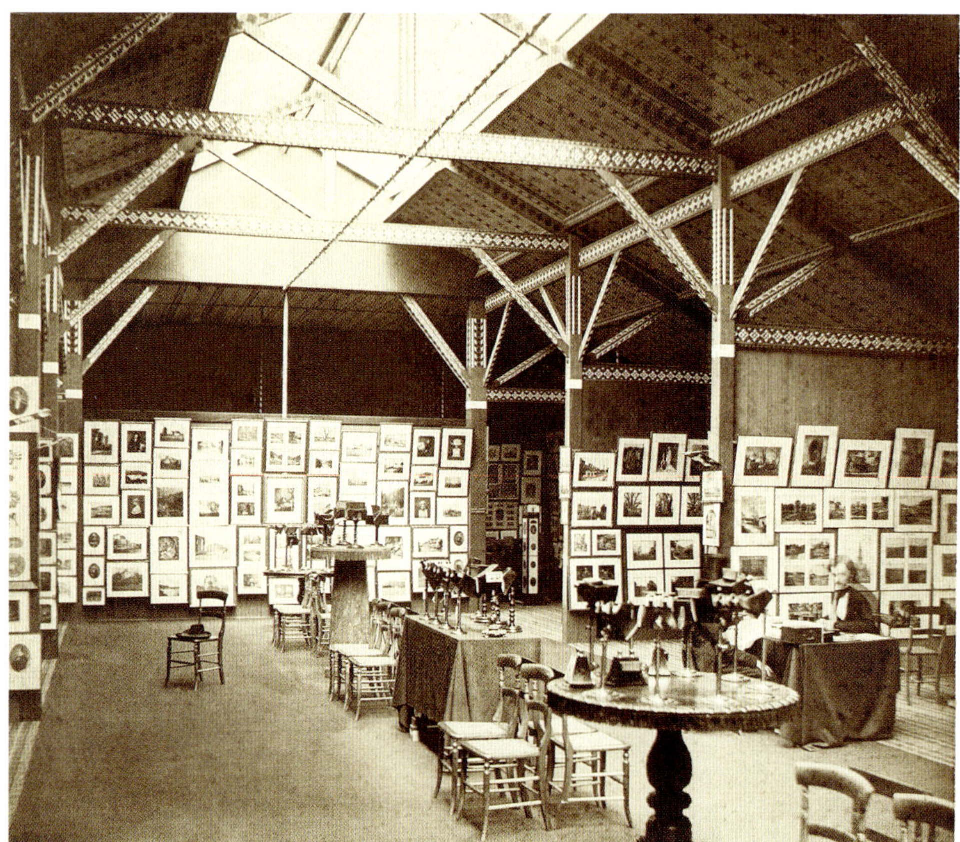

VORSEITE. Peter Henry Emerson – *Seerosen pflücken* (1886)

LINKS. Charles Thurston Thompson – *Ausstellung der Photographic Society of London* (1858)

RECHTS. Camille Silvy – *Szene am Fluss, Frankreich* (1858)

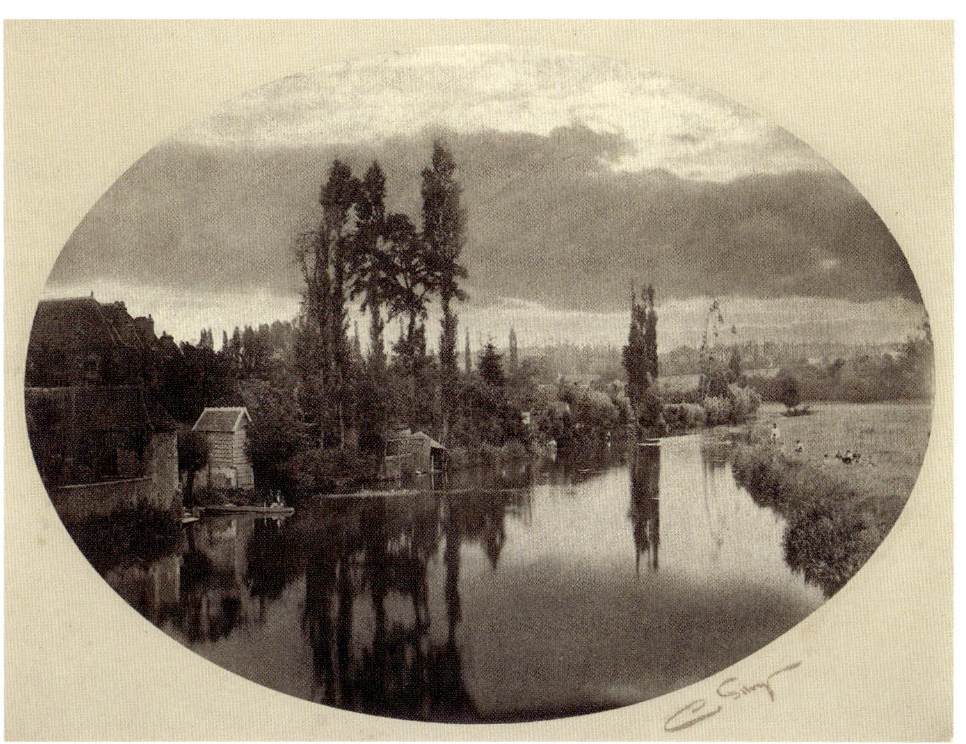

geförderten Bemühungen, die Fotografie zur Unterstützung nationaler Interessen einzusetzen.

Doch neben der Nutzung zu Propagandazwecken, um Erfolg und Erbe der Nation zu feiern, wurde auch die Schattenseite dieses Potenzials deutlich: Die Fotografie wurde als Überwachungsinstrument eingesetzt, zur Verbrechenskontrolle und zur Unterdrückung von politischem Dissens. Ein besonders folgenreicher Missbrauch des Mediums ereignete sich während der Pariser Kommune 1871, als Bruno Braquehais Fotos von Kommunarden machte, die die Barrikaden der Stadt besetzt hielten – ein frühes Beispiel für Fotojournalismus. Nach der Niederschlagung des Aufstandes durch Regierungstruppen beschaffte sich die Pariser Polizei jedoch Abzüge von Braquehais' Bildern und benutzte sie zur Identifizierung und systematischen Hinrichtung der Revolutionäre nach Kriegsrecht. Dieses brutale Ereignis markierte den Beginn einer Ära, in der die Kamera zu einem Werkzeug sowohl der Unterdrückung als auch des Journalismus wurde.

Das 19. Jahrhundert war auch das des Empire, und die Fotografie schien den britischen Kolonialoffizieren und Verwaltungsbeamten ideal geeignet, um ihre Aktivitäten zu dokumentieren und zu katalogisieren, auch zur Erkundung fremder Landschaften und zur Unterstützung von Militärstrategien. Problematischer war, dass sie sie auch in der neu entstehenden Wissenschaft der Anthropologie nutzten, und zur Demonstration der moralischen Überlegenheit des „weißen Mannes". Für die viktorianischen Herrscher schien die „Zivilisierung" der Kolonien eine würdevolle Aufgabe und die Fotografie bestens geeignet, um einem ausgeprägten wissenschaftlichen Vernunftglauben entsprechend „Rassen" zu klassifizieren und die „unzivilisierte" Kultur der Eingeborenen zu untersuchen, wie in *Menschen aus Indien*, einer achtbändigen Studie, die zwischen 1868 und 1875 erstellt wurde und einen umfassenden Überblick über die einheimischen Kasten und Stämme Indiens geben sollte. Diese pseudowissenschaftliche Propaganda stellte die Objekte kolonialer Interessen als minderwertig dar und stützte die Meinung, dass diese für den Profit des Imperiums ausgenutzt werden könnten. Der umseitige Stich, angeblich die Reaktion des Quimbandes-Stammes auf den Expeditionsfotografen, der Henry Morton Stanley auf der Suche nach Dr. Livingstone begleitete, zeigt, wie afrikanische Stämme als ängstlich gegenüber neuer Technologien der Kolonialisten dargestellt wurden. Diese rassistisch motivierten Stereotypen bestanden noch lange Zeit nach dem Britischen Weltreich fort. Selbst heute wird Afrika noch als von Konflikten und Gewalt dominiert gesehen, eine nuanciertere und gerechte Sicht ist selten.

Einige Fotografen bezweifelten jedoch die vom Staat kolportierte Auffassung von Afrikanern als einer Ware, die man ausbeuten könne, ohne ihre Rechte zu achten. Als Alice Seeley Harris (1870–1970) als Missionarin in den Kongo-Freistaat reiste, war

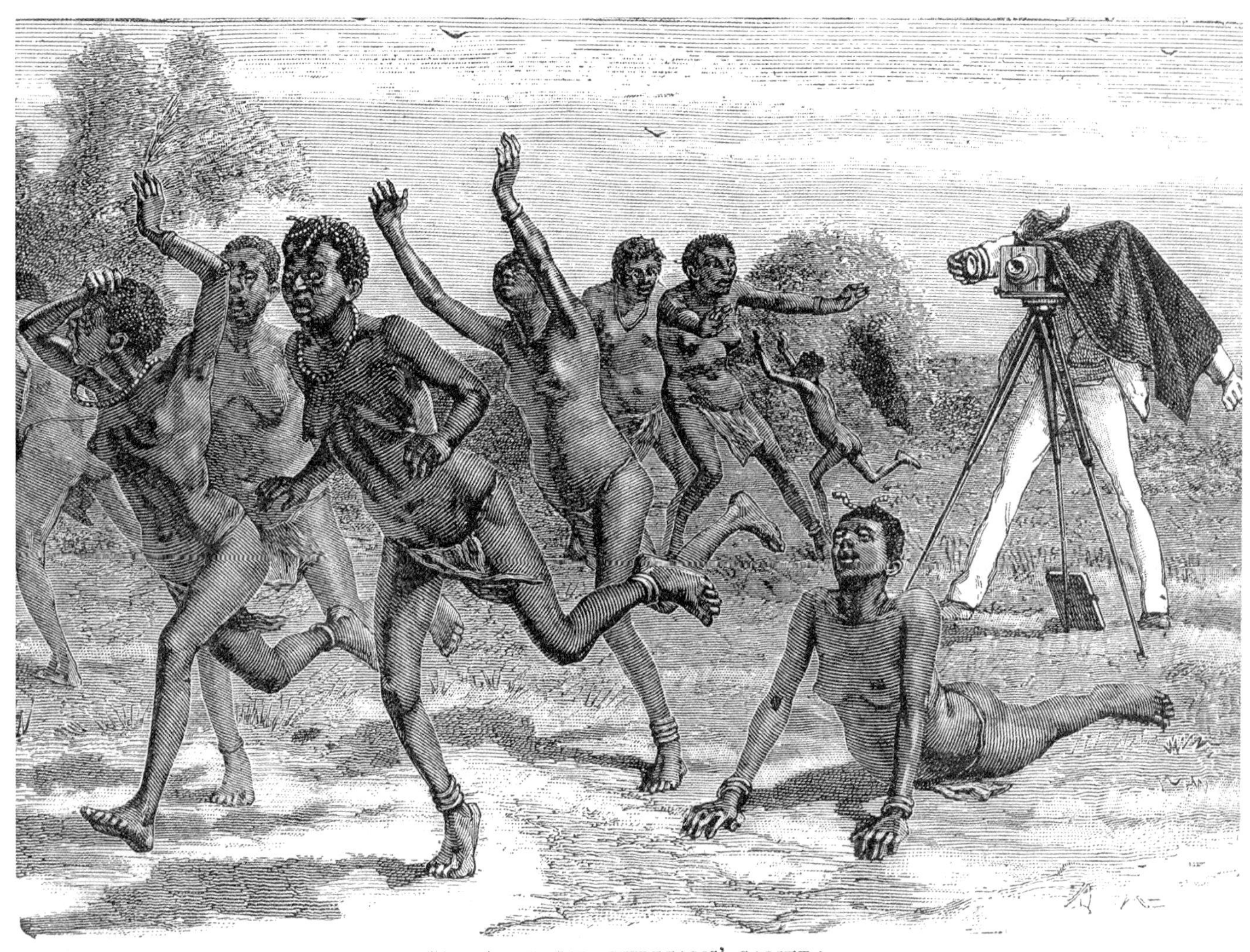

SCARED BY MR. WILLIAMS' CAMERA.

sie schockiert von der Brutalität des Regimes unter dem belgischen König Leopold II., der eine systematische Politik der Vergewaltigung, Verstümmelung und Ermordung betrieb, um die Bevölkerung zu unterdrücken und sie zur Einhaltung der Quoten für die lukrative Kautschukproduktion zu zwingen. Harris' Schilderung der Gräuel, deren Zeugin sie wurde, ist eines der frühesten Beispiele der Dokumentation von Menschenrechtsverletzungen, was angesichts ihres Geschlechts noch beachtlicher war. Trotz des patriarchalischen Charakters der viktorianischen Gesellschaft konnten sich auffallend viele Frauen als Fotografinnen etablieren, sowohl professionell als auch als begeisterte Amateurinnen. Das Handwerk der Fotografie galt als gesellschaftlich akzeptabel für Frauen in wohlhabenden Kreisen; die schottische Lady Alice Mary Kerr wurde gar zu einer der besten Porträtfotografinnen jener Zeit. Beeinflusst zwar vom bahnbrechenden Werk ihrer Freundin Julia Margaret Cameron, und nur wenige ihrer Fotografien sind erhalten, war sie dennoch in der Lage, starke und fesselnde Bilder zu schaffen, wie etwa ihre Studie des radikalen englischen Dichters Wilfrid Scawen Blunt, der mit festem Blick zurückstarrt. Der Landadel hatte die finanziellen Mittel zur Nutzung des Mediums zur detaillierten Aufzeichnung der Lebensart, wie im Fall von Lady Augusta Crofton Dillon, die zusammen mit ihren Töchtern

LINKS. „Angst vor Mr. Williams' Kamera" (*ca.* 1870)

RECHTS. Lady Augusta Crofton Dillon (*ca.* 1860)

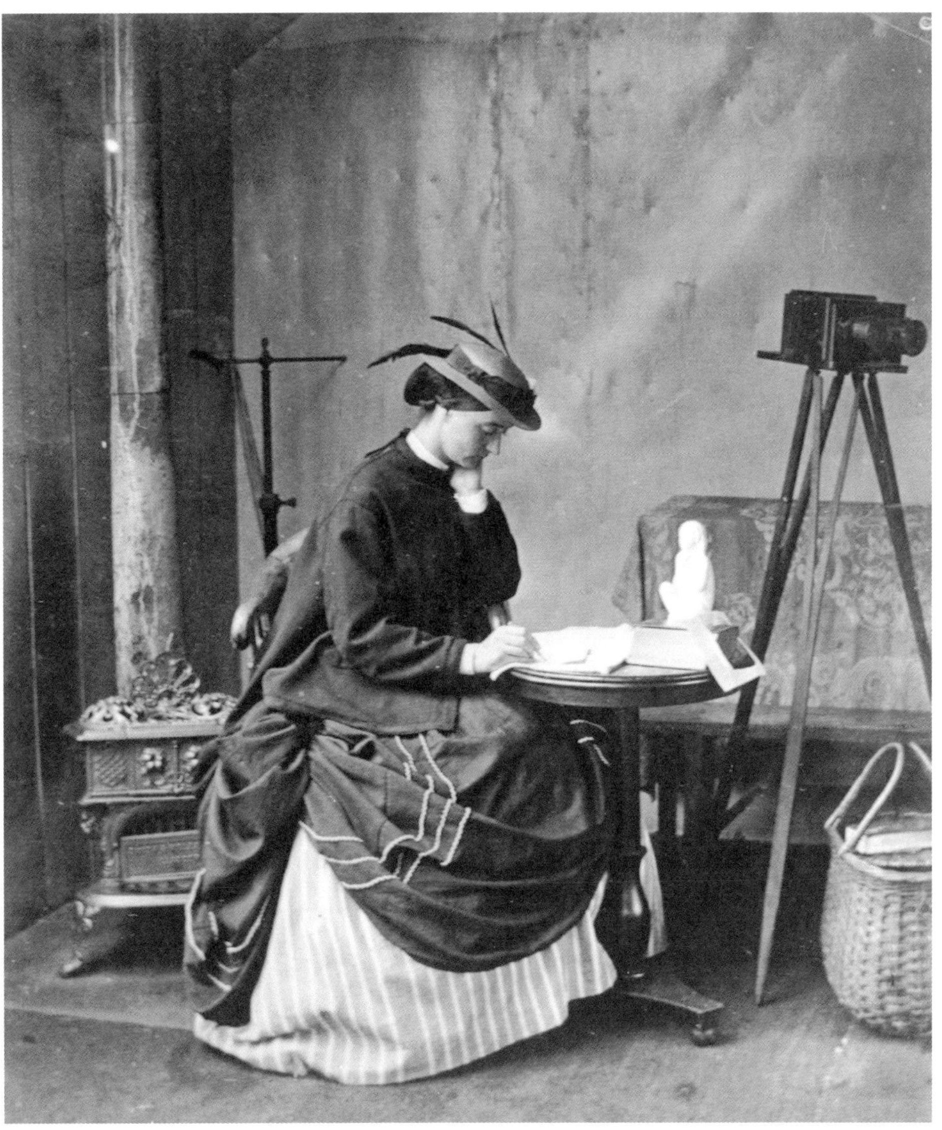

Edith, Ethel und Georgiana einen umfassenden Einblick in das tägliche Leben auf einem Landgut in Irland gab. Zwischen 1860 und 1930 stellte die Familie über 3000 Glasplatten her: die sogenannte Clonbrock-Sammlung. Lady Crofton wurde an ihrem Schreibtisch fotografiert, hinter ihr gut sichtbar eine Kamera auf einem Stativ, ein Symbol für die Akzeptanz der Fotografie als geeignetem Zeitvertreib für eine Adlige. Auch Lady Clementina Hawarden verfügte durch den Reichtum ihrer Familie über genug Zeit, Geld und Raum, um ihrem Interesse an diesem Medium nachzugehen. Sie nutzte den gesamten ersten Stock ihres eleganten Hauses in South Kensington, London, dafür und schuf sinnliche, fast erotische Studien ihrer Töchter Isabella Grace, Clementina Maude und Florence Elizabeth. Sie kreierte aufwendige Kulissen für ihre Porträts, oft unter Verwendung von Spiegeln und kunstvollen Kostümen, und wusste natürliches Licht geschickt zu nutzen, wodurch sich ihre Bilder von denen der meisten ihrer Zeitgenossen abhoben. Sie war Mitglied der Photographic Society of London und wurde für ihre Arbeit mit einer Silbermedaille ausgezeichnet. Ihr Kollege, der Amateurfotograf Lewis Carroll, war besonders beeindruckt: „War bei der Fotoausstellung … Mrs. Camerons unscharfe Riesenköpfe gefielen mir nicht. Die besten Bilder von Lebenden waren die von Lady Hawarden."

DIE WELT IM DETAIL ERFASSEN

Mit immer lichtempfindlicheren Kameras und Fotoemulsionen konnten die Fotografen immer mehr Details ihrer Umgebung festhalten. Das Aufkommen von Glasplatten und das Kollodiumverfahren – 1850 von Gustave Le Gray theoretisch beschrieben, aber von Frederick Scott Archer als praktikables Verfahren entwickelt und 1851 in *The Chemist in March* (1851) veröffentlicht – ermöglichten es den Fotografen, die feine Zeichnung der Daguerreotypie auf einem Negativ wie der Kalotypie einzufangen, das reproduzierbar war und damit die beiden früheren Verfahren unterlief. Beim nassen Kollodiumverfahren wurde eine Glasplatte mit einer lichtempfindlichen Emulsion aus Iodsalzen und Kollodiumwolle (nitrierte Zellulose) beschichtet und dann in eine Silbernitratlösung getaucht, es entsteht Silberiodid. Die noch feuchte Platte musste innerhalb von zehn Minuten in die Kamera gebracht, belichtet und sofort mit einer Eisensulfatlösung entwickelt und mit Natriumthiosulfat oder Kaliumcyanid fixiert werden. Und das alles vor Ort, was eine transportable Dunkelkammer erforderlich machte. Die so entstandenen Negative weisen eine sehr feine Zeichnung auf. Die größte bekannte Glasplatte mit den gewaltigen Maßen von 135 × 94 cm wird in der Staatsbibliothek von New South Wales aufbewahrt.

UNTEN. Henry Hamilton Bennett – *Ashley Bennett im Sprung, Stand Rock, Wisconsin Dells* (1886)
Henry Hamilton Bennett (1843–1908) war es vergönnt, einen Verschluss zu erfinden, der schnell genug war, um Bewegung einzufangen. Um den technischen Fortschritt zu demonstrieren, machte Bennett dieses wirkungsvolle Bild seines Sohnes, der von einem Felsen der beliebten Dells in Wisconsin zum anderen springt. Das Publikum staunte begeistert, als er das Bild 1890 in öffentlichen Laterna-Magica-Shows in Boston zeigte.

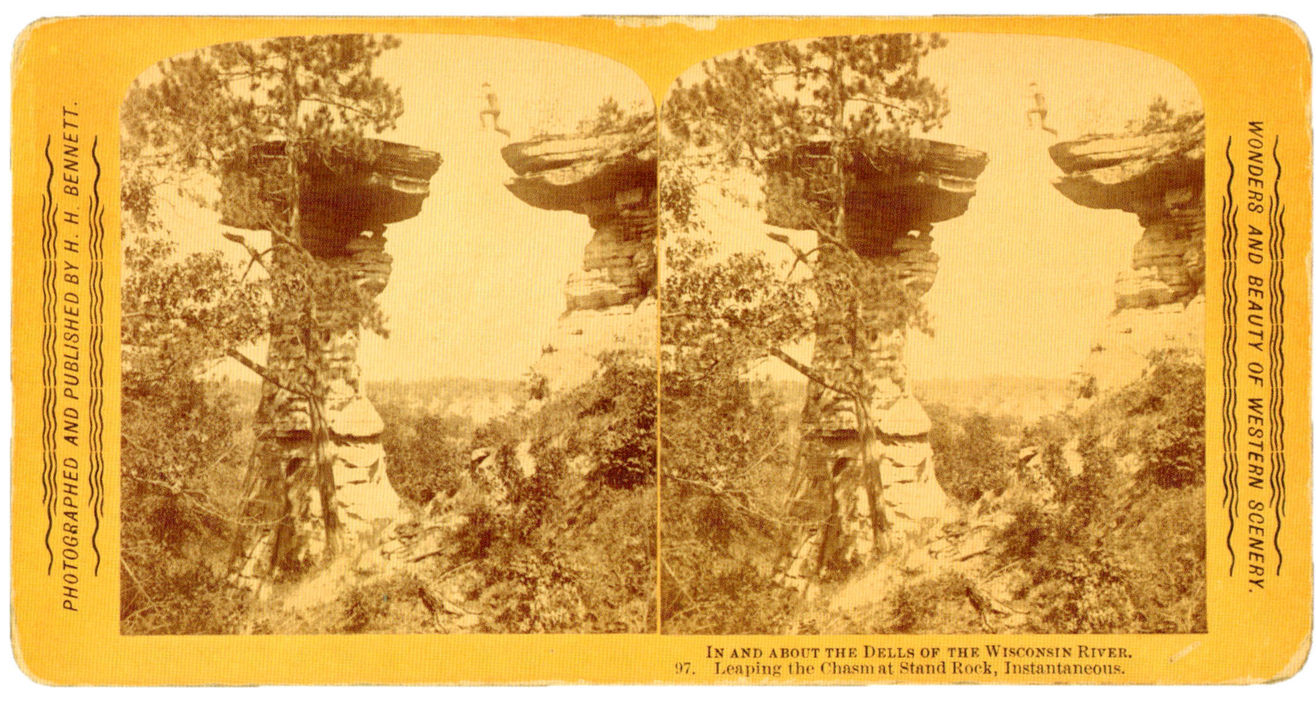

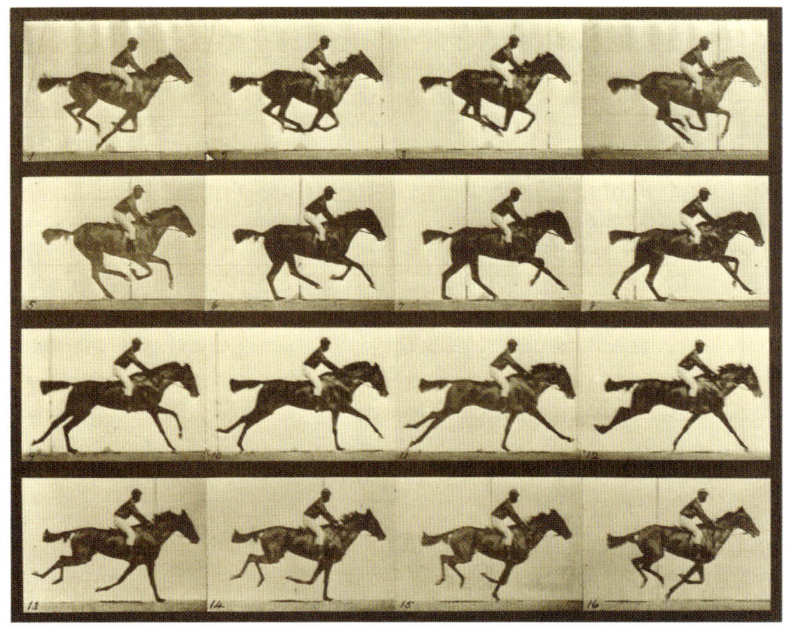

RECHTS. Eadweard Muybridge – *Sallie Gardner im Galopp* (1878)
Um auf die damalige Debatte darüber zu antworten, ob ein Pferd in vollem Galopp alle vier Hufe vom Boden löst oder nicht, beauftragte der Industrielle Leland Stanford den Fotopionier Eadweard Muybridge (1830–1904) mit dem Versuch, die Antwort fotografisch zu ermitteln; die Bewegung war zu schnell, um sie mit bloßem Auge zu erfassen. 1878 gelang es Muybridge vor Journalisten, die Bewegung des Rennpferdes Sallie Gardner einzufangen und zu zeigen, dass sich zwar alle vier Hufe vom Boden lösten, die Beine in diesem Moment aber gebeugt sind, nicht gestreckt. Muybridge stellte dazu entlang der Rennbahn in regelmäßigen Abständen sechzehn Kameras mit innovativen Schnell-Verschlüssen auf, die durch einen Stolperdraht, den das Pferd passierte, der Reihe nach ausgelöst wurden.

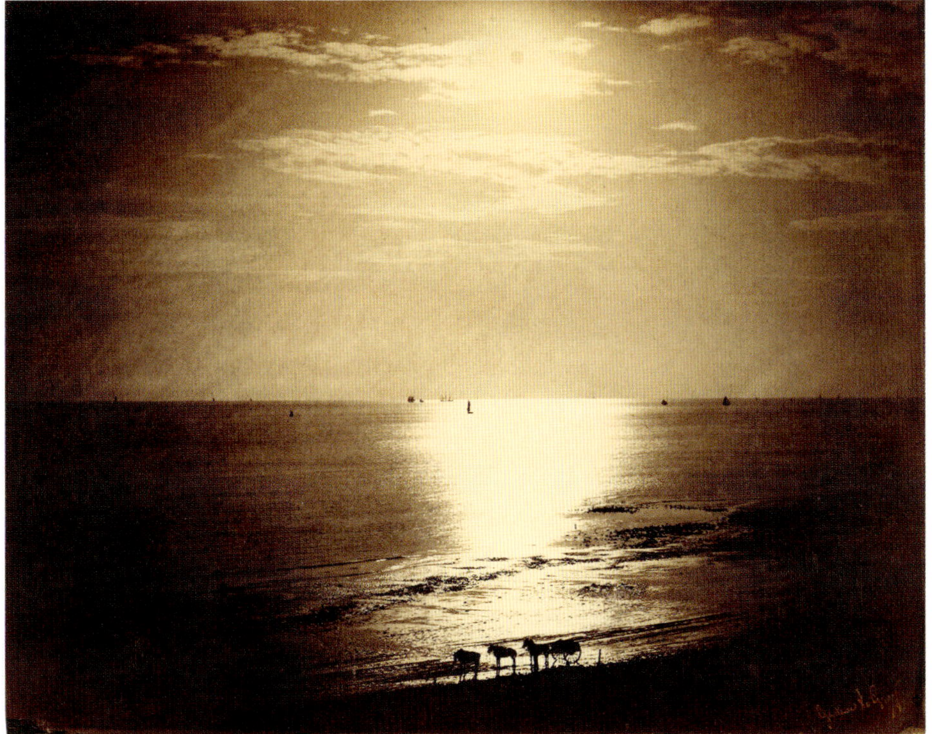

LINKS. Gustave Le Gray – *Sonneneinwirkung auf Wolken, Meer* (1856)
Die ersten Landschaftsfotografen sahen sich bei Aufnahmen von Himmel und Erde vor ein ernsthaftes Problem gestellt. Die damals verwendeten Emulsionen verfügten nicht über den für diesen Tonumfang notwendigen Kontrast, den Messbereich und die Empfindlichkeit. Der Boden würde bei korrekter Belichtung des Himmels unterbelichtet und dunkel, der Himmel bei korrekter Belichtung des Bodens überbelichtet und zeichnungsfrei. Um das zu umgehen, belichtete Gustav Le Gray (1820–1884) die beiden Bildteile separat und kombinierte sie dann zu einem Abzug, der alle subtilen Details in den hellen Lichtern des Himmels enthielt. Die so entstandenen Seelandschaften wurden bei ihrer Ausstellung 1857 hoch geschätzt; ein Rezensent jubelte, sie seien die „erfolgreichste Landnahme von Wasser und Wolken, die bisher versucht wurde… Eine ebene, ungebrochene Prärie des offenen Meeres, gesäumt und gekräuselt von unzähligen lächelnden Pfaden winziger Wellen, dunkel, düster, in tiefster Ruhe über den Toten darunter – glatt wie ein Grabstein."

FOTOGRAFIE WIRD MASSENTAUGLICH

Die allgemeine Einführung des Rollfilms Ende des 19. Jahrhunderts revolutionierte die Fotografie; jetzt waren schnelle Mehrfachbelichtungen möglich, ohne den Film wechseln zu müssen, und die Handlichkeit und Flexibilität des Formats bedeutete, dass Fotografen ihre Bilder aufnehmen und dann zur Verarbeitung an ein Labor schicken konnten, was den Bedienkomfort erheblich hob und einen Massenmarkt für die Fotografie schuf. Der Rollfilm wurde anfangs wegen seiner Ähnlichkeit mit Gewehrmunition auch als „Patronen"-Film bezeichnet. Es wurden zwei Hauptformate entwickelt: das 135er-Format, allgemein bekannt als 35 mm oder Kleinbild, verpackt in einer kleinen Metallröhre; und das 120er-, auch als 6 × 6 (cm) oder Mittelformat bekannt. Filme im 120er-Format sind auch für Negative von 6 × 4,5 (645), 6 × 7, 6 × 9, 6 × 17 und 6 × 24 Panoramaformat geeignet. Beim 120er-Film wird ein auf Papier gezogener, aufgespulter Rollfilm auf einer Seite der Kamera eingelegt und nach der Belichtung auf eine identische Aufwickelspule auf die andere Seite des Verschlusses gezogen. George Eastman, der Kodak-Gründer, erkannte das Potenzial des Rollfilms und entwickelte die einfach bedienbare Box-Camera, die die Branche bald dominierte. Anfangs musste der Verschluss noch mit einer Schnur-Mechanik gespannt werden. Der Film war vorinstalliert. War der Film belichtet, wurde die Kamera an Kodak geschickt, dort machte man Abzüge, legte einen neuen Film in die Kamera und schickte sie mitsamt den Bildern und den Negativen zurück an den Kunden.

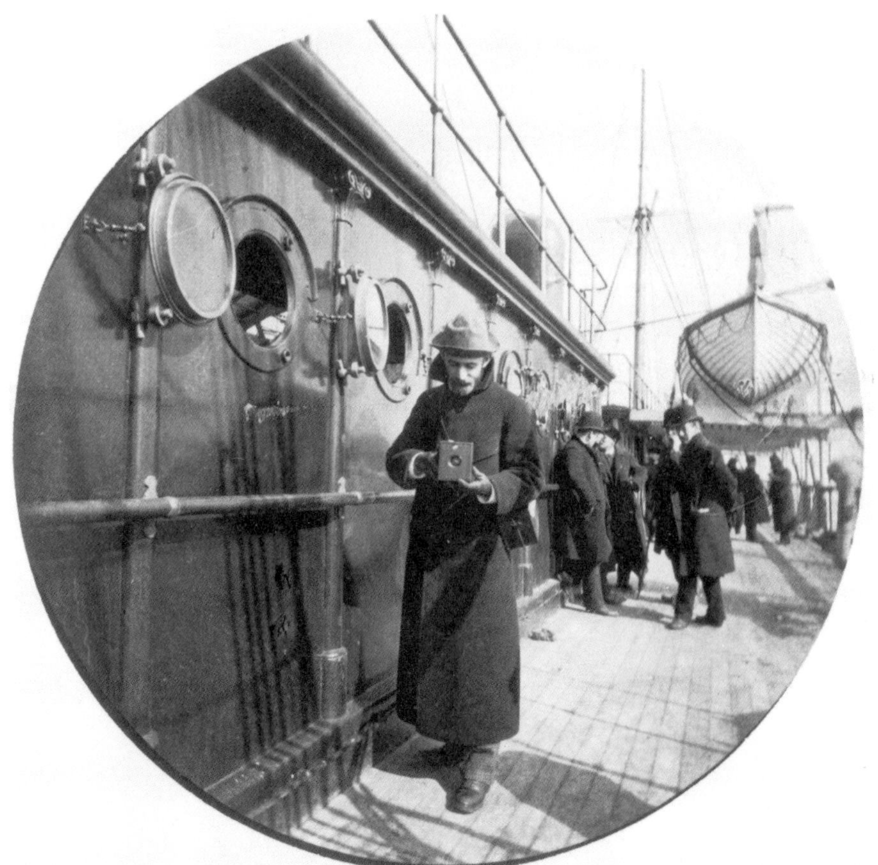

LINKS. Frederic Church – *George Eastman an Bord der SS Gallia* (1890)
Dieses ungewöhnliche Rundbild wurde mit der 1889 eingeführten Kodak #2 hergestellt, der dritten Serienkamera des Unternehmens. Der Hersteller behauptete, das ungewöhnliche Format solle den Benutzern die Justierung der Kamera und Überlegungen zur vertikalen oder horizontalen Ausrichtung ersparen. Das Bild wurde vom Maler Frederic Church (1826–1900) aufgenommen und zeigt den Kodak-Gründer George Eastman auf Deck des transatlantischen Dampfschiffs *SS Gallia*.

RECHTS. André-Adolphe-Eugène Disdéri – *Prince Lobkowitz* (1859)
Als André-Adolphe-Eugène Disdéri (1819–1889) am 27. November 1854 eine Technik zum Drucken mehrerer Bilder auf dasselbe Blatt Papier zum Patent anmeldete, schuf er einen enormen Markt für die *Carte de Visite* (die Visitenkarte). Mit einer Kamera mit vier Linsen und einem Schiebeschlitten für die Glasplatten konnte er bis zu acht Fotografien im Visitformat 6 × 9 cm aufnehmen. Mit diesem Verfahren ließen sich Fotografien billig und in großer Zahl drucken, wobei sich Porträts berühmter Persönlichkeiten wie Disdéris Porträt von Napoleon III. aus dem Jahr 1859 in großen Mengen verkauften. Es ermöglichte auch die serielle Aufnahme verschiedener Posen, wie in dieser Bildfolge von Joseph Franz von Lobkowitz, Fürst von Böhmen, zu sehen ist. Disdéri soll auch die zweiäugige Spiegelreflexkamera erfunden haben. Trotz seiner frühen Erfolge starb er 1889 im Hôpital Sainte-Anne in Paris als armer Mann.

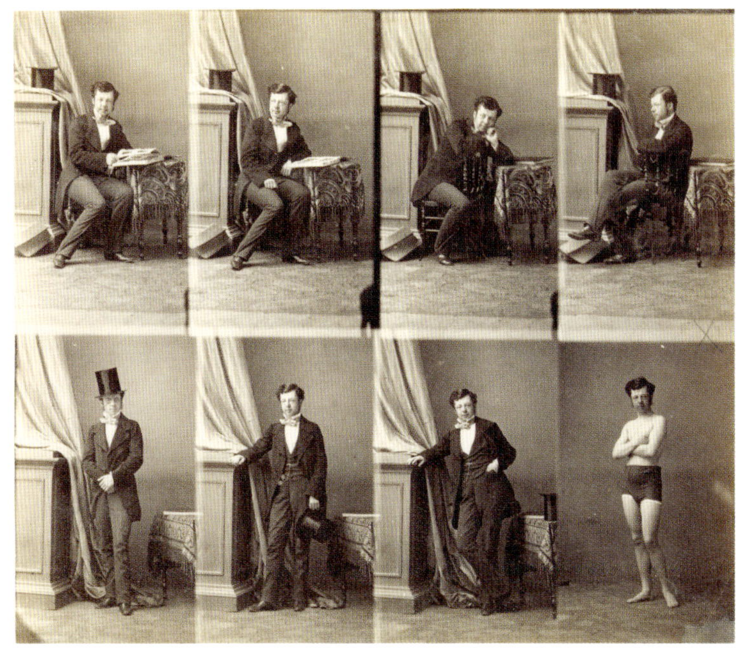

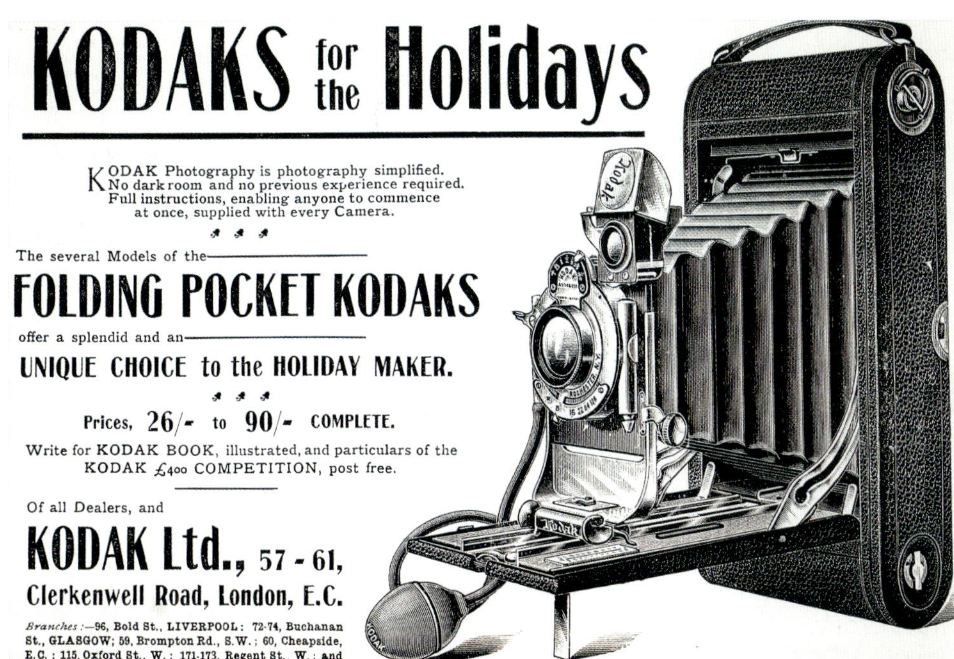

LINKS. Kodak Balgenkamera, 19. Jahrhundert
Die im 19. Jahrhundert entwickelte Klappkamera war eine Art Kompaktkamera: klein genug, um in eine Jackentasche gesteckt zu werden. Mehr als zwei Millionen Exemplare des Modells Vest Pocket Kodak oder „VPK" wurden verkauft, bevor man die Produktion 1926 einstellte. Es wurde unter dem Namen „Soldier's Kodak" beworben und war bei den Soldaten in den Schützengräben des Ersten Weltkriegs beliebt. Besonders den amerikanischen „Doughboys" sprach man Mut zu: „Macht eure eigenen Bilder vom Krieg!"

1850–1852

Die frühen 1850er Jahre sind geprägt von der Weiterentwicklung fototechnischer Verfahren. Zu den wichtigsten zählen die Erfindung des nassen Kollodiumverfahrens und die des Albumindrucks – eines von Louis Désiré Blanquart-Evrard unter Verwendung von Eiweiß erfundenen und vermarkteten Verfahrens. Albuminpapier dominiert den Papierdruck von den 1850ern bis ins frühe 20. Jahrhundert hinein, vor allem durch seine Verwendung für die sehr beliebte viktorianische *Carte de Visite* („Visitkarte" oder „Visitformat"). Ungestellte Aufnahmen des täglichen Lebens sind aufgrund der Belichtungszeit (zu lange für natürliche Bewegungen) noch nicht möglich, aber die Porträtfotografie, bei der oft Stützvorrichtungen verwendet werden, um den Kopf zu fixieren, ist nach wie vor von großer sozialer und kommerzieller Bedeutung. Dies ist auch eine Zeit der Erkundungen, in der die Fotografie im Rahmen der kaiserlichen Expeditionen Großbritanniens und Frankreichs eingesetzt wird, um neu eroberte Gebiete bildlich festzuhalten. JG

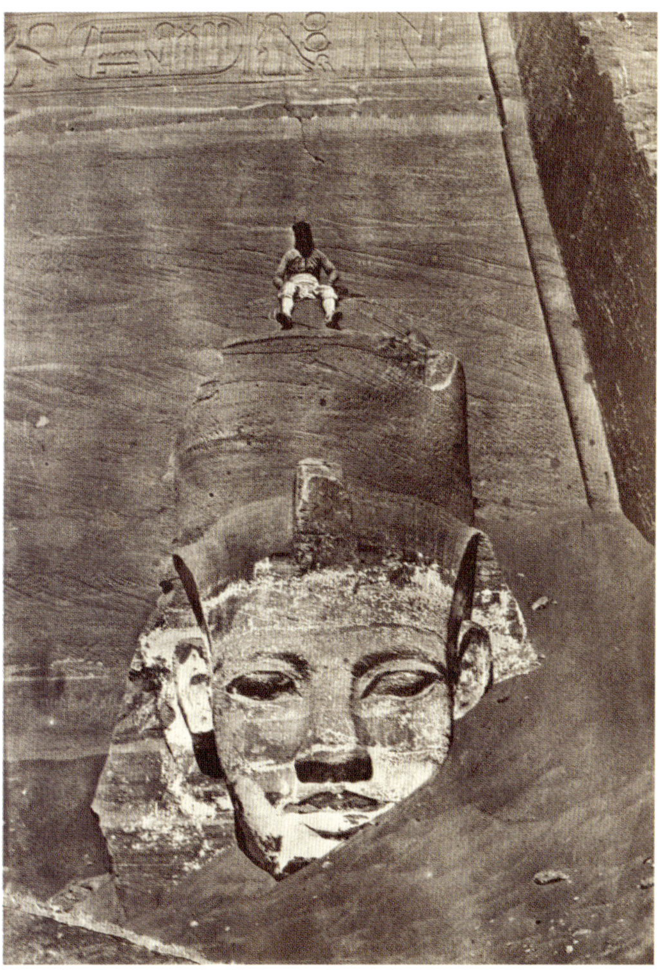

Maxime Du Camp–***Abu Simbel, Ramses-Statue am Großen Tempel***

1849 erhielt Maxime Du Camp (1822–1894) von der französischen Regierung den Auftrag, in Begleitung des Schriftstellers Gustave Flaubert Denkmäler Ägyptens zu fotografieren. Die beiden Männer mieteten ein Boot, fuhren den Nil hinauf und erkundeten unterwegs archäologische Fundstätten. Für diese Fotografie eines Teils der kolossalen Felsentempel, die unter Ramses II. errichtet worden waren, ließ Du Camp das Gesicht der Statue vom Sand befreien und wies einen seiner Assistenten an, darüber Platz zu nehmen, um den Maßstab zu veranschaulichen. Dies war die erste fotografische Aufzeichnung antiker Monumente des Nahen Ostens.

Frederick Scott Archer, ein britischer Bildhauer, erfindet das nasse Kollodiumverfahren, und Louis Désiré Blanquart-Evrard führt die Technik des Albumindrucks ein.

Auf der Great Exhibition in London sind erstmals Fotografien zu sehen.

1850

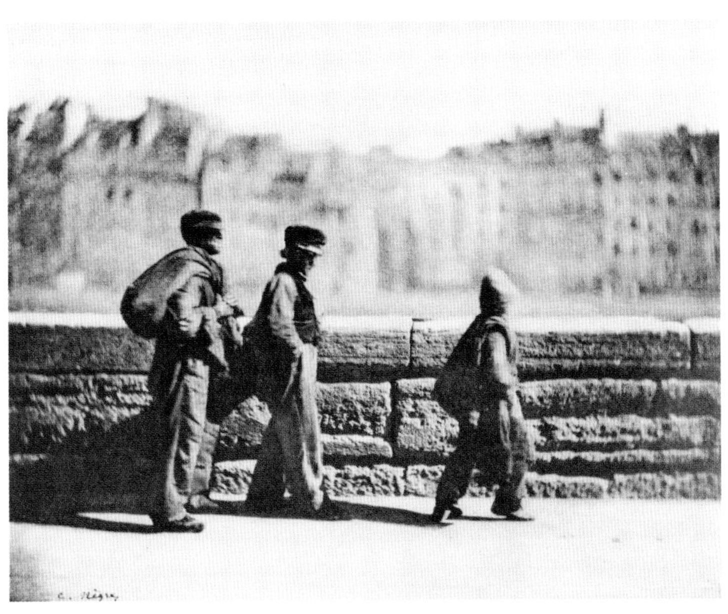

Charles Nègre – *Schornsteinfeger in Bewegung*

Charles Nègre (1820–1880) war ein Maler, der die Straßen von Paris durchstreifte und Alltagsszenen fotografierte, um die Bilder als Vorlagen für seine Gemälde zu verwenden. Dieses Bild ist inszeniert – lange Belichtungszeiten machten es selbst an sonnigen Tagen unmöglich, Bewegung festzuhalten. Der Junge vorn hat sein Knie gebeugt, um das Gehen zu imitieren. Alle drei mussten ihre Posen eine Zeit lang halten. Um die Belichtungszeit zu verkürzen, verwendete Nègre ein Objektiv mit großer Blende, was eine geringere Schärfentiefe und damit einen unscharfen Hintergrund ergab.

Henri-Victor Regnault – *Die Leiter*

Henri-Victor Regnault (1810–1878) spielt in der frühen französischen Fotografie eine bedeutende Rolle. Er war Gründungsmitglied der Société héliographique, 1854 Gründungspräsident der Société française de photographie und einer der Ersten in Frankreich, die das Kalotypieverfahren von William Henry Fox Talbot anwendeten. 1852 wurde Regnault zum Direktor der Porzellanfabrik von Sèvres ernannt, wo er eine Abteilung für Fotografie einrichtete. Auf dem Fabrikgelände, in einer abgelegenen Ecke, fertigte er dieses Stillleben an. Die sorgfältig arrangierte Sammlung von Gegenständen ergibt eine malerische, durch Licht und Schatten harmonisch gegliederte Komposition.

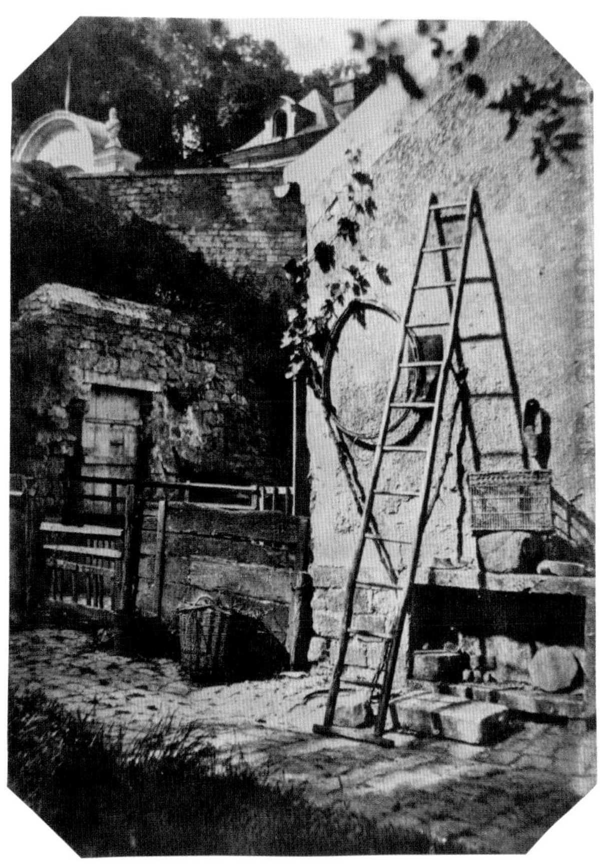

Die Société héliographique wird in Paris gegründet.

Napoleon III. wird Kaiser der Franzosen; in London wird der Palace of Westminster eröffnet.

1851

1852

1853–1855

Die Patentierung der *Cartes de Visite* (des Visitformats) 1854 ist ein Meilenstein in der Sozialgeschichte der Fotografie. *Cartes de Visite* wurden üblicherweise mit einer Kamera mit vier Objektiven hergestellt, die auf einer fotografischen Platte eine Abfolge von zwei mal vier Bildern festhielt, was in acht Variationen eines Porträts resultierte. Diese Kleinbilder wurden sofort sehr populär und ermöglichten es auch Menschen mit bescheidenem Einkommen, Fotos von sich zu besitzen und auszutauschen, die oft ein idealisiertes, ambitionertes Bild suggerierten. Unterdessen reist Roger Fenton (1819–1869), der 1853 gerade die Royal Photographic Society mitgegründet hat, auf die Krim, um neben dem weniger bekannten James Robertson (1813–1888) der erste Kriegsfotograf zu werden. Ihre Kameras sind noch nicht in der Lage, jene Kampfhandlungen einzufangen, die das Publikum einmal von Reportagen erwarten wird, dennoch legen sie den Grundstein für die spätere Kriegsvermittlung durch Regierungen und unabhängige Journalisten. JG

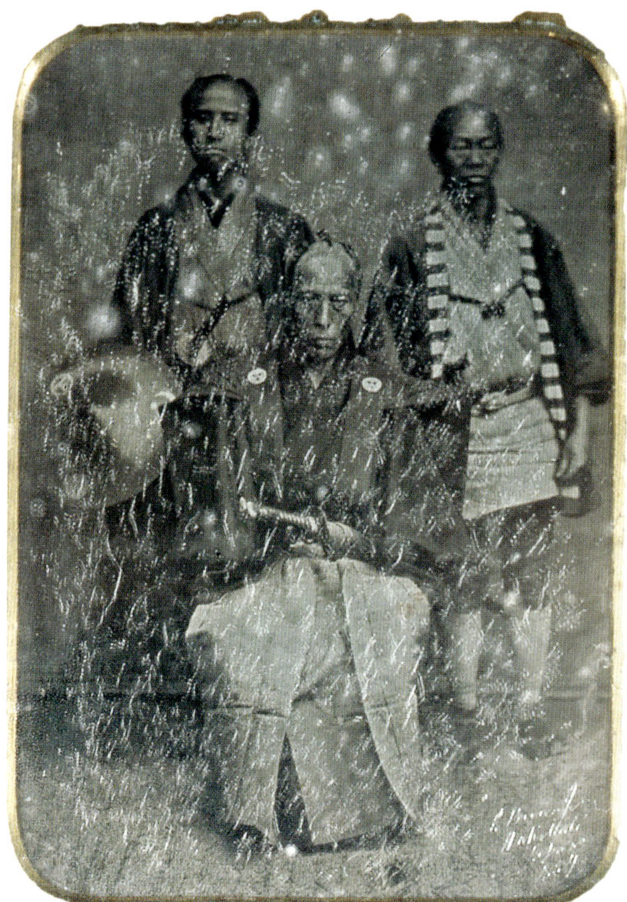

Eliphalet M. Brown – *Yendo Matazaimon und seine Bediensteten*

Dieses imposante Gruppenporträt zeigt Matazaimon, den Gouverneur von Hakodate (Japan) mit seinen Angestellten Ishuka Konzo und Kudo Mogoro. Es wurde von Eliphalet M. Brown (1816–1886) bei einem von zwei Japan-Besuchen angefertigt und ist eine der ersten erhaltenen fotografischen Aufnahmen des Landes. Brown war offizieller Fotograf der amerikanischen Öffnungsmission unter der Leitung von Commodore C. Perry. Es wird vermutet, dass er bis zu 400 Daguerreotypien anfertigte, von denen die meisten verloren gingen. Eine Reihe von lithografischen Reproduktionen erschien jedoch 1856 in der Publikation zu dieser Mission: *Narrative of the Expedition of an American Squadron to the China Seas and Japan*.

Die Photographic Society of Great Britain (die spätere Royal Photographic Society) wird gegründet.

André-Adolphe-Eugène Disdéri führt in Paris das *Visitformat* für die Porträtfotografie ein.

1853

1854

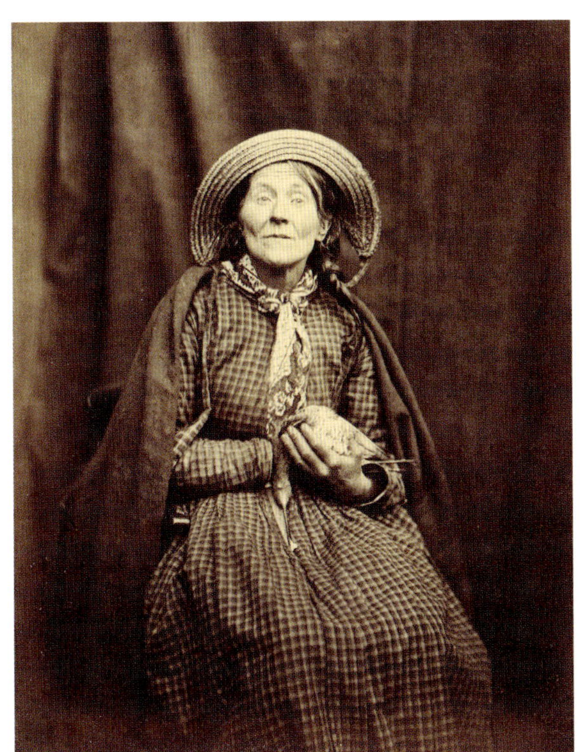

Hugh Welch Diamond–*Patientin, Irrenanstalt der Grafschaft Surrey*

In den 1840er Jahren studierte Hugh Welch Diamond (1809–1886) Psychiatrie am Bethlem Royal Hospital in London und wurde später Leiter der Frauenabteilung der Irrenanstalt von Surrey County. Hier begann er damit, Patienten zu fotografieren. Mit ihren einfachen Posen vor einem schlichten Hintergrund erinnern die Bilder an konventionelle Studioporträts der damaligen Zeit. 1858 eröffnete Diamond eine Privatanstalt in Twickenham und stellte die Porträtfotografie ein.

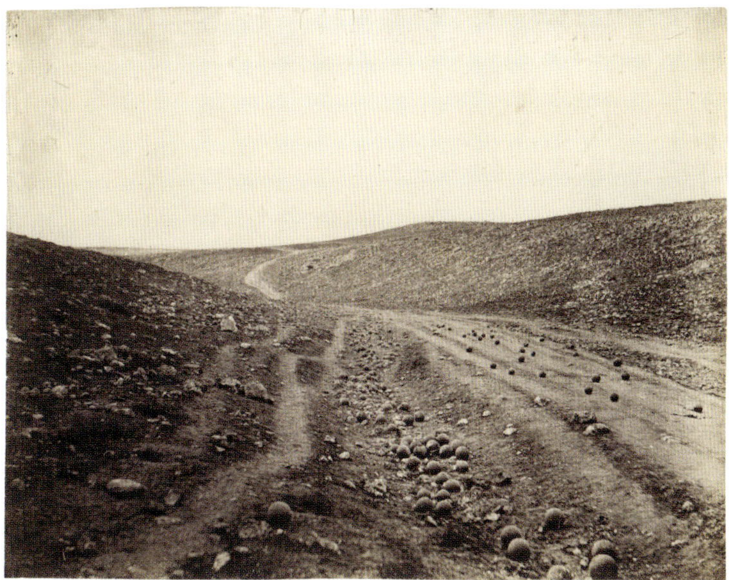

Roger Fenton–*Im finstern Tal*

Der Krimkrieg war der erste bewaffnete Konflikt der Geschichte, der mit Fotografien systematisch dokumentiert wurde. Es war ein unbeliebter Krieg, und Roger Fenton nutzte seine Position, um die öffentliche Meinung daheim in Großbritannien zu beeinflussen. Seine Leistungen sind umso bemerkenswerter, als er eine aus einem Pferdewagen eines Weinhändlers umgebaute, portable Dunkelkammer mit sich führen musste, während er der türkischen Artillerie auswich, und eine Kameratechnik einsetzte, die noch nicht weit genug entwickelt war, um Bewegtmotive zu erfassen. Was er jedoch tun konnte, war, die gespenstischen und trostlosen Nachwirkungen der Schlacht heraufzubeschwören, wie in seinem berühmtesten Bild des Tals bei Sewastopol, dessen Titel sich auf Psalm 23 der Bibel bezieht.

England und Frankreich erklären Russland den Krieg: den Krimkrieg.

Die Tageszeitung *The Daily Telegraph* erscheint in London.

1855

KRIEG

Konflikte mit all ihren Formen der Zerstörung und Verzweiflung waren seit den frühesten Tagen des Mediums Fotografie ein wichtiges Sujet. Einige Betrachter kritisieren, die Bilder der Fotochronisten von Situationen extremen Leids seien ausbeuterisch und abstumpfend, andere betrachten die Arbeit solcher Augenzeugen der Zerstörung von Mensch und Landschaft als lebenswichtiges Gegenmittel gegen Militarismus und als unerlässlichen Beitrag zur Abwendung von Kriegsverbrechen.

Die Darstellung von Kriegsopfern ist eines der umstrittensten Themen der Konfliktfotografie. Nach dem Indischen Aufstand von 1857 schuf Felice Beato ein sehr eindringliches Bild von skelettierten Überresten der indischen Widerstandskämpfer im Innenhof von Sikandar Bag in Lakhnau, noch heute eine der grausamsten Szenen von Zerstörung. Auch Leichen der Opfer des amerikanischen Bürgerkriegs wurden damals mit großer Wirkung in öffentlichen Ausstellungen gezeigt. Später jedoch, während des Zweiten Weltkriegs, wurden Bilder von toten amerikanischen Soldaten bis September 1943 zensiert, erst nach anhaltender Lobbyarbeit bei den Behörden veröffentlichte das Magazin *Life* das erschütternde Foto, das George Strock nach der Schlacht von Buna-Gona in Neuguinea von den mit Leichen übersäten Landungsköpfen aufgenommen hatte. Heute wird die Darstellung der militärischen Opfer des Krieges stärker zensiert als zuvor, strenge Regierungsvorschriften regeln jetzt, was Reporter zeigen dürfen, die britische oder US-Soldaten etwa im Irak-Krieg oder im Afghanistan-Krieg begleiten.

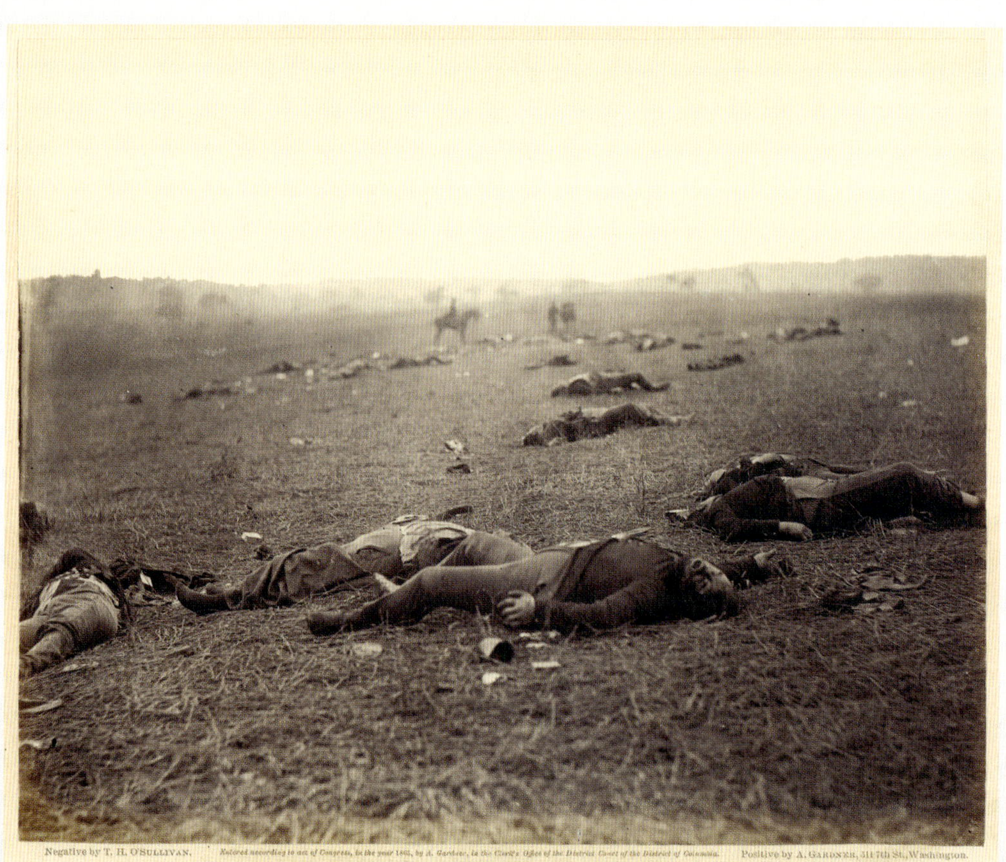

LINKS. Timothy O'Sullivan – *'Totenlese', Gettysburg, Pennsylvania* (1863)
Dieses bewegende Bild von verwesenden Toten, die nach der Schlacht von Gettysburg ihres Begräbnisses harren, wurde in Alexander Gardners *Fotografischem Skizzenbuch des Krieges* (1866) mit den tragisch-poetischen Worten „Es war in der Tat eine 'Totenlese'" veröffentlicht. Von Timothy O'Sullivan (1840–1882) aufgenommen, dokumentierten dieses und andere Bilder, die im Skizzenbuch von Gardner und seinem Fotografenteam zu sehen sind, anschaulich die Menschenopfer des Bürgerkriegs und fanden bei ihrer Ausstellung große Beachtung. Die *New York Times* schrieb, es liege „eine schreckliche Faszination in den Bildern, die einen anziehen und von denen man sich nicht lösen kann. Geistliche stehen still um diese bizarren Abbilder des Gemetzels herum, bücken sich, blicken in die blassen Gesichter der Toten und sind gefesselt vom seltsamen Bann, der in der Toten Augen haust."

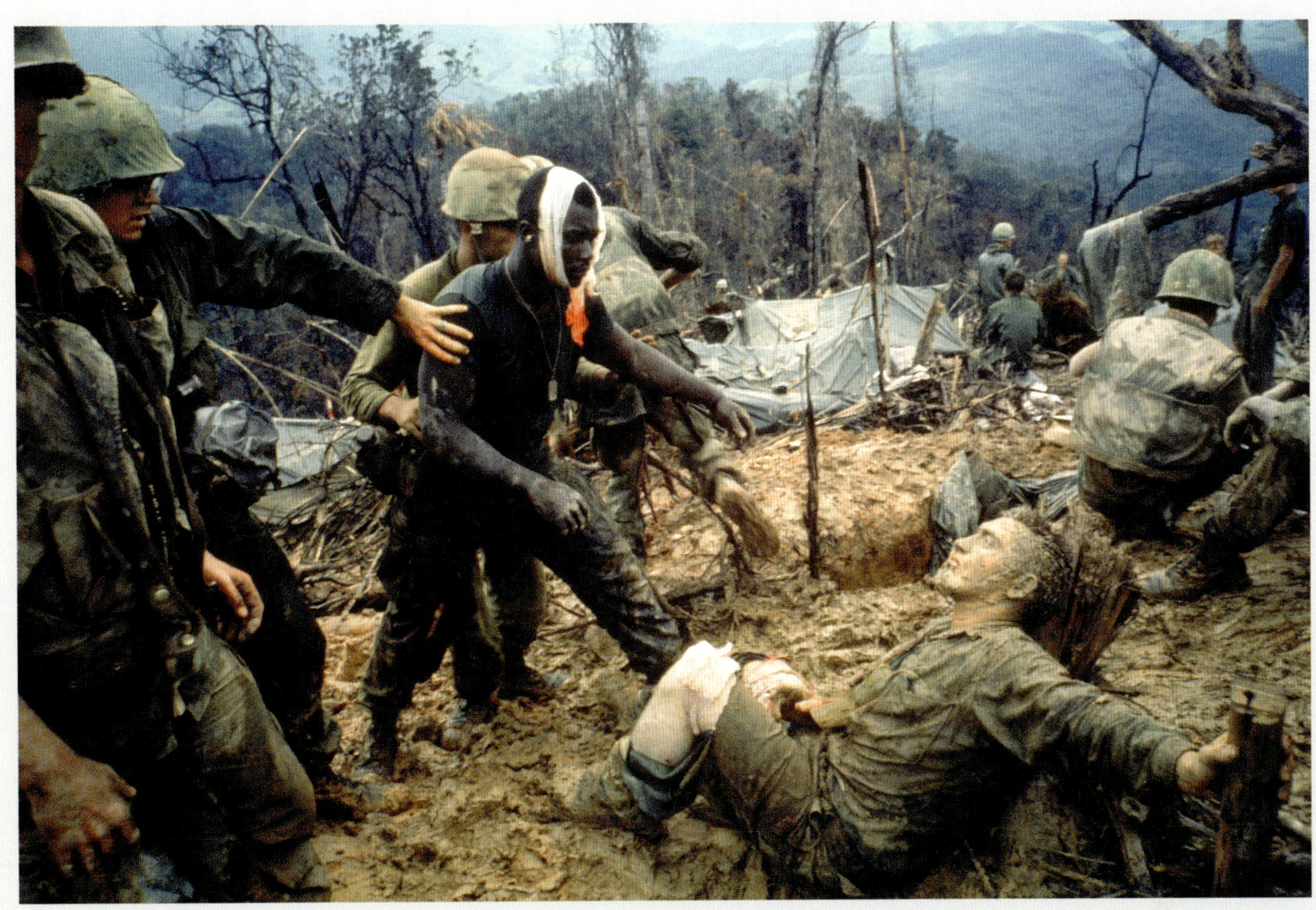

ames Nachtwey (geb. 1948)

ımes Nachtwey ist der herausragendste Dokumentarist von Konflikten im späten). und frühen 21. Jahrhundert. Er ist fünffacher Träger der Robert Capa Medaille in old des Overseas Press Club. Aus seinen eindringlichen Bildern von der Hungersnot ı Sudan und den Folgen des Völkermords in Ruanda wurde 1993 und 1995 das Veltpressefoto des Jahres ausgewählt. Ab 1984 war Nachtwey Vertragsfotograf des achrichtenmagazins *Time* und berichtete über Konflikte auf der ganzen Welt, unter anerem in Lateinamerika, Nordirland, im Nahen Osten, auf dem Balkan, in Afrika und in ussland. 2001 kam der Krieg bis in seine Wahlheimat New York, als die Zwillingstürıe des World Trade Center zerstört wurden; seine Bilder von der Verwüstung wurden ı einer tragisch-ikonischen Aufzeichnung des Ereignisses. Nachtwey wurde 2003 in agdad verletzt, als eine Granate in den Armee-Transporter geworfen wurde, in dem er nterwegs war; heute ist er davon genesen und immer noch an den Brennpunkten der Velt unterwegs.

OBEN. Larry Burrows – ***Núi Cây Tre*** **(1966)**
Ein prägendes Bild von einem der besten Kriegschronisten in der Geschichte der Fotografie. Der gebürtige Engländer Larry Burrows ist bekannt für seine einfühlsame und emotionale Berichterstattung vom Vietnamkrieg, die in diesem ikonischen Bild der Kriegsfolgen eindrucksvoll zu sehen ist. Es wurde nach einem Gefecht mit nordvietnamesischen Streitkräften auf dem gleichnamigen Hügelzug aufgenommen und zeigt US Marine Gunnery Sergeant Jeremiah Purdie, der zu seinem verwundeten Freund eilt. Die gedämpften Farben und die schlammige Kleidung ergeben eine Szenerie der Zerstörung; die Weitwinkelperspektive versetzt den Betrachter ins Zentrum des Geschehens und betont das Leid der Soldaten. Burrows selbst kam im Februar 1971 zusammen mit den Fotografen Henri Huet, Kent Potter und Keisaburo Shimamoto bei einem Hubschrauberabschuss über Laos ums Leben.

1856–1858

1857 wird die Ferrotypie in Amerika von Hamilton L. Smith und in England von William Kloen patentiert. Der auch als Melanotypie bezeichnete Blechdruck war viel billiger als die Daguerreotypie und bald auch viel attraktiver als das frühere Verfahren. Der Fotograf kann in wenigen Minuten ein beschichtetes Eisenblech für den Kunden vorbereiten, belichten, entwickeln und auch fixieren. Das Format findet Verbreitung; es wird an Ständen auf Messen und Jahrmärkten und auch von Wanderfotografen angeboten. Eine Ferrotypie kann dank Strapazierfähigkeit und geringer Größe in der Jackentasche getragen werden, dadurch wird das Format während des amerikanischen Bürgerkrieges sehr beliebt. 1858 wird Britisch-Indien gegründet; von nun an sollte das Empire diesen Teil des Subkontinents fast 90 Jahre lang regieren. JG

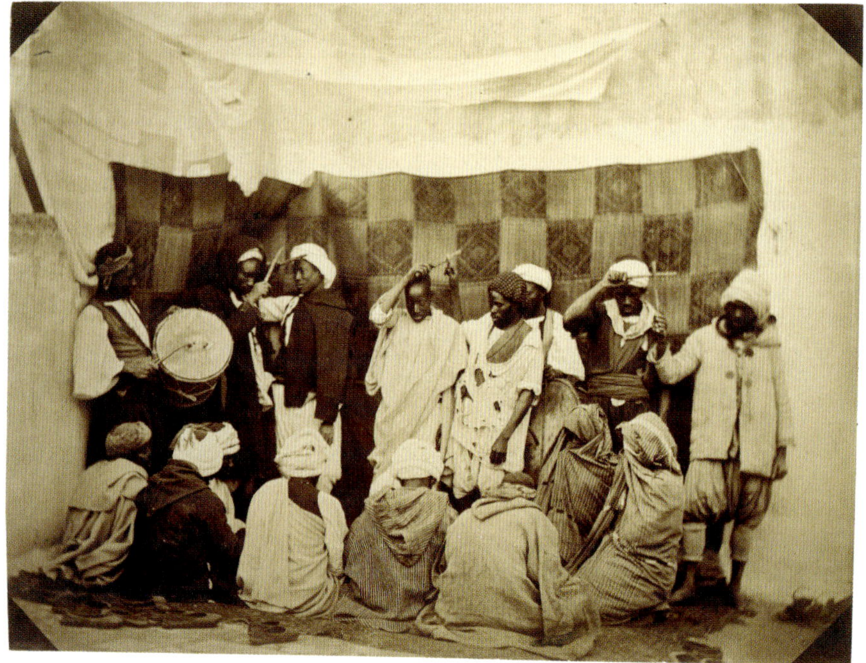

Félix-Jacques Antoine Moulin–***Traditioneller Stocktanz, Algerien***
1856 erhielt Moulin (1802–1875) von der französischen Regierung den Auftrag, Fotos von Algerien, einem damaligen Kolonialgebiet, zu erstellen. Trotz der nordafrikanischen Hitze und der Feuchtigkeit, die der Fertigung und Entwicklung von Daguerreotypien nicht zuträglich waren, kehrte Moulin mit einer umfangreichen Sammlung von Bildern zurück. Darunter befand sich auch das Porträt einer Gruppe von tanzenden Musikern vor einem Hintergrund aus traditionellem afrikanischem Webstoff. Moulins Bilder wurden anschließend im Buch *L'Algérie photographiée* veröffentlicht, das letztlich zu Propagandazwecken für die Kolonialherrschaft Napoleons III. genutzt wurde, dem das Werk gewidmet war.

John Benjamin Dancer erfindet die Stereoskop-Kamera mit zwei Objektiven nebeneinander.

William Thompson macht das erste Unterwasserbild.

1856

Robert Howlett–***Isambard Kingdom Brunel und die Ankerkette der „Great Eastern“***

Isambard Kingdom Brunel, Held der Industriellen Revolution, posiert vor den riesigen „Ankerketten“ der *Great Eastern*, des weltweit größten Dampfschiffes, das er selbst entworfen und dessen Bau er beaufsichtigt hatte. Mit diesem Hintergrund, auf der Millwall-Werft statt im Porträtstudio, ist das Bild eines der ersten „Milieu-Porträts“; der gewählte Ort gibt Aufschluss über die Person und ihren Beruf. Das Bild von Robert Howlett (1831–1858) verrät viel über Brunel, mit seiner nonchalanten Haltung, der spleenigen Pose und dem rätselhaften Gesichtsausdruck. Die *Illustrated Times* hatte es als Teil einer Reportage über den Bau des Schiffes in Auftrag gegeben.

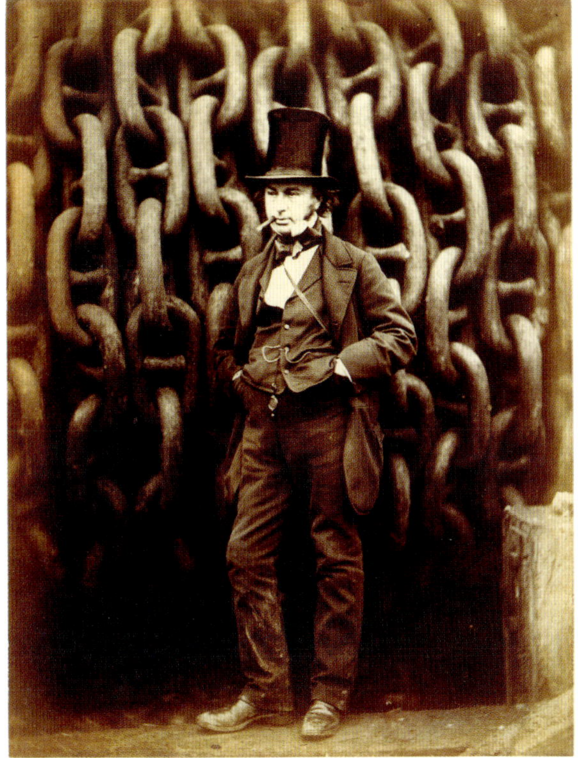

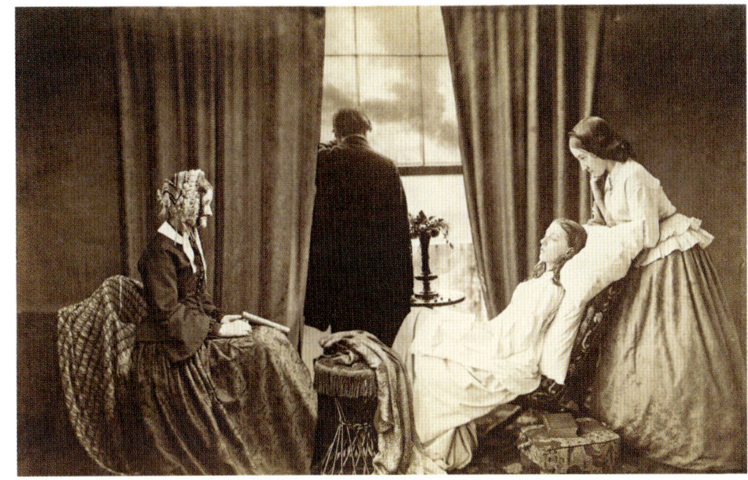

Henry Peach Robinson–***Dahinschwinden***

Diese Fotografie ist ein aus fünf Negativen bestehendes und zu einem Druck kombiniertes „Tableau“. Rührselige und romantische Sujets wie dieses waren typisch für Henry Peach Robinson (1830–1901) und seine Zeitgenossen, die den Kombinationsdruck als ein ausgeklügeltes Werkzeug benutzten, um die Legitimität der Fotografie als Kunstform zu demonstrieren. Die Szene zeigt eine junge Frau, die an Tuberkulose stirbt. Die Mutter sitzt zu ihren Füßen, die Schwester steht hinter ihr, und ein Mann – vielleicht ihr Vater oder Verlobter – blickt verzweifelt in den Sonnenuntergang. Das Buch in der Hand der Mutter ist zugeklappt – die Geschichte ist zu Ende.

Nadar macht von einem Heißluftballon aus das erste Luftbild von Paris.

Der „Indische Aufstand“ oder „Sepoyaufstand“ führte zur Auflösung der Britischen Ostindien-Kompanie.

1857

1858

1859–1861

Zu Beginn der 1860er Jahre erlebt die Fotografie in den USA zukunftsweisende Entwicklungen. Man bricht zu den ersten fotografischen Expeditionen zur Dokumentation der Weiten des „Wilden Westens“ auf, die zu Nationalparks werden sollten; auf der anderen Seite des Landes tobt der Bürgerkrieg, der ein eigenes fotografisches Erbe hinterlässt. Die Erfindung der Eisenbahn hat tiefgreifende Auswirkungen auf die Wahrnehmung von Ort, Zeit und Geschwindigkeit. Präsident Ulysses S. Grant wird dieses Phänomen später als „Vernichtung des Raums“ bezeichnen; es wird die Größe des Landes und bisher begriffene Entfernungen für immer verändern. Derweil schafft der schottische Physiker James Clerk Maxwell (1831–1879) die Grundlagen für die Farbfotografie, indem er Aufnahmen durch je einen Rot-, einen Grün- und einen Blaufilter macht und die entstandenen drei Diapositive übereinander zu einem Bild projiziert, erstmals 1861 demonstriert mit dem Bild eines schottischen Tartan-Bandes. JG

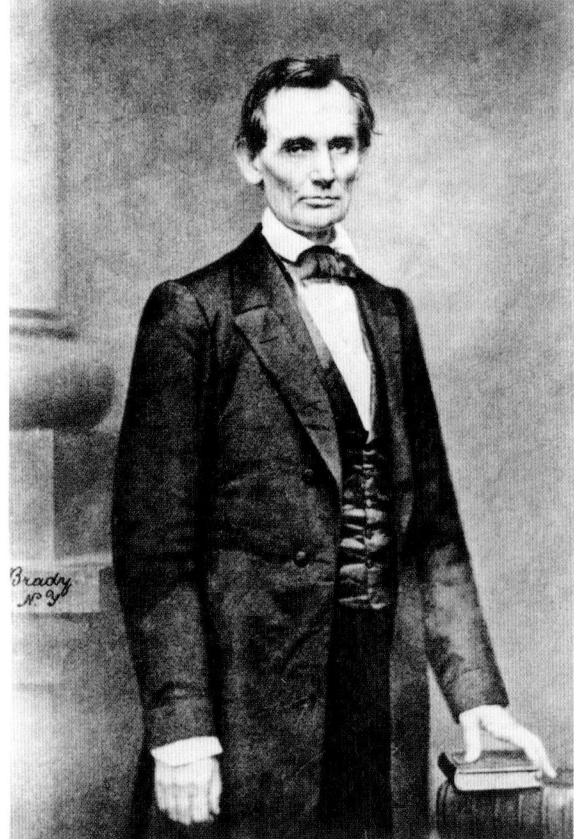

Mathew Brady – *Abraham Lincoln*

Abraham Lincoln war Kongressabgeordneter und noch kaum bekannt, als er im Februar 1860 in New York City eintraf, um vor der Cooper Union zu sprechen, in der Hoffnung, es möge seinen politischen Ambitionen nützen. Auf dem Weg zum Rednerpult schaute er im Fotostudio von Mathew Brady (1822–1896) vorbei, einem gefeierten Porträtisten, der später den amerikanischen Bürgerkrieg dokumentieren sollte. Brady verstand es, ihn vorteilhaft darzustellen. Lincoln selbst sagte, der Fotograf mache aus ihm „einen Mann von Menschlichkeit und mit würdevollem Gebaren“, und fügte später hinzu: „Brady und die Rede vor der Cooper Union machten mich zum Präsidenten der Vereinigten Staaten.“

Die American Photographic Society wird gegründet.

Charles Darwin veröffentlicht endlich *On the Origin of Species* (Über die Entstehung der Arten).

1859

John Jabez Edwin Mayall – *Queen Victoria und Prince Albert*

Als erste britische Monarchin nutzte Königin Victoria die Möglichkeiten des Mediums Fotografie. Im Juli 1855 schrieb sie in ihr Tagebuch: „Von 10 bis 12 beschäftigt, mich von Mr. Mayall fotografieren zu lassen. Der seltsamste Mann, den ich je gesehen habe, aber ein hervorragender Fotograf." Sie war offenbar so angetan davon, dass sie Mayall (1813–1901) bat, *Cartes de Visite* anzufertigen – nicht nur von ihr und ihrem Mann Albert, sondern auch von Mitgliedern der königlichen Familie –, die dann der Öffentlichkeit verkauft werden sollten.

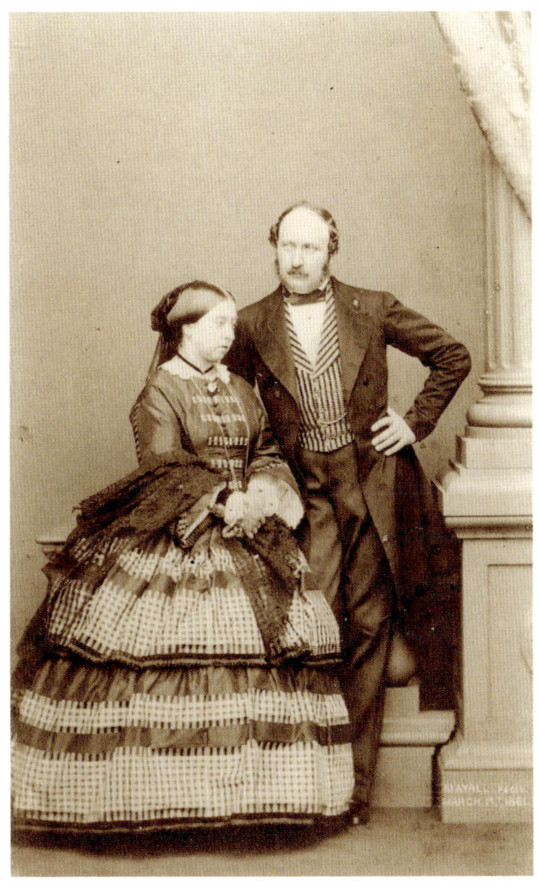

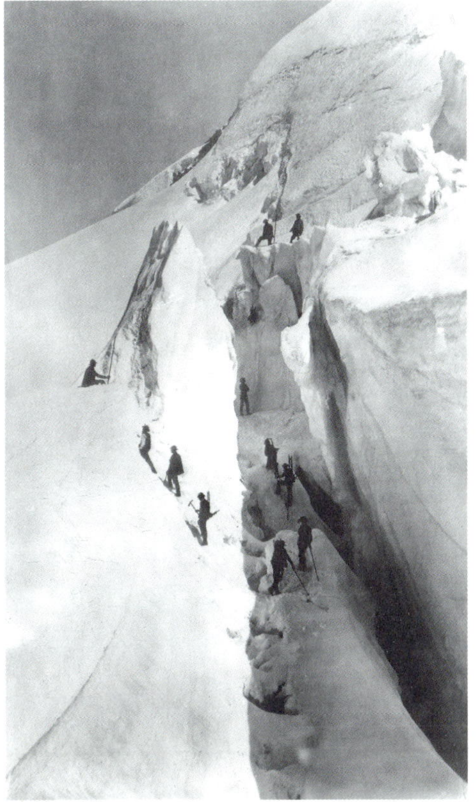

Les Frères Bisson – *Aufstieg auf den Mont Blanc*

Louis-Auguste (1814–1876) und Auguste-Rosalie (1826–1900) Bisson, bekannt als Gebrüder Bisson, erlernten die Fotografie in den 1840er Jahren direkt von einem der Erfinder: Louis Daguerre. Später schlossen sie sich dem Industriellen Daniel Dollfus-Ausset an, der eine Reihe von fotografischen Expeditionen in die Alpen finanzierte. Die Brüder versuchten zweimal erfolglos, den Mont Blanc zu besteigen, bis der jüngere, Auguste-Rosalie, im Juli 1860 mit einem Führer und einer Gruppe von Trägern, die seine Fotoausrüstung trugen (Glasplatten, Chemikalien, Fotoapparate und Dunkelkammerzelt), den Berg schließlich bezwang. Dieses Bild wurde beim Abstieg vom Gipfel aufgenommen, wobei die Bergsteiger posierten, als stiegen sie auf.

Mathew Brady und Alexander Gardner fotografieren den Amerikanischen Bürgerkrieg.

Carleton E. Watkins macht die ersten Landschaftsbilder im „Mammutformat" vom Yosemite Valley.

1860

1861

ERKUNDUNG

Die Kamera war das ideale Instrument, um eindrucksvolle Bilder von fernen Ländern zurückzubringen und die Erfolge kühner Entdecker zu feiern. Natürlich war das oft eine westliche, kolonialistische Sicht, mit all den bedenklichen Anmaßungen, die mit der Entdeckung „neuer“ Länder einhergingen, welche in Wirklichkeit von indigenen Völkern bewohnt waren, die gewaltsam vertrieben oder ausgebeutet wurden.

Im Nahen Osten mit seiner Mischung aus biblischen Stätten und klassischer Antike fanden Fotografen Motive aller Art. Ihre „pittoresken“ Interpretationen der Ruinen der Zivilisation wurden ausgiebig publiziert und in kommerziell erstellten Alben in Umlauf gebracht. Maxime Du Camps *Die Reise zum Nil* (1852) gehörte zu den ersten Bänden, die echte fotografische Abzüge anstelle von Stichen enthielten. Die Expeditionen waren nicht ohne Hürden: Francis Frith beschrieb die Arbeit in dem „stickigen kleinen Zelt“ (seiner Dunkelkammer), und wie das Kollodium in der sengenden Hitze kochte und zischte; er zog sich sogar in das kühle Innere eines ägyptischen Grabs zurück, um seine Glasplatten zu entwickeln. Später reiste Samuel Bourne mit bis zu 80 Trägern, 650 großen Glasplatten, den Chemikalien und einer Herde Ziegen in die Berge des Himalaya. Haupttriebkräfte dieser Erkundungen waren topografische Vermessungen im Auftrag der Regierungen, die ihre Kontrolle über fremde Territorien ausweiteten. Den Ausbau des Eisenbahnnetzes in den USA dokumentierte Bürgerkriegsveteran Alexander Gardner; sein Kollege Timothy O'Sullivan nahm unzählige Landschaften des amerikanischen Westens auf. Eine der bedeutendsten Leistungen vollbrachte Herbert Ponting, der 1910 die verhängnisvolle *Terra-Nova-Expedition* unter der Leitung von Robert Scott in die Antarktis begleitete. 1911 starb er beinahe selbst, als die Eisscholle, auf der er sich positioniert hatte, von einer Schule Orcas zerbrochen wurde, kehrte aber auf der *Terra Nova* und mit 1700 Glasplattennegativen sicher nach England zurück; nach Scotts Rückkehr würden die Bilder Verwendung finden. Tragischerweise wurden seine atemberaubenden Fotografien der riesigen Eiswüsten stattdessen zum Testament in Gedenken an Scott und seine Forschergruppe.

UNTEN. Francis Frith – ***In der Säulenhalle des Tempels von Karnak, Ägypten*** **(1858)**
Francis Frith (1822–1898) erkannte früh das Potenzial der Fotografie als Kunst und als Geschäft. Er verkaufte die Bilder seiner drei ausgedehnten Reisen nach Ägypten und ins Heilige Land in einer Vielzahl von Formaten. Sein 1859 in Reigate (Surrey) gegründeter Verlag wurde zu einem der weltweit größten Lieferanten von topografischen Bildern und blieb bis in die 1960er Jahre ein Familienunternehmen. In diesem Bild eines ägyptischen Tempels nutzte Frith die starken Vertikalen, das helle Sonnenlicht und die tiefen Schatten, um eine überzeugende Komposition mit Fluchtpunkt-Perspektive zu schaffen. *The London Times* schrieb über seine Fotografien: „Sie führen weit über alles hinaus, was ein vollendeter Künstler je auf Leinwand übertragen kann.“

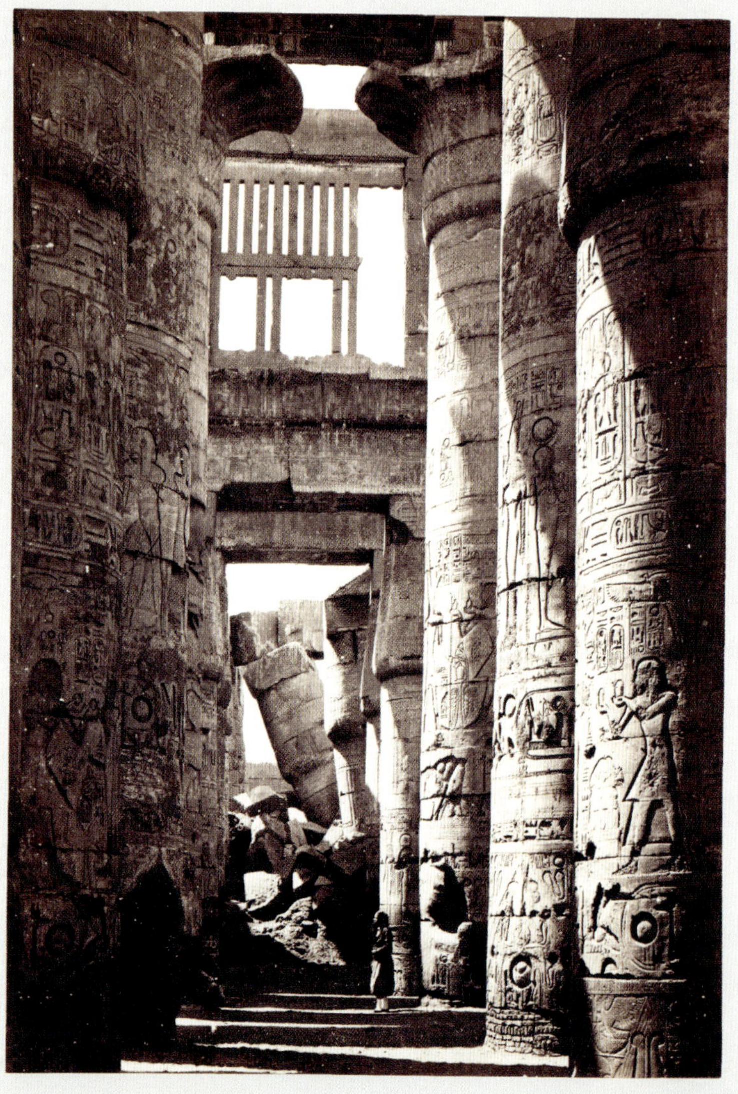

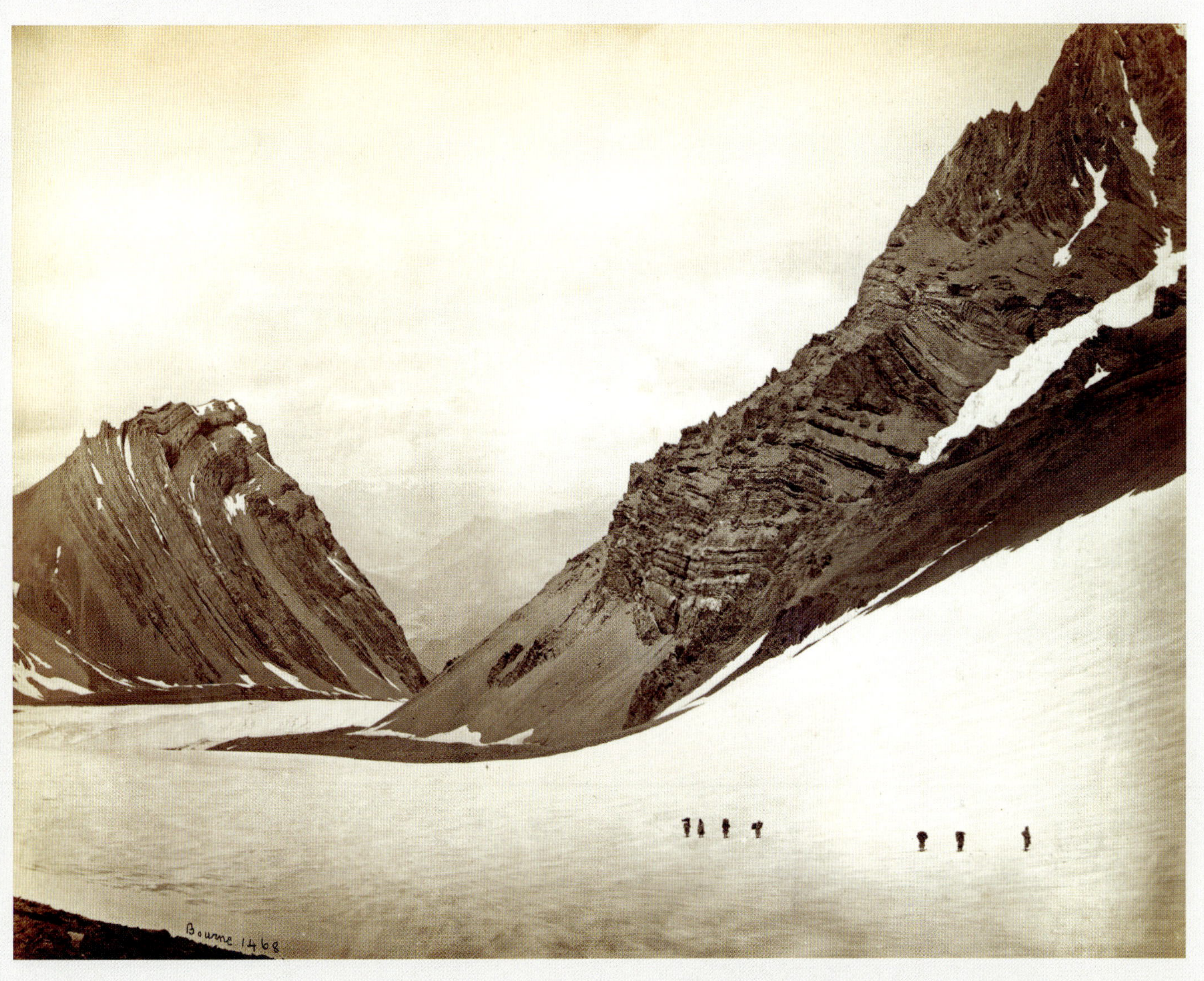

OBEN. Samuel Bourne – ***Der Manirang-Pass zwischen Spitital und Ropatal im Kinnaur-Distrikt in Indien* (1866)**
Dimensionen und Weite dieses eindrucksvollen Bildes werden durch die außerordentlichen Anstrengungen, die dafür unternommen wurden, noch verstärkt. Für die dritte seiner ausgedehnten Expeditionen durch den indischen Subkontinent zog Samuel Bourne (1834–1912) zusammen mit seinen Trägern bis hinauf zum Manirang-Pass im Himachal Pradesh und weiter ins abgelegene Spitital. Das Bild wurde in einer Höhe von über 6500 m aufgenommen und hielt zu diesem Zeitpunkt den Rekord für das höchste je aufgenommene Foto. Über einen Zeitraum von sieben Jahren schuf Bourne ein Archiv von über 2500 Glasplattennegativen, die umfassendste Sicht auf das Indien des 19. Jahrhunderts. Das Fotostudio, das er mit Charles Shepherd gegründet hatte, war das wohl älteste durchweg bestehende Fotostudio der Welt, als es im Jahr 2016 seine Pforten schloss.

1862–1864

Jedes der drei hier gezeigten Bilder illustriert die außerordentliche Fähigkeit der Fotografie, Abbilder des menschlichen Gesichts aufzunehmen, darzustellen, zu enthüllen und auch zu manipulieren. Sie werfen auch Fragen auf, die wir uns heute noch in Bezug auf die Machtverhältnisse stellen, die aus den Abbildern der Menschen sprechen. Das Porträt ist ein „Treffpunkt der Blicke" des Fotografen, des Modells und – am bedeutungsvollsten – des Betrachters. Die drei Porträts veranschaulichen auch die Vielfalt der Inhalte, die in der Fotografie in den 1860er Jahren weiterhin verhandelt wurden, vor allem die der Kunst einerseits und der Wissenschaft andererseits. Aber hinter beiden stand ein allgegenwärtiges, vielleicht sogar noch drängenderes Ziel: Geld. Die sogenannte Geisterfotografie sprach die Vorstellungskraft sehr vieler Menschen an, weil sie das kreative Einfühlen der Studio-Porträtfotografie mit der angeblichen Beweiskraft der Kamera verband: eine höchst gewinnbringende Kombination. JG

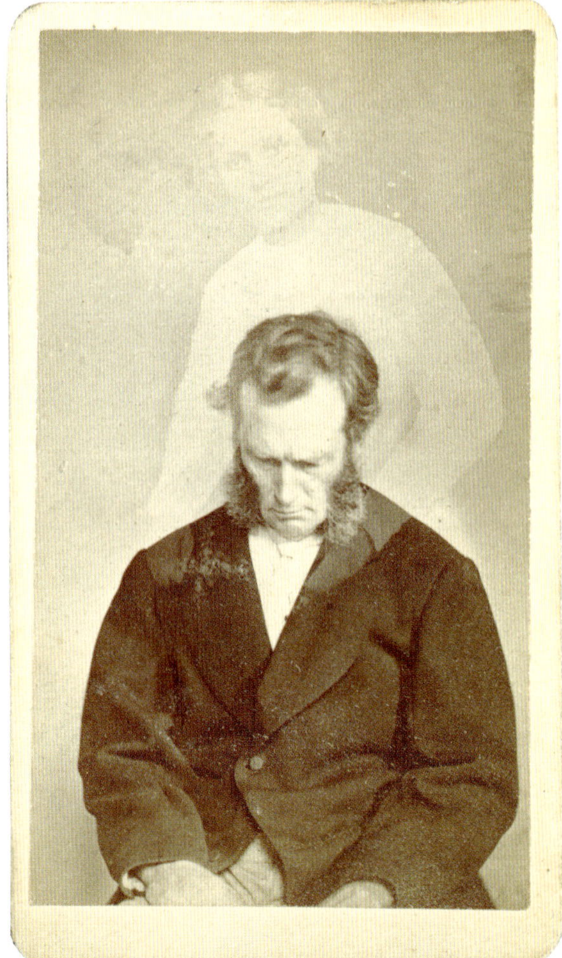

William H. Mumler–*Bronson Murray*

William H. Mumler (1832–1884) war einer der bekanntesten „Geisterfotografen" seiner Zeit, einer Gruppe von Leuten, die vom begrenzten Verständnis der Öffentlichkeit für fotografische Prozesse profitierten, indem sie vorgaben, die Geister der Toten einzufangen, und dafür Doppelbelichtungen und Trickfotografie nutzten. Derlei Bilder waren der spiritistischen Bewegung willkommen, aber auch den vielen Tausend Menschen, die ihre Angehörigen im Amerikanischen Bürgerkrieg verloren hatten. Mumler bot Hinterbliebenen an, die verstorbenen Lieben durch das Medium Fotografie sichtbar zu machen, und strich riesige Geldbeträge ein, wurde aber 1869 von einem Gericht als Betrüger entlarvt.

Die Schlacht am Antietam wird zum blutigsten Tag des Amerikanischen Bürgerkriegs.

1862

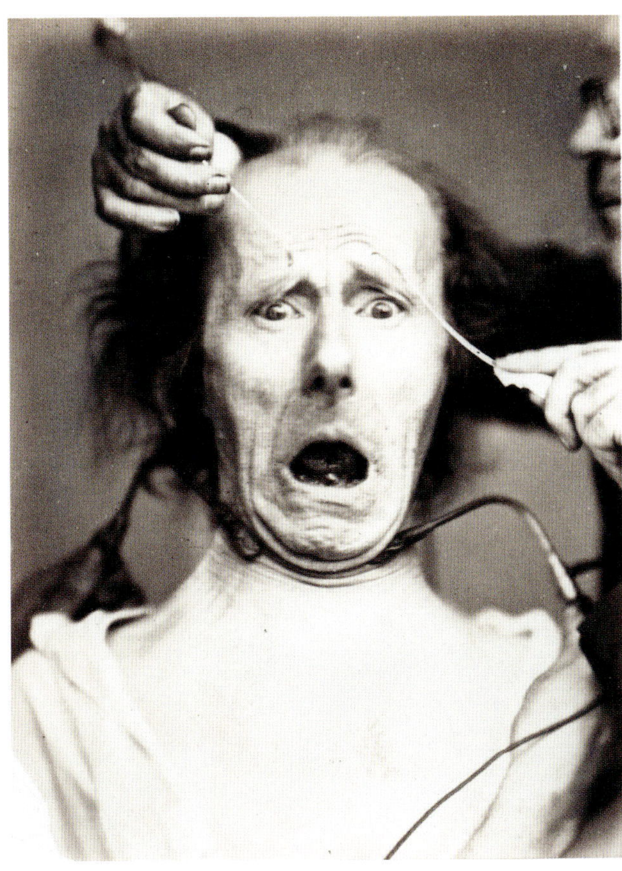

Guillaume-Benjamin-Amand Duchenne de Boulogne – Bild 64 aus der Serie *Mécanisme de la physionomie humaine*

Anfang der 1860er war die Elektrotherapie in der Medizin ein neues, noch unverstandenes Feld. Duchenne de Boulogne (1806–1875) stimulierte die Nerven- und Muskeltätigkeit in lebenden Patienten elektrisch und gewann neues Wissen über den menschlichen Körper. Zunächst hielt er seine vielen Experimente zeichnerisch fest, später nutzte er die Fotografie und dokumentierte seine Stimulationen von Gesichtsmuskeln, die er schließlich 1862 in seinem Buch *Mechanismus der Menschlichen Physiognomie* veröffentlichte. Das bahnbrechende Werk beeinflusste die Neurologie und andere Wissenschaften.

Pierre-Louis Pierson – *Virginia Oldoini Verasis, Contessa di Castiglione*

Die Gräfin wurde während ihres zweijährigen Aufenthaltes am Hof Napoleons III. vom kaiserlichen Hoffotografen Pierre-Louis Pierson (1822–1913) über 400-mal fotografiert. Es war eine fruchtbare Zusammenarbeit: Die Gräfin posierte in vielerlei Kostümen und Haltungen, gab sich wahlweise verführerisch, jungfräulich oder kokett und wies den Fotografen nach ihren eigenen Vorstellungen von Selbstausdruck an.

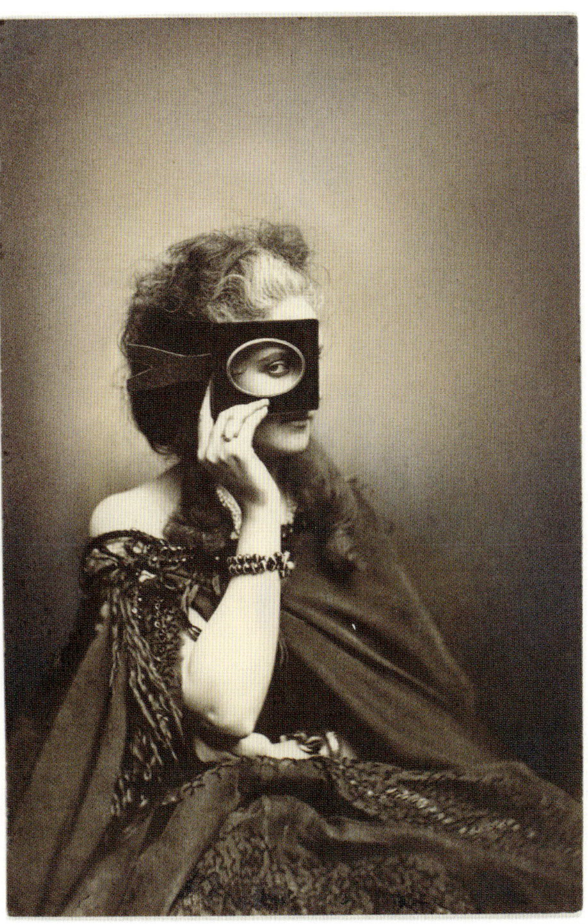

Präsident Abraham Lincolns Emanzipationsproklamation wird in den USA Gesetz

Samuel Bourne trifft in Kalkutta ein. Er sollte später zu einem der bedeutendsten Fotografen Britisch-Indiens und des Himalaja werden.

Julia Margaret Cameron bekommt eine Kamera zum Geburtstag geschenkt und fängt an zu fotografieren.

1863

1865–1867

Anfang der 1860er Jahre ist es noch nicht möglich, Fotografien effizient, haltbar und hochwertig genug zu reproduzieren, um sie in Bücher zu drucken. Kleine Auflagen von fotografischen Abzügen, die oft in Folianten oder Alben präsentiert werden, sind daher sehr wertvoll, nur wenige Privilegierte bekommen sie zu Gesicht. Das ändert sich, als Walter Bentley Woodbury (1834–1885) ein Verfahren patentieren lässt, das erstmals eine Massenproduktion von Fotografien ermöglicht. Seine Woodburytypien sind fotomechanische (nicht fotografische) Drucke; die Lichtempfindlichkeit ist nicht Teil des Prozesses und die Drucke verblassen nicht, da mit pigmentierter Gelatine gearbeitet wird. Das Ergebnis sind sehr hochwertige Halbton-Reproduktionen, die häufig für Porträtfotobücher verwendet werden. Das Verfahren dominiert bald den Markt der fotografischen Reproduktion, bis es von dem viel billigeren, aber qualitativ minderwertigen Halbtonverfahren abgelöst wird. JG

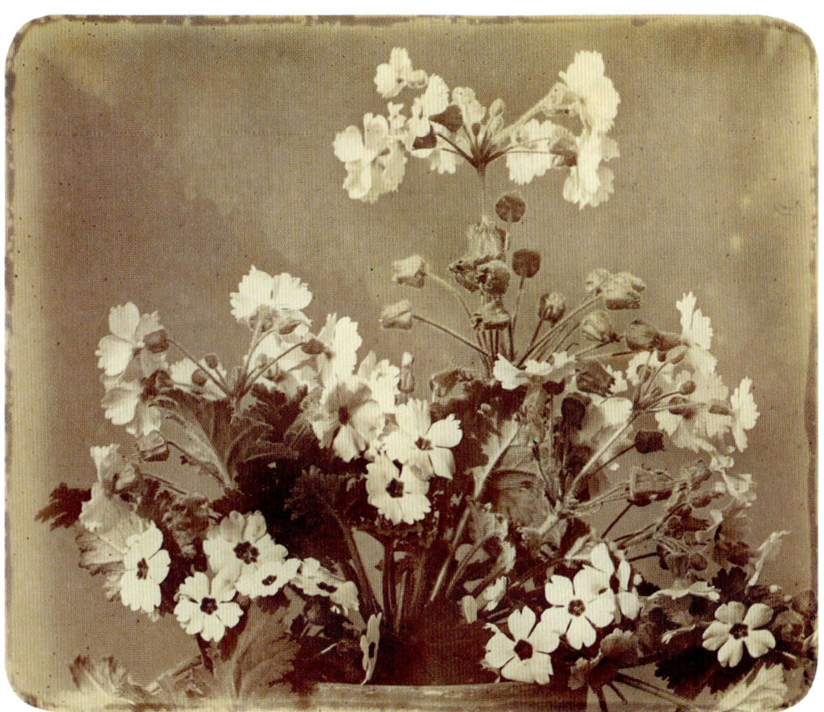

Adolphe Braun – *Blumenstück*
Adolphe Braun (1812–1877) war ursprünglich Textildesigner, dessen Fotografien nur Mittel zum Zweck waren. Er fertigte Studien von Blumen an, die er für die Gestaltung von Druckformen, Tapeten und Stoffen verwendete. Doch seine Arbeit erregte die Aufmerksamkeit der Pariser Kunstszene. 1857 richtete er ein Fotostudio ein, in dem er sein Repertoire um weitere Sujets ergänzte. Dieses Foto zeigt sein technisches Können und auch ein künstlerisches Auge, das ihn von jenen Fotografen unterscheidet, die botanische Studien für wissenschaftliche Zwecke machten. Es ist von lebendiger Tonalität, großem Detailreichtum und elegant komponiert.

Der Amerikanische Bürgerkrieg endet, er forderte ca. 750.000 Menschenleben.

Walter Bentley Woodbury patentiert die Woodburytypie als Verfahren zur Massenproduktion von Fotodrucken.

1865

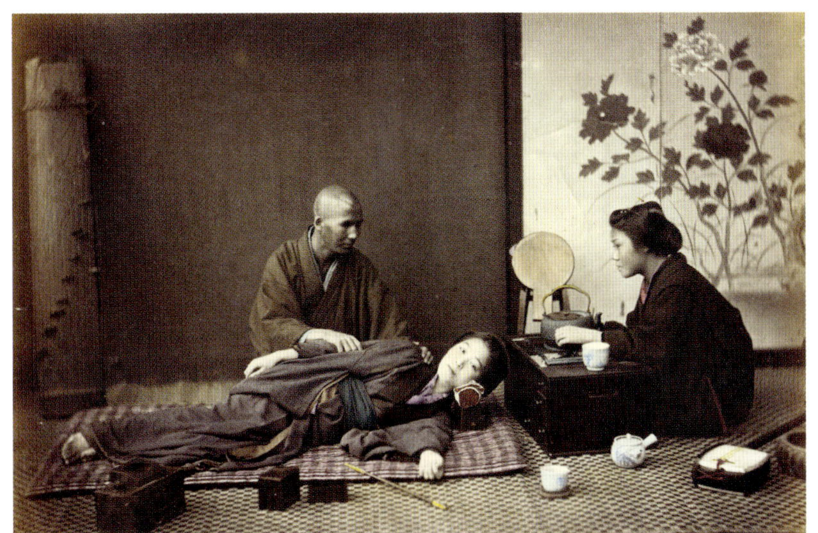

Felice Beato – *Haarwäsche*

Der italienisch-britische Fotograf Felice Beato (1832–1909) war äußerst produktiv und berichtete über Konflikte und Ereignisse in verschiedenen Teilen der Welt. Das Land, in dem er sich am längsten aufhielt, war jedoch Japan, wo er Zugang zu den Mitgliedern der japanischen Gesellschaft und ihr Vertrauen gewann; eine Welt, die den meisten Westlern bis dahin fremd gewesen war. Was ihn auszeichnet, ist, dass er nicht nur Studien der Architektur und des Stadtlebens machte, sondern auch ein Studio einrichtete, in dem er Rituale und Traditionen fotografierte, die bald verschwinden sollten. Zu ihm kamen Menschen aus allen Schichten der Gesellschaft, von Samurai, Geishas und Sumo-Ringern bis hin zu Korbflechtern und Sake-Verkäufern.

Julia Margaret Cameron – *Jago, Studie eines Italieners*

Julia Margaret Cameron (1815–1879) ist vor allem für ihre starken Porträts bekannt, meist von einflussreichen Künstlern oder Literaten aus ihrem Umfeld. Dieses Foto ist eines der wenigen von einem Fotomodell: der „Italiener" in der Rolle des Jago, des Bösewichts aus Shakespeares *Othello*. Eine Nahaufnahme mit knappem Bildausschnitt. Die emotionale Intensität des Porträts wird durch die dunklen Schatten, die niedergeschlagenen Augen und eine leichte Unschärfe vermittelt. Von diesem berühmten Bild ist nur ein Abzug bekannt.

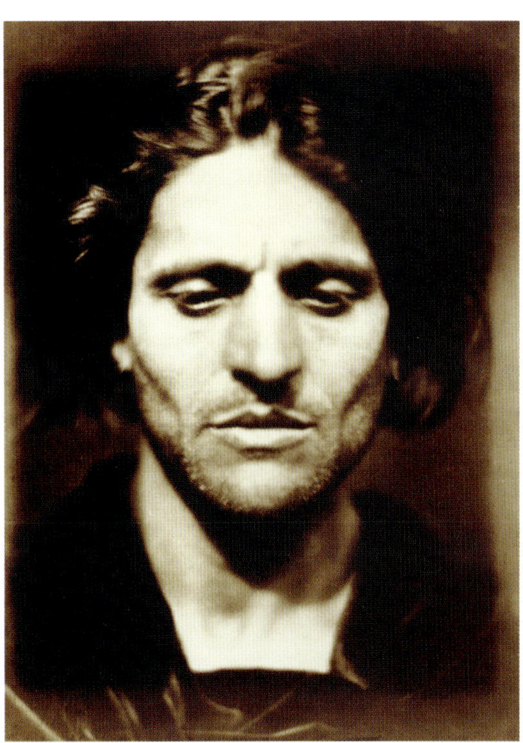

In Neuseeland wird einer der Maori-Aufstände von britischen Siedlern niedergeschlagen.

Alfred Nobel erfindet das Dynamit.

Die Arbeit von Fotografen wie Eadweard Muybridge und Alexander Gardner, die den Westen der USA erkunden, veranlasst den Kongress zu einem Nationalpark-Plan.

1866

1867

INSZENIERTE FOTOGRAFIE

Fotografen haben das Potenzial der Bildgestaltung seit der Erfindung des Mediums genutzt, Studioszenen gestellt und Negative oder später digitale Dateien kombiniert, um mit ihrer Fantasie komplexe Aussagen über die Welt zu erschaffen.

Obwohl sich die inszenierte Fotografie mit den Arbeiten von Konzeptkünstlern wie John Baldessari in den 1970er Jahren und Cindy Sherman und Jeff Wall in den 1980ern weithin etablierte, erkannten auch frühe Fotokünstler wie Henry Peach Robinson und Oscar Gustave Rejlander schnell das Potenzial, mittels *Tableaux-vivants*-Fotografien Moral und Sitten des 19. Jahrhunderts zu kommentieren. Digitale Technik ermöglichte gewagtere, makellosere Bilder; mit Anleihen an Porträt und Mode können diese Inszenierungen heute komplexe Erzählungen darlegen. Duane Michals (geb. 1932) arbeitet seit Ende der 1960er an narrativen Sequenzen, die sich mit Themen wie Schuld, Sexualität und Liebe befassen, wie im 1968 entstandenen *Fallen Angel*, in dem eine nackte männliche Flügelfigur eine schlafende Frau beobachtet und dann verführt, bevor sie sich in einen Mann im Anzug verwandelt. Michals Bemerkung: „Die Menschen glauben an die Realität von Fotos, aber nicht an die von Gemälden“, erklärt die große Wirkung dieser Bilder auf Betrachter; es werden „realistische“ Abbilder von unmöglichen Ereignissen geschaffen, was Cartier-Bressons Credo vom „entscheidenden Augenblick“ unweigerlich hinterfragt.

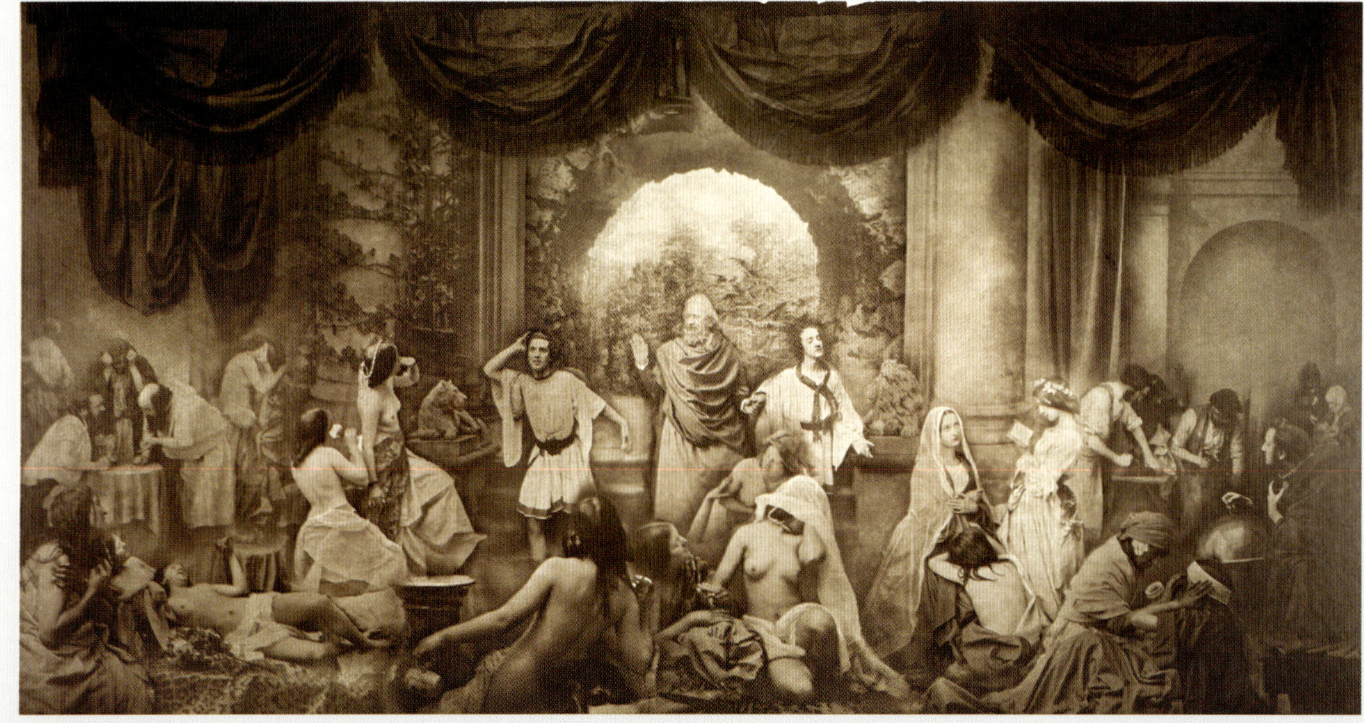

UNTEN LINKS. Oscar Gustave Rejlander – ***The Two Ways of Life*** **(1857)**
Oscar Gustave Rejlander (1813–1875) war ein Wegbereiter der komplexen und zeitaufwendigen Kompositionsfotografie, bei der zahlreiche Negative zu einem großen Bild zusammengefügt wurden. *The Two Ways of Life* (Die zwei Lebensarten) bestand aus mehr als dreißig im Studio gemachten Einzelbelichtungen und war eine allegorische Moralgeschichte, die die Wahl zwischen Tugend und Laster darstellte; ein weiser Alter stand zwei jungen Männern als Ratgeber zur Seite. Das Bild war damals wegen seiner expliziten Nacktheit sehr umstritten. Rejlander war ein enger Freund des Fotografen Charles Lutwidge Dodgson, besser bekannt als der Autor Lewis Carroll, und fertigte eine der berühmtesten und eindringlichsten Porträtstudien seines Kollegen.

UNTEN. Jeff Wall – ***Dead Troops Talk (Vision nach einem Überfall der Roten Armee, bei Muqur, Afghanistan, Winter 1986)*** **(1992)**
Das Bild *Toter Trupp im Talk* ist eine von Jeff Walls akribisch arrangierten und geplanten Kompositionen, die tiefgründige Themen wirkungsvoll inszenieren. Dieses verstörende Foto zeigt die imaginierten Nachwirkungen eines tödlichen Hinterhalts in Afghanistan, wirkt surreal und halluzinatorisch und verbindet Anleihen aus Kriegsfilmen mit den Traditionen der Historienmalerei. Wall arbeitete daran ausschließlich im Studio und setzte ein Team von Special-Effects-Technikern ein, die sich, wie berichtet wird, „durch forensische Bilder arbeiteten und dabei Sehnen, Kugelschäden, Knochenbrüche, zerrissenes und zerfetztes Fleisch studierten", um realistische Innereien nachzuschaffen. Das riesige Bild, über 2 × 4 m groß, wurde 2012 für 3,6 Millionen Dollar versteigert.

Sandy Skoglund (geb. 1946)

Die amerikanische Fotografin und Installationskünstlerin Sandy Skoglund schafft farbenfrohe Bilder, auf denen eine Fülle von identischen Objekten zu surrealen Tableaus zusammengesetzt werden. Jede Fotografie nimmt Wochen oder sogar Monate in Anspruch, in denen Skoglund die Elemente akribisch zu raumfüllenden Arrangements kombiniert. *Revenge of the Goldfish* (1981) etwa zeigt ein einfarbig blaues Schlafzimmer, das mit leuchtend orangefarbenen Goldfischen angefüllt ist; ein Erwachsener schläft, auf der Bettkante sitzt ein Kind. Skoglund sagt dazu, dass ihre Installationen eine zweideutige Welt schaffen, in der nichts so ist, wie es scheint. Realität und Fiktion gehen ineinander über, es entstehen „eine realistische Komponente und eine andere, unwirkliche, die in die Realität eindringt, sie überlagert".

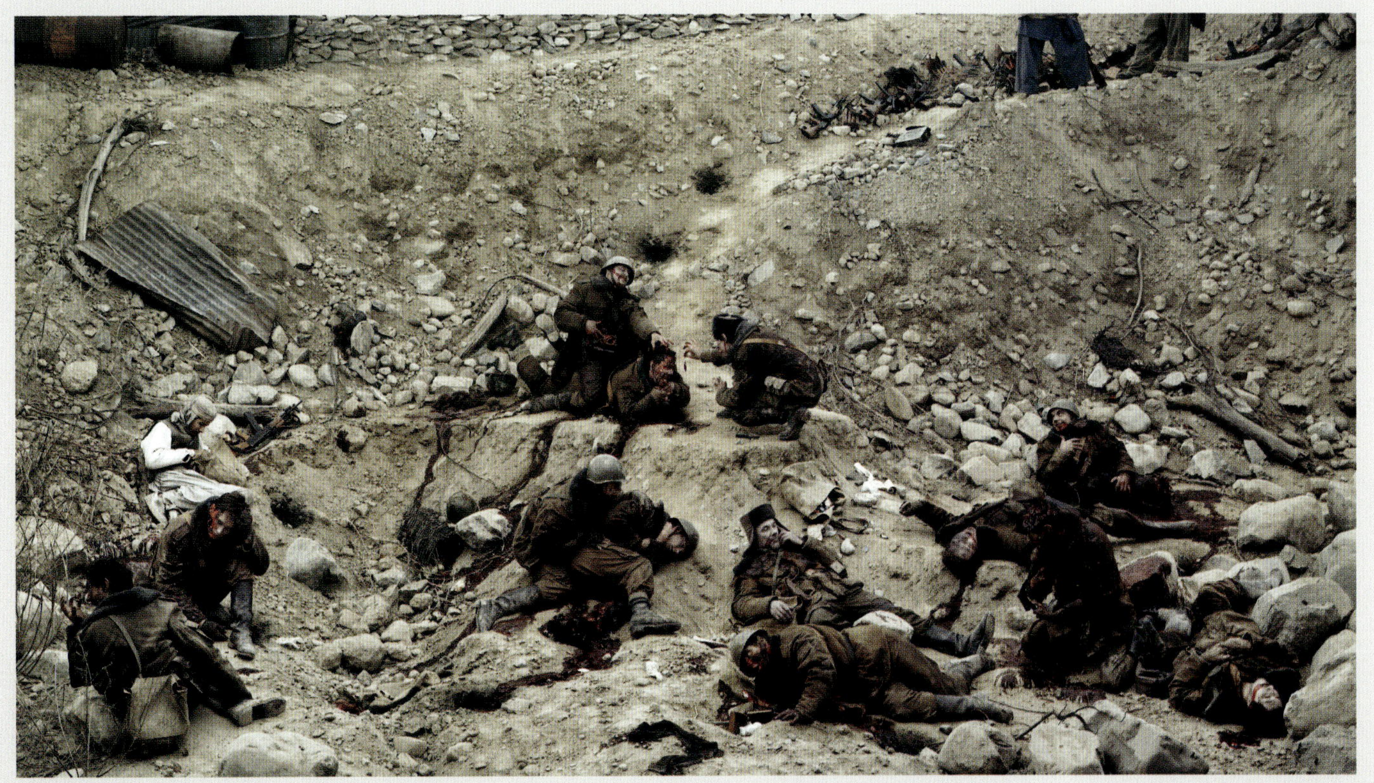

1868–1870

Die 1860er sind auch in der Fotografie von zunehmender Industrialisierung geprägt. Statt Papiere von Hand zu beschichten und Chemikalien nach je eigenen Formeln zu mischen, können Fotografen nun kommerziell hergestellte, gebrauchsfertige Materialien kaufen. Abzüge können billiger und in größeren Mengen hergestellt werden; die Wertschätzung von handgefertigten Kunstdrucken nimmt ab. Zur *Carte de Visite*, die diesen Wandel symbolisiert, kommt die Stereographie, die einige Jahre zuvor erfunden wurde. Stereokameras verwenden zwei nebeneinander liegende Objektive. Die entstandenen Bildpaare können mit einem speziellen Gerät betrachtet werden, es entsteht der Eindruck dreidimensionalen Sehens. Diese Aufnahmen sind kommerziell sehr erfolgreich. Besonders beliebt sind stereoskopische Postkarten von exotischen Reisezielen und modernen Wunderwerken der Technik. Sie sind sogar die ersten fotografischen Bilder, die jemals als Massenware produziert wurden. JG

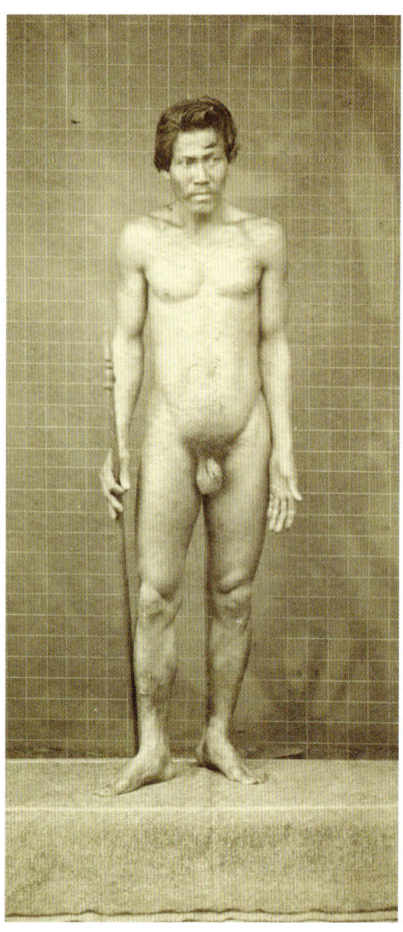

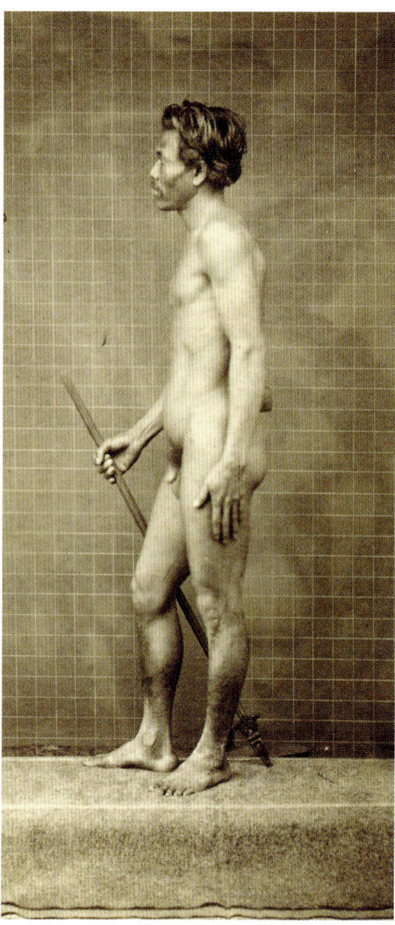

John Lamprey–*Ternate, Madagasse, Männlich, 25 Jahre; Ganzaufnahme; En face*
John Lamprey (ca. 1815–1890) war Bibliothekar der Royal Geographical Society und stellvertretender Sekretär der Ethnological Society of London. Zu jener Zeit wurde die Fotografie durch die Institutionen des Britischen Weltreiches zur Bevölkerungserfassung in den Kolonien eingesetzt. Der ethnologische Nutzen dieser Bilder wurde jedoch durch die Uneinheitlichkeit, mit der sie angefertigt wurden, untergraben. Daraufhin schuf Lamprey ein Raster, es war eine der ersten systematisierten Methoden zur Erstellung anthropometrischer Porträts. Vor einem Hintergrund aus Seidenfäden wurde je ein Frontal- und ein Profilbild aufgenommen, was eine einheitliche Erfassung und einen genauen Vergleich der Porträtierten ermöglichte.

Louis Ducos du Hauron patentiert mehrere auf dem Dreifarbenprinzip basierende Verfahren und ebnet damit den Weg für die Farbfotografie .

1868

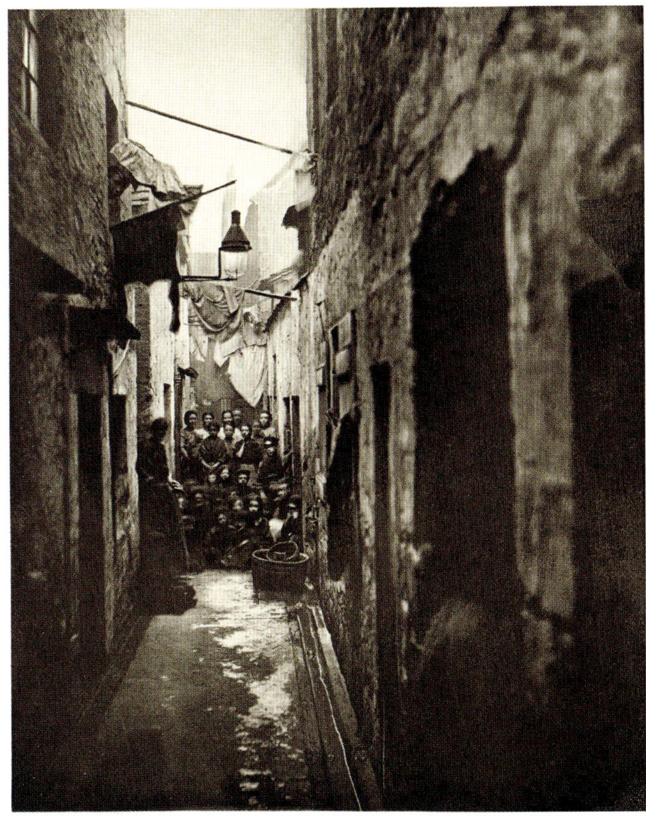

Thomas Annan–*Hofgasse, High Street 118*

Die Industrielle Revolution brachte Glasgow Wohlstand, aber mit dem Zustrom von Arbeitern – einem Bevölkerungszuwachs von 400 Prozent – auch Übervölkerung, Armut und Krankheit. Die Armen hausten in Elendsvierteln; die Lage war in den 1860ern dann so prekär, dass die Stadt den Glasgow City Improvement Trust gründete und mit der Räumung der Slums und einer Wohnraumreform betraute. Thomas Annan (1829–1887) wurde beauftragt, die Slums vor dem Abriss zu fotografieren, was er trotz erheblicher technischer Herausforderungen tat. Seine Bilder gelten als ein wichtiges frühes Beispiel sozialdokumentarischer Fotografie.

William Henry Jackson–*Old Faithful*

William Henry Jackson (1843–1942) kämpfte im Amerikanischen Bürgerkrieg in der Unionsarmee, bereiste dann den Westen und fotografierte die Landschaft, die durch die neu verlegte Eisenbahn gerade erschlossen wurde. Als Mitglied der US Geological and Geographical Survey of the Territories dokumentierte er von 1870 bis 1879 Utah, Wyoming, Montana und Colorado und benutzte dafür Glasplatten im „Mammutformat"; die Vorbereitung, Belichtung, Entwicklung und Trocknung benötigte jeweils etwa eine Stunde. Dieses Foto zeigt den Old Faithful, einen Geysir im Yellowstone Nationalpark, der etwa elfmal am Tag ausbricht, mit einer Eruptionssäule von mehr als 52 m.

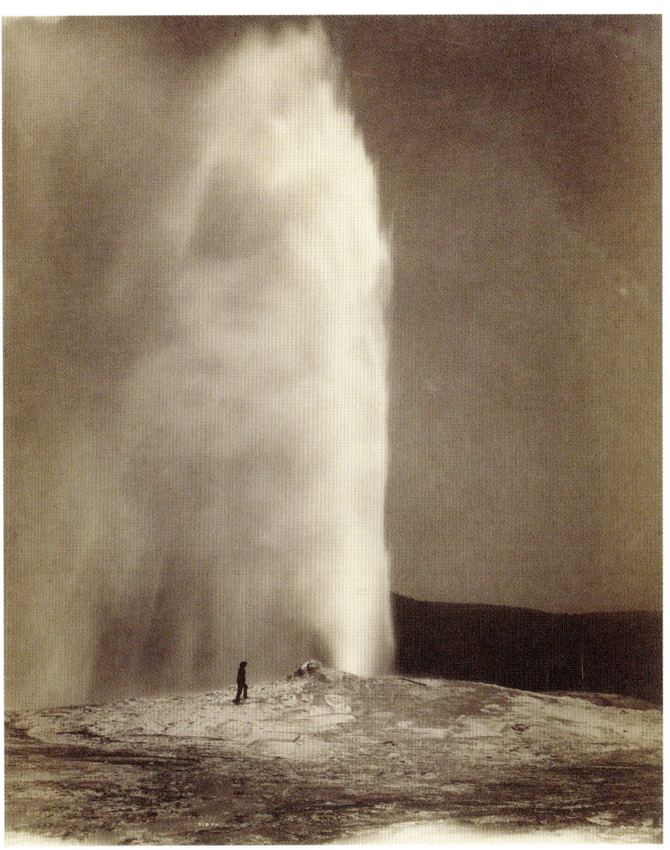

Der 14. Zusatzartikel zur Verfassung der USA wird verabschiedet, von der darin verankerten Gleichbehandlung ausgenommen sind aber „Indianer" und Offiziere der Konföderation.

Henry Peach Robinson veröffentlicht *Pictorial Effect in Photography* – ein einflussreiches Praxis-Handbuch zur Ästhetik und Kunst in der Fotografie.

Der Sueskanal wird eröffnet.

1869

1870

1871–1873

Am 10. November 1871 sagt Henry Morton Stanley die legendären Worte „Dr Livingstone, I presume?“ („Dr. Livingstone, nehme ich an?“), als er den berühmten Missionar findet, der sechs Jahre zuvor bei einem seiner Versuche, das Christentum nach Afrika zu bringen, verschollen war. Dieses Ereignis wurde nicht fotografiert, aber der öffentliche Ruf nach einer fotografischen Dokumentation internationaler Erkundungen ist zu jener Zeit so groß, dass Stanley es für angebracht hält, im Nachhinein eine *Carte de Visite* zu erstellen, für die er in der Kleidung posiert, die er an jenem Tag trug. John Thomson, ein bekannter schottischer Expeditionsfotograf, schreibt: „Heute kann keine Expedition mehr als vollständig betrachtet werden, wenn geografische und ethnologische Besonderheiten der Reise nicht fotografisch festgehalten wurden.“ Er selbst reist in den 1870ern in den Fernen Osten und dokumentiert Teile Chinas, die nie zuvor von Westlern gesehen wurden. JG

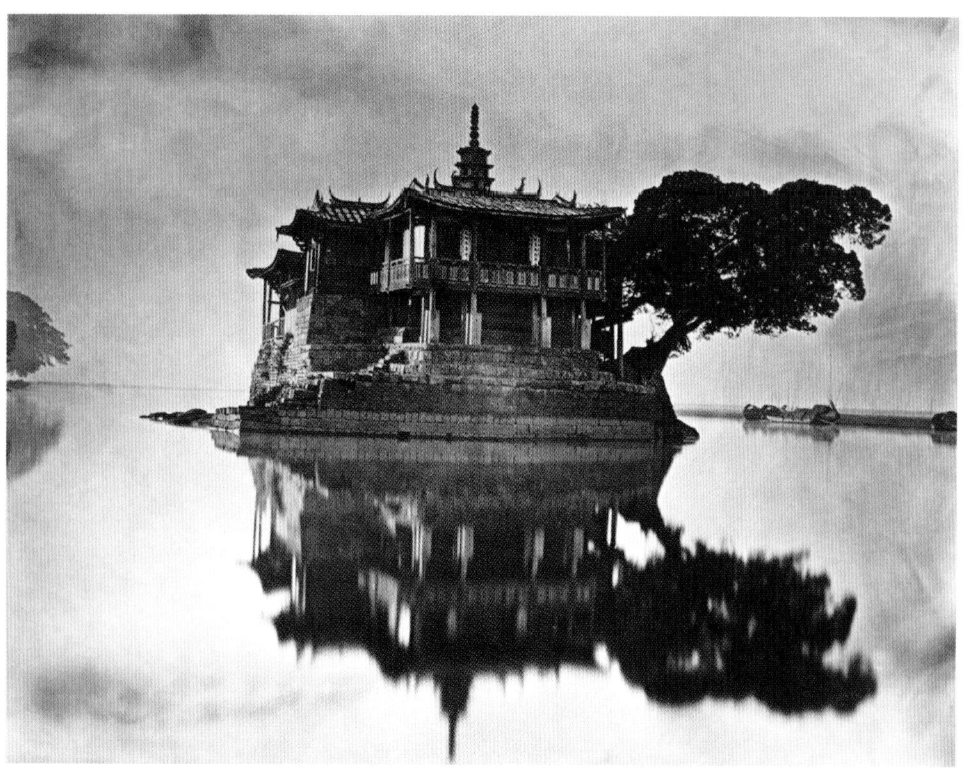

John Thomson – ***Die Insel-Pagode***

John Thomson (1837–1921) ist nicht nur ein herausragender Fotograf und Entdecker des 19. Jahrhunderts, sondern auch berühmt für seine Straßenfotos von London, ein klassisches Werk der frühen sozialdokumentarischen Fotografie. Dieses Bild stammt von seinen weiten Reisen durch China, konkret von einer Reise entlang des Min Jiang durch die fantastische Provinz Fujian. Die Reise wurde im 1873 erschienenen Buch *Foochow and the River Min* dokumentiert. Thomsons Arbeit in China war mühevoll – nicht nur technisch, sondern auch, weil viele Menschen, die er traf, noch nie einen Westler oder eine Kamera gesehen hatten.

Richard Maddox erfindet die Gelatine-Trockenplatten, die die bis dato üblichen nassen Kollodiumplatten ersetzen.

Das Deutsche Reich wird gegründet.

1871

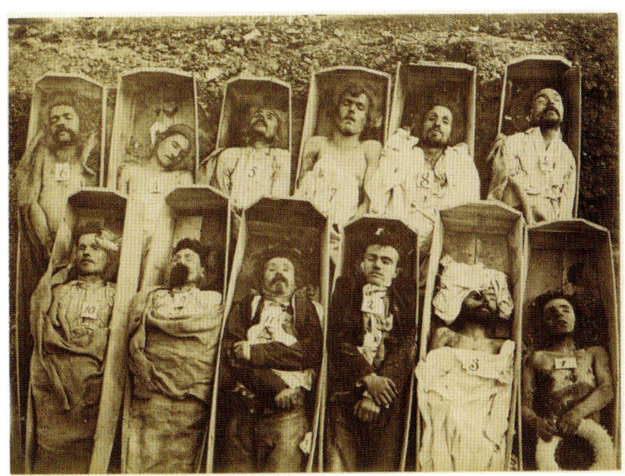

André-Adolphe-Eugène Disdéri–*Tote Kommunarden*
André-Adolphe-Eugène Disdéri (1819–1889) hielt die brutalen Ereignisse der Pariser Kommune fest, als der revolutionäre Stadtrat (die Kommunarden) spontan versuchte, Paris sozialistisch zu regieren. Die Kommunarden hatten die Hauptstadt von März bis Mai 1871 in ihrer Hand, bis sie von Regierungstruppen in der *Semaine sanglante* (der „blutigen Maiwoche") besiegt wurden. Dabei wurde ein Großteil der Stadt zerstört, Schätzungen der Opferzahl schwanken zwischen 6000 und 20.000. Disdéri durchstreifte mit seiner mobilen Dunkelkammer die Stadt und dokumentierte die Zerstörung von Architektur und Mensch, wie dieses verstörende Bild von Kommunarden in Särgen eindringlich zeigt.

Giorgio Sommer–*Ausbruch des Vesuv*
Der Ausbruch des Vesuv am 26. April 1872 war einer der gewaltigsten des 19. Jahrhunderts. Einige Jahre später schrieb John Wesley Judd, dass „bei diesem Ausbruch erstmals das Hilfsmittel der Momentaufnahmen zur Verfügung stand, um die bei Vulkanausbrüchen gezeigten Erscheinungen dauerhaft aufzuzeichnen". Giorgio Sommer (1834–1914), ein deutscher Fotograf mit Wohnsitz und Studio in Neapel, wird mit der Anfertigung einer Reihe von Bildern dieses Ereignisses betraut. Sommer fertigte und verkaufte auch Fotos der Ruinen von Pompeji, die durch einen viel früheren Ausbruch desselben Vulkans verursacht worden waren.

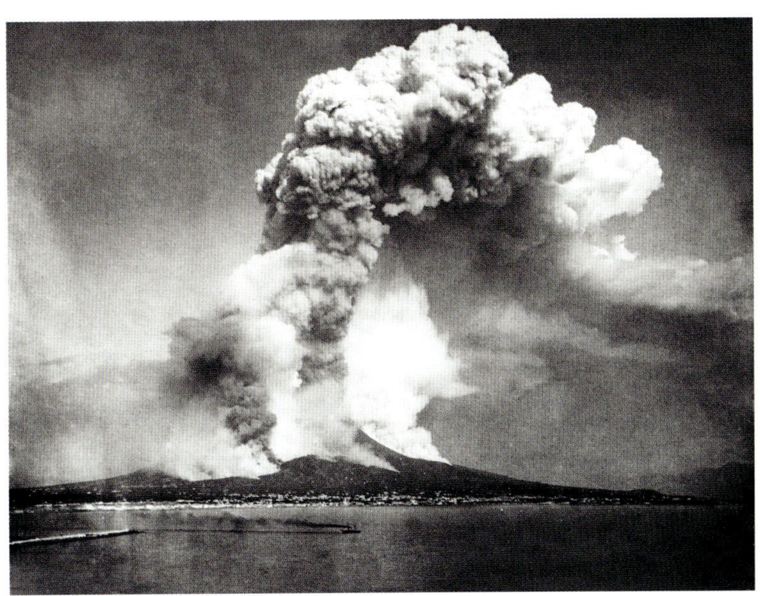

Das Metropolitan Museum of Art eröffnet in New York.

Levi Strauss & Co. fabrizieren Jeans.

1872

1873

SELBSTPORTRÄT

Die Kamera auf sich selbst zu richten, war eine anhaltende Faszination für einige der größten Bildproduzenten, die ihre Persönlichkeit und ihre Beziehung zur Welt mit Hilfe der Betrachtung des eigenen Abbilds zu erkunden suchten.

Obwohl der Aufstieg der Handykameras eine Welt geschaffen hat, in der ein „Selfie" erforderlich ist, um sein Dasein in der Welt zu beweisen, und in der Kim Kardashian ein ganzes Buch mit nur ihrem Gesicht unter dem Titel *Selfish* (2015) veröffentlichen kann, wurde das Konzept des Selbstporträts gleich zu Beginn der Fotografiegeschichte von Pionieren wie Albert Southworth, Hippolyte Bayard und Nadar etabliert. Vivian Maier (1926–2009) etwa war zwar unbekannt, bis der Historiker John Maloof nach ihrem Tod eine riesige Sammlung ihrer Bilder entdeckte, zu der auch die obsessiven Fotografien ihres Spiegelbildes in New Yorker Schaufenstern gehörten, aber sie hatte nicht nur ihr eigenes Gesicht, sondern spektakulärerweise darüber hinaus ihre Umgebung spiegelverkehrt dokumentiert. Auch Lee Friedlander (geb. 1934) hat sich selbst in einer fortlaufenden Serie von Bildern aufgenommen, in denen sein Schatten, sein Gesicht oder seine Kontur zu einem integralen Bestandteil der Welt um ihn herum

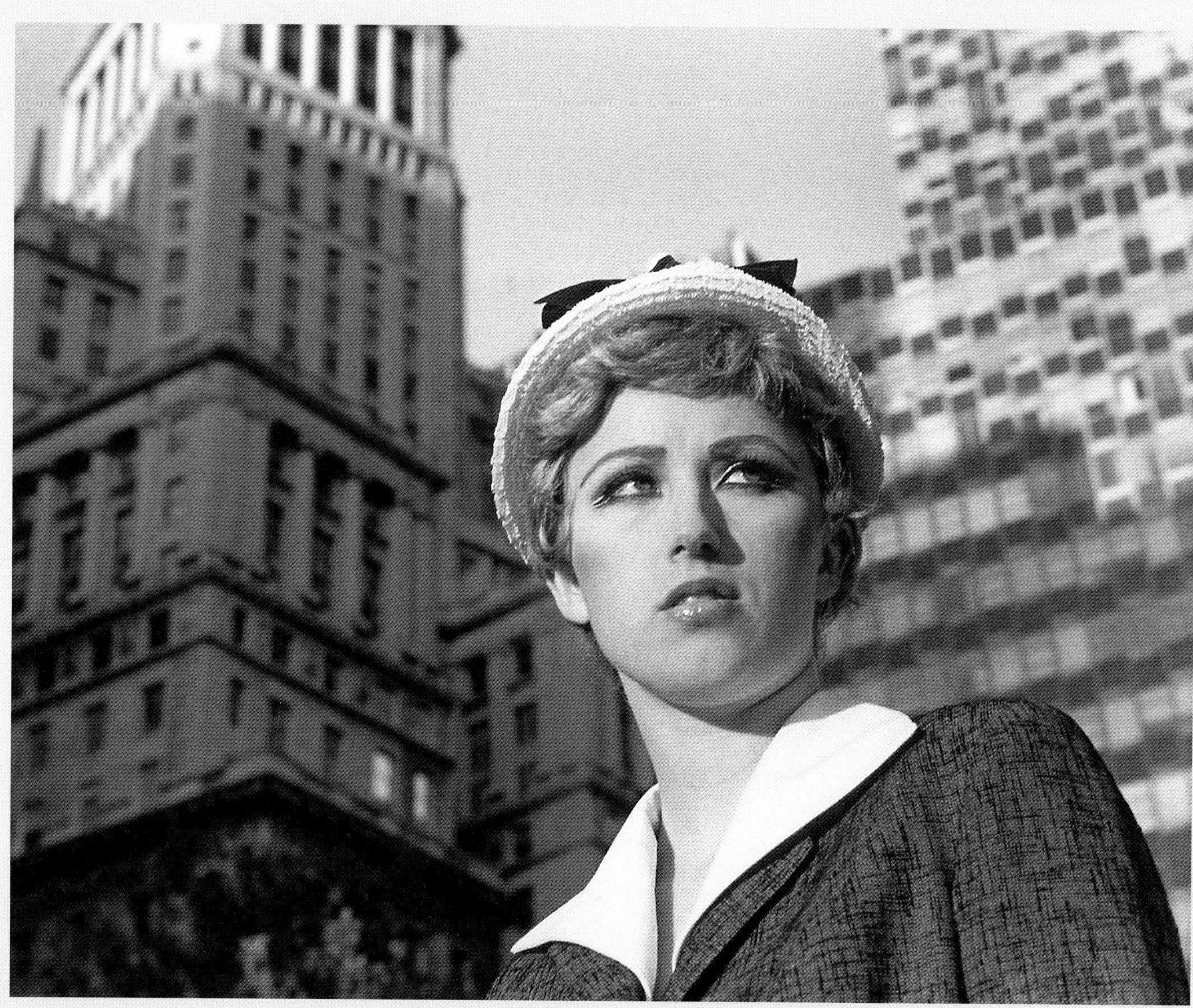

wird – eine ironische, oft selbstironische, immer aber aufschlussreiche Chronik seiner Anwesenheit. Für Robert Mapplethorpe wiederum war das Selbstporträt eine Möglichkeit, verschiedene Facetten seiner Psyche zu erforschen, wobei ihm die Arbeit im Atelier ermöglichte, verschiedene Personae zu erschaffen, vom Teufel bis zum Engel.

Jo Spence (1934–1992)

Jo Spence nutzte die Fotografie als eine Form der Selbsttherapie und des politischen Aktivismus. 1974 gründete sie (mit Terry Dennett) den Photography Workshop, eine Ausstellungs- und Bildungsplattform, und später die Hackney Flashers, ein Kollektiv von Fotografinnen im Osten Londons. Als 1982 bei ihr Brustkrebs diagnostiziert wurde, benutzte sie die Kamera therapeutisch, um ihre eigenen Gefühle über die Krankheit zu erkunden und die Probleme im National Health Service in Großbritannien zu kritisieren. Im schmerzhaft ehrlichen Bild *Property of Jo Spence?* („Eigentum von Jo Spence?", 1982) posierte sie mit nacktem Oberkörper, der Titel des Bildes war auf die Brust geschrieben, die bei der Operation entfernt werden sollte. Sie schrieb: „Durch die Fototherapie konnte ich mehr über mein Gefühl der Ohnmacht als Patientin herausfinden, über meine Beziehung zu Ärzten und Krankenschwestern, über meine Infantilisierung während ich in einer staatlichen Institution verwaltet und ‚verarbeitet' wurde, und über meine Erinnerungen an meine Eltern." Die Arbeit wurde in *The Picture of Health?* („Das Bild vom Gesundsein?", 1982–1986) veröffentlicht, ein Werk, in dem sie zusammen mit Terry Dennett ihre Erfahrungen eindrucksvoll schilderte. Sie überlebte den ersten Krebs, starb aber ein Jahrzehnt später an Leukämie.

LINKS. Cindy Sherman – *Untitled Film Still #21* (1978)
Cindy Sherman (geb. 1954) ist eine Meisterin der Verkleidung, die in ihren Selbstporträts in immer andere Rollen schlüpfte, um die Rolle der Frau in der modernen Gesellschaft zu erforschen. In ihrer bahnbrechenden Serie *Filmszenen ohne Titel* (1977–1980) erfand sie 69 Szenen, die sich auf eine breite Palette filmischer Stereotypen und Ikonen bezogen und den Betrachtern das Gefühl gaben, den Film vermutlich gesehen zu haben, aber nicht sicher sagen zu können, welcher es gewesen sein könnte. Mit ihrem Wechselspiel einer Femme fatale, einer blonden Sexbombe, einer Hausfrau, eines Mordopfers und – wie in diesem Bild – einer unsicheren und verletzlichen Karrierefrau schröpft Sherman ein immenses Konvolut gemeinsamer kultureller Symbolik.

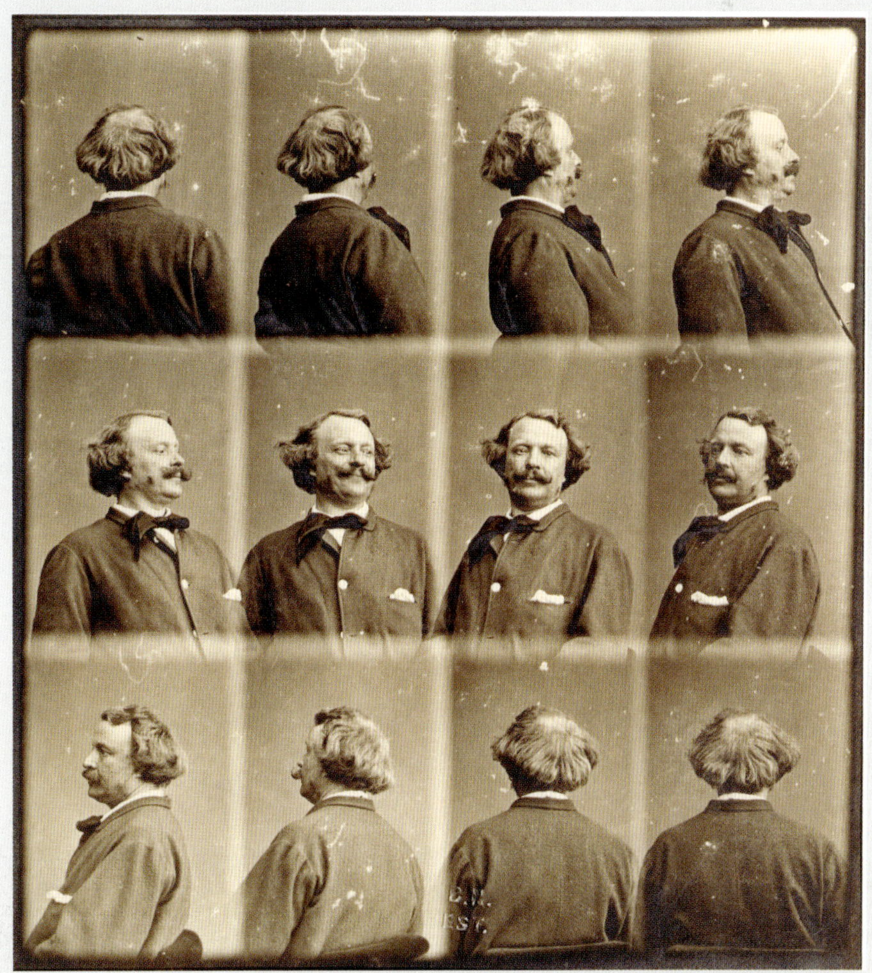

RECHTS. Nadar – *Selbstporträt, rotierend* (1865)
Gaspard-Félix Tournachon (1820–1910) war ein bekannter Karikaturist, was ihm den Spitznamen *Tourne à dard* (einer, der den Spieß umdreht) einbrachte, den er später zu „Nadar" verkürzte; unter diesem Namen ist er bekannt. Er war ein bemerkenswerter Schausteller und Unternehmer. In sein Pariser Studio kamen viele Berühmtheiten, darunter die Schauspielerin Sarah Bernhardt, der Maler Eugène Delacroix, die Komponisten Franz Liszt und Giuseppe Verdi, der Dichter Charles Baudelaire und die Schriftsteller Victor Hugo, George Sand und Alexandre Dumas. Dieses ungewöhnliche 360-Grad-Selbstporträt scheint wie eine Studie darüber, wie sich die Physiognomie aus verschiedenen Blickwinkeln verändert.

1874–1876

In den 1870er Jahren widmen sich einige Fotografen, darunter Lewis M. Rutherford und James Nasmyth, der Astrofotografie, insbesondere der Erforschung des Mondes. Dies ist eine schwierige Aufgabe, da die begrenzte Fototechnik der damaligen Zeit den Herausforderungen von schwachem Licht, Erdbewegung und Unbeständigkeit der lichtempfindlichen Materialien kaum gewachsen ist. Nasmyth und James Carpenter erstellen daher Gipsabdrücke der Mondoberfläche und fotografieren diese. 1874 unternimmt man bemerkenswerte internationale Anstrengungen in der Astrofotografie, als Wissenschaftler in Deutschland, Frankreich und Großbritannien freundschaftlich um Aufnahmen des Venustransits vor der Sonne wetteifern. Das illustriert die verstärkten Bemühungen, die Fotografie zur Erfassung und Erklärung der Natur und des Lebens in ihr zu nutzen. Dazu gehören später auch die Panoramafotografie, psychologische Untersuchungen des menschlichen Ausdrucks und Studien zur Fortbewegung von Mensch und Tier. JG

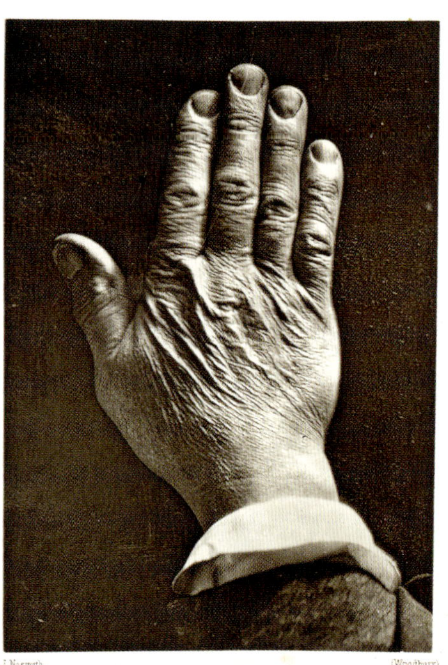

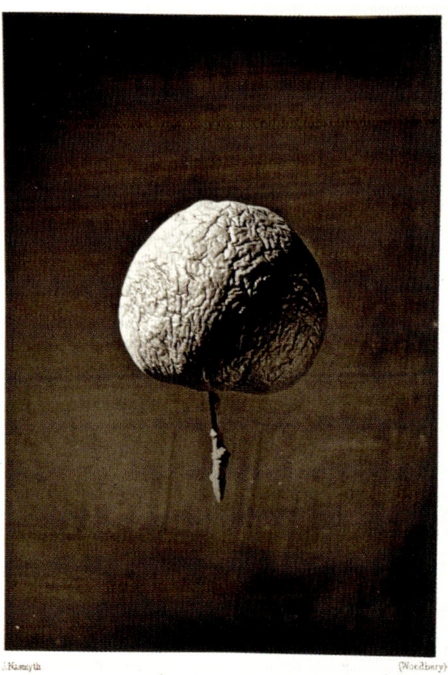

J. Nasmyth (Woodbury) J. Nasmyth (Woodbury)

BACK OF HAND & WRINKLED APPLE.

TO ILLUSTRATE THE ORIGIN OF CERTAIN MOUNTAIN RANGES RESULTING FROM SHRINKING OF THE INTERIOR.

James Nasmyth – *Handrücken & Runzliger Apfel*

Diese Bilder erschienen 1874 in *Der Mond als Planet, Welt und Trabant*, ein Buch, das James Nasmyth (1808–1890) zusammen mit James Carpenter verfasst hatte. Die beiden Fotografien sollten „die Entstehung bestimmter Gebirgsketten durch Schrumpfung des Globus veranschaulichen“ und stützten eine Theorie, die die raue Oberfläche des Mondes damit erklärte, dass der Mond einst vulkanisch aktiv gewesen sei, diese Energie dann aber verlor, sich abzukühlen begann, im Kern schrumpfte und dadurch eine faltige Oberfläche bekam, vergleichbar mit der eines vertrockneten Apfels.

Südafrika entwickelt sich zum größten Diamantproduzenten der Welt.

1874

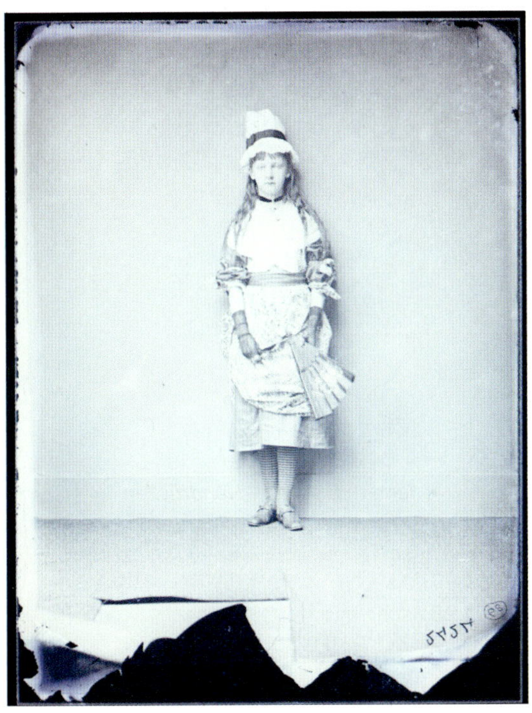

Lewis Carroll – ***Xie Kitchin als Penelope Boothby***

Alexandra oder „Xie“ (gesprochen „Eksy“) Kitchin war ein beliebtes Motiv von Reverend Charles Lutwidge Dodgson, besser bekannt als Lewis Carroll (1832–1898). Er fotografierte sie erstmals im Alter von vier und machte in den folgenden acht Jahren gut 50 Bilder. Carroll war Schriftsteller, Mathematiker, Fotograf und Geistlicher, ist aber vor allem durch seinen Kinderbuchklassiker *Alice im Wunderland* und dessen Fortsetzung *Alice hinter den Spiegeln* berühmt. Er fotografierte häufig junge Mädchen, darunter Alice Liddell, die Inspiration für sein literarisches Meisterwerk. Xie erschien in einer Reihe von Tableaus, Kostümen und fiktiven Szenen; dieses Bild hier basiert auf Joshua Reynolds' berühmtem Gemälde von Penelope Boothby (1788).

John Thomson – ***London Nomades***

John Thomsons bahnbrechendes Werk der frühen Sozialdokumentation, *Street Life in London*, erschien erstmals 1877 in einer Monatszeitschrift und später als Buch. Es war eine Zusammenarbeit mit dem Journalisten Adolphe Smith, der Essays zu den Bildern schrieb, die die Armen in London auf sympathische Weise darstellten. Obwohl die gezeigten Themen und Umstände alle authentisch sind, musste jede von Thomsons Fotografien sorgfältig geplant und inszeniert werden, da spontane Straßenfotografie technisch noch nicht möglich war. Hier sitzt eine Gruppe von Herumziehenden auf den Stufen ihres traditionellen Wagens, zwei kleine Kinder schauen aus diesem heraus.

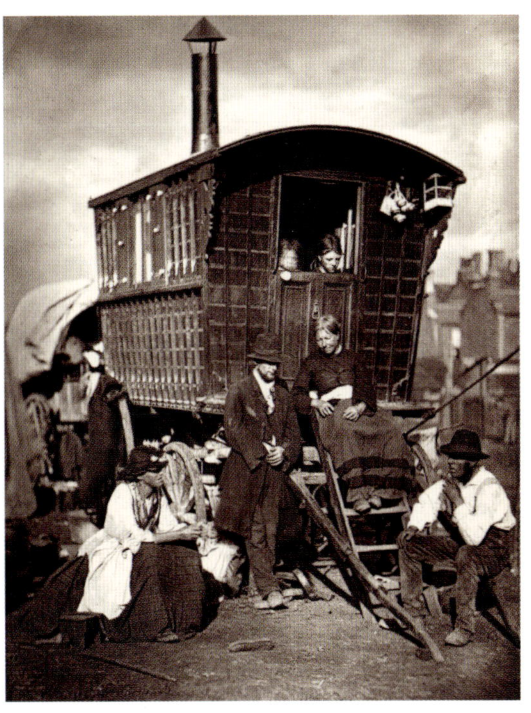

Pawel Nikolajewitsch Jablotschkow entwickelt die Kohlebogenlampe.

1875

Das Telefon wird erfunden.

In der Schlacht am Little Bighorn stirbt General Custer.

1876

1877–1879

Mitte bis Ende des 19. Jahrhunderts beginnt sich die Fotografie als Mittel für zuverlässige Beweise zu etablieren.

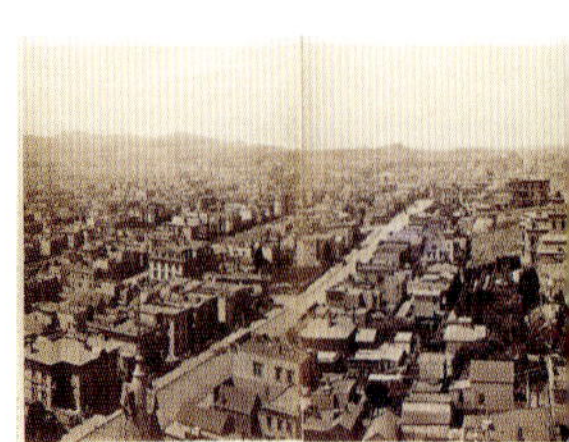

Für Regierungen, Armeen und Gerichte wird sie zu einem Instrument zur Festigung der Autorität; Aufzeichnungen werden erstellt, die als Beweis und der Nachwelt als Beleg dienen sollen. Dies steht im Widerspruch zum künstlerischen Zweck des Mediums, und es wird viel diskutiert, um die Beziehung zwischen beiden zu entwirren oder zu verstehen. Der öffentliche Bedarf an fotografischen Aufzeichnungen von Ereignissen, wie z. B. dem Bau der Freiheitsstatue, nimmt in dem Maße zu, wie Fotografen beginnen, bedeutende Weltereignisse zu dokumentieren. Auch damals schon werden Ereignisse, die nicht fotografiert wurden, als unbedeutend erachtet (wie die verheerende Hungersnot in Madras Ende der 1870er Jahre und die Sklaverei im Süden der USA), während Wunder der Technik und Berühmtheiten als deutlich malerischer gelten. JG

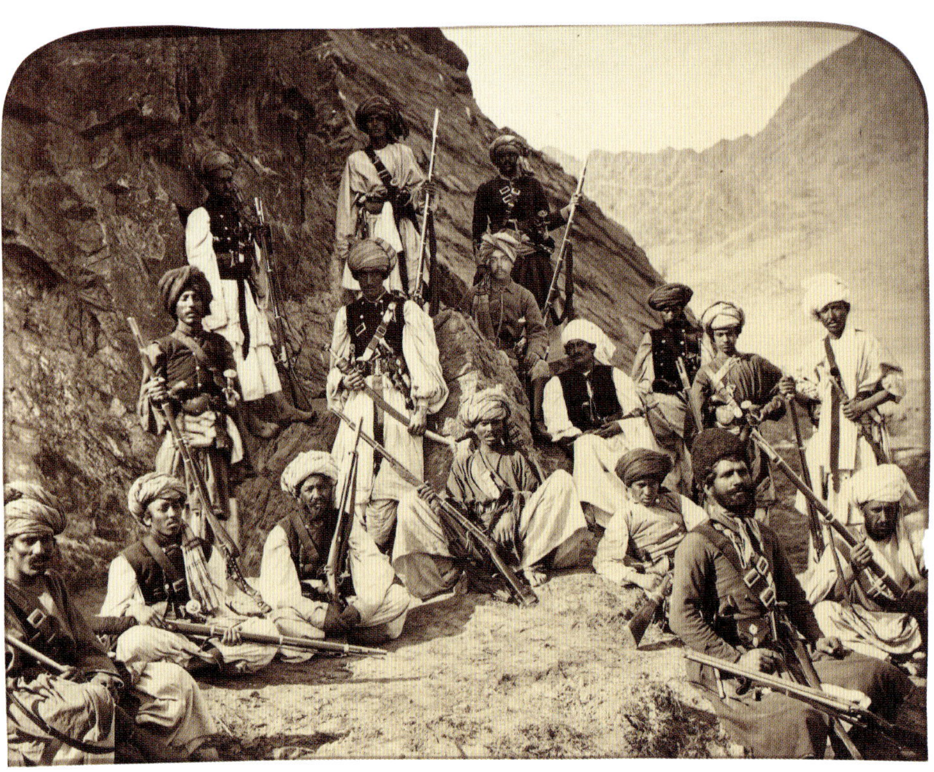

John Burke – ***Feldkämpfer rasten an einem Hang im Peshawar-Tal***

John Burke (1843–1900) war der erste Fotograf, der Bilder von Afghanistan machte. Von 1878 bis 1880 begleitete er die britischen Streitkräfte im Anglo-Afghanischen Krieg und fotografierte Landschaften, Militärlager und Gruppen von Soldaten. Die meisten Bilder verkaufte er an die Offiziere und Einheiten des Feldzuges, arbeitete aber auch für *The Graphic*, eine Londoner Wochenzeitung. Es ist wahrscheinlich, dass Frederic Villiers, der für Kriegsbilder zuständige Illustrator der Zeitung, direkt nach Burkes fotografischen Platten arbeitete und die Zeichnungen nach London zurückschickte. Von der Belichtung der Bilder durch Burke bis zur Veröffentlichung als Radierung in der Zeitung vergingen sechs bis acht Wochen.

William Henry Fox Talbot stirbt, der Erfinder der Kalotypie.

Das erste elektrisch beleuchtete Fotostudio eröffnet in London.

1877

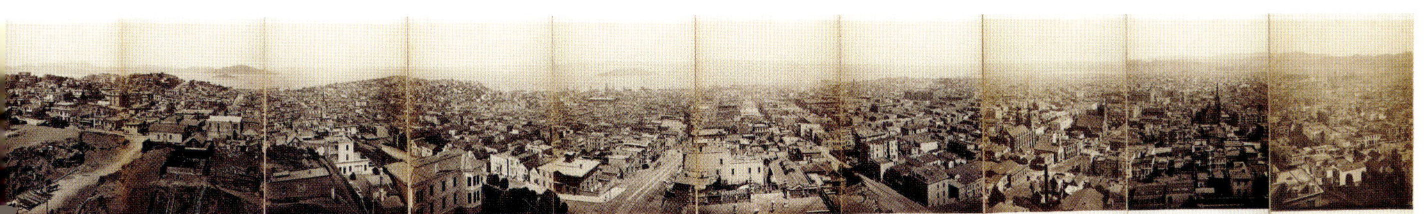

Eadweard Muybridge – ***Panorama von San Francisco***
Diese riesige Panoramamontage war eine große Errungenschaft für die damalige Zeit. Eadweard Muybridge hatte sich in San Francisco durch seine technischen Errungenschaften in der Fotografie, etwa seine berühmten Bewegungsstudien galoppierender Pferde, bereits einen Namen gemacht. Doch für dieses Bild reizt er neue Grenzen des für ihn und seine Fototechnik Machbaren aus. Vom Nob Hill aus machte er dreizehn Einzelbilder, ein jedes mit Kollodium-Nassplatte im Mammutformat, die er dann zu einer sehr detailreichen 360-Grad-Ansicht dieser Stadt im Herzen des neuen Grenzgebiets im Westen zusammensetzte. San Francisco war das Zentrum des Goldrauschs, und Muybridge, wie viele andere, fand dort sein Glück.

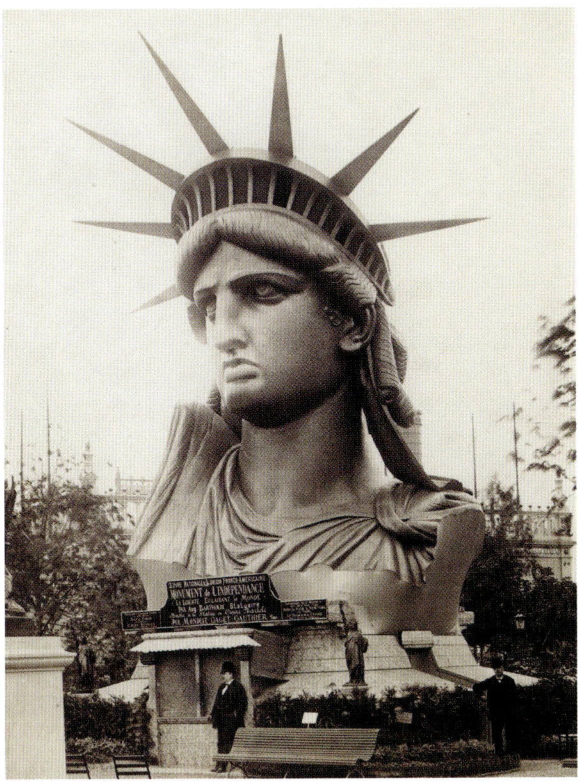

Charles Marville – ***Kopf der Freiheitsstatue auf der Weltausstellung in Paris***
Charles Marville (1813–1879) war in Paris geboren und lebte dort die meiste Zeit seines Lebens. 1862 wurde er offizieller Stadtfotograf. Neben Albert Fernique und Pierre Petit war er einer der Fotografen, die der Bildhauer Frederic Auguste Bartholdi auserwählte, um den Bau seines größten Werkes, der Freiheitsstatue, zu dokumentieren. Dieses Bild zeigt den Kopf der Statue bei ihrer Fertigstellung 1878, ausgestellt im Champ de Mars im Rahmen der dritten Pariser Weltausstellung. Darunter befindet sich ein Souvenirstand. Die fertige Statue wurde schließlich nach New York verschifft und den Vereinigten Staaten als Geschenk des französischen Volkes überreicht.

Durch Wärmezufuhr werden Gelatineplatten lichtempfindlicher und benötigen eine kürzere Belichtungszeit, wodurch „Momentaufnahmen“ möglich werden.

Eadweard Muybridge macht die ersten Bilder von einem Pferd im Galopp.

1878

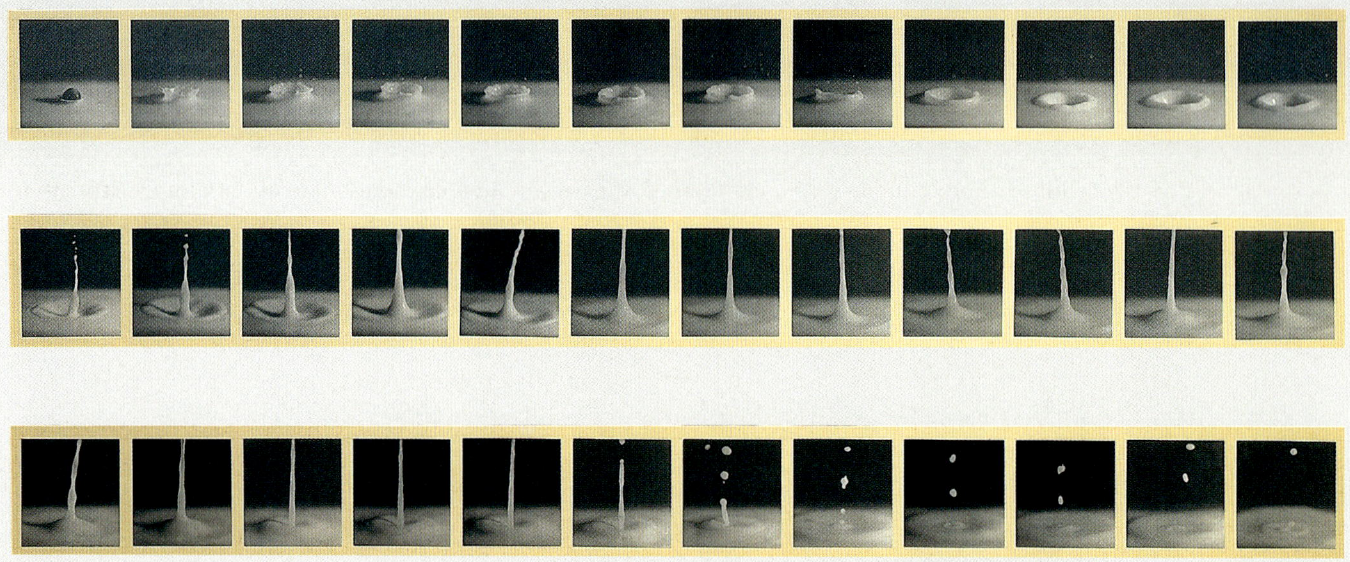

WISSENSCHAFT

Kameras vermochten es, Details und Bewegungen aufzuzeichnen, die für das menschliche Auge nicht sichtbar waren, und wurden zu einem wertvollen Instrument der wissenschaftlichen Forschung. Es wurden Welten sichtbar, von denen man bis dato nichts wusste.

Viele Pioniere und frühe Förderer der Fotografie sahen ihren Wert weniger in ästhetischen Qualitäten als vielmehr in der Fähigkeit, Details der Welt festzuhalten, die sonst nicht dokumentiert werden könnten; sie sahen in wissenschaftlichen Forschungen den Impuls für die Kameraentwicklung. Wie Samuel Morse 1839 über die Daguerreotypie bemerkte, „ist die feinste Genauigkeit der Darstellung nicht vorstellbar. Kein Gemälde oder Stich hat sich ihr jemals genähert." Der Astronom John Herschel erkannte sofort, dass die Fotografie bei der Aufnahme seiner Beobachtungen des Nachthimmels durch das Teleskop der Zeichnung weit überlegen war; er entwickelte lichtempfindliche Chemikalien und nutzte Glasplatten für „Negative". Wissenschaftliche Durchbrüche wurden vor allem durch die Fotografie bekannt. 1965 etwa sah man das erstaunliche Bild, das der Pionier der Medizinfotografie, Lennart Nilsson, von einem 18 Wochen alten Fötus in der Fruchtblase machte, auf dem Cover der Zeitschrift *Life*. Die Bildunterschrift lautete: „Dies ist das erste Porträt eines lebenden Embryos im Mutterleib." Viele Künstler wie László Moholy-Nagy, Man Ray und die Bechers waren von den formalen Qualitäten wissenschaftlicher Fotografien angetan und sahen in ihnen die abstrakte Sprache der Moderne.

LINKS. Arthur Clive Banfield – *Lebensgeschichte eines Spritzers* (1900)
Arthur Clive Banfield (1875–1965) führte die Pionierarbeit der frühen Chronofotografen Eadweard Muybridge und Étienne-Jules Marey fort. Er nutzte sehr kurze Lichtblitze, die aus einer Reihe von Leidener Flaschen (Flaschenkondensatoren) entladen wurden, um die Bewegung eines Objekts in einer Sequenz auf einem einzigen Negativ zu belichten. Diese frühe Form der Stroboskop-Fotografie wird durch das Bild eines Spritzers veranschaulicht, der von einer kleinen Stahlkugel aus einer Höhe von 12 cm in ein Gefäß mit Milch fällt. Es galt damals als eine Offenbarung und bot Wissenschaftlern und Künstlern einen weitaus besseren Einblick in die Bewegung von Flüssigkeiten.

UNTEN. Berlyn Brixner – *Trinity-Explosion, 16 Millisekunden nach der Zündung* (1945)
Dieses eigentümliche Bild, das an eine Riesenqualle erinnert, wurde von einer der Hochgeschwindigkeits-Filmkameras aufgenommen, die am 16. Juli 1945 um 5.29 Uhr morgens in der Wüste von New Mexico den ersten oberirdischen Kernwaffentest dokumentierten. Der für das Manhattan-Projekt zuständige Fotograf Berlyn Brixner leitete die Aufnahmen und installierte unter anderem eine Fastax-Kamera, die mit rotierenden Prismen bis zu 10.000 Bilder pro Sekunde aufnahm. Man ging davon aus, dass in kaum mehr als einer Sekunde 30 m Film durch Brixners Kameras gelaufen waren. Bei diesem Test wurden riesige Mengen an Fotomaterial produziert. Der Scheitelpunkt der abgebildeten Feuerblase liegt bei etwa 200 m.

Larry Sultan und Mike Mandel, *Beweis* (1977)

1977 veröffentlichten die Fotografen Larry Sultan und Mike Mandel ihr äußerst einflussreiches Buch *Evidence* – eine surreale und komplexe postmoderne Reise durch die Archive der Bilddatenbanken einer Reihe von Unternehmen der Wirtschaft und Wissenschaft. Sie beschrieben das Werk als eine „poetische Untersuchung der Neuordnung von Bildsprache“ und durchforsteten dafür zwischen 1975 und 1977 Millionen von Fotos von mehr als 100 amerikanischen Unternehmen, Regierungsbehörden und Bildungseinrichtungen, darunter General Atomics, das Jet Propulsion Laboratory, das San Jose Police Department und das Innenministerium der Vereinigten Staaten. Daraus wählten sie 59 Bilder aus, die sie ohne Bildunterschriften und ohne Informationen über die Quelle oder die Art des Fotos präsentierten. Die Bilder wirken oft surreal, bizarr und humorvoll; ihres ursprünglichen Kontexts enthoben, bieten sie eine provokante und komplexe Interpretation der modernen Welt und überlassen es der Fantasie des Betrachters, ihre Bedeutung zu entschlüsseln.

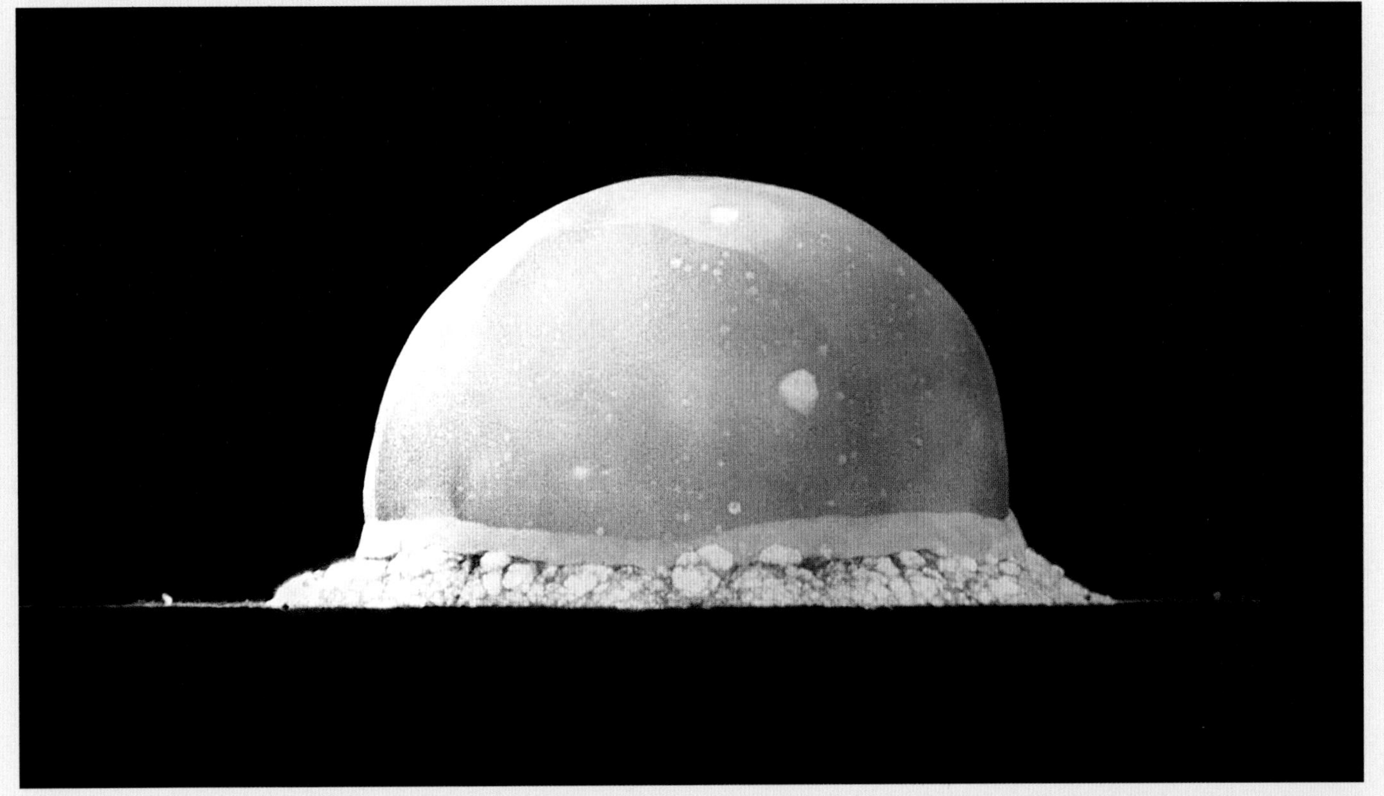

1880–1882

Burrow-Giles Lithographic Co. vs. Sarony ist ein vom Obersten Gerichtshof der Vereinigten Staaten entschiedener historischer Rechtsfall, der den Kongress befugte, den Urheberrechtsschutz erstmals auf die Fotografie auszudehnen. Gegenstand des Falles ist Napoleon Saronys 1882 aufgenommene Fotografie der Schriftstellerlegende Oscar Wilde. Sarony reicht eine Klage wegen Urheberrechtsverletzung ein, als er entdeckt, dass besagte Firma nicht autorisierte Lithografien seines Bildes vermarktet. Im Urheberrechtsgesetz von 1865 waren Fotos genannt, aber die Verteidigung des Unternehmens hält dies für verfassungswidrig, da ein Foto nicht als Produkt eines „Autors" gelten könne. Das Gericht beschließt jedoch, das Gesetz in dieser Form aufrechtzuerhalten, und Sarony erhält 610 Dollar. Ein paar Jahre zuvor trug in Großbritannien ein weiterer historischer Gerichtsfall dazu bei, ein öffentliches Bewusstsein für den Beweis- bzw. Dokumentationswert von Fotografien zu schaffen, als der Gründer einer Wohltätigkeitsorganisation, Thomas John Barnardo, beschuldigt wurde, Fotos von Kindern in seiner Obhut inszeniert zu haben. JG

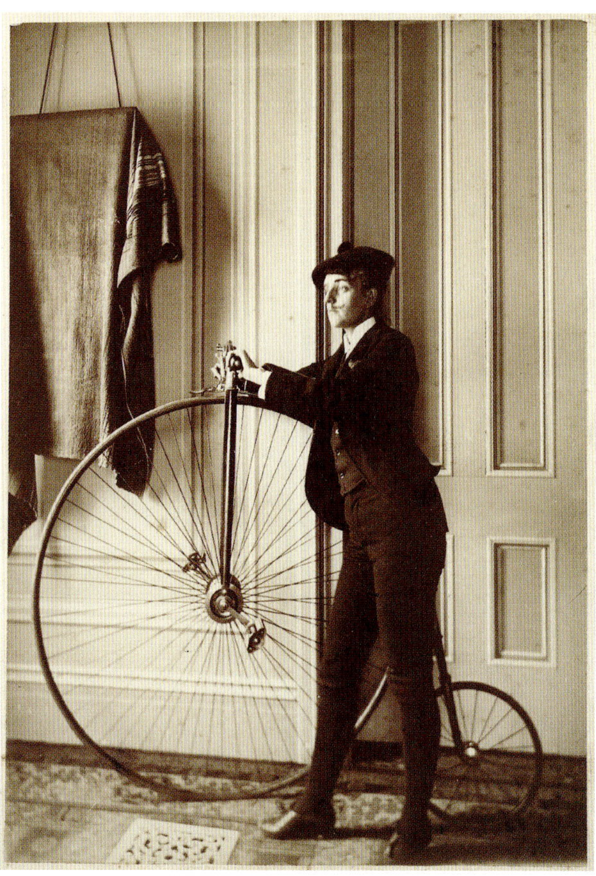

Frances Benjamin Johnston – *Selbstporträt mit Fahrrad*
Frances Benjamin Johnston (1864–1952) war eine engagierte Fotografin, die in ihrer 60-jährigen Berufstätigkeit genreübergreifend arbeitete. Während dieser Zeit war sie einmal sogar die einzige professionelle Fotografin der US-Hauptstadt, und sie diente lange als offizielle Fotografin des Weißen Hauses. Johnston erhielt ihre erste Kamera von George Eastman, dem Erbauer der Kodak-Kamera, und arbeitete für ihn in der Entwicklung von Filmen und der Reparatur von Kameras, bevor sie ihr eigenes Studio eröffnete. Im Jahr 1900 kuratierte sie eine Fotoausstellung im Rahmen der Pariser Weltausstellung, in der Arbeiten von 28 Fotografinnen gezeigt wurden; die Ausstellung wurde anschließend in Sankt Petersburg, Moskau und Washington D.C. gezeigt.

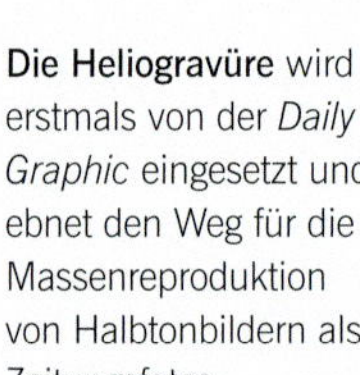

Die Heliogravüre wird erstmals von der *Daily Graphic* eingesetzt und ebnet den Weg für die Massenreproduktion von Halbtonbildern als Zeitungsfotos.

Erste zweiäugige Spiegelreflexkamera in London gebaut; Rolleiflex wird ihr bekanntester Hersteller.

1880

Napoleon Sarony – *Oscar Wilde Nr. 18*

Zu seiner Zeit war Napoleon Sarony (1821–1896) der begehrteste Promi-Porträtist in New York City. Sein Studio am Union Square war ein komplexer Betrieb mit über 30 Technikern. Sein Credo hieß: „Um ein gutes Foto zu machen, sollte man etwas über Gewohnheiten und Umgebung des Porträtierten wissen. Dies ist mit einem einzigen Blick oder durch eine geschickte Frage herauszufinden." Als ein Konkurrent dieses Porträt von Oscar Wilde kopierte und als eigenes veröffentlichte, klagte Sarony und gewann. Mit diesem juristischen Sieg wurde in den USA erstmals ein urheberrechtlicher Schutz für Fotografien etabliert.

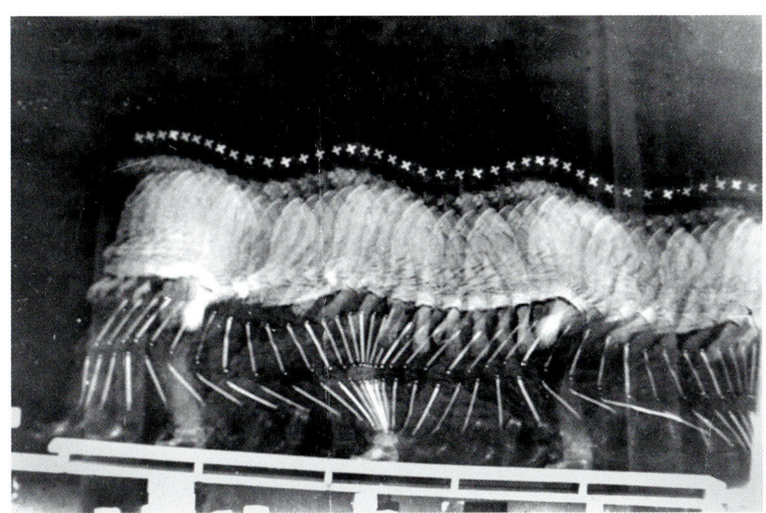

Étienne-Jules Marey – *Gehende Person*

Als Arzt und Erfinder interessierte sich Étienne-Jules Marey (1830–1904) vor allem dafür, dass die Fotografie Elemente der natürlichen Welt festzuhalten vermochte, die mit bloßem Auge nur schwer erkennbar waren. Es wird vermutet, dass er von den Bewegungsstudien Eadweard Muybridges beeindruckt und beeinflusst war. Er trat jedenfalls in seine Fußstapfen und entwickelte eine Technologie, um mehrere Hochgeschwindigkeitsbelichtungen auf einer einzigen Platte aufzunehmen, wie hier zu sehen ist. Dieses Bild verweist bereits auf das spätere Werk italienischer Futuristen wie Giacomo Balla und Umberto Boccioni, und – sicher das berühmteste Werk – auf Marcel Duchamps *Akt, eine Treppe herabsteigend* (1912).

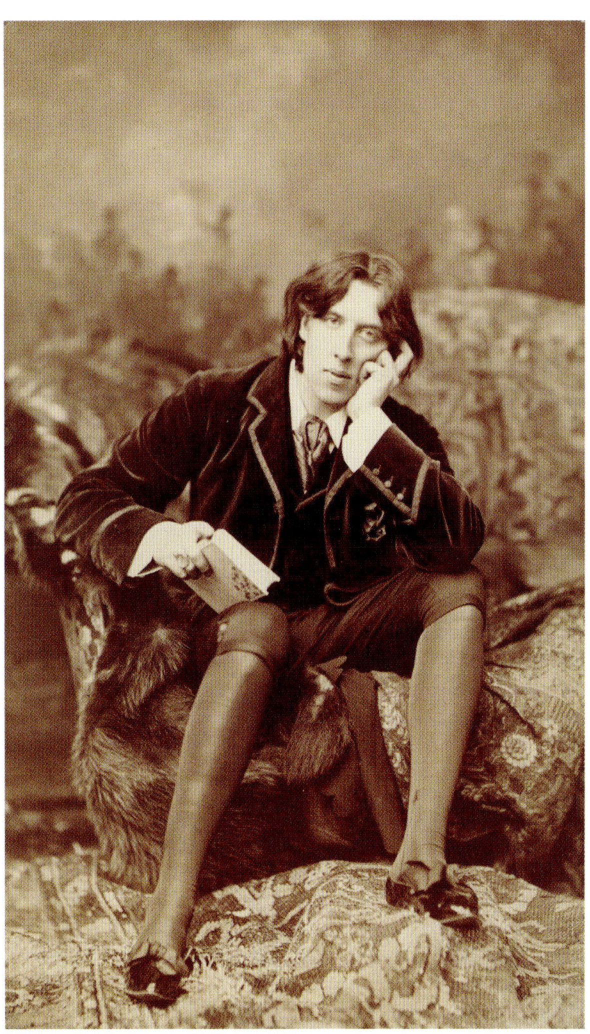

Frederic E. Ives erfindet das additive Farbkopierverfahren zur Herstellung von Farbabzügen.

Zar Alexander II. wird in St. Petersburg ermordet.

1881

1882

1883–1885

Eadweard Muybridges berühmte Bewegungsstudien werden nun weithin bekannt und sorgen nicht nur unter Wissenschaftlern und Fotografen für Aufsehen, sondern auch unter Malern. Muybridges Prominentenstatus wächst, er reist durch Amerika und in die Welt und hält Vorträge über seine Arbeit. Einer seiner amerikanischen Unterstützer ist der realistische Maler Thomas Eakins, ein Dozent für Malerei an der Universität von Pennsylvania. Sie arbeiten 1884 eine Zeit lang zusammen, und Eakins verwendet Muybridges Bewegungsstudien sowohl für den Unterricht als auch für seine Kunst, was für seine Überzeugung spricht, dass die moderne Kunst wissenschaftliche Erkenntnisse einbeziehen muss. Muybridge wird eingeladen, seine Forschungen in Pennsylvania in einem eigens erbauten Freiluftstudio fortzusetzen. Hier schafft er bedeutende Arbeiten, darunter Studien weiblicher Akte, die eine kuriose Ergänzung seiner Forschung darstellen – eine Mischung aus künstlerischen und wissenschaftlichen Interessen, möglicherweise beeinflusst von Eakins. JG

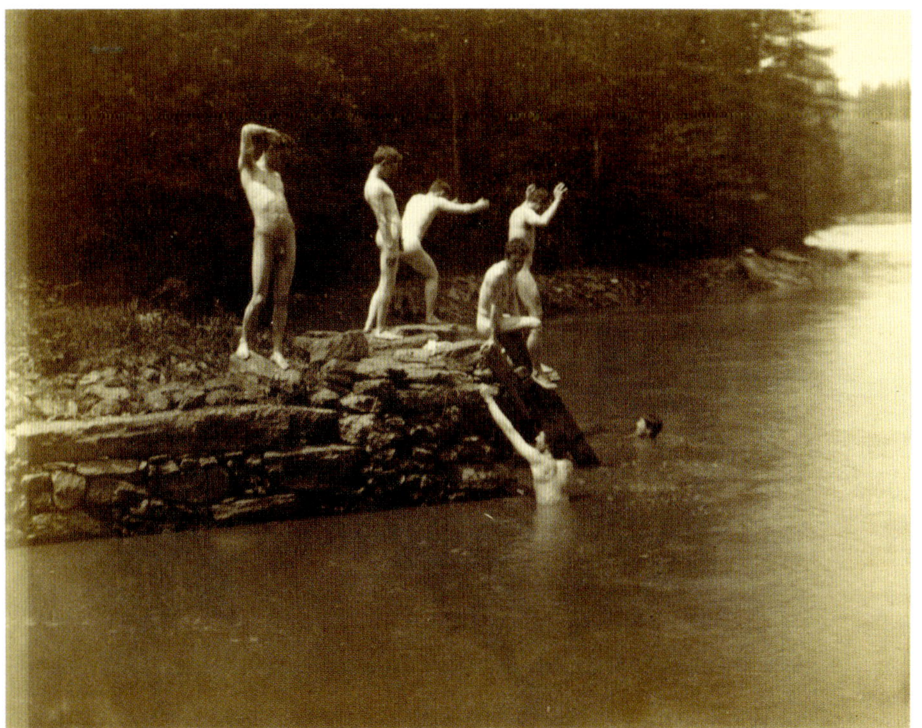

Thomas Eakins –
Die Badestelle

Thomas Eakins (1844–1916) machte Fotografien nicht um ihrer selbst willen, sondern um sie als Vorlage für seine Gemälde zu nutzen. Dieses Bild ist ein Beispiel für eine *Académie*: eine fotografische Aktstudie, die von Künstlern als Alternative zu lebenden Modellen verwendet wird. Eakins soll gesagt haben, dass eine nackte Frau „das Schönste ist, was es gibt – außer einem nackten Mann". Die Figur auf der linken Seite ist Eakins selbst, die anderen sind seine Studenten der Pennsylvania Academy of the Fine Arts, an der er seit 1873 lehrte. Das Foto ist die Grundlage für eines seiner berühmtesten Gemälde, *The Swimming Hole* (1884–1885).

Der *Orient-Express* verkehrt zwischen Paris und Konstantinopel (heute Istanbul).

1883

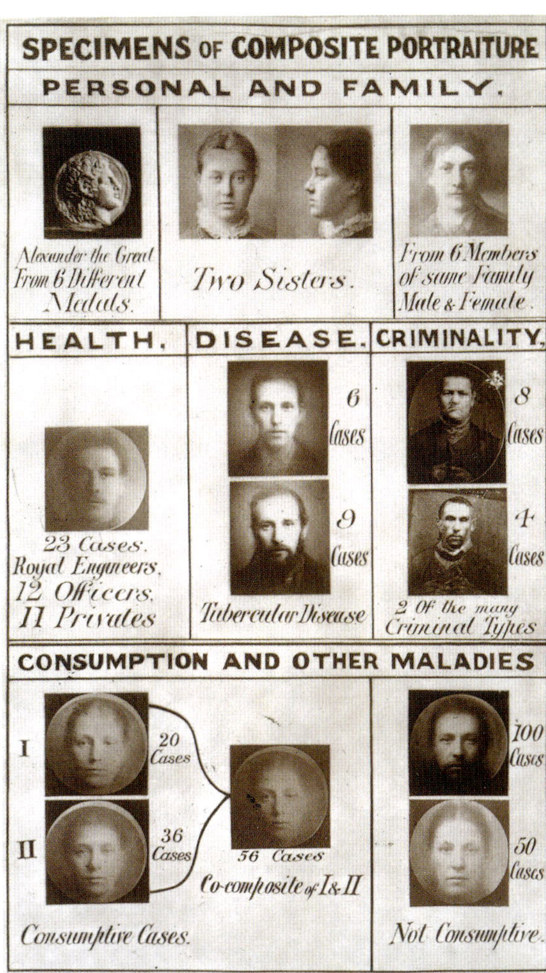

Francis Galton–***Muster der Composite-Fotografie***

Sir Francis Galton (1822–1911) war nicht nur Erfinder des Fingerabdruckverfahrens, sondern schuf auch neue, aber wissenschaftlich und ethisch fragwürdige fotografische Methoden, um Gesichter zu vermessen und zu klassifizieren. Er war geistiger Vater der Pseudo-Wissenschaft der Eugenik und von der „Verbesserung der menschlichen Rasse durch selektive Zucht" überzeugt. Seiner Theorie nach könne man erwünschte oder unerwünschte Neigungen an Gesichtszügen identifizieren. Diese Tafel ist ein Beispiel für seine Verwendung der Composite-Fotografie, für die er schwach belichtete Fahndungsfotos kombinierte, die – übereinander geschichtet – „identifizierbare Typen ergeben".

William Notman–***Sitting Bull und Buffalo Bill***

William Notman (1826–1891) wurde in Schottland geboren, zog 1856 nach Montreal (Kanada) und eröffnete ein Fotostudio. Er ersann etliche Innovationen, von denen er viele patentieren ließ, und verwendete auch komplexe Techniken, um mehrere Fotografien zu Einzelbildern zu kombinieren. Diese Studie von Buffalo Bill und Häuptling Sitting Bull entstand, als die berühmte „Wild West Show" in Montreal Station machte. Die Pose des Cowboys wirkt gezwungen und unbeholfen, die des Häuptlings nachdenklich. Aber die zwei Showmen wussten sicher um die Werbewirksamkeit eines solchen Bildes.

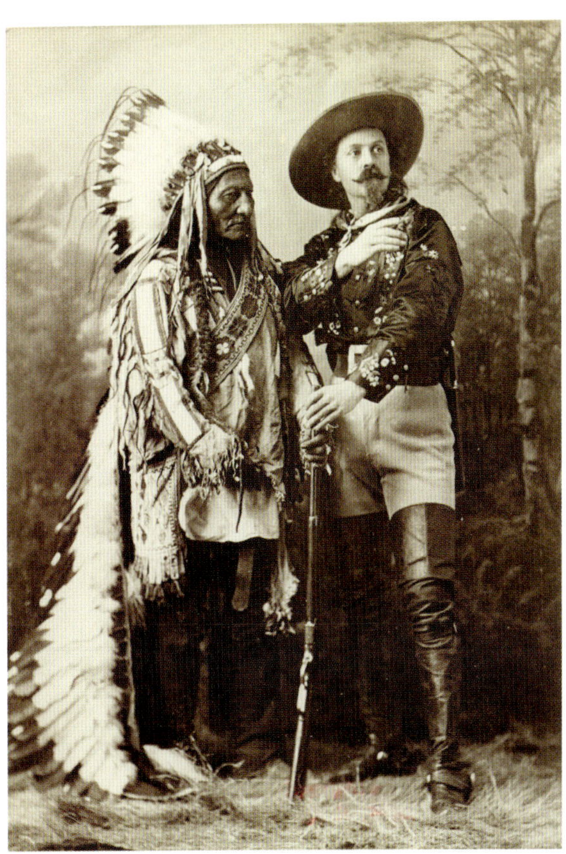

Vietnam wird Frankreich als Kolonie unterstellt.

Wilson ‚Snowflake' Bentley, ein Hobby-Fotograf aus Vermont, erfindet ein Verfahren zum Fotografieren von Schneeflocken. Im Laufe seines Lebens fotografiert er 5000 davon.

Europäische Mächte, besonders Großbritannien, verstärken ihre koloniale Macht über den afrikanischen Kontinent durch Aufteilung und Übernahme vieler afrikanischer Länder.

1884

1885

VERBRECHEN

Der Staat erkannte rasch das Potenzial von Fotos für die Erfassung von Kriminellen und die Beweissammlung im Rahmen der Strafverfolgung. Das erkennungsdienstliche Foto wurde zu einem weit verbreiteten kulturellen Symbol.

Das erste je in einem Gefängnis aufgenommene Foto, diente 1844 der politischen Propaganda, als man Lithografien von Daguerreotypien der im Kilmainham Gaol in Dublin inhaftierten Anführer von „Junges Irland“ unter ihren Anhängern verteilte. 1852 ermächtigte der Schweizer Bundesrat die Polizei, alle Landstreicher und Bettler zu fotografieren, die außerhalb ihres Kantons angetroffen wurden, weil verbale Beschreibungen nicht ausreichen würden, um Täter zu identifizieren. 1854 wurde in Frankreich das erste öffentliche „Fahndungsplakat“ mit Foto in Umlauf gebracht; 1870 verabschiedete das britische Parlament den „Prevention of Crimes Act“, das Fotografieren aller Gefangenen in England und Wales war von nun an Pflicht.

Zwischen 1871 und 1872 gingen bei Scotland Yard Fotos von 30.463 Häftlingen ein. Francis Galton, Pionier des Fingerabdruckverfahrens, entwickelte nach dem Vergleich von Polizeifotos verschiedener Bevölkerungsschichten auch ein System zur Vermessung von Gesichtern. Galton glaubte an Eugenik und schlug vor, seine Composite-Porträts zur Identifizierung krimineller und anormaler Tendenzen zu verwenden. Die heute völlig diskreditierte Methode erlangte zusammen mit dem anthropometrischen System von Bertillon erhebliche Popularität. Alphonse Bertillon gilt auch als Erfinder der forensischen Fotografie. Er nannte sie „metrische Fotografie“ und dokumentierte Tatorte systematisch aus verschiedenen Blickwinkeln,

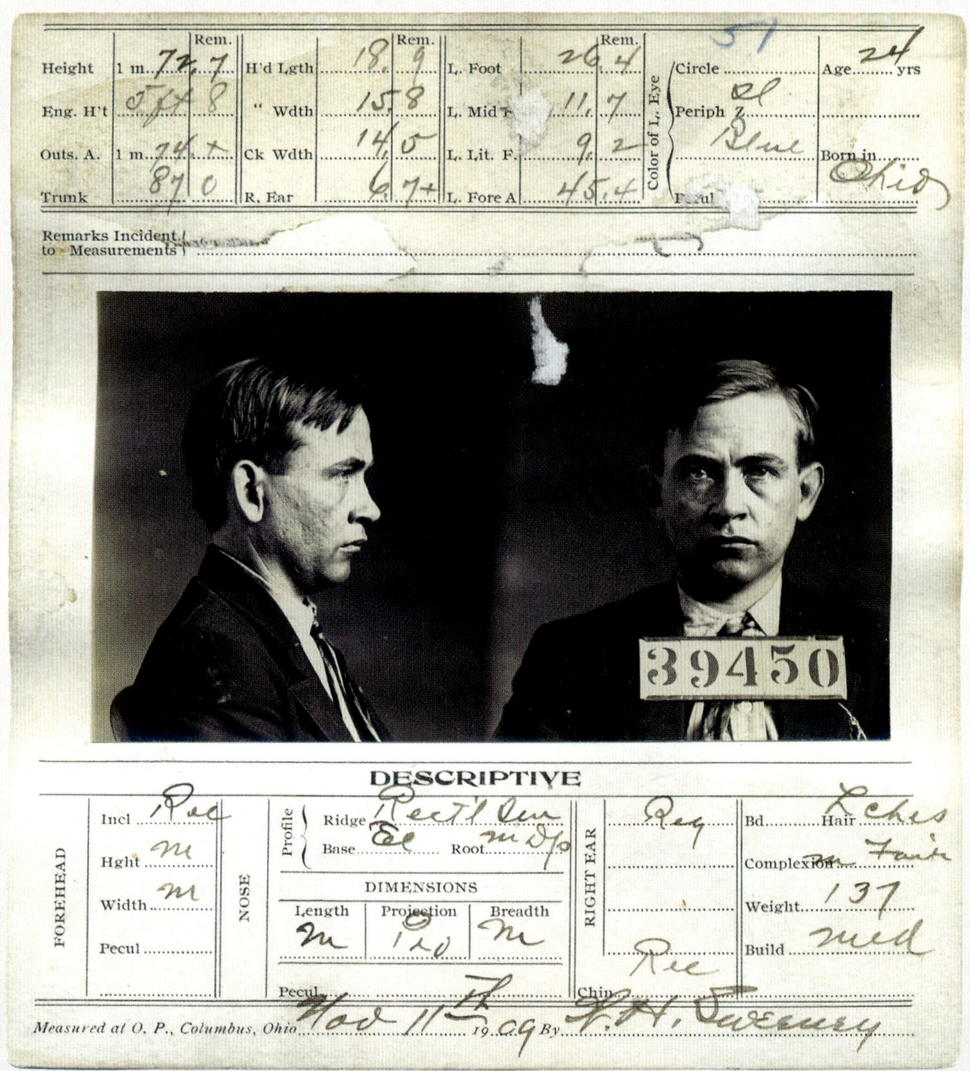

RECHTS. Alphonse Bertillon – *Das bertillonsche System* (1909)

Alphonse Bertillon (1853–1914) war Leiter des Erkennungsdienstes der Pariser Polizei und entwickelte ein Identifizierungssystem auf der Grundlage markanter Gesichts- und Körpermaße. Unter Verwendung einer karteikartenbasierten Katalogisierung wurden diese Messdaten später um je ein Porträt- und ein Profilfoto der Person ergänzt, um ein System zu schaffen, das schnell abgefragt werden konnte. Die nach ihm benannte Bertillonage wurde bald von Polizeibehörden auf der ganzen Welt aufgegriffen, was dazu führte, dass Sir Arthur Conan Doyle ihn in *Der Hund von Baskerville* (1902) als „Vater der wissenschaftlichen Erkennung“ bezeichnete. Obwohl unzählige Kriminelle mit diesem System überführt wurden, war es bei Weitem nicht perfekt und führte zu mehreren Justizirrtümern.

auch von oben, wofür er eine auf ein 2 m hohes Stativ montierte spezielle Superweitwinkelkamera verwendete. Die entstandenen Abzüge wurden mit einem Maßstab zur weiteren Bestimmung genauer Abmessungen geliefert. Das Verbrecherfoto wurde auch zum kulturellen Symbol der Strafverfolgung, mit berühmten Gefangenen wie Frank Sinatra, Elvis Presley und David Bowie. Festgehalten wurde die kriminelle Szene auch von Fotografen wie Letizia Battaglia, deren rohe und brutale Bilder in den 1970er Jahren die sizilianische Mafia dokumentierten, und von Jocelyn Bain Hogg, dessen intime Porträts der britischen Unterwelt im Dunstkreis der berüchtigten Kray-Zwillinge in dem Buch *The Firm* (2001) veröffentlicht wurden.

UNTEN. Weegee – *Der erste Mord* (1941)
Als freiberuflicher Pressefotograf für Boulevardblätter wie *Daily News* und *PM Daily* trieb sich Weegee (1899–1968) auf den Straßen New Yorks herum und verdankte seinen Spitznamen seiner unglaublichen Fähigkeit, zuerst am Tatort eines Verbrechens aufzutauchen, als hätte er mit einem Ouija-Brett in der Zukunft gelesen. Im Vorteil war er, weil er ab 1938 als einer der ersten Privatbürger ein Radio zur Überwachung des Polizeifunks nutzen durfte. Ein auf seine bewährte Speed Graphic 4 × 5 montiertes Blitzgerät erhellte brutale Banden-Exekutionen, trauernde Verwandte und polizeiliche Ermittlungen. Dieses Bild veröffentlichte er im Buch *Naked City* (1945), gegenüber ein Foto der blutigen Leiche des Opfers auf der Straße, dazu der Text: „Eine Verwandte weinte … aber die verwahrlosten Kinder der Nachbarschaft genossen die Show, als ein Kleinkrimineller erschossen wurde."

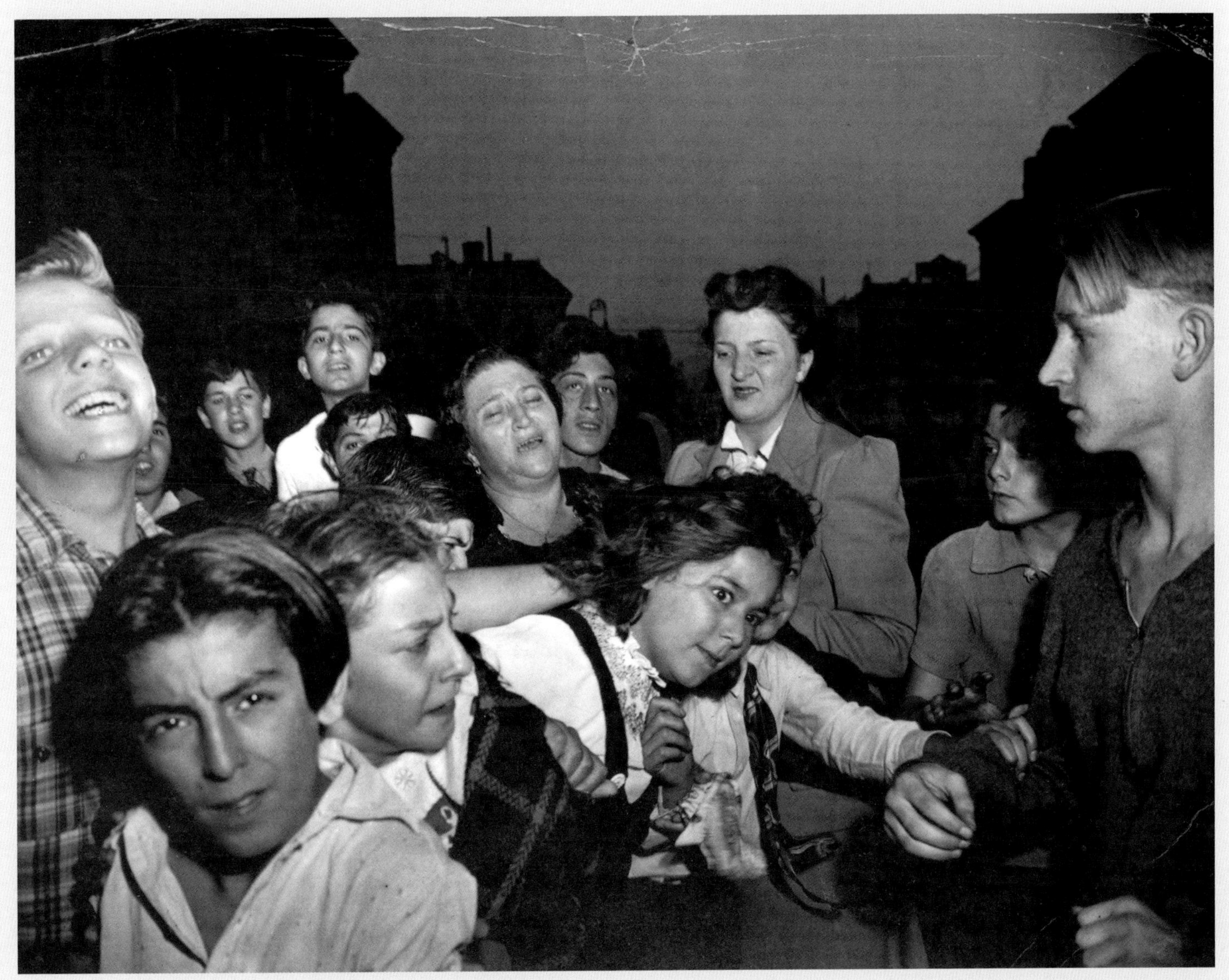

1886–1888

Der Piktorialismus, eine internationale fotografische Stilrichtung, die Mitte der 1880er Jahre entsteht und bis in die 1920er Jahre andauert, lebt vom leidenschaftlichen Glauben an die Fotografie als legitime Kunstform. Sie propagiert ein Herangehen, das auf jede erdenkliche Weise manipuliert, stilisiert und in den gesamten Prozess eingreift, um die Kreativität des Fotografen zu demonstrieren. Ihre Befürworter, zu denen Clarence H. White, Julia Margaret Cameron und Henry Peach Robinson gehören, legen Schatten und Nebel über ihre Bilder, bemalen ihre Negative mit expressiven Pinselstrichen und nutzen verringerte Konturenschärfe, dramatische Lichtführung und komplexe Verfahren, die zu unterschiedlichen Grautönen führen. Die Sujets sind überwiegend romantisch, sentimental und nostalgisch, was auf den Wunsch hindeutet, nicht nur mit alten Meistern zu konkurrieren, sondern sie auch formal zu imitieren. Eine Reaktion auf die zunehmende, von Kodak mit dem Werbeslogan „You Press the Button – We Do the Rest“ geförderte „Schnappschuss-Ästhetik“. JG

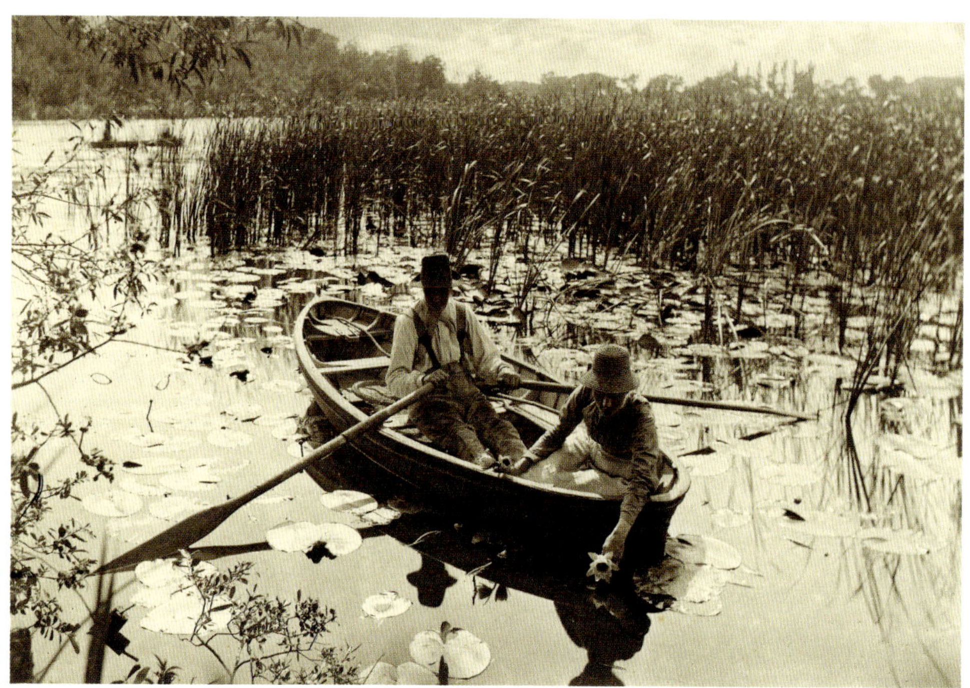

Peter Henry Emerson–***Seerosen pflücken***

Peter Henry Emerson (1856–1936) setzte sich für einen fotografischen Stil ein, den er „naturalistisch“ nannte. Im Gegensatz zu vielen seiner piktorialistischen Zeitgenossen glaubte er, dass der Wert der Fotografie als Kunstform aus ihrem Vermögen resultiere, die Natur nachzuahmen, nicht alte Gemälde. In seinem umstrittenen Buch *Naturalistic Photography for Students of the Art* (1899) schrieb er, dass die Natur nicht immer scharf abgebildet ist, und zeigte, wie man durch die Schärfentiefe den Fokus innerhalb eines Bildes variieren kann. Dieses schöne Bild stammt aus seinem 1886 erschienenen Buch *Life and Landscape on the Norfolk Broads* und zeigt Menschen dieser Gegend bei der Arbeit.

Frederic E. Ives entwickelt die Halbton-Photogravur, wodurch Text und Bild zusammen gedruckt und massenproduziert werden können.

1886

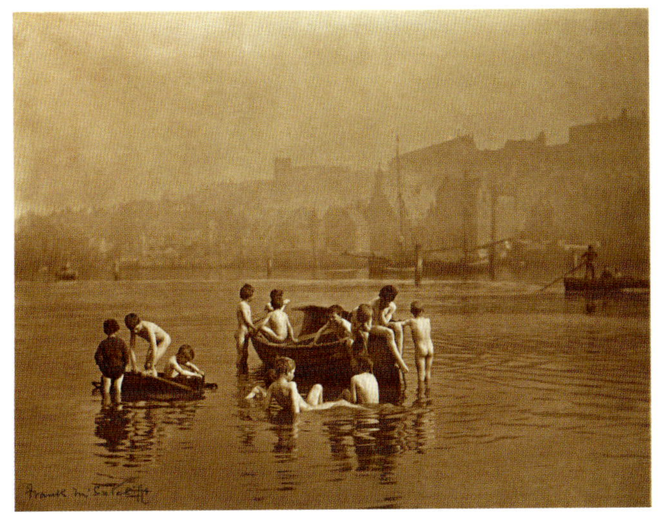

Lyddell Sawyer – *Im Dämmerlicht*

Lyddell Sawyer (1856–1927) war Mitglied des „Linked Ring", der Vereinigung von Fotografen in Großbritannien, die sich für die Verbreitung der Ideale des Piktorialismus einsetzten, von denen aber nur wenige Fotografien weithin bekannt sind. Sawyer wurde im Nordosten Englands geboren und arbeitete in einem Studio in Newcastle, bevor er dort 1895 ein eigenes Atelier eröffnete; später zog er damit in die Londoner Regent Street. Er erwarb sich bald den Ruf als einer der führenden „Kunstfotografen" im viktorianischen England, wie an dieser sorgfältig komponierten Genreszene zu sehen ist – eine romantische, traumähnliche Szenerie, in der Kunstkniff und Natürlichkeit in harmonischem Verhältnis stehen.

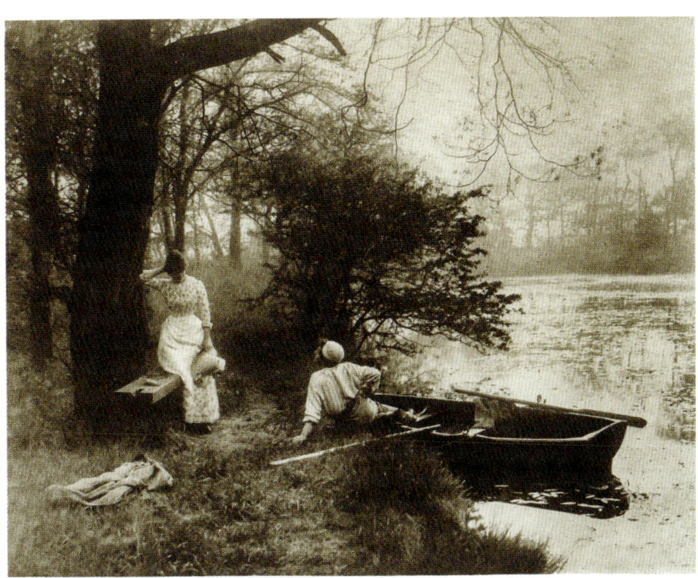

Francis Meadow Sutcliffe – *Wasserratten*

In seiner Heimatstadt Whitby, wo er die meiste Zeit seines Berufslebens als kommerzieller Porträtist tätig war, schuf Francis Meadow Sutcliffe (1853–1941) dieses Foto. Er war auf eine Gruppe von Jungen gestoßen, die die Schule schwänzten, bat sie, für ihn zu posieren, und gruppierte sie schließlich in Whitby Harbour um ein leeres Ruderboot herum. Die Fotografie zeugt von Sutcliffes Geschick in jener Art naturalistischer Fotografie, die von seinem Zeitgenossen Peter Henry Emerson propagiert wurde. Obwohl er die schnelleren und spontaneren „Momentaufnahmen" dieser Epoche favorisierte, positionierte er seine Motive gelegentlich, wie in diesem Bild.

Muybridge veröffentlicht sein epochales Werk *Animal Locomotion*.

Die Eastman Company in den USA produziert die erste Rollfilmkamera Kodak Nr. 1.

Brasilien wird Republik.

1887

1888

1889–1891

Jeder der hier vorgestellten Fotografen war in einem Bereich tätig, den wir heute als Fotojournalismus oder Dokumentarfotografie bezeichnen; damals wären ihre Arbeiten aber noch nicht mit derlei Titeln versehen worden. Jacob Riis etwa ist ein frühes Beispiel für den fotografischen Fürsprecher oder „Sozialreformer", der sich für soziale Gerechtigkeit einsetzt und dabei innovative Vertriebswege nutzt, um sein Publikum zu erreichen – ein Vorgeschmack auf die heutigen Verbindungen zwischen Fotojournalisten und Wohltätigkeitsorganisationen oder Kampagnengruppen, um das Bewusstsein zu schärfen und Veränderungen zu bewirken. Als George Träger und Fred Kuhn die Folgen des Lakota-Massakers von Wounded Knee fotografieren, sind die „Indianerkriege" zwischen indigener Bevölkerung und US-Regierung auf ihrem blutigen Höhepunkt. Bilder wie die von Trager und vor allem ihre falschen Betitelungen (als Folge einer Schlacht) lassen den Revisionismus erahnen, der die gängigen Darstellungen der amerikanischen Geschichte kennzeichnete, und auch die Rolle der Fotografie dabei. JG

Adolf Hitler wird geboren.

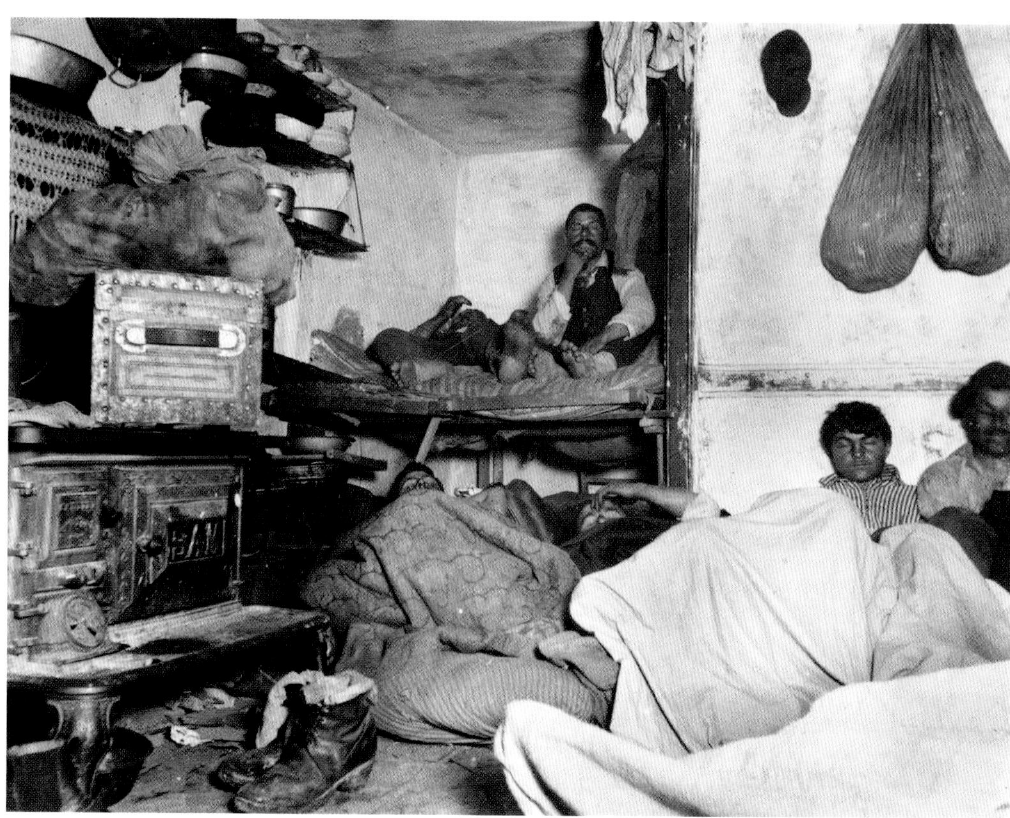

Die Eastman Kodak Company vertreibt den Zelluloid-Film.

Jacob Riis – ***Schlafgänger in der Bayard Street, fünf Cent pro Schlafplatz***

Jacob Riis (1849–1914) war ein dänischer Einwanderer, der Journalist und Kriminalreporter für die *New York Tribune* wurde. Durch diese Arbeit traf er einige der ärmsten Menschen in New York City und beschloss, ihre schrecklichen Lebensbedingungen zu thematisieren. 1887 begann Riis mit der Fotografie zu experimentieren, um zu vermitteln, was seiner Meinung nach nicht in Worte gefasst werden konnte, aber das war durch das oft trübe Licht schwierig. Dies änderte sich mit der Einführung des Blitzlichtpulvers, das es ihm ermöglichte, seine Motive buchstäblich zu erhellen und sie für ein breites Publikum sichtbar zu machen.

1889

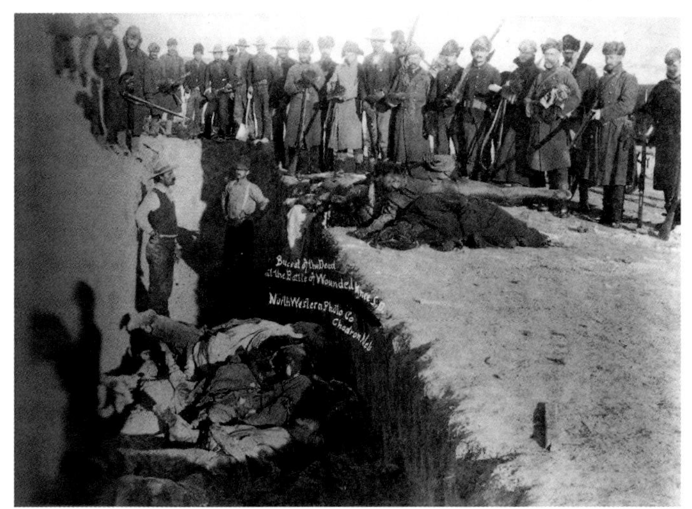

George Träger–***Begräbnis der Gefallenen in der Schlacht am Wounded Knee***

Dieses Bild hält die Nachwirkungen eines brutalen Ereignisses fest, das in Wirklichkeit keine „Schlacht", sondern ein Massaker war. Am 29. Dezember 1890 tötete das 7. Kavallerie-Regiment der US-Armee am Wounded Knee Creek in South Dakota 150 bis 300 eingekesselte Männer, Frauen und Kinder des Lakota-Stammes, nachdem sich aus einem Gewehr eines Lakota bei einem Gerangel versehentlich ein Schuss gelöst hatte. Es war der berüchtigtste bewaffnete Konflikt zwischen der US-Regierung und der indigenen Bevölkerung. George Träger (1861–1948) und sein Partner Fred Kuhn hatten sich auf die Dokumentation der indianischen Kulturen spezialisiert und waren zu diesem Zeitpunkt zufällig vor Ort.

Alice Austen–***Trude und ich, maskiert, kurze Röcke, 23 Uhr, Donnerstag, 6. August 1891***

Dieses auf subtile Art subversive Bild zeigt die Fotografin mit ihrer Geliebten, Gertrude Tate. Tate und Austen (1866–1952) lebten bis kurz vor Austens Tod zusammen, ihre Familien erlaubten jedoch nicht, sie gemeinsam zu beerdigen. Austen war die erste Frau auf Staten Island, die ein Auto besaß, und sie nutzte es für ihre erfolgreiche Karriere als Fotografin. Sie reiste viel als Dokumentar- und Straßenfotografin, am bekanntesten ist sie vermutlich durch ihre Berichterstattung über die Quarantänestation, die alle in die USA Einwandernden passieren mussten. Ihre Arbeit verwies bereits auf den Fotojournalismus, der Jahrzehnte später florieren sollte.

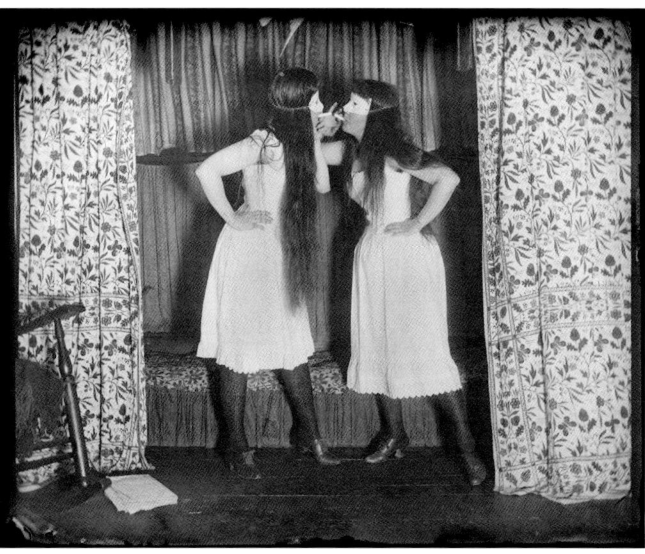

Fotografien ersetzen endlich die handgezeichneten Stiche in Zeitungen und Massenpublikationen.

Das **„Kinetoskop"** zur Betrachtung bewegter Bilder wird von William Kennedy Laurie Dickson erfunden.

1890

1891

MENSCHENRECHTE

Soziale Gerechtigkeit zu vermitteln, stand für viele Fotografen auf dem Programm; einige schlossen sich Nichtregierungsorganisationen an, um Missbrauch aufzudecken und für Veränderungen zu kämpfen.

Die Fotografie hat mit ihrer emotionalen Wirkung und ihrer Bildhaftigkeit entscheidend dazu beigetragen, Ungerechtigkeiten aufzudecken. 1908 gab Lewis Hine seine Lehrtätigkeit auf, um für das gemeinnützige National Child Labor Committee (US-Komitee für Kinderarbeit) zu fotografieren, das sich für eine Reform der Kinderarbeitsgesetze einsetzte. Er dokumentierte die Situation der arbeitenden Kinder in vielen Branchen und zeigte in bedrückenden Porträts deren Ausbeutung und die Gefahren, denen sie ausgesetzt waren. Um Zugang zu solchen Standorten zu erhalten, nutzte Hine oft Täuschungsmanöver und Verkleidungen. So gab er sich etwa als Feuerinspektor, Industriefotograf, Postkartenhändler und sogar als Bibelverkäufer aus. Seine Arbeiten wurden in Zeitungen und Broschüren publiziert und als Dias bei öffentlichen Vorträgen gezeigt; sie waren entscheidend für die Änderung der amerikanischen

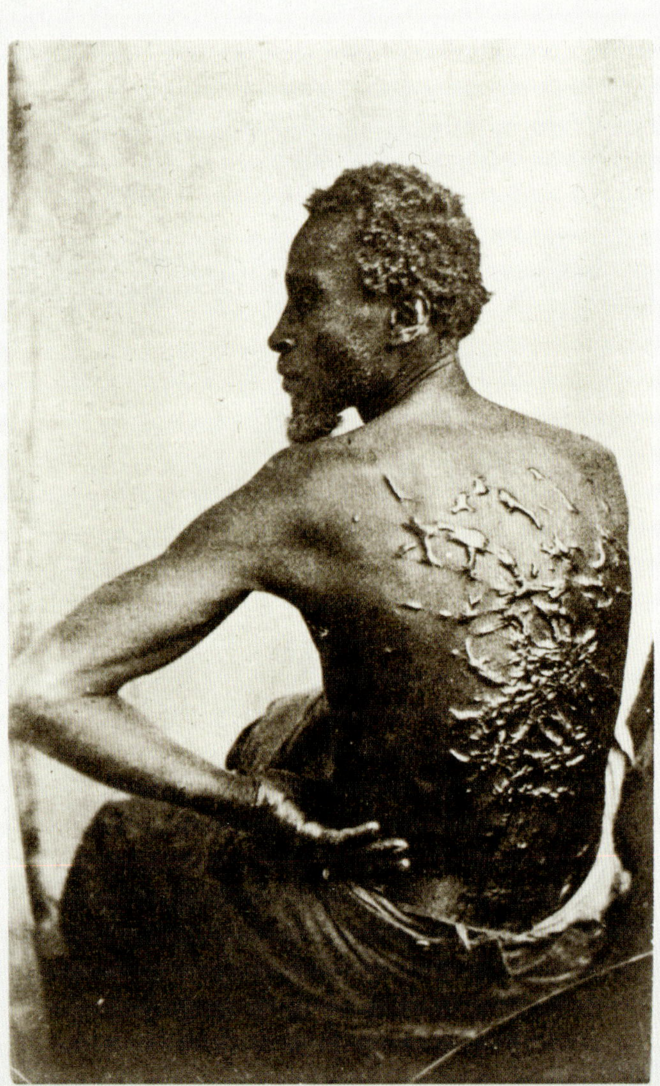

LINKS. McPherson & Oliver–
***Der ausgepeitschte Rücken* (1863)**
Dieses berühmte Bild eines entflohenen Sklaven, der nur als Gordon bekannt ist und nach schwerer Geißelung von seiner Plantage geflohen war, veranschaulicht die rohe Gewalt, die während der Sklaverei verübt wurde. Das Bild wurde im amerikanischen Bürgerkrieg (1861–1865) in einem Unionistenlager in Baton Rouge, Louisiana, aufgenommen und vielfach reproduziert, um den Kampf gegen den Süden und die Unterdrückung der Afroamerikaner zu rechtfertigen. Die abolitionistische Zeitschrift *The Liberator* schrieb wortgewandt: „Dieser Rücken – wie schrecklich anzusehen! – ist ein Zeugnis der Sklaverei, das beredter ist als alle Worte. Vernarbt, zerfurcht, wülstig gerafft, knotig zerpflügt wölbt sich das arme gefolterte Fleisch hervor, ein grausiges Peitschenprotokoll des Sklaventreibers."

Arbeitsgesetze. In jüngerer Zeit engagierten sich Fotografen wie Marcus Bleasdale und Gilles Peress für Nichtregierungsorganisationen und arbeiteten etwa mit Human Rights Watch (HRW) bei Ermittlungen zur Überführung von Missbrauchstätern zusammen. Peress fotografierte auch für HRW, um die Gräueltaten zu dokumentieren, die im Krieg 1999 von serbischen Paramilitärs unter Slobodan Milošević an der ethnisch-albanischen Bevölkerung im Kosovo begangen wurden, während Bleasdale für HRW einen vernichtenden Bericht über den von westlichen Banken gestützten illegalen Goldabbau erstellte, der den Konflikt im Kongo verschärft und zu Armut, Vergewaltigungen und dem Einsatz von Kinderoldaten geführt hatte. 2014 trugen seine eindringlichen Bilder maßgeblich zur Änderung des US-Gesetzes bei, das die Verwendung von Mineralen aus Konfliktgebieten in Elektronikgütern verbietet.

UNTEN. FFR – *#Not a Bug Splat* (2014)
Dieser verstörende Titel zitiert einen Slangbegriff, mit dem US-Soldaten beim Einsatz einer Predator-Drohne eine gezielte „Tötung" bezeichnen, da die pixelige Videoaufnahme des Bestimmungsortes an ein zerquetschtes Insekt erinnert. Das engagierte Künstlerkollektiv FFR (Foundation for Fundamental Rights) installierte dieses riesige, 30 x 20 m große Porträt auf einem Feld in der Provinz Khyber Pakhtunkhwa in Pakistan, um gegen den Einsatz von Drohnen zu protestieren, die seit 2004 über 2.000 Zivilisten, davon mehr als 200 Kinder, getötet haben. Das Porträt zeigt ein Mädchen, das ihre Eltern 2010 durch einen Raketenangriff verloren hatte. Es ging mit über 3,5 Milliarden Klicks im Internet viral, was politischen Druck erzeugte und den Einsatz von Drohnen einzuschränken half.

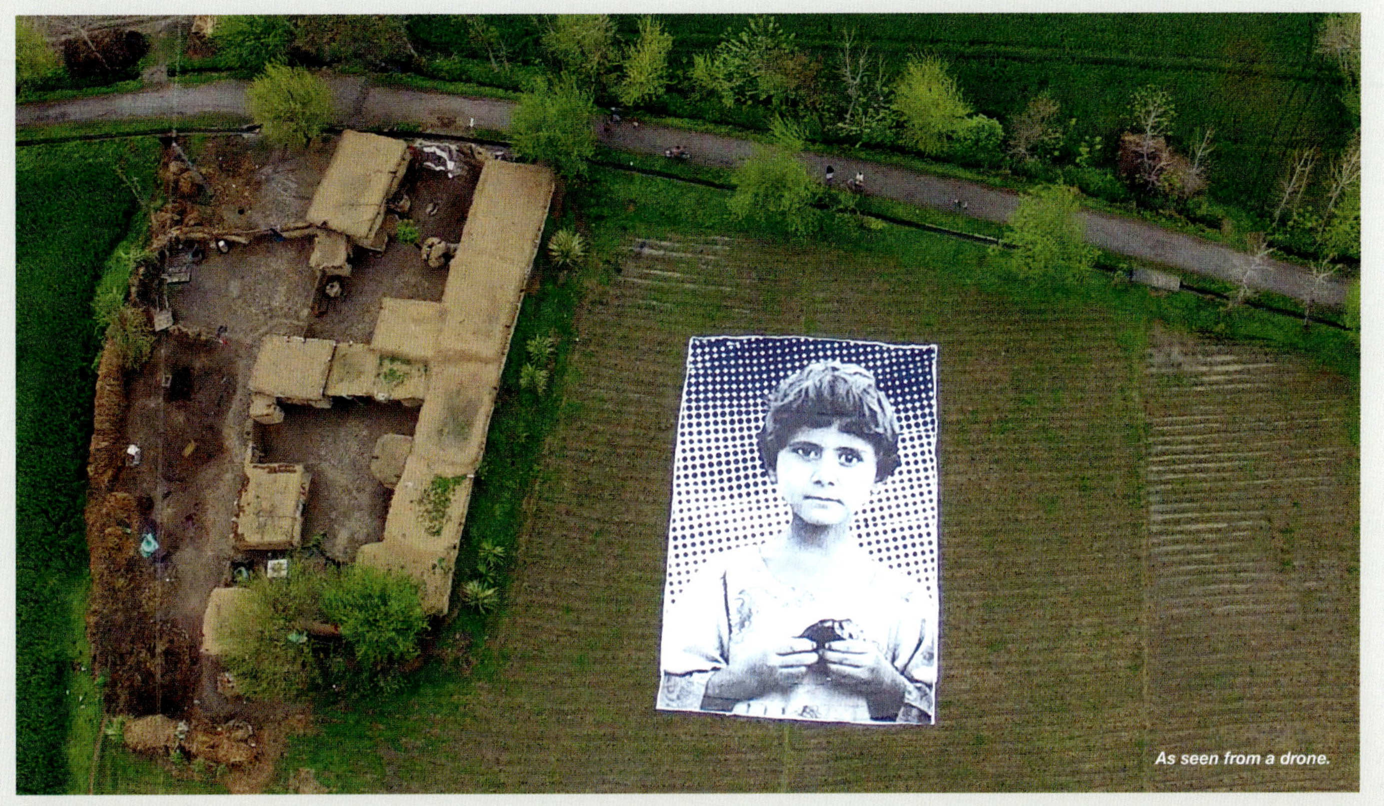

1892–1894

1893 erfährt Abdülhamid II., Sultan des Osmanischen Reiches, dass seine Herrschaft skeptisch betrachtet wird, und reagiert mit einer raffinierten Propaganda: Er schickt Fotoalben nach Frankreich, Großbritannien, Deutschland und in die USA. Zu sehen sind Bilder von modischen Geschäften, modernem Militär und Fabriken aus dem ganzen Reich. Die aufkommende Sorge um das Erscheinungsbild und die damit einhergehenden Fragen nach der Authentizität dieser Auftritte nehmen zu. Einige Fotografen, etwa Alfred Stieglitz, widmen sich der Erforschung dieser Widersprüche. Stieglitz ist anfangs Verfechter der romantischen Illusionen des Piktorialismus, bewegt sich aber in den 1890ern mehr in Richtung des urbanen Realismus. Später entstehen seine berühmten Wolkenstudien, die er „Äquivalente" nennt, weil sie Sinnbilder seiner Geisteshaltung seien, für die es keine Worte gibt. Er wird vom französischen Philosophen Henri Bergson beeinflusst, der die Bedeutung der Intuition betont – die Fähigkeit, Dinge jenseits des Scheins zu durchdenken. JG

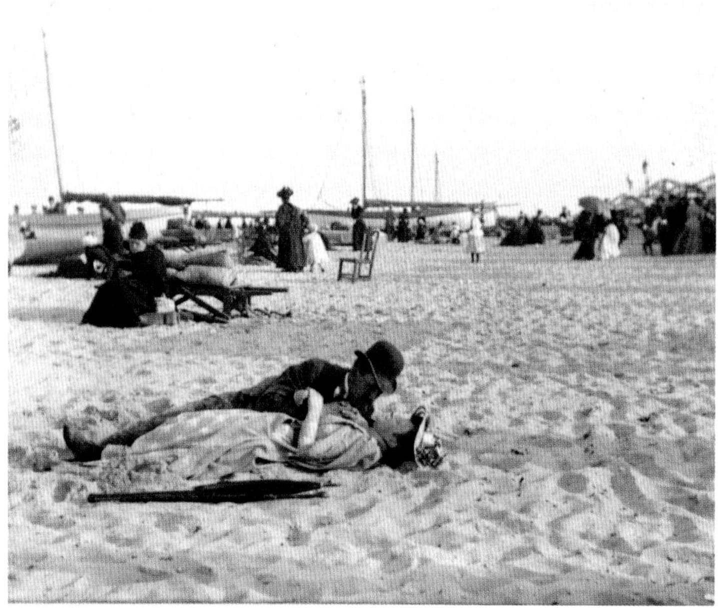

Paul Martin–*Ausflügler in Cromer*

Einer der ersten Fotografen, der die Vorteile der neuen „Momentaufnahmen"-Technik nutzte, um das Alltagsleben festzuhalten, war Paul Martin (1864–1944), ein in Großbritannien arbeitender Franzose. 1892 kaufte er eine Handkamera und modifizierte sie so, dass er sie unter dem Arm verstecken konnte. So war es ihm möglich, das viktorianische Leben abzulichten, ohne dass seine Sujets es bemerkten. Er schrieb: „Es ist unmöglich, den Nervenkitzel zu beschreiben, den man empfindet, wenn man die ersten heimlichen Schnappschüsse macht." Damals bezweifelten einige den Wert solcher Bilder; heute gilt Martin als Pionier der sozialdokumentarischen Fotografie.

Die Vereinigung „Linked Ring" wird gegründet, die die Fotografie als Kunstform ausübt und propagiert.

1892

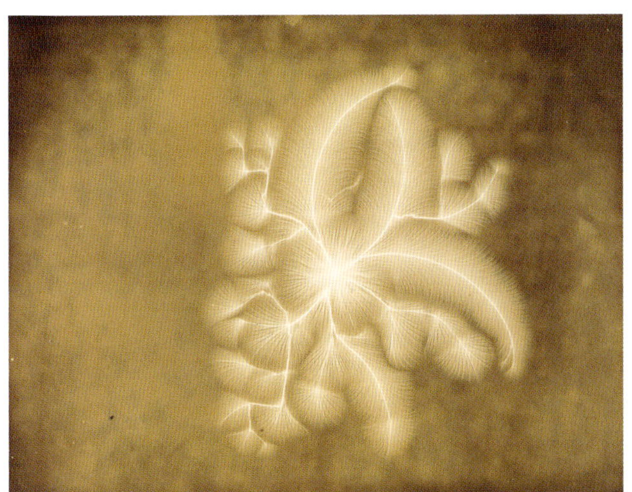

Alan Archibald Campbell-Swinton –
Elektrische Entladung auf Goldpapier

Alan Archibald Campbell-Swinton (1863–1930) war ein Elektroingenieur, der die Übertragung von Bild und Ton erforschte und erstmals Experimente mit Kathodenstrahlröhren anstellte, lange bevor das Fernsehen erfunden wurde. Die Fotografie benutzte er für seine Experimente mit Elektrizität; es war ihm insbesondere gelungen, schon wenige Wochen nach der Entdeckung der Röntgenstrahlen einige der ersten fotografischen Röntgenbilder in England aufzunehmen. Dieses Bild zeigt, was passiert, wenn elektrischer Strom auf die Oberfläche von goldbeschichtetem Fotopapier geleitet wird: Das Metall reagiert auf die Bewegung der Elektronen, die sich bei der Entladung auf der Papieroberfläche verteilen.

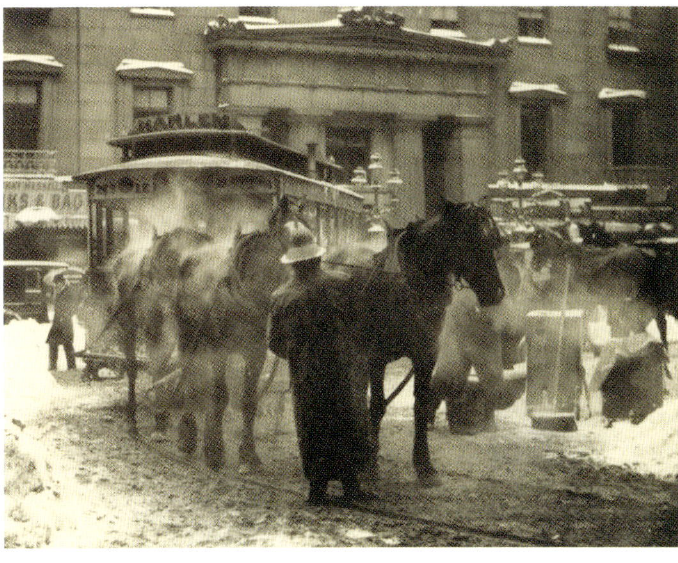

Alfred Stieglitz – ***Poststation***

Alfred Stieglitz (1864–1946) war eine wegweisende Figur in der Kunst und Kultur des frühen 20. Jahrhunderts. Er ist für seine Verbindungen zur Piktorialismus-Bewegung bekannt, doch statt für unscharfe Bilder romantischer oder nostalgischer Themen interessierte sich Stieglitz für die Alltagsszenen der urbanen Moderne, die ihn in New York umgaben. Dieses Bild wurde auf der Fifth Avenue aufgenommen, am Südende der Harlemer Pferdebahn. Später erinnerte er sich: „Ich lief oft durch die Straßen der New Yorker Innenstadt, am East River entlang, und nahm meine Kamera mit… es war extrem kalt. Es lag Schnee. Ein Fahrer in einem Gummimantel tränkte seine dampfenden Pferde."

Neuseeland beschließt das Frauenwahlrecht für Parlamentswahlen – als erstes Land der Welt.

Ivan Vučetić, ein Kriminologe, eröffnet in Argentinien das erste Fingerabdruckbüro der Welt.

Coca-Cola wird erstmals in Flaschen verkauft.

1893

1894

1895–1897

Ende des 19. Jahrhunderts wenden sich Wissenschaftler zunehmend der Fotografie und verwandten Techniken zu, um noch mehr flüchtige und unsichtbarere Prozesse zu dokumentieren. Viele der entstehenden Bilder sind nicht nur Aufzeichnungen des wissenschaftlichen Fortschritts, sondern auch Objekte von großer Schönheit. Ende 1895 beobachtet der Physiker Wilhelm Conrad Röntgen, was eine Strahlung vermag, die der Wissenschaft noch unbekannt ist: feste Körper durchdringen, sogar lebende Organismen. Er nannte die neue Strahlung „X-Rays" („X-Strahlen"). In weiteren Experimenten konnten die gewonnenen Einblicke fotografisch festgehalten werden – ein gewaltiger Fortschritt für viele Wissensgebiete, insbesondere für die Medizin. Anfangs erfreuen sich Röntgenbilder einer großen Faszination und Beliebtheit. Kaufhauskunden können gegen ein Entgelt „durch" ihre Hände schauen. Auch mit der Okkult- und Geisterfotografie, sogar mit Erotika wird die Röntgenfotografie wegen ihres „enthüllenden" Potenzials in Verbindung gebracht. JG

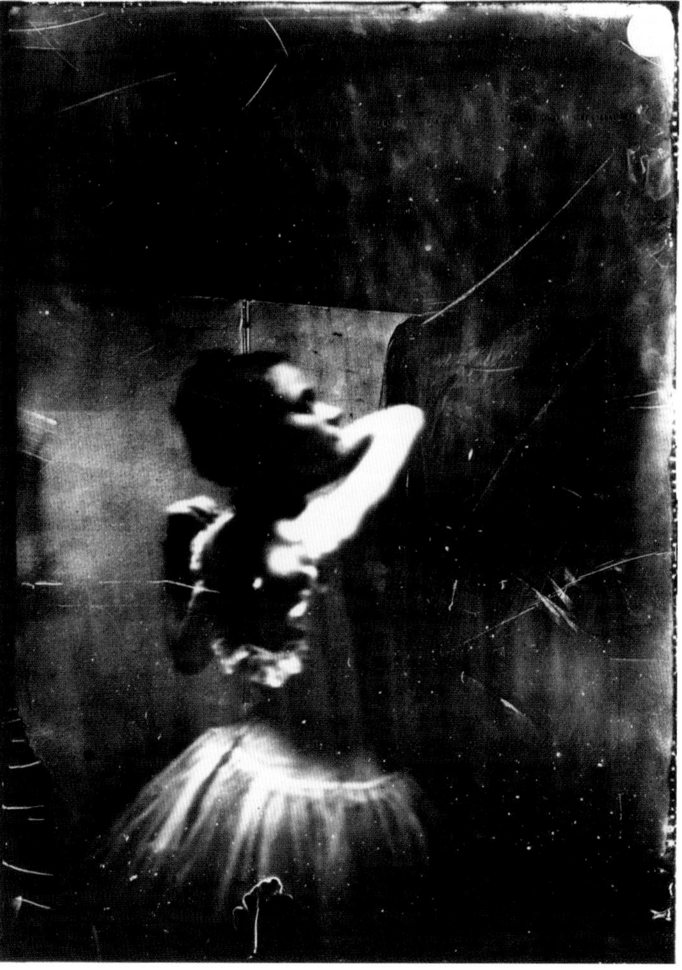

Edgar Degas–*Tänzerin (Ihren Träger richtend)*

Der französische Künstler Edgar Degas (1834–1917), der vor allem für Gemälde und Skulpturen bekannt ist, kam erst spät zur Fotografie. Er nahm Landschaften, Straßenszenen und Akte auf, und die Tänzerinnen, die auch als Sujets in seinen Gemälden und in anderen Kunstwerken auftauchen. Dieses Bild entstand kurz nachdem er zu fotografieren begonnen hatte. Es gehört zu einer Serie von teilweise solarisierten Bildern, deren Negative nach seinem Tod von seinem Bruder René in seinem Atelier gefunden wurden. Es wurde mit nur einer Lichtquelle und einer langen Belichtungszeit aufgenommen, wodurch eine atmosphärische und trübe Stimmung entsteht.

1895

Erfindung des **Röntgenbildes.**

Die Brüder Lumière präsentieren den „Kinematographen", einen Kinoprojektor, der 16 Bilder pro Sekunde zeigen kann.

Eduard Valenta und Josef Maria Eder–
Röntgenbild von Kaiserfisch und Doktorfisch

Vor der Erfindung der Röntgenfotografie bestand die einzige Möglichkeit, in lebende Organismen zu sehen, darin, sie im Rahmen einer Operation oder einer Obduktion aufzuschneiden. Doch Röntgenaufnahmen machten es möglich, Körperbau und -bewegungen ohne diese invasiven Methoden zu erkunden. Eduard Valenta (1857–1937) und Josef Maria Eder (1855–1944) waren Fotochemiker, sie gehörten zu den Ersten, die die Röntgenfotografie nutzten, um Bilder von Fischen, Reptilien, Ratten und Menschen zu machen. Fünfzehn dieser Bilder wurden in einer Mappe mit dem Titel *Fotografische Experimente mit Hilfe der Strahlen von Röntgen* veröffentlicht, in welcher der Erfinder des Verfahrens genannt wird.

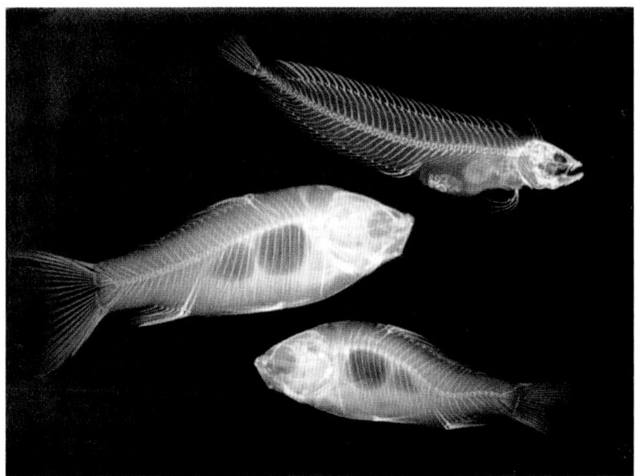

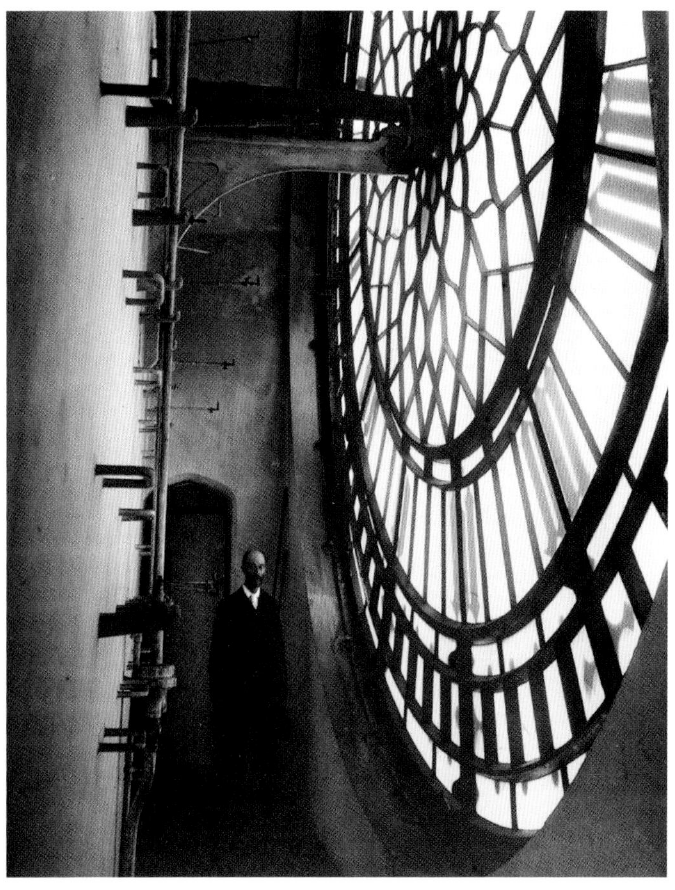

Sir Benjamin Stone–*Westminster Palace, Innenseite des Zifferblatts im Uhrturm*, 1897

Benjamin Stone (1838–1914) war ein britischer Parlamentsabgeordneter und Industrieller. 1897 gründete er die National Photographic Record Association (NPRA), eine Art „nationale Gedächtnisbank", um alte Gebäude, Volksbräuche und anderes Kulturgut für die Nachwelt festzuhalten. Viele Fotografien, die der Sammlung beigegeben wurden, hatte er selbst aufgenommen, darunter auch dieses Foto von einem Mann, der hinter dem Zifferblatt des „Big Ben" im Parlamentsgebäude steht. Stone nutzte seine Position als Abgeordneter, um das Gebäude umfassend zu dokumentieren. Das Archiv der NPRA ist heute im Londoner Victoria & Albert Museum untergebracht.

Der erste unterirdische Personentransport der Welt, die „Subway", wird in Boston eröffnet.

Alfred Stieglitz gibt die *Camera Notes* heraus, ein Journal des Camera Club of New York.

1896

1897

1898–1900

Die Geschichte der Amateurfotografie wird von einem einzigen Unternehmen geprägt: der Eastman Kodak Company aus Rochester, New York, später bekannt als Kodak. 1888 wird eine Kamera für den Gelegenheitsgebrauch durch Menschen aus der Mittelschicht produziert. Diese Kamera ist einfach zu bedienen; ein Fokussieren des Bildgegenstandes oder ein Blick durch den Sucher sind nicht erforderlich, außerdem ist der Film schon vorinstalliert. Der wahre Durchbruch gelingt Kodak erst 1900 mit der Einführung der „Brownie". Sie war zunächst für Kinder gedacht, leitet aber mit dem eingängigen Slogan „You Press the Button – We Do the Rest" eine wahre „Schnappschuss"-Revolution ein. Auch Unkundige werden ermutigt, im Alltag eine Kamera dabeizuhaben und spontan Szenen von Familie und Freunden einzufangen. Die Fotografie war davor schon erschwinglich, wurde aber hauptsächlich von Fachleuten in Porträtstudios ausgeführt. Diese Studios werden schnell weniger, als Kodak die Kameras in die Hände der Kunden gibt. JG

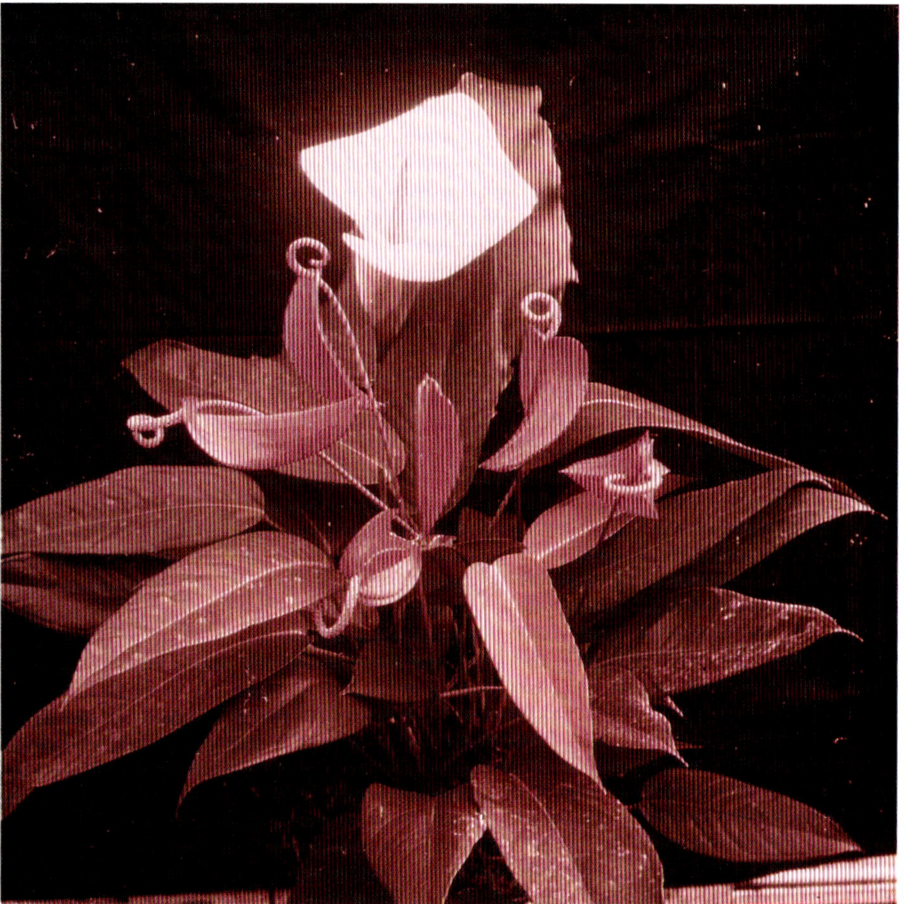

John Joly – *Calla und Anthurie*
Dieses Foto wurde nach dem „Joly-Linienraster-Verfahren" hergestellt, erfunden von John Joly (1857–1933), einem irischen Physiker. Es ist Teil der komplexen Geschichte der Farbfotografie, für die Ende des 19. Jahrhunderts viele Theorien entwickelt wurden, einige erfolgreicher als andere. Jolys Methode bestand in der Verwendung eines mit feinen roten, grünen und blauen Streifen bedruckten Glasfilters, der in die Kamera eingelegt wurde. Die Methode wurde 1895 kommerziell eingeführt, war aber nicht erfolgreich, hauptsächlich weil die damals handelsüblichen Emulsionen nicht empfindlich genug waren, um ein natürlich aussehendes Ergebnis zu erzielen.

Großbritannien pachtet Hong Kong von China für 99 Jahre.

1898

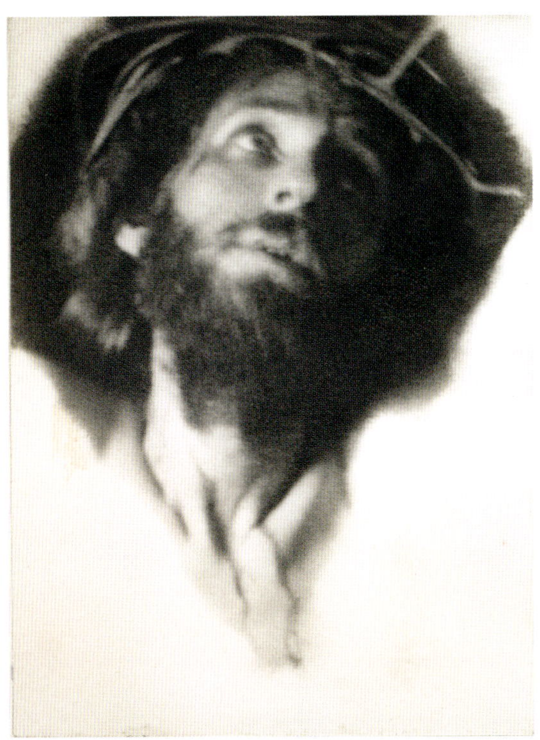

Fred Holland Day – aus *Die letzten sieben Worte Christi*
Fred Holland Day (1864–1933) war nicht nur ein Fotograf, sondern auch ein wohlhabender Verleger und berühmter Ästhet. Mit seinem fotografischen Werk löste er Kontroversen aus, insbesondere, als er sich selbst in einer großen Serie über das Leben von Jesus Christus in Szene setzte. Die Arbeit daran dauerte drei Monate, es enstanden fast 250 Bilder. Seine Freunde und auch Schauspieler mimten römische Soldaten und Schaulustige. Day hungerte vor den Aufnahmen mehrere Monate lang und ließ von einem syrischen Zimmermann ein Kreuz aus eigens importiertem libanesischen Zedernholz anfertigen. Als die Bilder ausgestellt wurden, verurteilten viele sie als frevelhaft.

Theodor und Oskar Hofmeister – *Abend*
Theodor Hofmeister (1868–1943) und Oskar Hofmeister (1871–1937) waren Brüder und Amateurfotografen, die zu führenden deutschen Piktorialisten wurden. Oskar fotografierte und Theodor fertigte die Abzüge an, oft von Bauern, die in den Höfen und Dörfern rund um Hamburg arbeiteten. Ihre Bilder waren stimmungsvoll und romantisch, aber dennoch realistisch, und vermieden die offenkundige Sentimentalität vieler Piktorialisten. Sie stellten in zahlreichen Ausstellungen aus und wurden Mitglieder zweier führender Vereinigungen von Kunstfotografen der damaligen Zeit: der „Brotherhood of the Linked Ring" in Großbritannien und der „Photo-Secession" in Amerika. Besonders geschätzt wurden sie für ihre Hilfsbereitschaft und die Weitergabe ihres technischen Fachwissens an Nachwuchs-Fotografen.

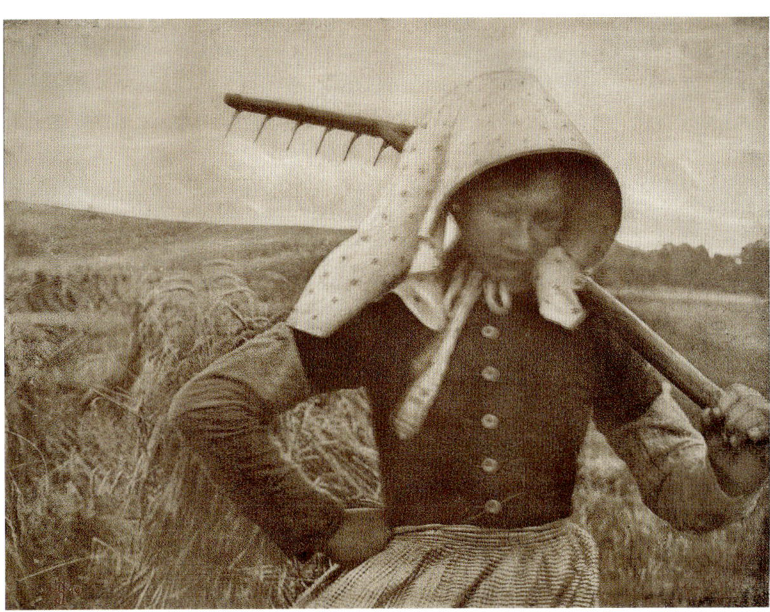

„The New School of American Photography" titelt die erste große Ausstellung amerikanischer Piktorialisten in der Royal Photographic Society in London.

Der elektrisch zündbare Blitz wird von Joshua Lionel Cowen patentiert.

Kodak führt die „Brownie" ein, eine preiswerte Kamera, die die Amateurfotografie revolutioniert.

1899

1900

3

1900 BIS 1950

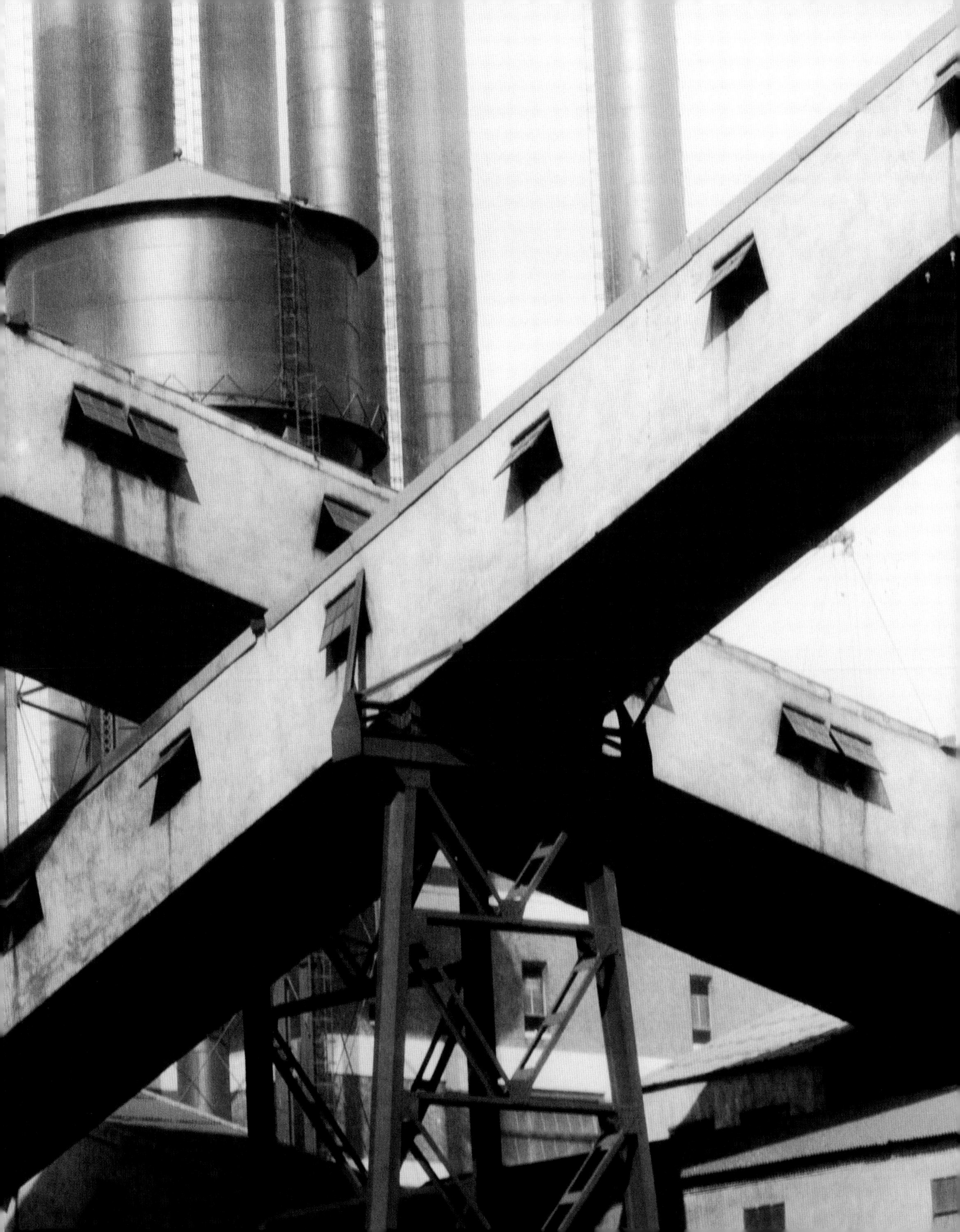

Die erste Hälfte des 20. Jahrhunderts war geprägt von unglaublich vielen technischen und politischen Entwicklungen, wobei zwischen den beiden Weltkriegen eine Zeit großer sozialer Veränderungen verbunden mit wirtschaftlichem Wachstum und auch mit finanzieller Not lag. Diese turbulenten Zeiten beschleunigten die Entwicklung der Fotografie als Medium künstlerischen Ausdrucks und als wichtiges Mittel zur Dokumentation der gelebten Erfahrung. In den zwei Jahrzehnten nach dem sogenannten „Großen Krieg“, dem ersten wirklich globalen und industrialisierten Krieg, entwickelten Journalisten, Avantgarde-Künstler und kommerziell orientierte Fotografen das Medium weiter, um damit das Wesen des modernen Lebens zu beschreiben.

Vor dieser Zeit des grundlegenden Wandels ragt jedoch eine Person heraus, die an der Schwelle vom langsameren Lebenstempo des 19. zur Energie und Tatkraft des 20. Jahrhunderts steht und agiert. Der zu Lebzeiten relativ unbekannte Franzose Eugène Atget (1857–1927) hielt still und unermüdlich Texturen, Strukturen und Charakter des Pariser Stadtlebens der Jahrhundertwende fest. 1898 begann Atget mit seinem monumentalen Projekt zur Dokumentation der Straßen des von ihm so genannten „alten Paris“. Er arbeitete allein und belichtete in knapp drei Jahrzehnten mehr als 10.000 großformatige Glasplattennegative, die die Straßen der Stadt als architektonischen Raum und im Detail zeigten. Menschen sah man auf den Bildern nicht, und doch waren sie omnipräsent; seine leeren Straßen wurden zu Räumen, die der Fantasie keine Grenzen setzten. Die Surrealisten waren in den 1920er Jahren sehr davon angetan, insbesondere der Künstler Man Ray und seine damalige Assistentin Berenice Abbott, die sein Werk förderten und dazu beitrugen, dass es 1969 vom New Yorker Museum of Modern Art erworben wurde. Abbott schrieb in einem Text über die Wirkung seiner Fotografien von der Fähigkeit der Straight Photography, die Welt sowohl beschreiben als auch interpretieren zu können. Betrachte man

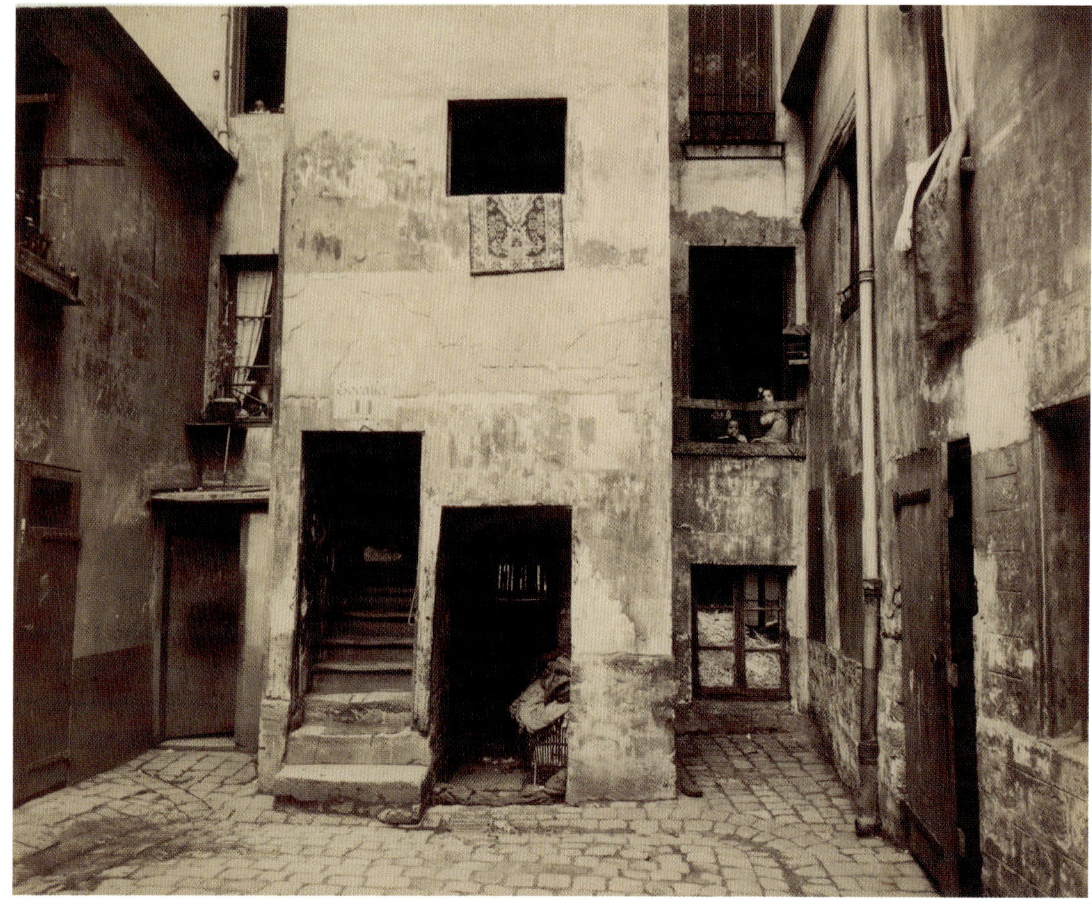

die Bilder, sei „die Wirkung unmittelbar und gewaltig. Man spürte einen plötzlichen Erkenntnisblitz – den Schock der ungeschminkten Realität. Die Motive waren keine Sensationen, aber gerade durch die Vertrautheit schockierend. Jedes Bild gab die reale Welt wieder, wahrgenommen mit Staunen und mit Überraschung. Welches Mittel auch immer Atget zur Projektion des Bildes benutzte, es drängte sich nicht zwischen Subjekt und Betrachter." Sein Werk hatte enormen Einfluss auf spätere Fotografen, etwa auf jene der New-Topographic-Bewegung oder der Kriegs- und Krisenfotografie.

Atgets Welt verschwand im Laufe der nun folgenden Konflikte. Die Erfahrung des Krieges und die durch ihn freigesetzten revolutionären Kräfte hatten einen enormen Einfluss auf Künstler, wobei viele von ihnen den Krieg selbst miterlebten, was sie die Notwendigkeit eines sozialen Wandels unmittelbar spüren ließ und sie gleichzeitig von den Traditionen der konventionellen visuellen Darstellung befreite. Eine Bewegung, die als das „Neue Sehen" bekannt war, entwickelte sich über verschiedene Avantgarde-Strömungen hinweg, zu denen der Surrealismus und der Konstruktivismus gehörten. Die Grenzen zwischen Künstlern, Fotografen und Illustratoren waren jetzt fließend, man experimentierte mit einer schwindelerregenden Vielfalt von Techniken, zu denen Fotomontagen, abstrakte Fotogramme, Typografie und Grafikdesign gehörten, und nutzte die Presse als Vehikel, um ein größeres Publikum als nur über die Galerien zu erreichen. László Moholy-Nagy betonte: „Das wesentliche Werkzeug des fotografischen Prozesses ist nicht die Kamera, sondern die lichtempfindliche Schicht." Dieses Bild (rechts) von El Lissitzky ist emblematisch für das Neue Sehen, da es den Akt des Sehens selbst in den Mittelpunkt stellt. Es besteht aus sechs Fotografien und verwendet die Montage, um die Bedeutungsebenen optisch zu einem Bild zusammenzufügen.

Zu Beginn des 20. Jahrhunderts galt die Fotografie als eine wichtige Verkaufs- und Werbemethode in Zeitschriften und Reklameblättern, auch ästhetisch passte man sich dem Zeitgeist an. Baron Adolph de Meyers Werk etwa ist geprägt durch die Nutzung der von Surrealisten gefertigten Wachspuppen als Symbol für das „Unheimliche". De Meyer wurde 1914 der erste „Vertragsfotograf" der amerikanischen *Vogue*. Für seine ätherischen Bilder nutzte er verschiedene Techniken, um die Eleganz der Waren zu vermitteln, für deren Bewerbung er angestellt worden war. Das Bild eines zur Maske gewordenen Frauengesichts war Teil einer Werbeserie, die er für Elizabeth Arden machte. Sie erschien in den 1920er Jahren in *Harper's Bazaar* und illustriert die damalige Überschneidung zwischen den Welten der Avantgardekunst und des Kommerz. Die Popularität der Illustrierten wiederum befeuerte die Fotografie, die zur dominierenden Art der Darstellung des Lebens in all seinen Facetten wurde, von der Dokumentation des Alltags über die Schrecken des spanischen Bürgerkriegs bis hin zur High Fashion von Paris und New York. Magazine wie *Picture Post*, *Life* und *Vu* nutzten dynamisch wirkende Layouts,

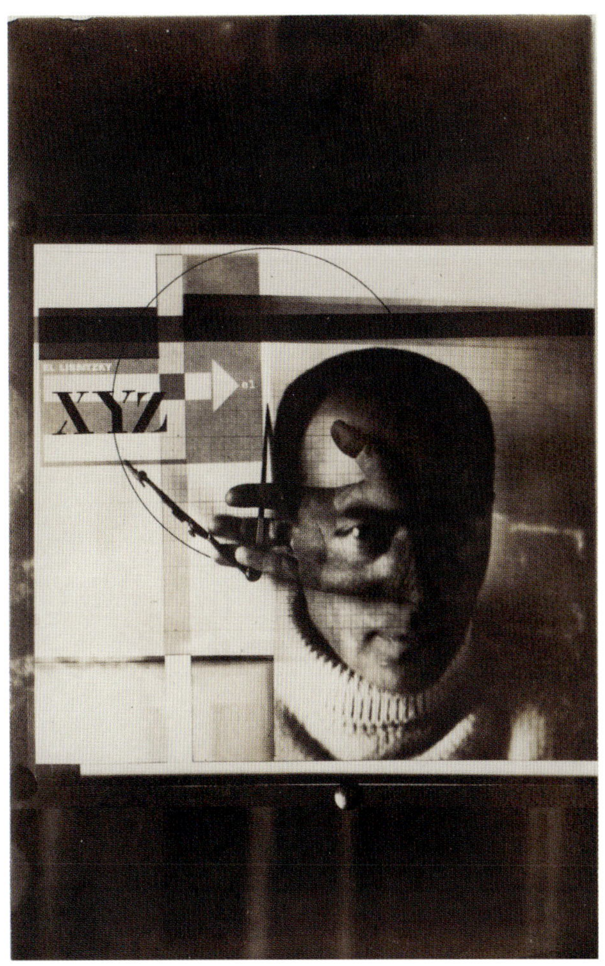

VORSEITE. Charles Sheeler – *Förderstrecken über Kreuz, Ford Motor Company, River-Rouge-Komplex* (1927)

LINKS. Eugène Atget – *Hof, 41 Rue Broca* (1912)

OBEN. El Lissitzky – *Der Konstrukteur* (1924)

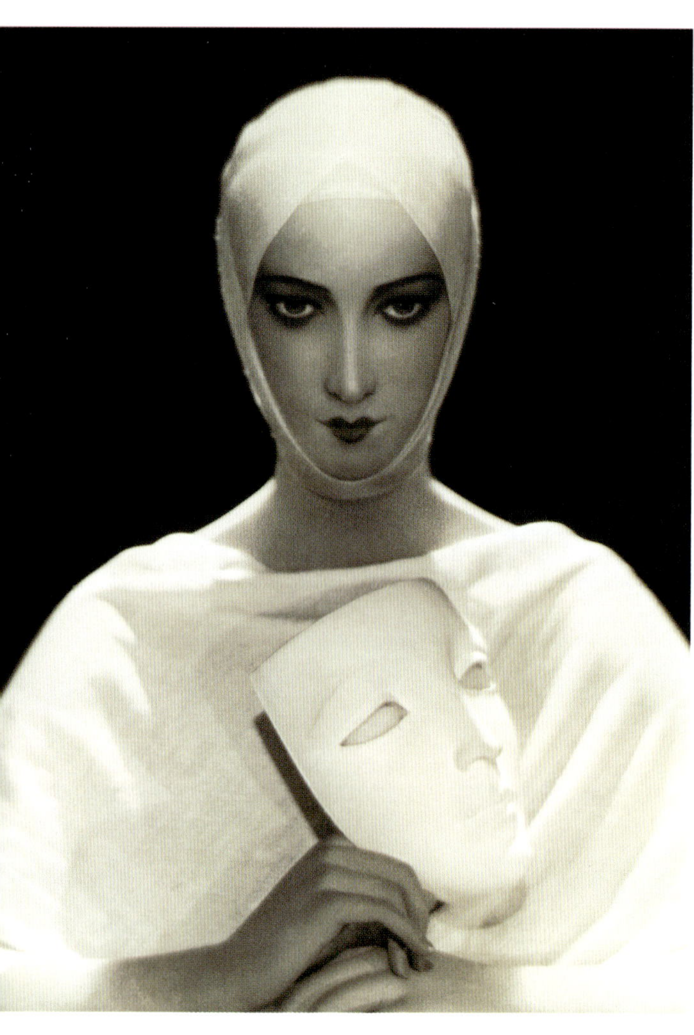

OBEN. Baron Adolph de Meyer – Werbung für Elizabeth Arden (1927)

RECHTS. Dorothea Lange – *Heimatlose Mutter* (1936)

die heute noch frisch und innovativ anmuten. *Life*-Gründer Henry Luce formulierte im Vorwort der ersten Zeitschriftenausgabe als Ziel der damaligen Philosophie, „das Leben zu sehen; die Welt zu sehen; Augenzeuge großer Ereignisse zu sein; die Gesichter der Armen und die Gesten der Stolzen zu betrachten; eigenartige Dinge zu sehen und sich am Sehen zu erfreuen; zu sehen und zu staunen; zu sehen und zu lernen".

Die Zwischenkriegsjahre waren jedoch von enormen wirtschaftlichen Härten geprägt, nachdem der Börsenkrach in den USA die Große Depression ausgelöst hatte. Als Antwort auf die kaum erfassten Folgen der Finanzkrise für die einfachen Menschen entstand eine der bedeutendsten Dokumentationen in der Geschichte der Fotografie: Die Farm Security Administration (FSA) richtete in ihrem Kampf gegen Landarmut eine Informationsabteilung ein, die Bildungs- und Pressematerial zur Aufklärung über die Notlage der Armen erstellte, um „Amerika den Amerikanern vorzustellen". Unter der redaktionellen Leitung des Visionärs Roy Stryker rekrutierte die FSA eine beeindruckende Anzahl von Fotografen und beauftragte sie, durch die USA zu reisen und den Alltag zu dokumentieren. Das Ergebnis war Walker Evans' und James Agees außergewöhnliche Kombination aus Fotografie und dokumentarischem Sachbuch *Let Us Now Praise Famous Men*. Zum Team gehörten Arthur Rothstein, Theo Jung, Ben Shahn, Dorothea Lange, Carl Mydans, Russell Lee, Marion Post Wolcott, Jack Delano, John Vachon und John Collier, die Beweise lieferten, um Förderungen des New-Deal-Programms und damit soziale Reformen anzustoßen. Insgesamt produzierten die FSA-Fotografen über 250.000 Bilder, von denen viele dauerhaft in der Bilder-und Fotografien-Abteilung der Library of Congress aufbewahrt werden. Im Februar 1936 schuf Dorothea Lange ein Bild, das zu einem der ikonischsten wurde und symbolisch für die Härte der Zeit, aber auch für die Widerstandsfähigkeit des menschlichen Geistes steht. Während ihres Einsatzes für die Resettlement Administration (RA) hielt sie in einem Lager für Wanderarbeiter in Nipomo, Kalifornien, an und sah dort eine „hungrige und verzweifelte" Frau: „Sie erzählte mir, dass sie 32 Jahre alt war, und dass sie von gefrorenem Gemüse von den umliegenden Feldern lebten … Da saß sie in diesem Schrägzelt, mit ihren Kindern, die sich an sie drängten." Lange machte mit ihrer Großformatkamera sechs Aufnahmen, von denen die letzte als *Migrant Mother* bekannt wurde. Durch die ausdrucksstarke Kombination von Mutterschaft, Kindheit, Armut und Stärke ist das Bild zu einem universellen Symbol für den Kampf gegen Armut geworden und wurde unzählige Male verwendet, unter anderem als US-Briefmarke. Es ist ein Beispiel dafür, dass das Foto sowohl ein bestimmtes Individuum zu einem bestimmten Zeitpunkt darstellen, aber auch eine soziale Situation exemplarisch repräsentieren kann. Das Sujet des Bildes, Florence Owens Thompson, sah sich durch diese Erfahrung jedoch ausgenutzt und zog aus ihrem Status als Presse-Ikone groteskerweise keinerlei finanziellen Nutzen.

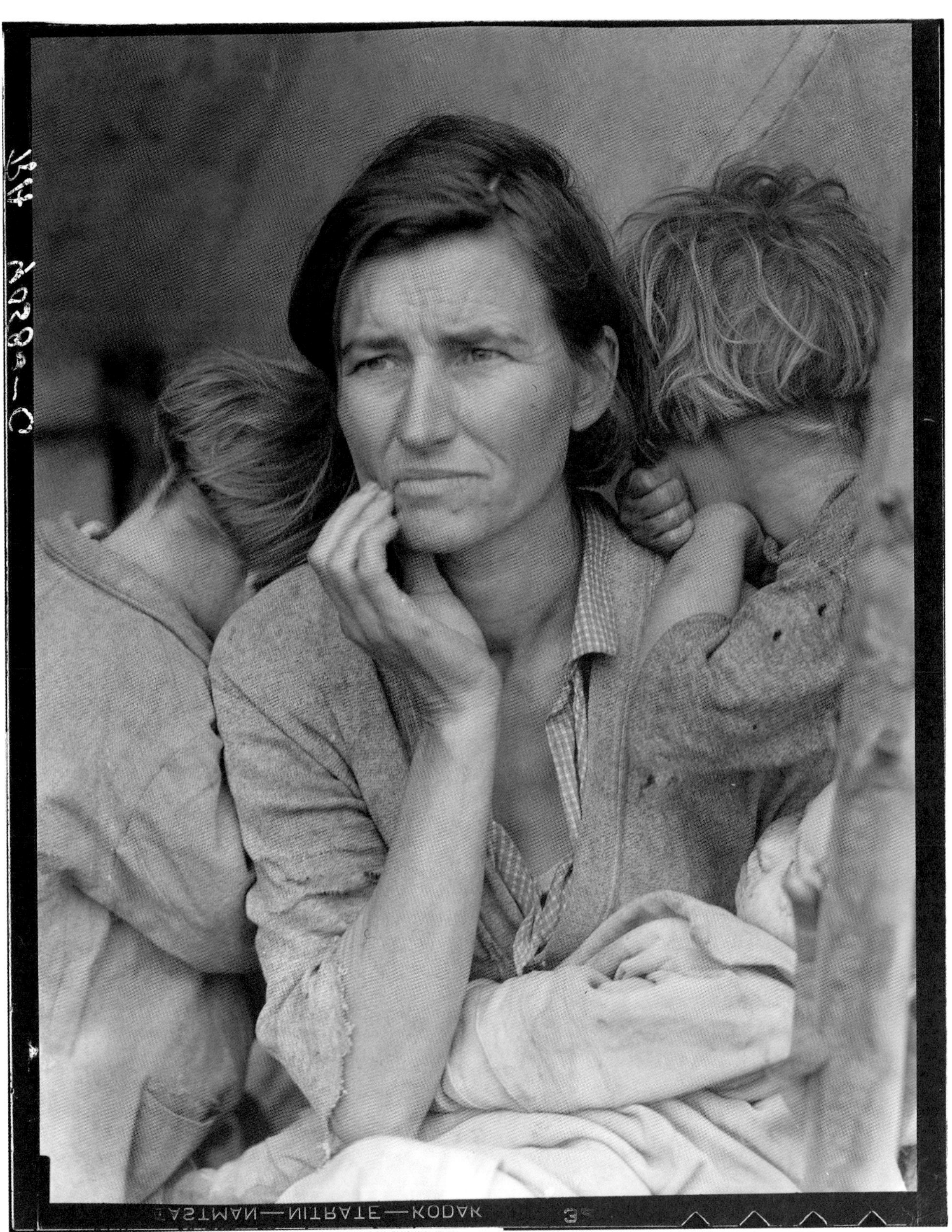

DIE ENTWICKLUNG DER FARBFOTOGRAFIE

Vor den 1890er Jahren war die Farbfotografie auf nur ein paar Innovatoren beschränkt, die Geduld, Zeit und Ressourcen hatten, um ihre eigenen Anlagen zu bauen und zu testen, ihre Emulsionen für Farben zu sensibilisieren und ihre Farbfilter herzustellen und auszuprobieren. 1891 entwickelte Gabriel Lippmann (1845–1921) ein Verfahren, das auf einer Wechselwirkung von Lichtwellen basiert, die Interferenzfarben (ähnlich denen der Seifenblase) erzeugt. Das Verfahren brachte ihm 1908 den Nobelpreis ein, war jedoch für eine kommerzielle Nutzung zu komplex und zeitaufwendig. Stattdessen brachte das Dreifarbenprinzip, bei dem die Grundfarben des Lichts genutzt wurden, Fortschritte in diesem Medium. Zu Beginn des 20. Jahrhunderts entstanden praktikable Methoden, um Farbfotografien massenhaft zu produzieren und zu drucken. Eine Markenikone der Farbfotografie, Kodachrome, entwickelte den ersten Farbfilm, der mithilfe der subtraktiven Farbmischung erfolgreich massenproduziert und vermarktet wurde. Er wurde 1935 als 16-mm-Schmalfilm mit einem ASA/ISO-Wert von 10 produziert und bald auch im Kleinbildformat für Fotoapparate. 1961 wurde der schnellere und schärfere Kodachrome II mit ASA/ISO 25 entwickelt, 1962 der Kodachrome-X mit ASA 64. Der Film erzeugte Diapositive (Dias) und wurde berühmt für seine leuchtenden, gesättigten Farben. Diese Kodachrome-Intensität war ein Markenzeichen der in der Zeitschrift *National Geographic* veröffentlichten Fotografien. Mit dem Aufkommen der Digitalfotografie ging der Verkauf von Diafilmen jedoch zurück, und am 22. Juni 2009 kündigte Kodak an, keine Kodachrome-Filme mehr herzustellen. Die letzte, je hergestellte Rolle Kodachrome wurde von Magnum-Fotograf Steve McCurry, langjähriger Benutzer des Films u. a. für *National Geographic*, feierlich verschossen. Die Abzüge dieser sechsunddreißig Dias werden heute im George Eastman House in Rochester, New York, aufbewahrt.

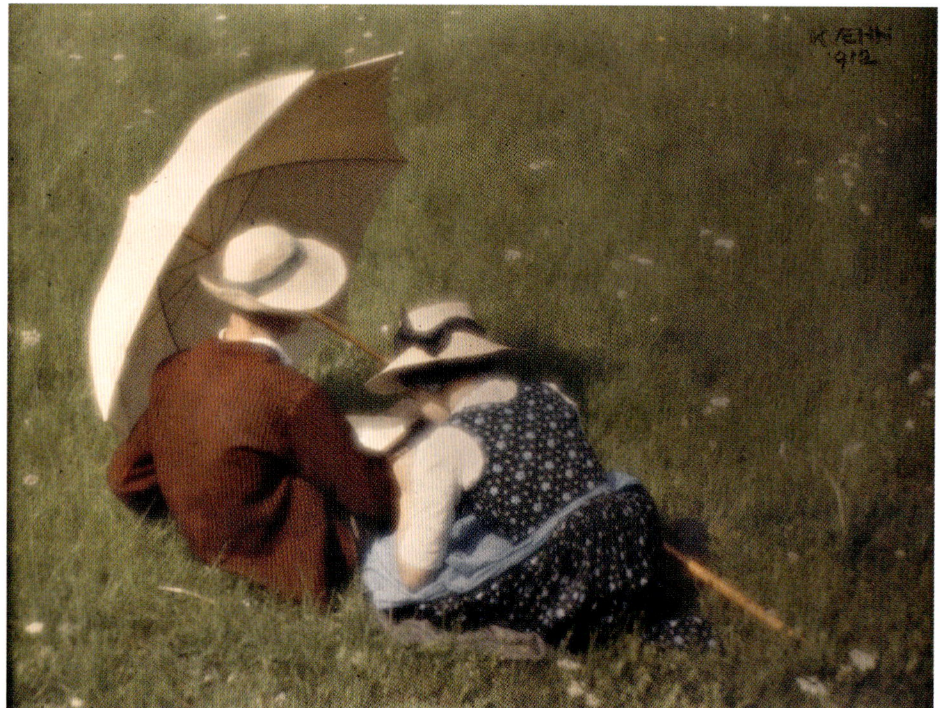

LINKS. Heinrich Kühn – *Walter und Edeltrude* (*ca*. 1912)
1907 führte Alfred Stieglitz seinen Freund Heinrich Kühn (1866–1944) in das von den Brüdern Lumière in Frankreich erfundene Autochromverfahren ein. Dazu wird die Glasplatte mit rot, grün und blau eingefärbten Stärkekörnern und dann mit einer Emulsion beschichtet. Es entstand ein Farbnegativ, daraus dann ein Diapositiv. Kühn machte Hunderte von Autochrom-Aufnahmen im Elternhaus und der Umgebung von Innsbruck in Tirol, oft von seinen Kindern Hans, Walter, Lotte und Edeltrude und ihrem englischen Kindermädchen, wie in diesem Bild von ca. 1912. Er ging sogar so weit, dass er für sie eine farblich abgestimmte Kleidung in Rot, Weiß und Blau anfertigen ließ, die mit dem Grün des Grases kontrastierte.

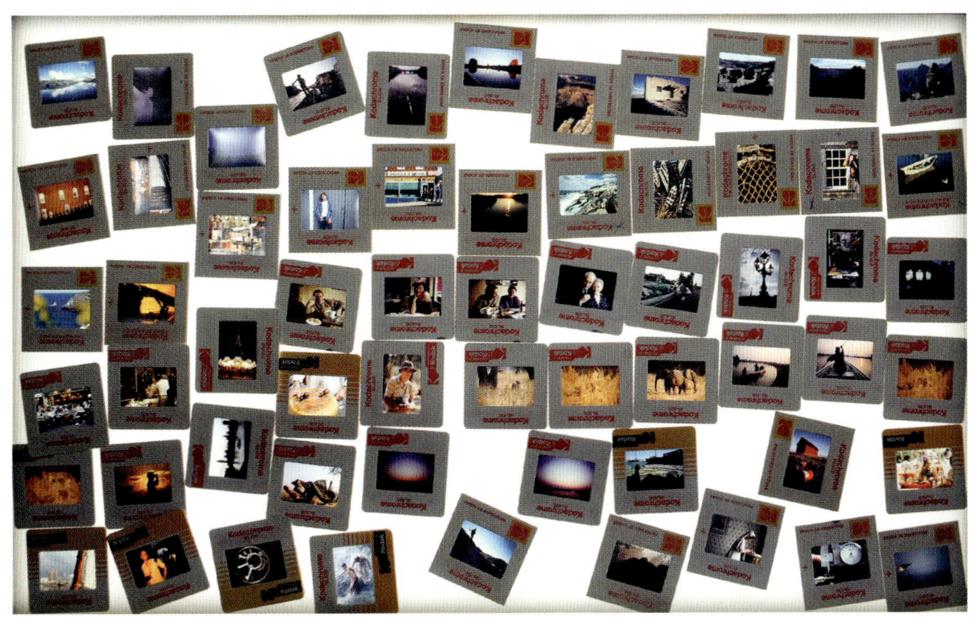

LINKS. Kodachrome-Dias auf einem Leuchtkasten
Farbdiafilme wie Kodachrome oder Fujichrome erzeugen ein Positiv, kein Negativ. Diafilme haben einen geringeren Kontrastumfang als Negativfilme; Belichtungsfehler können in der Dunkelkammer nicht durch selektives Abwedeln oder Nachbelichten korrigiert werden. Fotografen müssen daher die perfekte Belichtungszeit einstellen. Bei der Bearbeitung von Diafilmen wird ein Leuchtkasten verwendet, um die Bilder zu hinterleuchten, und eine Lupe oder ein Vergrößerungsglas, um Bilddetails genau zu erkennen.

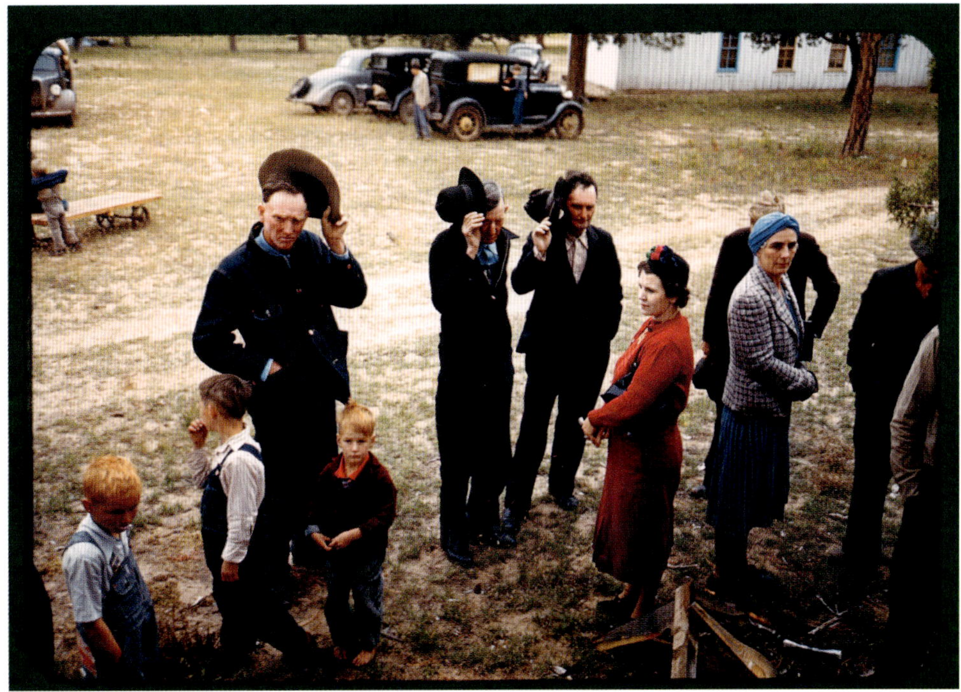

RECHTS. Russell Lee – *Tischgebet vor dem Grillabend auf dem Jahrmarkt in Pie Town, New Mexico* (1942)
Farbbilder aus den 1930er und 1940er Jahren wirken unheimlich, als seien wir darauf konditioniert, die Vergangenheit nur in Schwarz-Weiß zu denken. Die Farben auf diesem Bild, das Russell Lee für die FSA aufnahm, hinterfragen mit ihrer Lebendigkeit und ihrem dynamischen Realismus das Stereotyp der Great Depression. Im Juni 1940 reiste Lee nach Pie Town im Catron County. Dort entstand dieses einfühlsame, wunderbar arrangierte Bild. Lee machte Hunderte von Kodachrome-Aufnahmen, von denen viele kürzlich erst wiederentdeckt wurden.

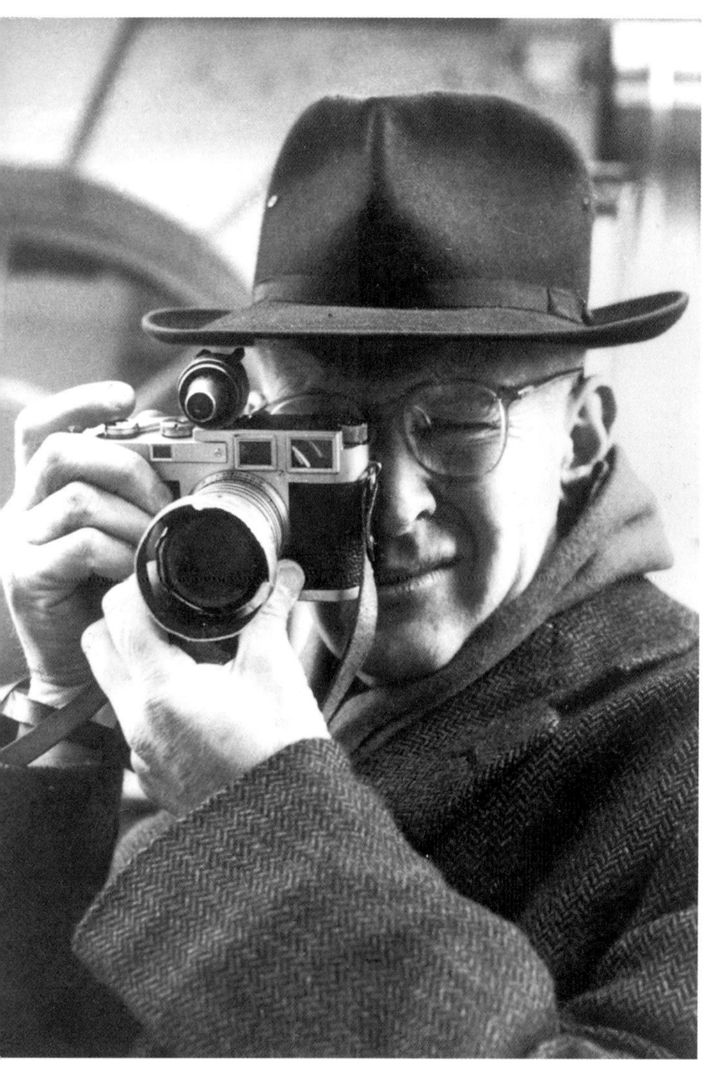

OBEN. **Cartier-Bresson mit einer Leica (1956)**
Die kompakte Leica-Kamera wie auch die Contax ermöglichten es, das Treiben der Welt einzufangen; man war die Beschränkungen der sperrigen und langsamen Plattenkameras los, die nur je ein Bild aufnehmen konnten. Ernst Leitz II, der die Ernst Leitz Werke seines Vaters übernommen hatte, brachte 1924 eine erste „Leica" heraus; der Name ist ein Akronym aus „Leitz" und „Kamera". Im Gegensatz zu Schmalfilmen, bei denen der Film von oben nach unten läuft, hatte die neue Kamera erstmals eine horizontale Ausrichtung des Films, was eine Negativgröße von 24 × 36 mm mit einem Seitenverhältnis von 2:3 ergab statt der 18 × 24 mm der Lauffilmkameras. Die kompakten Leichtkameras verfügten über austauschbare Objektive, die Leica II von 1932 auch über einen separaten Entfernungsmesser, der eine schnelle und genaue Scharfstellung auch bei schlechten Lichtverhältnissen und bewegten Motiven ermöglichte. Die Objektive konnten beim Wandern und Radfahren zum Schutz eingeklappt werden.

DIE VORHERRSCHAFT DER ROLLFILM-KAMERAS

Die Einführung des Rollfilms in den 1920er Jahren revolutionierte die Fotografie. Sie ermöglichte mehrere Belichtungen in schneller Folge, ohne den Film wechseln zu müssen. Zudem war dieses Format transportabel, Fotografen konnten ihre Bilder aufnehmen und zur Entwicklung an ein Labor schicken, was die Benutzerfreundlichkeit erheblich verbesserte und einen Massenmarkt für Fotografie schuf. Der Rollfilm – wegen der Ähnlichkeit mit einer Gewehrpatrone auch „Filmpatrone" genannt – wurde in zwei Hauptformaten entwickelt, im 135er Format, allgemein als 35 mm oder Kleinfilm bekannt, und im 120er Format, auch 6 × 6 (cm) oder Mittelformat. Im Mittelformat können auch Negative im Format 6 × 4,5, 6 × 7, 6 × 9 und 6 × 17 sowie im 6 × 24 Panoramaformat hergestellt werden. Bei Typ 120 wird eine Spule mit auf Papierträger geklebtem Rollfilm auf einer Seite der Kamera eingelegt. Mit jeder Belichtung wird ein Stück Film auf eine identische Aufwickelspule auf der anderen Seite des Verschlusses gezogen.

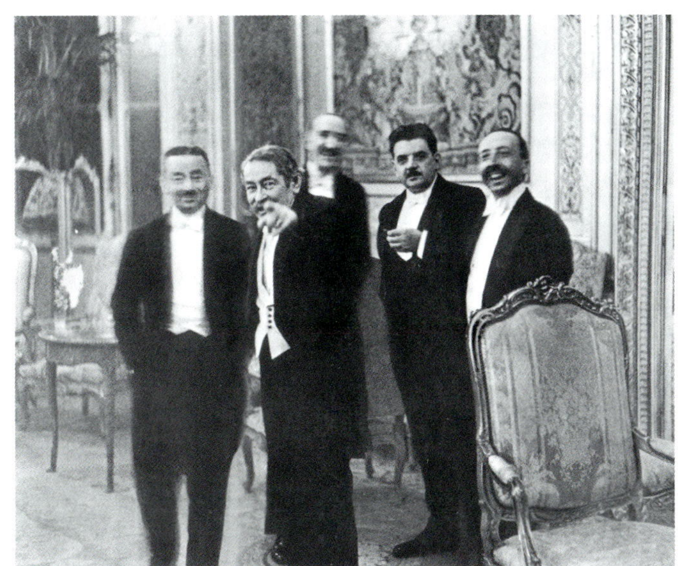

LINKS. Erich Salomon – *Der König der Indiskretion* (1931)
Erich Salomon (1886–1944), als „Houdini der Fotografie“ bekannt, weil er sich Zugang zu den hochrangigsten diplomatischen, politischen und sozialen Anlässen verschaffte, war einer der ersten, der das Potenzial der kleineren Kameras erkannte: Er konnte diskret ohne Blitz arbeiten, als sprichwörtlicher stiller Beobachter, als „Mäuschen“. Salomon nutzte eine Reihe von Tricks und Täuschungsmanövern, um sich Zugang zu den Etagen der Macht zu verschaffen, unter anderem versteckte er seine Kamera in einem Filzhut, einem Mathematiklehrbuch oder einem Aktenkoffer. Seine intimen Bilder von Weltpolitikern bei ihren Verhandlungen waren eine Offenbarung im Vergleich zu den steifen, gestellten Fotos, an die das Publikum gewöhnt war.

UNTEN. Rolleiflex-Kameras
Die 1929 eingeführte Rolleiflex ist eine zweiäugige Spiegelreflexkamera, wobei das obere Objektiv der Fokussierung und Komposition dient, das untere der eigentlichen Bildaufnahme. Anders als bei einer einäugigen Spiegelreflex- (SLR) oder Messsucherkamera sah der Fotograf durch den Sucherschacht auf eine Mattscheibe hinab, anstatt durch das Kameraobjektiv geradeaus zu blicken. Das ergab eine ganz andere Beziehung zum Motiv. Die Rolleiflex hatte einen festen Spiegel, sie war insgesamt eine sehr leise und diskrete Kamera, perfekt für Schnappschüsse. Das relativ große Negativ im Format 6 × 6 cm resultierte in qualitativ hochwertigen Abzügen. Lisette Model etwa nutzte die einzigartigen Eigenschaften der Rolleiflex erfolgreich in ihrer meisterhaften Straßenfotografie. Model beschnitt ihre Bilder oft zu Rechtecken und entfernte störende Hintergrundelemente.

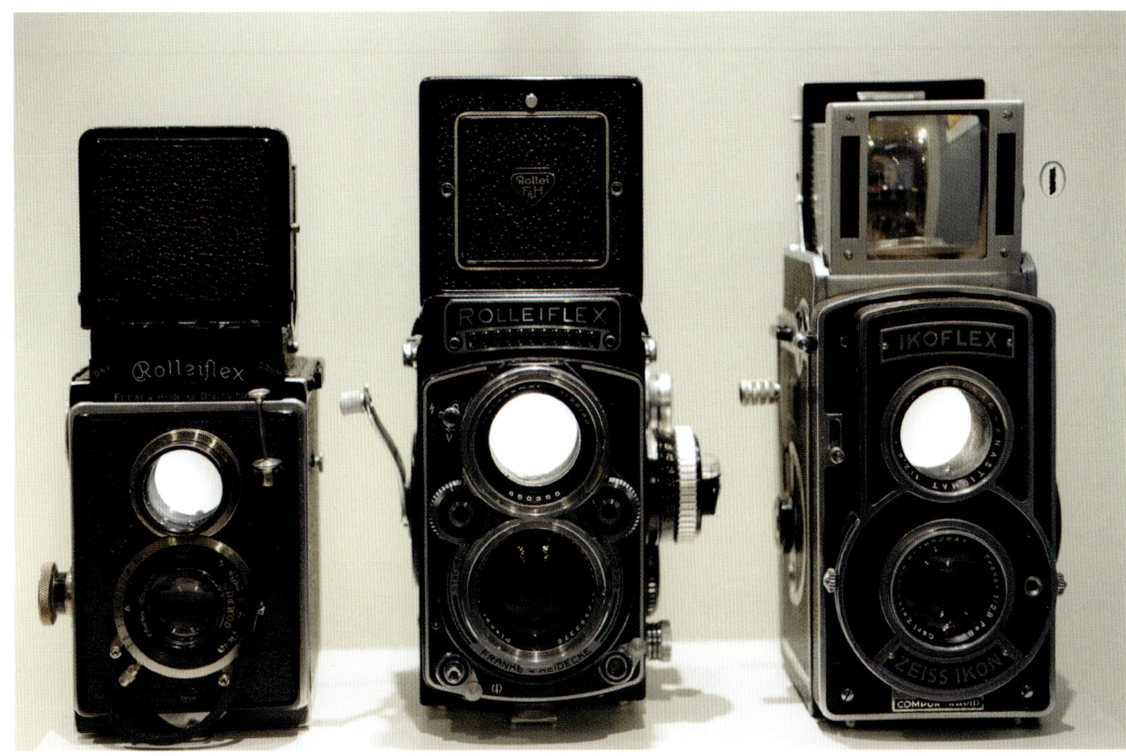

1900–1902

Der Anbruch des 20. Jahrhunderts bringt grundlegende Veränderungen in allen Teilen der Welt. Königin Victoria stirbt in der Blütezeit des Britischen Reiches, das über fast ein Viertel der Weltbevölkerung regiert. Im Jahr darauf endet der Zweite Burenkrieg mit einem Sieg Großbritanniens über die südafrikanischen Buren, aber das Signal der Aufständischen an die schwächelnde Macht der europäischen Imperien ist auch für andere Kolonien unübersehbar. Im Bereich der Technik sendet Guglielmo Marconi Signale, nämlich das erste transatlantische Funksignal, was die Möglichkeit der drahtlosen globalen Kommunikation demonstriert. Unterdessen dehnt sich die Fotografie unaufhaltsam auf weitere Lebensbereiche aus. Die Brownie-Kamera von Kodak, die erste Verbraucherkamera, bei deren Entwicklung die einfache Bedienung im Vordergrund stand, ist ein wichtiger Meilenstein. Die Brownie führt zu einer Blütezeit der Amateurfotografie; viele, später berühmte Fotografen werden mit der einfachen Boxkamera zu diesem Medium gefunden haben. LB

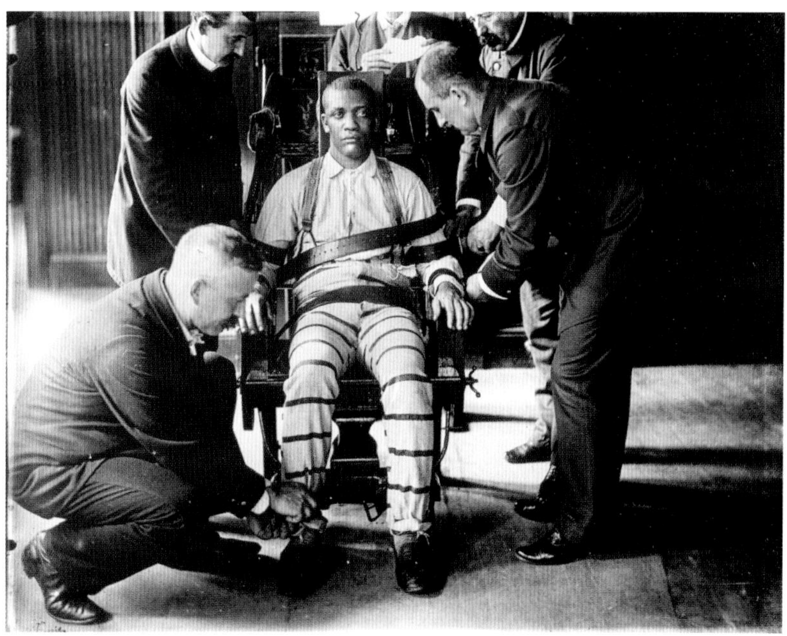

William van der Weyde –
Elektrischer Stuhl in Sing Sing

William van der Weyde (1871–1928), einer der ersten Fotojournalisten, machte sich einen Namen mit Bildern zur Illustration von Nachrichtenbeiträgen und mit Porträts von Schriftstellern, Dichtern und anderen Berühmtheiten. Durch den Einsatz neuerer, schnellerer Kameras und Chemikalien war van der Weydes Werk dynamischer als das seiner Vorgänger. Auf diesem Foto wird ein Mann auf einen elektrischen Stuhl geschnallt im New Yorker Gefängnis Sing Sing, dem ersten Gefängnis, das ein solches Gerät einsetzte. Der Stuhl war 1888 nach einer Idee des Zahnarztes Alfred P. Southwick entwickelt worden. Die erste Person, die auf einem solchen Stuhl hingerichtet wurde, war William Kemmler am 6. August 1890. Eddie Mays sollte am 15. August 1963 als letzte Person im Staat New York hingerichtet werden. Zwei Jahre später schaffte der Bundesstaat die Todesstrafe ab.

Kodak führt die Brownie ein, eine preiswerte Boxkamera mit vorinstalliertem Rollfilm.

1900

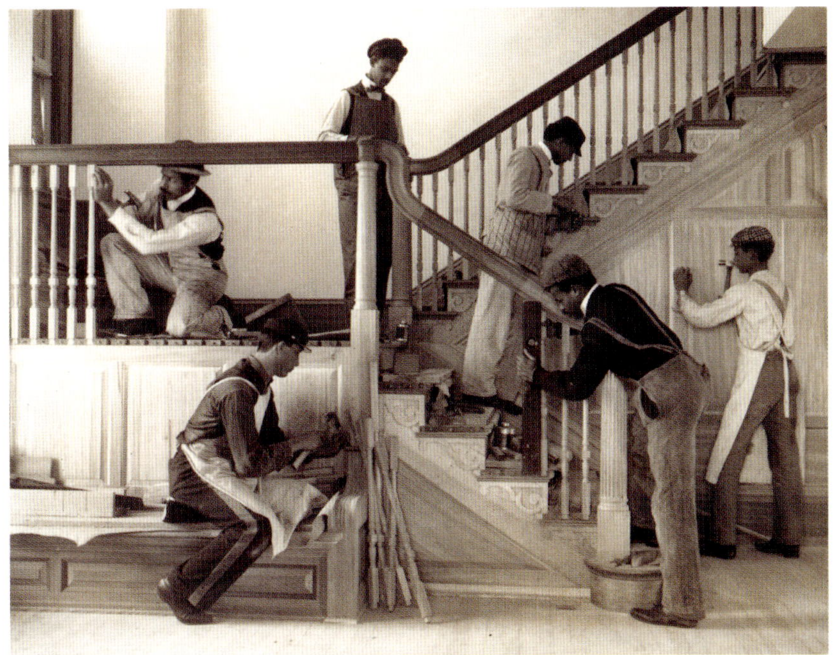

Frances Benjamin Johnston – *Ohne Titel*

Frances Benjamin Johnston wurde in eine wohlhabende Familie geboren und arbeitete als Berichterstatterin, bevor sie eine der ersten Fotojournalistinnen wurde. 1899 gründete sie ihr eigenes Porträtstudio. Dieses Foto entstand für das Hampton Institute, das nach dem Amerikanischen Bürgerkrieg gegründet worden war, um ehemalige Sklaven zu schulen und auszubilden. Zwar scheint dieses Bild eine Momentaufnahme der handwerklich tätigen Institutsschüler zu sein, doch aufgrund der damaligen Kameratechnik musste Johnston tatsächlich jede einzelne Person positionieren und eine Belichtungszeit von mehreren Sekunden verwenden, um diese Szene einzufangen.

Gertrude Käsebier – *Wasserspeier*

Gertrude Käsebier (1852–1934) studierte Malerei und beschloss, wie viele Kunststudenten jener Zeit, nach Europa zu reisen, um sich dort weiterzubilden. Hier erlernte sie fotografische Verfahren und eröffnete 1897 nach ihrer Rückkehr in die USA ein Porträtstudio in New York. Von diesem Zeitpunkt an arbeitete sie vornehmlich mit dem Medium Fotografie, wobei der Einfluss ihrer künstlerischen Ausbildung in vielen Bildern zu sehen war. Alfred Stieglitz bewunderte ihr Schaffen, sie wurde Gründungsmitglied von Stieglitz' Gruppe der Photo-Secession, die den Piktorialismus und das Potenzial der Fotografie als Kunstform propagierte. Später löste sie sich von Stieglitz' Kreis und war 1916 an der Gründung der Frauengruppe Pictorial Photographers of America beteiligt.

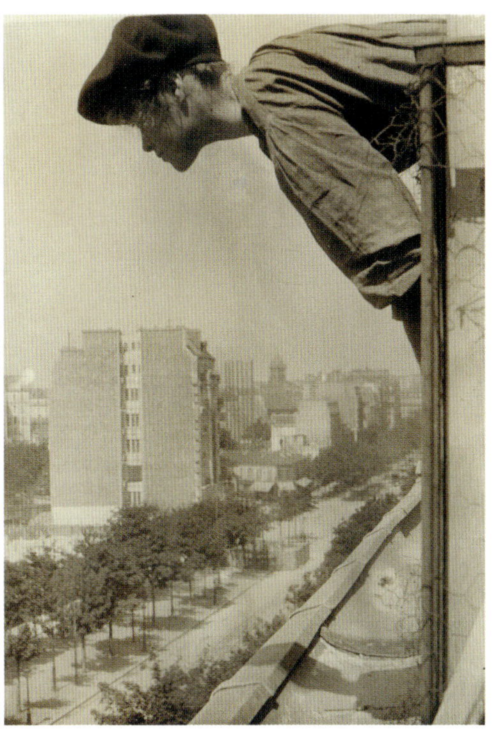

Eduard VII. wird nach Victorias Tod König des Vereinigten Königreichs von Großbritannien und Irland und Kaiser von Indien.

Die ersten Nobelpreise werden vergeben.

Guglielmo Marconi gelingt die erste transatlantische Funkverbindung.

1901

Georges Méliès dreht *Die Reise zum Mond*, den ersten Science-Fiction-Film.

1902

1903–1905

Immer neue Technologien verblüffen die Öffentlichkeit und erweitern die Grenzen des Wissens und der Forschung. 1903 fliegen die Gebrüder Wright erstmals in einem Flugzeug, das schwerer als Luft ist. Das macht vieles möglich: von neuartigem Tourismus bis hin zu einer beängstigenden Ära der Luftkriegsführung. In nur fünf Jahren werden diese neuen Flugzeuge mit Kameras versehen, um fotografische Karten von beispielloser Detailgenauigkeit zu erstellen. Alfred Stieglitz beginnt mit der Herausgabe seiner einflussreichen Fotografie-Zeitschrift *Camera Work*, die sich für den Piktorialismus und seine Gruppe der Photo-Secession einsetzt. In der Weltpolitik beschleunigt der Krieg zwischen Japan und Russland den Niedergang der russischen Romanow-Dynastie, die Russische Revolution bringt einem Teil der Reformer Grundrechte ein. 1905 veröffentlicht Einstein seine Relativitätstheorie, die auf zentrale Widersprüche in der Newtonschen Mechanik reagiert und den Weg für neue Ansätze in der Physik ebnet. LB

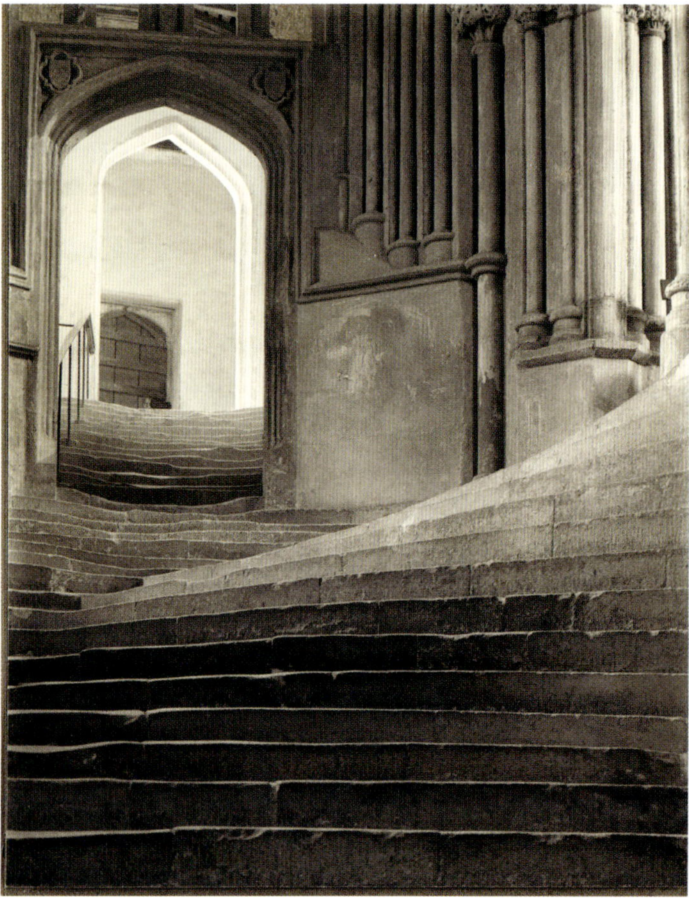

Frederick H. Evans – *Das Stufenmeer*

Frederick H. Evans (1853–1943) begann seinen Werdegang als Buchhändler, gab diesen Beruf aber 1898 auf, um als Fotograf zu arbeiten. Er erwarb sich einen Ruf als Dokumentarist von Architekturen und nutzte die Technik des Platindrucks, um Abzüge mit außergewöhnlichem Detailreichtum und Tonwertumfang zu erstellen. Er hatte eine puristische Auffassung von Fotografie und lehnte es im Gegensatz zu vielen zeitgenössischen Kollegen ab, seine Bilder zu retuschieren. Evans' Aufnahmen von Kathedralen, Klöstern und Kirchen wurden besonders für ihre technische Perfektion gefeiert, so auch diese Teilansicht der Kathedrale von Wells in Somerset (England). 1903 schrieb er: „Der geschwungene Anstieg der Stufen auf der rechten Seite wirkt wie die Woge einer großen Welle, die sich unvermittelt bricht und in vielen kleineren Wellen ausläuft."

Den Brüdern Wright glückt der erste Flug mit einem gesteuerten Luftfahrzeug.

Marie Curie erhält den Nobelpreis, sie ist die erste damit geehrte Frau.

Ein Angriff Japans auf Port Arthur löst den Russisch-Japanischen Krieg aus.

1903

1904

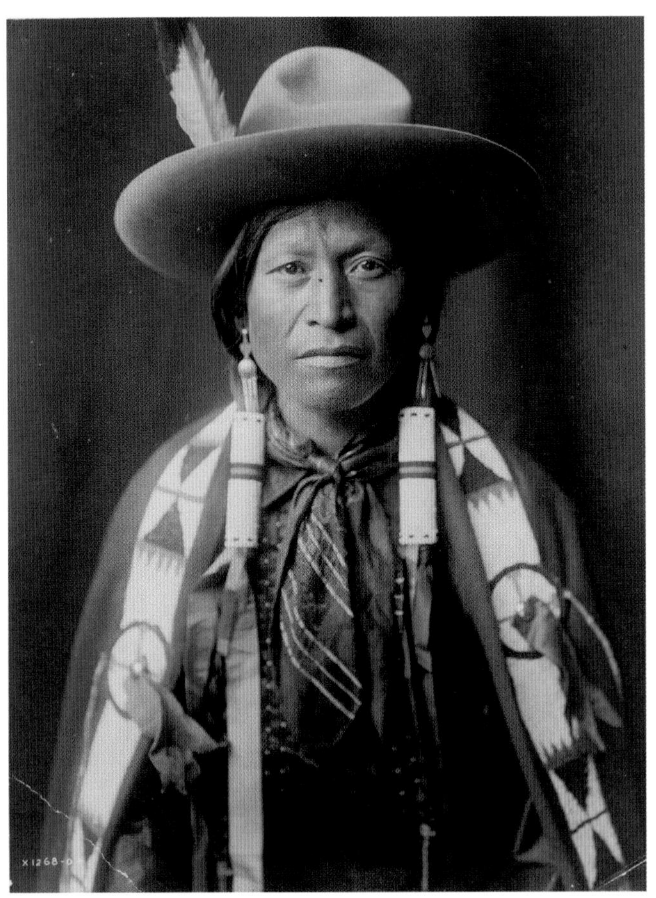

Edward S. Curtis–*Jicarilla Apachen-Cowboy*

Edward S. Curtis (1868–1952) war ein Ethnologe, der die Fotografie ausgiebig zur Dokumentation des amerikanischen Westens nutzte. Im Jahr 1895 porträtierte er zum ersten Mal einen amerikanischen Ureinwohner und initiierte damit unbeabsichtigt ein Projekt, das den Großteil seines restlichen Lebens in Anspruch nehmen sollte: Er dokumentierte indigene Völker und deren traditionelle Bräuche, die später durch die Ausbreitung europäischer Siedler verschwanden. 1906 beauftragte ihn der Finanzier J. P. Morgan, eine umfangreiche Dokumentation der amerikanischen Ureinwohner zu erstellen, die schließlich 40.000 Fotografien umfassen sollte. Dieses Bild ist untypisch für Curtis' Arbeiten, weil der abgebildete Mann sowohl traditionelle indigene Kleidung trägt als auch die der Siedler.

Jacques Henri Lartigue–*Meine Cousine Bichonnade*

Jacques Henri Lartigue (1894–1986) wurde in eine wohlhabende französische Familie geboren und begann früh, seine Familie und Freunde zu fotografieren. Obwohl er sich in erster Linie als Maler betrachtete, machte er zeitlebens Fotos, und manchmal verkaufte er sie auch. Er wurde im Alter von 69 Jahren entdeckt, als man seine Fotografien, von denen viele Jahrzehnte zuvor entstanden waren, John Szarkowski vorstellte, einem einflussreichen Kurator am New Yorker Museum of Modern Art, der daraufhin eine Ausstellung organisierte. Dieses Bild zeigt Lartigues Cousine, die vor dem Haus seiner Familie in Paris eine Steintreppe hinunterspringt. Lartigue hatte es im Alter von etwa elf Jahren aufgenommen; wie viele seiner Bilder zeigt es Verwandte und enge Freunde beim Spiel.

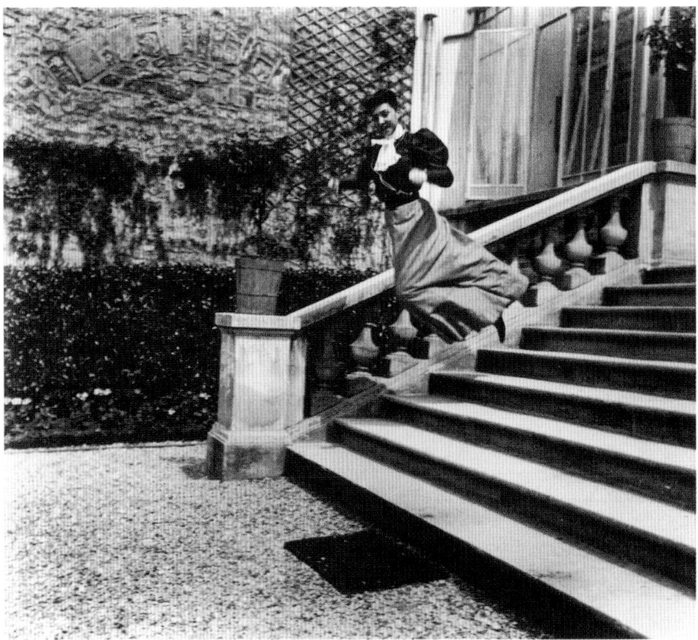

Albert Einstein
veröffentlicht seine Relativitätstheorie.

Die Russische Revolution
führt zu Reformen und einer Schwächung der Monarchie.

1905

PIKTORIALISMUS

Die Piktorialisten suchten den kreativen Prozess der Fotografie als Möglichkeit zu propagieren, eine einzigartige künstlerische Vision zu erschaffen, nicht nur ein Abbild der Realität.

Der Piktorialismus entwickelte sich Mitte/Ende des 19. Jahrhunderts aus dem Gespür heraus, dass die Fotografie mehr sein könne als nur eine Methode der Dokumentation und dass das Medium als eine eigenständige interpretierende Kunst zu nutzen sei. Beeinflusst von der Malerei und der bildenden Kunst, ließen sich die Piktorialisten von Künstlern wie James Abbott McNeill Whistler, John Singer Sargent und den Impressionisten, aber auch vom Jugendstil und der japanischen Kunst inspirieren, wobei Fotografen wie George Davison und Clarence Hudson White die Unschärfe einsetzten, um einen impressionistischen Effekt zu erzielen. Viele ihrer führenden Vertreter waren Amateurfotografen und frei von einengenden Vorstellungen davon, was ein Foto darstellen sollte; die Bewegung schätzte den Fotoabzug als Ausdrucksmittel. Der Franzose Robert Demachy und der Deutsche Heinrich Kühn verwendeten den Gummidruck, während andere, etwa der Russe Sergei Lobowikow, Dunkelkammertechniken wie den Bromöldruck, den Kohledruck, den Öldruck und den Platindruck einsetzten, um exquisite Bildergebnisse zu schaffen. Einer der führenden Köpfe der Bewegung, Alfred Stieglitz, argumentierte, dass die weiche und zarte Anmutung der Bilder wesentlich für ihre Darstellung der Welt sei: „Die Atmosphäre ist das Medium, durch das wir alles sehen … Die Atmosphäre macht alle Konturen weich … was die Atmosphäre für die Natur ist, ist der Tonwert für ein Bild." Um den piktorialistischen Ansatz in Amerika zu fördern, gründete Stieglitz 1902 in New York die Gruppe Photo-Secession und erwählte Edward Steichen, Alvin Langdon Coburn, Gertrude Käsebier, Eva Watson-Schütze und Joseph Keiley zu ihren ersten Mitgliedern. Sie waren einander eng verbunden, publizierten zusammen, stellten gemeinsam aus und hatten großen Einfluss auf die Anerkennung der Fotografie als eigenständiges Medium künstlerischen Ausdrucks.

UNTEN. Clarence Hudson White–*Am Morgen* (1905)
Clarence Hudson White (1871–1925), erfolgreicher Fotograf und Pionier des Piktorialismus, wurde 1907 als erster Lehrer für Fotografie an die Columbia University berufen. 1914 gründete er eine Schule unter seinem eigenen Namen, zu deren Absolventen Dorothea Lange, Margaret Bourke-White und Paul Outerbridge gehörten. Whites Verwendung von stilistischer Unschärfe und zarten Tönen verlieh seinen Fotografien eine intime, ätherische Anmutung, mit deutlichen Anleihen an Impressionismus und japanische Malerei.

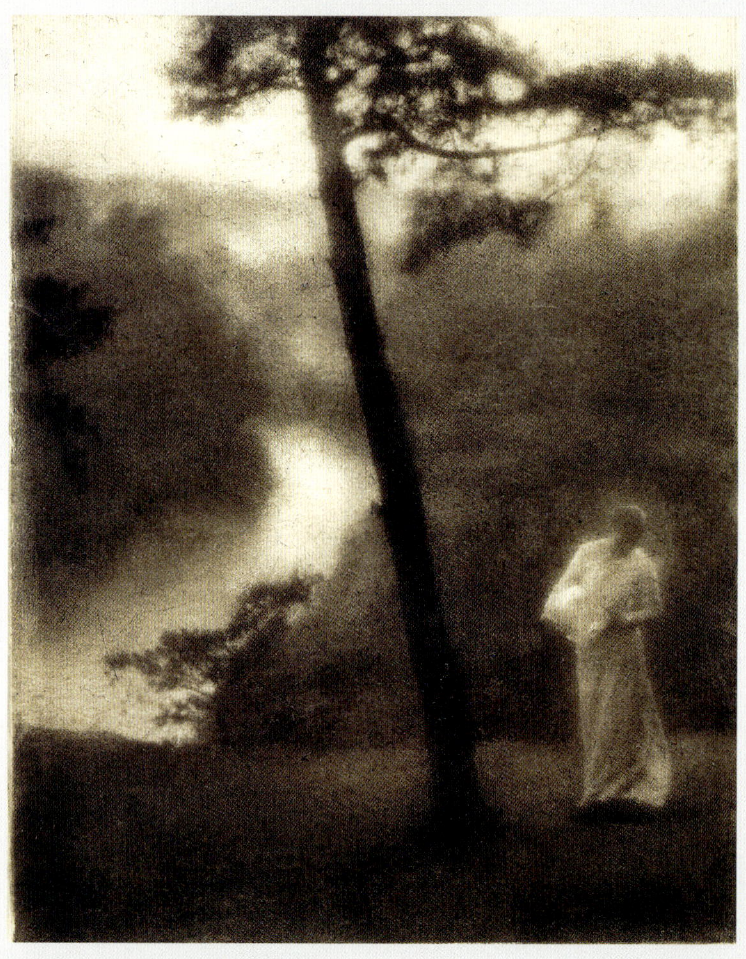

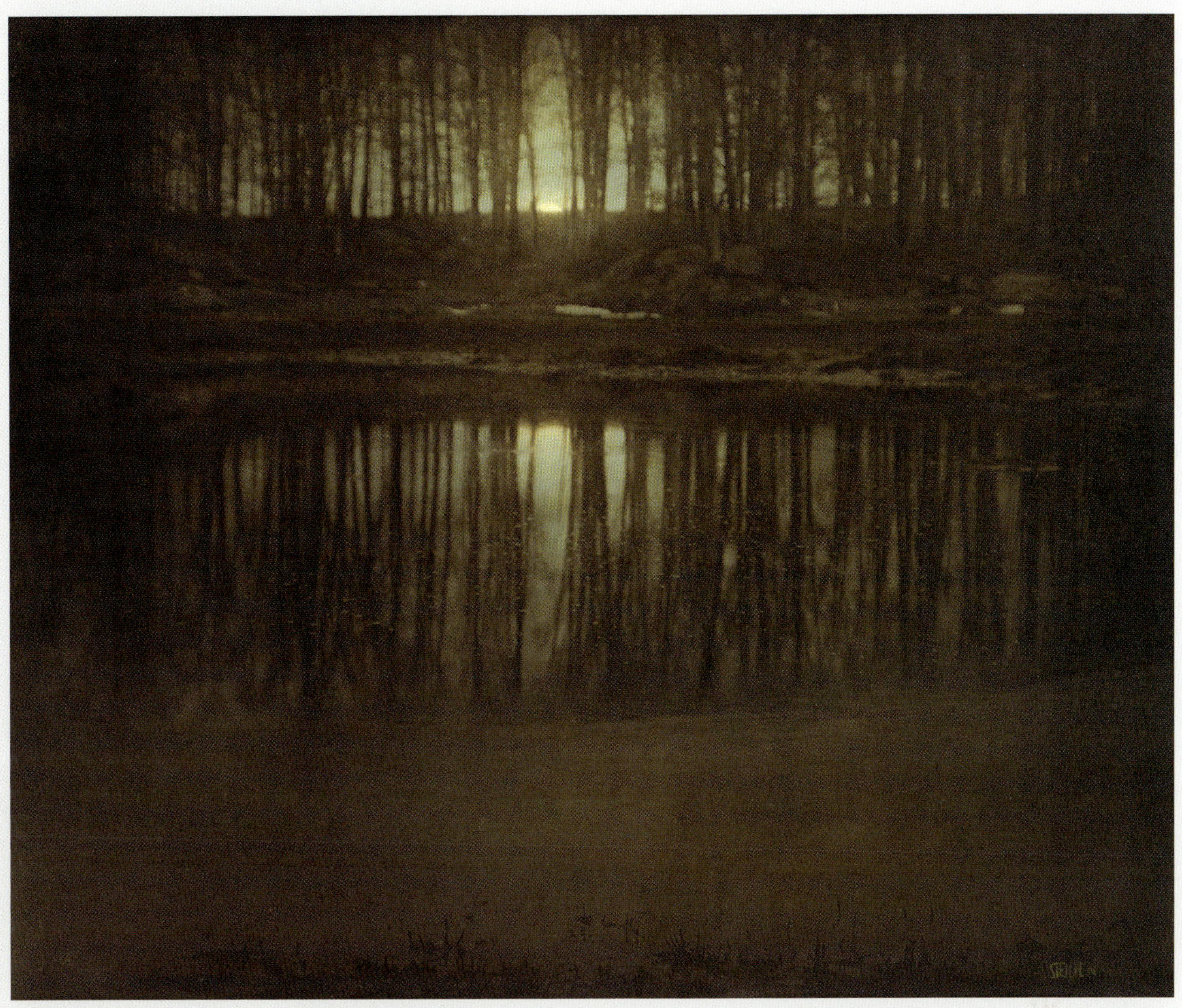

OBEN. Edward Steichen –
***Weiher – Mondlicht* (1904)**
Auch Edward Steichen (1879–1973) überzeugte die Welt davon, dass Fotografie eine Kunstform ist. Dieses malerische Bild von weichem Licht, das durch Bäume fällt und sich im Wasser spiegelt, war 2006 das teuerste Foto der Welt: einer der drei existierenden Abzüge wurde bei Sotheby's in New York für 2,9 Mio. Dollar versteigert. Die Abzüge unterscheiden sich geringfügig im Ton, was auf verschiedene Entwicklungen des Negativs verweist. Für *Weiher – Mondlicht* wurden mehrere Schichten Gummibichromat auf einen Platinabzug aufgebracht. Jede Schicht konnte mit einem Pinsel oder Schwamm modifiziert werden, um Konturen und Schatten anzupassen; so ist jede Version des Bildes einzigartig.

Camera Work

1902 beschloss Stieglitz, sich der Herausgabe einer Zeitschrift zu widmen, um die Kunst der Fotografie auf höchstem Niveau zu fördern. Als die erste Ausgabe im Januar 1903 erschien, hieß es im Manifest: „Auf diesen Seiten finden nur solche Arbeiten Anerkennung, die unabhängig vom Stil Individualität und künstlerischen Wert bezeugen oder ein außergewöhnliches Merkmal von technischem Wert aufweisen." Mit einem vom Jugendstil inspirierten Cover wurde Camera Work nach höchstmöglichen Standards gedruckt. Die handgefertigten Fotogravüren wurden von Stieglitz persönlich abgenommen und zeigen die Fotografien in einer nie zuvor gesehenen Qualität. 1917 wurde das Magazin eingestellt; die 53 Ausgaben wurden zu begehrten Sammlerstücken.

1906–1908

Diese Jahre sind geprägt vom Aufkommen immer modernerer Techniken, einige bedeutende davon im Bereich der Fotografie.

In Frankreich enthüllen die Brüder Lumière, Pioniere des Bewegtbildes, ihr Autochromverfahren, das erste kommerziell erfolgreiche Farbbildverfahren. Ebenfalls in Frankreich werden die ersten Fotos von einem von Wilbur Wright gesteuerten Flugzeug aus aufgenommen. Auch in anderen Bereichen schreitet die Technik voran: Die Ford Motor Company präsentiert das Modell T, das erste serienproduzierte Auto, und die erste Mittelwellen-Radiosendung wird ausgestrahlt. Die alten politischen Ordnungen können mit den rasanten Entwicklungen kaum Schritt halten. Versuche, das politische und wirtschaftliche System in Russland zu reformieren, sind erfolglos; eine Klasse wohlhabender Bauern und die Entfremdung von der zaristischen Monarchie sind die Folgen. Auf dem Balkan annektiert Österreich-Ungarn Bosnien-Herzegowina, was indirekt zum Beginn des Ersten Weltkriegs führen wird. LB

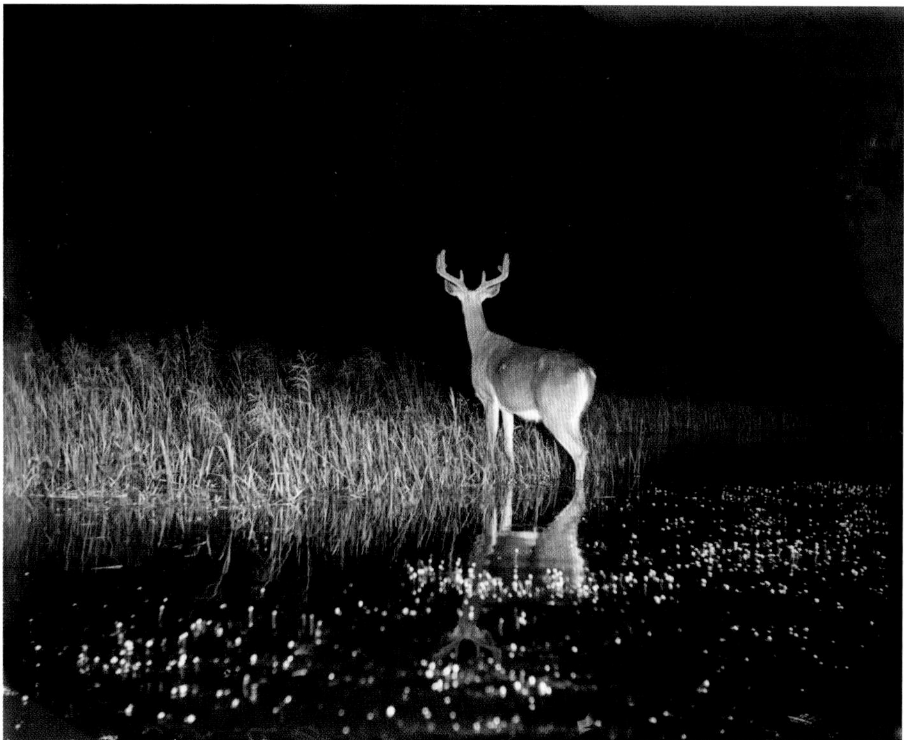

George Shiras III – ***Hirsch bei Nacht***

Die frühe Tierfotografie war durch die technischen Limitationen der Kameras auf lange Belichtungen und kurze Brennweiten sehr eingeschränkt. George Shiras III (1859–1942) wird weithin zugeschrieben, diese Beschränkungen überwunden zu haben: Er wurde der erste moderne Naturfotograf. Als junger Mann war er Jäger, 1889 begann er zu fotografieren. Später benutzte er die ersten im Handel erhältlichen Blitzgeräte in Kombination mit Kamerafallen, um Aufnahmen von Wildtieren in der Gegend um den Lake Superior zu machen. Diese Bilder waren anders als alle zuvor gesehenen und spielten eine wichtige Rolle bei Kampagnen für den Schutz der Wildtiere.

Paul Cézanne, franz. Maler des Post-Impressionismus, stirbt.

Die Lumière-Brüder präsentieren die Autochromplatte, das erste kommerziell erfolgreiche Verfahren zur Entwicklung von Farbbildern.

1906

George H. Seeley – *Der Messingkessel*

Seeley (1880–1955) war ausgebildeter Maler, kam durch eine Begegnung mit dem Fotografen Fred Holland Day zur Fotografie, fand Anerkennung durch Alfred Stieglitz und wurde Mitglied in dessen Piktorialisten-Gruppe Photo-Secession. Seeleys Bild *Der Messingkessel* illustriert viele Anliegen dieser Strömung; mit ihrer stilistischen Unschärfe, den gedämpften Tönen und ihrem aufwendigen Gummidruckverfahren erhebt die Fotografie einen berechtigten Anspruch auf den Status als Kunstwerk. Seeley blieb dem Piktorialismus treu, lange nachdem sich viele andere Mitglieder der Photo-Secession von ihm entfernt hatten. Wechselnde Moden führten aber dazu, dass sein Stil zunehmend veraltete. Er stellte weiterhin aus, nahm aber keine neuen Bilder mehr auf und kehrte allmählich zur Malerei zurück.

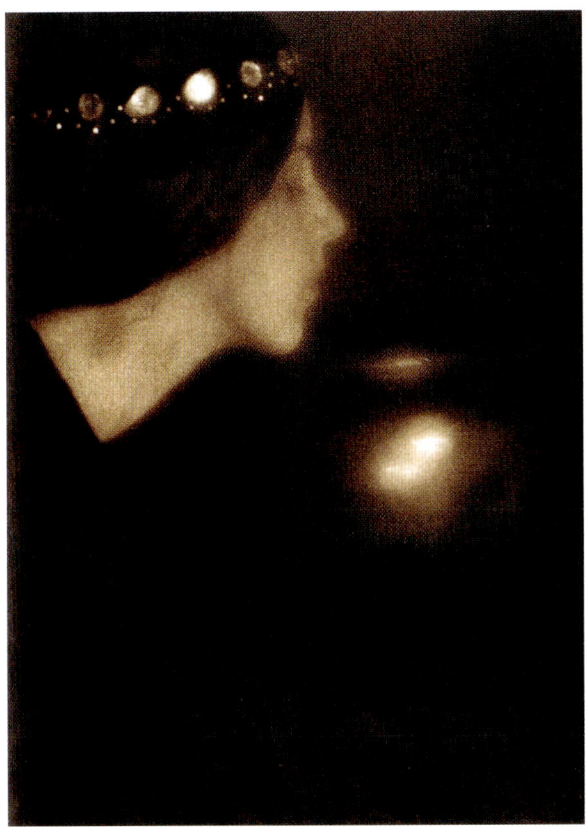

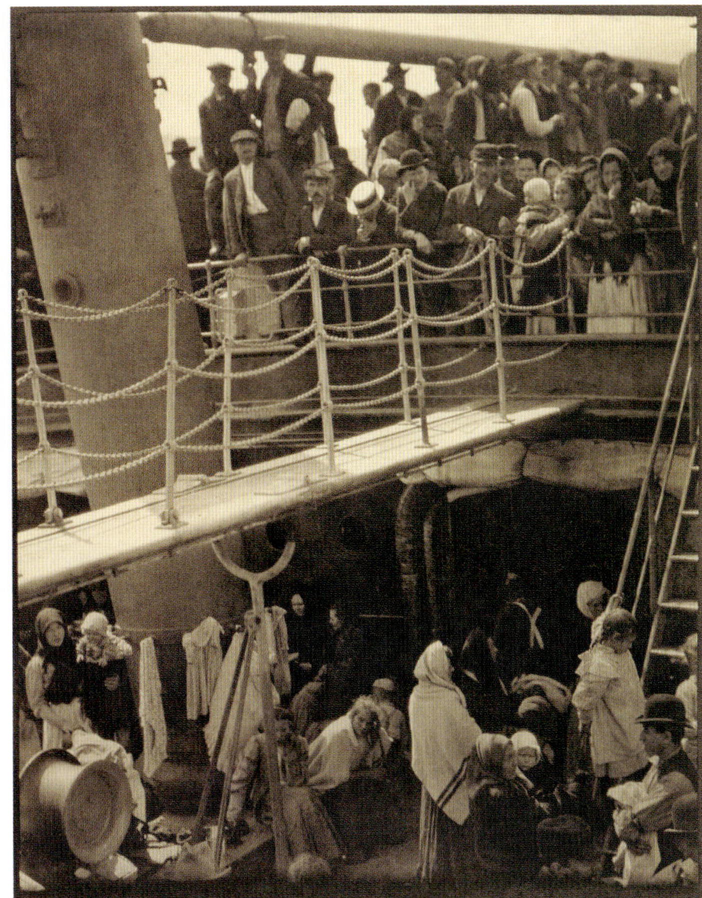

Alfred Stieglitz – *Das Zwischendeck*

Stieglitz, Schlüsselfigur in der Etablierung der Fotografie als Kunstform und Gründer der Photo-Secession, war vor allem für sein Credo bekannt, das die ästhetischen Qualitäten der Fotografie betonte. *Das Zwischendeck* stellt eine deutliche Abkehr von diesem Ansatz dar. Von oben zeigt er das Unterschichten-Deck eines Transatlantik-Dampfers und verbindet formale Exzellenz mit einer für die damalige Zeit radikalen dokumentarischen Sicht auf die abgebildete Welt. Stieglitz behauptete später, diese Bedeutung sofort erkannt zu haben, aber andere Berichte legen nahe, dass er das Bild fast vier Jahre lang beiseite legte, bevor er es 1911 in der von ihm herausgegebenen Zeitschrift *Camera Work* veröffentlichte.

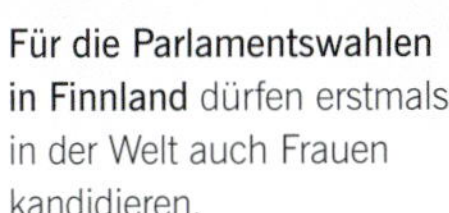

Für die Parlamentswahlen in Finnland dürfen erstmals in der Welt auch Frauen kandidieren.

Das Model T der Ford Motor Company wird das erste massenproduzierte Auto.

Puyi, der letzte Kaiser von China, wird Thronfolger.

1907

1908

1909–1911

Ende der ersten Dekade des 20. Jahrhunderts geraten immer mehr festgefahrene politische Systeme weltweit ins Wanken. In Lateinamerika beginnt die Mexikanische Revolution, eine Erschütterung, die das Regime von Porfirio Díaz beenden und Politik, Gesellschaft und Kultur tiefgreifend verändern wird. Die Fotografie wird hier zu einem wichtigen Mittel, um eine neue Vision der mexikanischen Gesellschaft zu entwerfen. Die Revolution in China hat den Sturz des Kindkaisers Puyi und den Untergang der Qing-Dynastie zur Folge, die das Land fast 300 Jahre regiert hatte. In der Fotografie leistet Kodak Pionierarbeit mit einem neuen 35 mm-Film auf Acetatbasis. Dieser neue Acetatfilm ersetzt den früheren, feuergefährlichen Nitrofilm und wird zur Grundlage für die Kleinbildfotografie. In Wissenschaft und Technik entdeckt Heike Kamerlingh Onnes die Supraleitung, ein Schlüsselprinzip für viele moderne Technologien, und Ernest Rutherford identifiziert den Atomkern und prägt damit entscheidend das heutige Verständnis der Atomphysik. LK

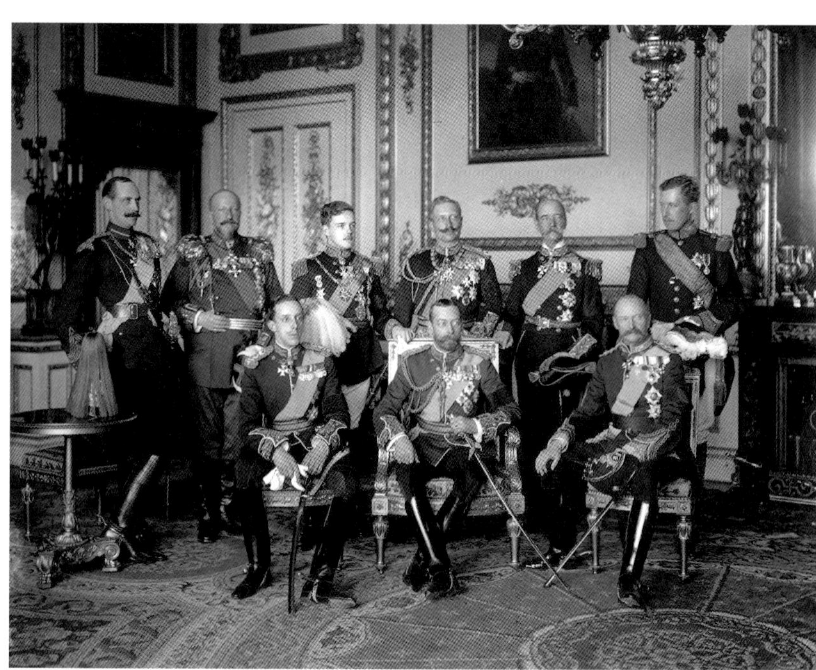

William Downey–***Neun Monarchen im Windsor-Castle anlässlich der Begräbnisfeier König Eduards VII.***

William Downey (1829–1915) war Zimmermann, richtete aber 1855 eines der ersten Fotostudios ein. Er knüpfte wichtige Kontakte, insbesondere mit der königlichen Familie, was ihm eine Ernennung zum Hoflieferanten und den Spitznamen „Fotograf der Königin" einbrachte. Dieses Foto von Downey wurde anlässlich des Begräbnisses von König Eduard VII. aufgenommen und zeigt neun europäische Herrscher in Staatskleidung, von Norwegens König Haakon VII. bis zum Deutschen Wilhelm II. und Alfonso XIII. von Spanien. Englands König Georg V. sitzt in der Mitte der Gruppe.

Filippo Marinetti publiziert das *Futuristische Manifest*.

Kodak kündigt einen „sicheren" 35 mm-Kinefilm auf Acetatbasis als Alternative zum feuergefährlichen Nitrofilm an.

1909

Sergei Michailowitsch Prokudin-Gorski – *Armenierin in Tracht*

Sergei Prokudin-Gorski (1863–1944) entstammte dem russischen Adel und studierte Chemie in St. Petersburg. Als junger Mann interessierte er sich für die Fotografie und entwickelte eine innovative Form der Farbfotografie, die es ermöglichte, rote, grüne und blaue Bilder derselben Szene aufzunehmen und diese Bilder durch Projektion zu einem einzigen vollfarbigen Bild zusammenzufügen. Nachdem er Zar Nikolaus II. mit seiner Erfindung beeindruckt hatte, erhielt Prokudin-Gorski den Auftrag, das Russische Reich zu bereisen und dies zu dokumentieren. Dieses Projekt begann 1909 und dauerte sechs Jahre; es entstand ein bemerkenswertes Farbdia-Archiv des größten Landes der Welt.

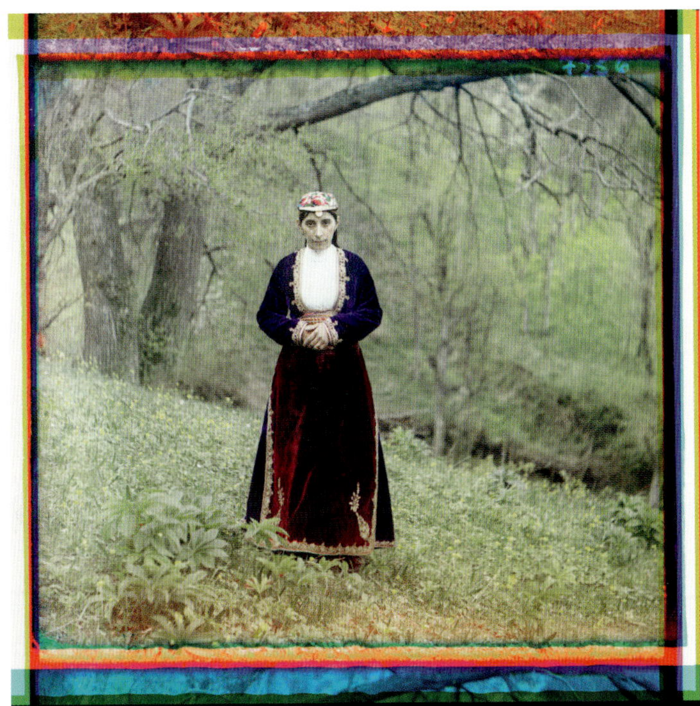

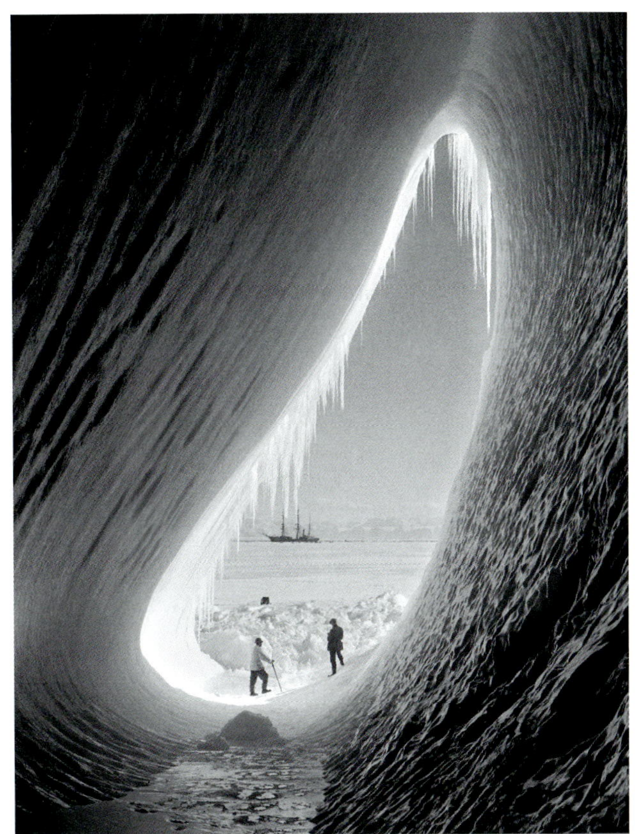

Herbert Ponting – *Eisberggrotte, in der Ferne die Terra Nova*

Eine der bedeutendsten Leistungen in Ausdauer und Fotografie vollbrachte Herbert Ponting (1870–1935), der 1910 die verhängnisvolle *Terra-Nova*-Expedition in die Antarktis unter Leitung von Robert Scott begleitete. 1911 kam er beinahe ums Leben, als die Eisscholle, auf der er mit seiner Kamera stand, von einer Schule von Orcas zerbrochen wurde, kehrte später aber auf der *Terra Nova* sicher nach England zurück, im Gepäck 1700 Glasplattennegative, die nach Scotts erfolgreicher Rückkehr sicher Verwendung finden würden. Tragischerweise wurden seine faszinierenden Bilder der riesigen Eiswüsten zu einem Vermächtnis in Erinnerung an Scott und seine Forscherkollegen.

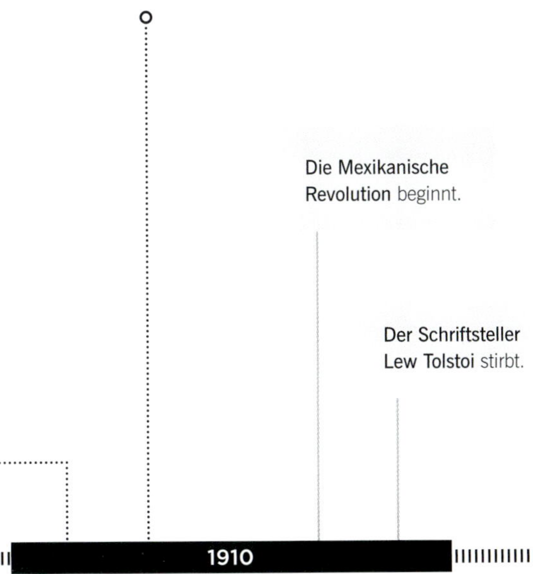

Die Mexikanische Revolution beginnt.

Der Schriftsteller Lew Tolstoi stirbt.

1910

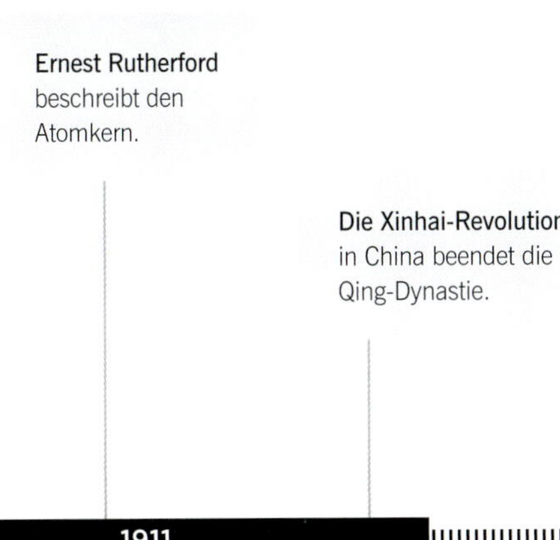

Ernest Rutherford beschreibt den Atomkern.

Die Xinhai-Revolution in China beendet die Qing-Dynastie.

1911

SPORT

Bewegung und die Ästhetik des menschlichen Körpers in Bewegung vereinen sich im Sport und bieten Fotografen viele Möglichkeiten, atemberaubende Bilder vom Geist des Wettstreits zu schaffen.

Um die unzähligen Mannschafts- und Einzelsportarten wirkungsvoll darzustellen, müssen Fotografen die Vorgänge nicht nur verstehen und einen siebten Sinn dafür haben, wo etwas passieren wird, sondern das Medium auch technisch beherrschen, um sich auf bewegte Sujets konzentrieren zu können. Sie waren Innovatoren und verwendeten Superteleobjektive, um nah genug an die Sportler heranzukommen, und Superweitwinkelobjektive, um den gesamten Veranstaltungsort zu zeigen. Heinz Kluetmeier (geb. 1942) ist einer der technisch versiertesten Sportfotografen und spezialisiert auf den Einsatz ferngesteuerter Kameras mit drahtlosem Auslöser. Bei seiner Berichterstattung über die Schwimmwettkämpfe bei den Olympischen Spielen 2008 arbeitete er in Tauchausrüstung, platzierte die Kamera am Boden des Schwimmbeckens und löste per Fernbedienung genau in dem Moment aus, als der US-Schwimmer Michael Phelps mit der Fingerspitze den Beckenrand berührte und vor dem Serben Milorad Čavić gewann. Aber Sport war auch Gegenstand der Politik, wie US-Fotograf Anthony Camerano festhielt: Der afroamerikanische Sprinter Jesse Owens erhält bei den Olympischen Spielen 1936 in Berlin eine seiner vier Goldmedaillen, während der deutsche Athlet Carl Ludwig (Luz) Long hinter ihm die Hand zum Hitlergruß hebt.

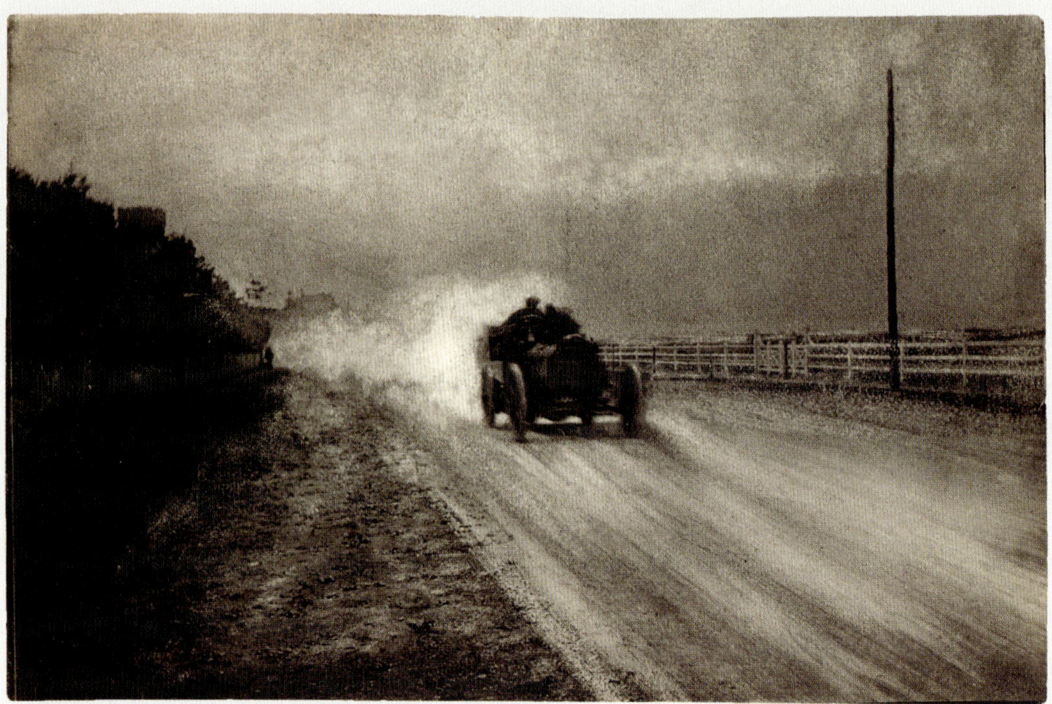

OBEN. Robert Demachy–*Tempo* (1904)
Als Teil der Piktorialismusbewegung war Robert Demachy (1859–1936) vor allem für seine stark bearbeiteten, stimmungsvollen Gummidruck- oder Bromöldrucke bekannt, aber auch vom Aufkommen des Verbrennungsmotors fasziniert. Mit seinem um 1890 erworbenen Panhard war er einer der ersten Franzosen, die ein Auto besaßen. In *Tempo* fängt er den Geist dieser neuen Technologie des Automobils ein und nutzte sein Markenzeichen, die Bearbeitung des Abzugs, um den Eindruck einer rasanten Bewegung im gesamten Bild zu erzeugen. Er war nicht nur ein gefeierter Fotograf mit prestigeträchtigen Ausstellungen seiner Werke – darunter fünf Einzelausstellungen, die von der Royal Photographic Society in London organisiert wurden –, sondern auch Autor von über 1000 Artikeln über Ästhetik und Techniken des fotografischen Abzugs. Trotz seines Erfolges kehrte er der Fotografie 1914 plötzlich und ohne Erklärung für immer den Rücken.

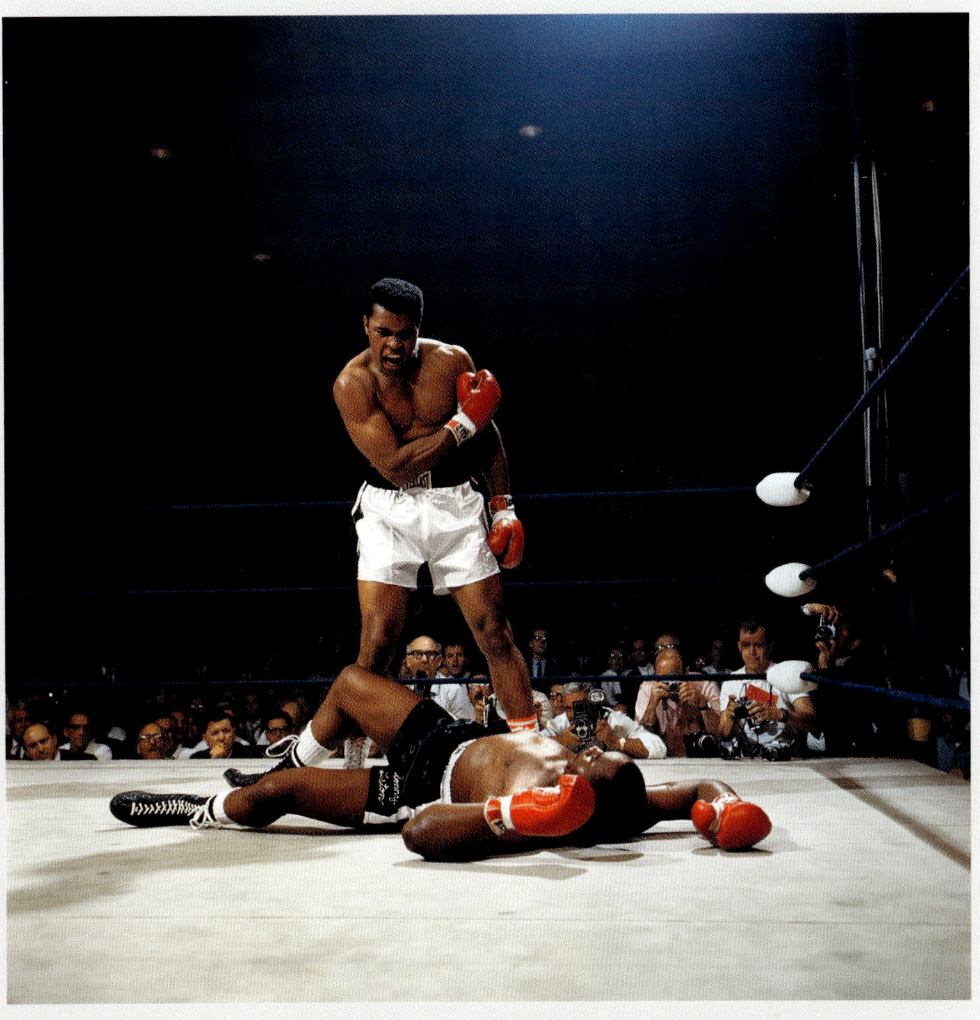

OBEN. Neil Leifer–*Muhammad Ali vs. Sonny Liston* (1965)
Dieses spektakuläre Bild hält jenen Moment fest, als Muhammad Ali Sonny Liston in der ersten Runde ihres zweiten Kampfes um den Weltmeistertitel im Schwergewichtsboxen k.o. schlug. Der technisch versierte Sportfotograf Leifer benutzte eine Reihe von starken Blitzgeräten, die über dem Ring angebracht waren, um genügend Licht zu erzeugen und diesen Moment auf Kodak Ektachrome-Diafilm festzuhalten: Ali stand frontal zur Kamera direkt vor seinem am Boden liegenden Gegner und schrie diesen an: „Steh auf, du Penner!" Ein prägendes Bild von Ali, das Leifer für die einflussreiche amerikanische Zeitschrift *Sports Illustrated machte*, für die er 170 Coverbilder schoss, sieben Olympische Spiele dokumentierte und Alis gesamte Karriere begleitete.

Leni Riefenstahl (1902–2003)

Riefenstahls Arbeiten und die Zusammenarbeit mit der NSDAP in den 1930er Jahren sind höchst umstritten. Ihr politischer Propagandafilm *Triumph des Willens* (1935) wird als Verherrlichung des Hitler-Regimes kritisiert, aber auch für seine innovative Ästhetik gefeiert. Einige dieser Techniken wandte sie auch beim Dreh während der Olympischen Spiele 1936 in Berlin an, die sie mit 45 Kameramännern dokumentierte, um den Propagandafilm *Olympia* (1938) zu produzieren. Die meisterhafte Ästhetik und die Kameraführung des Films mit ihren dramatischen Perspektiven und ihrer anmutigen und dennoch dynamischen Vermittlung von Bewegung hatte danach einen großen Einfluss auf die Sportfotografie.

1912–1914

Mitte der 1910er Jahre wird aus den Umbrüchen Krieg und es geraten alte politische Regime mit radikal neuen Ideen gewaltsam aneinander, dokumentiert durch die wachsende Anzahl von Kameras in Privatbesitz. In China führt die Xinhai-Revolution zur Gründung der Republik China, die von Sun Yat-sen und später von der Kuomintang, der Nationalen Volkspartei Chinas, regiert wird. Die Ermordung des Erzherzogs Franz Ferdinand von Österreich-Este in Bosnien treibt die europäischen Staaten in den Krieg. Bald stoßen die Armeen Deutschlands und der Westalliierten in Frankreich und Belgien aufeinander, doch keine Seite vermag die Oberhand zu gewinnen, was zu einer langwierigen Pattsituation und Grabenkämpfen führt. In Mittelamerika wird die Eröffnung des Panamakanals gefeiert, im Atlantik kollidiert die RMS *Titanic*, das größte und luxuriöseste Passagierschiff der Welt, mit einem Eisberg und sinkt; mehr als 1500 Menschen kommen dabei ums Leben. LB

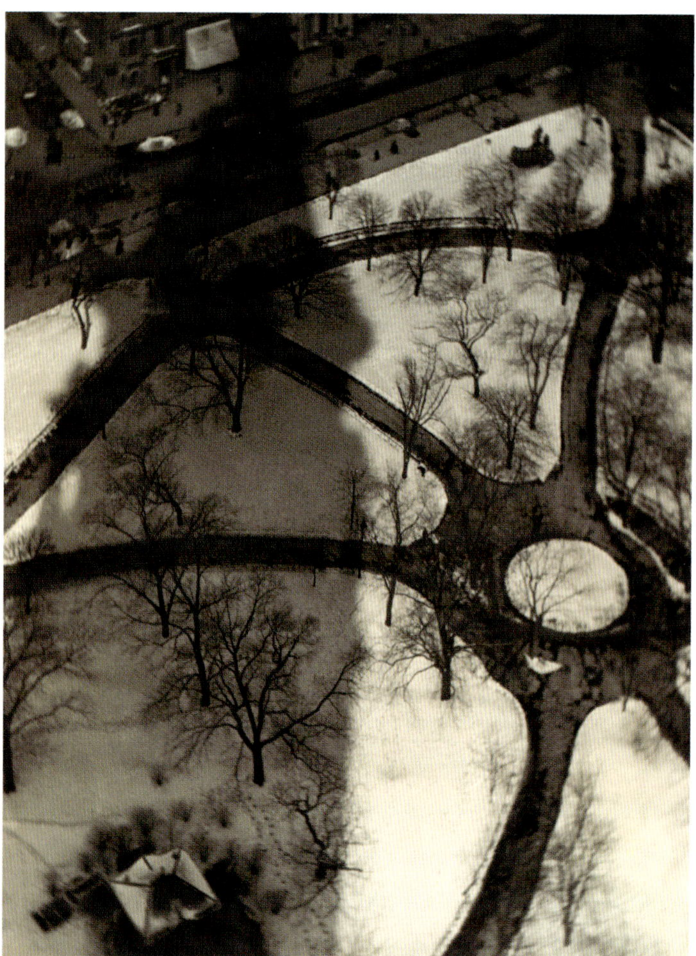

Alvin Langdon Coburn–*Der Krake*

Alvin Langdon Coburn (1882–1966) entstammte einer bürgerlichen Familie in Boston und begegnete der Fotografie erstmals im Alter von acht Jahren. Er fand sofort Gefallen daran und wurde von seinem Cousin Fred Holland Day, einem Piktorialisten, später ermutigt, den Beruf des Fotografen zu ergreifen. Coburn studierte in Europa und New York bei namhaften Fotografen, entwickelte seinen unverwechselbaren Stil weiter und gewann an Ansehen. Obwohl er als Schlüsselfigur des Piktorialismus gilt, war Coburn auch für seine Abstraktionsexperimente berühmt, bei denen er unkonventionelle Perspektiven und fotografische Techniken nutzte, um das Vertraute zu verfremden, wie in dieser Fotografie des New Yorker Madison Square. Mit Bildern wie diesem nahm Coburn die radikalen Abstraktionen späterer Strömungen wie des Konstruktivismus vorweg.

Ende des Kaisserreichs China und Ausrufung der chinesischen Republik.

1912

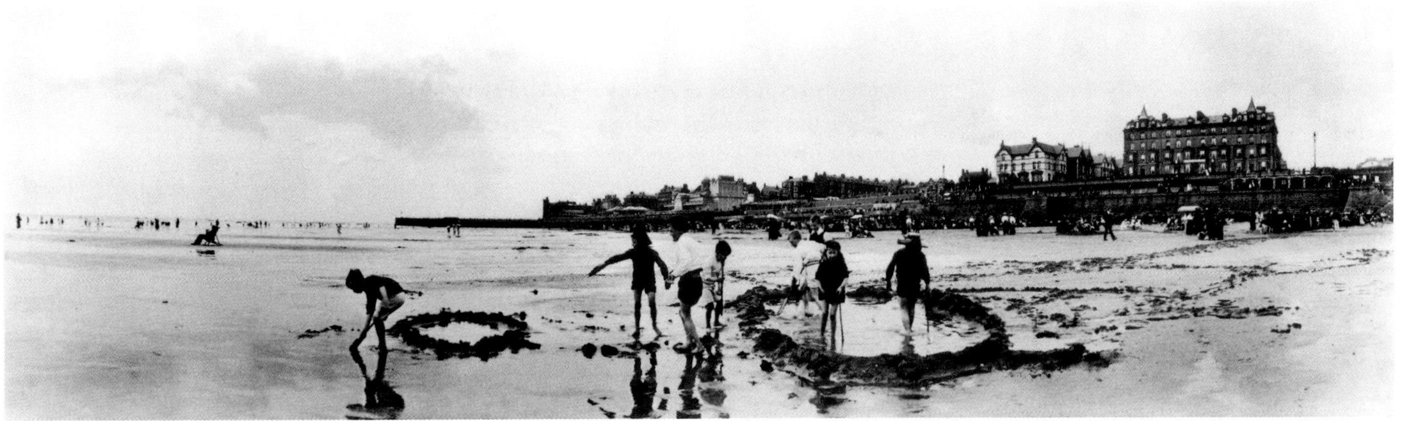

A. H. Robinson – *Strand von Bridlington*

Alfred Hind Robinson war ein Pionier der Panoramafotografie. Er benutzte eine frühe Kodak-Panoramakamera und ein Autotypie-Verfahren unter Verwendung einer Art Kohledruck, um sehr beständige Abzüge herzustellen. Ihm wird nachgesagt, dass er zwischen 1903 und 1930 mehr als 2000 Panoramabilder erstellte. Er reiste durch ganz Großbritannien und Nordwesteuropa, oft in Badeorte und an Strände. Zum Zeitpunkt der Aufnahme dieses Fotos war Bridlington in Yorkshire ein bedeutender Badeort, ein Ort, an den unzählige Arbeiterfamilien aus den oft rußverschmutzten Industriestädten Nordenglands kamen und Erholung und Entspannung suchten.

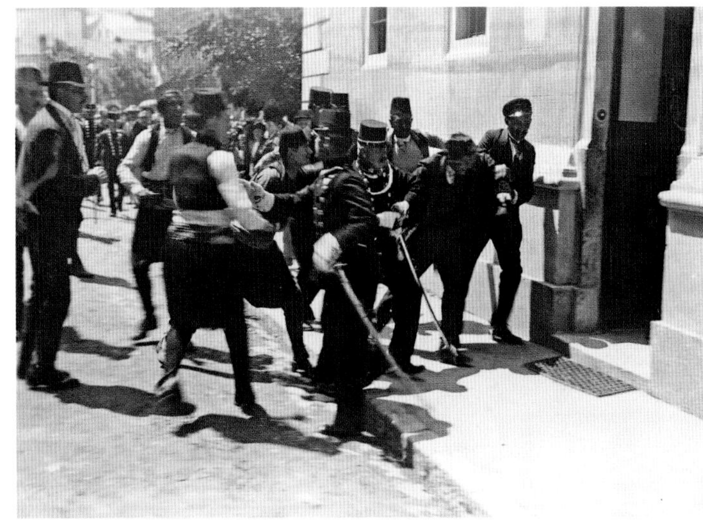

Verhaftung von Gavrilo Princip, Mörder von Erzherzog Franz Ferdinand

Am 28. Juni 1914 wurden Erzherzog Ferdinand von Österreich-Este und seine Frau in Sarajevo, Bosnien-Herzegowina, von Gavrilo Princip, einem bosnisch-serbischen Nationalisten, erschossen. Österreich-Ungarn erklärte daraufhin Serbien den Krieg, was aufgrund der komplexen Allianzen der damaligen europäischen Mächte weite Teile des Kontinents involvierte und den Ersten Weltkrieg auslöste. Princip versuchte sich unmittelbar nach dem Attentat zu vergiften, doch der Versuch schlug fehl und er wurde festgenommen. Nach einem zwölftägigen Mordprozess in Sarajevo wurde Princip, der für die Todesstrafe zu jung war, zu 20 Jahren Haft und schwerer Zwangsarbeit verurteilt. Dieses Foto, von dem man lange glaubte, es sei bei Princips Verhaftung aufgenommen worden, zeigt nach neuesten Erkenntnissen vermutlich die irrtümliche Verhaftung eines unschuldigen Schaulustigen namens Ferdinand Behr.

Uraufführung von Igor Strawinskys *Le sacre du printemps* und Skandal.

Die Armory Show, eine spektakuläre Ausstellung moderner Kunst, ist in New York zu sehen.

Gavrilo Princip ermordet Erzherzog Franz Ferdinand in Sarajevo und führt damit den Ersten Weltkrieg herbei.

1913

1914

1915–1917

1915 wird klar, dass der Erste Weltkrieg bis Weihnachten nicht vorbei sein wird und immer mehr Länder, Menschen und Ressourcen in den Krieg hineingezogen werden. Um die ausweglosen Grabenkämpfe zu beenden, nutzen beide Seiten schreckliche neue Waffen; in der Schlacht von Neuve-Chapelle und in der Zweiten Flandernschlacht kommt erstmals Giftgas zum Einsatz, in der Schlacht an der Somme 1916 rollen die ersten Panzer. Auch die Fotografie spielt für Militärstrategen eine immer wichtigere Rolle, da sie zur Angriffsplanung und Beurteilung des Ausmaßes der Zerstörung nach Bombenangriffen eingesetzt wird. Zu Kriegsbeginn lehnen sich Piloten und Beobachter noch einfach aus ihren Flugzeugen heraus und fotografieren mit handelsüblichen Kameras und aus freier Hand. 1915 wird dann die erste Schule für Luftbildfotografie in Farnborough, Großbritannien, gegründet; bis zum Ende des Krieges hat sich die Luftbildfotografie zu einer hoch entwickelten Technik entwickelt, die Kriegsführung und -verlauf verändern wird. LB

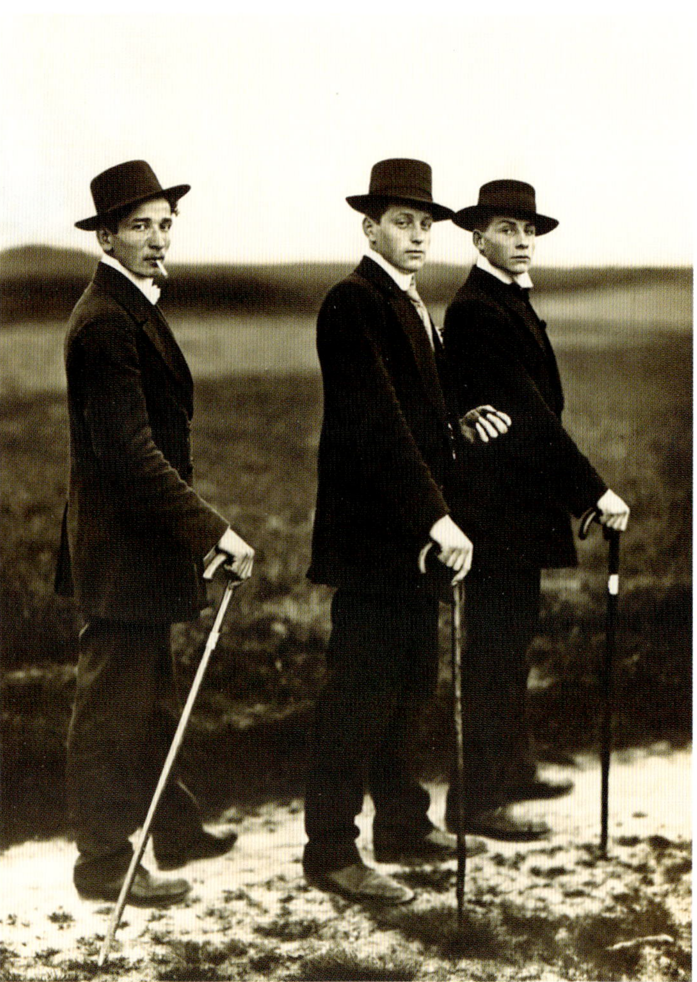

August Sander–*Jungbauern*

August Sander (1876–1964) arbeitete zunächst im Bergbau, entschied sich aber nach der Assistenz bei einem Fotografen, selbst diesen Beruf zu ergreifen. Sander arbeitete eine Zeit lang in einem Studio in Österreich und eröffnete später in Köln sein eigenes, das sich auf Porträtfotografie spezialisierte. 1911 begann er, jene Fotos zu machen, die in *Menschen des 20. Jahrhunderts* zu sehen sein würden, einem großangelegten Porträtprojekt, das einen Querschnitt der damaligen deutschen Gesellschaft darzustellen suchte. Das 1915 entstandene Foto zeigt drei Jungbauern im Westerwald, wo Sander geboren wurde. Was anmutet wie ein ungestelltes Foto, ist in Wirklichkeit ein inszeniertes, hochkomplexes Bild.

Erster Einsatz von Giftgas in der Schlacht von Neuve-Chapelle und der Zweiten Flandernschlacht.

Eine Gruppe von Künstlern um Tristan Tzara begründet den Dadaismus in Zürich.

1915

J. W. Brooke–*Blessiertenträger, Schlacht bei Pilkem*

John Warwick Brooke (1886–1929) war Fotograf für die Topical Press Agency und der zweite offizielle britische Kriegsfotograf an der Westfront. Im Juli 1916 begann die Dritte Flandernschlacht, die bis November des folgenden Jahres andauerte. Die Alliierten verzeichneten 448.000 Tote und Verwundete, die Deutschen 260.000 Opfer. Trotz der Kriegsgefahren, der Beschränkungen und auch der Befehle, die ihm erteilt wurden (er arbeitete auch bei Starkregen und unter Beschuss), schuf Brooke prägende Fotos der Westfront.

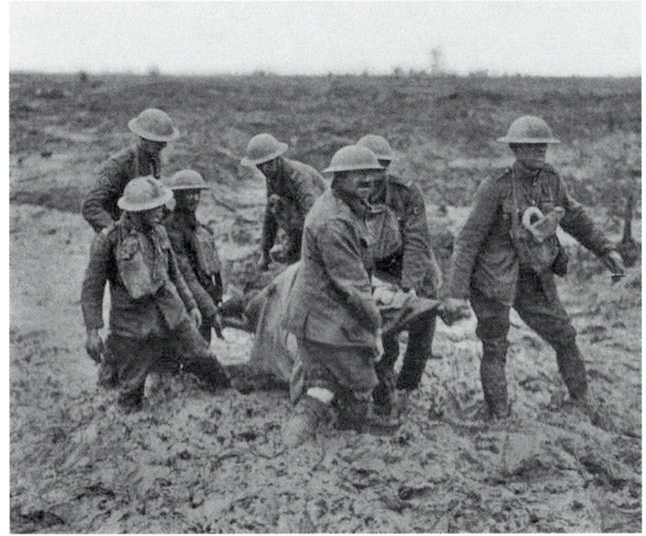

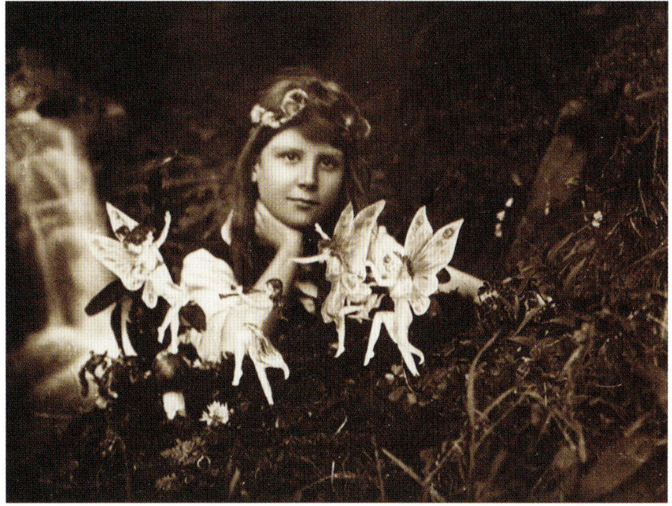

Elsie Wright–*Die Cottingley-Feen*

1917 ersannen zwei junge Mädchen einen Schwindel, der zu einer Sensation wurde und Tausende von Menschen täuschte. Mit einer geliehenen Kamera machten die Cousinen Elsie Wright (1901–1988) und Frances Griffiths (1907–1986) eine Reihe von Bildern, die Feen in der Nähe des Baches am Rande des Familiengartens im Norden Englands zu zeigen schienen. Die Fotografien wurden zu einem *Cause célèbre* der spiritistischen Bewegung und erregten das Interesse und den Zuspruch von Bewunderern wie dem Romancier Sir Arthur Conan Doyle und dem Theosophen Edward Gardner. Erst 1983 gab Elsie Wright zu, dass die Fotos gefälscht worden waren.

Der Osteraufstand erschüttert Irland.

Die Februarrevolution markiert das Ende der Zarenherrschaft und den Beginn des Russischen Bürgerkriegs.

1916

1917

DADA UND SURREALISMUS

Inspiriert von den Arbeiten der Dadaisten und Surrealisten machten sich auch Fotografen psychologische Deutungen, Gegenüberstellungen und Nachbearbeitungen zunutze, um irritierende und dadurch umso wirkungsvollere Bilder zu schaffen, die rein optisch beeindrucken sollten.

Der experimentelle Charakter des Surrealismus und Dadaismus veranlasste Künstler dazu, auch Fotografien zu nutzen und ausdrucksstarke Bilder zu schaffen, die das nach außen hin Sichtbare mit dem Unbewussten kontrastierten. Träume und Fantasien wurden durch fotografische Techniken visualisiert; die entstandenen komplexen Bilder sprachen für sich und bedurften keiner weiteren Erklärung. In vielerlei Hinsicht war dies eine Reaktion auf die Schrecken des Ersten Weltkriegs und den damit einhergehenden Zusammenbruch der Normalität. Traumata wurden vermittels des Unterbewusstseins verarbeitet, man versuchte, die Realität auf neue Art zu interpretieren, durch die Kombination merkwürdiger und beunruhigender Elemente oder durch Gegenüberstellungen von scheinbar banalen Dingen der realen Welt. Eines der frühesten Beispiele für die Verbindung der Fotografie mit dem Surrealismus war Man Rays Buch *Les Champs délicieux* („Die köstlichen Felder") von 1922, das neben seinen Rayographien Texte des einflussreichen Dada-Künstlers Tristan Tzara enthielt. Hannah Höch nutzte für Arbeiten wie *Schnitt mit dem Küchenmesser. Dada durch die letzte Weimarer Bierbauchkulturepoche Deutschlands* (1919) Fotomontagen und Collagen, um politische, unrealistische Bilder zu schaffen und die Wahrnehmung mit ungewohnten Kombinationen von Bildelementen zu provozieren. Zeitschriften und Publikationen rückten in den Mittelpunkt der Bewegung. 1924 erschien André Bretons *Manifest des Surrealismus*, bald darauf die

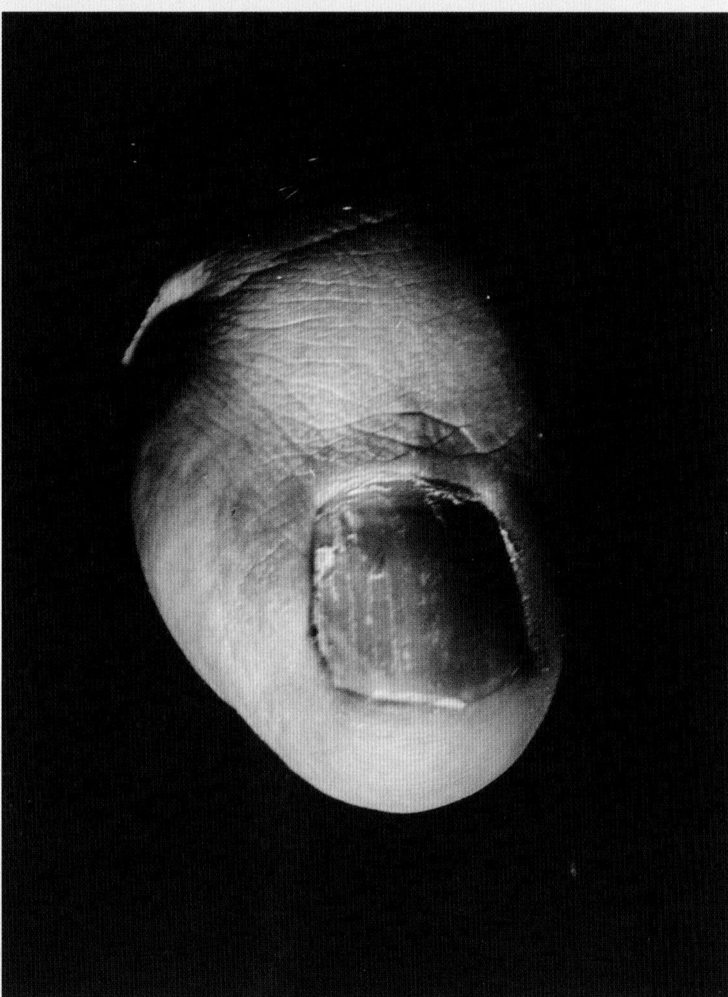

LINKS. Jacques-André Boiffard – *Großer Zeh* (1929)
Der Medizinstudent Jacques-André Boiffard (1902–1961) lernte 1924 den Surrealisten André Breton kennen und war davon derart inspiriert, dass er sein Studium abbrach, um als Schriftsteller, später als Fotograf für das so trefflich betitelte „Büro für surrealistische Forschung" zu arbeiten. Er wurde Teil der Gruppe um den streitbaren Schriftsteller Georges Bataille und seine Zeitschrift *Documents*, für die Boiffard diese Studie zu dem von Bataille verfassten Essay „Der große Zeh" anfertigte. *Documents* verband intellektuelle Tiefe mit Popkultur und postulierte: „Die provozierendsten, noch unklassifizierten Kunstwerke ebenso wie gewisse ungewöhnliche Erzeugnisse, die bisher vernachlässigt wurden, werden Gegenstand von Studien sein, die so streng und wissenschaftlich sind wie die der Archäologen." Das Bild besticht durch seine Abstraktion und die Erhebung eines sonst ignorierten Teils des menschlichen Körpers in den Status einer dunklen, scheinbar körperlosen, im Raum schwebenden Skulptur.

Zeitschrift *La Révolution Surréaliste*, die – ebenso wie Georges Batailles Zeitschrift *Documents* – viele Fotografien enthielt. Eugène Atgets Darstellungen der gewöhnlichen Straßen von Paris wurden als bedeutungsvoll erachtet und bildeten eine Art Bindeglied zwischen der topografischen Fotografie des 19. Jahrhunderts und dem Modernismus des 20. Jahrhunderts. Später motivierte es Fotografen, die Fremdartigkeit des Gewöhnlichen zu erforschen, etwa Dora Maar, deren *Père Ubu* (1936), das Bild eines Gürteltierjungen, gleichermaßen verstört und fesselt. Auch Henri Cartier-Bresson wurde vom Surrealismus beeinflusst, vor allem seine frühen Bilder sind eine Hommage an das Alltägliche.

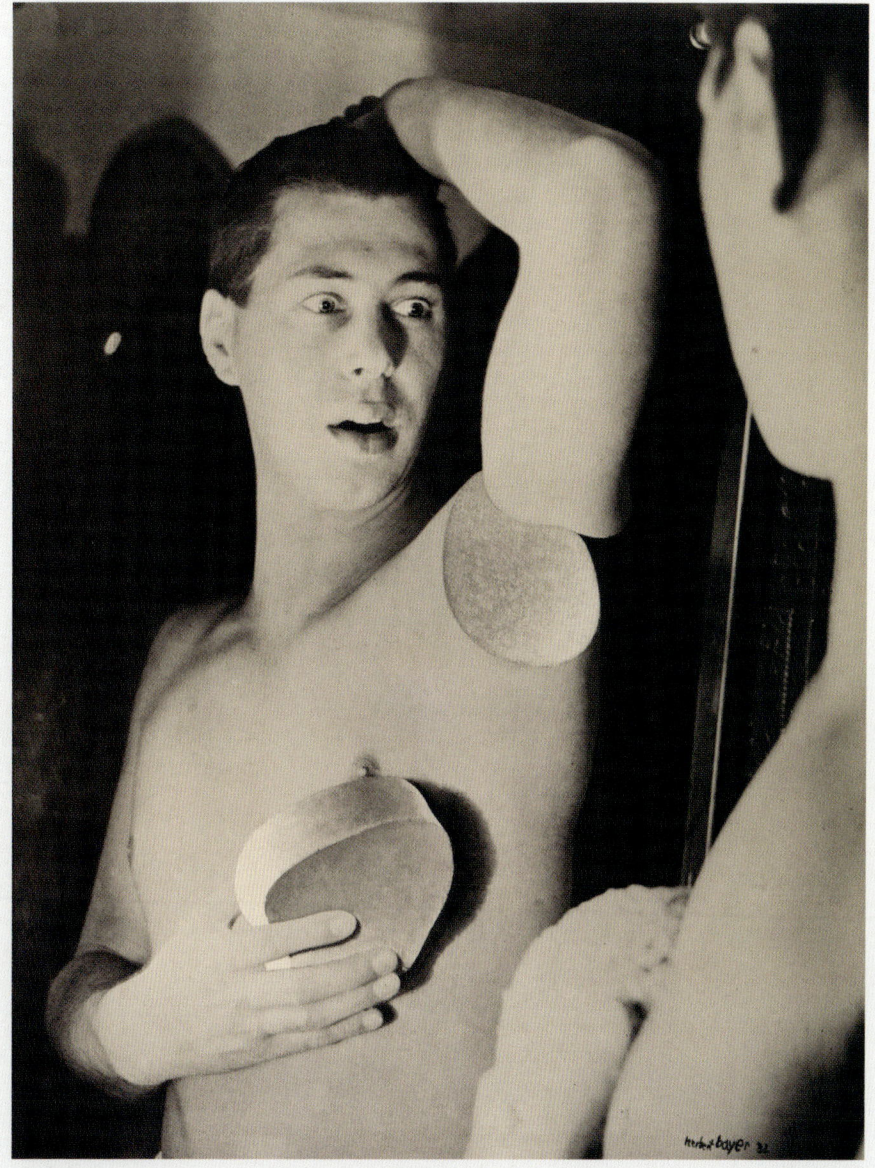

OBEN. Herbert Bayer – ***Menschen unmöglich (Selbstporträt)*** **(1932)**
Surrealistische Fotografen spielten oft mit tradierten Erwartungen an ein Bild und stellten visuelle Rätsel und Fragen, die den Betrachter überraschten und herausforderten. Herbert Bayers (1900–1985) Selbstporträt ist sowohl humorvoll als auch verstörend und bezieht sich ebenso auf die antike Skulptur wie auf die vielen Kriegsversehrten aus dem Ersten Weltkrieg. Dieses Selbstbildnis im Spiegel aus der Serie *Mensch und Traum* übermalte Bayer sorgfältig, retuschierte es dann und fotografierte den entstandenen Abzug noch zweimal ab, um die Illusion zu perfektionieren. Bayer studierte und unterrichtete später am Bauhaus; er war ein kreativer Universalgelehrter, der als Art Director, Typograf, Maler und Bildhauer sowie als Fotograf arbeitete.

1918–1920

Gegen Ende des Jahrzehnts ist der Erste Weltkrieg vorbei; es beginnt der Kampf mit seinen Folgen. Siege an der Westfront und eine sich verschärfende Blockade deutscher Häfen führen zu einer Revolution innerhalb Deutschlands, der Abdankung des Kaisers und dem Waffenstillstandsvertrag vom 11. November 1918, der den Konflikt beendet. Kameras in privater und offizieller Hand zeichnen jeden Schritt auf, es entsteht das Bild eines durch vier Kriegsjahre zerschlagenen und demoralisierten Kontinents. 1919 wird der Vertrag von Versailles unterzeichnet, der den offiziellen Waffenstillstand zwischen Deutschland und den alliierten Mächten besiegelt und Deutschland als Strafe für seine Kriegsschuld am Ersten Weltkrieg hohe Reparationszahlungen auferlegt. Diese Entwicklungen führen zu etlichen sozialen Veränderungen, darunter die von Lewis Hines Fotografien angeregte Reform des Kinderarbeitsrechts in den Vereinigten Staaten und das Frauenwahlrecht, das unter anderem von Christina Broom, der ersten Fotojournalistin Großbritanniens, dokumentiert wird. LB

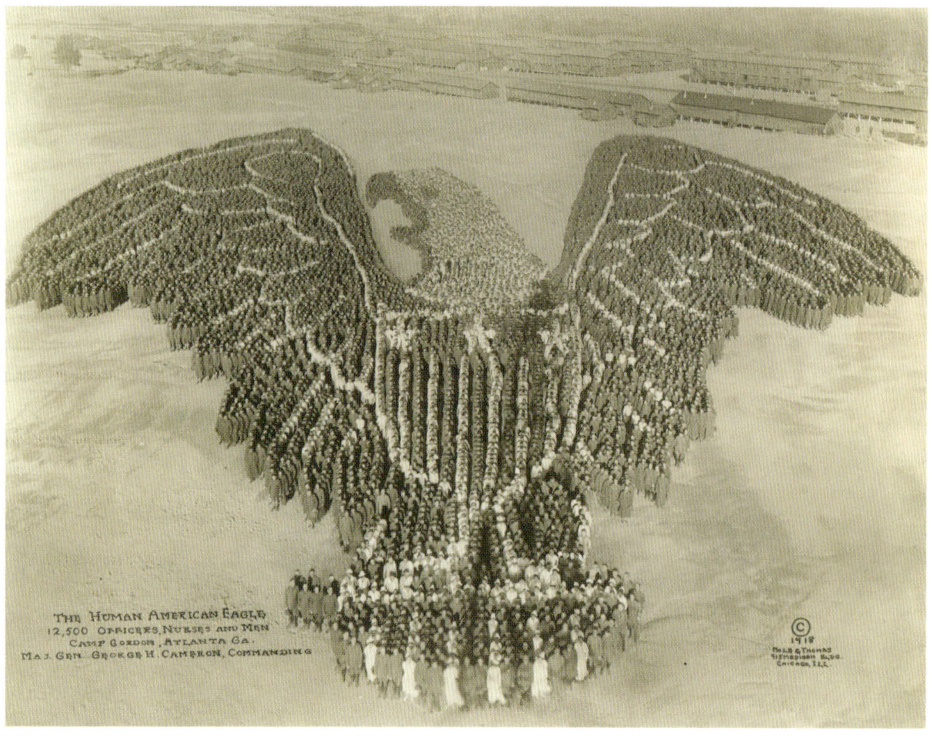

Arthur Mole – ***Der Menschenadler***

Arthur Mole (1889–1983) wurde in Großbritannien geboren, emigrierte in die Vereinigten Staaten und arbeitete als Berufsfotograf. Heute erinnert man sich an ihn dank einer Serie „lebender Fotografien", in denen Tausende von Soldaten zu flächendeckenden Formationen aufgestellt waren, die, aus 25 m Höhe fotografiert, erkennbare Symbole ergaben. Moles Motive waren stets patriotisch: die Freiheitsstatue, Uncle Sam oder wie hier das Wappentier, der Weißkopfseeadler, der mit 12.500 Offizieren, Krankenschwestern und Männern in Camp Gordon (Atlanta) entstand. Seine Vorhaben erforderten wochenlange Vorbereitungen, gefolgt von stundenlangem Positionieren der Personen.

Der Erste Weltkrieg endet.

Mehmed VI. wird letzter Sultan des Osmanischen Reiches und vorletzter osmanischer Kalif.

1918

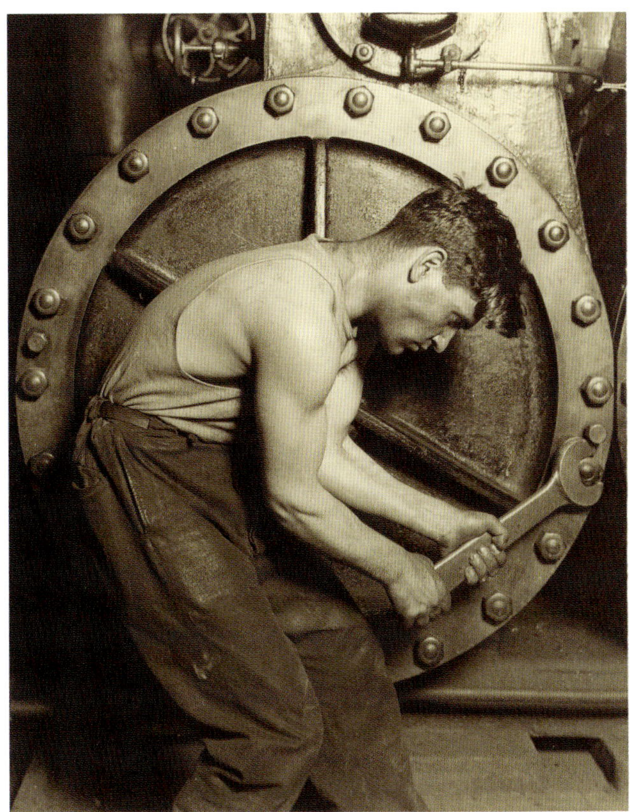

Lewis Hine – *Kraftwerksmechaniker an einer Dampfmaschine*

Als ausgebildeter Soziologe nutzte Lewis Hine (1874–1940) die Kamera zu Dokumentationszwecken und für den Einsatz für Sozialreformen. Am besten in Erinnerung geblieben ist er wohl durch ein umfangreiches Projekt, das das Ausmaß der Kinderarbeit in den USA öffentlich machte. Dieses Foto des Mechanikers hingegen war sorgfältig konstruiert; es feiert die Arbeiter, die durch die Mechanisierung immer überflüssiger wurden, und ist doch auch ambivalent: Der Mechaniker scheint optisch im Rund der Maschine gefangen, aber auch gegen diese anzukämpfen.

Houdini und der Geist von Abraham Lincoln

Anfang des 20. Jahrhunderts erlebte der Spiritismus einen Aufschwung, der sich im Genre der Geisterfotografie manifestierte, die übernatürliche Kräfte und Erscheinungen zu offenbaren schien. Tatsächlich wurden diese Fotografien oft von skrupellosen Medien und Fotografen erstellt, die das öffentliche Interesse für ihren eigenen wirtschaftlichen Gewinn ausnutzen wollten. Der Entfesselungskünstler und Darsteller Harry Houdini unternahm schließlich einen persönlichen Kreuzzug, um diese Medien und vermeintlichen Hellseher zu entlarven. Dieses Bild, das Houdini im Gespräch mit einem verstorbenen US-Präsidenten zu zeigen scheint, demonstrierte, wie einfach es für einen geschickten Fotografen war, Geisterfotos zu erstellen.

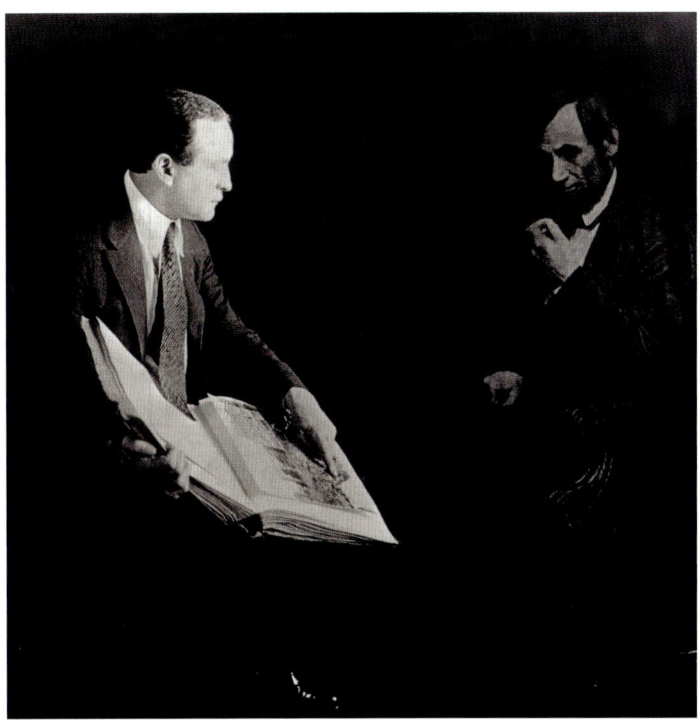

Walter Gropius gründet das Bauhaus in Weimar.

Der Friede von Versailles erlegt Deutschland hohe Reparationen auf.

1919

Das Alkoholverbot wird in den Vereinigten Staaten erlassen.

1920

1921–1923

Die frühen 1920er Jahre sind eine Zeit großer Veränderungen und neuer politischer Ordnungen, aber auch eine Blütezeit der Kunst und Kultur, so auch der Fotografie. In ganz Europa entstehen avantgardistische Kunstbewegungen; Hotspots sind Paris, wo Surrealisten mit Fotografien das Unbewusste zu visualisieren suchen, und Berlin, wo Dadaisten mit Fotografie und Collage die neue bürgerliche Gesellschaft und die Konsumkultur kritisieren, die an die Stelle des konservativen Deutschen Reiches getreten ist. Die Reparationsforderungen aus dem Ersten Weltkrieg und eine politisch schwache Regierung führen in Deutschland zu wirtschaftlichen Problemen und einer massiven Hyperinflation; das Geld verliert schneller an Wert, als Menschen es ausgeben können. Dieses Ereignis diskreditiert die demokratische Regierung und führt zu wachsender öffentlicher Unterstützung für die politischen Extreme von rechts und links. In Russland endet der Bürgerkrieg mit einem Sieg der bolschewistischen Revolutionäre, die pro-zaristische Anhänger ins Exil drängen. LB

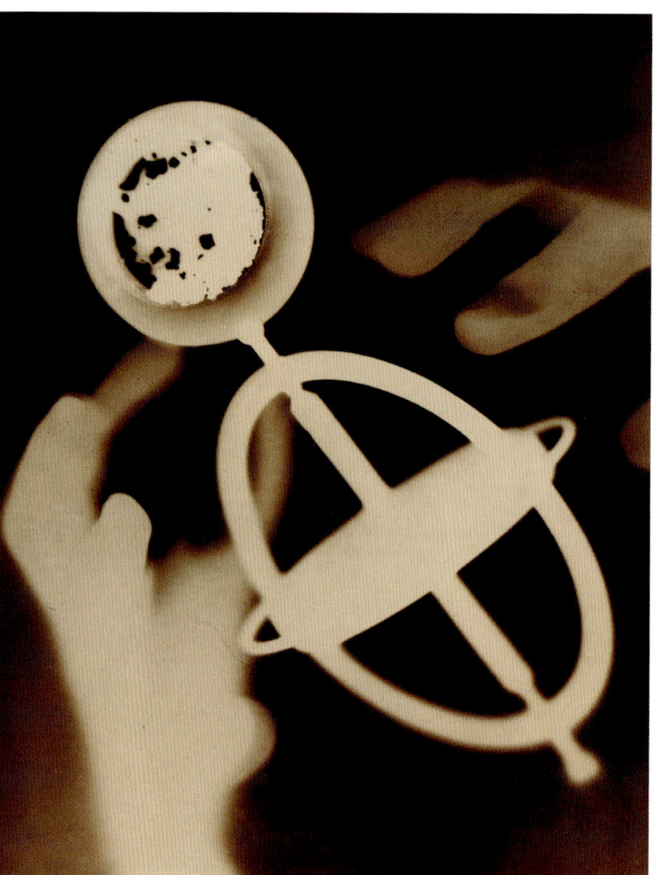

Man Ray–***Rayogramm***

Leben und Werdegang des Künstlers Man Ray (1890–1976) waren durch ständige Neuerfindungen geprägt. Er wurde in den USA geboren und verbrachte einen Großteil seines Lebens in Frankreich, wo er den Surrealisten und Dadaisten angehörte. Er war in erster Linie Maler, arbeitete aber mit einer Vielzahl von Medien, einschließlich der Objektkunst und Fotografie. Zu seinen Verdiensten zählt die Popularisierung von Fotogrammen (oder „Rayogrammen“, wie er sie nannte), eine kameralose Erstellung von Bildern, bei der Objekte auf lichtempfindliches Papier gelegt werden und das Papier dann direkt belichtet wird.

Adolf Hitler wird zum Führer der NSDAP.

Marsch auf Rom, Machtübernahme Mussolinis in Italien.

1921

1922

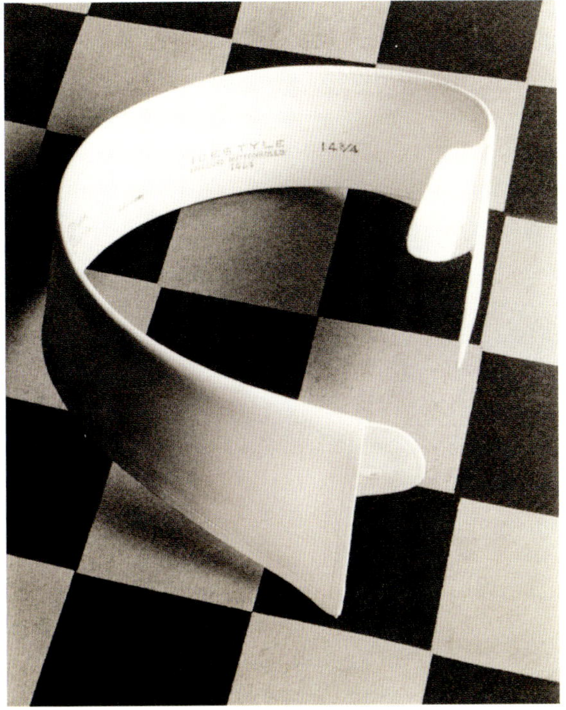

Paul Outerbridge – *Ide Collar*
Paul Outerbridge (1896–1958) begann nach seiner Entlassung aus der US Army 1921 als Fotograf zu arbeiten und zählte *Vanity Fair* und *Vogue* bald zu seinen Stammkunden. Gleichzeitig unterhielt er auch ein Studio für Kunstfotografie, durch das er mit Persönlichkeiten wie Edward Steichen, Marcel Duchamp und Berenice Abbott in Kontakt kam. Dieses berühmte Hemdkragen-Foto war das Ergebnis seines ersten Werbeauftrags und wurde in *Vanity Fair* veröffentlicht. Outerbridge wurde später zu einem Pionier der Farbfotografie. Er machte auch Aktaufnahmen, die zu jener Zeit aber als anstößig galten und von denen viele erst posthum ausgestellt wurden.

Testen einer kugelsicheren Weste
Die Fotografie wurde in der Werbung gern verwendet, um die Qualität von Waren und Dienstleistungen optisch zu belegen, wie in dieser Demonstration einer neu patentierten kugelsicheren Weste sehr eindrucksvoll zu sehen ist. Die Bildunterschrift lautete damals: „W. H. Murphy vom New Yorker Schutzkleidungsunternehmen stand am Mittwoch im Polizeihauptquartier (Frederick County, Maryland) weniger als 3 m von Hilfssheriff Charles W. Smith entfernt und ließ diesen einen .38er Revolver direkt auf seine Brust feuern. Als die Kugel traf, zuckte Murphy nicht einmal mit der Wimper." Der potenzielle Wert der Fotografie für Werbetreibende wurde von Zeitschriften wie *American Photographer*, *Abel's Photographic Weekly* und *Commercial Photographer* breit propagiert. Die Photographers' Association of America konstatierte: „Potenzielle Käufer glauben, was die Kamera ihnen sagt, weil sie wissen, dass sie die Wahrheit besser abbildet als alles sonst."

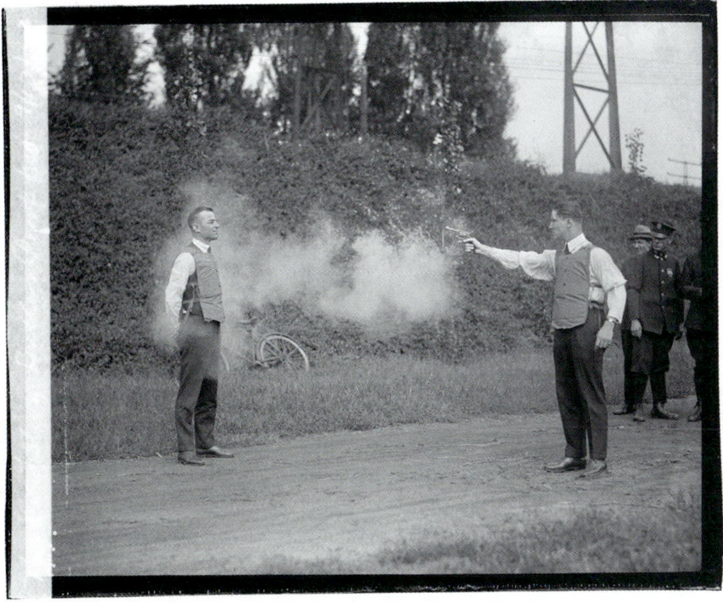

James Joyce publiziert *Ulysses*.

Die UdSSR wird gegründet, der erste kommunistische Staat der Welt.

Kemal Atatürk wird erster Präsident der Republik Türkei.

1923

MODE

Das Aufkommen der Modemagazine Anfang des 20. Jahrhunderts schuf einen neuen Markt für Fotografen, die ihre Kreativität vielfältig nutzten, um den in neueste Designer-Kleidung gehüllten Menschenkörper zu erkunden.

Mode als Genre hat viele bedeutende Fotografen angezogen, die fasziniert waren von der Kombination aus schönen Models, großen Budgets und kreativer Freiheit, um eindrucksvolle Bilder in einer unglaublichen stilistischen Bandbreite zu schaffen, von naturalistisch bis fantastisch. Edward Steichens Bilder der Kleider des Modeschöpfers Paul Poiret, die 1911 in *Art et Décoration* publiziert wurden, zählten zu den ersten Foto-Veröffentlichungen in einer Modezeitschrift; der Aufstieg von *Vogue* und *Harper's Bazaar* schuf bald darauf einen riesigen Markt für Bilder. Steichen, Baron Adolph de Meyer, Horst P. Horst und George Hoyningen-Huene wurden beauftragt, eindrucksvolle und sorgfältig komponierte Fotografien zu schaffen, die Werbung und Kunst miteinander verwoben. Cecil Beaton konnte seinen fantastischen Visionen freien Lauf lassen und schuf aufwendig inszenierte und komponierte Fotografien, die seine späteren Bühnenbilder für Filme wie *My Fair Lady* ahnen ließen. In der Nachkriegszeit leisteten Fotografen wie William Klein und Richard Avedon Pionierarbeit für eine neue Ästhetik des Naturalismus, indem sie die Modelle aus dem Studio auf die Straße holten und dynamische Bilder schufen. Nick Knights Arbeiten für das *i-D*-Magazin und seine Zusammenarbeit mit dem Designer Yohji Yamamoto in den 1980er Jahren vereinten einen starken Sinn für Form und Strukturen mit einem verblüffend originellen Einsatz von Farbe. Zur selben Zeit kam auch das „Supermodel" auf. Herb Ritts' ikonisches Bild *Stephanie, Cindy, Christy, Tatjana, Naomi, Hollywood, 1989* trug dazu bei, den Stil der 80er zu definieren. In den 1990ern kam ein dokumentarischer Stil auf; Corinne Days Bilder von Kate Moss, die 1990 in *The Face* veröffentlicht wurden, machten beide zu Regentinnen des Grunge-Stils.

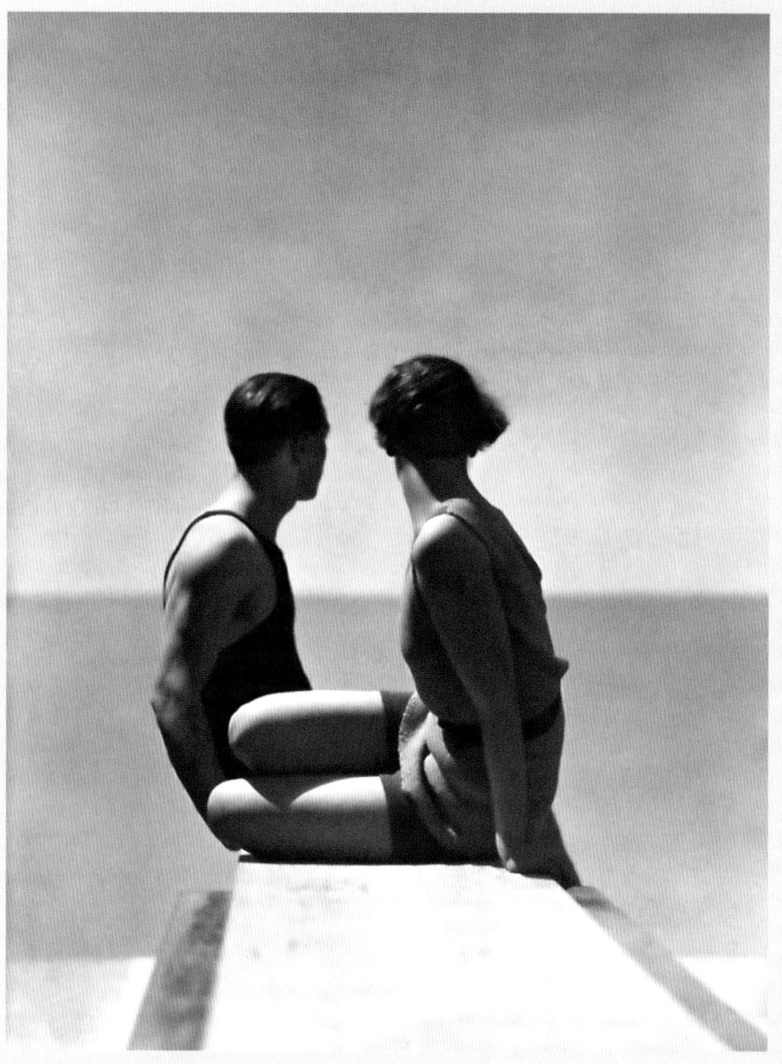

OBEN. George Hoyningen-Huene–*Taucher, Horst und Model, Paris* (1930)
George Hoyningen-Huene (1900–1968) wurde 1926 leitender Fotograf der Zeitschrift *Vogue* und fortan für seine stilvollen Studioaufnahmen mit antiken Anleihen gefeiert. Dieses Können brachte er in dieses verträumte Bild ein, das trotz des äußeren Anscheins nicht an einem Strand in Südfrankreich entstand – eine geschickte Komposition erweckt diese Illusion –, sondern auf dem Dach des Pariser *Vogue*-Büros. Das Foto ist auch deshalb bemerkenswert, weil das männliche Model Hoyningen-Huenes Geliebter war, der spätere Fotograf Horst P. Horst.

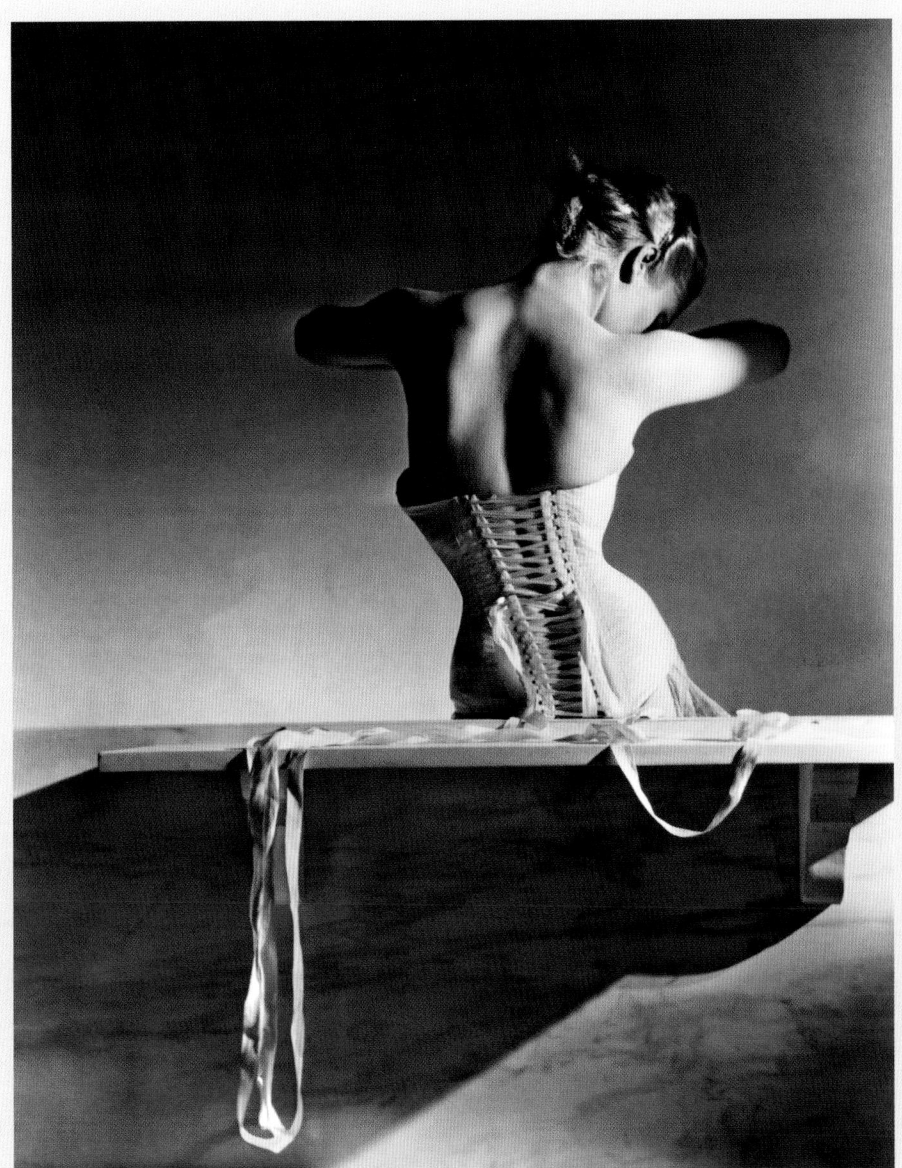

LINKS. Horst P. Horst–*Mainbocher-Korsett* (1939)
Die Karriere von Horst P. Horst (1906–1999) umspannt sechs Jahrzehnte und begründete seinen Ruf als einer der großen Modefotografen, der sowohl für die französische als auch für die amerikanische *Vogue* arbeitete. Dieses denkwürdige Bild wurde in Paris aufgenommen, kurz bevor er vor dem Nationalsozialismus nach Amerika floh. Er erinnerte sich: „Es war das letzte Foto, das ich vor dem Krieg in Paris machte. Während der Aufnahme dachte ich an all die Dinge, die ich zurückließ". Seine visuellen Einflüsse wie die der griechischen Bildhauerei und des Surrealismus Man Rays und Salvador Dalís schwingen in Komposition und Witz des Bildes mit. Die latente Erotik darin wurde zur Inspiration für das Video zu Madonnas Lied „Vogue" von 1990.

David Bailey (geb. 1938)

David Bailey ist ein Mode- und Porträtfotograf, wie er im Buche steht, und sein klarer, sauberer Stil und frecher Sinn für Humor dominierte den Look der 1960er und 1970er Jahre. Bailey kam 1960 zur britischen *Vogue* und fotografierte für das Magazin in seiner Glanzzeit mehr als 800 Bildseiten pro Jahr. Zusammen mit Terence Donovan und Brian Duffy trug er mit seinen ikonischen Porträts von Berühmtheiten wie Michael Caine, Terence Stamp, den Beatles und den Rolling Stones dazu bei, London als Zentrum der „Swinging Sixties" zu etablieren. Er lancierte auch die Karriere seiner Muse und Freundin, des späteren Supermodels Jean Shrimpton.

1924–1926

Auch Mitte der 1920er Jahre ist die Weltpolitik bedeutenden Veränderungen unterworfen; neue fotografische Techniken dokumentieren diese.

1924 wird die Ermanox-Kamera eingeführt, mit kleinen Glasplatten bzw. Filmpacks und einem lichtstarken Objektiv, das auch für schwaches Tages- oder Kunstlicht geeignet ist, sodass Fotografen damit schnell und ohne Blitz Momentaufnahmen an bisher ungeeigneten Orten möglich sind. Die in den folgenden Jahren eingeführte revolutionäre Leica 1 verwendet einen Kleinbildfilm in so kompakter Form, dass viele Aufnahmen hintereinander ohne Nachladen gemacht werden können. Parallel wird vom schottischen Wissenschaftlers John Logie Baird 1925 die erste Fernsehübertragung entwickelt, eine Innovation, die auf die Möglichkeiten der Bildwiedergabe ohne Fotoabzug verweist. Politisch gewinnt die extreme Rechte weltweit an Einfluss: Hirohito wird japanischer Kaiser, Mussolini erlangt diktatorische Macht in Italien, und Adolf Hitler veröffentlicht in Deutschland *Mein Kampf*, sein autobiografisches politisches Manifest. LB

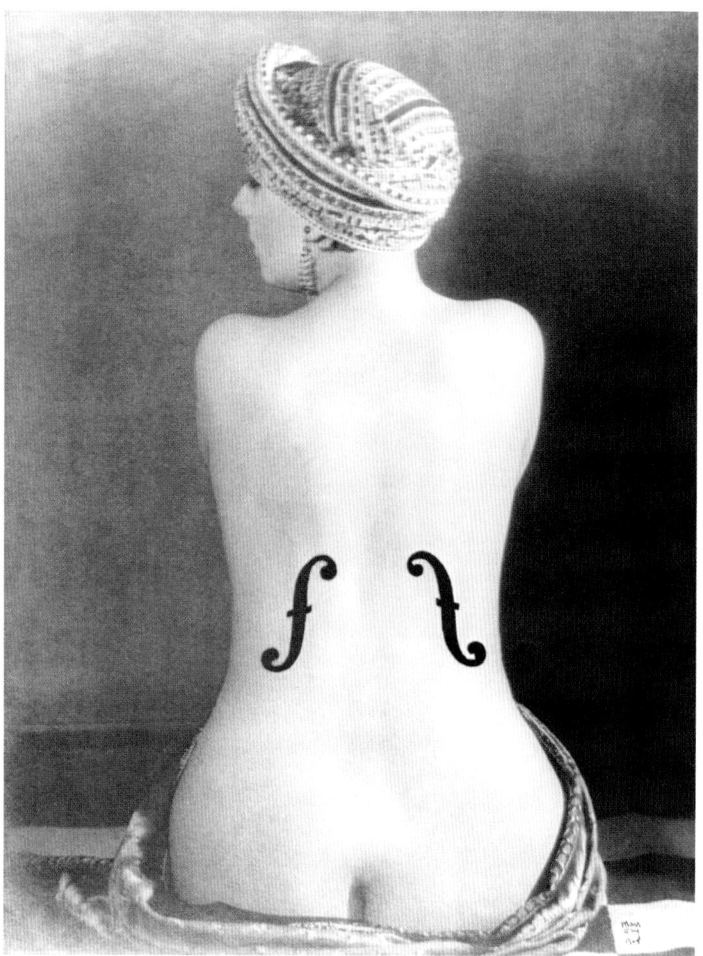

Man Ray – *Die Violine von Ingres*

Der Surrealist Man Ray war ein leidenschaftlicher Experimentator, der für seine Kunstwerke eine breite Palette von Medien in oft überraschender Weise nutzte. Das galt insbesondere für die Fotografie, der er sich überaus unkonventionell näherte. Inspiriert durch die Aktbilder des Malers Jean-Auguste-Dominique Ingres schuf Man Ray eine Bildserie von Kiki vom Montparnasse, einer Schauspielerin, Sängerin und Muse des Künstlers. Man Ray malte die F-Löcher einer Geige auf den Fotoabzug und fotografierte ihn dann ab, um dieses endgültige Bild zu schaffen. Das Foto ist optisch surreal und etwas irritierend. Der Titel spielt auf Ingres' liebsten musikalischen Zeitvertreib an und suggeriert, dass Man Rays Lieblingsinstrument oder Spielzeug Kiki selbst ist. Dadurch evoziert es eine subtile Spannung und verweist auf die Beziehung zwischen Künstler und Muse und den schmalen Grat zwischen Wertschätzung und Objektifizierung.

Der Tod Wladimir Lenins zieht einen Machtkampf zwischen Leo Trotzki und Josef Stalin nach sich.

André Breton publiziert das *Erste Manifest des Surrealismus*.

1924

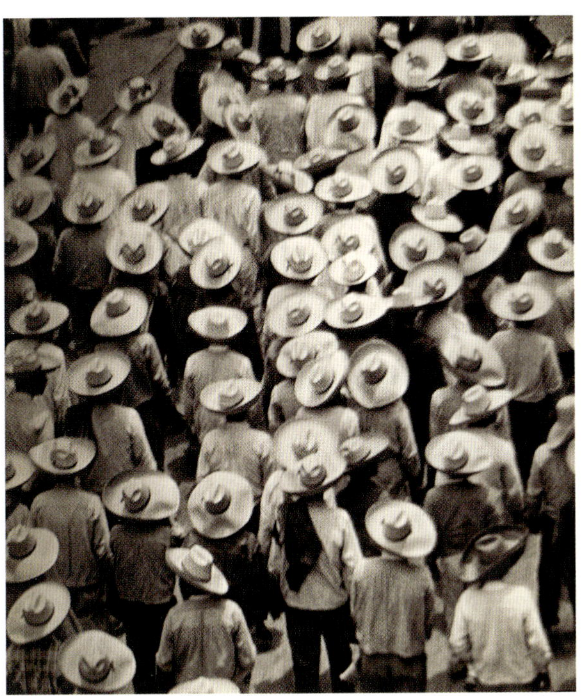

Tina Modotti – ***Arbeiterdemonstration***

Tina Modotti (1896–1942) wurde in Italien geboren und emigrierte in die USA. Sie arbeitete in verschiedenen Rollen als Schauspielerin und Model und begann später eine Beziehung mit dem Fotografen Edward Weston, mit dem sie 1923 nach Mexiko zog. Von ihm erlernte sie das Handwerk der Fotografie, die immer wichtiger für sie werden sollte. Obwohl sie zum Zeitpunkt ihres frühen Todes ein relativ kleines Gesamtwerk hinterließ, erinnert man sich an sie, weil sie ihre Arbeit als Fotografin mit ihren linken politischen Überzeugungen und ihrem späteren Engagement als Aktivistin in der internationalen kommunistischen Bewegung, der Komintern, verband. Dieses Foto von einem Arbeiteraufmarsch in Mexiko-Stadt ist ein Beispiel für Modottis Kombination von formaler Strenge mit dokumentarischem Impuls und politischer Agenda.

László Moholy-Nagy – ***Fotogramm***

Man Ray war weder der einzige noch der erste Künstler, der mit Fotogrammen experimentierte, dieser Technik zur Erstellung von Fotografien ohne Kamera, bei der Objekte direkt auf das Fotopapier gelegt werden. Auch der österreichisch-ungarische Künstler László Moholy-Nagy (1895–1946) widmete sich etwa zeitgleich diesem Verfahren. Moholy-Nagy war von den Eigenschaften des Lichts fasziniert; in einem Großteil seines Schaffens beschäftigte er sich mit der Beziehung zwischen der Kunst und neuen industriellen und wissenschaftlichen Techniken wie der Fotografie. Moholy-Nagys Fotogramme, die oft mechanische Objekte und eckige Formen zeigen, scheinen eine Kombination dieser beiden Bestrebungen zu sein.

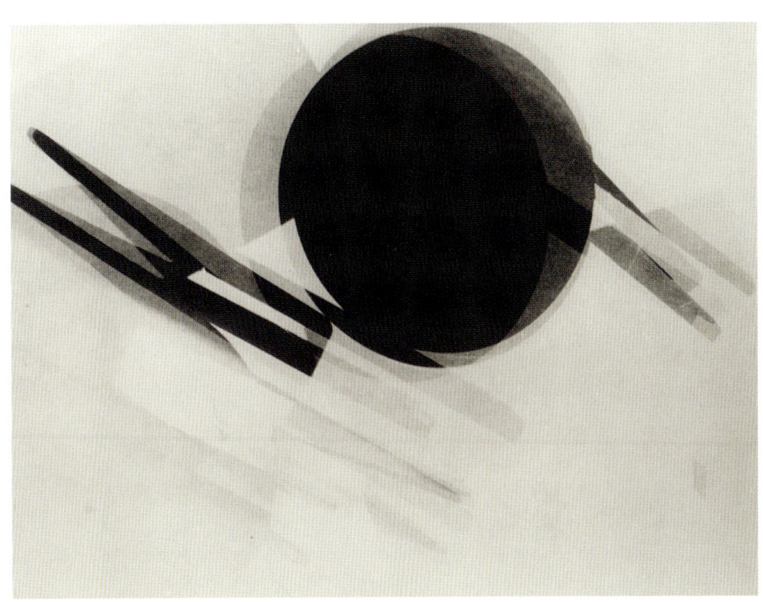

Die Leica-Kamera mit Kleinbildfilm wird eingeführt, einem erst für das Kino entwickelten Format.

John Logie Baird entwickelt das erste Fernsehverfahren.

1925

1926

Hirohito wird Kaiser von Japan.

1927–1929

Ende der 1920er Jahre hat die Fotografie einen neuen künstlerischen und technischen Reifegrad erreicht. 1929 wird in Stuttgart die Ausstellung *Film und Foto* eröffnet, eine der umfangreichsten Präsentationen jener Zeit, die die Fotografie auf höchst innovative Weise mit der im Entstehen begriffenen Kinematografie verknüpft. Im gleichen Jahr wird die Rolleiflex-Kamera vorgestellt. Aufgrund der Möglichkeit, kompakte Mittelformat-Rollfilme zu verwenden, wird sie von vielen Fotografen genutzt. Meilensteine in Wissenschaft und Technik sind: Charles Lindbergh gelingt sein erster Nonstopflug über den Atlantik, Alexander Fleming entdeckt das Antibiotikum Penicillin, und *The Jazz Singer*, der erste Tonfilm, kommt in die Kinos. In der Sowjetunion ergreift Josef Stalin die Macht. In den Vereinigten Staaten erfährt schließlich der Wohlstand der „Roaring Twenties", der Goldenen Zwanziger, mit dem Börsenkrach 1929 und dem Einsetzen der Großen Depression ein jähes Ende – es beginnt eine Zeit zunehmender Arbeitslosigkeit, steigender Inflation und wirtschaftlichen Stillstands. LB

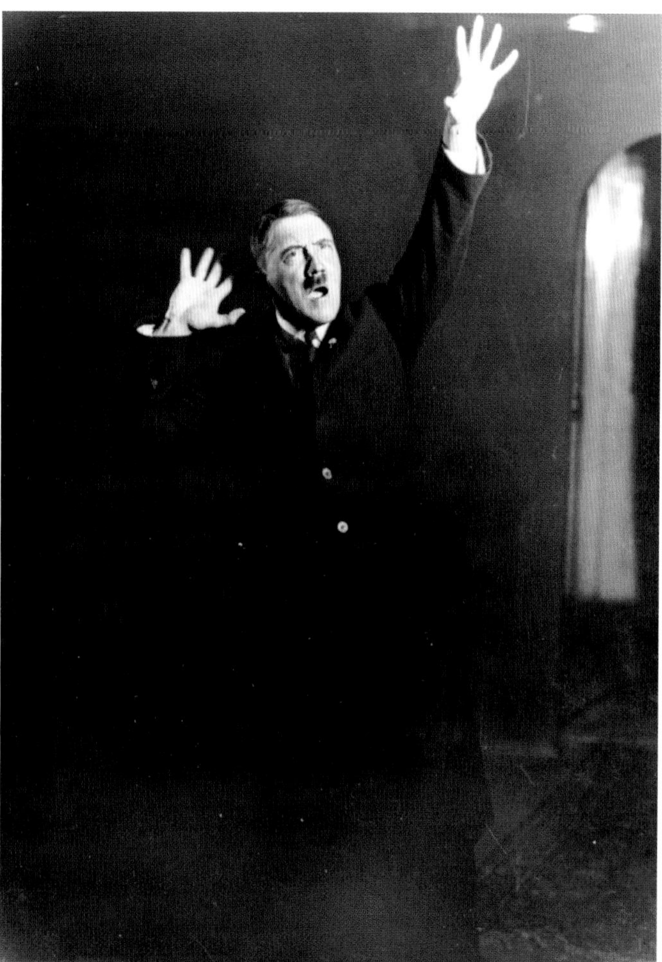

Heinrich Hoffmann–*Hitler übt Posen für seine Reden*

Nach einer Ausbildung als Fotograf betrieb Heinrich Hoffmann (1885–1957) in München ein Fotogeschäft. Er diente im Ersten Weltkrieg und schloss sich danach einer rechtsgerichteten bayerischen Gruppierung an. 1919 lernte er Adolf Hitler kennen und wurde Mitglied der neu gegründeten NSDAP. Nach Hitlers Wahl zum Parteivorsitzenden wurde Hoffmann zu seinem offiziellen Fotografen ernannt, ein Amt, das er bis zum Ende des Zweiten Weltkriegs innehatte. Dieses Foto gehörte zu einer Serie von neun Aufnahmen und sollte Hitler helfen, Gestik und Mimik zu trainieren, die für seinen Redestil charakteristisch waren. Berichten zufolge bat Hitler Hoffmann danach, die Fotos zu vernichten, aber der Fotograf behielt die Abzüge; heute geben sie einen abschreckenden Einblick in die Art und Weise, wie akribisch Hitler sein öffentliches Image konstruierte.

Die Weltbevölkerung steigt auf zwei Milliarden.

Virginia Woolf publiziert *Zum Leuchtturm*.

Frank Whittle entwickelt einen neuen Flugzeugantrieb.

1927

László Moholy-Nagy – *Berliner Funkturm*

Wie andere damalige Künstler beschränkte sich László Moholy-Nagy nicht auf ein Medium, sondern experimentierte mit Objekten, Malerei und Fotografie. Ab 1923 unterrichtete er am Bauhaus, 1928 ging er von dort nach Berlin. Diese Fotografie vom Berliner Funkturm, dem kurz zuvor fertiggestellten Wahrzeichen Berlins, steht nicht nur sinnbildlich für Moholy-Nagys Interesse an neuen Technologien, sondern ist durch den Blick nach unten und die bis zur Unkenntlichkeit verkleinerten Gegenstände am Boden auch ein Verweis auf seine Abstraktionen.

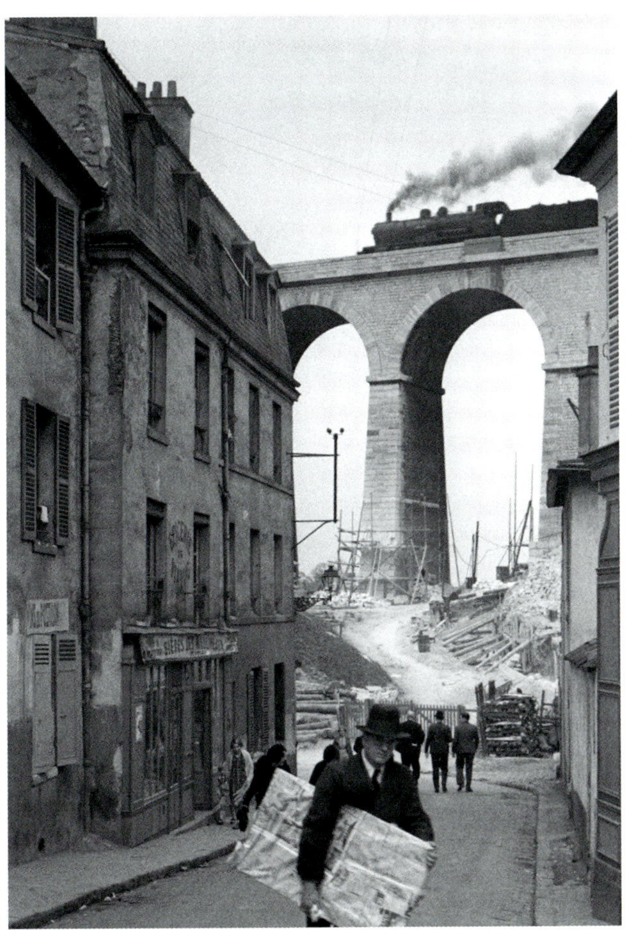

André Kertész – *Meudon*

Der Ungar André Kertész (1894–1985), der einmal Börsenmakler werden sollte, entdeckte die Fotografie bereits als Teenager und bewies ein erstaunliches Talent. 1925 emigrierte er nach Paris und machte sich dort einen Namen. Von seinen vielen Aufnahmen ist diese vermutlich die meisterwähnte. Es scheint ein Foto im Stil des „entscheidenden Augenblicks" zu sein, wie Cartier-Bresson ihn später bezeichnete, tatsächlich aber wurde das Foto von Kertész geplant, der über einen längeren Zeitraum an dieser Stelle stand und darauf wartete, dass die gewünschten kompositorischen Elemente zusammenkamen.

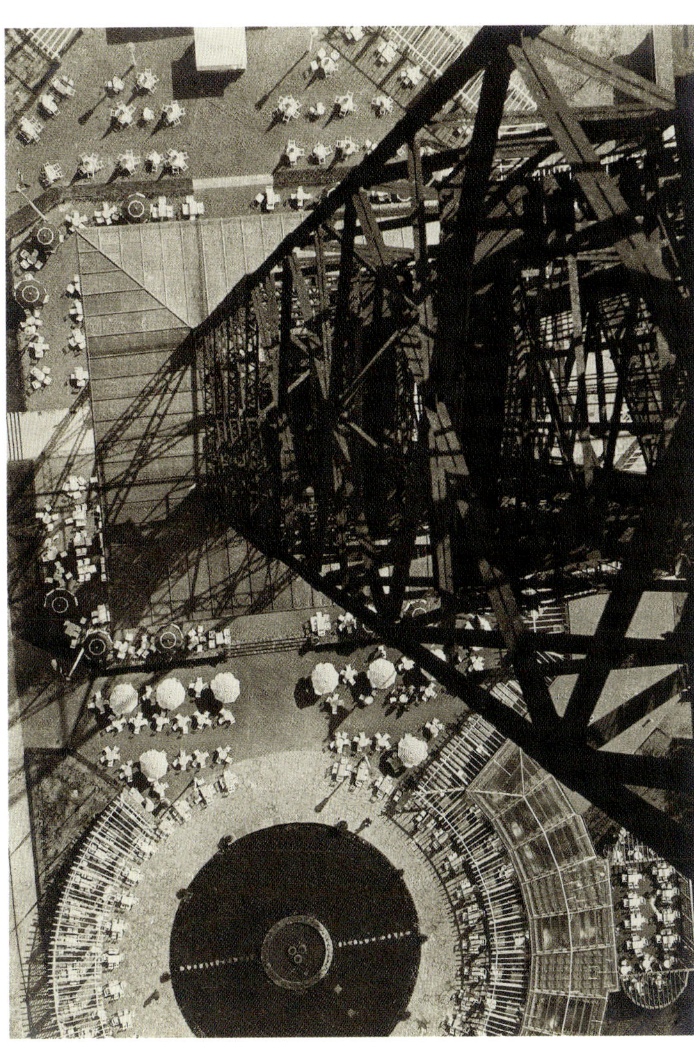

Alexander Fleming entdeckt das Penicillin und revolutioniert die Heilung von Kranken.

Der Börsenkrach markiert den Beginn der Großen Depression.

1928

1929

FOTOMONTAGE

Die Kombination mehrerer Bilder zur Fotomontage ist eine Technik, die fast so lange existiert, wie die Fotografie selbst. Sie wurde oft verwendet, um das soziale und politische Leben zu kommentieren. In der Zwischenkriegszeit nahm man damit den Aufstieg des Faschismus aufs Korn, im Kalten Krieg wurde mit Fotomontagen gegen die Militarisierung und das Wettrüsten protestiert.

Im 19. Jahrhundert wurde die Kunst der Fotocollage schnell populär und erweiterte das Potenzial des Mediums um die Erschaffung von Fantasien. Ein schönes Beispiel für diesen Trend sind die zahlreichen Sammelalben, die von gebildeten Damen der viktorianischen Gesellschaft wie Eva Macdonald of Brocklesbury und Lady Mary Filmer erstellt wurden. Sie kombinierten Ausschnitte von Fotografien mit Handzeichnungen und Aquarellen, um ihr Leben und die gesellschaftlichen Sitten und Werte ihrer Zeit zu kommentieren. Diese faszinierenden Alben bieten heute umfassende Einblicke in die Rolle der Fotografie im damaligen Alltag und sind eine frühe Form der sozialen Medien und des Selbstausdrucks. Die Technik wurde beim Künstler und Kriegsgegner George Grosz zur politischen Waffe. Er erinnert sich: „Als John Heartfield und ich an einem Maimorgen 1916 um fünf Uhr in meinem Studio in South End die Fotomontage erfanden, ahnten wir weder etwas von deren große Möglichkeiten noch von dem steinigen, aber erfolgreichen Weg, den sie einschlagen sollte. Wie es oft ist im Leben – wir waren unbemerkt über eine Goldader gestolpert.“ Heartfield und Grosz gehörten zu einer Reihe von dadaistischen und

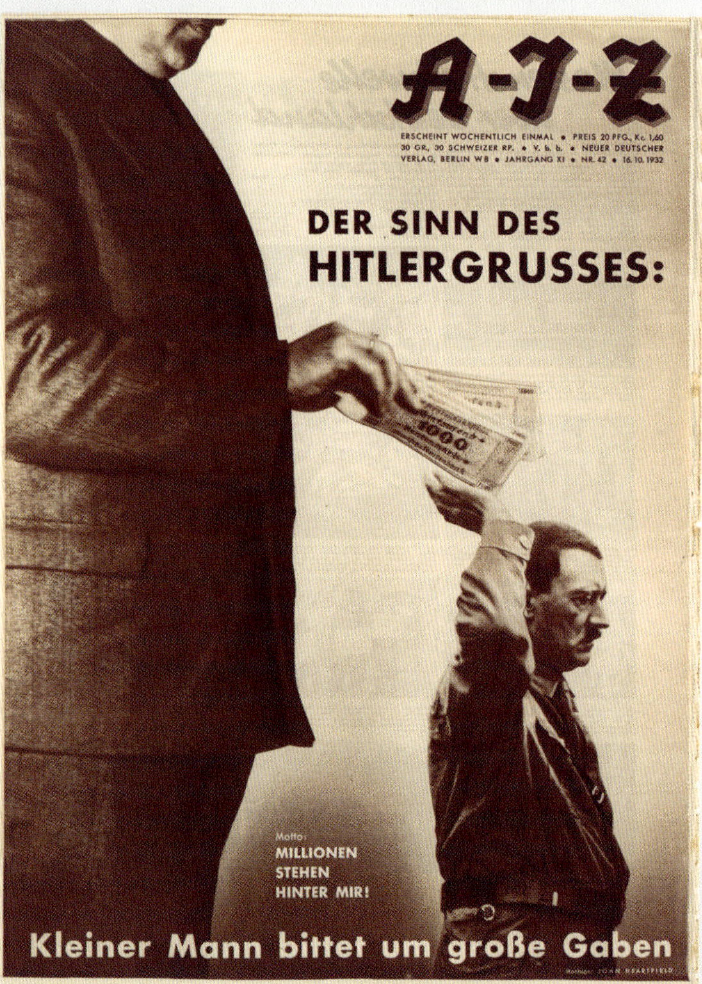

LINKS. John Heartfield – *Millionen stehen hinter mir* (1932)
John Heartfield war besonders geschickt darin, sich über die Nazis lustig zu machen, indem er ihre eigene Ikonografie und Symbolik karikierte, wie in diesem Coverbild der AJZ mit dem Titel *Millionen stehen hinter mir*. Angespielt wird auf den Umstand, dass Hitler von einem Industriellen finanziert wurde, der in ihm ein Mittel zur Lösung der angeblich von linken Organisationen wie der Kommunistischen Partei Deutschlands geschaffenen Arbeitsprobleme sah.

Peter Kennard (geb. 1949)

Peter Kennard ist ein britischer Künstler und Dozent, der sich mit hochbrisanten politischen Themen beschäftigt hat, die von Armut und Ungleichheit bis zu den jüngsten Kriegen im Irak und in Afghanistan reichen. Oft versieht er Zeitungsbilder mit einer offen politischen Botschaft. Seine bekanntesten Fotomontagen entstanden aus Protest gegen Kriege und für Abrüstung, oft im Bündnis mit Gruppen wie der Friedensbewegung Campaign for Nuclear Disarmament (CND). Für eines seiner eindrucksvollsten Bilder (*Heuwagen mit Marschflugkörpern*, 1980) nutzte er ein berühmtes Gemälde von John Constable; ein anderes titelt *Photo Op* (2003) und zeigt Tony Blair, der im Irakkrieg vor einem brennenden Ölfeld ein Selfie macht.

surrealistischen Künstlern, die Kritik an der deutschen Nachkriegsgesellschaft übten. Fast zur gleichen Zeit schufen russische Konstruktivisten wie Alexander Rodtschenko, El Lissitzky und das Ehepaar Gustavs Klucis und Valentina Kulagina innovative und grafisch kraftvolle Fotomontagen als Propaganda für das Sowjetregime.

Die Technik bestand darin, Originalfotografien, die zum Teil eigens aus diesem Anlass angefertigt wurden, zum Teil aber auch aus der Presse stammten, sorgfältig zu beschneiden und die Bildausschnitte dann auf Zeichenkarton zu kleben, um damit eine Komposition zu erstellen. Die Collage wurde dann abfotografiert und entwickelt, damit sie in der Presse abgedruckt werden konnte.

Während des Kalten Krieges wurde das Verfahren erneut aufgegriffen, etwa von Martha Rosler, deren Serie *Bringing the War Home* das Engagement der USA in Vietnam und den „Fernsehkrieg" anprangerte, und von Peter Kennard, der harsche Kritik an den Thatcher-Jahren und der Gefahr eines Atomkriegs übte.

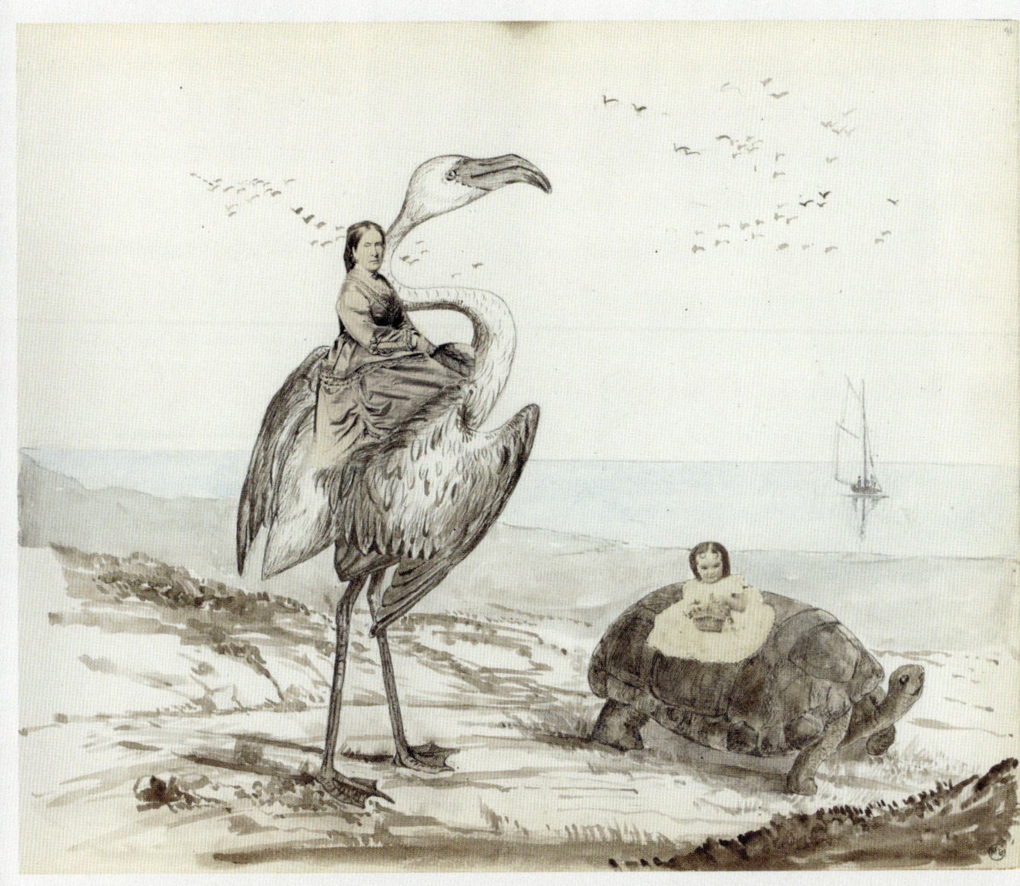

LINKS. Georgina Louisa Berkeley – aus *Das Berkeley-Album* (1866)
Das Berkeley-Album ist ein bezauberndes Beispiel für den beliebten viktorianischen Zeitvertreib der Fotocollage. Hergestellt von Georgina Louisa Berkeley (1831–1919), der Urenkelin des 4. Earl of Berkeley und Verwandten von Lord Byron, zeigt es mit Witz, subtilem Sinn für Humor und starker sozialkritischer Ader fantastische Alice-im-Wunderland-Welten.

1930–1932

Zu Beginn der 1930er Jahre versinken einige Länder im wirtschaftlichen Chaos, andere leisten sich kühne Bau- und Entwicklungsprojekte. Die Folgen des Börsenkrachs und der Weltwirtschaftskrise sind weithin spürbar. In den Vereinigten Staaten verbindet sich die ökonomische Stagnation mit einer ökologischen Katastrophe, da große Gebiete des Mittleren Westens unter Bodenerosion, Dürren und Staubstürmen leiden. Auch in Deutschland ist die Wirtschaft am Boden, die lähmende Blockade des parlamentarischen Systems der Weimarer Republik und die Notpolitik der Präsidialkabinette fördern eine Radikalisierung der Wähler. In der Sowjetunion dagegen zielen massive Bauprojekte auf die Modernisierung und Industrialisierung einer bisher weitgehend agrarisch geprägten Wirtschaft. Viele dieser Projekte werden von sowjetischen Fotografen dokumentiert und in *USSR im Bau* veröffentlicht, einer aufwendig gestalteten, illustrierten Monatsschrift, die in vier Sprachen erscheint und Entwürfe von Avantgardisten wie Alexander Rodtschenko enthält. LB

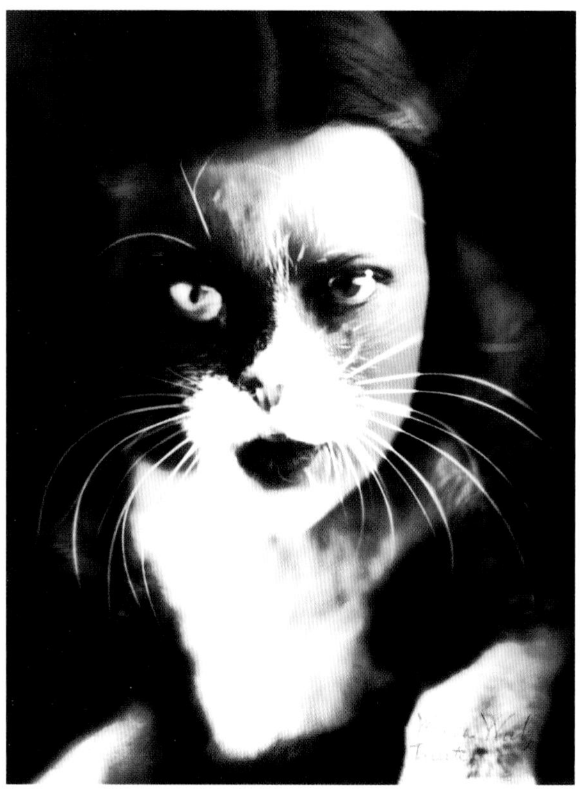

Wanda Wulz–*Ich und Katze*
Wanda Wulz (1903–1984) wurde in Triest, Italien, geboren. Vater und Großvater waren beide ansässige Berufsfotografen. Als ihr Vater starb, übernahmen Wulz und ihre Schwester sein Fotostudio und Wulz begann, als Fotografin zu arbeiten und ausgiebig mit diesem Medium zu experimentieren. Wulz hatte Kontakt mit den italienischen Futuristen, die neue Verfahren wie Fotografie und Film propagierten, und stellte gemeinsam mit ihnen aus. Später entfernte sie sich von dieser Bewegung, die dem Militarismus und Faschismus immer näher stand. In diesem Foto, sicherlich ihr bekanntestes, verschmilzt Wulz' Gesicht mit dem der Katze der Familie, es entsteht ein wundersames, traumähnliches Porträt.

Erstausgabe der *USSR im Bau* erscheint in der Sowjetunion.

Der von Mahatma Gandhi initiierte Salzmarsch schürt den zivilen Ungehorsam in Britisch-Indien.

Mao Zedong erklärt Jiangxi zur chinesischen Sowjetrepublik.

1930

1931

Brassaï–*Paris*

Gyula Halász, besser bekannt als Brassaï (1899–1984), studierte Malerei zunächst in seiner Heimat Ungarn, später in Berlin und Paris. Hier entdeckte er die Fotografie, die ihm eine Einkommensquelle bot, ihn aber auch seiner zweiten Leidenschaft, der Erkundung des Pariser Nachtlebens, frönen ließ. Für seine dort entstandenen Aufnahmen ist er in Erinnerung geblieben. Freunde verschafften ihm Zutritt zu Bordellen und illegalen Clubs, wo er viele Nächte verbrachte und wartete, bis sich die Leute an seine Anwesenheit gewöhnt hatten, bevor er tatsächlich fotografierte. Viele dieser Bilder fanden Eingang in seinen Klassiker *Paris de Nuit* von 1933.

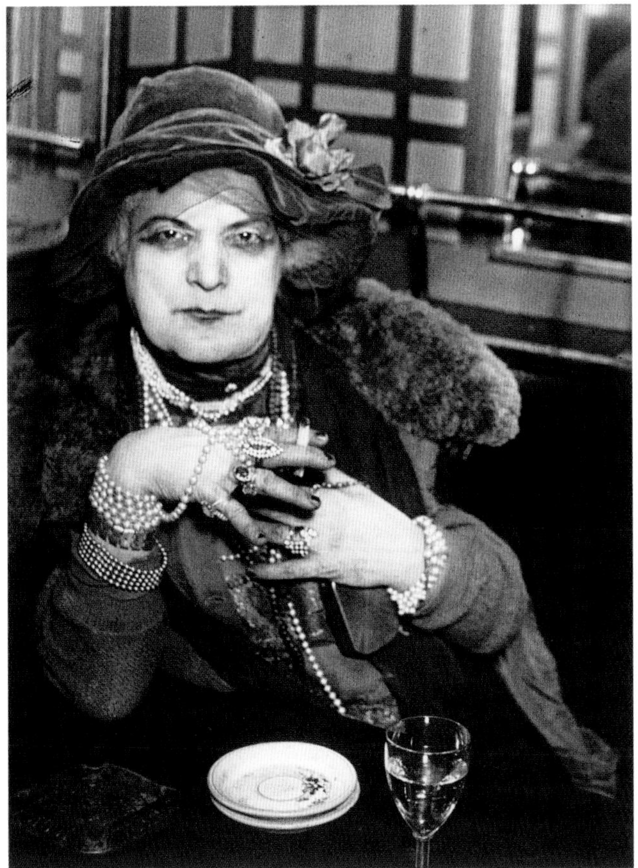

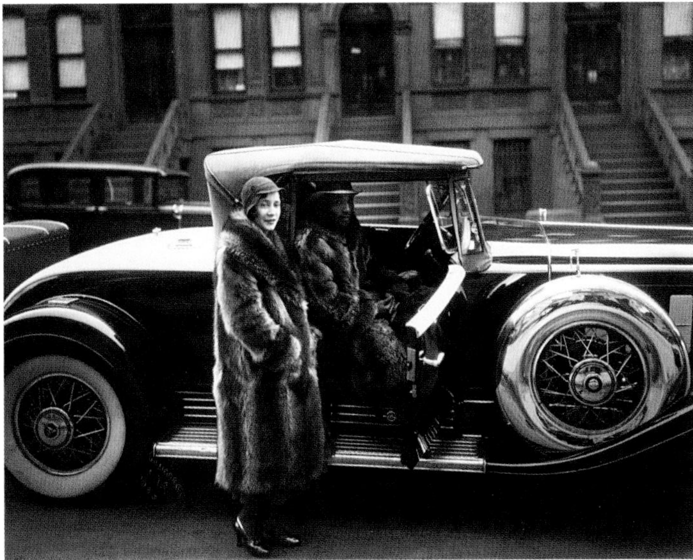

James Van Der Zee–*Harlem*

Als junger Mann fand James Van Der Zee (1886–1983) eine Anstellung in einem Fotostudio, wo er zunächst in der Dunkelkammer arbeitete und später dann den Posten des Fotografen übernahm. 1916 richtete er ein eigenes Studio in Harlem, New York, ein, fotografierte während dieser Zeit häufig und ausgiebig in seiner Umgebung und wurde zu einer Schlüsselfigur der später als Harlem-Renaissance bekannten Bewegung. Heute ist er vor allem für seine Fotografien einer aufstrebenden afroamerikanischen Mittelschicht bekannt. Dieses Bild eines wohlhabenden Paars in Waschbär-Pelzen und mit modischem Auto mag ein Beispiel dafür sein. Es wurde zwar teilweise behauptet, das Bild sei von Van Der Zee inszeniert worden, aber die Botschaft, die vermittelt werden sollte, war unmissverständlich. Das Bild wurde zu einer Art Messlatte für Afroamerikaner, die von größerem Wohlstand träumten.

Die NSDAP wird stärkste Partei im Reichstag, jedoch ohne absolute Mehrheit.

1932

1933–1935

Die Folgen der Weltwirtschaftskrise sind Mitte der 1930er Jahre nach wie vor deutlich spürbar. Um die Folgen zu bekämpfen, richtet die Regierung in den Vereinigten Staaten die Farm Security Administration ein. Im Rahmen dieser Kampagne wird ein innovatives Fotoprojekt initiiert, um die Hilfsmaßnahmen zu dokumentieren. Eine Reihe wichtiger Fotografen werden dafür engagiert, darunter Dorothea Lange, Walker Evans und Gordon Parks. In Europa nimmt die Macht der extremen Rechten weiter zu. In Deutschland ernennt Reichspräsident Paul von Hindenburg nach zwei ergebnislosen Wahlen Adolf Hitler, den Parteivorsitzenden der NSDAP, zum deutschen Reichskanzler. In den folgenden zwei Jahren etabliert Hitler eine Dikatur und führt die Nürnberger Rassengesetze ein, die den Weg für den Holocaust ebnen. Hunderttausende Menschen fliehen aus Deutschland, darunter Fotografen und Künstler wie Robert Capa und John Heartfield. Sie emigrieren in Länder wie Großbritannien und die Vereinigten Staaten, im Gepäck ihre kontinentale Kunst, was nicht ohne fruchtbare Wirkung bleibt. LB

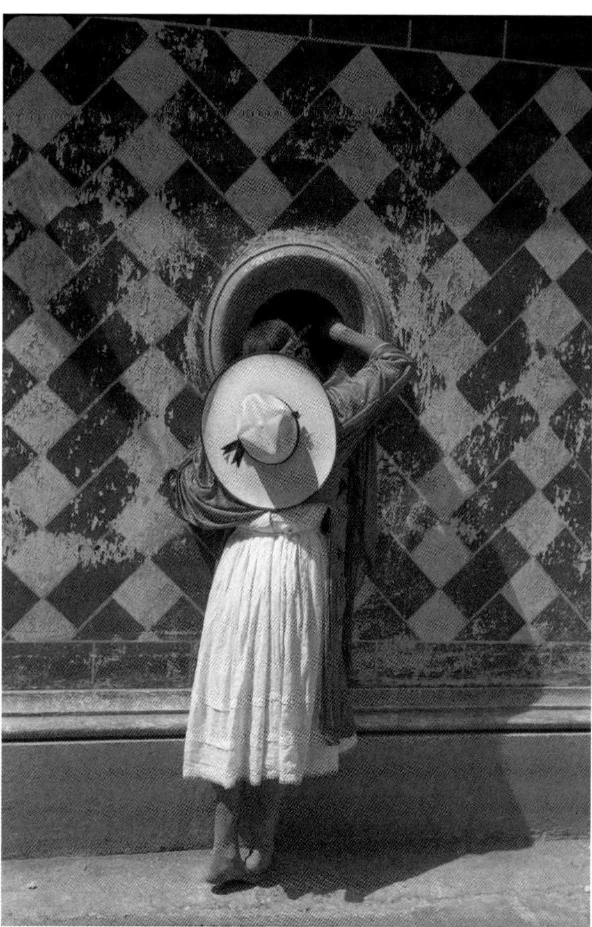

Manuel Álvarez Bravo–
Die Tochter der Tänzer

Manuel Álvarez Bravo (1902–2002) wurde in Mexiko-Stadt in eine Künstlerfamilie hineingeboren. Er studierte Kunst und interessierte sich zunehmend für die Fotografie. 1927 lernte er Tina Modotti und Edward Weston kennen, die ein paar Jahre vorher nach Mexiko gezogen waren und deren Ermutigung einen großen Einfluss auf ihn ausübte. Bravos Karriere als Fotograf nahm von nun an seinen Lauf und fiel mit der nachrevolutionären Kulturblüte in Mexiko zusammen, als die Regierung versuchte, Mexiko als ein Land zu propagieren, das Geschichte und Moderne in sich vereint. Dieses Foto zeigt Bravos Talent, die oft mit seinem Land assoziierten Stereotypen zu meiden und dokumentarische Elemente mit Ideen aus Kunstströmungen wie Surrealismus und Kubismus zu verbinden.

Adolf Hitler wird zum Reichskanzler ernannt.

1933

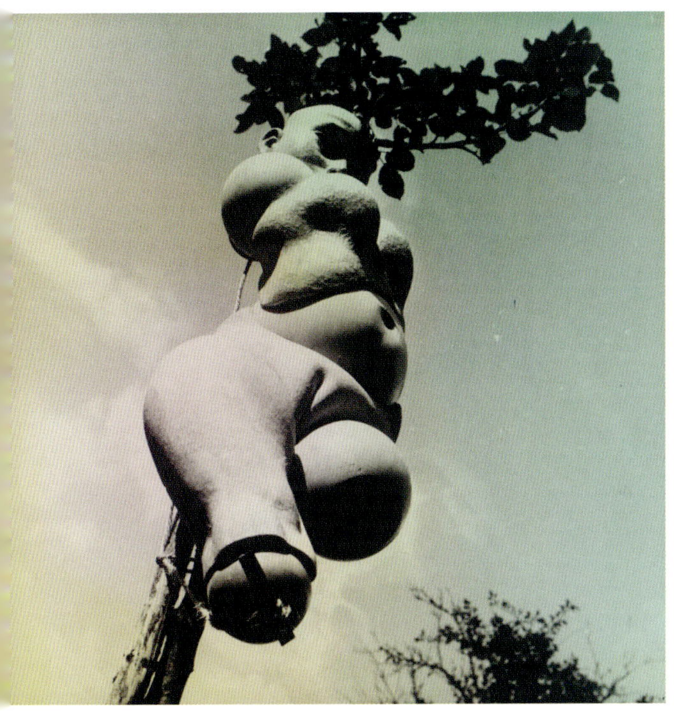

Hans Bellmer –*Die Puppe*

Der als Zeichner ausgebildete Deutsche Hans Bellmer (1902–1975) begann nach dem Aufstieg der NSDAP zur führenden Partei mit der Schaffung einer Reihe von Figuren aus Teilen von Schaufensterpuppen und anderem Material. Er war ein entschiedener Gegner des Nationalsozialismus. Seine Puppen werden oft als bewusste Ablehnung des vom Naziregime zelebrierten Körperkults interpretiert, beeinflusst auch von Jacques Offenbachs Oper *Hoffmanns Erzählungen*, in der sich die Hauptfigur in eine lebensgroße Puppe verliebt. Bellmer fertigte etliche Fotografien seiner Werke an, die in der surrealistischen Zeitschrift *Minotaure* abgedruckt wurden.

Margaret Bourke-White auf dem Chrysler Building

Margaret Bourke-White (1904–1971) studierte zunächst Zoologie, interessierte sich aber zunehmend für Fotografie. Nach dem Studium richtete sie ein Studio ein und machte sich einen Ruf als Berufsfotografin, die auch in gefährlichen Umgebungen wie der Stahlproduktion arbeitete. 1929 nahm sie eine Stelle bei der Zeitschrift *Fortune* an und hatte bald etliche bedeutende Fotografien vorzuweisen. 1936 verließ sie das Unternehmen und ging zum Magazin *Life*. Sie gehörte zu den wenigen Fotografen des Westens, die in die Sowjetunion einreisen und die dortige Entwicklung dokumentieren durften, und zu den wenigen weiblichen Kriegsberichterstattern während des Zweiten Weltkriegs.

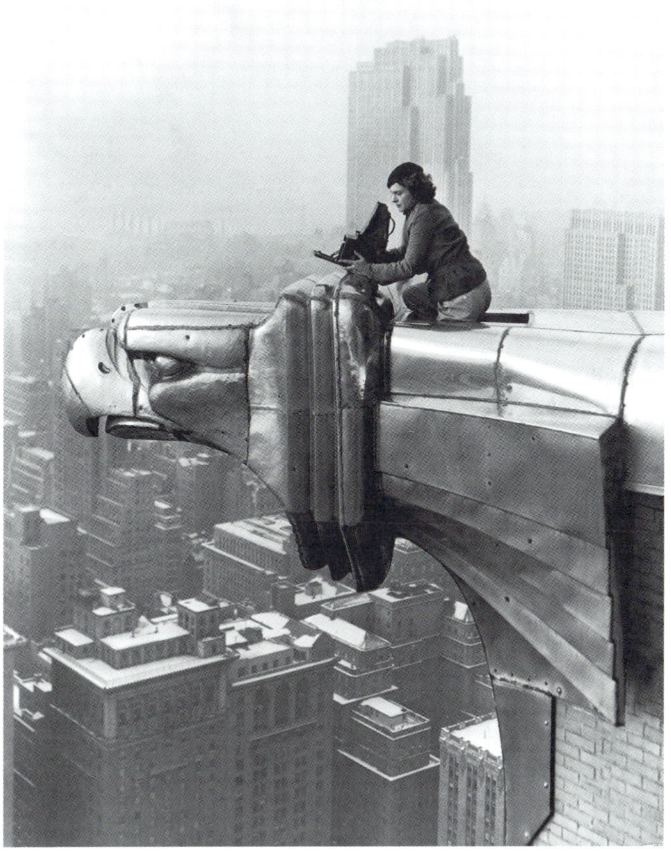

Die Bankräuber und Kulturikonen Bonnie und Clyde werden bei einem Polizeieinsatz erschossen.

Lew Wygotski publiziert *Denken und Sprechen*.

1934

Der Abessinienkrieg endet mit dem Exil von Haile Selassie und der Eroberung Abessiniens durch Benito Mussolini.

1935

GROUP *f*/64

Die Gruppe *f*/64 vertrat die Ansicht, dass Fotografie einen gradlinigen, direkten Ansatz verfolgen sollte: „Als reine Fotografie gilt, was weder technisch, gestalterisch noch gedanklich Anleihen bei einer anderen Kunstform nimmt."

Die Gruppe beschrieb sich erstmals 1932 bei einer Ausstellung im M. H. de Young Memorial Museum in San Francisco mit folgender Aussage: „Der Name dieser Gruppe leitet sich von einer Blendenzahl des Objektivs ab. Er bezeichnet insbesondere die Eigenschaften der Klarheit und der Schärfe des fotografischen Bildes, die ein wichtiges Element in der Arbeit dieser Gruppe darstellen." Der Name *f*/64 bezog sich auf die kleinstmögliche Blendenöffnung einer Großformatkamera, die Fotos eine unglaubliche Schärfentiefe und Detailgenauigkeit verleiht. Das in der Bay Area ansässige Kollektiv war eine der frühesten Kunstbewegungen, die sowohl von Männern als auch von Frauen geprägt wurden, dazu gehörten Dorothea Lange, Imogen Cunningham, Consuelo Kanaga, Alma Lavenson und schließlich Sonya Noskowiak, sowie Ansel Adams, John Paul Edwards, Preston Holder, Henry Swift, Willard Van Dyke, Brett Weston und Edward Weston. Ihre Arbeiten hatten eine modernistische Anmutung, zeichneten sich durch einen scharfen Kontrast und eine klare Ästhetik aus und wurden „Straight Photography" genannt, ein Kontrastprogramm zum damals populären Piktorialismus. Die Folgen der Weltwirtschaftskrise, Westons Umzug nach Santa Barbara und Van Dykes Fortgang nach New York führten 1935 zur Auflösung der Gruppe, aber ihre Mitglieder prägten noch jahrzehntelang die amerikanische und internationale Fotografie.

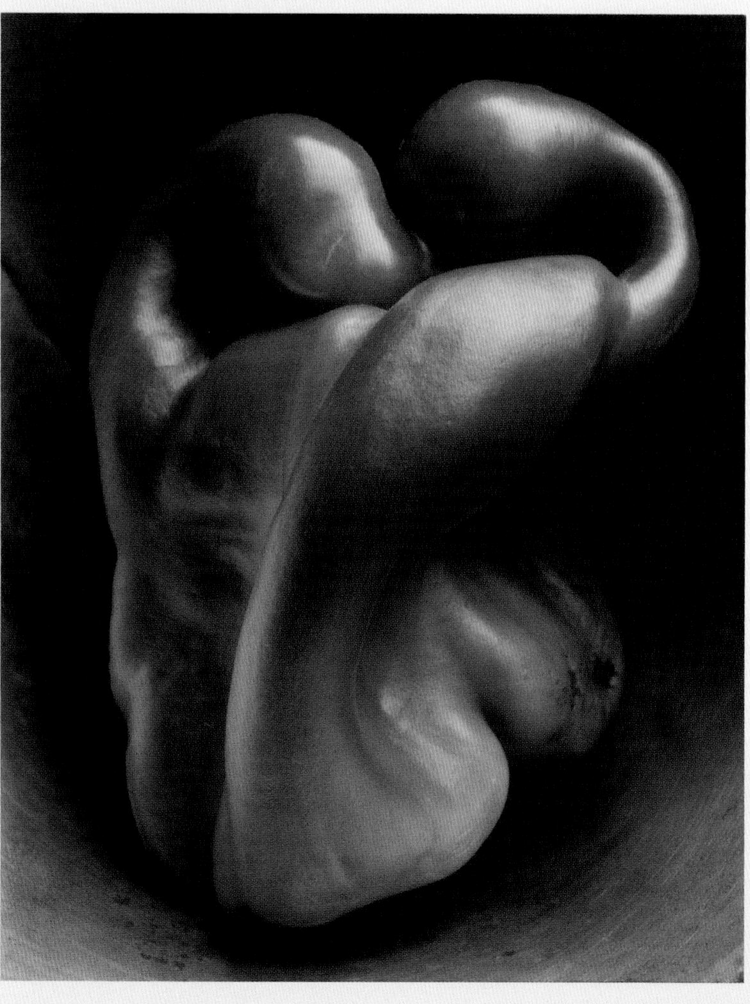

RECHTS. Edward Weston – *Paprika Nr. 30* (1930)
Nach Einflüssen von Alfred Stieglitz und den Piktorialisten suchte Edward Weston (1886–1958) bald „die nackte Schönheit, die ein Objektiv so genau wiedergeben kann, ganz ohne künstlerische Effekte". 1926 begann er mit natürlichen Formen wie Muscheln und Kohlköpfen zu experimentieren und schuf plastisch anmutende Fotografien. Er arbeitete mit Tageslicht und einer 10 × 8-Kamera, und schrieb in seine *Tagebücher*: „Ich habe vielleicht 50 Bilder von Paprikaschoten gemacht: wegen der unendlichen Formenvielfalt, der außergewöhnlichen Oberflächenstruktur, der Kraft, der geballten Energie, die in ihren Windungen steckt. Eine Packung Paprika aus dem Laden an der Ecke berührt mich emotional mehr als jede andere essbare Form, denn sie birgt die ganze Skala der natürlichen Formen und überrascht im experimentellen Spiel."

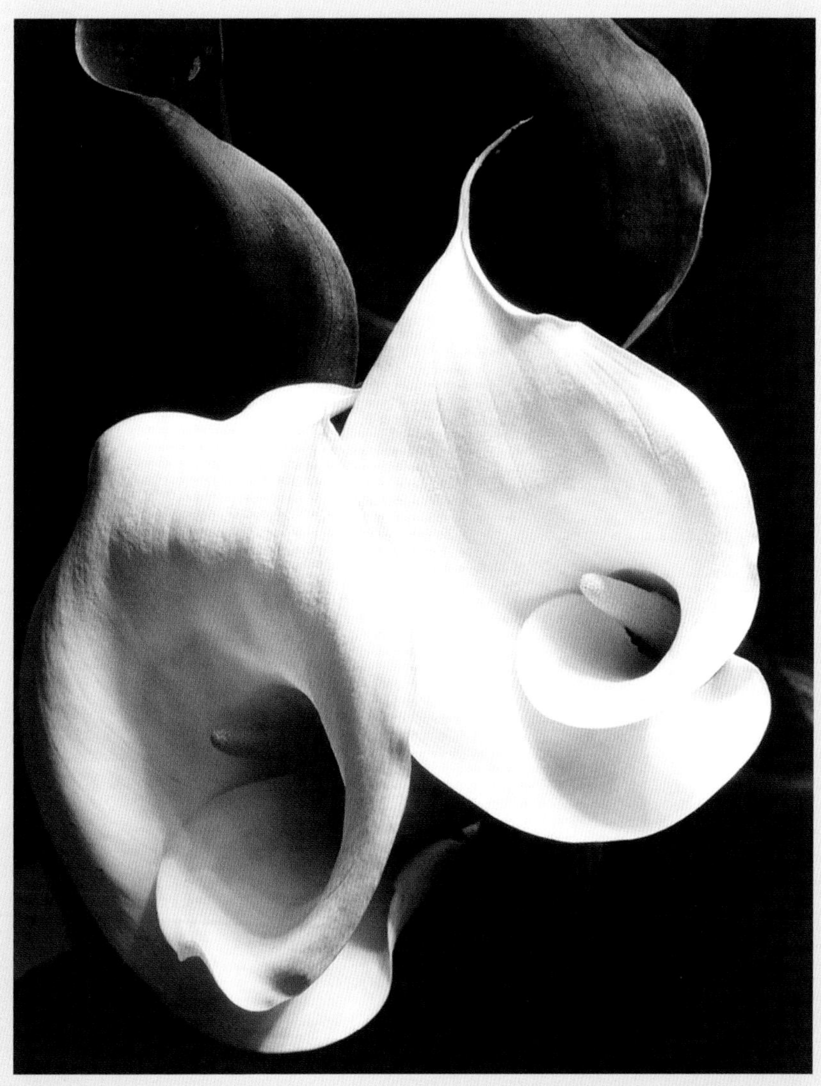

OBEN. Imogen Cunningham – ***Zwei Callas*** **(*ca.* 1929)**
Imogen Cunninghams (1883–1976) Palette an Sujets und Methoden war vielgestaltig und umfasste Akte und Porträts, Landschaften und, wie in dieser schönen Studie, Pflanzen. Cunningham hatte Vorbildwirkung: Sie eröffnete 1910 als eine der ersten Frauen ein Fotostudio und veröffentlichte 1913 *Fotografie als Frauenberuf*, um andere Frauen zu ermutigen, sich ihr als Berufsfotografinnen anzuschließen. Sie war eine zentrale Figur der Gruppe der *f*/64. Edward Weston schrieb über sie: „Sie benutzt ihr Medium, die Fotografie, mit großer Ehrlichkeit – keine Tricks, keine Ausflüchte: eine klare Darstellung der Sache selbst, des Lebens dessen, was sie gerade durch ihr Objektiv sieht."

Ansel Adams (1902–1984)

Ansel Adams war einer der bedeutendsten Vertreter des fotografischen Handwerks, der die technischen und ästhetischen Aspekte des Mediums vollkommen beherrschte. Er arbeitete meist in Schwarz-Weiß und benutzte Großformatkameras, die ihm die vollständige Kontrolle über die Entwicklung und den Abzug jedes einzelnen Negativs ermöglichten. Er bemerkte einmal: „Das Negativ ist mit der Partitur des Komponisten und der Abzug mit dessen Aufführung vergleichbar. Jede Aufführung ist auf subtile Weise anders." Unermüdlich kämpfte er für die Erhaltung der intakten Naturschutzgebiete Amerikas, insbesondere des Yosemite-Nationalparks, und des gesamten Nationalparksystems. Seine dramatischen Landschaftsbilder der Berge und Wälder illustrierten die Pracht der Natur mit einem außergewöhnlichen Sinn für Schönheit.

1936–1938

Die Folgen der Weltwirtschaftskrise und die politischen Konflikte zwischen Rechten und Linken dauern an; der Spanische Bürgerkrieg bricht aus. Er ist wohl der erste moderne Krieg im Mediensinne. Ein internationales Pressekorps wird nach Spanien geschickt, um über die Ereignisse in diesem komplexen und sich rasch ändernden Krieg zu berichten. Viele der großen europäischen Nachrichtenagenturen entsenden Fotografen, auch freiberufliche Fotojournalisten wie Robert Capa, David „Chim“ Seymour und Gerda Taro sind vor Ort. Die neuen Kompaktkameras wie die Leica und die Contax ermöglichen es, näher als je zuvor an die Ereignisse heranzukommen, was zur Entstehung eines neuen Stils der Kriegsfotografie führt, der sich von dem des Ersten Weltkriegs völlig unterscheidet. Unterdessen entwickelt sich die Foto- und Filmtechnik weiter: Kodak bringt einen der ersten Farb-Diafilme auf den Markt, und Disney produziert 1937 mit *Schneewittchen und die sieben Zwerge* den ersten Zeichentrickfilm in Spielfilmlänge. LB

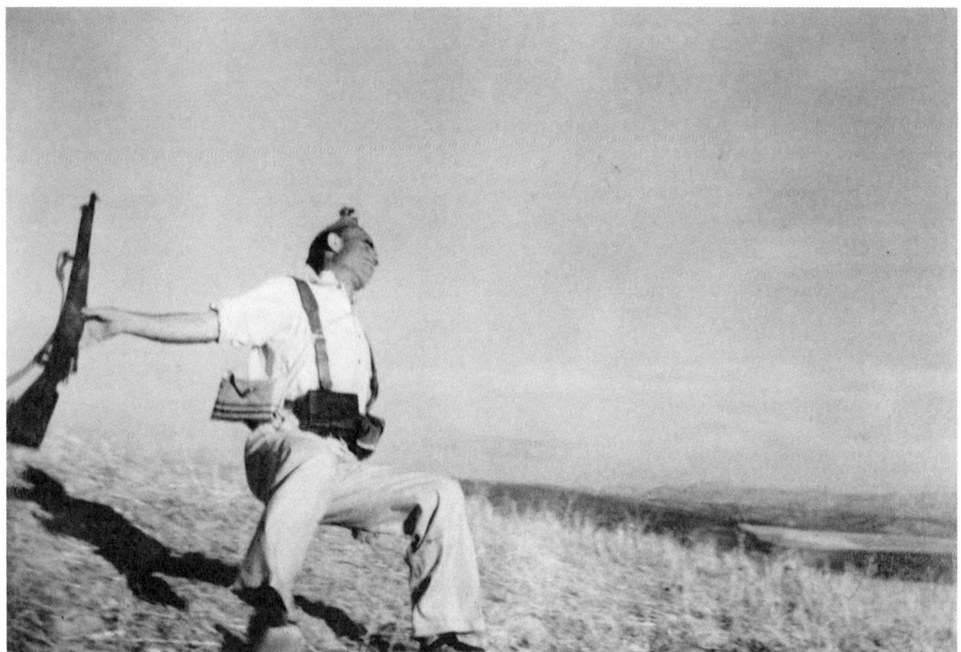

Robert Capa–***Loyalistischer Soldat im Moment seines Todes, Cerro Muriano, 5. September 1936***

Der Ungar Endre Friedmann (besser bekannt als Robert Capa, 1913–1954) zog nach Berlin, arbeitete zunächst als Assistent in der Dunkelkammer und dann als Fotograf für die Fotoagentur Dephot. Ab 1936 dokumentierte Capa die Kämpfe zwischen Republikanern und Nationalisten im Spanischen Bürgerkrieg; dieses Bild sollte mehr als jedes andere zu einem Sinnbild dafür werden. Es zeigte einen antifaschistischen bzw. republikanischen Soldaten im Moment des Einschlags einer Kugel, hieß es erst, doch seit 1975 werden Zweifel an der Authentizität des Bildes laut; Untersuchungen etlicher Wissenschaftler deuten darauf hin, dass es sehr wahrscheinlich von Capa inszeniert oder falsch betitelt wurde.

Der Spanische Bürgerkrieg beginnt.

1936

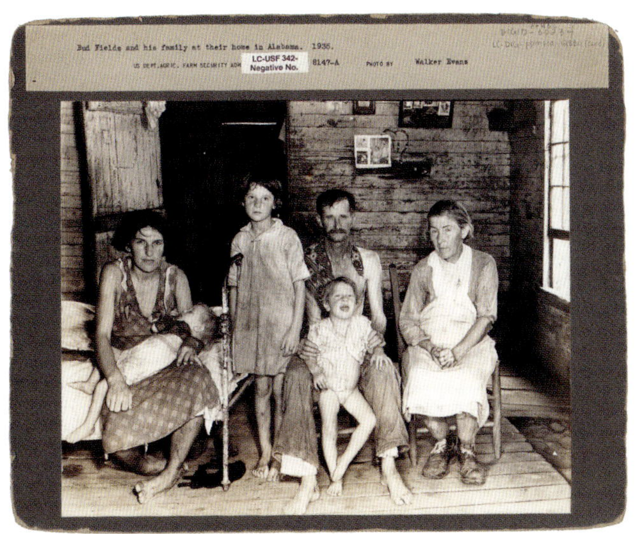

Walker Evans – ***Farmpächterfamilie, Alabama***

Nach Europareisen und einer kurzen Tätigkeit an der Börse begann Walker Evans (1903–1975) 1928, sich der Fotografie zuzuwenden. Zu Beginn der Weltwirtschaftskrise arbeitete er für die Farm Security Administration als Teil der fotografischen Abteilung. 1936 ließ sich Evans von der FSA beurlauben, um verarmte Familien im amerikanischen Süden zu fotografieren. Aus seinen Bildern und Texten des Schriftstellers James Agee entstand das Buch *Let Us Now Praise Famous Men* („Preisen will ich die großen Männer"). Anfangs verkaufte es sich kaum, inzwischen gilt es längst als wichtiges und ambitioniertes Werk, das die Art der Berichterstattung, der Dokumentation und der Beziehung zwischen Bildern und Worten hinterfragte.

Margaret Bourke-White – ***Die Flut in Louisville***

Seit ihrer Tätigkeit für die Zeitschrift *Fortune* galt Bourke-White bereits als eine der führenden Fotojournalistinnen ihrer Zeit. 1936 wechselte sie zu *Life*, wo sie bis zum Ende des Jahrzehnts blieb. Dieses Foto entstand im Rahmen ihrer Dokumentation der Überschwemmung des Ohio River im Jahr 1937, eine der größten Naturkatastrophen in der amerikanischen Geschichte jener Zeit, die die Stadt Louisville in Kentucky verwüstete. Das Foto zeigt afroamerikanische Flutopfer, die auf Hilfe warten, und kontrastiert deren resignierte Erschöpfung mit dem strahlenden Lächeln einer weißen Familie auf einem Werbeplakat über ihnen, um die noch immer enorme Kluft zwischen der Außenwirkung der Vereinigten Staaten und der Realität vor Ort aufzuzeigen.

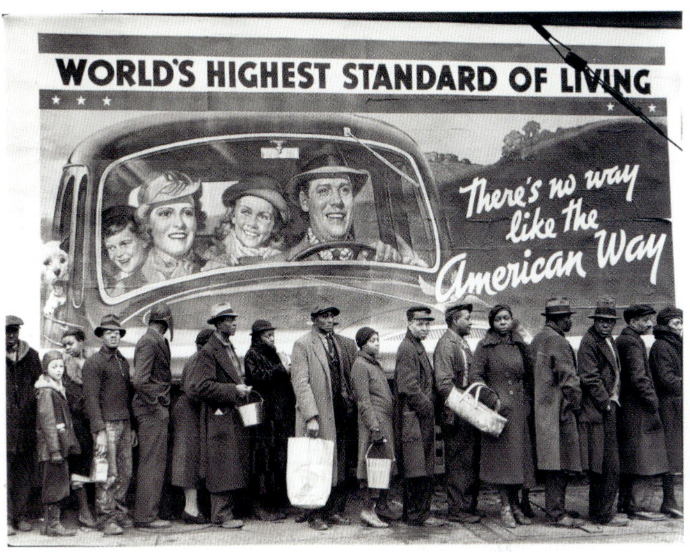

Pablo Picasso malt ***Guernica***, eine monumentale Hommage an eine von faschistischen, Franco-treuen deutschen Fliegern im Bürgerkrieg bombardierte Stadt.

1937

Der „Anschluss" gliedert Österreich ins Deutsche Reich ein, das Münchner Abkommen das Sudetenland.

1938

1939–1941

In den späten 1930er Jahren endet ein umfassend dokumentierter Krieg und ein neuer beginnt. Der Bürgerkrieg in Spanien endet mit einem Sieg der Nationalisten, Diktator Francisco Franco kommt an die Macht. Die Unterzeichnung des Nichtangriffspakts und des geheimen Zusatzprotokolls reguliert die Aufteilung Polens zwischen Deutschland und der Sowjetunion. Hitler marschiert 1939 in Polen ein; der Zweite Weltkrieg beginnt. Im darauffolgenden Jahr fällt ein Großteil Europas an Nazideutschland. Beim Einsatz von Fotografie und Film auf dem Schlachtfeld wird Pionierarbeit geleistet; speziell ausgebildete Kamerateams erstellen Bilder und Filmmaterial für Propagandasendungen. Das vermittelte Bild von unaufhaltsam durch Europa marschierenden deutschen Panzern und Truppen wirkt psychologisch. Unzählige Zivil- und Armeefotografen dokumentieren das Geschehen an zahlreichen Fronten, eine bemerkenswerte Abkehr von der kleinen Zahl stark eingeschränkter Fotografen, die während des Ersten Weltkriegs tätig waren. LB

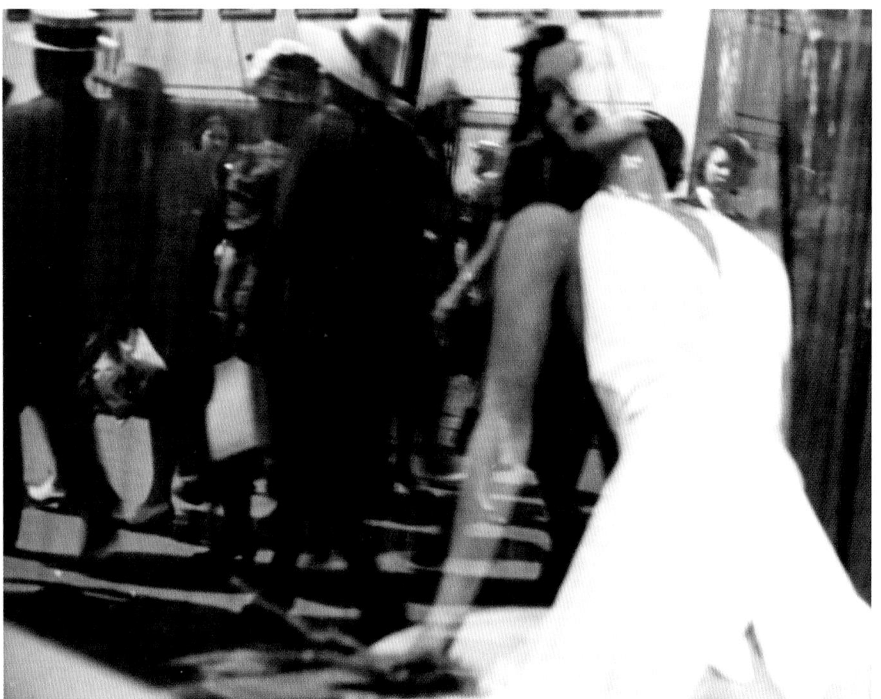

Lisette Model – *Spiegelungen, New York*

Die Wienerin Lisette Model (1901–1983) studierte Musik (u.a. bei Arnold Schönberg) und emigrierte später nach Paris, um sich als Sängerin ausbilden zu lassen. Sie interessierte sich für bildende Kunst und wurde durch ihre Schwester Olga an die Fotografie herangeführt. Model entwickelte einen Stil der Straßenfotografie, der sich durch Nahaufnahmen und Unsentimentalität auszeichnet. 1938 emigrierte sie in die USA und arbeitete für Zeitschriften und an ihren Straßenfotografien. Während der McCarthy-Ära wurde Model auf die schwarze Liste gesetzt. Als die Aufträge ausblieben, verdiente sie ihr Geld als Dozentin an der New Yorker New School for Social Research und beeinflusste dadurch Generationen von Fotografen.

Ende des Spanischen Bürgerkriegs, Francisco Franco wird Diktator von Spanien.

1939

Anton Bruehl – *Vogue*

Anton Bruehl (1900–1982) wurde in Australien geboren, machte eine Ausbildung als Ingenieur und zog in die Vereinigten Staaten. Im Jahr 1926 gründete er ein Fotostudio, das sich auf aufwendig konstruierte Tableaus spezialisierte. Er war in den 1920er und 1930er Jahren sehr gefragt, insbesondere vom Modemagazin *Vogue*. Zusammen mit dem Farbspezialisten Fernand Bourges entwickelte Bruehl ein Farbdiaverfahren, bei dem vier fotografische Platten zum Einsatz kamen, deren Farben denen des CMYK-Druckverfahrens ähnelten.

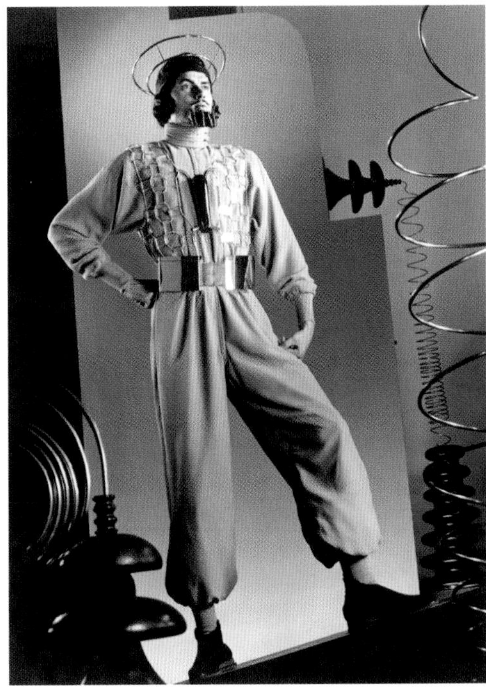

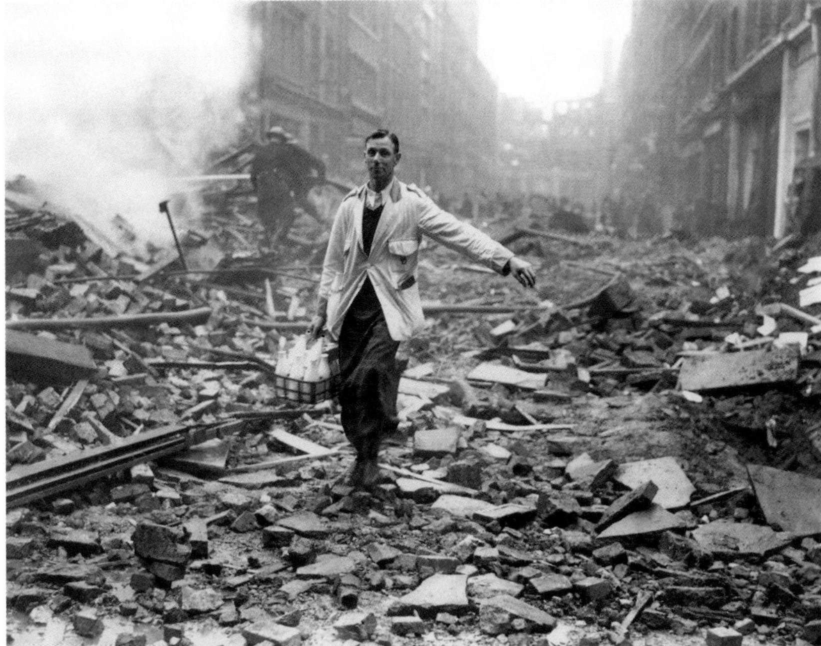

Fred Morley – *Der Londoner Milchmann*

Die Schlacht um England 1940 war sowohl die erste, die fast ausschließlich als Luftschlacht erfolgte, als auch die erste große Niederlage für das deutsche Militär im Zweiten Weltkrieg. Als der Ausgang immer deutlicher wurde, wichen die Luftangriffe auf Flugplätze bei Tage vergleichsweise willkürlichen nächtlichen Bombardierungen von Stadtgebieten; im englischen Sprachgebrauch bekannt unter dem Begriff *The Blitz*. London wurde an siebenundfünfzig aufeinanderfolgenden Tagen bombardiert, um die Bevölkerung zu demoralisieren, aber die Antwort war ein stiller Stoizismus; aufgegeben wurde das Land keineswegs. Dieses Foto vermittelt ebendiese Haltung: Das Leben geht trotz Zerstörung weiter. Das Bild wurde am 9. Oktober aufgenommen, am Morgen nach einem solchen Angriff, ist jedoch inszeniert: Morleys Assistent mimt den verlässlichen Milchmann, mit geliehenem Kittel und Flaschenkorb.

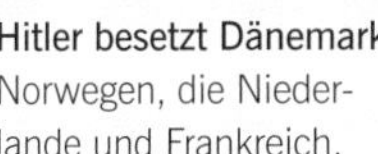

Hitler besetzt Dänemark, Norwegen, die Niederlande und Frankreich.

Olivier Messiaen beendet das *Quartett für das Ende der Zeit*.

Japan greift die US-Flotte in Pearl Harbor an; Eintritt der USA in den Zweiten Weltkrieg.

Der Deutsch-Sowjetische Krieg beginnt.

1940

1941

ARCHITEKTUR

Die Kamera erweist sich als ideales Instrument, um die „Poetik des Raums“ zu erkunden; sie arbeitet mit Licht und Schatten, um Gebäuden und Innenräumen Größe und Dreidimensionalität zu verleihen.

Räume haben eine Präsenz, sie bergen die Spuren derer, die sie gebaut haben und sich in ihnen aufhielten, oft lange nachdem diese Menschen in die Geschichte eingegangen sind. Von Frederick H. Evans' „Stufenmeer“ über Walker Evans' Beschäftigung mit Kirchenarchitektur bis hin zur akribischen Katalogisierung von Industriebauten durch die Bechers waren Fotografen fasziniert davon zu erkunden, wie Gebäude zur Darstellung der Gesellschaft genutzt werden können. Die legendäre Ausstellung *New Topographics: Photographs of a Man-Altered Landscape* von 1975 markierte einen Schlüsselmoment: Erstmals wurde Landschaftsfotografie verknüpft mit den Folgen, die das menschliche Bedürfnis nach Entwicklung und urbaner Ausbreitung auf die Umwelt hatte. Daraus entstand die Bewegung New Topographics, der Robert Adams, Lewis Baltz, Joe Deal, Frank Gohlke, Nicholas Nixon und Stephen Shore angehörten. Dagegen stellt Konzeptkünstler Thomas Demand unser Wirklichkeitsempfinden mit seinen Serien infrage, die von Wohnräumen bis hin zu Regierungssitzen reichen und mit sozialen oder politischen Subtexten unterlegt sind. Die Fotografien scheinen reale Architekturen abzubilden, sind in Wirklichkeit aber Bilder von akribischen Nachbauten realer Räume, die er als Modelle anfertigt und dann sorgfältig fotografiert. Für *Präsidentschaft I*, 2008, baute er das Oval Office im Weißen Haus nach; auf den ersten Blick überzeugt es, offenbart dann aber kleine Ungereimtheiten, die eine irritierende, unheimliche Wirkung haben.

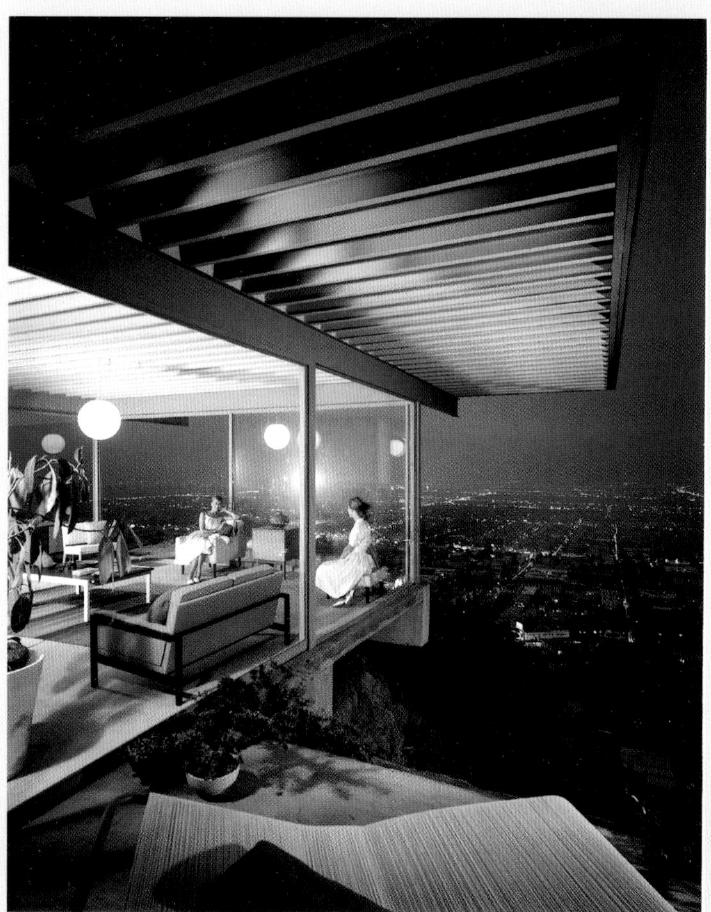

LINKS. Julius Shulman–*Case Study House #22* (1960)
Julius Shulmans (1910–2009) perfekt komponierte Bilder ikonischer Bauten von Architekten wie Frank Lloyd Wright und Charles Eames beschrieben die klaren Linien und die formale Schönheit der Architektur der Moderne an der Westküste Amerikas. Shulman verstand es, die Gebäude in den Kontext der Landschaften zu setzen, in denen sie sich befanden. Am besten gelungen ist ihm das wohl in dieser viel zitierten Fotografie des von Pierre Koenig entworfenen Stahl House mit seinen Glaswänden und dem Ausblick auf Los Angeles. Das Haus wurde durch das Foto berühmt, es wurde in zahlreichen Filmen, Mode- und Werbekampagnen gezeigt und 1999 zum kulturhistorischen Baudenkmal erklärt.

RECHTS. Charles Sheeler–*Förderstrecken über Kreuz, Ford Motor Co., River-Rouge-Komplex* (1927)
Charles Sheeler (1883–1965) war künstlerisch vielseitig und ein Hauptvertreter des amerikanischen Präzisionismus, eines Malstils, der urbane Landschaften in präzisen geometrischen Formen abzubilden suchte. Er war auch ein gefeierter Fotograf von Industrie und Architektur und hatte ein Adlerauge für Texturen und für Licht- und Schattenspiele, um den fotografierten Gebäuden den Eindruck von Räumlichkeit und Tiefe zu verleihen. Dieses Bild war das Ergebnis eines sechswöchigen Engagements der Ford Motor Company, um die Markteinführung des neuen Modells A zu bewerben, wurde aber über die kommerzielle Absicht hinaus zum Symbol der industriellen Macht der Vereinigten Staaten.

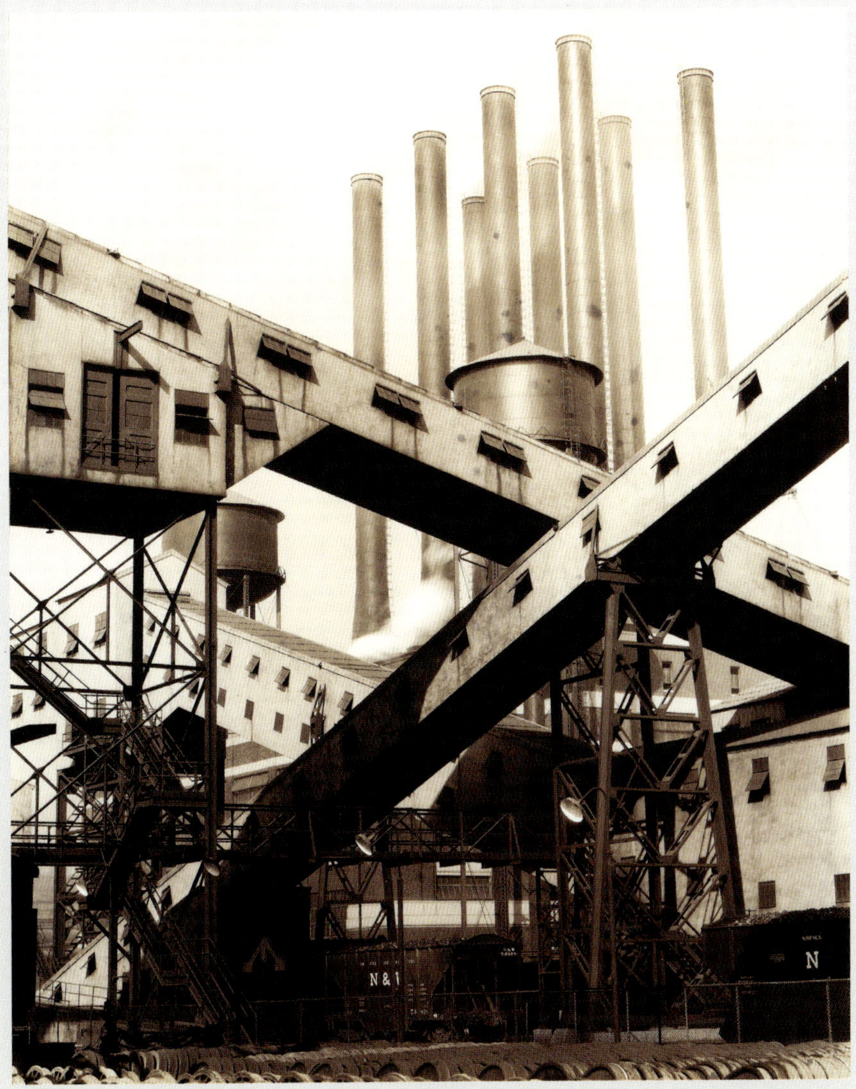

Robert Polidori (geb. 1951)

Den kanadischen Fotografen Polidori fasziniert es, wie Innenräume einen Eindruck von ihren Bewohnern und vom Lauf der Zeit bewahren können. Mit einer Großformat-Filmkamera hat er ein breites Spektrum architektonischer Themen akribisch dokumentiert, von der Restaurierung des Château de Versailles und der verfallenden Pracht Havannas bis hin zu den zerstörten Landschaften von Tschernobyl und den tragischen Folgen des Hurrikans Katrina in New Orleans. Über seine Herangehensweise sagt er: „Ich versuche, einen Inbegriff von etwas an eine Art Oberfläche zu bringen, das sich als Augenblick im Zeitkontinuum ereignet hat und auf seine Art alle Zeit enthält."

1942–1944

1942/43 erleiden die Achsenmächte wichtige Niederlagen, darunter in der Schlacht um Midway und in der Schlacht von Stalingrad; der Zweite Weltkrieg nimmt eine Wende. Die Vereinigten Staaten waren gerade erst in den Zweiten Weltkrieg eingetreten und liefern sich nun im Pazifikkrieg gegen Japan eine brutale, von technischen Innovationen begleitete Seeschlacht, die von Fotografen wie Joe Rosenthal und W. Eugene Smith dokumentiert wurde. 1943 kommen die USA, Großbritannien und die Sowjetunion überein, eine Rückeroberung Europas zu starten. Im folgenden Jahr findet die Operation Overlord statt, bei der Tausende von Truppenverbänden an den Stränden der Normandie landen, mit ihnen Fotografen wie Lee Miller, Margaret Bourke-White und Robert Capa. Hinter den Frontlinien nutzen die Menschen trotz der Kriegsrestriktionen ihre privaten Kameras, um das tägliche Leben festzuhalten oder – in einigen Fällen – Kriegsverbrechen und Gräueltaten als Beweise zu dokumentieren. LB

Kodak entwickelt Kodacolor, den ersten Farbnegativfilm der Welt für Papierbilder.

Die Deutsche V2-Rakete wird das erste menschengemachte Objekt im Weltraum.

Die Schlacht von Stalingrad beginnt.

1942

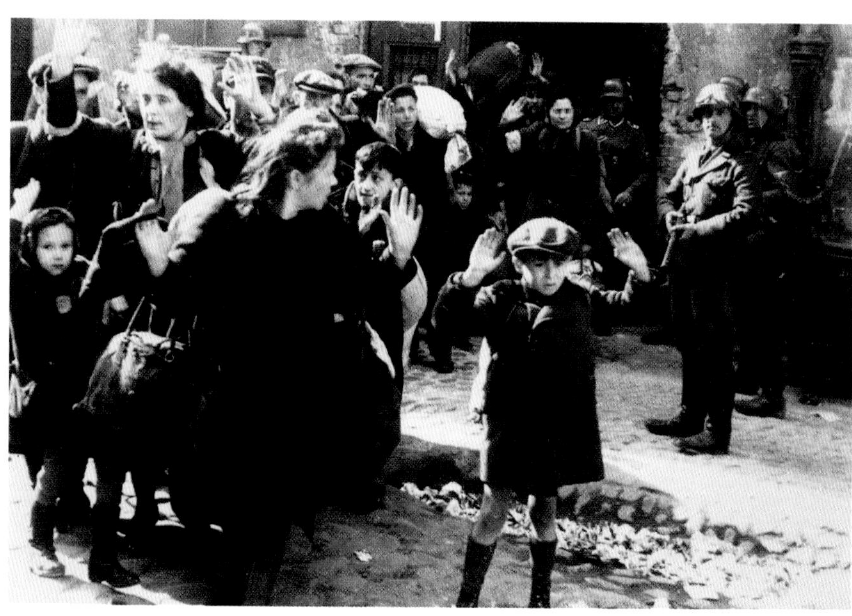

„Das ehemalige jüdische Wohnviertel Warschau besteht nicht mehr"
Als Deutschland Polen besetzte, wurden jüdische Bewohner in Städten wie Warschau in abgesonderten Wohngebieten zusammengetrieben, den sogenannten Ghettos. 1942 begannen die Deportationen aus diesen Ghettos in vermeintliche Arbeitslager; die systematische Vernichtung der europäischen Juden begann. Als Reaktion darauf kam es 1943 im Warschauer Ghetto zu einem mehrwöchigen Aufstand, der zur gewaltsamen Niederschlagung durch die deutschen Truppen führte. Die letzten Etappen der Niederschlagung und die folgende Deportation der letzten Ghettobewohner wurden fotografiert und in einem Dokument zusammengefasst, das mit dem Ausspruch des Befehlshabers Stroop titelte: „Das ehemalige jüdische Wohnviertel Warschau besteht nicht mehr!", später aber als „Stroop-Bericht" bekannt und zum Schlüsselbeweis in den Nürnberger Prozessen wurde.

John Rawlings – Aus der amerikanischen *Vogue*

John Rawlings (1912–1970) begann seine Karriere als Schaufensterdekorateur, der die Kamera nur benutzte, um seine Arbeiten zu dokumentieren und neue Kunden zu gewinnen. Später fotografierte er mehr, einige dieser Fotografien fanden ihren Weg zu Condé Nast, der Rawlings 1936 eine Assistentenstelle für Modefotografen wie Cecil Beaton und Horst P. Horst anbot. Rawlings wurde schließlich Fotograf, ein kometenhafter Aufstieg, der sich vielleicht am besten dadurch erklären lässt, dass sein Stil dem damals vorherrschenden Geschmack in der Modefotografie stark widersprach. Rawlings bot etwas anderes, eine schlichte, aber auffällige und witzige Inszenierung von Mode, bei welcher tatsächlich Kleidung und Accessoires im Vordergrund standen.

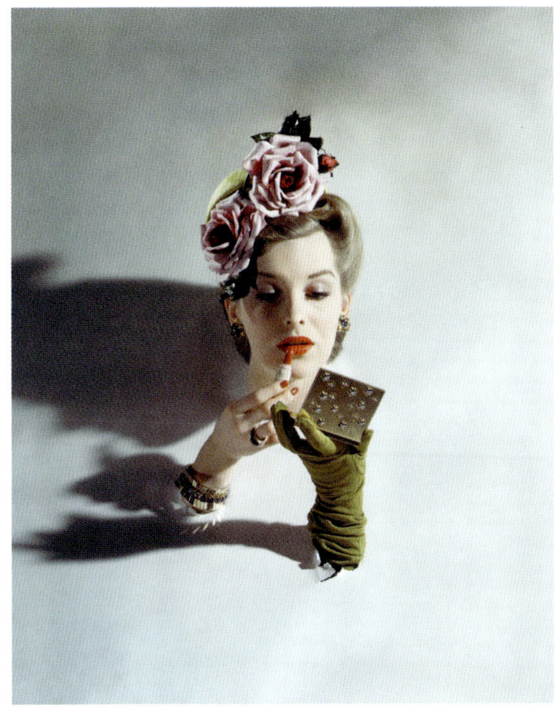

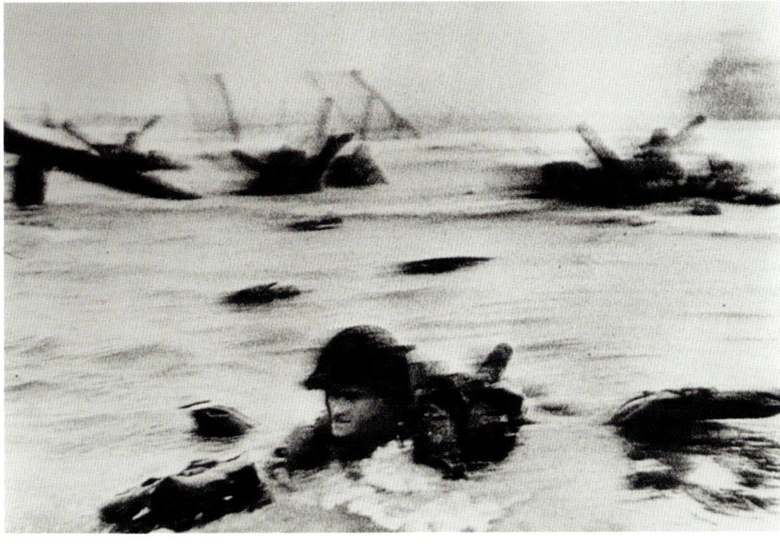

Robert Capa – *Amerikanische Soldaten landen am Omaha Beach, D-Day, 6. Juni 1944*

Am 6. Juni 1944 starteten die Alliierten die Operation Overlord, den Einmarsch in Frankreich und den Beginn der Befreiung Europas von Hitlers Vormacht. Seelandungen entlang der Normandie-Küste waren ein entscheidender Teil des Plans. Capa begleitete und fotografierte die Truppen, als sie unter Beschuss an Land gingen. Später schrieb er in seiner Autobiografie: „Mein schönes Frankreich sah schäbig und wenig einladend aus, und ein deutsches Maschinengewehr, das den Kahn mit Kugeln bespuckte, versaute mir die Rückkehr." Seine Fotografien erscheinen unscharf, was zum Teil darauf zurückzuführen ist, dass die Negative bei der Verarbeitung im Labor überhitzt wurden, wodurch die meisten von ihnen zerstört und die elf bis zum Druck überlebenden Bilder verzerrt wurden.

Auf der Teheran-Konferenz verhandeln Franklin Roosevelt, Winston Churchill und Josef Stalin die politische Neuordnung Europas.

US-Streitkräfte landen am D-Day in der Normandie.

1943

1944

1945–1947

Der Zweite Weltkrieg endet in Europa mit der Schlacht von Berlin und der Kapitulation Deutschlands; im Pazifikraum endet er mit dem Abwurf zweier Atombomben durch die USA und der Kapitulation Japans. In den folgenden Jahren versuchen alle Seiten, sich vom Krieg zu erholen; die Nürnberger Prozesse finden statt. Die Fotografie spielt als stille Zeugin zahlreicher Verbrechen, insbesondere des Holocaust, eine entscheidende Rolle. Der Nürnberger Gerichtssaal wird eigens umgebaut, um Platz für eine riesige Leinwand zu schaffen, auf der Filme und Fotos der Lager vor Gericht gezeigt werden können. 1946 wird die Erde erstmals aus dem Weltraum fotografiert, nachdem eine Kamera, die an einer erbeuteten deutschen V2-Rakete befestigt war, in den USA bei Tests in die Umlaufbahn geschossen wurde. Die globale Ordnung unterliegt großen Veränderungen. Am folgenschwersten sind die Unabhängigkeit Indiens vom Britischen Weltreich, Indiens Teilung, die Gründung Pakistans und der Erste Indisch-Pakistanische Krieg. LB

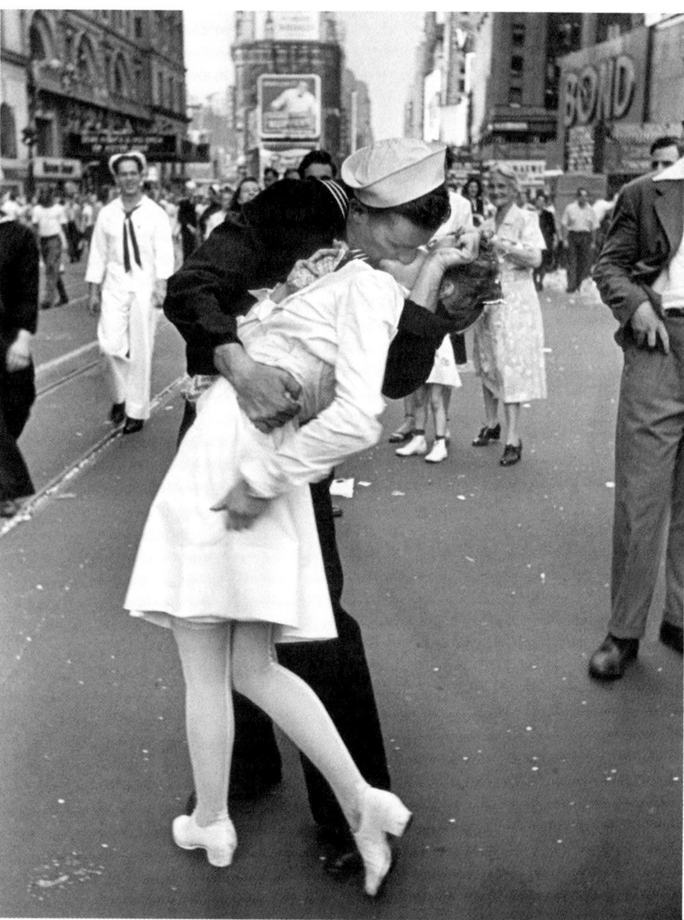

Alfred Eisenstaedt – *VJ Day, Times Square*

Am 14. August 1945 wurde die Kapitulation Japans verkündet. Das war das Ende des Pazifikkrieges und gab in den Vereinigten Staaten Anlass zu spontanen Feierlichkeiten. Auf dem New Yorker Times Square versammelten sich viele Menschen, darunter eine große Zahl von Servicekräften. Alfred Eisenstaedt (1898–1995), ein Fotojournalist der Zeitschrift *Life*, war auf der Suche nach Motiven, die die Ausgelassenheit des Augenblicks widerspiegelten, als plötzlich ein Matrose vor ihm eine vorbeikommende Frau packte und sie küsste. Eisenstaedts Fotografie davon wurde zwei Wochen später in der Zeitschrift *Life* veröffentlicht und zum Sinnbild der Erleichterung und des Feierns nach Jahren des Krieges. Die Frau, eine 21-jährige Zahnarzthelferin namens Greta Friedman, wurde 2005 interviewt und merkte an: „Ein echter Kuss war das nicht."

Deutschland kapituliert, der Zweite Weltkrieg ist in Europa damit beendet.

Der erste Atomwaffenabwurf auf Hiroshima und Nagasaki führt zur Kapitulation Japans und zum Ende des Pazifikkrieges.

1945

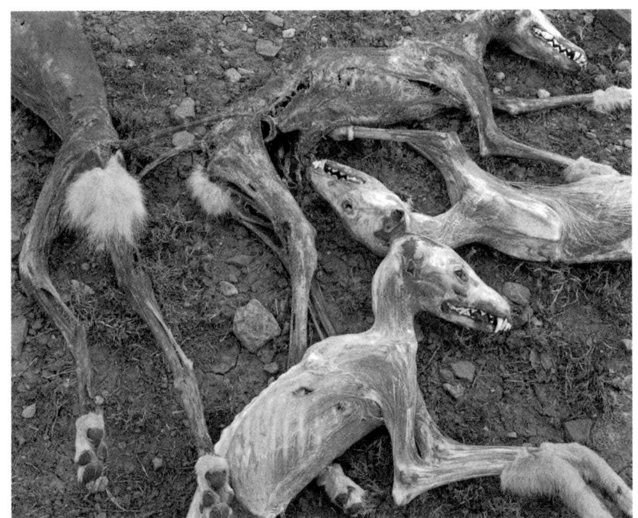

Frederick Sommer – *Kojoten*

Der in Italien geborene Frederick Sommer (1905–1999) wuchs in Brasilien auf, studierte in den USA und arbeitete dann als Landschaftsarchitekt. 1930 erkrankte er und reiste zur Genesung nach Europa, wo er sich zunehmend für Kunst interessierte und mit Malerei und Fotografie experimentierte. Nach seiner Rückkehr in die USA widmete er sich diesen Interessen. Beeinflusst von Ansel Adams und Edward Weston, mit denen er sich auch traf und korrespondierte, ließ er sich im Sommer 1935 in Arizona nieder und beschäftigte sich fast ausschließlich mit Fotografie. Neben Aktbildern und Porträts von Freunden und Künstlerkollegen (u. a. dem Surrealisten Max Ernst) sind die Wüste, die Fauna und die Flora wiederkehrende Themen in seinem Werk, so auch in diesem Bild von vertrockneten Kojotenkadavern.

Frances McLaughlin-Gill – *Vogue Mode-Shooting*

1943 beeindruckte Frances McLaughlin-Gill (1919–2014) den einflussreichen Art Director der *Vogue*, Alexander Liberman, mit ihrer frischen, lebhaften Sicht derart, dass er der gerade mal Vierundzwanzigjährigen einen Vertrag anbot. Sie wurde die erste Frau, die die Zeitschrift als Fotografin anstellte. Ihr informeller Ansatz entsprach der von Diors neuem Stil verkörperten Zwanglosigkeit der Nachkriegszeit. Bis in die 1960er Jahre arbeitete sie auch für Condé Nast. Dieses stilvolle Bild der Models Sally Parsons und Mrs George Carey Jr. in eleganten Abendkleidern, die mit Pferden und Ställen kontrastieren, ist typisch für ihren originellen Ansatz; die Models blicken entgegen den damals gängigen formalen Konventionen nicht direkt in die Kamera.

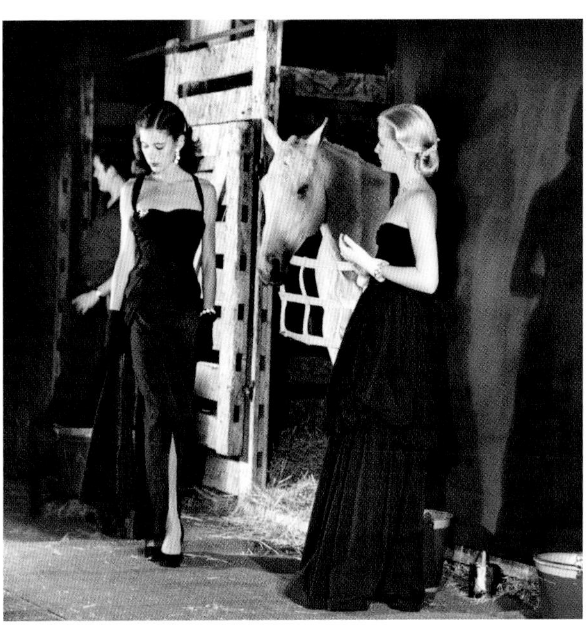

Aus dem All wird das erste Bild von der Erde gemacht.

In den Nürnberger Prozessen werden zwölf prominente Hauptkriegsverbrecher zum Tode verurteilt.

1946

Die ersten Filmfestspiele von Cannes finden statt.

Indien und Pakistan werden unabhängig. Es kommt zum Ersten Indisch-Pakistanischen Krieg.

1947

MAGNUM

Magnum Photos ist der Inbegriff einer Fotoagentur. Ihre Fotografen dokumentierten die Nachkriegswelt mit all ihren Visionen und ihrer Integrität.

Magnum war die geniale Idee von Robert Capa, der seine Fotografenkollegen David „Chim" Seymour, Henri Cartier-Bresson, George Rodger und William Vandivert 1947 nach Paris einlud, um eine Genossenschaft ins Leben zu rufen. Sie gründeten die Agentur mit dem guten Gefühl der zahlenmäßigen Stärke und suchten ihr Urheberrecht zu behalten, statt es an die Zeitschriften abzutreten, die ihre Arbeiten veröffentlichten. Das ermöglichte ihnen die Arbeit an Langzeitprojekten und den Verkauf der Bilder an mehrere, internationale Kunden. Zunächst teilten sie den Globus unter sich auf: Cartier-Bresson war für Süd- und Ostasien, Rodger für Afrika und den Nahen Osten, Seymour für Europa und Vandivert für die Vereinigten Staaten zuständig; Capa konnte fotografieren, wo es ihm am besten gefiel. In den folgenden 70 Jahren entstanden Büros in New York, Paris, London und Tokio. Viele der weltweit bedeutendsten Fotojournalisten und Dokumentarfotografen wurden Mitarbeiter und vereinten Journalismus, Ästhetik und Storytelling auf hohem Niveau. Die Fotografen selbst sind im Besitz der Agentur und agieren als Anteilseigner. Es ist bekanntermaßen schwierig, Mitglied zu werden. In einem langwierigen Auswahlverfahren stimmen die Mitglieder darüber ab, ob Bewerber aufgenommen werden. Cartier-Bresson sagte über die Philosophie der Gruppe: „Magnum ist eine Geistesgemeinschaft, eine gemeinsame menschliche Eigenschaft, eine Neugier auf die Welt, ein Respekt vor allem Geschehen, und der Wunsch, es im Bild zu beschreiben."

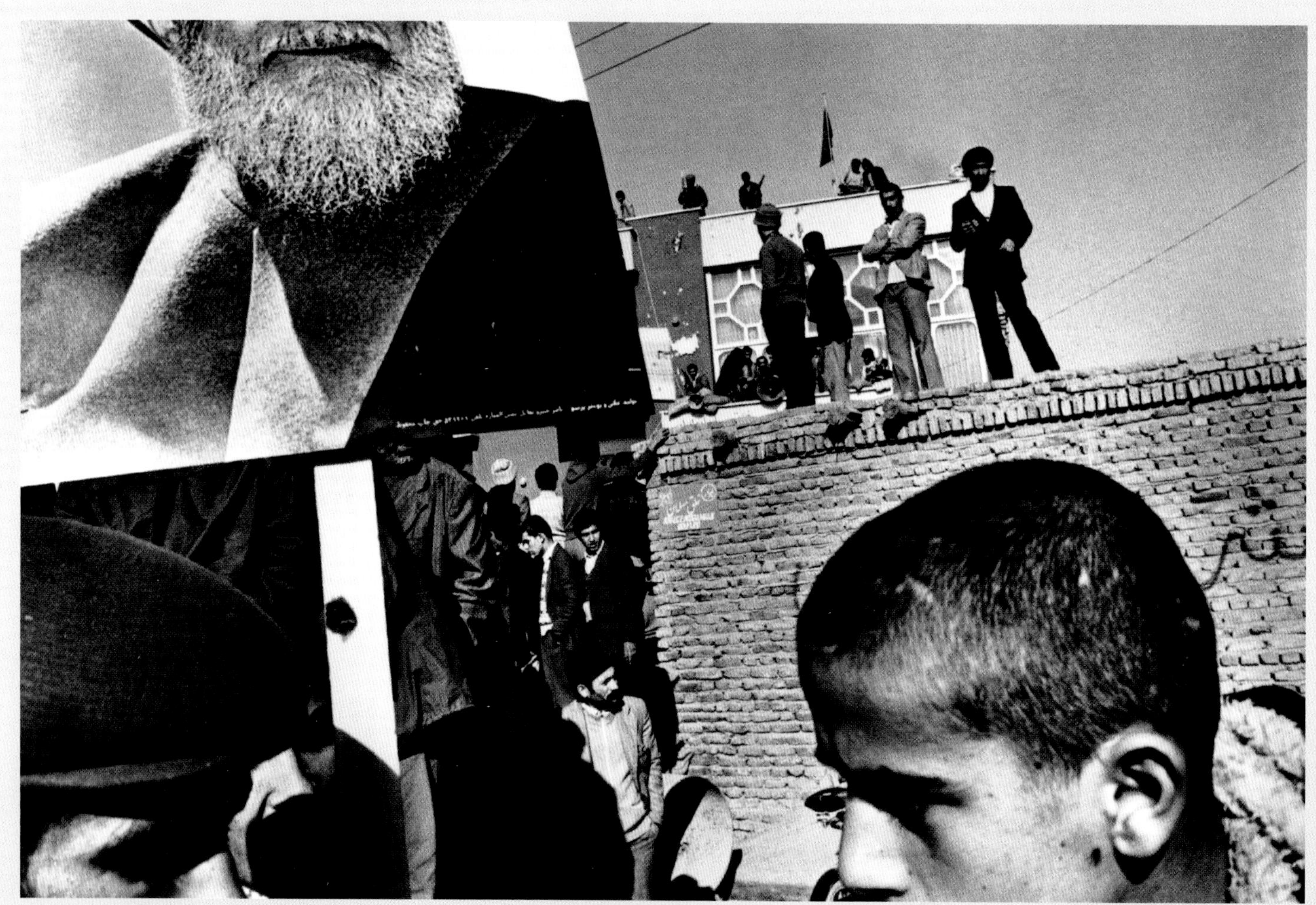

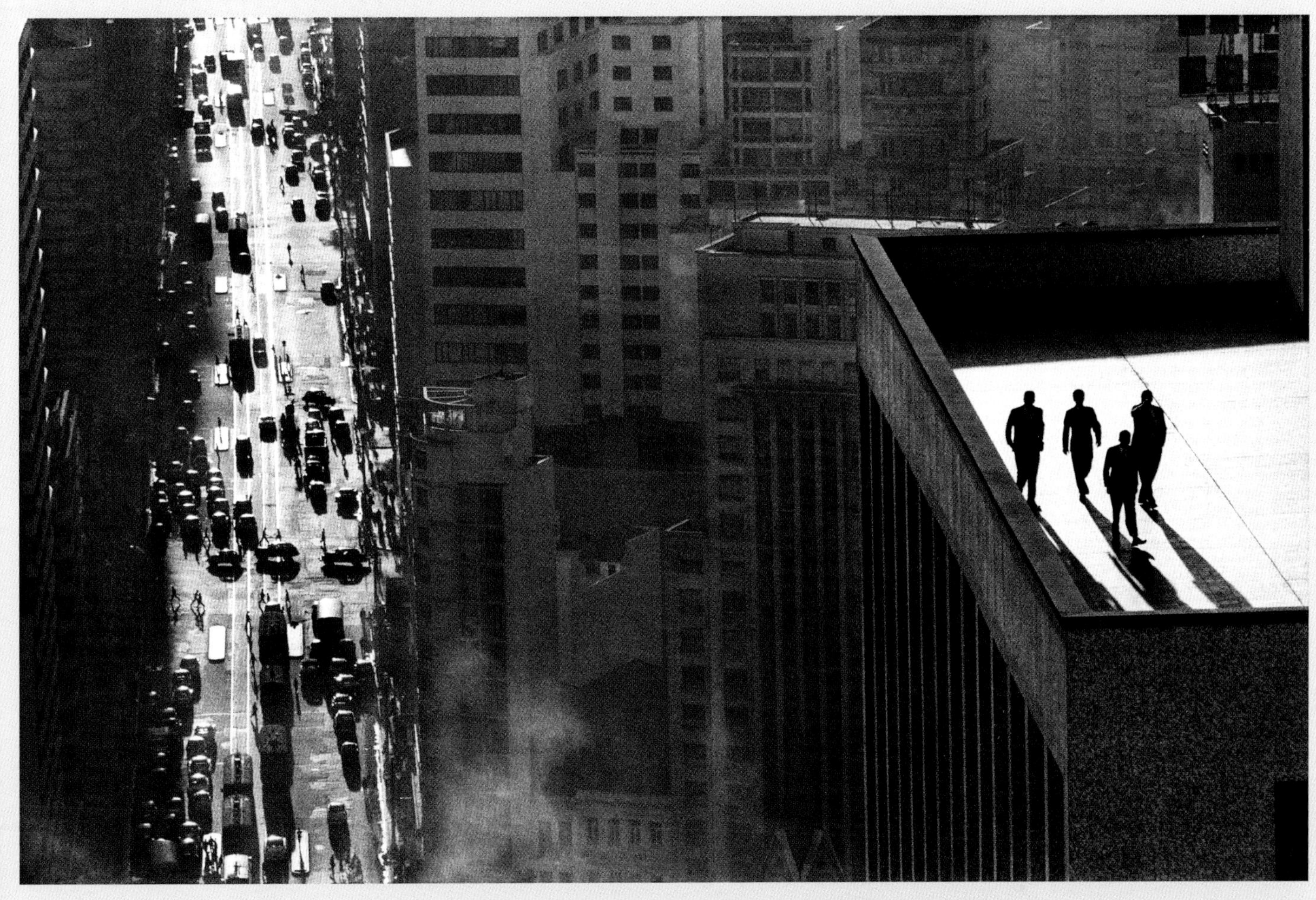

OBEN. René Burri–*Männer auf dem Dach, São Paulo, Brasilien* (1960)
Der Schweizer René Burri (1933–2014) machte 1963 während eines Einsatzes in Kuba ein Foto von Ernesto „Che" Guevara mit seiner Zigarre, das weltweit zu einem der meistzitierten Bilder des Revolutionärs werden sollte. Drei Jahre zuvor hatte er eine eindrucksvolle Sicht auf die moderne Metropole São Paulo geschaffen und dazu ein Teleobjektiv benutzt, um die Perspektive zu komprimieren und den Blick auf die Männer auf dem Dach zu ziehen, hoch über den Straßen der Stadt. Damit brach er jedoch eine der unausgesprochenen Magnum-Regeln, erinnerte er sich: „Henri Cartier-Bresson erlaubte uns nur Brennweiten von 35 mm bis 90 mm. Als ich ihm die Fotos zeigte, sagte er: ‚Genial, René!' Ich ging nach draußen und schrie: ‚Ha!' Er hörte mich und fragte: ‚Was war das?' Ich sagte: ‚Nichts, vergiss es.' Ich hatte ein 180 mm benutzt – das habe ich ihm nie gesagt! An diesem Punkt löste ich mich von meinem Mentor. Ich tötete meinen Mentor!"

LINKS. Gilles Peress–*Täbris, Iran, Demonstration für den Oppositionsführer Ayatollah Kazem Schariatmadari* (1980)
Neben Magnum-Kollegin Susan Meiselas war Gilles Peress (geb. 1946) in den 1970ern einer der „neuen Fotojournalisten", der eine subjektive, persönliche Interpretation der Geschehnisse vertrat im Gegensatz zur traditionellen Position der Neutralität und Objektivität von Nachrichten. Seine dichten, oft zergliederten Bilder entführen den Betrachter auf eine Reise, auf der er versuchen muss, die visuellen Rätsel zu lösen, um die Komplexität der Welt zu verstehen. Dieses gefeierte Bild war Coverbild seines bahnbrechenden Buches *Telex Iran* (1984), einer Dokumentation seiner persönlichen Odyssee durch die turbulenten Zeiten der iranischen Revolution. Seine besondere Ästhetik dient der Interpretation der Welt: „Betrachtete ich die Realität, sah ich Widersprüche, Konfrontationen zwischen verschiedenen Bedeutungen, Prozessen, individuellen Geschichten, die alle zur gleichen Zeit stattfanden. Daher habe ich immer versucht, den Bildrahmen etwas zu gliedern, physisch fast, um diese Widersprüche sichtbar zu machen."

1948–1950

Die politische Weltordnung unterliegt in den Nachkriegsjahren weiterhin vielfachen Veränderungen. 1948 wird der Staat Israel gegründet, zahlreiche Länder wie Sri Lanka und Burma werden von ihren ehemaligen Kolonialmächten unabhängig. Korea wird in einen kommunistischen Norden und einen kapitalistischen Süden geteilt, was die Voraussetzungen für den Koreakrieg schafft. Auch Deutschland wird in Ost und West geteilt, die Spannungen verschärfen sich und gipfeln in der Berliner Luftbrücke. Dank neuer Kameras sind Pressefotografen immer mobiler und in der Lage, die bewegenden Ereignisse festzuhalten. 1949 führt Zeiss Ikon die Contax S ein, eine der ersten Spiegelreflexkameras mit Durchsichtsucher, die es Fotografen ermöglicht, direkt durch das Aufnahmeobjektiv der Kamera zu sehen. Dies bringt eine größere Genauigkeit bei dennoch kompakter Form. Die Sowjetunion testet ihre erste Atombombe und initiiert damit das atomare Wettrüsten der beiden globalen Supermächte. LB

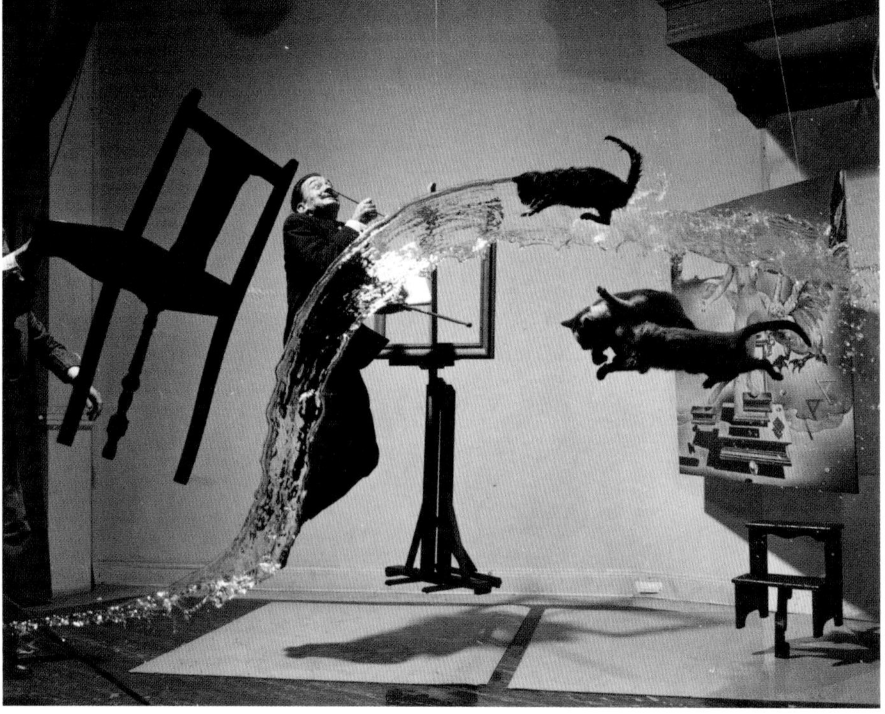

Philippe Halsman – ***Dalí Atomicus***

Der in Riga geborene Philippe Halsman (1906–1979) lebte in Österreich, später in Frankreich, und machte sich dort einen Namen als Modefotograf. Halsman unterschied sich von vielen Zeitgenossen durch knapp gefasste Bildausschnitte und gestochen scharfe Porträts. Seine Meisterschaft aber zeigt wohl kein Bild besser als das vom Freund und Kollegen Salvador Dalí. Ein normales Porträt würde Dalí nicht gerecht, also plante Halsman ein komplexes Zusammenspiel vieler Elemente, für das etliche Assistenten bereitstanden, um Katzen und Wasser durch die Luft zu werfen, während Dalí in die Höhe sprang. 26 Versuche waren nötig, um dieses Bild zu erschaffen.

Beginn der Apartheid in Südafrika.

Die Hasselblad 1600F-Kamera wird in Schweden eingeführt.

Edwin Lands erste Sofortbildkamera kommt auf den Markt.

1948

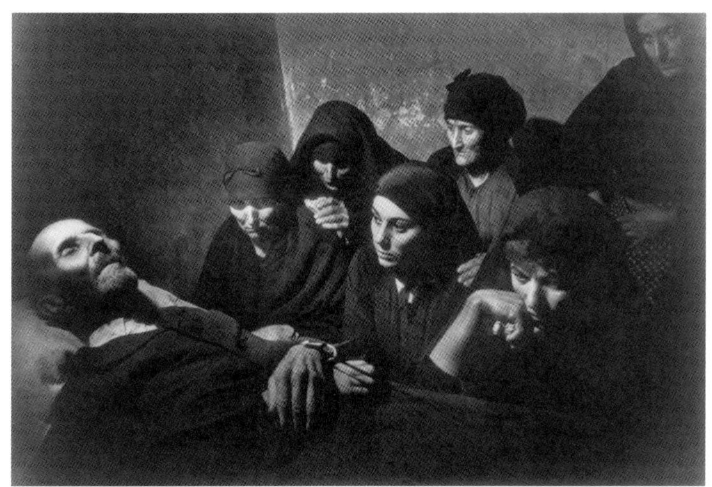

W. Eugene Smith – *Totenwache, Spanisches Dorf*

1950 wurde der langjährige Fotojournalist W. Eugene Smith (1918–1978) von der Zeitschrift *Life* beauftragt, an einer Reportage zur Lebensmittelknappheit in Franco-Spanien zu arbeiten. Smith hatte, wie so oft, eigene Ideen und wollte die Geschichte weitaus politischer gestalten. Im kleinen Ort Deleitosa produzierte Smith eine Serie, die unter dem Namen „Spanish Village“ bekannt wurde und eine verarmte ländliche Gemeinde zeigt. Besonders bemerkenswert ist das Bild einer Familie, die sich um die Leiche eines Mannes versammelt. Formal außerordentlich beeindruckend, zeigt das Foto doch auch viele der Widersprüche von Smith selbst auf, einem verehrten Journalisten, der häufig Praktiken anwandte, die für den Fotojournalismus untypisch sind, wie Inszenierung und Manipulation. In diesem Fall blickten zwei der Frauen direkt zu Smith, aber Smith manipulierte den Abzug, um das zu verschleiern.

George Rodger – *Nuba-Wrestler*

Rodger (1908–1995) begann seine Karriere in der Handelsmarine mit dem Verfassen von Reiseberichten, die er mit Fotografien illustrierte. Später arbeitete er als Journalist und fotografierte den Zweiten Weltkrieg in Europa, den Afrikafeldzug und den Pazifikkrieg. Er war einer der anwesenden Fotografen nach der Befreiung des Konzentrationslagers Bergen-Belsen. 1947 gründete Rodger zusammen mit Robert Capa und Henri Cartier-Bresson die Fotografenagentur Magnum und begab sich im selben Jahr im Auftrag von *National Geographic* auf eine ausgedehnte Reise durch Afrika. 1949 erreichte er den Sudan und konnte als erster Westler den abgeschiedenen Nuba-Stamm dokumentieren. Dieses Bild, das bekannteste aus der Serie, zeigt einen siegreichen, mit Asche bestäubten Ringer auf den Schultern eines anderen.

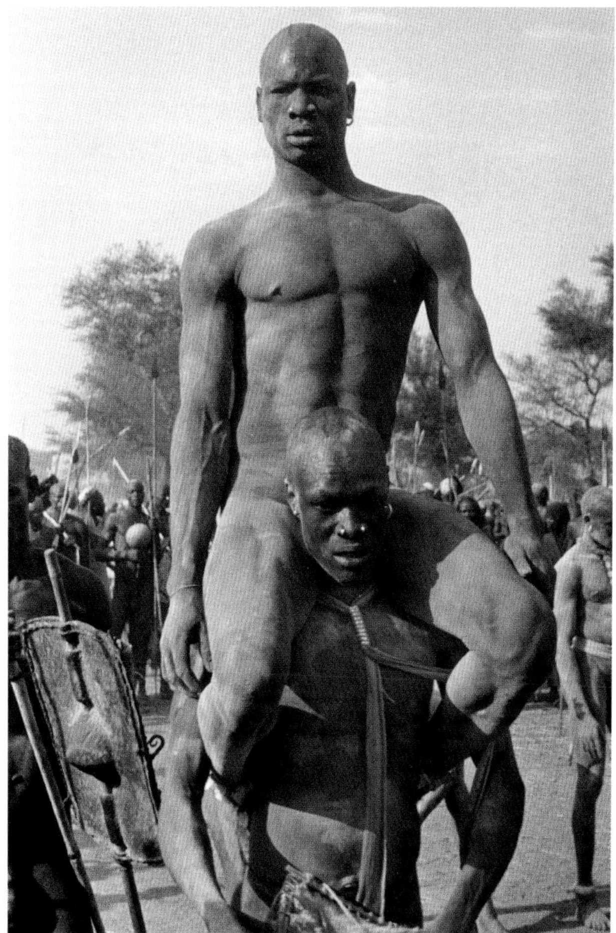

Deutsche Teilung: zwei Staaten entstehen auf dem Gebiet Deutschlands, die sozialistische DDR und die kapitalistische BRD.

Die Contax S wird eingeführt, die erste Kleinbild-SLR mit Sucherprisma.

1949

1950

4

1950 BIS 1975

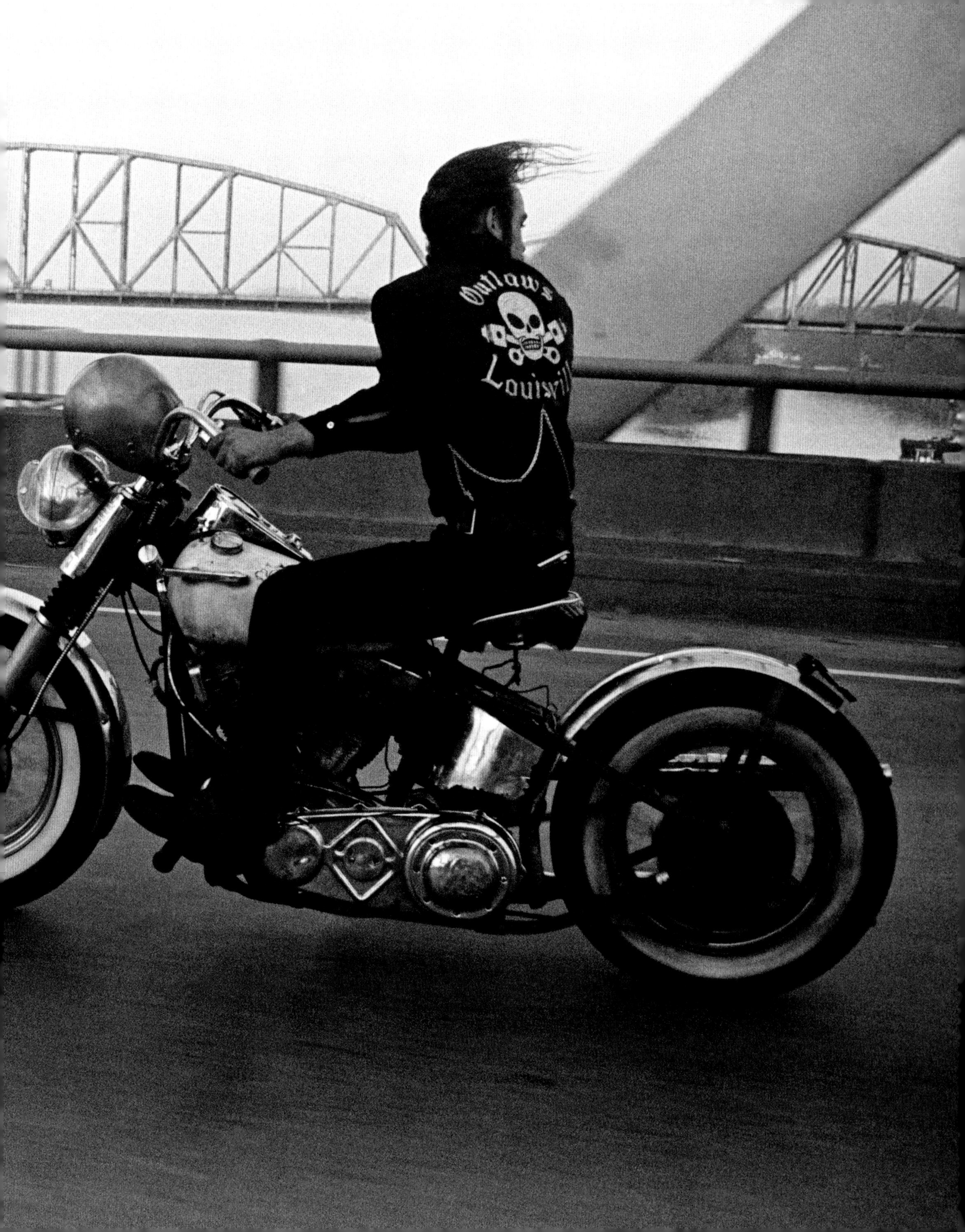

Outlaws
Louisvill

Die Veröffentlichung von Robert Franks *The Americans* im Jahr 1958 war ein Meilenstein der Dokumentarfotografie: Eine sehr persönliche und poetische Vision, die mit vielen konventionellen Regeln der Dokumentar- und Reportagefotografie brach. Das Buch hatte enormen Einfluss auf die nachfolgenden Generationen, wurde damals aber ironischerweise heftig kritisiert, weil es Fotos zeigte, die technisch fehlerhaft, unscharf und schlecht belichtet schienen. Frank (1924–2019) war jedoch ein hochqualifizierter Fotograf, und die Art der Fotografien war bewusst darauf ausgerichtet, eine Metaphorik der Kehrseite des amerikanischen Traums zu visualisieren, die durch den Text von Jack Kerouac noch verstärkt wurde. Die nichtlineare Struktur des Buches ist ein redaktioneller Geniestreich, wunderbar kontrastiert mit der Komplexität der Literatur. Frank dazu: „Wenn die Leute meine Bilder anschauen, möchte ich, dass ihnen genauso zumute ist wie beim Lesen einer Gedichtzeile, die sie noch einmal lesen möchten." Frank wurde in seiner Heimat, der Schweiz, zum Fotografen ausgebildet. 1947 emigrierte er in die Vereinigten Staaten, machte sich dort einen Namen und war 1950 Teil der monumentalen Ausstellung *51 American Photographers* im New Yorker Museum of Modern Art. 1955 erhielt Frank ein Guggenheim-Stipendium, um durch die USA zu reisen und Bevölkerung und Gesellschaft zu porträtieren, ein Projekt, das ihn die nächsten zwei Jahre beschäftigen sollte: *The Americans*. Frank hatte Schwierigkeiten, einen Verleger für das Buch zu finden, das 1958 schließlich in Frankreich und erst später in den USA erschien. Dort wurde es zum Zeitpunkt der Veröffentlichung wegen seines expressionistischen Stils kritisiert, inzwischen gilt *The Americans* jedoch längst als eines der bedeutendsten Fotobücher des 20. Jahrhunderts.

Auch die Bilder von William Klein forderten die konventionelle Reportage heraus; die Verwendung von Weitwinkelobjektiven, der hohe Kontrast, die sichtbare Körnung und die Unschärfe bewirkten eine unmittelbarere, individuellere Auseinandersetzung mit dem Motiv. Kleins persönliche, nicht eine Spur objektive Sicht wurde damals kritisiert, gilt aber heute als bahnbrechend.

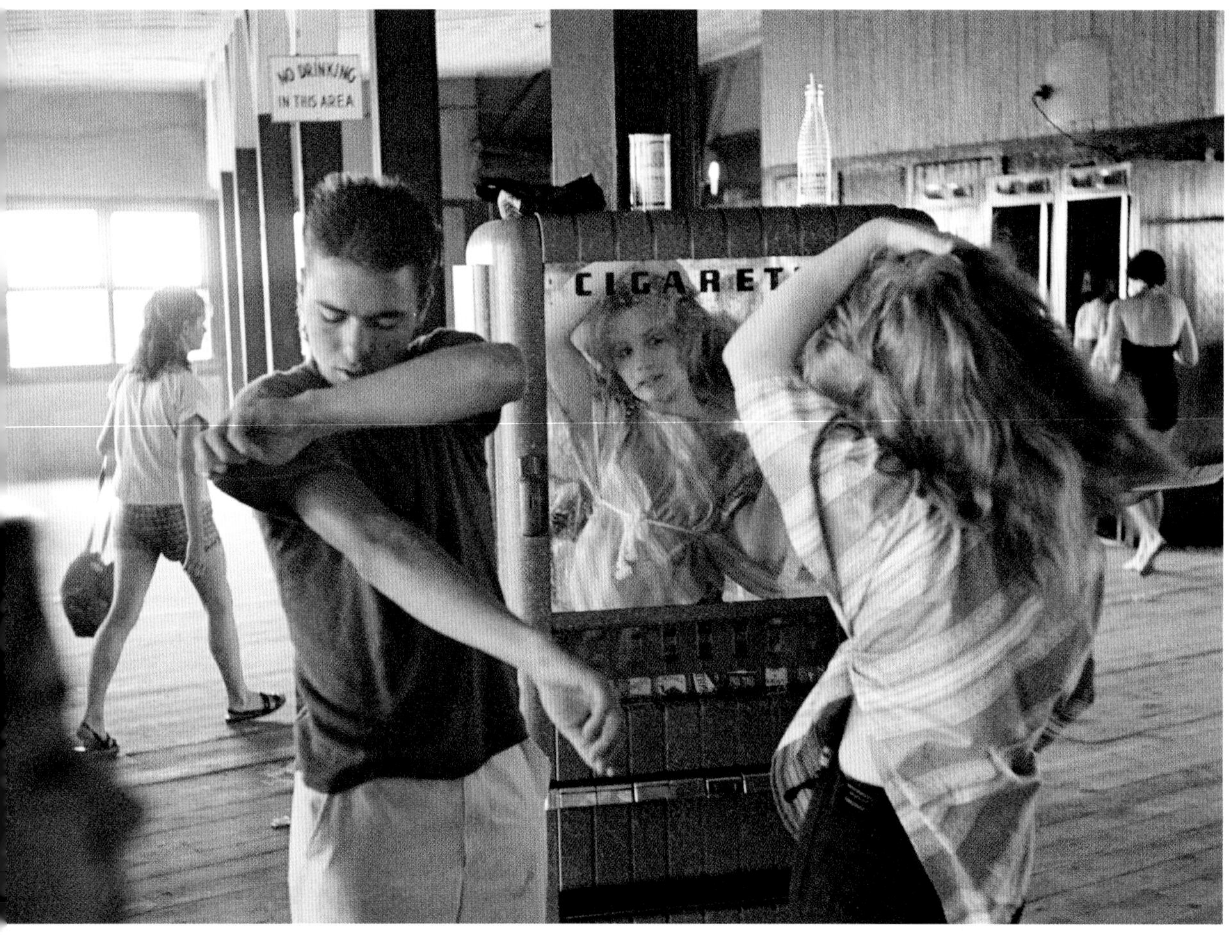

VORSEITE. Danny Lyon – *Über den Ohio* (1967)

LINKS. Bruce Davidson – *Brooklyn Gang. Coney Island. Kathy arrangiert ihr Haar im Spiegel eines Zigarettenautomaten* (1959)

RECHTS. Paul Fusco – *Robert Kennedys Leichenzug* (1968)

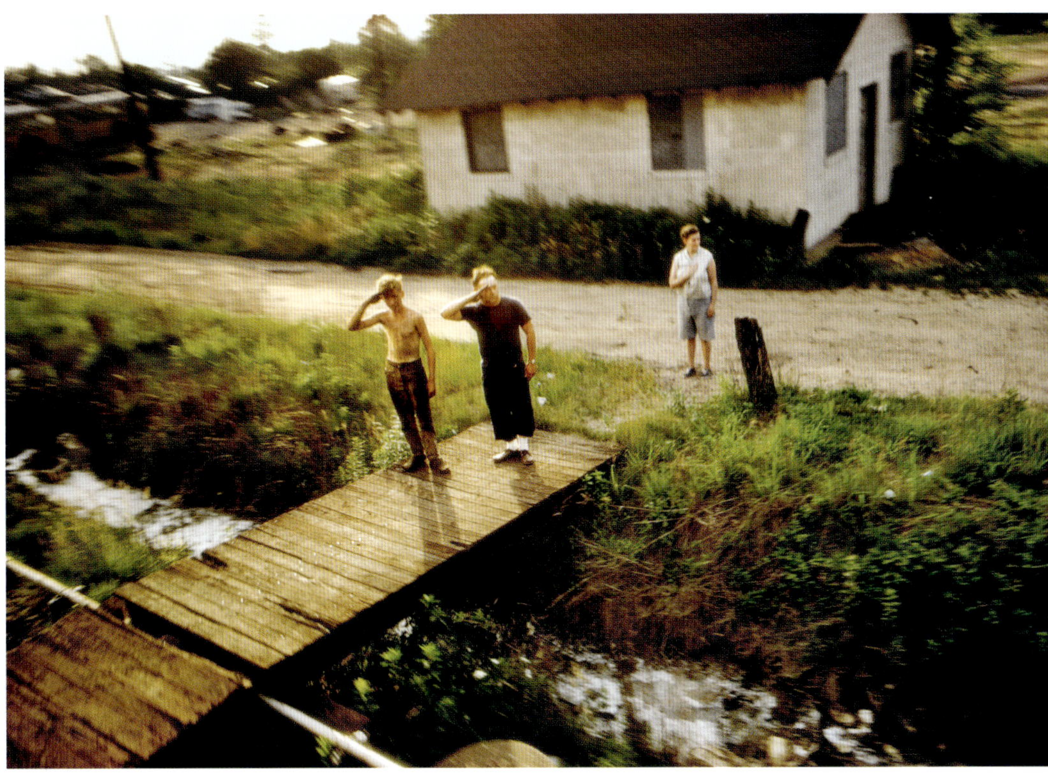

In der Nachkriegszeit ließen sich Dokumentarfotografen auf umfangreiche Langzeitprojekte ein und beschäftigten sich eingehend mit sozialen und politischen Fragen. Bruce Davidson (geb. 1933) arbeitete 1959 mit einer Teenager-Gang aus Brooklyn zusammen, die als Jokers bekannt war. In jenem Sommer verbrachte er jeden Tag mit ihnen in Coney Island und im Prospect Park, lernte sie kennen und wurde Teil ihrer Welt. Er war 25, nicht viel älter als die Gangmitglieder selbst, und schaffte es durch seine Verbindung zu ihnen, die Komplexität des Teenagerlebens zu erfassen. Fragt man ihn, wie es ihm gelang, die außerordentliche Intimität in seinen Bildern zu erreichen und Teil der Geschichte zu werden, sagt er: „Ich beginne als Außenseiter, meist indem ich andere Außenseiter fotografiere, dann, an einem gewissen Punkt, überschreite ich eine Grenze und werde zum Insider. Ich beobachte nie aus der Distanz." Mit seinem 1970 erschienenen Buch *East 100th Street* über das Leben in und um einen Wohnblock in East Harlem, New York, wurde Davidson für seine eindringlichen Aufnahmen bekannt; heute ein Klassiker der Fotodokumention. Das im Laufe von zwei Jahren und mit einer Großformatkamera entstandene Werk galt damals aufgrund seiner würdevollen Darstellung der afroamerikanischen Community als radikal.

Die Jahrzehnte nach dem Zweiten Weltkrieg waren in vielerlei Hinsicht ein goldenes Zeitalter für den Fotojournalismus und die Dokumentarfotografie, denn die Illustrierten stifteten Zeit, Geld und Raum für umfangreiche Arbeiten zu allen Facetten des menschlichen Lebens. *National Geographic* und *Life* lagen in allen Wartezimmern von Ärzten und Zahnärzten der Vereinigten Staaten aus. *National Geographic* wurde später für eine sehr westliche, zeitweise fast rassistische Sicht auf die Welt kritisiert, bot Fotografen aber eine einzigartige Plattform für die Veröffentlichung umfangreicher Fotoessays. Die Bildmagazine brachten Fotografen, Redakteure, Designer und Journalisten erstmals zusammen, um Layouts zu erarbeiteten, in denen Text und Bilder auf komplexe und kreative Art miteinander in Beziehung standen. Fotografen wurden ermutigt, tiefgründiger zu recherchieren und „um das Thema herum zu knipsen", um die Geschichte auf diese Art zu erweitern. Der neue, flüssigere, visuell energischere Stil der Reportagefotografie erreichte ein Massenpublikum; Fotografien wurden, zumindest für gewisse Zeit, zum wichtigsten Mittel, mit dem Westler in ihrem Alltag der weiten Welt begegneten. Fotografen entwickelten einen persönlicheren Stil, um auf die Ereignisse des Tages mit mehr als nur einem Bericht zu reagieren. Paul Fusco (geb. 1930), damals angestellt beim Magazin *Look*, wurde im Juni 1968 nach der Ermordung Robert F. Kennedys in Los Angeles beauftragt, die Überführung des Leichnams in einem Zug nach Washington D.C. zu begleiten. Fusco fotografierte Tausende Trauernde entlang der Strecke und nutzte die Unschärfe, die durch den fahrenden Zug und den lichtschwachen Kodachrome-

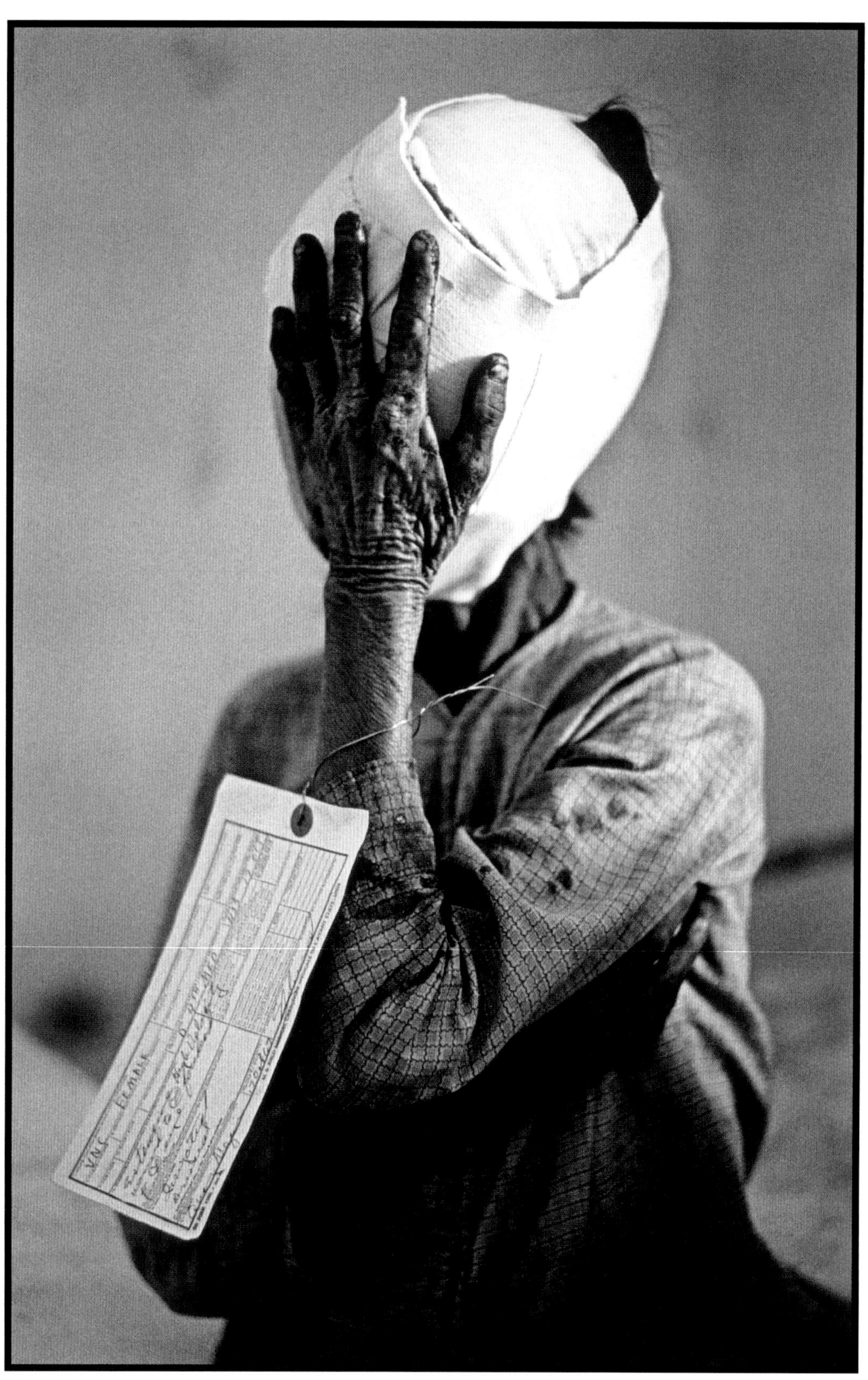

LINKS. Philip Jones Griffiths – *Vietnam* (1967)

RECHTS. Robert Frank – *Straßenbahn – New Orleans* (1955)

Film verursacht wurde, um den Lauf der Zeit zu visualisieren. Als Inbegriff des klassischen Zeitschriften-Fotojournalisten galt der Amerikaner W. Eugene Smith, der in den späten 1940er und 1950er Jahren etliche Fotoessays produzierte, darunter „Country Doctor“ (Landarzt) und „Nurse Midwife“ (Hebamme). Smith verbrachte enorm viel Zeit mit der Recherche seiner Geschichten; so besuchte er Dutzende von Gemeinden in Spanien, bevor er den idealen Ort für seinen Essay „Spanisches Dorf“ fand, das von vielen als der „perfekte“ Fotoessay angesehen wurde (siehe S. 161). Der Nachfrage nach Fotos von aktuellen Ereignissen wurde eine wachsende Anzahl von Bildagenturen gerecht, die zwischen Fotografen und Verlagen vermittelten. Auf die Gründung von Magnum im Jahr 1947 folgten in den 1960er und 1970er Jahren die französischen Agenturen Gamma, Sipa und Sygma.

Der jene Zeit prägende Vietnamkrieg stellte die Rolle der Medien bei der Kriegsberichterstattung infrage. Der Einfluss der journalistischen Reportagen auf den Verlauf dieses Krieges, vor allem aber die dadurch erfolgte Unterhaltung des Publikums in den Vereinigten Staaten, ist heftig umstritten. Es entstanden viele Bilder, die in der Folge zu einem Inbegriff dieses Krieges wurden und andererseits neue Maßstäbe für die Darstellung von Gewalt setzten. Wegen seiner weltweiten Sichtbarkeit auf Fernsehbildschirmen in Privathaushalten wurde der Vietnamkrieg auch als „Wohnzimmerkrieg“ bezeichnet. Die in der Antikriegsbewegung engagierte Künstlerin Martha Rosler (1943–) hat diese Spannung zwischen Häuslichkeit und Gewalt in ihrer Serie *Bringing the War Home* untersucht. Mittels Collage und Fotomontage kombinierte Rosler Bilder der Wohnzeitschrift *House Beautiful* mit Fotografien verletzter Soldaten aus *Life* und suchte die mediale Darstellung des Krieges auf diese Art zu kritisieren. Auch der walisische Magnum-Fotograf Philip Jones Griffiths (1936–2008) betrachtete die amerikanische Intervention dem Wesen nach als eine neokolonialistische Handlung und erklärte: „Ich versuche, meine Wut in der Zeigefingerspitze zu konzentrieren, wenn ich den Auslöser drücke.“ *Vietnam Inc.*, sein 1971 veröffentlichtes bahnbrechendes Buch über diesen Krieg, versah die Fotos mit ausführlichen Bildunterschriften, die den jeweiligen sozialen und politischen Kontext beleuchteten. Es gilt als glänzendes Beispiel für die Kombination von kohärenter, umfassender Berichterstattung und persönlichem Standpunkt zu einer wirkungsvollen Aussage.

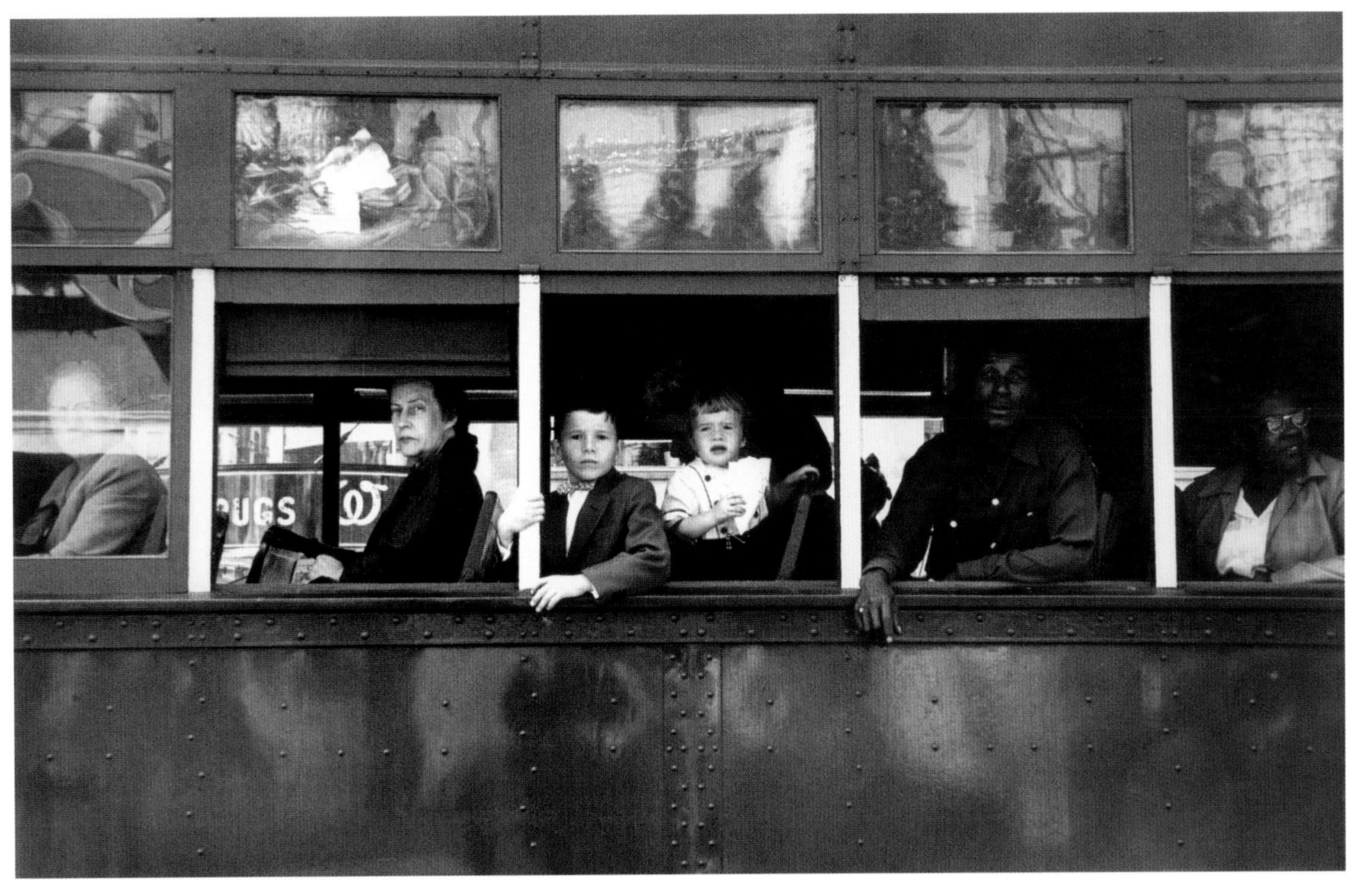

DAS GOLDENE NACHRICHTENZEITALTER

1935 startete die Associated Press (AP) ihren drahtlosen Bilderdienst mit einem Foto vom Absturz eines Leichtflugzeugs in den Adirondack Mountains (New York) am Neujahrstag. „Whirephoto" ermöglichte die Übertragung von Bildern über herkömmliche Telefonleitungen am gleichen Tag, an dem sie aufgenommen wurden, was AP einen enormen kommerziellen Vorteil gegenüber anderen Medienanbietern verschaffte, da das Netzwerk schnell auf die gesamten Vereinigten Staaten ausgedehnt wurde. Mit der mobiler werdenden Technik konnten Fotografen ihre Bilder vom Aufnahmeort direkt an die Zeitungen übertragen. In den späten 1980er Jahren wurde es möglich, digitale Scans von einem Negativ über ein Satellitentelefon zu schicken, sodass von dramatischen Geschehnissen schon kurz nach dem Ereignis selbst berichtet werden konnte; das Nachrichtenbusiness rollte jetzt rund um die Uhr.

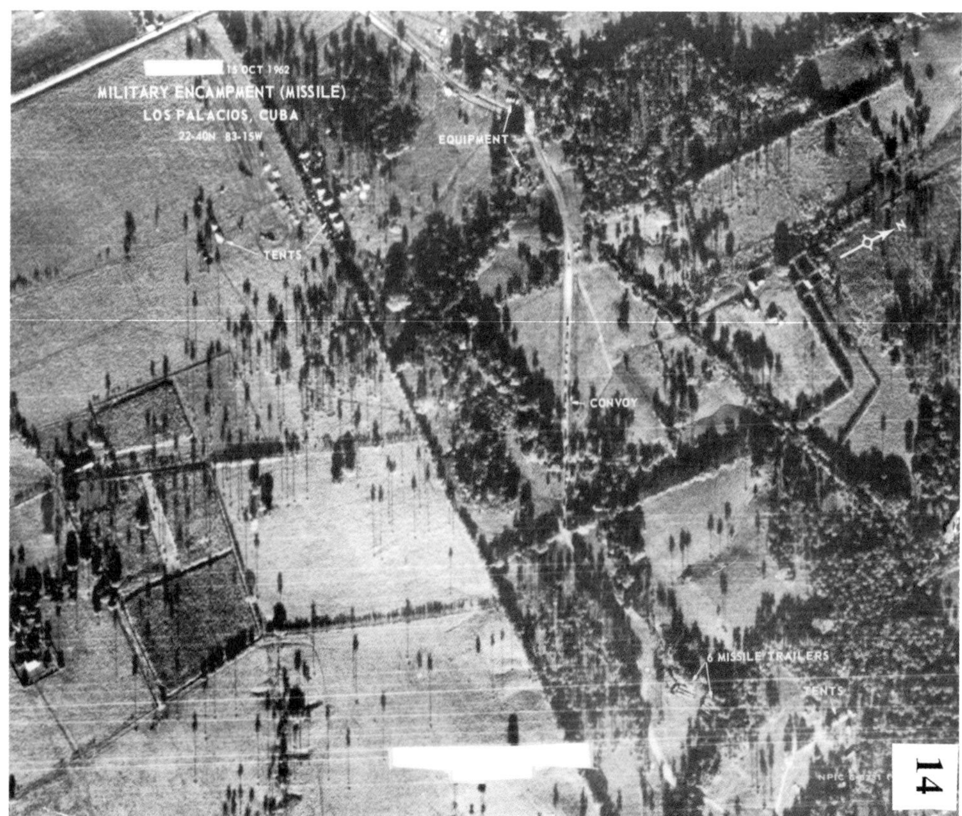

LINKS. CIA – ***U-2-Foto des ersten, im Bau befindlichen Stützpunkts für Mittelstreckenraketen*** **(1962)**
Wie bei den meisten Technologien stand das Militär auch bei der Entwicklung der Fotografie an vorderster Front, sogar die Camera obscura wurde im Ersten und Zweiten Weltkrieg als Instrument zur Verfolgung gegnerischer Flugbewegungen vorgeschlagen. Die Überwachung feindlicher Stellungen war eine der Hauptaufgaben; die komplexen Muster der Schützengräben und Granatlöcher des Ersten Weltkriegs glichen von oben betrachtet abstrakten Gemälden. 1955 fanden die ersten Testflüge der Lockheed U-2 statt, eines Aufklärungsflugzeugs, das im Auftrag der CIA höher fliegen sollte als feindliche Raketen oder Kampfflugzeuge der damaligen Zeit. Dieses Bild spielte eine Schlüsselrolle in der Kubakrise, da es Beweise für sowjetische Streitkräfte auf der Karibikinsel lieferte, nur 177 km vor der Küste Floridas.

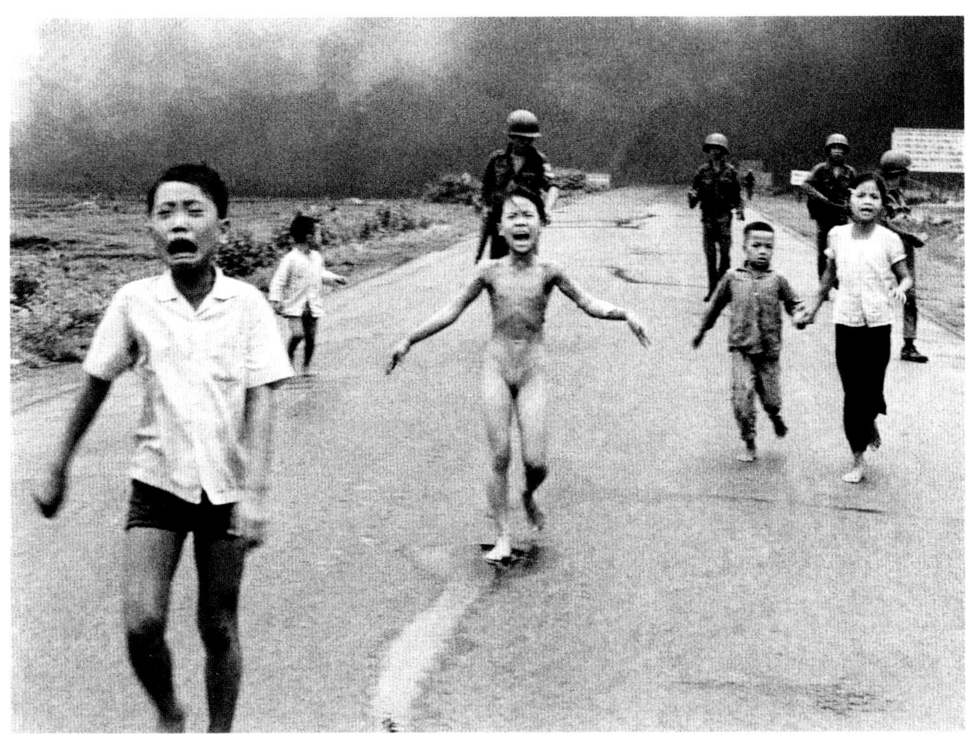

LINKS. Nick Út – *Das Napalm-Mädchen* (1972)
Dieses ikonische Bild von den Folgen eines amerikanischen Napalm-Angriffs gewann 1973 alle wichtigen Fotopreise, darunter den World Press Photo Award und den Pulitzer-Preis, und symbolisiert noch heute die Schrecken des Krieges. Es wurde vom vietnamesischen Fotografen Huynh Cong „Nick“ Út (geb. 1951) aufgenommen und zeigt Phan Thị Kim Phúc (in der Mitte), die vor der Zerstörung ihres Dorfes flieht. Út arbeitete für Associated Press, und als er mit den Negativen zu seinem Stützpunkt zurückkehrte, gab es Auseinandersetzungen darüber, ob das Bild wegen der Nacktheit des frontal aufgenommenen Mädchens per damals üblicher Drahtlos-Technik an die US-Zeitungen geschickt werden sollte.

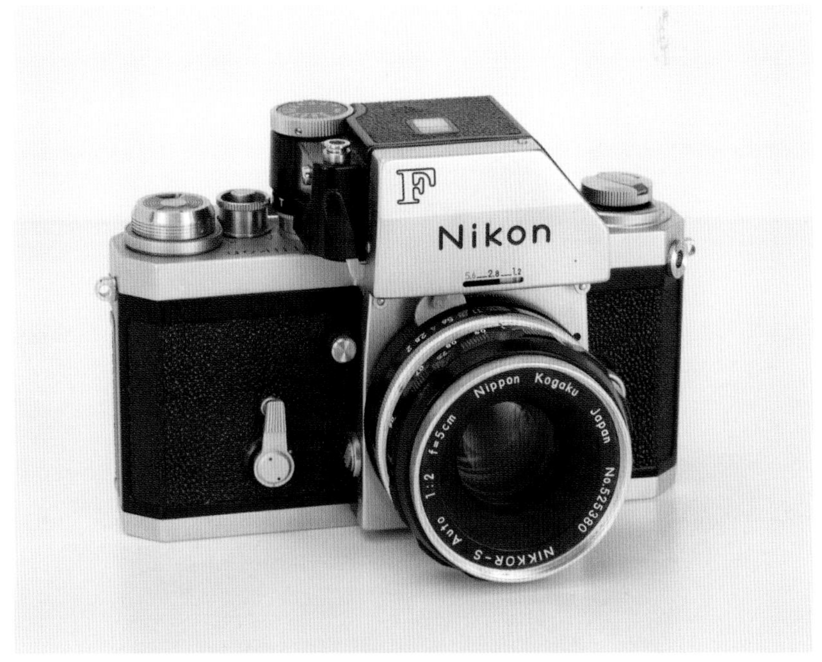

RECHTS. Die Nikon F
Die im April 1959 eingeführte Nikon F war die erste Spiegelreflexkamera und wurde schnell zum Liebling professioneller Fotografen, besonders derjenigen, die über den Vietnamkrieg berichteten. Sie war gut verarbeitet, haltbar, verfügte über Wechselsucher, verschiedene Einstellscheiben, eine große Auswahl an Objektiven (Weitwinkel- bis Superteleobjektive) und konnte mit einem Motorantrieb für den schnellen Filmtransport ausgestattet werden. Der rasante und internationale Erfolg des Modells verschaffte dem japanischen Kamerahersteller einen Vorsprung vor europäischen Konkurrenten.

DAS FOTOBUCH

Das Fotobuch ist für Fotografen eine sehr viel erschwinglichere und handlichere Alternative zu Originalabzügen geworden, um ihre Arbeiten einem breiten Publikum zugänglich zu machen und die sichtbaren Zeugnisse in einer stimmigen Ästhetik zu präsentieren. Viele dieser Bücher sind inzwischen begehrte Sammlerobjekte geworden; Martin Parr und Gerry Badger haben die wichtigsten Werke in ihrem dreibändigen *The Photobook: A History* (2004–2014) zusammengestellt. Mit dem Aufkommen des digitalen Selbstverlags in den letzten Jahren ist der Fotobuchmarkt förmlich explodiert. Künstler haben dadurch die Möglichkeit, ihr Publikum direkter als über die Buchverlage zu erreichen.

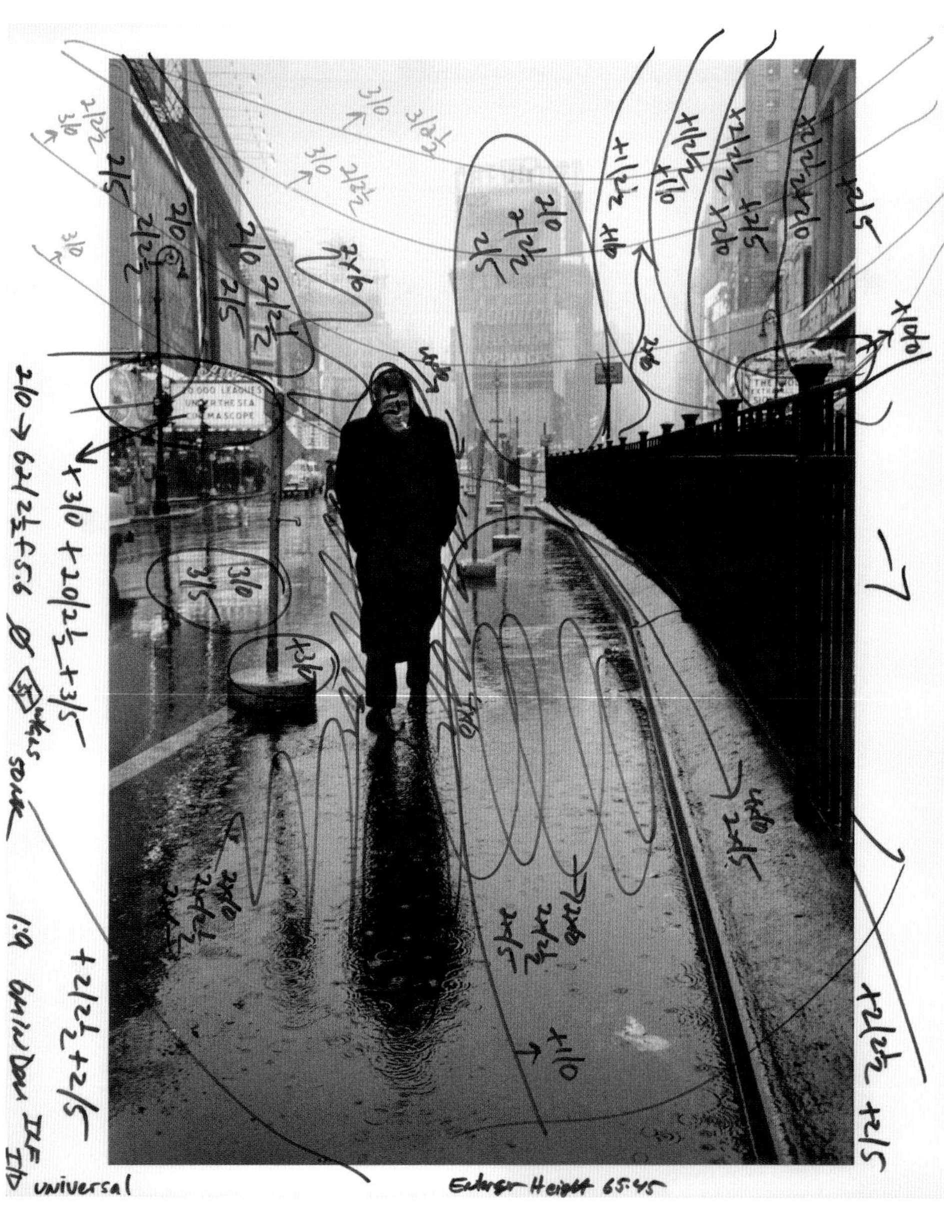

LINKS. Dennis Stock – *James Dean am Times Square* [Abzug mit Belichtungsnotizen] (1955)
Ansel Adams sagte einmal: „Das Negativ entspricht der Partitur einer Komposition, der Abzug ihrer Aufführung." Dieses von Dennis Stock (1928–2010) aufgenommene und mit Belichtungsnotizen versehene James-Dean-Bild aus dem Magnum-Archiv zeigt, wie komplex die Herstellung eines druckreifen Abzugs sein kann. Die Zahlen zeigen, an welchen Stellen nachbelichtet und an welchen zur Verdunklung abgewedelt werden muss, um ein in den Schatten und den Lichtern ausgewogenes, kontrastreiches Bild zu erzeugen. Pablo Inirio, Meister des Magnum-Fotolabors, erklärte: „Es ist kein einfacher Abzug! Dean ist etwas unterbelichtet, und Sie wollen … ja sehen, dass er immer irgendwie launisch wirkt. Und obwohl es ein regnerischer, bewölkter Tag ist, ist der Himmel … ein bisschen überbelichtet, also muss man den etwas runterfahren, man will ja einen knackigen Kontrast … Ich mache mir also Notizen und tue, was ich kann."

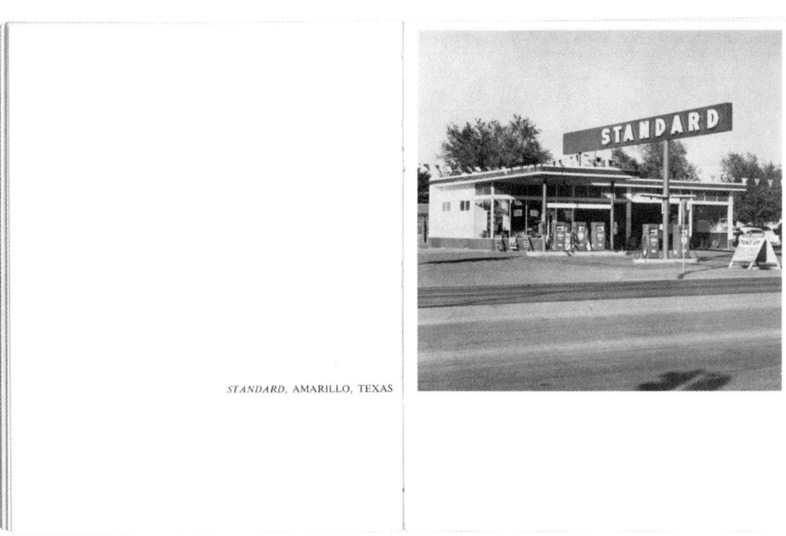

LINKS. Ed Ruscha – *Phillips 66, Flagstaff, Arizona*, aus *Twentysix Gasoline Stations* (1962)
Twentysix Gasoline Stations war eines von 16 Fotobüchern, die Ed Ruscha (geb. 1937) zwischen 1963 und 1978 produzierte und die mit den Konventionen der Fotografie und des Künstlerbuchs brachen. Die bierernsten Aufnahmen mit einfachen, beschreibenden Titeln wie *Some Los Angeles Apartments* (1965) und *Every Building on the Sunset Strip* (1966) zeigen Sequenzen von schnappschussartigen Bildern in seriellen Reihungen. Ihr offenkundiger Mangel an Emotionen oder sozialer Botschaft stand im Gegensatz zu vielen anderen Werken, die in jener Zeit der „besorgten Fotografen" entstanden. Ruscha war auch ein sehr erfolgreicher Maler und Konzeptkünstler, verriet aber 2008: „Obwohl ich damals Bilder malte, spürte ich, dass die Bücher als Konzept weiter fortgeschritten waren als die einzelnen Bilder, die ich gemalt hatte." Sein Experiment mit den im Selbstverlag erschienenen Büchern war originell und hat bis heute großen Einfluss.

UNTEN. Josef Koudelka – *Slowakei. Žehra. 1967. Roma.* (1967)
Als Aperture 1975 den Band *Gitans: La fin du voyage* („Roma: Das Ende der Reise", im Original: *Cikáni*, 1938) des tschechischen Magnum-Fotografen Josef Koudelka (geb. 1938) veröffentlichte, wurde es sofort zum Klassiker der Fotodokumentation. Das Layout des Buches basierte auf einem Entwurf, der 1968 von Koudelka und dem Grafikdesigner Milan Kopřiva erstellt und von Robert Delpire und Aperture weiterentwickelt wurde. Mit seinen 61 poetischen, traumhaften Bildern der Roma-Bevölkerung der Ostslowakei verweist es auf Koudelkas eigene Reise ins Exil; nach der sowjetischen Invasion 1968 musste er aus seiner Heimat Prag fliehen.

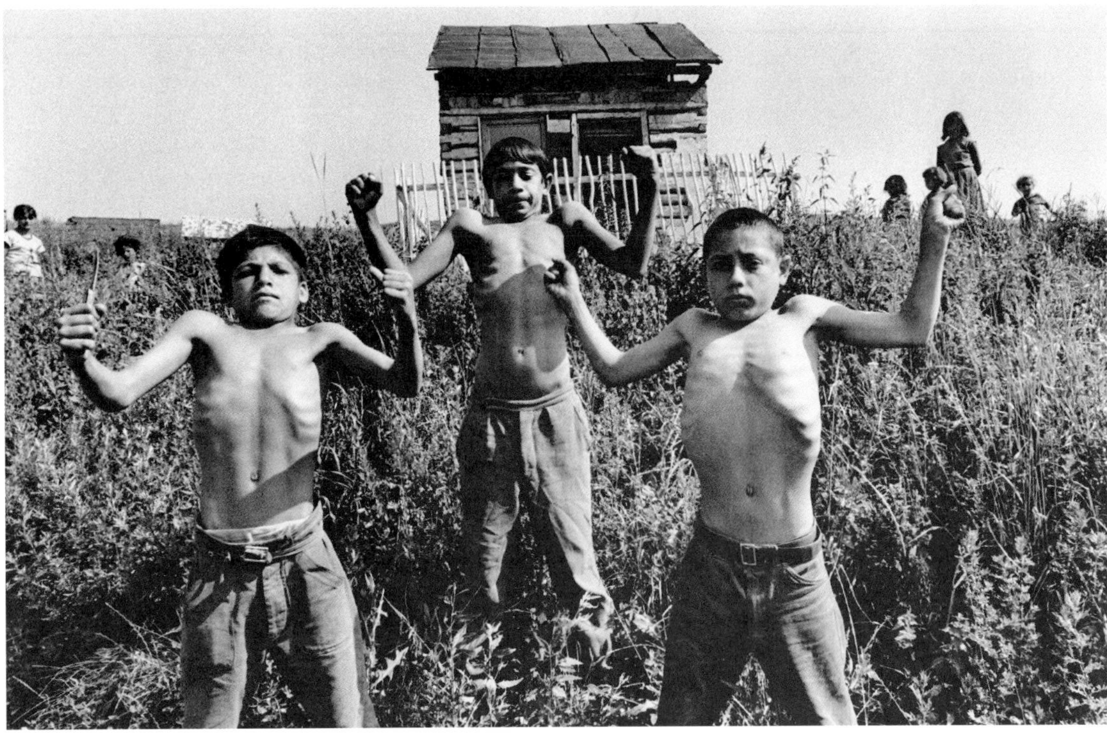

1950–1952

Die Hoffnung auf Frieden nach dem Ende des Zweiten Weltkriegs erweist sich als kurzlebig; die Spannungen auf der koreanischen Halbinsel eskalieren in einem neuen Krieg. Journalisten, Fotografen und Kameraleute aus vielen Ländern dokumentieren die Gefechte vor Ort, während der Kampf um den 38. Breitengrad in einem Patt und schließlich in einem fragilen Waffenstillstand endet. 1951 beginnt die Ära des Farbfernsehens. Mit dem Einzug des Fernsehers in viele Haushalte verlagert sich die Berichterstattung allmählich weg von der Fotografie hin zu TV-Sendungen, die schon kurz nach den jeweiligen Ereignissen, manchmal sogar live ausgestrahlt werden. In den Vereinigten Staaten beginnt die Entwicklung der Wasserstoffbombe, einer weitaus leistungsstärkeren Version der Atombombe, wodurch sich die Spannungen und das Misstrauen zwischen den USA und der Sowjetunion planmäßig verschärfen. LB

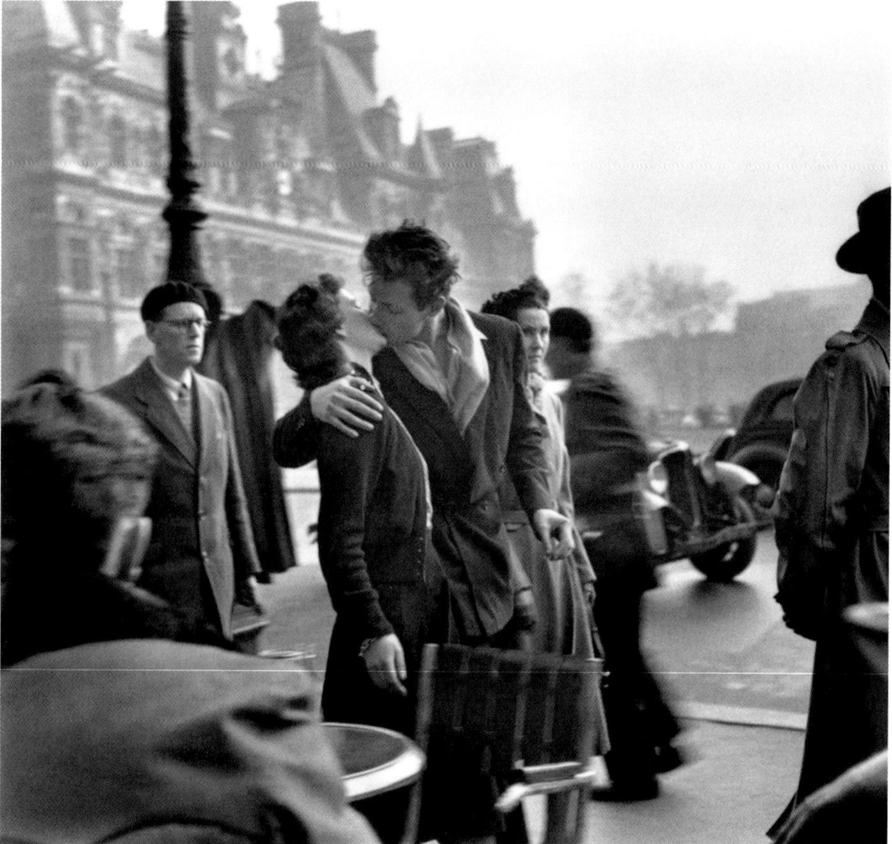

Robert Doisneau – ***Der Kuss vor dem Pariser Rathaus***

Nach seinem Kunststudium begann Robert Doisneau (1912–1994) zu fotografieren – zunächst als Amateur, später fand er eine Anstellung als fotografischer Assistent. Anfang der 1930er Jahre erhielt er Aufträge von Zeitschriften, gegen Ende des Zweiten Weltkriegs arbeitete er dann für große Häuser wie *Life* und *Vogue*. Seine Engagements beinhalteten viel Studioarbeit, doch blieb Doisneau im Herzen ein Straßenfotograf und suchte seine Sujets oft im Freien. *Life* beauftragte Doisneau, in Paris nach Paaren Ausschau zu halten, und er kehrte mit diesem Foto des sich küssenden jungen Paars (Françoise Delbart und Jacques Carteaud) zurück. Das Foto wurde zu einer Ikone der Romantik.

Beginn des Koreakriegs.

1950

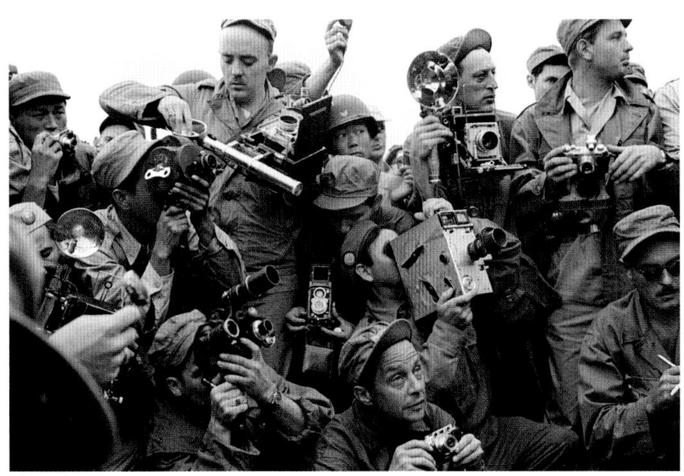

Werner Bischof – *Schlachtfeldgeier*

Werner Bischof (1916–1954) war 1949 einer der ersten Fotografen, die nach der Gründung von Magnum Mitglied wurden. Sein Werk hatte eine starke ethische Prägung; er wollte zu sozialer und politischer Gerechtigkeit beitragen, wie er sich erinnerte: „Ich fühlte mich gezwungen, mich vorzuwagen und das wahre Gesicht der Welt zu erforschen. Ein zufriedenes Leben im Überfluss hatte viele von uns blind gemacht für die immensen Nöte jenseits der Grenzen.“ Er reiste beruflich viel nach Indien, Japan, Hongkong und Südostasien. Sein Hadern mit der Berufsethik wird in diesem selbstkritischen Bild deutlich, in dem er die Kamera auf die Medien selbst richtet und das chaotische Drängeln der Pressefotografen zeigt, die über den Koreakrieg berichteten.

Andreas Feininger – *Der Fotojournalist*

Andreas Feininger (1906–1999) wurde in eine Künstlerfamilie hineingeboren. Er studierte verschiedene Künste wie Grafik und Architektur in Weimar, wo sein Vater Lyonel am Bauhaus lehrte. Mit Beginn des Zweiten Weltkriegs emigrierte Feininger in die Vereinigten Staaten und begann als freiberuflicher Fotograf zu arbeiten. Später wechselte er als angestellter Fotograf zur Zeitschrift *Life*. Sein Stil zeichnet sich durch starke Schwarz-Weiß-Kontraste aus; seine Aufnahmen von New York verweisen auf sein früheres Interesse für Architektur. Dieses Bild des *Life*-Kollegen und Fotojournalisten Dennis Stock war einer von Feiningers seltenen Ausflügen in die Porträtfotografie, ein Teil einer Serie, in der er untersucht, wie Arbeitsgeräte fast zu einem Teil der Person werden, die sie benutzt.

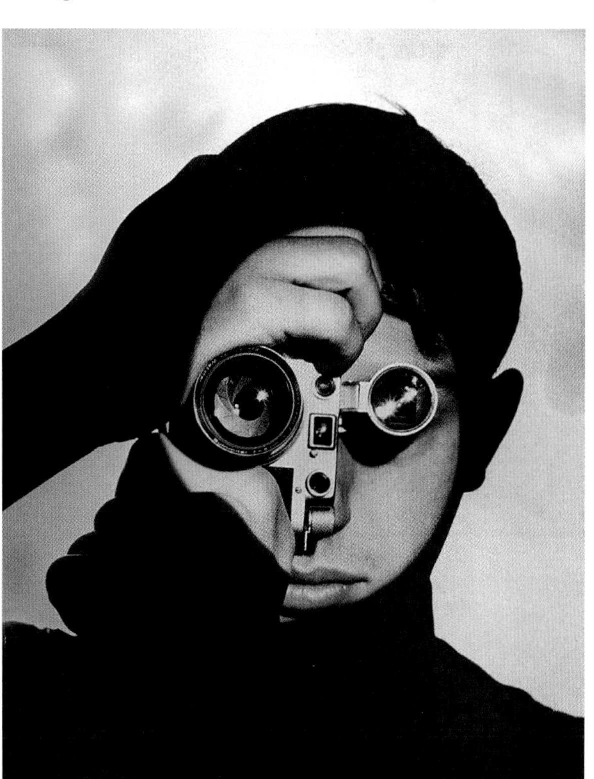

Elizabeth II. wird Königin des Vereinigten Königreichs und des Commonwealth.

Jonas Salk entwickelt einen Impfstoff gegen Polio.

1951

1952

1953–1955

Zur Mitte des Jahrzehnts zeigen sich Kontraste zwischen einer optimistischen Vision der Nachkriegswelt und der oft düsteren Realität. Im New Yorker Museum of Modern Art wird Edward Steichens (1879–1973) bahnbrechende Ausstellung *Family of Man* eröffnet. Gezeigt werden Hunderte Fotografien Dutzender internationaler Fotografen, die eine humanistische, optimistische Sicht der Welt zeigen und die Gemeinsamkeiten zwischen den Nationalitäten und Ethnien herausstreichen. Die Ausstellung geht um die Welt und wird von mehr als neun Millionen Menschen gesehen. In Korea endet der Krieg in einem fragilen Waffenstillstand; in Russland folgt dem Machtkampf um die Kontrolle über die Sowjetunion nach dem Tod Stalins 1953 die Ernennung Nikita Chruschtschows zum Ersten Sekretär. Im selben Jahr kommt es zur Gründung des Warschauer Pakts, eines Militärbündnisses der Ostblock-Staaten als Gegengewicht zur militärischen Macht der NATO. Diese Ereignisse erhöhen die Spannungen zwischen Ost und West. LB

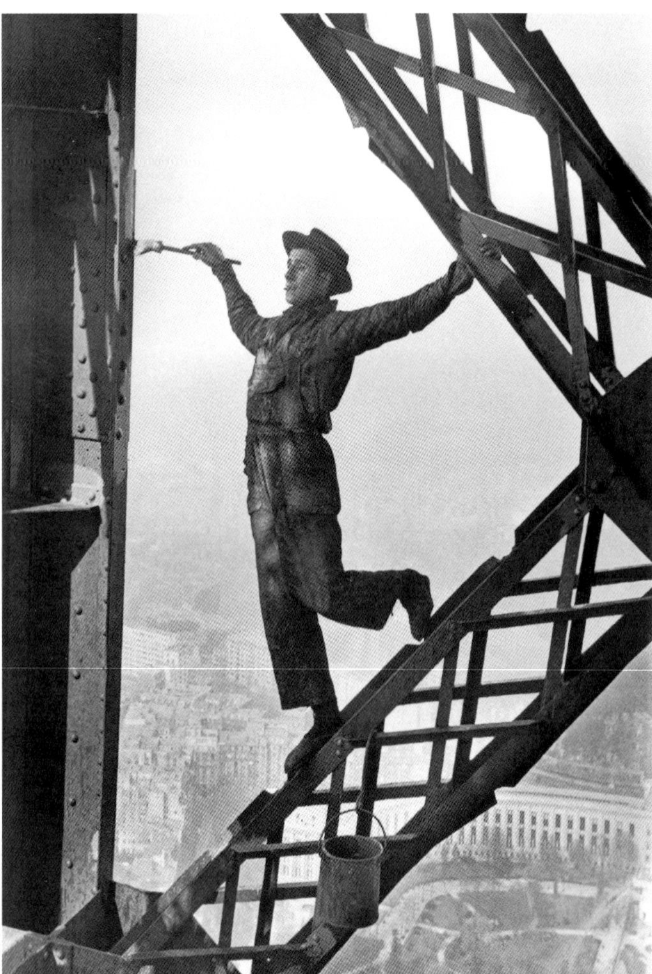

Marc Riboud–*Der Anstreicher vom Eiffelturm*

Marc Riboud (1923–2016), seit langem an der Fotografie interessiert, absolvierte eine Ausbildung zum Ingenieur, zog dann aber nach Paris, um sich beruflich der Fotografie zu widmen. Dieses Foto zeigt einen der Maler, die den Eiffelturm instand hielten, das Gleichgewicht haltend, gerahmt zwischen drei Trägern. Es ist Ribouds erstes veröffentlichtes Foto und erschien in der Zeitschrift *Life*. Robert Capa soll Riboud daraufhin eingeladen haben, der kürzlich gegründeten Fotografenagentur Magnum beizutreten. Riboud wurde ein erfolgreicher Fotojournalist und erlangte vor allem in Ländern wie China und Vietnam besondere Anerkennung für seine Arbeit.

Edmund Hillary und Tenzing Norgay gelingt die Erstbesteigung des Mount Everest.

1953

William Klein–***Pistole 1, New York***

William Klein (geb. 1928) wuchs in New York City auf, ging zur Armee und entdeckte dort die Fotografie, nachdem er beim Pokerspiel eine Kamera gewonnen hatte. Später ließ er sich in Paris nieder, studierte Kunst und stellte Gemälde und Skulpturen aus. In den 1950ern kehrte er in die USA zurück, um für die *Vogue* an einem Buch über New York zu arbeiten. Klein fotografierte die Stadt mit einem körnigen, lichtempfindlichen Film und schuf Aufnahmen, die so kompromisslos waren, dass die Zeitschrift sie ablehnte. Später erschien das Buch in Frankreich als *Life is Good & Good for You in New York*.

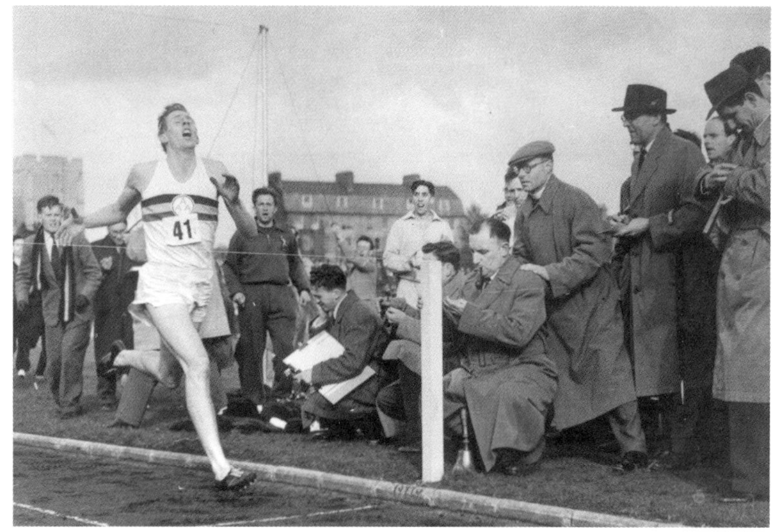

Norman Potter–***Roger Bannister knackt die Vier-Minuten-Marke***

Eine der wichtigsten Funktionen der Fotografie ist die Aufzeichnung historischer Ereignisse. Ein solches dokumentierte Norman Potter, als Sportikone Roger Bannister am 6. Mai 1954 eine britische Meile auf der Iffley Road in Oxford in weniger als vier Minuten lief. Timing und Komposition der Aufnahme mussten perfekt sein, denn Potter benutzte eine 9 x 12 cm Contessa Plattenkamera, die ihm nur eine einzige Aufnahme ermöglichte. Er fing genau den Moment ein, in dem Bannister mit dem Fuß über der Ziellinie schwebte, den Kopf nach hinten geworfen; das schmerzverzogene Gesicht ergänzt den Halbkreis der Reporter am Streckenrand. Bannister hatte Monate für diesen rekordverdächtigen Versuch trainiert: „Ich sprang auf die Ziellinie wie einer, der einen letzten verzweifelten Satz macht, um sich vorm alles verschlingenden Abgrund zu retten." Bis dahin galt es als physiologisch unmöglich, eine Meile in weniger als vier Minuten zu laufen, aber Bannisters Zeit von 3:59,4 wurde bald überholt; den derzeitigen Rekord hält Hicham El Guerrouj mit einer Zeit von 3:43,13.

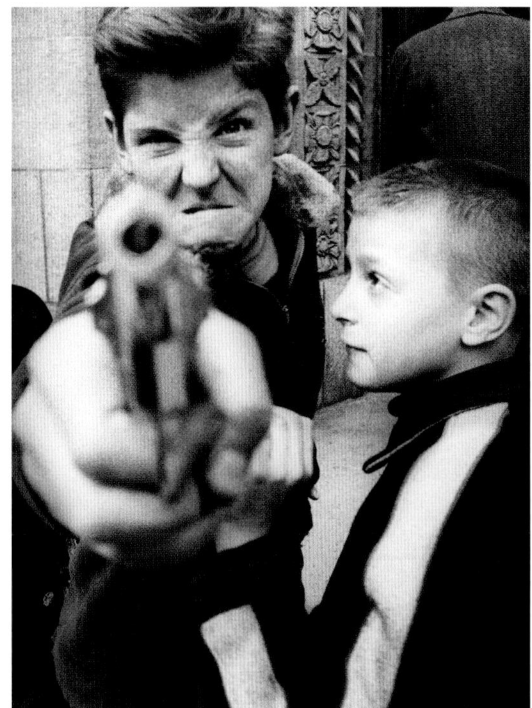

Kodak führt den hochempfindlichen Tri-X Schwarz-Weiß-Film ein.

Der Oberste Gerichtshof der USA verbietet die Rassentrennung in öffentlichen Schulen.

Die Afroamerikanerin Rosa Parks weigert sich, ihren Sitz im Bus einem weißen Passagier zu überlassen, was den Busboykott von Montgomery auslöst.

1954

1955

1956–1958

Technische Innovationen in der Fotografie und anderen Gebieten erschüttern weiterhin die Welt und unsere Vorstellung vom Möglichen.

1957 startet die Sowjetunion *Sputnik 1*, den ersten künstlichen Satelliten. Trotz seines harmlosen Aussehens löst er in den Vereinigten Staaten Panik aus und stärkt die Befürchtung, dass das Land technisch hinter der Sowjetunion zurückbleibe. In jedem Fall wird dadurch das öffentliche Interesse an der Raumfahrttechnik geweckt. Im selben Jahr kommt es jedoch auch in den USA zu einer Schlüsselinnovation, die sich radikal auf die Zukunft der Fotografie auswirkt, als Russell A. Kirsch (geb. 1929) die erste digitale Erfassung eines Fotos gelingt: Er scannte ein Bild seines Sohnes, in nur 176 × 176 Pixeln Größe. So bescheiden dieses Bild heute erscheinen mag, so entscheidend ist Kirschs Erfindung für zukünftige Entwicklungen in einer Vielzahl von Bereichen, von der medizinischen Bildgebung bis zur Weltraumforschung. LB

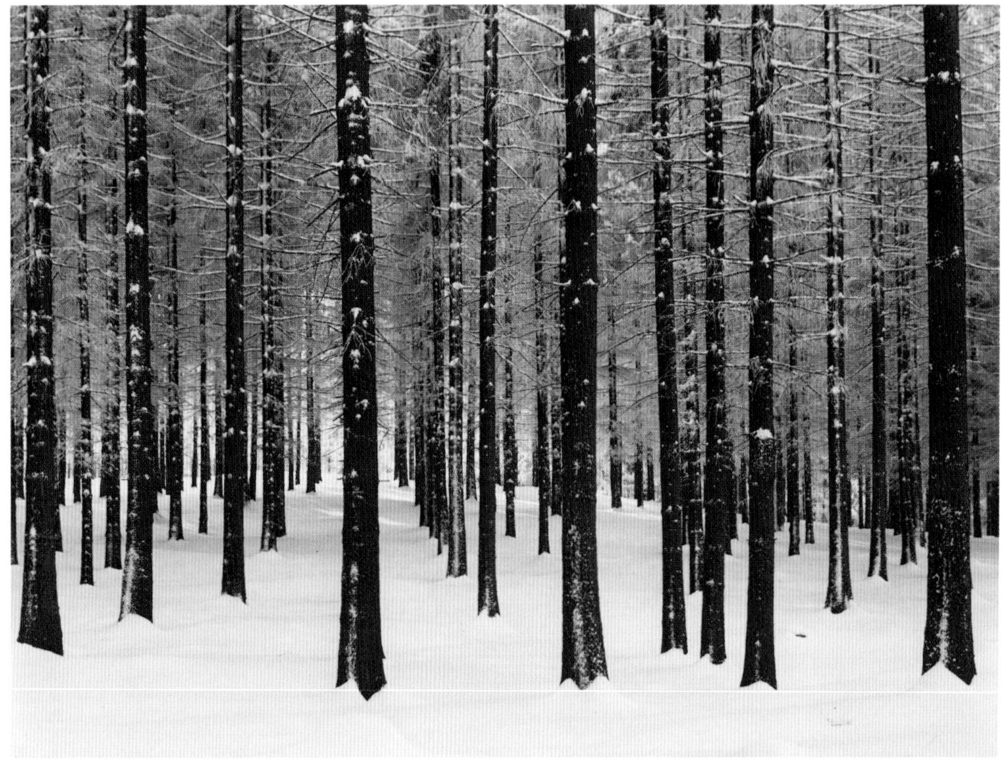

Albert Renger-Patzsch–*Tannenwald im Winter*

Albert Renger-Patzsch (1897–1966), ein deutscher Chemiker, gehörte zu einer Gruppe von Fotografen, die sich dem Stil der „Neuen Sachlichkeit" verpflichteten, der in der Zwischenkriegszeit in Deutschland entstand. Renger-Patzsch plädierte dafür, dass Fotografen lieber versuchen sollten, sich die einzigartigen Qualitäten des Mediums Fotografie zu eigen zu machen, insbesondere ihre Fähigkeit, Dinge detailliert zu dokumentieren, anstatt zu versuchen, Phänomene aus der bildenden Kunst nachzuahmen oder zu kopieren. Dieses Bestreben zeigt sich in seinen präzisen und technisch anspruchsvollen Fotografien, wie hier von einem Tannenwald im Winter. Tannen waren ein wiederkehrendes Sujet in Renger-Patzschs Bildern, viele von ihnen entstanden im Ruhrgebiet, wo er einen Großteil seines Lebens verbrachte.

Die Verstaatlichung des Sueskanals löst die Sueskrise in Ägypten aus.

1956

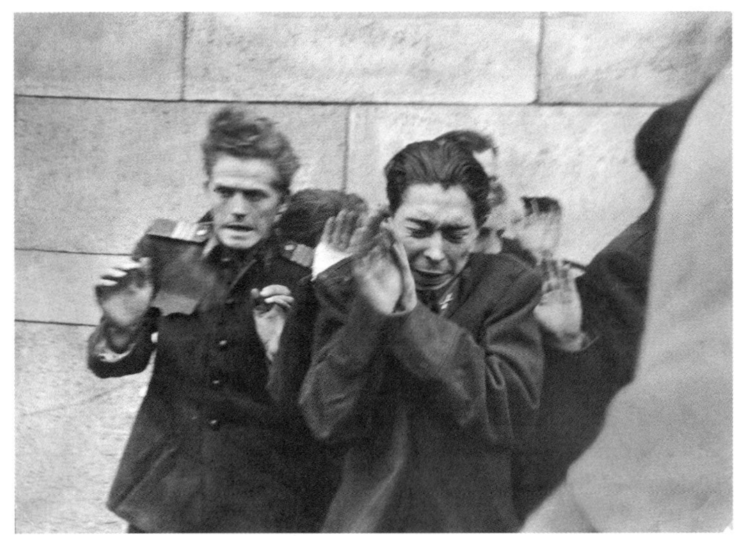

John Sadovy – *Volksaufstand in Ungarn*

Der in der Tschechoslowakei geborene Fotograf John Sadovy (1928–2010) war Autodidakt. Im Zweiten Weltkrieg kämpfte er für die freien polnischen Streitkräfte, ging dann nach England und arbeitete freiberuflich für Zeitschriften wie *Life* und *Paris-Match*. 1956 kam es in Ungarn zum Aufstand gegen die kommunistische Regierung, und Sadovy war einer der wenigen Fotojournalisten, die nach Budapest reisen und die Ereignisse dokumentieren durften. Die Berichterstattung von Sadovy und einer Handvoll weiterer Journalisten trug wesentlich dazu bei, die Welt über die Geschehnisse zu informieren und Beweise für die blutige Repression zu liefern, mit der die sowjetische Besatzungsmacht die Kontrolle über das Land wiederherstellte.

Roger Mayne – *Teds-Pärchen, Petticoat Lane*

Der von Cartier-Bressons *Entscheidendem Augenblick* inspirierte Roger Mayne (1929–2014) war ein herausragender britischer sozialdokumentarischer Fotograf der 1950er. Rund um die Southam Street im Londoner Stadtteil Notting Hill fand er zwischen 1956 und 1960 mehr als genügend Sujets. Mayne beschrieb seine Philosophie 1960 folgendermaßen: „Die Fotografie arbeitet mit zwei Arten von Verzerrungen – die Vereinfachung in Schwarz-Weiß und das Herausgreifen eines Augenblicks. Es ist diese besondere Mischung aus Realität und Unwirklichkeit und die Wahlfreiheit des Fotografen, die aus der Fotografie eine Kunst machen kann. Ob es eine gute Kunst ist, hängt von Kraft und Wahrheit der Aussage ab."

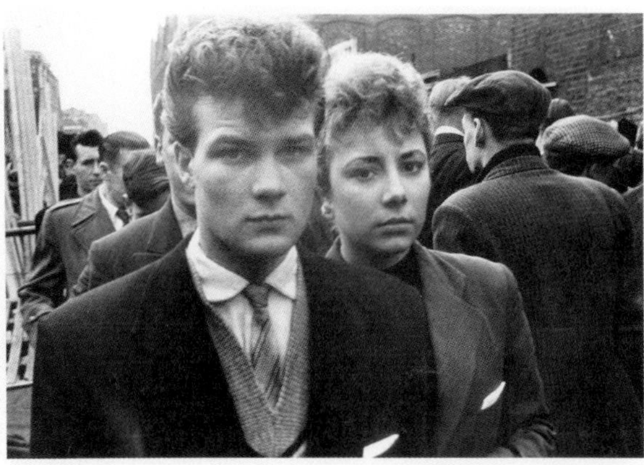

Erste rechnergestützte Erfassung gescannter Fotografien von Russell A. Kirsch et al., US National Bureau of Standards (heute NIST).

Sputnik 1, der erste künstliche Erdsatellit, wird von der Sowjetunion gestartet.

1957

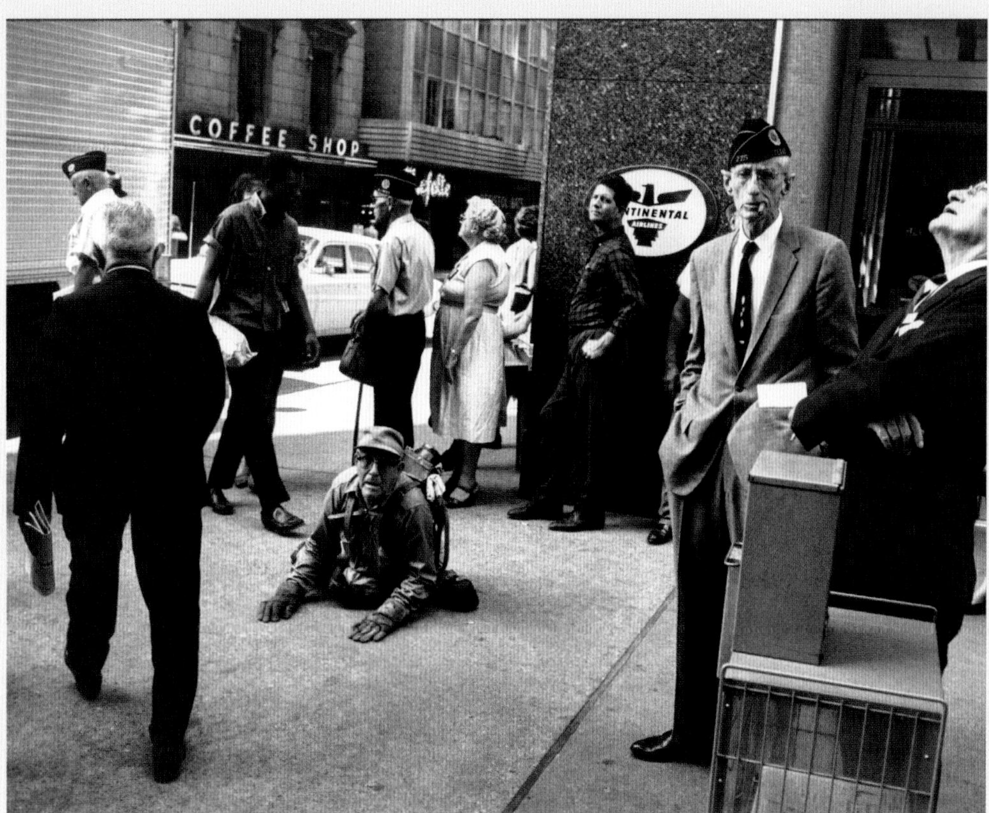

LINKS. Garry Winogrand – *Veteranentreffen, Dallas* (1964)
„Ich fotografiere, um zu sehen, wie die Dinge fotografiert aussehen", beschrieb Garry Winogrand (1928–1984) seine Herangehensweise. Als Inbegriff des amerikanischen Straßenfotografen und gebürtiger New Yorker zog er durch die Straßen dieser großen Stadt und durch den Rest der Vereinigten Staaten. Er ging fast jeden Tag hinaus, um zu fotografieren, und hinterließ Tausende von unentwickelten und unbearbeiteten Filmrollen, als er im Alter von 56 Jahren starb. Winogrand sprengte die Grenzen von Bildausschnitt und Komposition und sagte: „Jedes Foto ist ein Kampf der Form gegen den Inhalt. Die guten stehen an der Grenze zum Scheitern."

DIE STRASSE

Der Schauplatz Straße bot jenen Fotografen einen reichen Fundus an Sujets, die das visuelle Chaos der sich ständig verändernden Welt zu verstehen suchten und instinktiv auf die glücklichen Zufälle reagierten, die das Leben bereithält.

Mit Einführung der Kleinbildkamera Leica konnten Fotografen von Stativen und sperrigen Kameras befreit durch die Stadtlandschaft streifen und spontan fotografieren, was gerade geschah. In den 1930ern reagierten Fotografen wie Cartier-Bresson, Manuel Álvarez Bravo und André Kertész auf die urbane Energie und machten surreale und psychologisch aufgeladene Bilder. Auch der Bildwitz ist ein immer wiederkehrendes Sujet der Straßenfotografie. Elliott Erwitt findet ihn in bizarren Gegenüberstellungen von Elementen, wobei er oft Verbindungen herstellt, die nur ein Kamerablick herstellen kann. In den 1960er Jahren wurde New York zu einem Hotspot für dieses Genre. Eine von Robert Frank inspirierte Generation von Fotografen zog in die sonnenbeschienenen Schluchten der wimmelnden Stadt. Garry Winogrand, Lee Friedlander, Tod Papageorge, Tony Ray Jones und Joel Meyerowitz gingen oft gemeinsam zum Fotografieren hinaus und versuchten, die sich ständig verändernde Dynamik der aufgeladenen Stadt einzufangen. Meyerowitz' Projekt *Out to Lunch* ist ein nennenswertes Beispiel. Auch heute noch wird das Gefühl vermittelt, dass die unberechenbare Natur der Straße einen unerschöpflichen Vorrat an potenziellen Bildern liefert, etwa vom Schotten Dougie Wallace, genannt „Glasweegee", der für seinen Einsatz von Tageslichtblitz bekannt ist, oder von Trent Parke, der das Licht des Südens in seiner Heimat Sydney mit der Vielfalt der architektonischen Stile zu einer fantastischen Sicht auf diese moderne Metropole zu verbinden verstand.

„New Documents“

„New Documents“ (1967) war eine äußerst einflussreiche Ausstellung, die vom damaligen Direktor der Fotoabteilung des Museum of Modern Art in New York, John Szarkowski, kuratiert wurde. Sie zeigte die Arbeiten von drei relativ unbekannten Fotografen – Diane Arbus, Lee Friedlander und Garry Winogrand – und etablierte sie als drei der wichtigsten Stimmen der amerikanischen Straßenfotografie. Im Katalog erklärte Szarkowski, warum er sie in der Ausstellung zusammengeführt hatte: „Was diese drei Fotografen verbindet, ist nicht der Stil oder die Sensibilität; jeder von ihnen hat eine eigene Vorstellung vom Sinn der Fotografie und der Bedeutung der Welt. Was sie verbindet, ist der Glaube, dass die Welt es wert ist, betrachtet zu werden, und der Mut, dies zu tun, ohne zu theoretisieren.“

UNTEN. Lee Friedlander–*New Orleans, Louisiana* (1968)
Lee Friedlander (geb. 1934) ist wohl mehr als jeder andere Fotograf ein Meister der Übersetzung der dreidimensionalen Welt in die zweidimensionale des Fotos, in welchem der dreidimensionale Raum aber dennoch aufzuscheinen vermag. Seine Bilder sind wie visuelle Puzzles, in denen sich Spiegelungen, Telegrafenmasten, Autos und Umstehende zu einem nahtlosen, einzigartig fotografischen Bild verbinden. Friedlander nahm sich häufig selbst ins Bild, in der für ihn charakteristischen Pose und mit seiner Leica-Sucherkamera, wobei er mit einem Auge durch den Sucher blickte und dem anderen die direkte Beobachtung der Szene überließ.

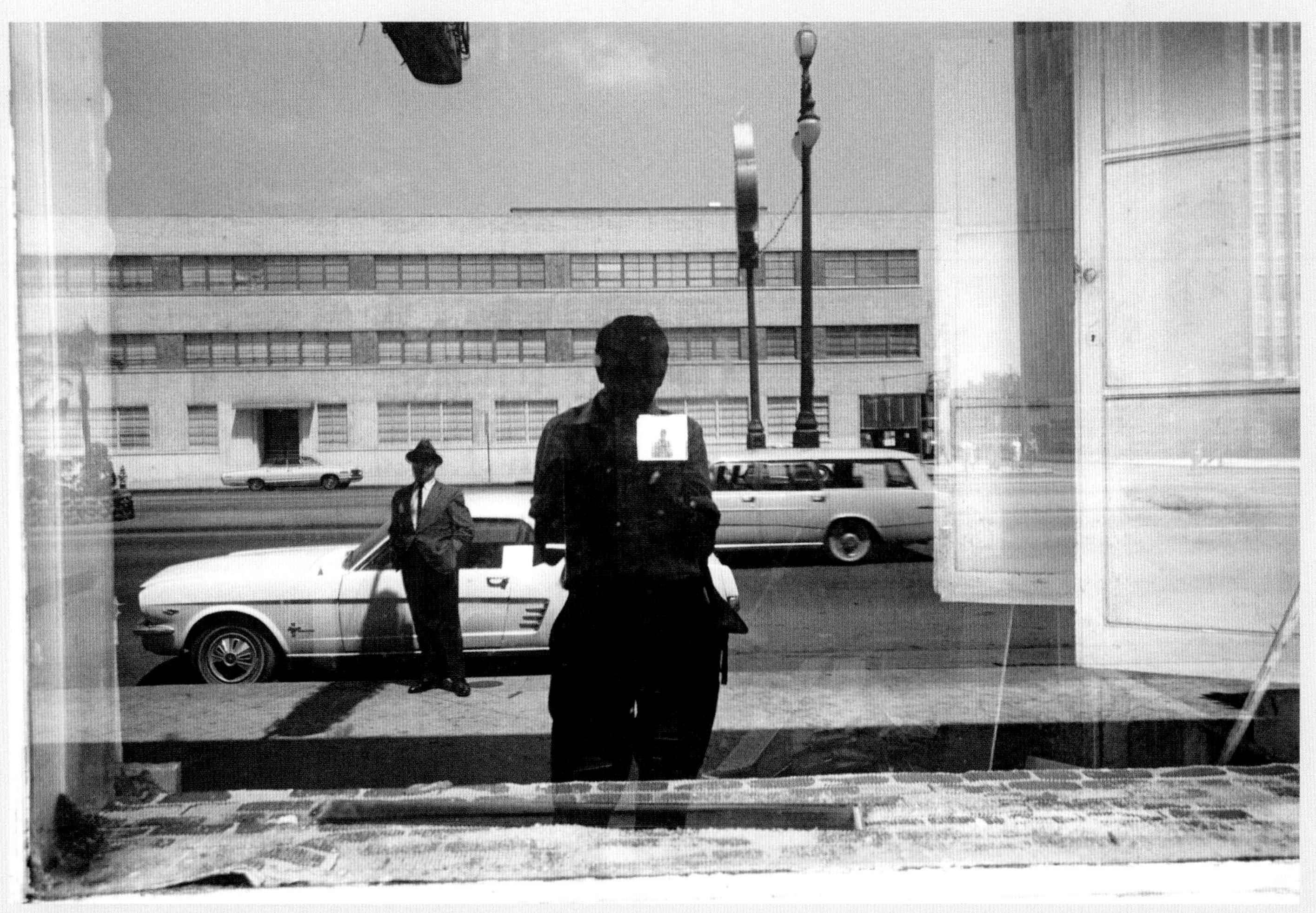

1959–1961

Ende der 1950er Jahre zeichnet sich eine neue Ära der Popkultur und auch des Protests ab, insbesondere in den Vereinigten Staaten.

In Greensboro, North Carolina, besetzen vier schwarze Studenten einen Tisch in einem für Weiße reservierten Imbiss bei Woolworth, was in weiteren Städten gewaltlose Proteste auslöst und die Aufmerksamkeit auf die Bürgerrechtsbewegung lenkt. In der Popkultur kehrt Elvis Presley nach zwei Jahren Armeezeit zur Musik zurück; im Fernsehen wird die erste Serie der *Flintstones* ausgestrahlt. In Deutschland beginnt der Bau der zukünftigen Berliner Mauer, einer Grenzmauer, die die Abwanderung von Ost nach West einschränken soll. Viele Fotografen sind vor Ort und dokumentieren herzzerreißende Szenen, in denen Familien und Freunde auf verschiedenen Seiten der Mauer festsitzen. LB

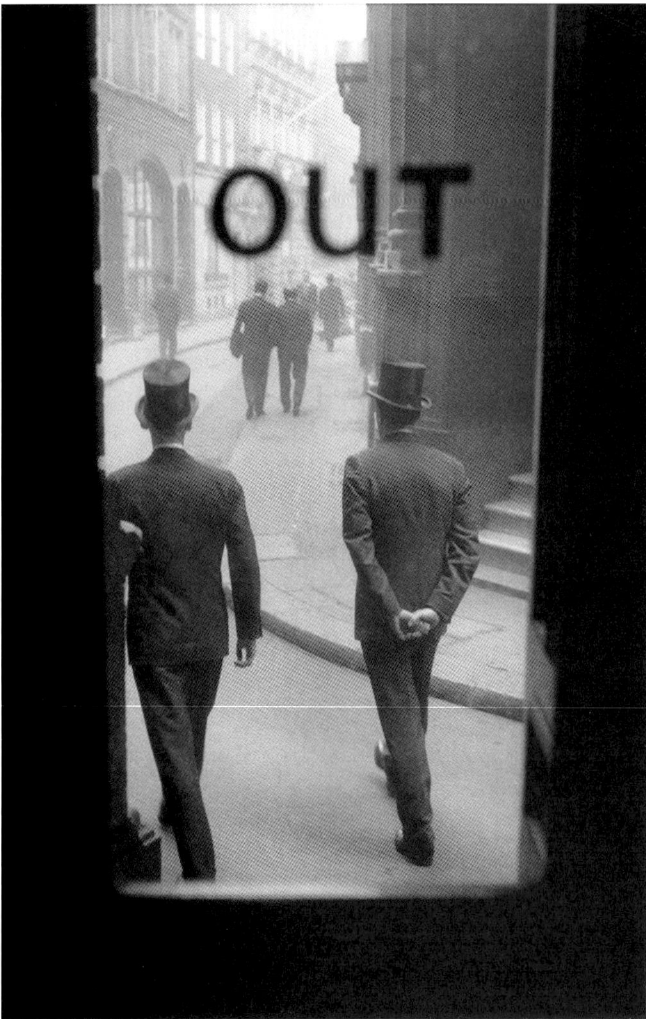

Sergio Larrain–*London, England*

Sergio Larrain (1931–2012) wurde in Chile geboren und studierte Musik, bevor er 1949 zu fotografieren begann. Er studierte Fotografie in den Vereinigten Staaten, reiste durch Europa, fasste als freischaffender Fotograf Fuß und arbeitete später als fester Fotograf für die brasilianische Zeitschrift *O Cruzeiro*. 1958 erhielt Larrain ein Stipendium für die Erstellung einer Fotoserie von London, ein Projekt, für das unter anderem dieses Bild entstand und viele weitere, die die schmutzigen Ecken der Stadt zeigten, und für die er im Folgejahr eine Einladung von Henri Cartier-Bresson erhielt, sich Magnum anzuschließen. 1968 hatte Larrain die Fotografie praktisch aufgegeben und verbrachte seine Zeit stattdessen damit, östliche Mystik zu studieren, Yoga zu praktizieren und zu malen. Trotz seiner kurzen fotografischen Karriere gilt er als einer der bedeutendsten und einflussreichsten chilenischen Fotografen des 20. Jahrhunderts.

AGFA führt die Optima ein, die erste Automatikkamera.

Die Kubanische Revolution bringt die kommunistische Regierung von Fidel Castro an die Macht.

1959

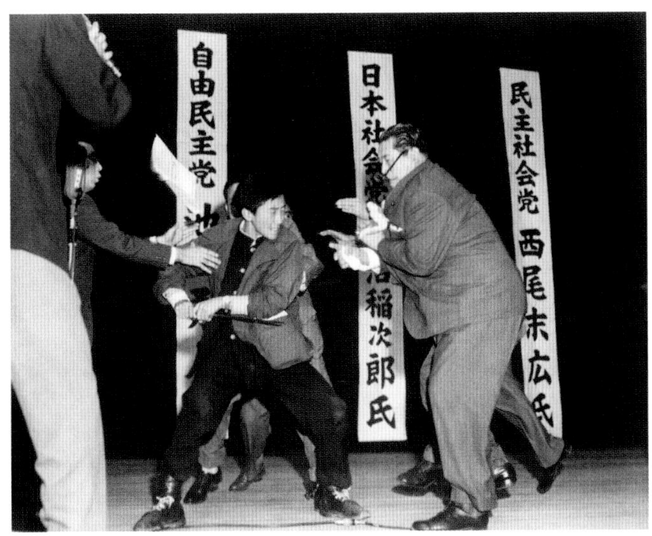

Yasushi Nagao–***Japans Sozialistenchef wird erstochen***

Yasushi Nagao (1930–2009) war ein relativ unbekannter Fotograf, als er vor den Wahlen zum japanischen Unterhaus über eine Fernsehdebatte berichten sollte. Die japanische Politik war zu dieser Zeit sehr angespannt. Während der Debatte fing Nagao den Moment ein, als Otoya Yamaguchi, ein rechtsradikaler Student, den Vorsitzenden der Sozialistischen Partei, Inejiro Asanuma, ermordete. Die Debatte samt Attentat war live im Fernsehen übertragen worden und löste Schock und Empörung aus. Nagaos Foto wurde auf der ganzen Welt veröffentlicht und als Pressefoto des Jahres und mit dem Pulitzer-Preis ausgezeichnet. Dieser Erfolg verlieh Nagao eine größere Autonomie als Fotograf, und er unternahm in den folgenden Jahren zahlreiche Reisen.

Eikō Hosoe–***Rosenprobe (Ba-Ra-Kei) #15***

Hosoe (geb. 1933) erlebte den Zweiten Weltkrieg als Kind, lernte früh die Fotografie kennen und nahm den Namen Eikō an, als Hommage an den sich damals neu formierenden Staat Japan. Er studierte Fotografie, arbeitete als freischaffender Fotograf und wurde stark von damaligen japanischen Avantgarde-Bewegungen beeinflusst. Während viele seiner Zeitgenossen auf die Veränderungen im Land reagierten, indem sie auf die Straße gingen und fotografierten, zog Hosoe es vor, in seinem Studio zu arbeiten und psychologisch aufgeladene Bilder zu konstruieren, die die inneren Landschaften seiner Sujets erforschten. Für viele seiner Bilder stand der japanische Schriftsteller Yukio Mishima Modell, so auch für dieses Bild, das zu einer Serie von dramatisch beleuchteten Posen des Autors gehört. Mishima sollte später Selbstmord begehen, was Hosoes Bildern eine weitere Bedeutungsebene verlieh.

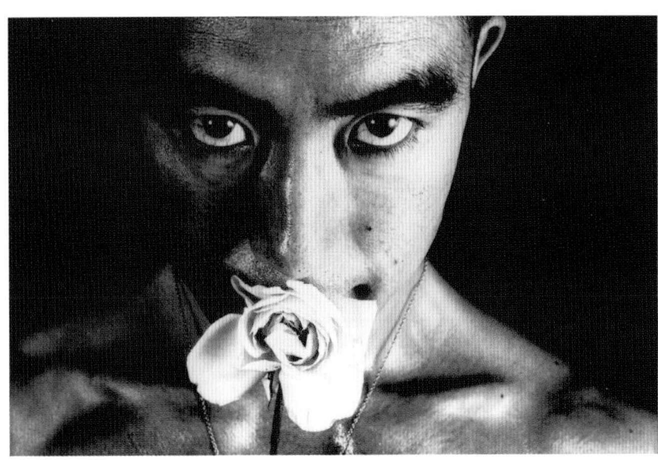

Die Beatles gründen sich in Liverpool, UK.

Der Bau der Berliner Mauer beginnt, Berlin wird zur geteilten Stadt.

1960

1961

1962–1964

Die Gegenkultur der Swinging Sixties erreicht im Laufe des Jahrzehnts ihren Höhepunkt. 1962 erscheint bei Polydor das erste Album der Beatles, 1964 landet die Band ihre erste Nummer-1-Scheibe in den USA. In London bringen die Rolling Stones ihr Debüt heraus, während Kinofans mit dem ersten James-Bond-Film *Dr. No* auf ihre Kosten kommen. Weltpolitisch fotografiert ein U-2-Spionageflugzeug, das über Kuba fliegt, den Bau von Startrampen für sowjetische Atomraketen. Diese Enthüllung provoziert eine Blockade der Insel durch die USA und bringt Ost und West in der Kubakrise näher an einen Atomkrieg als je zuvor. Im Kalten Krieg wird die Fotografie von beiden Seiten zunehmend genutzt, um die Pläne des Gegners zu durchschauen. In der Folge werden Raketen und andere militärische Ausrüstungen getarnt, vergraben und mehrfach verlegt, um sie aus dem Visier zu nehmen. LB

National Geographic publiziert die erste Ausgabe mit Volltonfarben-Fotos.

Die Kubakrise bringt die Vereinigten Staaten und die Sowjetunion einem Atomkrieg näher.

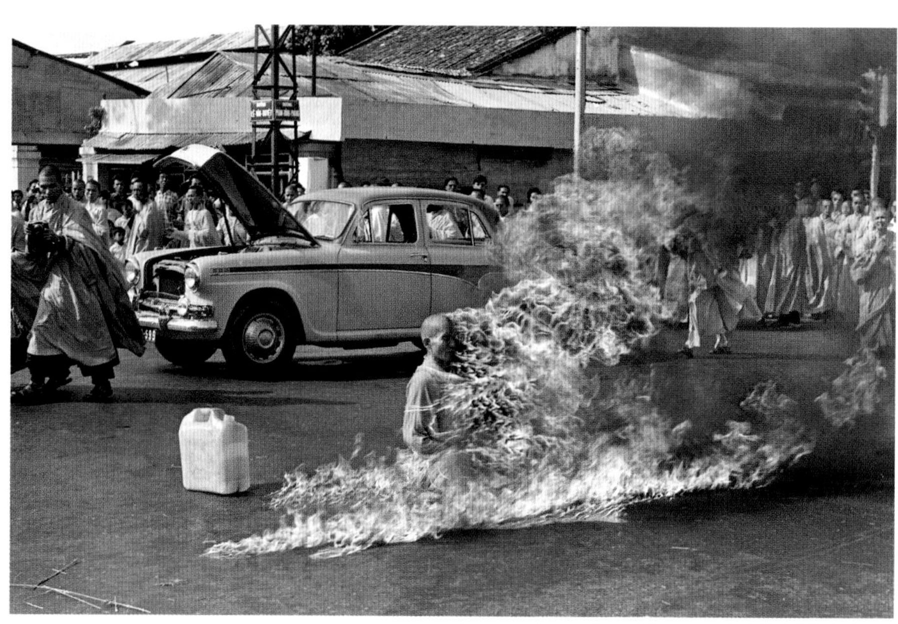

Malcolm Browne–*Der brennende Mönch*

Malcolm Browne (1931–2012) wuchs in New York auf, studierte Chemie und wurde zum Koreakrieg eingezogen. Während dieser Zeit wurde ihm die Arbeit für *Stars and Stripes*, die Zeitschrift der US-Armee, zugeteilt. Später trat er der Associated Press bei und wurde Chefkorrespondent für Indochina. Dieses Foto von Browne zeigt den vietnamesischen Mönch Thích Quảng Đức, der sich aus Protest gegen die Verfolgung von Buddhisten durch die südvietnamesische Regierung vor der kambodschanischen Botschaft in Saigon selbst verbrannte. Es gab Gerüchte, dass an diesem Tag etwas Wichtiges geschehen würde, dennoch waren viele Journalisten nicht anwesend. Brownes Fotos wurden weltweit veröffentlicht. Präsident Kennedy dazu: „Kein Nachrichtenbild hat je so viele Emotionen ausgelöst wie dieses."

1962

Cecil Beaton–*Audrey Hepburn, My Fair Lady*

Cecil Beaton (1904–1980) begann schon in jungen Jahren zu fotografieren und setzte diese Tätigkeit während seines Kunst- und Architekturstudiums fort. Nach seinem Abschluss entschied er sich für die Arbeit als Fotograf, ging nach New York, machte sich einen Namen als Modefotograf und konnte schließlich einen lukrativen Vertrag mit Condé Nast Publications abschließen. Später kehrte Beaton nach England zurück, arbeitete für das Informationsministerium, dokumentierte Kriegsanstrengungen und kehrte nach dem Zweiten Weltkrieg zur Mode zurück. Dieses Foto von Audrey Hepburn ist ein Beispiel für Beatons typisch aufwendige Studioaufnahmen, für die er bis heute am bekanntesten ist.

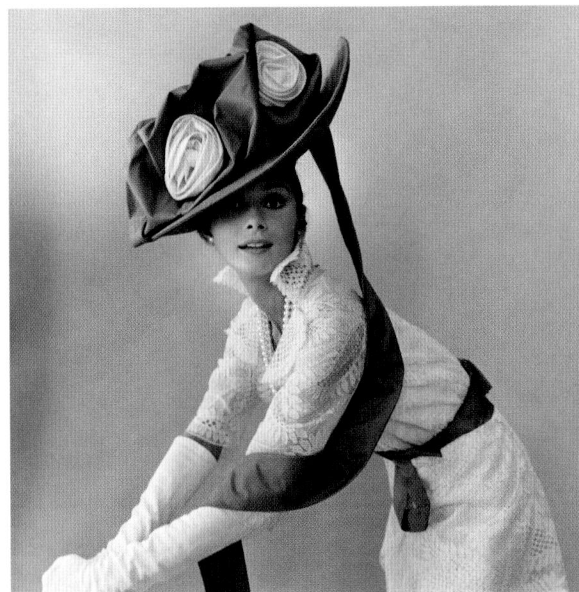

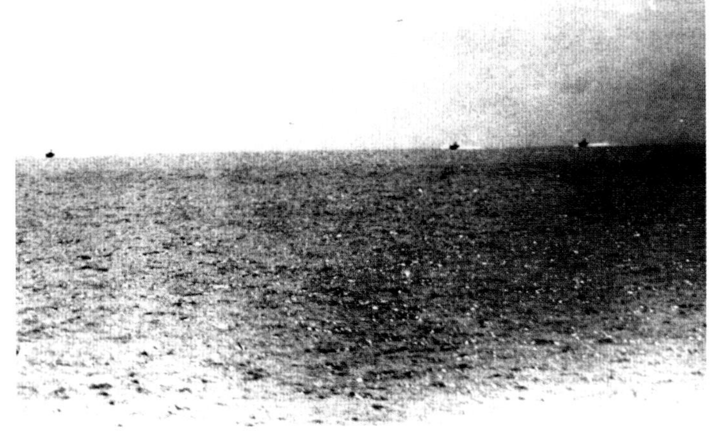

Tonkin-Zwischenfall

1964 befand sich der Vietnamkrieg an einem kritischen Punkt. Im Jahr zuvor war Kennedy ermordet worden, jetzt wurde im Weißen Haus ein neuer Präsident gewählt; unsicher war nun, ob der Krieg eskalieren oder die amerikanische Beteiligung zurückgefahren würde. Am 2. August wurde die USS *Maddox* während einer Patrouille im Golf von Tonkin von drei nordvietnamesischen Torpedobooten angeblich verfolgt. Es kam zu einem Schusswechsel zwischen den Schiffen; mindestens vier vietnamesische Seeleute starben. Ergebnis dieses fingierten Vorfalls war die Verabschiedung der Tonkin-Resolution, die die Befugnisse des amerikanischen Präsidenten zur militärischen Unterstützung der „vom Kommunismus bedrohten Länder" erweiterte, was letztlich zur massiven Aufstockung der Streitkräfte und zum Eintritt der USA in den Vietnamkrieg führte.

Polaroid entwickelt Polacolor, den ersten Sofortbild-Farbfilm.

1963

1964

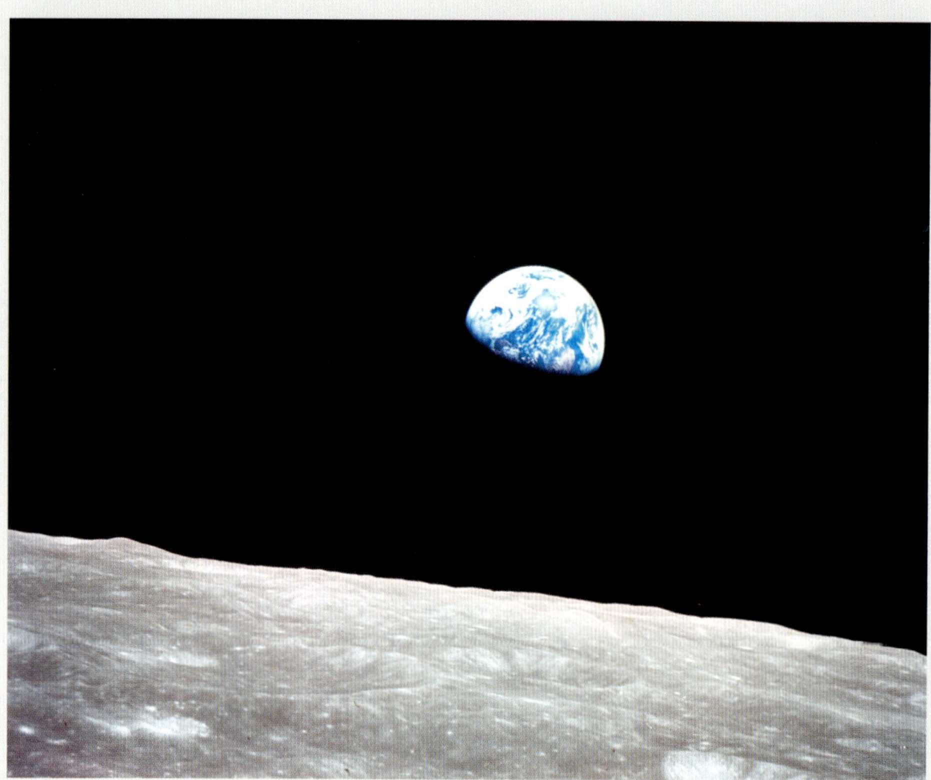

LINKS. William Anders – *Erdaufgang* (1968)
Dieses atemberaubend schöne und spektakuläre Bild wurde von *Apollo 8*, dem ersten bemannten Raumschiff, das den Mond umrundete, aufgenommen und vom ehemaligen US-Vizepräsidenten Al Gore als „Erweckung der modernen Umweltbewegung" gewürdigt. Der NASA-Astronaut William Anders nahm dieses erste Farbfoto aus dem Weltraum mit einer modifizierten Hasselblad auf, die mit einem speziell angefertigten 70-mm-Filmmagazin bestückt und mit einem einfachen Visierring anstelle des Standard-Reflexsuchers ausgestattet war. Er erinnerte sich: „Wir waren 386.000 km weit gekommen, um den Mond zu sehen, doch es war die Erde, die es wirklich wert war, gesehen zu werden."

WELTRAUM

Fotografen waren seit jeher fasziniert vom Mond und den Sternen, viele der Pioniere waren sogar Astronomen, die den Wert der Kamera für eine Aufnahme des Nachthimmels erkannten.

Die frühen fotografischen Experimente des Astronomen Sir John Herschel waren weitgehend vom Potenzial der Fotografie getrieben, die durch das Teleskop gemachten Beobachtungen genauer als durch Zeichnung abbilden zu können. James Nasmyth und James Carpenter erarbeiteten den Band *Der Mond als Planet, Welt und Trabant*, der 1874 veröffentlicht wurde und die geniale Idee umsetzte, Fotografien von Gipsmodellen des Mondes zu erstellen, die auf der Grundlage von Zeichnungen angefertigt worden waren. Bald darauf baute Lewis Morris Rutherfurd das erste Teleskop für die Astrofotografie, durch dessen Objektiv von 28,5 cm Durchmesser und einer Brennweite von ca. 4,5 m er etwa 500 Bilder der Mondoberfläche aufnahm. Am 24. Oktober 1946 gelang es mit einer Kamera, die in den Raketenkopf einer von den White Sands Proving Grounds in New Mexico gestarteten V2 eingebaut worden war, die ersten Bilder der Erde aus einer Höhe von 105 km aufzunehmen. Tragischer waren die Aufnahmen der *Challenger*-Katastrophe von 1986, die Bruce Weaver dokumentierte. Sein dramatisches Foto der Raumfähre, die keine 77 Sekunden nach dem Start vom Kennedy Space Center explodierte, führte den Preis, den Astronauten für ihre Bemühungen um die Erforschung des Himmels bezahlten, vor Augen. Die Digitaltechnologie ermöglichte es der NASA schließlich, ein Bild von der Erde ohne Wolkendecke zu erstellen, indem sie die unglaublich vielen, vom Terra-Satelliten aus dem Weltraum aufgenommenen Bilder zu einem kombinierte. Mit dem Titel *Blue Marble: Next Generation* und in Anlehnung an das ursprüngliche *Blue-Marble*-Foto, das 1972 von der *Apollo-17*-Crew aufgenommen worden war, ist das Bild eine eindringliche Erinnerung an die Zerbrechlichkeit des Planeten.

UNTEN. Neil Armstrong–*Buzz Aldrin auf dem Mond* (1969)
Wir sehen den Beweis für die berühmte Aussage des Kommandeurs der Raumfahrtmission *Apollo 11*, Neil Armstrong, vom 20. Juli 1969: „... ein kleiner Schritt für den Menschen, ein riesiger Sprung für die Menschheit." Armstrong zeigt seinen Kollegen, den Piloten der Mondlandefähre, Edwin E. „Buzz" Aldrin Jr., während der ersten Mondlandemission am Meer der Ruhe; Armstrong spiegelt sich in Aldrins Visier. Obwohl Verschwörungstheoretiker vermuteten, die Mission sei in einem Studio vorgetäuscht worden, liefert das Bild den visuellen Beweis für eine der größten Errungenschaften der Menschheit auf dem Gebiet der Erkundung.

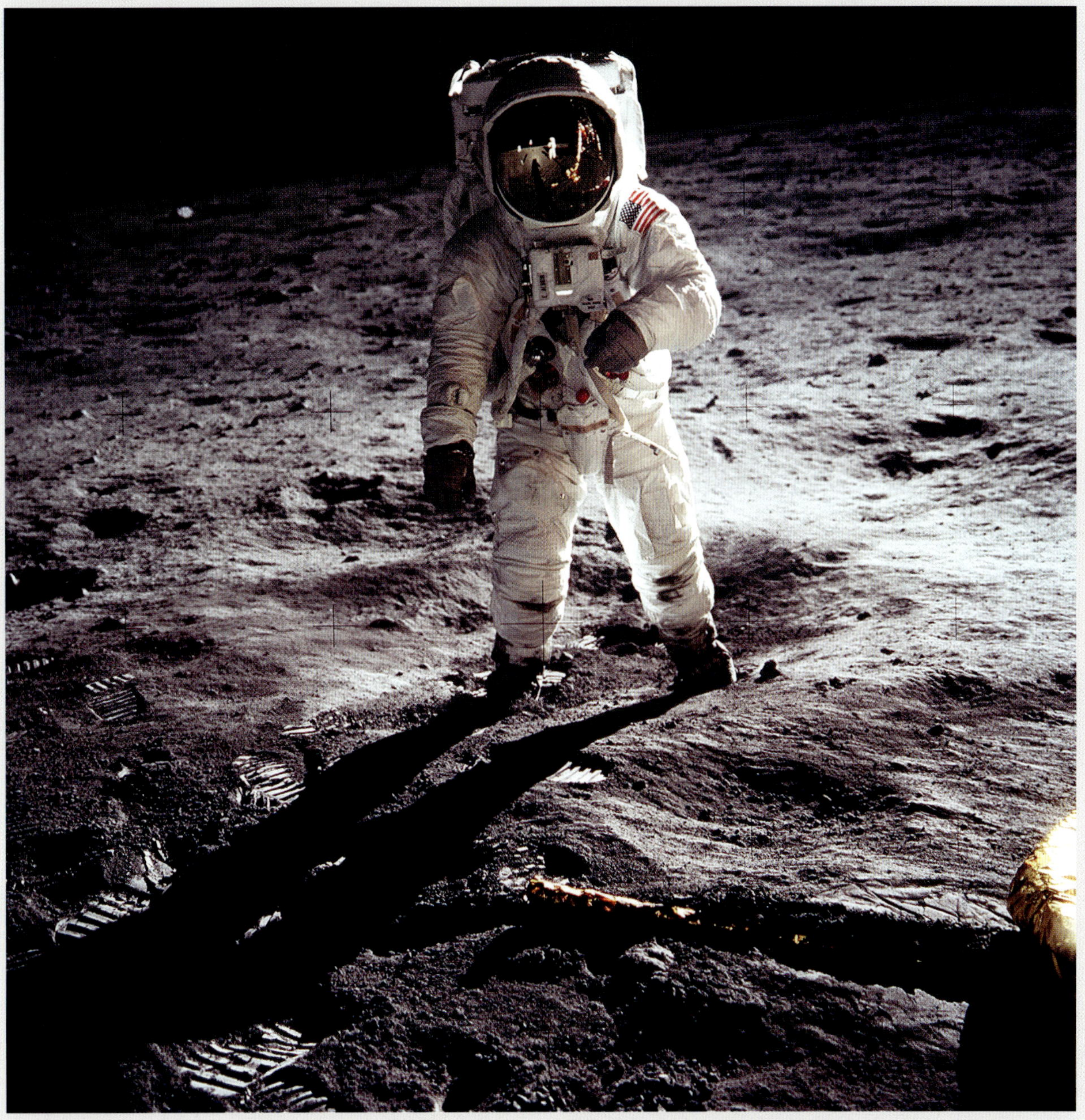

1965–1967

In der zweiten Hälfte der 1960er wird die Gegenkultur zunehmend zum Mainstream, unterstützt auch durch viele Fotografen, die das Leben von Menschen am Rande der Gesellschaft dokumentieren. In Städten wie San Francisco und dem New Yorker East Village entwickelt sich eine Hippie-Subkultur; Autor Ken Kesey veranstaltet die ersten seiner Acid-Tests, eine Reihe von Happenings, in deren Mittelpunkt der kollektive Konsum der psychedelischen Droge LSD steht. Gegenkultur und Popkultur verschmelzen zunehmend. Bob Dylan veröffentlicht sein erstes Album mit elektrisch verstärkten Songs; die Beatles spielen ihr Abschlusskonzert. Zeitgleich werden Protestbewegungen gegen den Vietnamkrieg und für Bürgerrechte immer mächtiger, aber letztere erleidet mit der Ermordung des schwarzen Aktivisten und Wortführers der Nation of Islam, Malcolm X, in New York auch einen großen Verlust. LB

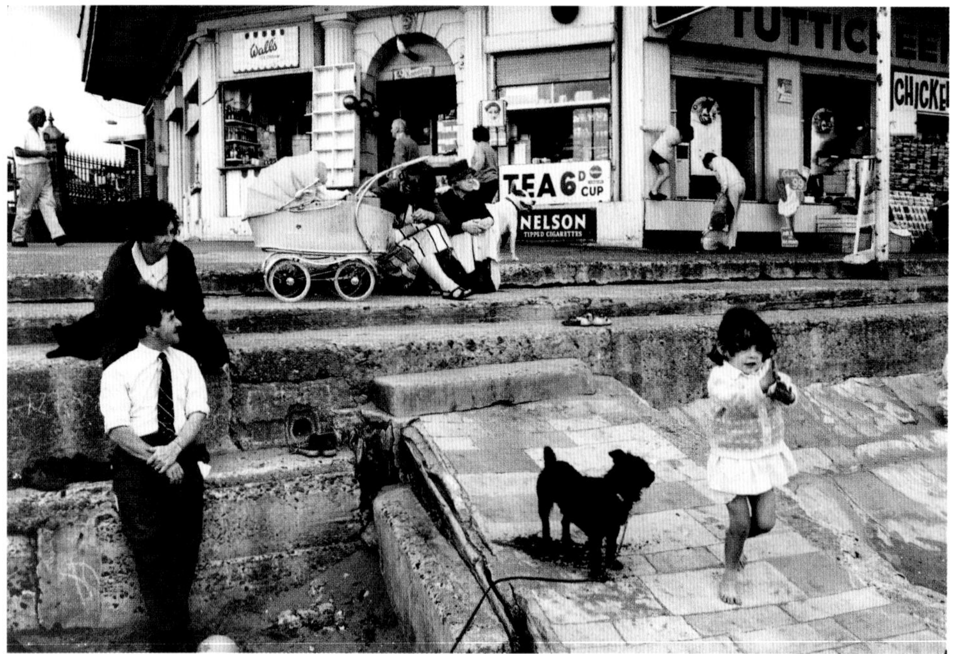

Tony Ray-Jones – *Ramsgate*

Tony Ray-Jones (1941–1972) war einer der einflussreichsten britischen Fotografen der Nachkriegszeit, und seine Bilder von der englischen Küste und traditionellen Bräuchen sind mit trockenem Humor gesehene, subtile, kluge und oft surreale Kompositionen. Ray-Jones absolvierte eine Ausbildung als Grafikdesigner an der London School of Printing, zog dann nach New York und studierte am Design Laboratory beim legendären Art Director Alexey Brodovitch. Dort begegnete er Garry Winogrand und Joel Meyerowitz, die ihn dazu inspirierten, mit einer Leica auf den Straßen Manhattans zu fotografieren. Zurück in England nahm er sich vor, „etwas vom Geist und der Mentalität der Engländer zu vermitteln, von ihren Gewohnheiten und ihrer Lebensweise, von der Ironie, die in der Art und Weise liegt, wie sie etwas tun, teils aufgrund ihrer Traditionen, teils aufgrund der Natur ihrer Umgebung und ihrer Mentalität".

Winston Churchill stirbt.

Die Beach Boys bringen *Good Vibrations* heraus.

1965

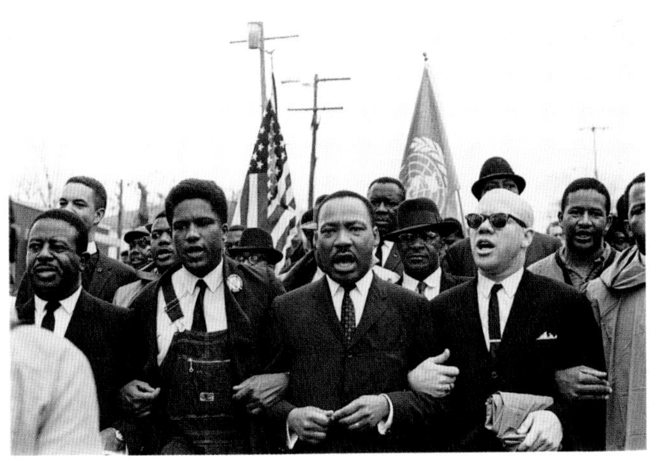

James „Spider“ Martin–*Dr. Martin Luther King Jr. führt den Marsch zum Alabama State Capitol an*

Der in Alabama geborene Spider Martin (1939–2003) arbeitete als Fotograf bei den *Birmingham News*, und das zu jener bedeutsamen Zeit in der amerikanischen Geschichte, da die Bürgerrechtsbewegung auf ihrem Höhepunkt war. 1965 führte die Erschießung eines jungen Afroamerikaners durch einen Polizisten zu drei Protestmärschen von Selma nach Montgomery. Martin war einer der wenigen Fotografen, die am 7. März 1965 beim ersten dieser Märsche vor Ort waren: ein friedlicher Protest, der gewalttätig wurde, als die Polizei die Demonstranten angriff. Martins Fotografien dokumentierten diese grundlose Gewalt des Staates und wurden von den Anführern des Marsches, darunter Martin Luther King Jr., begrüßt, weil sie dazu beitrugen, eine größere Aufmerksamkeit und Unterstützung für die Sache zu gewinnen.

Danny Lyon–*Über den Ohio*

Der Autodidakt Danny Lyon (geb. 1942) fotografierte als Mitglied des Student Nonviolent Coordinating Committee Demonstrationen der Bürgerrechtsbewegung gegen die Rassentrennung im amerikanischen Süden. In der Folge widmete er sich einer Reihe von konkreten Themen, darunter das US-Strafvollzugssystem und in jüngerer Zeit die antikapitalistische Occupy-Bewegung, ist aber für seine Arbeit zum Chicago Outlaw Motorcycle Club vielleicht am bekanntesten, dem er selbst angehörte. Lyons Draufgänger-Aufnahmen, die 1968 im Buch *The Bikeriders* erschienen, trugen dazu bei, Bikerbanden im öffentlichen Bewusstsein als Symbole und Rebellen einer Gegenkultur zu verankern.

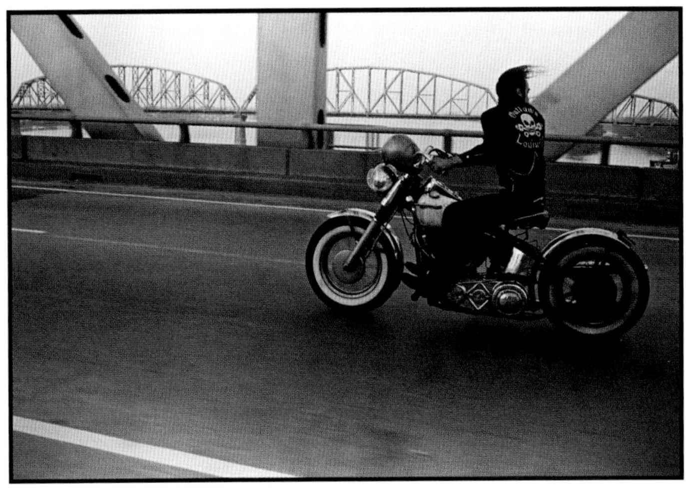

Sechstagekrieg zwischen Israel, Ägypten, Jordanien und Syrien.

1965

1967

1968–1970

Der Vietnamkrieg eskaliert; die nordvietnamesische Tet-Offensive von 1968 setzt die Vereinigten Staaten und Südvietnam außer Gefecht. Richard Nixon wird Präsident und verspricht, den Krieg zu beenden, stattdessen aber dehnt er ihn auf Kambodscha und Laos aus. Die Kriegsgegner-Proteste in den USA eskalieren, die Öffentlichkeit ist zunehmend polarisiert. Mit der Einführung der Wehrpflicht 1969 verbrennen Tausende ihre Einberufungsbefehle und weigern sich, in den Krieg zu ziehen. Das Ende des Jahrzehnts ist auch von einer Blüte des Genres Straßenfotografie geprägt, insbesondere in den Vereinigten Staaten, wo Fotografen wie Joel Meyerowitz, Lee Friedlander, Vivian Maier und Diane Arbus in den Straßen von Städten wie New York ihre eigenen Visionen entwerfen. Viele dieser Fotografen halten nicht nur die Realität der Straße fest, sondern auch die letzten Atemzüge des bemerkenswert nonkonformistischen Gegenkultur-Jahrzehnts der 1960er. LB

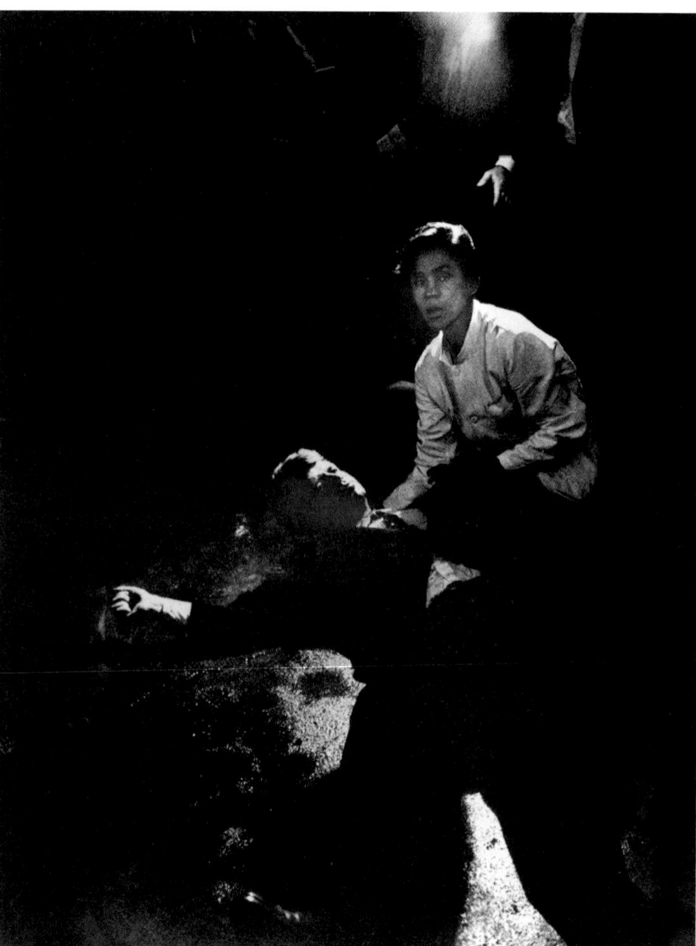

Bill Eppridge–*Ermordung von Robert Kennedy*
Am 5. Juni 1968, keine fünf Jahre nach dem Attentat auf seinen Bruder, Präsident John F. Kennedy, wurde der demokratische Präsidentschaftskandidat Robert F. Kennedy im Ambassador-Hotel in Los Angeles erschossen. Dort hatte er mit Anhängern den Sieg der kalifornischen Vorwahlen gefeiert und war gerade dabei, durch den Küchenbereich des Hotels hinauszugehen und sich von Personal und Gratulanten zu verabschieden. Nachdem er dem Kellner Juan Romero die Hand geschüttelt hatte, schoss der palästinensische Immigrant Sirhan Bishara Sirhan aus nächster Nähe auf Kennedy. Als die Schüsse fielen, eilten zahlreiche Journalisten und Fotografen herbei, aber Eppridges (1938–2013) Foto des bestürzten Romero, der den sterbenden Kennedy im Arm hält, ist das prägende Bild dieser zweiten Familientragödie der Kennedys geworden.

Martin Luther King Jr. wird in Memphis, Tennessee, ermordet.

Bill Anders fotografiert *Erdaufgang*, ein Bild von der Erde aus dem Mondorbit, das zum Symbol der Umweltbewegung wird (siehe S.184).

1968

Minor White – *Power Spot*

Der US-Amerikaner Minor White (1908–1976) studierte Botanik und fertigte zunächst fotografische Pflanzenstudien. Er war von seinem Großvater in die Fotografie eingeführt worden, widmete sich aber auch der Schriftstellerei. Später lehrte er selbst Fotografie, schrieb als Kritiker darüber und schuf seinen eigenen fotografischen Stil. Im Laufe seines Schaffens entwickelte White eine komplexe Beziehung zur Fotografie. Seine Bilder, so auch dieses, wurden immer abstrakter, und er experimentierte mit der Schaffung von Serien, die er als „Bildfolgen" bezeichnete und die auf den Betrachter eine ähnliche Wirkung haben sollten wie die Bildsequenzen in einem Kinofilm.

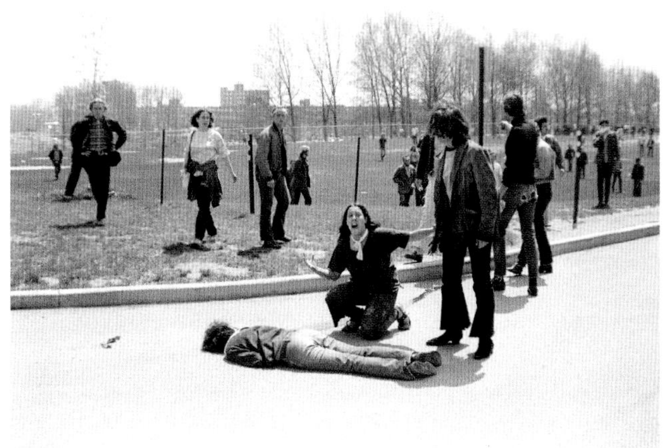

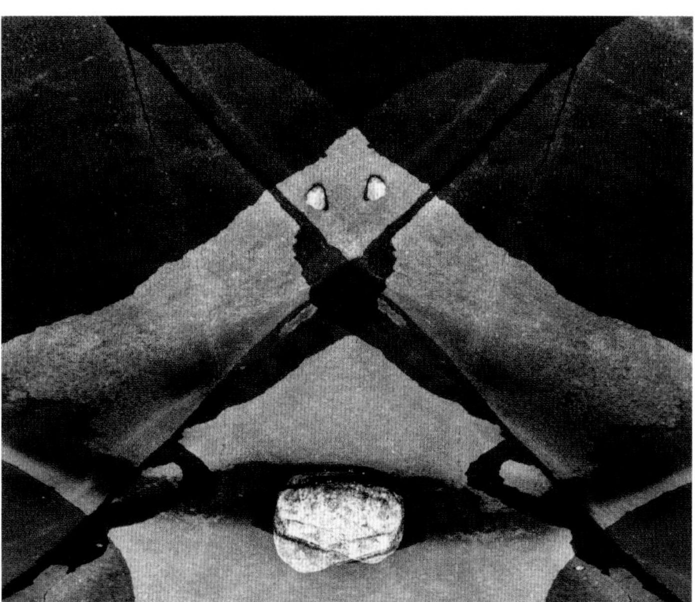

John Paul Filo – *Kent-State-Massaker*

John Paul Filo (geb. 1948) studierte Fotojournalismus an der Kent State University, als die Nationalgarde von Ohio das Feuer auf unbewaffnete Studenten eröffnete, die gegen den Vietnamkrieg protestierten. Vier Menschen wurden getötet, neun verwundet. Filo arbeitete im Fotolabor der Universität, als er Schüsse hörte. Er lief nach draußen und sah Gardisten, die auf Studenten schossen. Mit Platzpatronen, wie er vermutete, bis ihn ein Schuss knapp verfehlte. Filo fotografierte die Schießerei, die etwa eine Minute dauerte, und dokumentierte dann die Folgen. Dieses Foto ist zum Inbegriff des Ereignisses geworden: Es zeigt Mary Ann Vecchio, die schreiend über der Leiche von Jeffrey Miller kniet. Das Bild wurde in den Folgetagen vielfach veröffentlicht und brachte Filo im selben Jahr noch den Pulitzer-Preis.

Apollo 11 bringt die ersten Menschen auf den Mond.

Jungfernflug der Boeing 747.

1969

1970

KONZEPT-FOTOGRAFIE

Künstler nutzten die Kamera zur Aufzeichnung ihrer Auftritte und zum Ausloten von Konzepten und Ideen, die spielerisch erkunden, wie Fotografie die Welt beschreibt.

Seit Hippolyte Bayards *Selbstporträt als Ertrunkener* (1840) nutzen Künstler die einzigartigen Qualitäten der Fotografie, um spielerisch zu hinterfragen, was real ist und was nicht. Was ist inszeniert? Was Fiktion? Was Fakt? In den 1960er Jahren, mit dem Aufkommen der Konzeptkunst, beschrieb man dann auch mit „Konzeptfotografie“ jene Arbeiten von Künstlern, die die Fotografie als integralen Bestandteil ihrer Praxis verwendeten. Für Performance-Künstler wurde die Kamera zu einer Möglichkeit, ihre Interventionen aufzuzeichnen, wobei sie oft eine starre, dokumentarische Ästhetik verwendeten, die den „Wahrheitswert“ ihrer Arbeit überspitzte. Richard Long (geb. 1945) schuf noch während seines Studiums an der St. Martin's School of Art in London die Arbeit *Linie, durch Gehen entstanden* (1967), für die er eine gerade Strecke über eine Wiese trampelte und dann die resultierende Spur fotografierte. Der performative und vergängliche Charakter des Kunstwerks bleibt in der Fotografie erhalten, was die Frage aufwirft, worin genau die Kunst besteht: Im Akt des Gehens,

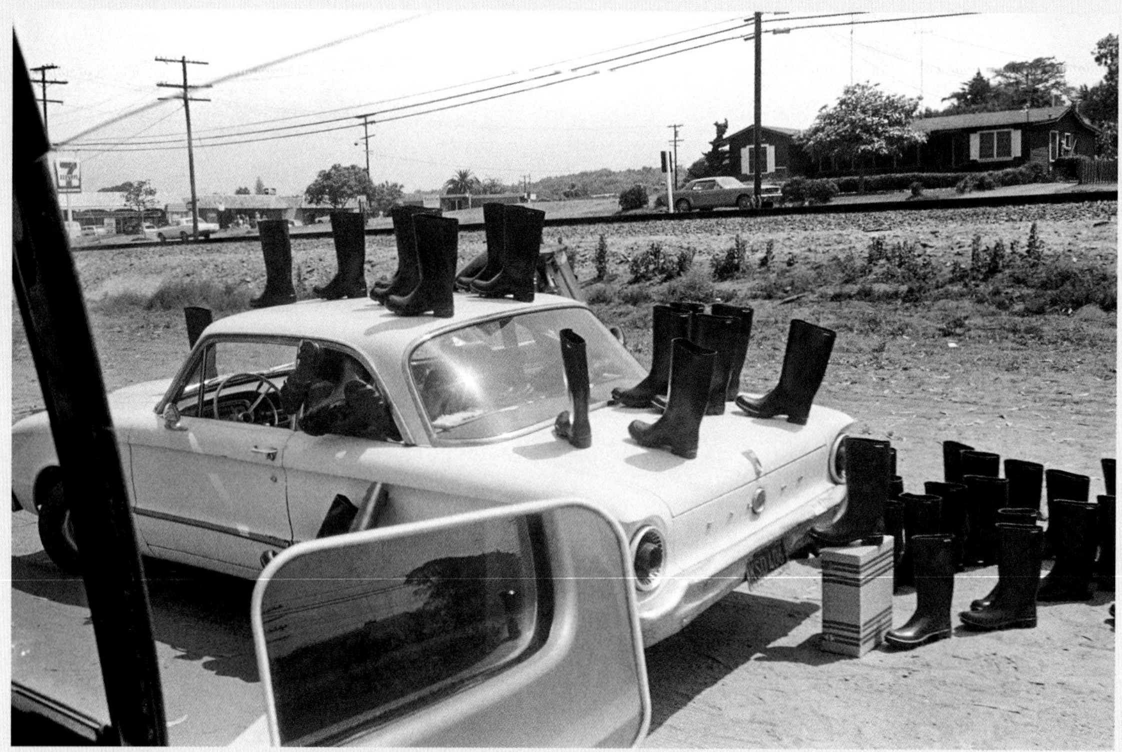

OBEN. Eleanor Antin–*100 Stiefel auf der Straße* aus der Serie *100 Boots* (1971)
Eleanor Antins (geb. 1935) Serie *100 Boots* zeigte 50 Paar Gummistiefel, mit denen sie einen „Road Trip“ zu 51 verschiedenen Orten unternahm, wo ihr Künstlerkollege Philip Steinmetz die Arrangements jeweils fotografierte. Antin fertigte dann Postkarten von jedem Szenario an und schickte sie über einen Zeitraum von drei Jahren an Künstler und Fachleute aus der Kunstwelt quer durch die ganze USA. Auch diese Serie wirft die Frage nach dem eigentlichen Kunstwerk auf: Liegt es in den Bildern, den Postkarten oder in der Performance, die Stiefel für jedes Einzelbild zu arrangieren? Oder in dem Akt, sie an Publikum zu verschicken?

in der fotografischen Dokumentation desselben oder irgendwo dazwischen? John Hilliard (geb. 1945) untersuchte das Wesen der Performance und hinterfragte den Wahrheitsgehalt der Fotografie in seiner Arbeit *Todesursache* (1974): Vier aus demselben Negativ freigestellte Bilder zeigen je einen in weißes Tuch gehüllten Körper, dem aber jedes Mal ein anderes Wort als mögliche Todesursache beigefügt ist. Diese Kombination aus Performance und Hinterfragung der Fotografie findet sich auch in den Selbstporträts von Cindy Sherman und in Gillian Wearings (geb. 1963) *Schilder, die sagen, was du mit ihnen sagen willst und nicht Schilder, die sagen, was jemand anderes will, dass du mit ihnen sagst* (1992–1993), für die sie Fremde auf der Straße bat, auf ein weißes Blatt zu schreiben, was sie denken. Dann fotografierte sie sie mit diesem Blatt. Der Einfluss dieser Arbeiten auf die zeitgenössische Fotografie ist beträchtlich. Fotografen wie Adam Broomberg und Oliver Chanarin verbinden Konzeptdenken mit einer dokumentarischen Ästhetik und schaffen komplexe Werke, die unsere Vorstellung vom Wahren und vom Falschen infrage stellen.

UNTEN. John Baldessari–*Drei Bälle hochgeworfen, um eine Gerade zu erzeugen (bester von 36 Versuchen)* [Ausschnitt] (1973)
John Baldessari (1931–2020) warf für diese Arbeit drei Bälle 36-mal in die Luft (entspricht der Anzahl der Einzelbilder auf einer Kleinfilmrolle) und veröffentlichte dann 14 Bilder davon in einem Buch in limitierter Auflage. Die Einfachheit des Spiels und die inhärente Struktur wiederholte er in den Arbeiten *Drei Bälle hochgeworfen, um ein gleichseitiges Dreieck zu erzeugen* (1973) und *Vier Bälle hochgeworfen, um ein Quadrat zu erzeugen* (1974); die willkürlichen Regeln ergaben Bilder von natürlicher Schönheit. Baldessari kritisierte in seinen Konzeptarbeiten mit Sprache, Spiel und regelbasierten Methoden die Natur der Kunst und des Künstlerseins.

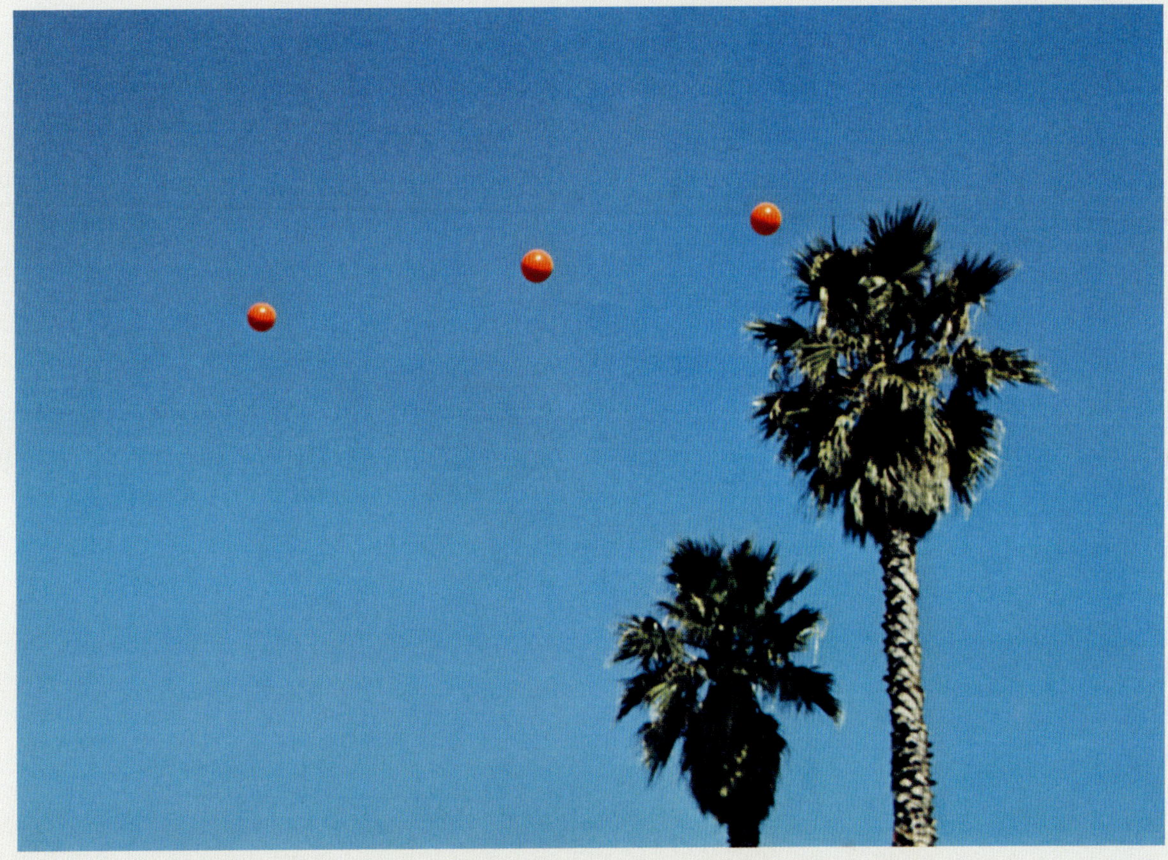

1971–1973

Zu Beginn des neuen Jahrzehnts verlieren Gegenkultur und politische Freiheiten der 1960er Jahre zunehmend an Boden gegenüber politischem Konservatismus und Autoritarismus. In Chile wird die Regierung von Salvador Allende durch einen Militärputsch gestürzt, den die USA unterstützen, um eine Ausbreitung des Kommunismus in Lateinamerika zu verhindern. In Nordirland schießen britische Soldaten auf einen friedlichen Bürgerrechtsprotest; der „Blutsonntag" wird in die Geschichte eingehen. In den USA werden die in den 1960ern erreichten Erfolge der feministischen Bewegung im Kampf für Gleichberechtigung in einer Welle radikaler fotografischer Arbeiten feministischer Künstlerinnen wie Hannah Wilke, Cindy Sherman und Martha Rosler verarbeitet. Viele dieser Künstlerinnen kritisieren starre Geschlechterrollen und stellen den männlichen Blick infrage, der viele fotografische Genres über lange Zeit dominiert hatte. LB

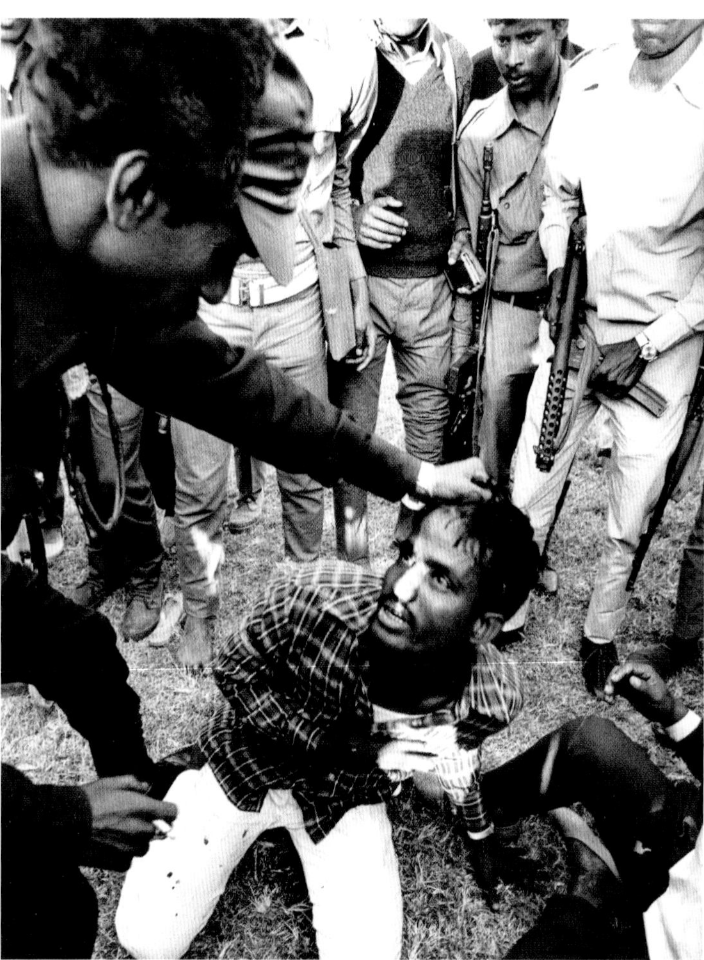

Penny Tweedie–*Genozid in Bangladesh*

Fotografen, die über Kriege berichten, sehen sich bei der Darstellung von Gewalt und Opfern oft mit ethischen Fragen konfrontiert, wenige aber waren so komplex wie die jener Fotojournalisten, die 1971 über den Unabhängigkeitskrieg Bangladeschs von Pakistan berichteten. Die britische Fotografin Penny Tweedie (1940–2011) war mit Marc Riboud (Magnum), Horst Faas (AP) und dem französischen Fotojournalisten Michel Laurent vor Ort, als während einer Siegesfeier Soldaten der Mukti Bahini, einer Guerillabewegung, begannen, Gefangene vor den Augen der geladenen Journalisten zu foltern und zu exekutieren. Tweedie und Riboud spürten, dass das Ereignis für die Journalisten inszeniert wurde, machten einige Bilder - so auch dieses hier - und verließen die Veranstaltung angewidert. Andere Fotografen hielten es für ihre journalistische Pflicht, zu bleiben und die Geschichte zu Ende zu erzählen; Faas und Laurent wurden für ihre Berichterstattung darüber später mit dem Pulitzer-Preis ausgezeichnet.

Intel bringt den Intel 4004 heraus, den ersten im Handel erhältlichen Mikroprozessor.

1971

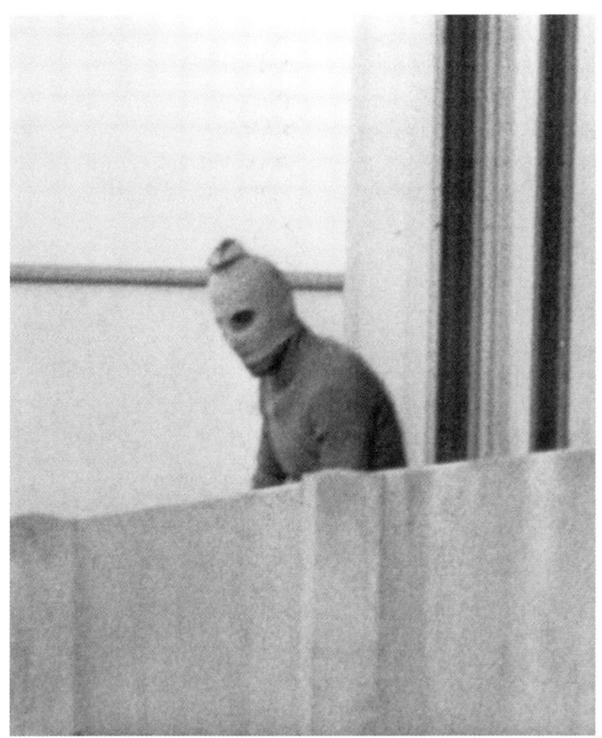

Kurt Strumpf–*Münchner Olympia-Attentat 1972*

1972 war Westdeutschland erstmals Gastgeber der Olympischen Spiele, nachdem sie 1936 von Adolf Hitler als Propaganda missbraucht worden waren. Der als Geste des Friedens und der Toleranz inszenierte internationale Wettkampf 1972 wurde stattdessen zum Schauplatz schrecklicher Gewalt, nachdem acht Mitglieder der palästinensischen Terrorgruppe „Schwarzer September“ elf israelische Athleten entführten; die Operation endete tödlich. Da die Weltpresse bereits anwesend war, wurde die Entführung vor Millionen von Zuschauern live im Fernsehen übertragen. Es ist jedoch dieses körnige Foto des AP-Fotografen Kurt Strumpf, das die Geiselnahme und das Gesicht des Terrors mehr als jedes andere Bild verkörpert.

Luis Orlando „Chico“ Lagos Vásquez–*Allendes letzter Auftritt*

1970 wurde Salvador Allende als erster Marxist Präsident eines lateinamerikanischen Landes. Vor dem Hintergrund des Kalten Krieges und der Furcht vor der Ausbreitung des Kommunismus führte dies zu wachsendem Druck von außen auf Chile. Nach einer Zeit sozialer Unruhen wurde Allende durch einen von den USA unterstützten Militärputsch unter Führung von Armeechef Augusto Pinochet gestürzt, der dann bis 1990 als Chef einer repressiven Militärjunta regierte. Lagos (1913–2007) hatte lange für Allende gearbeitet und war vor Ort, als Allende mit Leibwächtern in einer Kampfpause aus dem Präsidentenpalast trat. Das Bild ist vermutlich das letzte des lebenden Allende. Es wurde später anonym in der *New York Times* veröffentlicht, die Lagos' Identität zu seinen Lebzeiten geheim hielt.

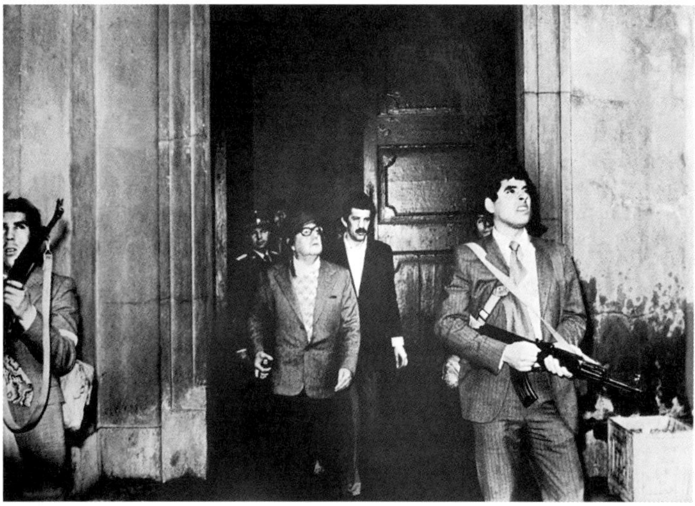

Blutsonntag: Britische Armee schießt auf eine Bürgerrechtsdemonstration in Nordirland.

Die erste US-Raumstation Skylab wird gestartet.

Pablo Picasso stirbt.

1972

1973

1974–1975

Anfang der 1970er ist klar: die USA werden den Vietnamkrieg trotz der Eskalation und der Ausweitung auf Kambodscha und Laos nicht gewinnen. Die Öffentlichkeit unterstützt den Krieg immer weniger, seit in Nachrichtensendungen Filmmaterial zahllosen Zivilisten gezeigt wird, die meistens die Opfer sind. Fotografen dokumentieren weiterhin an der Front und erstellen Nachrichten-Bilder und Langzeitstudien. Das Ende des Krieges 1975 bringt die Vereinigten Staaten in Verlegenheit – jedoch wird die feindselige Presse statt der untauglichen Militärstrategie bald zum Sündenbock für das Scheitern der USA; eine Entwicklung, die die Art der Kriegsberichterstattung durch Journalisten dramatisch beeinträchtigen wird. Mit der Entwicklung der ersten markttauglichen Digitalkamera mit einem Gewicht von 3,6 kg und einer Aufnahmedauer von etwa 23 Sekunden für ein Bild, das auf einer Magnetkassette gespeichert wird, bringt Steve Sasson, Ingenieur bei Kodak, die Kameratechnik jedoch entscheidend voran. LB

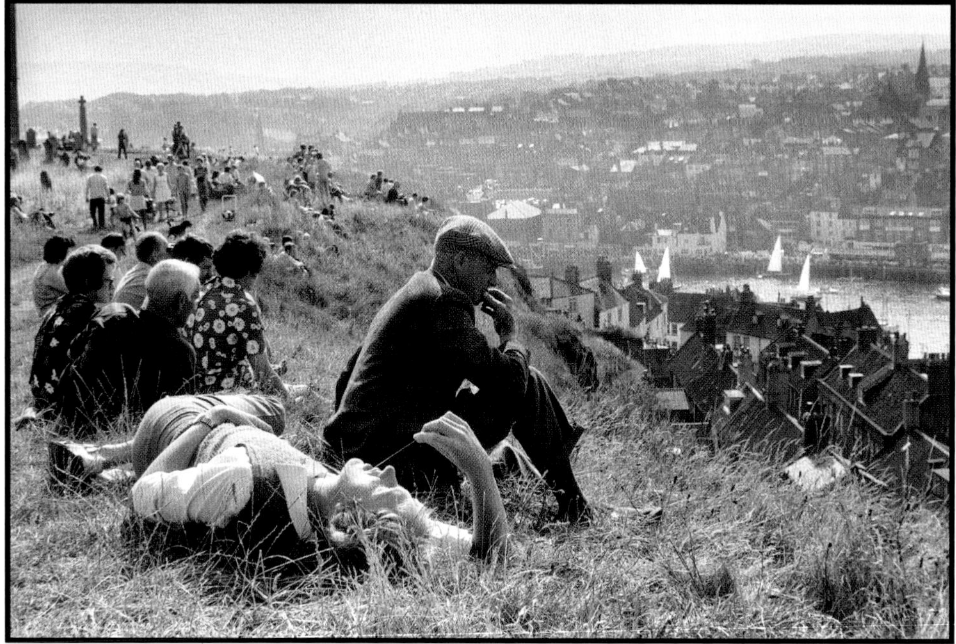

Ian Berry – *Whitby*

Der ursprünglich aus England stammende Ian Berry (geb. 1934) zog nach Südafrika, erwarb sich einen Ruf als Fotograf und arbeitete für Titel wie die einflussreiche Zeitschrift *Drum*. Er war der einzige Fotograf, der 1960 das Massaker von Sharpeville dokumentierte, als die Polizei das Feuer auf unbewaffnete Demonstranten eröffnete, die gegen die neuen Gesetze protestierten. 1964 kehrte Berry nach England zurück und reiste für den *Observer* in zahlreichen Einsätzen um die Welt. Berry arbeitete auch an eigenen Projekten wie etwa *The English*, einer ausgedehnten Studie über sein Heimatland, die er dazu nutzte, sein eigenes Land nach vielen Jahren der Arbeit im Ausland wiederzuentdecken.

Mit der Nelkenrevolution in Portugal beginnt der Wechsel zur Demokatie.

Richard Nixon tritt infolge des Watergate-Skandals zurück.

1974

Patty Hearst, Überwachungskamera

Patty Hearst, die Urenkelin des Verlagsmoguls William Randolph Hearst, wurde 1974 bekannt, als sie von der Terrorgruppe Symbionese Liberation Army entführt wurde, um damit die Freilassung zweier inhaftierter Mitglieder der SLA zu erzwingen. Die Aktion scheiterte, aber Hearst konnte nicht ausfindig gemacht werden. Nach mehr als einem Jahr Gefangenschaft stellte sie sich auf die Seite ihrer Entführer und wurde später von Überwachungskameras bei Banküberfällen gefilmt. Sie behauptete, einer Gehirnwäsche unterzogen worden zu sein, wurde dennoch wegen eines Banküberfalls verurteilt, aber später von Präsident Jimmy Carter begnadigt.

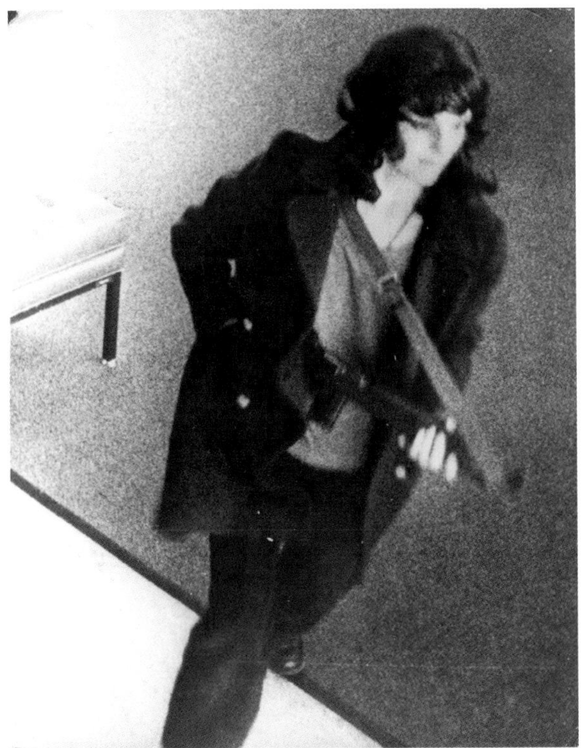

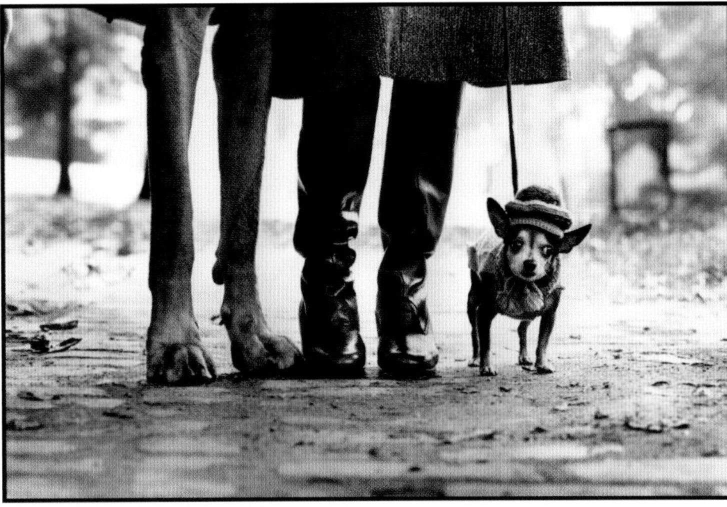

Elliott Erwitt–***Felix, Gladys und Rover***

Elliott Erwitt (geb. 1928) wurde in Frankreich geboren und emigrierte 1939 mit seiner Familie in die Vereinigten Staaten, wo er Fotografie und Film studierte. Danach wurde er zur Armee einberufen, diente als Assistent eines Fotografen und setzte die Erkundung dieses Mediums nach seiner Entlassung fort. Er lernte Koryphäen wie Edward Steichen und Robert Capa kennen, letzterer lud Erwitt zu Magnum ein. Hunde waren ein wiederkehrendes Sujet in seinem Schaffen, Erwitt veröffentlichte vier Bücher zu diesem Thema. Dieses Bild ist mit ziemlicher Sicherheit sein berühmtestes, ein brillanter Gag, der Größe und Form mit großer Wirkung gegeneinander ausspielt.

Saigon fällt an die nordvietnamesische Armee; Ende des Vietnamkriegs.

Ein Kodak-Ingenieur baut die erste Digitalkamera, die Schwarz-Weiß-Aufnahmen auf einer Kassette speichert.

1975

5

1975 BIS 2000

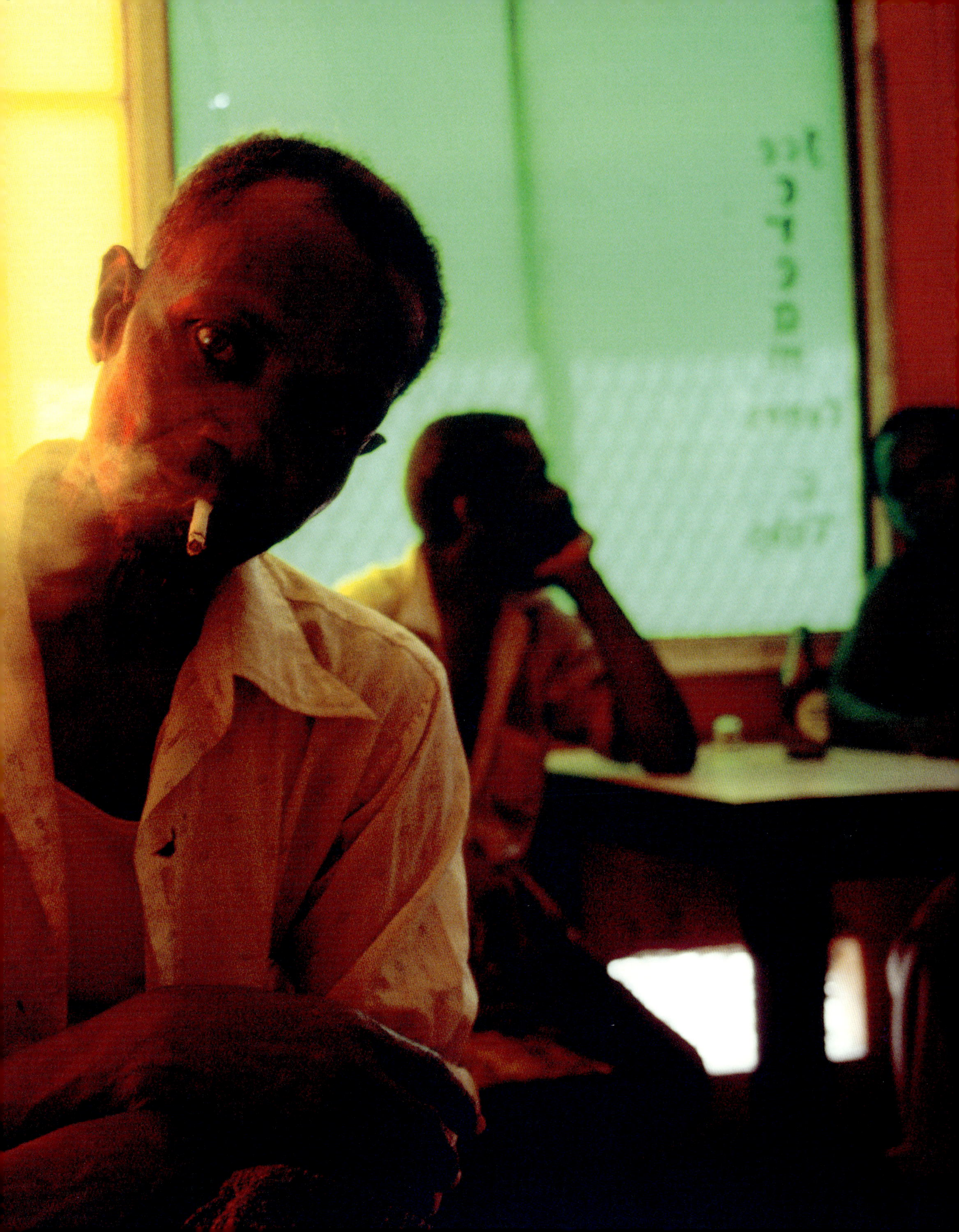

In der zweiten Hälfte des 20. Jahrhunderts wurde die Fotografie als eine der großen Künste akzeptiert und fand Eingang in Museen und Galerien. Fotografen ergänzten ihre konzeptuell und ästhetisch wertvollen Arbeiten um einen immer eigenständigeren künstlerischen Ansatz. Die Postmoderne stellte Fotografien als wahrheitsgetreue Dokumentationen der Welt infrage und lenkte das Augenmerk auf den Vorgang der Bilderzeugung selbst. Mit Verweis auf die Geschichte des Mediums verwendeten Fotografen Strategien der Inszenierung, Aneignung und Montage, um unseren Glauben an den Wahrheitsgehalt eines Fotos zu prüfen. Andere nutzten Großformatkameras und wandten rigorose Techniken an, um die Welt auf sehr detaillierte, scheinbar neutrale Weise aufzuzeichnen, unter der Fassade der Objektivität aber eine subtile politische und soziale Botschaft zu übermitteln. Ein Paradebeispiel für diese Kombination von Idee und Ausführung ist das Werk des japanischen Fotografen Hiroshi Sugimoto (geb. 1948), der sein großes handwerkliches Können mit einem Philosophieren darüber verbindet, wie die Fotografie zeitliche und auch räumliche Dimensionen durch die Wirkung des Lichts transformiert. Für *Lichtspielhäuser*, seiner Langzeit-Serie über Kinosäle, belichtete er je Saal ein Großformatnegativ für die gesamte Dauer eines vor Publikum vorgeführten Films. Die flackernde Projektion ergibt ein gleißendes Licht, das sich sanft auf die verzierten Flächen des Raumes legt und die Flächigkeit der Leinwand mit der Dreidimensionalität des Innenraums kontrastiert. Sugimoto arbeitet mit hoher formaler Kunstfertigkeit. Über seine exzellenten Schwarz-Weiß-Abzüge, die das postmoderne Herausstellen der Idee über die Ausführung hinterfragen, sagt er: „Ich schätze mein handwerkliches Können und meine Hände sehr. Obwohl ich in dieser postmodernen Zeit gelebt habe, bezeichne ich mich eher als einen mit Postmoderne vertrauten, prä-postmodernen Modernisten!"

Kunstfotografen begannen, ihr eigenes Leben zu erforschen, indem sie ihre Beziehungen zu Familien und Freunden dokumentierten, oft mit einem lockeren, amateurhaften Blick, der der Ästhetik des Familienfotoalbums glich, aber nicht nur die allseits gängigen Feiern festhielt, sondern sich auf Komplexität und Anforderungen des Lebens konzentrierte. Das oft äußerst intime Werk von Nan Goldin (geb. 1953) ist ein riesiges autobiografisches Dokument ihres sozialen Umfelds von New Yorker Freunden und

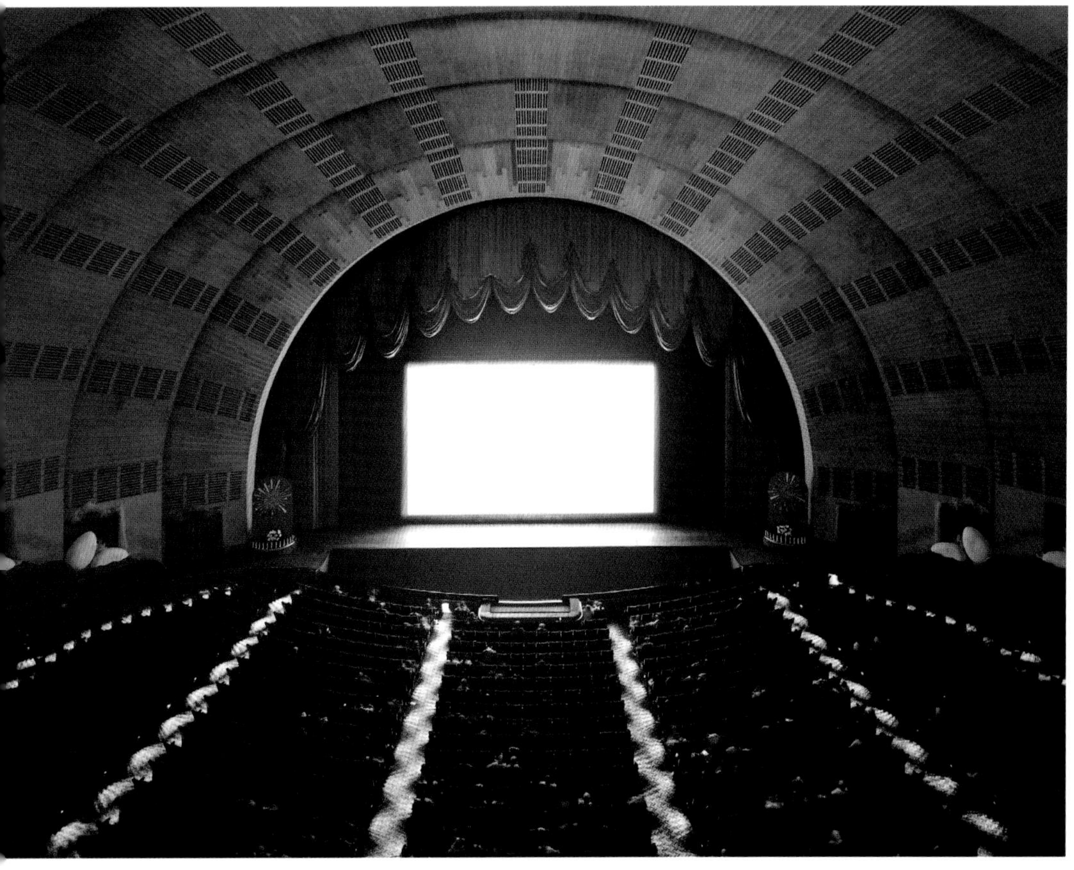

VORSEITE. Alex Webb – *Grenada. Gouyave. Bar* (1979)

LINKS. Hiroshi Sugimoto – *Radio City Music Hall* (1978)

RECHTS. Nan Goldin – *Nan einen Monat nach der Prügel* (1984)

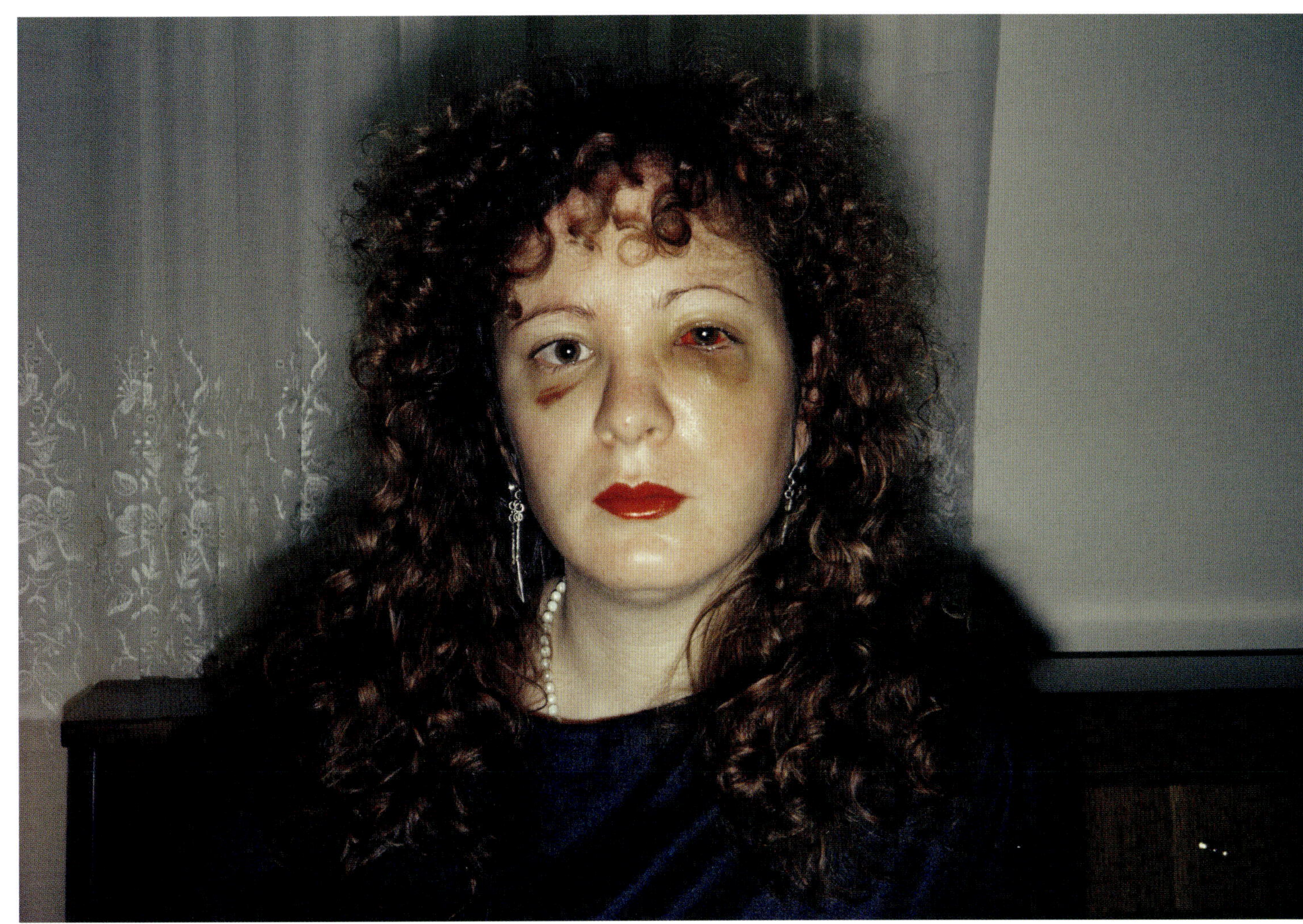

Liebhabern, das sie in der *Ballade von der sexuellen Abhängigkeit* (1985) zusammenführte. Goldin machte Farbdias, weil sie sich keine Abzüge leisten konnte, und erstellte damit eine multimediale Diashow. In einer Art improvisierter Live-Performance zeigte sie die von Hand gewechselten Dias, begleitet von eingespielter Musik von Freunden und Mitwirkenden wie The Velvet Underground und Maria Callas. Ihre Bilder waren schonungslos ehrlich, so auch das eindrucksvolle Selbstporträt (oben), das sie aufnahm, nachdem sie von ihrem Freund geschlagen worden war, mit direkten Blick, zerschrammtem Gesicht und rotem Lippenstift, verstärkt durch den direkten Blitz – ein Akt des Trotzes gegenüber ihrem Schänder. Mit der Kombination aus Performance, Familienthematik und farbiger Schnappschussästhetik traf Goldin den Nerv der Zeit. Ein Jahrzehnt später begann Richard Billingham (geb. 1970), das tägliche Leben seines alkoholkranken Vaters und seiner Mutter in ihrer winzigen Sozialwohnung in den englischen Midlands zu fotografieren. Er studierte Kunst und erstellte die Serie mit einer billigen Kleinbild-Kompaktkamera und abgelaufenen Filmen nur als Vorlagen für seine Gemälde. Seine zutiefst persönlichen Bilder fingen sowohl das Pathos als auch den Humor des Lebens seiner Eltern ein, wurden als Buch mit dem Titel *Ray's a Laugh* (1996) veröffentlicht und erlangten sofort große Anerkennung für ihre radikale, raue Intimität.

In den 1970ern und 1980ern setzten sich etliche Schriftsteller und Denker mit dem Wesen der Fotografie kritisch auseinander. 1977 erschien Susan Sontags (1933–2004) äußerst einflussreiche und oft zitierte Publikation *Über Fotografie*. In dieser Essaysammlung hinterfragte sie die Wirksamkeit des Fotojournalismus und die Ethik des Dokumentarfilms und argumentierte eindringlich: „Dennoch haftet dem Akt des Fotografierens etwas Räuberisches an. Menschen fotografieren heißt ihnen Gewalt antun, indem man sie so sieht, wie sie selbst sich niemals sehen, indem man etwas von ihnen erfährt, was sie selbst nie erfahren; es verwandelt Menschen in Objekte, die man symbolisch besitzen kann. Wie die Kamera eine Sublimierung des Gewehrs ist, so ist das Abfotografieren eines anderen ein sublimierter Mord – ein sanfter, einem traurigen und verängstigten Zeitalter angemessener Mord." Sie wusste aber auch um die Macht der Bilder auf die Betrachter; als junges Mädchen sah sie Fotos vom Holocaust, die sie prägten. *Über Fotografie* folgte 1980 Roland Barthes' Meditation über das Erinnern, *Die helle Kammer* (*La chambre claire*), in der er seine Begriffe von studium und punctum entwickelte; studium bezeichnet den Gesamtinhalt und die Interpretation einer Fotografie, punctum bezieht sich auf das oft unbedeutende Detail, das den Betrachter verletzen könnte, weil es eine persönliche Verbindung herstellt. Ebenfalls bedeutend war *Thinking Photography* (1982), geschrieben vom Kritiker, Dozenten und Fotografen Victor Burgin (geb. 1941). Er verband Semiotik, Feminismus und Marxismus mit Konzeptkunst, sowohl in seinen Schriften, die sich kritisch mit Mainstream-Fotoproduktion und Kapitalismus auseinandersetzten, als auch in seinen Fotografien, die Text und Bild kombinierten, um das Medium wie auch die moderne Gesellschaft aufs Korn zu nehmen. Seine Serie *US 77* lässt kommerzielle Werbebilder sowie große amerikanische Foto-Roadtrips à la Evans und Frank anklingen, unterläuft beide jedoch mit einer intelligenten Paarung von Wort und Bild.

Die Auseinandersetzung mit der Mainstream-Kultur wurde zum zentralen Thema vieler Künstler; einige griffen auf die Bildsprache von Werbung und Kino zurück, andere verwendeten vorgefundene Bilder. Der Künstler Richard Prince (geb. 1949) machte sich Arbeiten anderer Fotografen zu eigen, indem er Bilder aus Zeitschriften kopierte, abfotografierte, beschnitt und daraus großformatige Werke schuf, die auf spielerische Weise Mythen der amerikanischen Kultur dekonstruierten. Für seine *Cowboy*-Serie nahm Prince Bilder der Marlboro-Zigarettenwerbung und bearbeitete sie, um so das suggerierte Bild von Freiheit

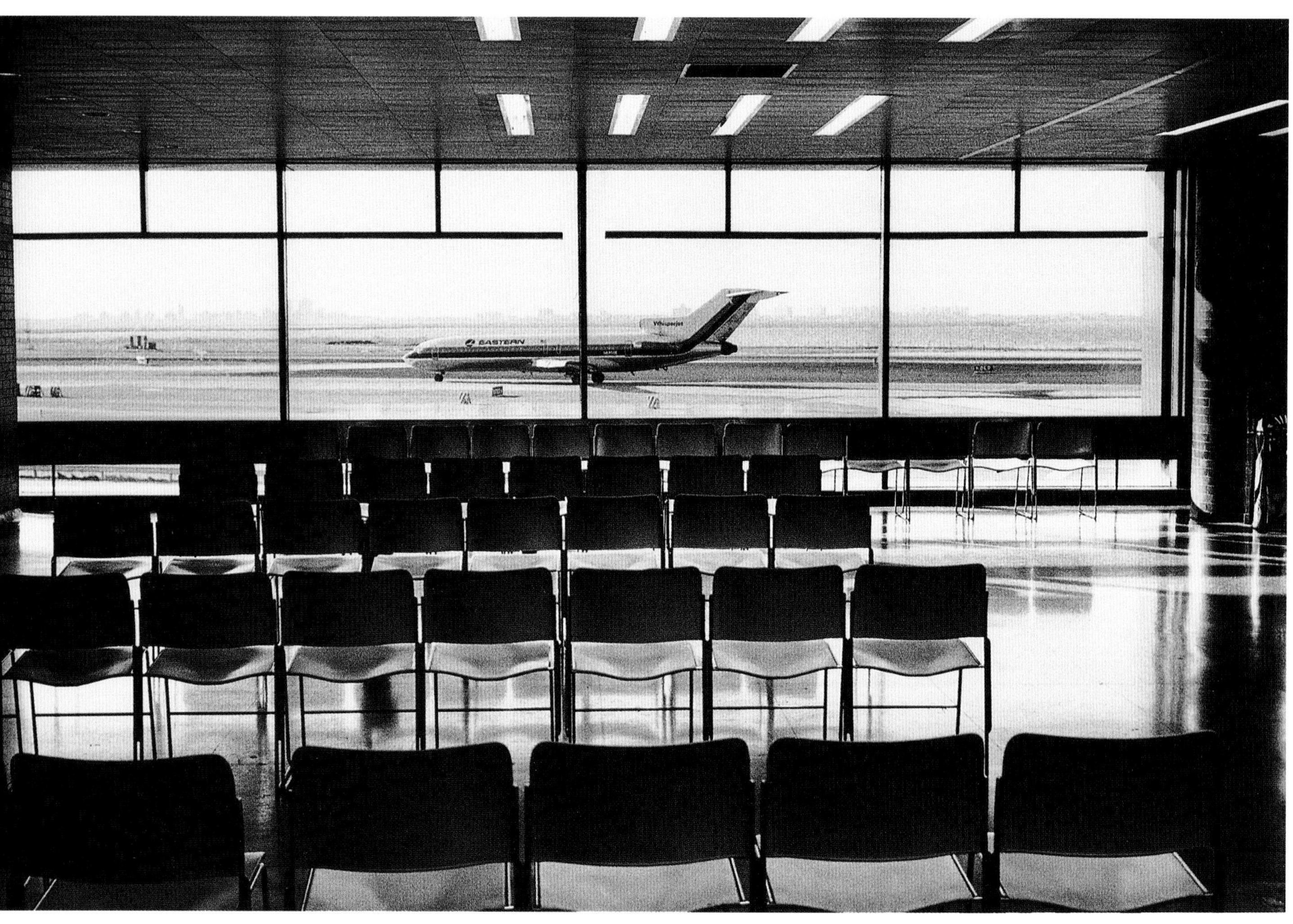

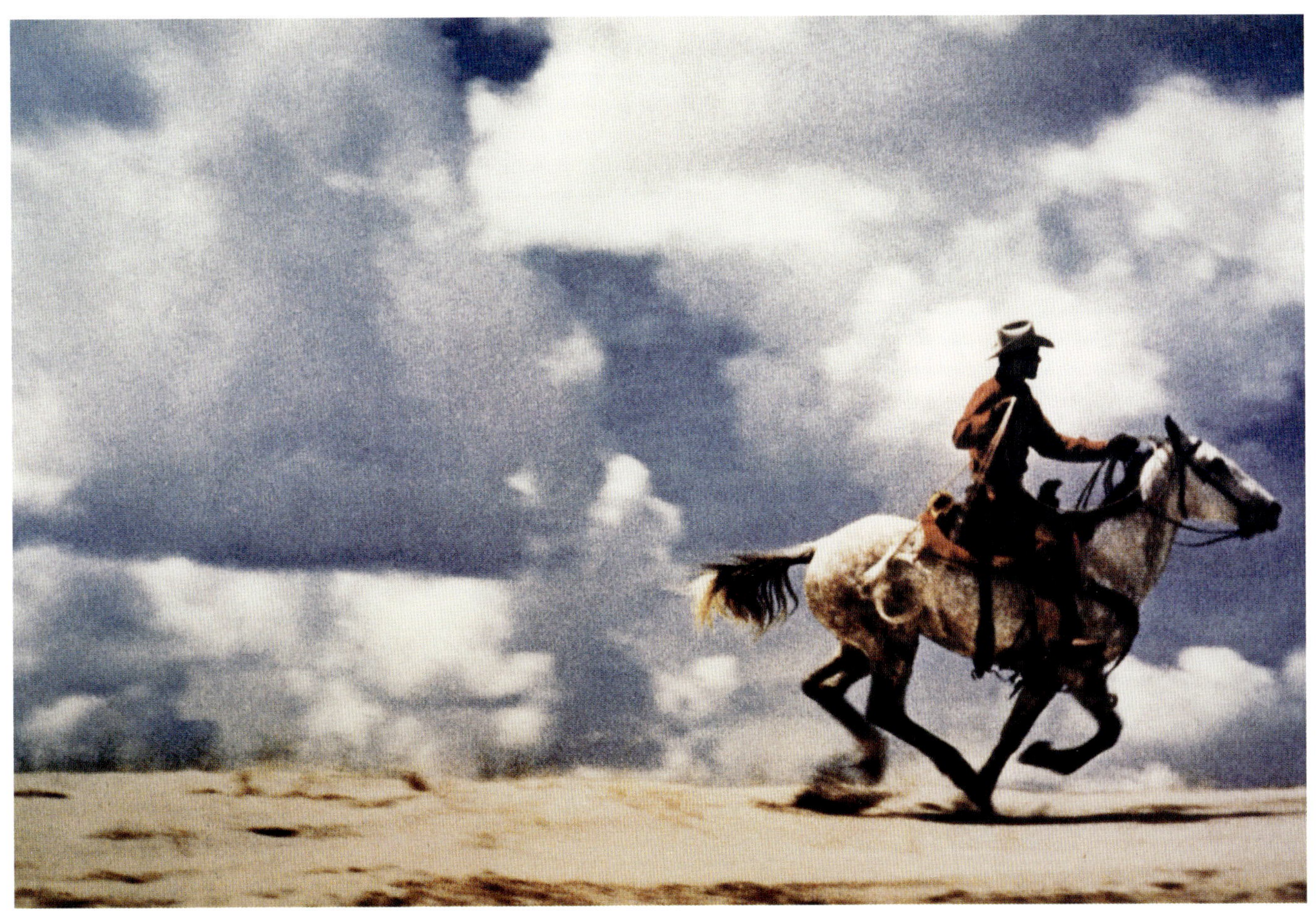

LINKS. Victor Burgin – *Höhenflüge* aus *US 77* (1977)

OBEN. Richard Prince – *Ohne Titel (Cowboy)* (1989)

und Abenteuer zu demontieren: „Die Bilder, die ich mir zu eigen machte, die ich ‚klaute', waren zu schön, um wahr zu sein. Sie zeigten ein Wunschdenken, öffentliche Bilder, die in der Werbung von Illustrierten erscheinen und nicht mit einem Autor in Verbindung gebracht werden … Es war ihr Aussehen, das mich interessierte. Daraus wollte ich etwas produzieren, was der Wirklichkeit am nächsten kommt." Sein unbekümmerter Umgang mit urheberrechtlich geschützten Bildern anderer wurde ihm als Diebstahl geistigen Eigentums vorgeworfen, seine Werke aber wurden zum Symbol für die komplexen Beziehungen zwischen Kommerz, Kunst und Kultur. Ironischerweise sind seine Fotografien ob ihrer Kritik an der Konsumkultur begehrte Sammlerobjekte geworden; sein Werk *Spiritual America* (1983) wurde gar zur zweitteuersten Fotografie aller Zeiten, als es 2014 für 3.973.000 Dollar versteigert wurde – ein Zeichen für den Respekt, den der Kunstmarkt der Fotografie inzwischen entgegenbringt.

FARBE WIRD SALONFÄHIG

Nach dem Zweiten Weltkrieg wurde der Farbdruck populär; nun fand die Farbfotografie in der Werbe- und Modefotografie sowie im Fotojournalismus durch Zeitschriften wie *Life*, *Sunday Times Magazine* und *National Geographic* eine weite Verbreitung. In der bildenden Kunst und der Dokumentarfotografie hat es länger gedauert, bis Farbe als gleichwertig anerkannt und nicht als vulgär und frech empfunden wurde. In den 1970er Jahren begannen Fotografen zu erkunden, wie Farbe eingesetzt werden konnte, um über die bloße Beschreibung hinauszugehen und den Arbeiten emotionale und psychologische Tiefe zu geben. Der einflussreiche Leiter für Fotografie am New Yorker Museum of Modern Art, John Szarkowski, förderte diesen Ansatz und kuratierte 1962 eine Retrospektive des innovativen Werks von Magnum-Fotograf Ernst Haas (1921–1986), die erste Moma-Einzelausstellung für Farbfotografie. Für 1976 erarbeitete Szarkowski mit William Eggleston dessen bahnbrechende Ausstellung und den Katalog mit dem Titel *William Eggleston's Guide*. Durch die Verwendung des mühsamen, komplexen und teuren Farbtransferdrucks schuf Eggleston ein Werk, das über die scheinbar angewandte „Schnappschussästhetik" hinausging und Bilder hervorbrachte, die zusammen eine komplexe und vielschichtige Erkundung der gesellschaftlichen Landschaft Amerikas ergeben. Etwa zur gleichen Zeit begann eine neue Generation amerikanischer Fotografen auszuloten, wie sich die hohe Detailschärfe der großformatigen 10 × 8 Fachkamera, die traditionell mit Schwarz-Weiß-Negativen bestückt wurde, bei der Arbeit mit Farbe ausnimmt. 1979 publizierte Joel Meyerowitz (geb. 1938) *Cape Light*, während Stephen Shore (geb. 1947) eine epische Reise quer durch Amerika unternahm, um *Uncommon Places* (1982) zu dokumentieren; Joel Sternfeld (geb. 1944) veröffentlichte satirische *American Prospects* (1987). Alle diese Bücher wirkten sich positiv auf die Akzeptanz der Farbfotografie als ernsthafter Kunstform aus und prägten nachfolgende Generationen von Fotografen, insbesondere in Großbritannien und Deutschland.

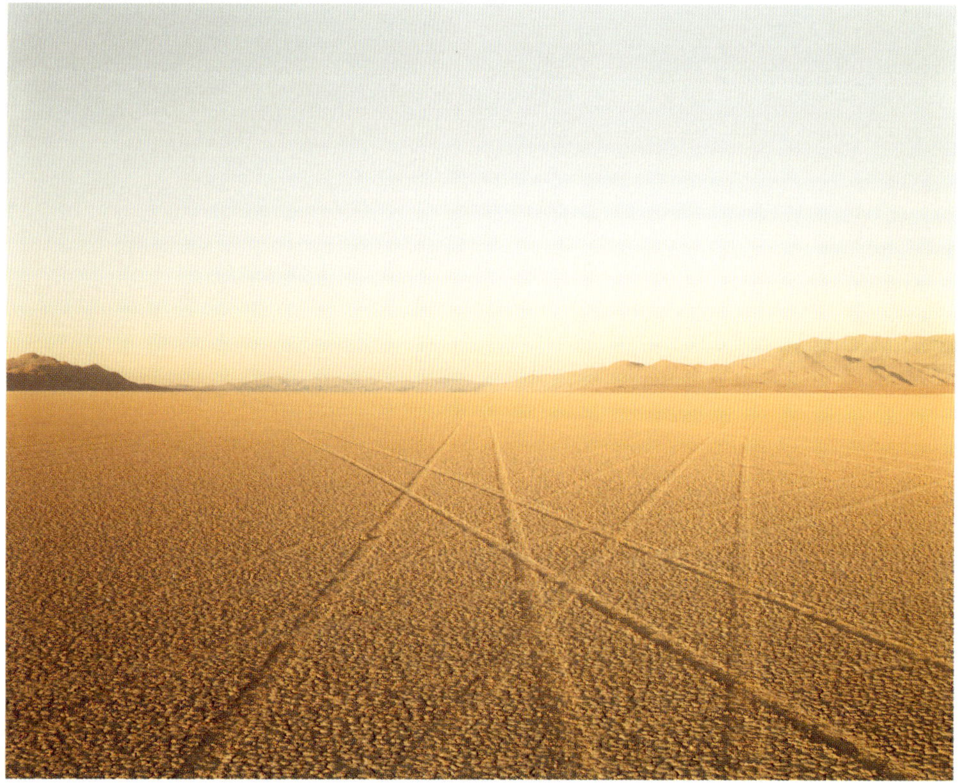

LINKS. Richard Misrach–*Spuren, Black Rock Desert, Nevada* (1987)
Seit rund 40 Jahren dokumentiert Richard Misrach (geb. 1949) in seiner fortlaufenden Werkreihe *Desert Cantos* die rauen und doch schönen Landschaften des amerikanischen Westens. Das 1979 begonnene Projekt besteht aus über 30 in sich geschlossenen Werkgruppen, die zusammen eine überaus vielfältige und tiefgründige Studie über den Einfluss des Menschen auf die Umwelt und über das Wesen von Licht, Farbe und Form ergeben. Misrach arbeitet meist mit einer 10 × 8-Großformatkamera und Farbnegativfilm, seine Bilder haben dadurch eine feine Zeichnung und intensive, gesättigte Farben. Die Kombination von Ästhetik und politischem Unterton hält er für sehr wirkungsvoll: „Schönheit kann ein überzeugender Vermittler schwieriger Ideen sein. Sie fesselt die Menschen, die sonst vielleicht wegschauen würden."

RECHTS. Martin Parr – aus *The Last Resort* (1985)
Der von Kollegen wie William Eggleston und Garry Winogrand beeinflusste Brite Martin Parr (geb. 1952) ist bekannt für seine dokumentarischen Arbeiten in grellen Farben, wobei er seine Motive oft aus extremer, fast absurder Nähe fotografiert. In diesem Bild aus seinem umstrittenen, aber bahnbrechenden Buch *The Last Resort: Photographs of New Brighton* verwendete er Tageslichtblitz und eine mit Farbnegativfilm bestückte Mittelformatkamera Plaubel Makina; es zeigt zwei Kinder, die bei einem Familienausflug ihr Eis genießen, in einem englischen Küstenort, der seine Blütezeit hinter sich hat.

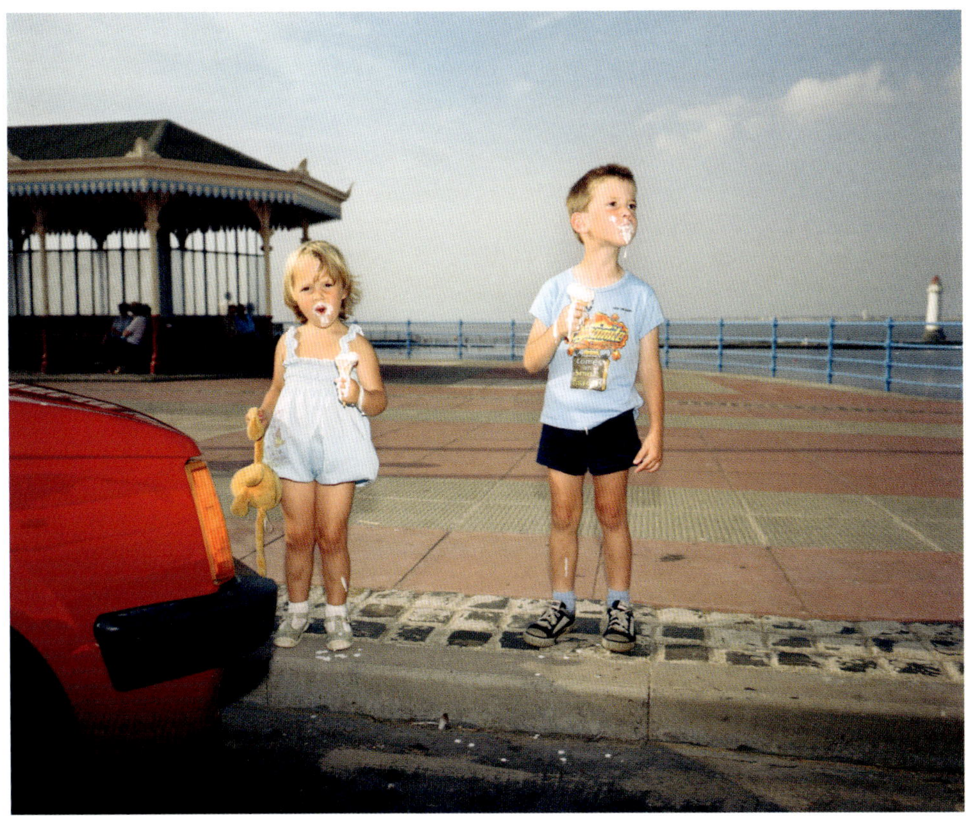

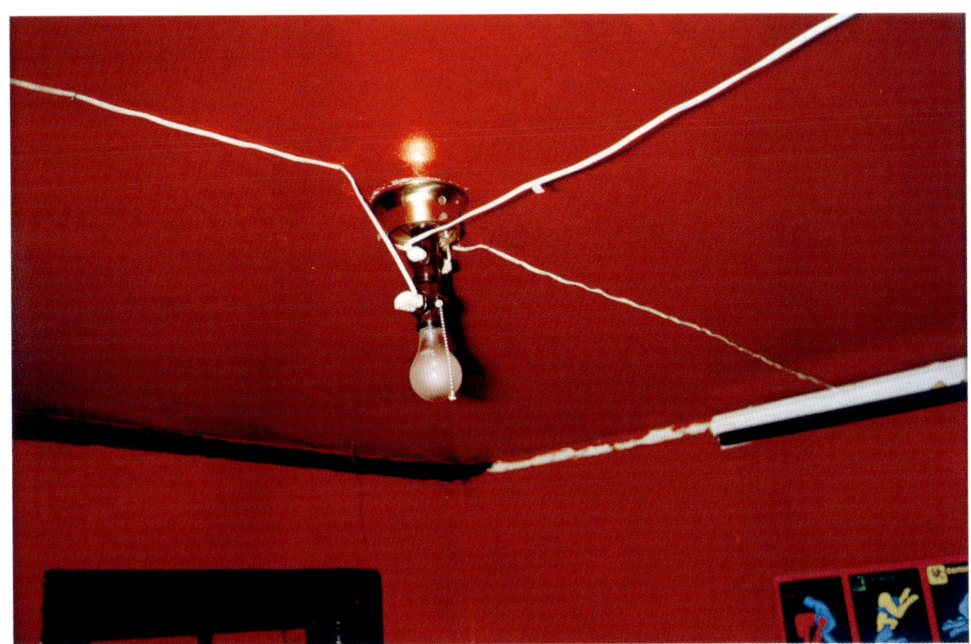

LINKS. William Eggleston – *Greenwood, Mississippi* (1973)
Für seine Ausstellungsdrucke verwendete William Eggleston (geb. 1939) den aufwendigen Farbtransferdruck, um seinen Farbbildern einen sehr hohen Sättigungsgrad zu verleihen, was in dieser irritierenden Komposition einer blutfarbenen Decke perfekt zum Ausdruck kommt. Das mehrstufige Verfahren dauerte je Bild drei Tage und kostete Hunderte von Dollar pro Abzug. Die Druckpresse verwendete vier separate Druckplatten (Magenta, Gelb, Cyan und Schwarz), auf jede Platte wurde ein Halbtonbild eingraviert, das wiederum mit einer dünnen Farbschicht überzogen wurde. Dann wurden die Platten sorgfältig nacheinander auf das Papier gedruckt, um das endgültige Bild zu erstellen.

BEGINN DER DIGITALISIERUNG

Die heutige Omnipräsenz, Qualität und Erschwinglichkeit von Digitalkameras bezeugt, wie schnell die Qualität der digitalen Bilderfassung verbessert wurde. Die ersten Digitalkameras waren schwer, groß, hatten eine sehr geringe Auflösung, machten Schwarz-Weiß-Bilder und waren extrem teuer. Die Vorteile der Digitalfotografie wurden jedoch schnell erkannt: Es war nun möglich, Bilder ohne die aufwendige und zeitraubende Entwicklung von Filmen zu erzeugen. Im Januar 1989 schrieb der AP-Fotograf Ron Edmonds (geb. 1946) Geschichte, als er mit einer filmlosen Nikon QV-1000C Still-Video-Kamera die Amtseinführung von Präsident George H. W. Bush festhielt. Eine weitere Premiere folgte 1992, als er die neue Kodak DCS-Kamera verwendete, um die Antrittsrede des damaligen Präsidentschaftskandidaten Bill Clinton auf dem Nationalkongress der Demokratischen Partei zu fotografieren; bereits fünf Minuten nach dem Ereignis wurden die Bilder über den AP-Nachrichtenverteiler an Zeitungen auf der ganzen Welt geschickt. Förderlich für die Digitalisierung war die Schaffung einheitlicher Dateiformate zur vereinfachten Datenübertragung zwischen Kameras und Computern. Dazu gehörten vor allem das der Joint Photography Experts Group (JPEG), das zum gebräuchlichsten Format für die Bilddatenspeicherung wurde, das Tagged Image File Format (TIFF), später Industriestandard für verlustfreie Speicherung, und verschiedene, von den digitalen Kamerasensoren erzeugte RAW-Bildformate. Der Aufstieg der Digitalkameras ging mit der Verbreitung von Heimcomputern einher; inzwischen wird im professionellen Verlagswesen, in der Fotografie und auch im Grafikdesign meist ein Mac verwendet.

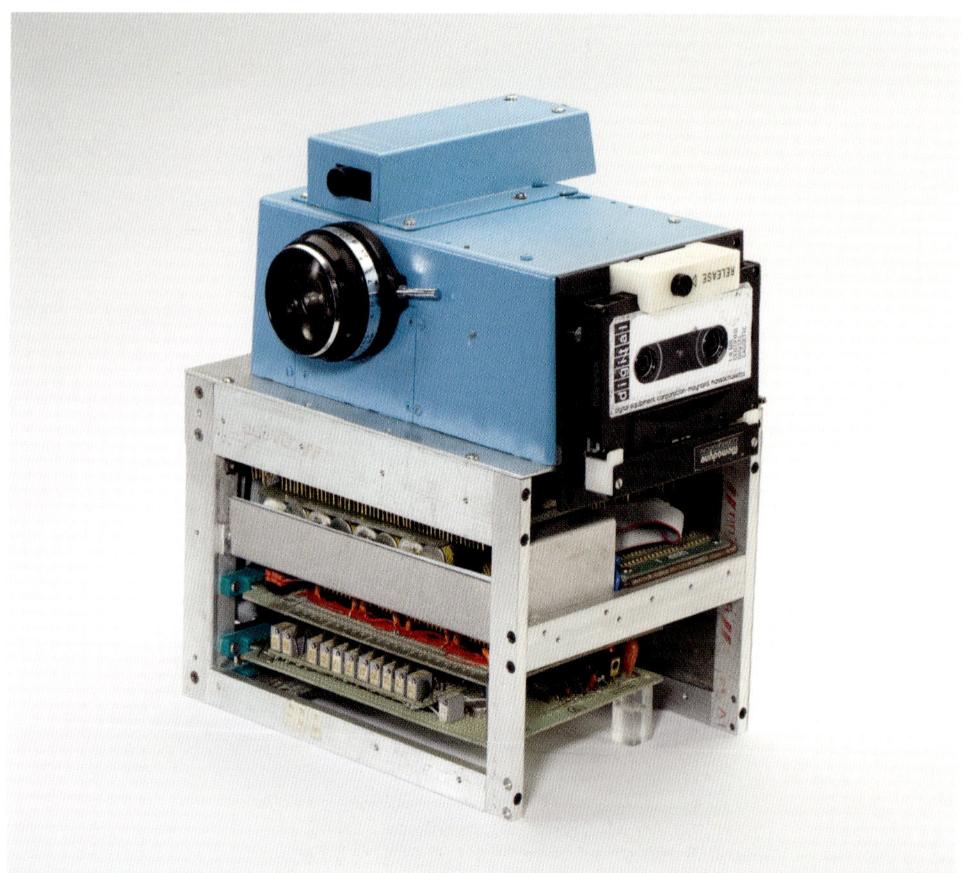

LINKS. Digitalkamera-Prototyp (1975)
1975 konstruierte Steven Sasson (geb. 1950), Ingenieur bei Kodak, den Prototyp für die erste tragbare Digitalkamera der Welt. Verwendet wurde der 1973 von Fairchild Semiconductor entwickelte CCD-Bildsensor, um Schwarz-Weiß-Bilder mit einer Auflösung von nur 0,01 Megapixeln auf eine Digitalkassette aufzuzeichnen. Die Kamera wog 4 kg; der Speicherprozess eines Bildes dauerte 23 Sekunden. 2009 wurde Sasson von Präsident Barack Obama mit der National Medal of Technology and Innovation ausgezeichnet. Kodak meldete 2012 trotz aller digitalen Innovationen Konkurs an, nachdem sich das Unternehmen nur schwer an die sich wandelnde Branche anpassen konnte.

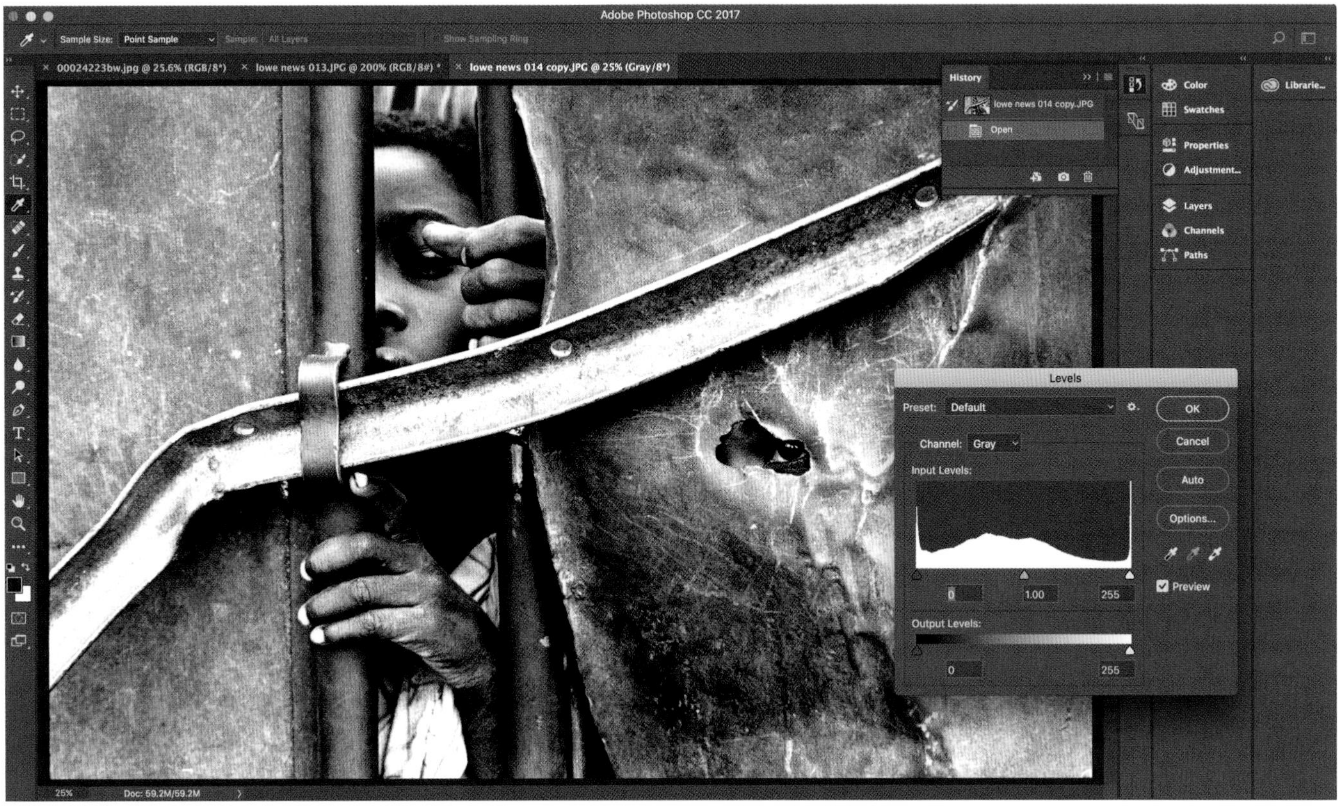

OBEN. Photoshop
Das digitale Bildbearbeitungsprogramm Photoshop ist inzwischen so dominant, dass es im englischen Sprachraum sogar schon zum Verb geworden ist, so bedeutet „photoshoppen“ ein Bild digital zu manipulieren. Das Programm wurde 1988 von Thomas und John Knoll entwickelt und schnell zum Standard für die Bearbeitung von Rastergrafiken. Mit den Bildbearbeitungswerkzeugen lassen sich etwa Belichtung und Farbe ändern und per Kopierstempel können ganze Bildbereiche entfernt, dupliziert oder verändert werden. Eine breite Palette von weiteren Plug-ins ermöglicht es, traditionelle Filmformate zu simulieren und Spezialeffekte hinzuzufügen.

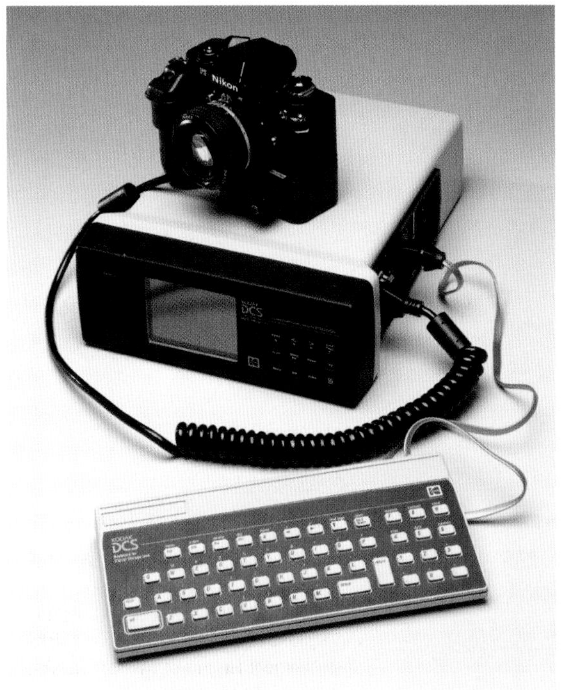

LINKS. Nikon F3 mit angeschlossener Kodak DCS (1990er)
In den 1990er Jahren war Kodak führend in der Entwicklung professioneller Digitalkameras und brachte 1991 die Kodak DCS auf den Markt. Diese erste digitale Spiegelreflexkamera verwendete ein Nikon-F3-Gehäuse mit Kodak-Digitalrückteil, das mit einem CCD-Aufnahmesensor ausgestattet war, der Daten auf 1280 × 1024 Pixel aufzeichnete und eine 1,3-Megapixel-Datei erzeugte. Angeschlossen war die Kamera an eine separate, an einem Riemen tragbare digitale Speichereinheit (DSU) mit Tastatur zur Eingabe von Bildtiteln. Bis 2005 produzierte Kodak DSLR-Kameras, darunter auch die 6-Megapixel-DCS 460, die auf einem Nikon N90-Gehäuse basierte und zunächst für erstaunliche 35.600 US-Dollar erhältlich war.

1975–1977

Mitte der 1970er ist die Welt mit bedeutenden Veränderungen in der Politik, der Kultur und auch in der Welt der Fotografie konfrontiert. Der Vietnamkrieg endet, die Roten Khmer in Kambodscha ergreifen die Macht und töten mehr als 1,7 Millionen Kambodschaner, fast 21 Prozent der Bevölkerung. In Cupertino, Kalifornien, wird die Firma Apple gegründet. 1976 zelebriert das New Yorker Museum of Modern Art die Farbfotografie in einer ersten Einzelausstellung. Das Werk von William Eggleston, dem „Paten der Farbfotografie", wird von den meisten Kritikern geschmäht. Nur ein Jahr später veröffentlicht die Kulturkritikerin Susan Sontag *Über Fotografie*, eine bahnbrechende Essaysammlung über zeitgenössische Fotografie, die der Fotokritik und -theorie im späten 20. Jahrhundert den Weg ebnen sollte. SY

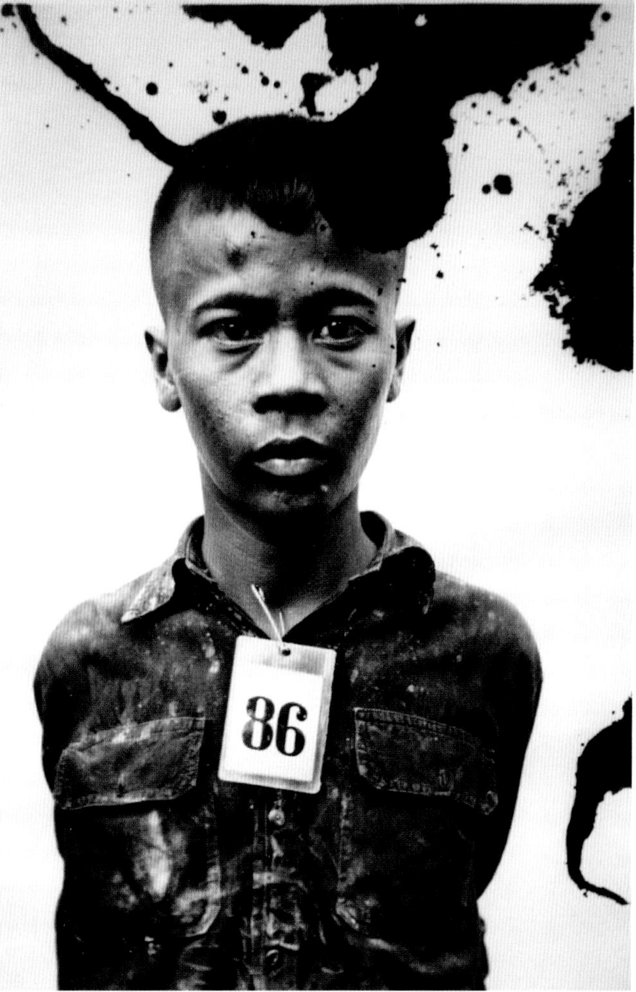

Nhem Ein–*Opfer der Roten Khmer*

Von 1975 bis 1979 herrschte das skrupellose Regime der Roten Khmer in Kambodscha und ermordete Schätzungen nach mehr als 14.000 Gefangene in Pol Pots berüchtigtem Tuol-Sleng-Gefängnis, bekannt als S 21. Die Roten Khmer waren auch Bürokraten, die alle Personen sorgfältig dokumentierten und fotografierten, die die Tore des Gefängnisses durchschritten. Dieses Bild stammt vom Gefängnisfotografen Nhem Ein, der 10.000 Gefangenenporträts anfertigen musste. Ihm war damals bewusst, dass diese Menschen in den Tod gehen würden, es stand jedoch nicht in seiner Macht, ihnen zu helfen.

Der Vietnamkrieg endet offiziell am 30. April mit der Besetzung Saigons.

Sony (Betamax) und Matsushita (VHS) bauen Videokameras für den Hausgebrauch (VCR).

1975

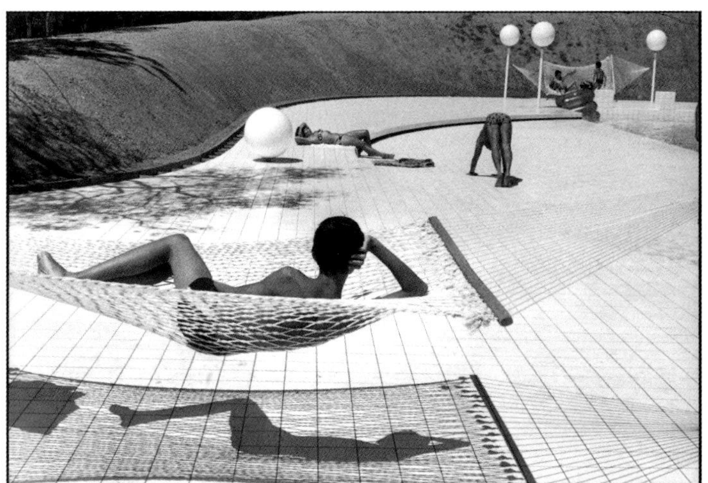

Martine Franck–*Pool, entworfen von Alain Capeillères*

Die belgische Fotografin Martine Franck (1938–2012) war 1980 eine der ersten Fotografinnen, die bei Magnum aufgenommen wurde, und ebnete den Weg für andere Frauen. Ihr Motiv ist vielschichtig und gleichwohl eine Studie von Geraden, Kurven, Licht und Schatten. Die Schönheit des Bildes liegt darin, dass es schlicht und ungestellt ist und dennoch einen entscheidenden Augenblick festhält. Obgleich sie Henri Cartier-Bressons zweite Frau war, vermochte sie es, sich einen eigenen Platz in der Welt der Fotografie zu erarbeiten, und sagte sogar ihre erste Einzelausstellung in London ab, als sie herausfand, dass der Name ihres Mannes auf den Einladungen verwendet worden war.

Masahisa Fukase–*Die Einsamkeit der Raben*

Dieses Bild stammt vom japanischen Fotografen Masahisa Fukase (1934–2012) und ist Teil einer Serie, die er zwischen 1975 und 1982 schuf, nachdem ihn seine Frau verlassen hatte. Im Trennungsschmerz fühlte er sich immer mehr zu Raben hingezogen und diesen einsamen, grüblerischen Tieren bald sehr verbunden. Jahrelang machte er an einem Bahnhof in der Nähe seines Elternhauses in Hokkaido, wo sie sich versammelten, Schwarz-Weiß-Fotos von ihnen. In diesem, seinem letzten Bild vor seinem Tod 2012, sehen wir nur noch die mysteriöse Silhouette eines einsamen Raben: ein wirkungsvolles Ende seiner Karriere und seines Künstlerdaseins.

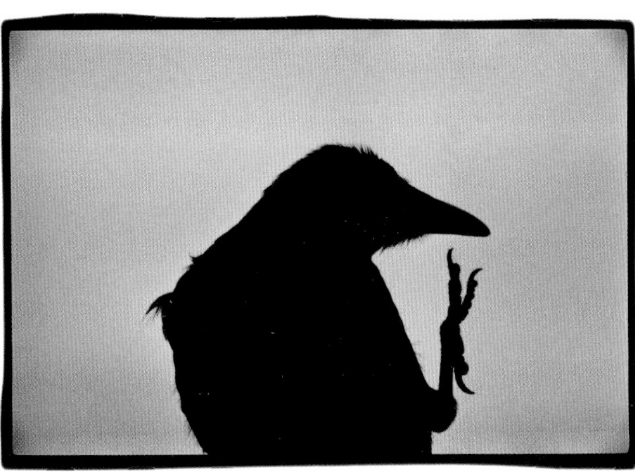

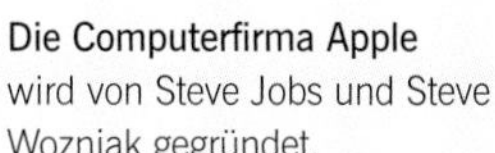

Die Computerfirma Apple wird von Steve Jobs und Steve Wozniak gegründet.

William Eggleston wird die erste Einzelausstellung von Farbfotografien im New Yorker Museum of Modern Art zuteil.

Susan Sontag publiziert ihr wegweisendes Buch *Über Fotografie*.

1976

1977

1978–1980

Diese Jahre sind geprägt von Ereignissen wie dem Beginn des Ersten Golfkriegs, des Reaktorunfalls im Kernkraftwerk Three-Mile Island, Pennsylvania, dem Ausbruch des Vulkans Mount St. Helens, Washington, dem Einmarsch der Sowjetunion in Afghanistan und Ted Turners CNN-Netzwerk, das über alles berichtete. Im Bereich der Fotografie ist der erste Sony-Camcorder ein spektakuläres Ereignis. Dieses kleine, tragbare Gerät wird für Amateurfilmer unverzichtbar und verändert die Art des Aufzeichnens radikal. Am meisten Aufmerksamkeit erregte jedoch kein politisches oder technisches Ereignis, sondern der Mord an Ex-Beatle John Lennon durch einen besessenen Fan vor dem Dakota-Gebäude in Manhattan. Nur wenige Stunden vor den tödlichen Schüssen hatten Lennon und Yoko Ono bei einem letzten Fotoshooting für die Porträtistin Annie Leibovitz Modell gestanden. SY

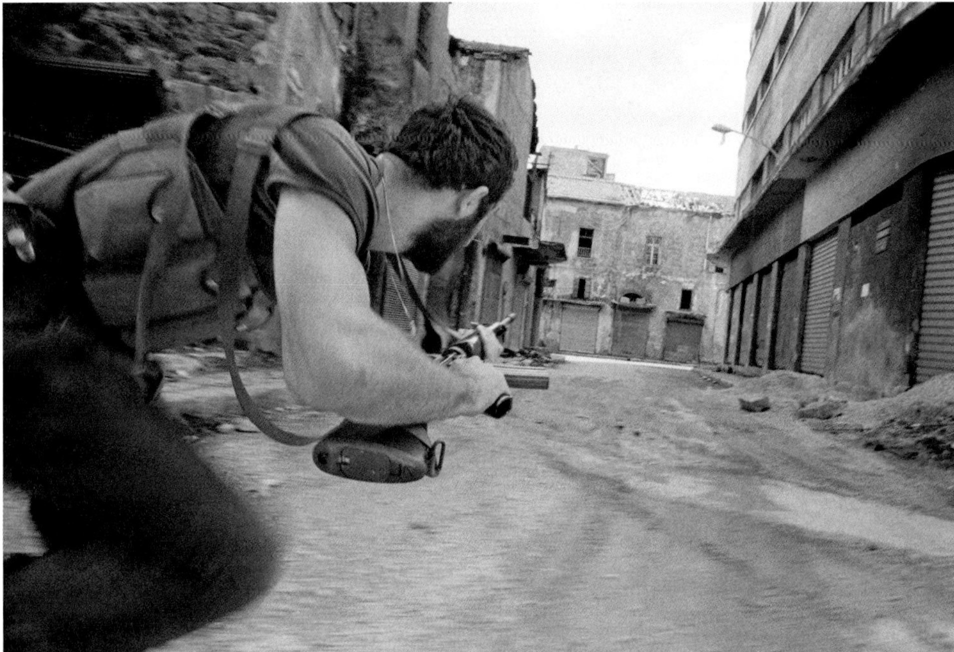

Raymond Depardon–***Schütze in Beirut***

Raymond Depardon (geb. 1942), Fotojournalist, Dokumentarfilmer und Autodidakt, fotografierte Beirut erstmals 1965 auf einer Reise durch den Libanon. Als er 1978 dorthin zurückkehrte, sah er sich inmitten eines brutalen Bürgerkriegs mit einer ganz anderen Stadt konfrontiert. Er dokumentierte das Beirut, das er vorfand. Das Bild zeigt einen Scharfschützen der rechtsgerichteten christlichen Phalange-Miliz, dem Depardon gefolgt war. Andere Bilder zeigen die von Granatsplittern gezeichneten und zerstörten Gebäude der Stadt, einheimische Männer, die am helllichten Tag mit halbautomatischen Waffen durch die Straßen gehen, oder ausgebombte Autos. Wieder andere zeigen mit Hochzeiten, Gottesdiensten und Picknicks am Mittelmeer, dass das tägliche Leben trotz aller Gewalt weitergeht.

Konika bringt die erste Kompaktkamera mit Autofokus auf den Markt.

In Jonestown in Guyana treibt Jim Jones seine Anhänger durch Trinken eines Zyankali-Saft-Gemisches in den Massensuizid. Es sterben 918 Menschen, darunter etwa 270 Kinder.

1978

Leonard Freed–*In Handschellen, New York*

Dieses Bild stammt aus der Serie *Polizeiarbeit* von Leonard Freed (1929–2006). Ursprünglich auf Bürgerrechte spezialisiert, verlegte sich der amerikanische Fotograf auf gesellschaftliche Gewalt und begann 1972 damit, für die britische *Sunday Times* die New Yorker Polizei zu dokumentieren. Dieses ist vielleicht sein berühmtestes Bild, ein Schwarz-Weiß-Foto eines nicht identifizierten, verhafteten Mannes.

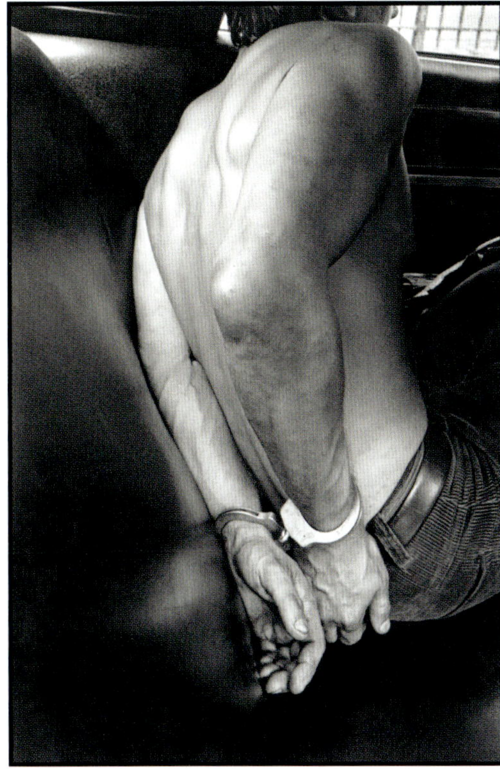

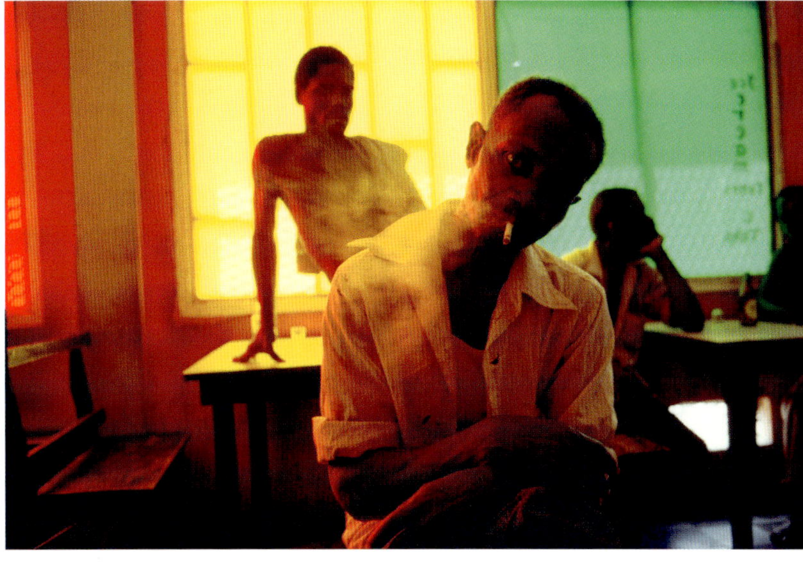

Alex Webb–*Grenada. Gouyave. Bar*

Inspiriert von Graham Greenes Haiti-Roman *Die Stunde der Komödianten* verbrachte der Fotojournalist Alex Webb (geb. 1952) dreißig Jahre damit, die karibischen und mexikanischen Grenzstädte zu bereisen und in Bildern festzuhalten. Dieses fesselnde Foto wurde in einer Kleinstadtkneipe an der Westküste Grenadas aufgenommen, in welcher Webb Schutz vor der sengenden Mittagssonne suchte. Er blickte auf und sah diese Männer seelenruhig vor den farbstarken, lichtdurchlässigen Fenstern. Die Aufnahme entstand, ohne dass zwischen dem Fotografen und seinen Sujets ein Wort fiel. Dieses eindrucksvolle Bild ziert das Cover seines Buches *Hot Light/Half-Made Worlds: Photographs from the Tropics*.

Der iranische Schah und seine Familie flüchten nach Ägypten; Ajatollah Chomeini kommt aus dem französischen Exil zurück.

In Nicaragua vertreiben die Sandinisten Diktator Somoza und nehmen die Hauptstadt Managua ein.

Robert Mapplethorpe veröffentlicht sein bekanntestes Bild – ein Selbstporträt mit Make-Up in Schwarz-Weiß, das sexuelle Identität hinterfragt.

1979

1980

KINO

Die Beziehung zwischen Fotografie und Kino ist symbiotisch, ein Dialog, der sowohl die Unterschiede zwischen den beiden Medien als auch ihre Gemeinsamkeiten auslotet.

Fotografen sind nicht nur integraler Bestandteil der Filmförderung, weil sie am Set PR-Bilder machen, sondern waren oft auch selbst Gegenstand von Filmen. Manchmal ist der Fotograf der Held, wie James Stewart in Hitchcocks *Das Fenster zum Hof* oder Nick Nolte als Fotojournalist Russell Price im Film *Under Fire*, der während des Bürgerkriegs in Nicaragua 1979 spielt; manchmal ist er auch der Bösewicht, wie Karlheinz Böhm in *Augen der Angst*. Auch ein paar namhafte Schauspieler waren eifrige Fotografen, wie Jeff Bridges, der mit einer Weitwinkel-Panoramakamera hinter den Kulissen Bilder machte, während Dennis Hopper die wilden Zeiten der 1960er und 1970er Jahre dokumentierte, darunter Andy Warhol und James Brown. Filmregisseure wurden ebenfalls stark von der Standfotografie beeinflusst. Stanley Kubrick arbeitete zunächst als Fotojournalist; 1946 wurde er mit nur 18 Jahren der jüngste angestellte Fotograf der Zeitschrift *Look*. 1951 verwandelte er einen Auftrag über den Boxer Walter Cartier für das Magazin in seine erste Kurzfilmdoku mit dem Titel *Day of the Fight* und nutzte

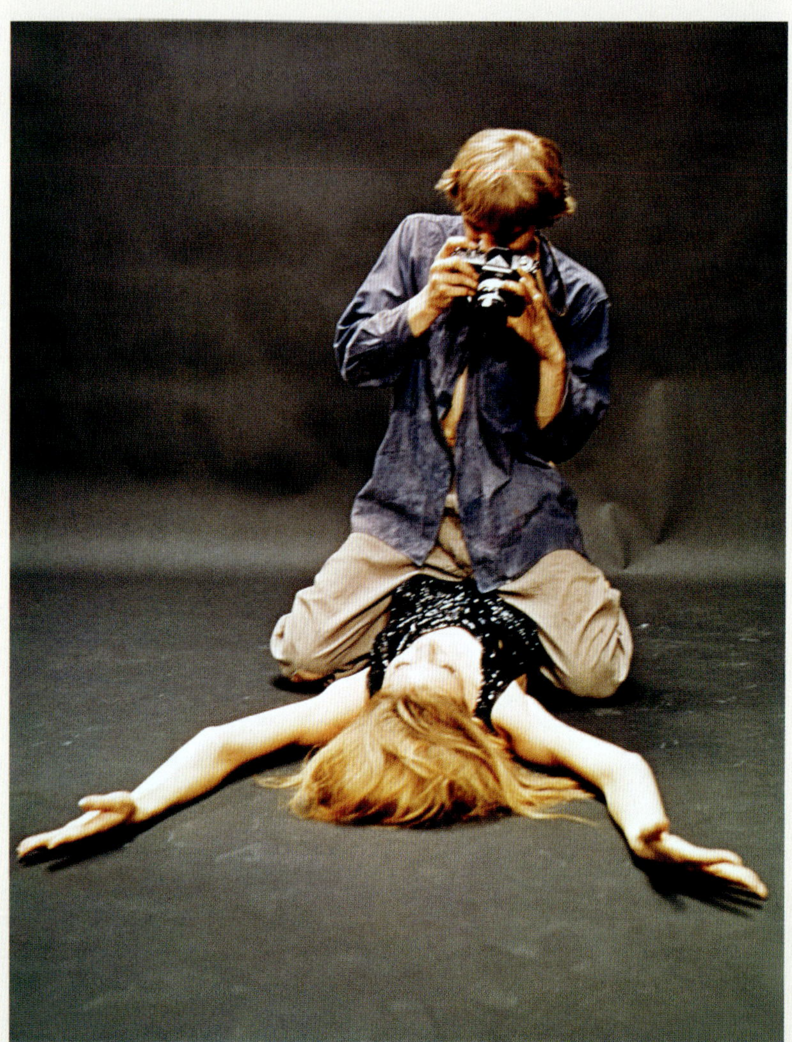

LEFT. Tazio Secchiaroli –
***Am Set von Blow-Up* (1966)**
Der Kultklassiker der 1960er Jahre, Michelangelo Antonionis *Blow-Up* zeigte David Hemmings als hedonistischen Modefotografen, angeblich nach dem Vorbild von David Bailey. Er glaubt, Zeuge eines Mordes gewesen zu sein, als er auf einem seiner Fotoabzüge einen scheinbar bewaffneten Mann erkennt, und vergrößert seine Negative, um Beweise für ein Verbrechen zu finden. Während der Dreharbeiten machte der Italiener Tazio Secchiaroli (1925–1998) dieses treffliche Bild von Hemmings, als dieser über Model Veruschka von Lehndorff kniet und sie von oben fotografiert, und illustrierte damit, dass Modefotografen der 1960er Jahre oft freier und überlegter arbeiteten als zuvor. Secchiaroli selbst war ein gefeierter Paparazzo und die Vorlage für den Fotografen in Fellinis *La Dolce Vita* (1960).

seine Fähigkeiten, um die Geschichte dramatisch zu inszenieren. Der deutsche Regisseur Wim Wenders gebrauchte die Kamera, um sich mit dem Licht und der Landschaft Amerikas auseinanderzusetzen, etwa vor seinem bahnbrechenden Film *Paris, Texas* von 1984. Später veröffentlichte er die stimmungsvollen Farbbilder im Buch *Written in the West. Photographien aus dem amerikanischen Westen* (1987). Der Stil des Kinos wiederum hat zahlreiche Fotografen beeinflusst, von Cindy Shermans Filmstill-Serie *Untitled* der 1970er und 1980er bis hin zu Gregory Crewdsons aufwendig inszenierten Dämmerlichtfotos amerikanischer Vorstädte. Viele Fotografen wandten sich dem Kino zu, von Paul Strands New-York-Projekt *Manhatta* mit Charles Sheeler (1921) bis zu Robert Franks legendärem *Cocksucker Blues* (1972) über die Rolling Stones. Magnum-Fotograf Raymond Depardon drehte 18 Spielfilme, selbst Henri Cartier-Bresson experimentierte in den 1930ern mit Film, arbeitete als Regieassistent mit Jean Renoir und drehte eine Reihe von kurzen Dokumentarfilmen über den Spanischen Bürgerkrieg.

UNTEN. Eve Arnold–*Marilyn Monroe am Set von The Misfits* (1960)
Die Magnum-Fotografin Eve Arnold (1912–2012) entwickelte eine enge Beziehung zu Marilyn Monroe, die begann, als Monroe Arnold zu ihren Fotos von Marlene Dietrich gratulierte und fragte: „Wenn Sie das mit Marlene so gut machen konnten, wüssten Sie dann was mit mir anzufangen?" Im Laufe einer zehnjährigen Zusammenarbeit ergaben sich eine Reihe intimer und aufschlussreicher Einblicke in die Verletzlichkeit der Schauspielerin, wobei Arnold das Gefühl hatte, dass Monroe „die totale Kontrolle hatte… sie manipulierte alles – mich, die Kamera." Für die Bewerbung des 1961 von John Huston gedrehten Films *The Misfits* erhielten neun Magnum-Fotografen exklusiven Zugang zum Set, um die Dreharbeiten zu dokumentieren. Arnold hielt Monroe in ihrer letzten Filmrolle fest, vor der leeren Wüstenlandschaft, die die Einsamkeit im Leben des großen Hollywoodstars noch unterstreicht.

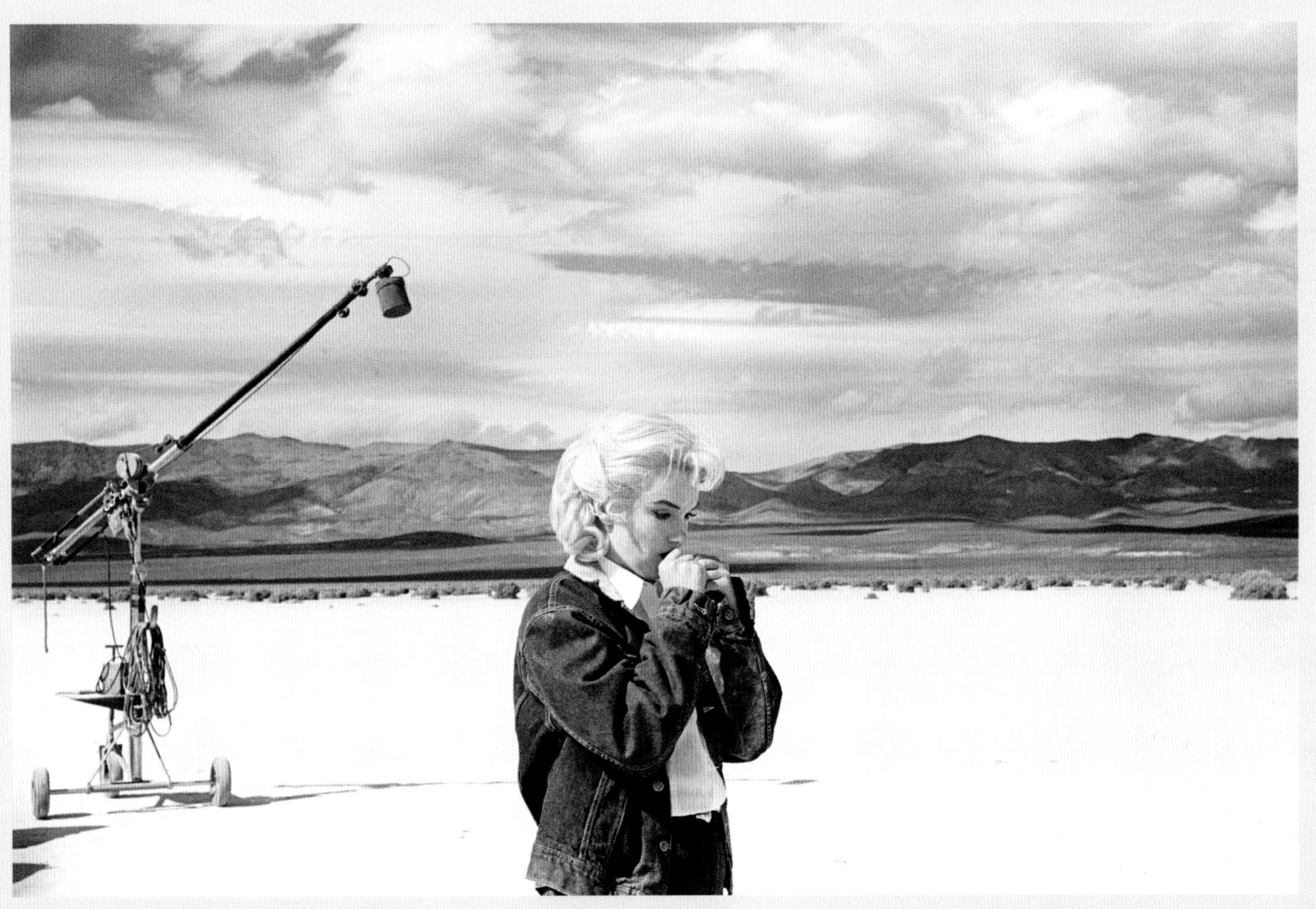

1981–1983

Wissenschaftler entdecken das Virus, das AIDS verursacht; Anwar as-Sadat, Präsident von Ägypten, wird in Kairo von Anhängern des Al-Dschihad ermordet; das Wort „Internet" wird zum ersten Mal erwähnt und die USA starten erfolgreich den ersten Flug der Raumfähre *Columbia*. Einige der bewegendsten fotografischen Bilder aus diesen Jahren waren die der Massaker an Palästinensern 1982 in den Flüchtlingslagern Sabra und Schatila in Beirut, Libanon. Der Fotograf Robin Moyer wurde für seine erschütternden Bilder von dem Gemetzel Hunderter Menschen, darunter Frauen und Kinder, ausgeführt von der libanesischen Phalange-Miliz im libanesischen Bürgerkrieg, als „World Press Photo of the Year" ausgezeichnet. In *Man's Best Friend* veröffentlicht der Amerikaner William Wegman (geb. 1943) Polaroidbilder seines Weimaraners Man Ray, die große Bekanntheit erlangen (siehe S. 248). SY

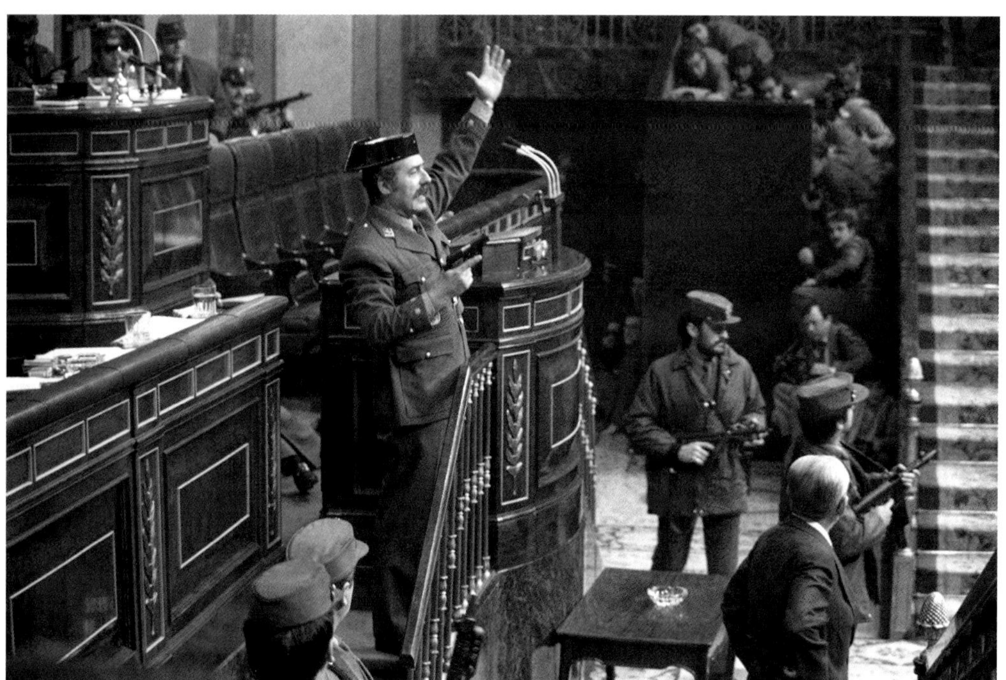

Manuel Pérez Barriopedro–*Putschversuch im spanischen Parlament*

Am 23. Februar 1981 unternehmen 200 Mitglieder der Franco-treuen spanischen Guardia Civil bei der Präsidentenwahl im spanischen Parlament einen Putschversuch und halten alle Parlamentsmitglieder für fast 20 Stunden als Geiseln fest. Der Fotograf Manuel Pérez Barriopedro (geb. 1947) macht heimlich elf Aufnahmen und versteckt den Film in seinem Schuh. Als er und die anderen Journalisten endlich freigelassen werden, schickt er dieses Bild um Mitternacht in die Welt hinaus. Am nächsten Tag kapitulieren die Putschisten, der Einfluss des verstorbenen Diktators Francisco Franco hat damit ein Ende, der Weg zur Demokratie ist geebnet.

Die Geiselnahme von Teheran endet, 52 US-Diplomaten, die 444 Tage in der US-Botschaft festgehalten wurden, dürfen nach Hause.

1981

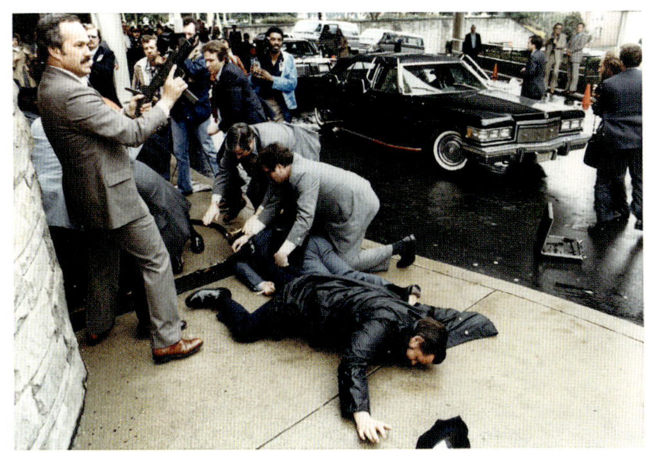

Mike Evans – *Mordanschlag auf Reagan*

Am 30. März 1981 verübte John Hinckley Jr. vor dem Hilton-Hotel in Washington D.C. ein Attentat auf US-Präsident Ronald Reagan. Der offizielle Fotograf des Weißen Hauses hielt die Szene danach fest: der Pressesprecher des Weißen Hauses, James Brady, und der Polizeibeamte Thomas Delahanty liegen verwundet am Boden. Hinckley soll von Martin Scorseses Film *Taxi Driver* und Darstellerin Jodie Foster besessen gewesen sein. Im Film versucht die Hauptfigur, einen US-Senator zu ermorden, der für das Amt des Präsidenten kandidiert, und Hinckley glaubte, dass er Fosters Aufmerksamkeit auf sich ziehen könne, wenn er dasselbe versuchte.

Susan Meiselas – *Cuesta del Plomo*

Eines Morgens, als die Fotografin Susan Meiselas (geb. 1948) am Stadtrand von Managua, der Hauptstadt Nicaraguas, unterwegs war, stieß sie auf die Überreste einer Leiche, die halb von Geiern aufgefressen worden war. Sie machte zwei Bilder, eins in Farbe und eins in Schwarz-Weiß, und lief dann davon. Schauplatz ihres eindrücklichen Fotos ist ein berüchtigter Ort namens Cuesta del Plomo („Bleiberg"), an dem während der Nicaraguanischen Revolution viele Attentate durch die Nationalgarde des Diktators Anastasio Somoza verübt wurden und an dem viele, die bei ihren Familien noch immer als vermisst gelten, wahrscheinlich ihren letzten Atemzug getan haben.

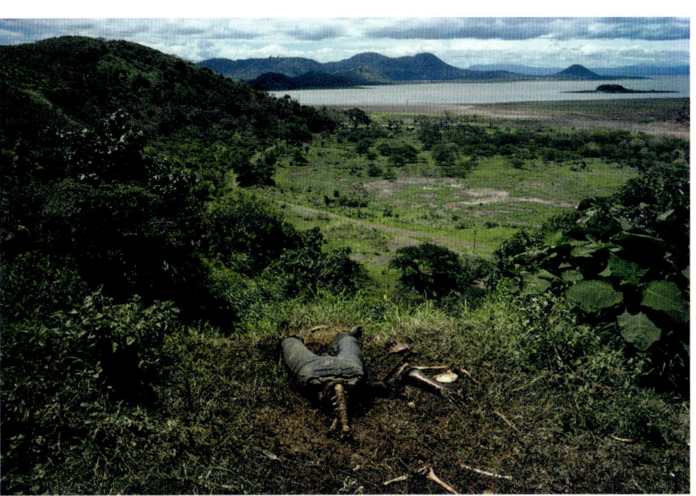

Sony führt die Mavica (Magnetic Video Camera) ein, keine Digitalkamera, sondern eine analoge Fernsehkamera, die Bilder auf Disketten speichert und eine TV-Wiedergabe ermöglicht.

Der erste CD-Player und die erste kommerzielle CD, Billy Joels *52nd Street*, sind das Ergebnis einer Zusammenarbeit von Sony und Philips.

1982

David Bowie geht mit dem Album *Let's Dance* auf die Serious Moonlight Tour.

Der schlimmsten Dürre der Geschichte fallen in Äthiopien vier Millionen Menschen zum Opfer.

1983

1984–1986

Mitte der 1980er Jahre erfolgt mit *Perestroika* und *Glasnost* die Öffnung der Sowjetunion. In Großbritannien wird der „Rinderwahn" diagnostiziert, was zu großen Reformen in der Landwirtschaft führt; in den USA wird das Rauchen in öffentlichen Verkehrsmitteln, einschließlich Flugzeugen, verboten; Mexiko-Stadt wird von einem Erdbeben der Stärke 8,1 heimgesucht, bei dem fast 9000 Menschen sterben. Im Bereich der Fotografie führt Pixar den digitalen Bildprozessor ein, während Fuji nur ein Jahr später die erste Einwegkamera auf den Markt bringt. Ein revolutionärer Schritt: Einwegkameras sind billig und extrem einfach zu bedienen. Sie werden zu einer festen Größe bei Veranstaltungen wie Hochzeiten, bei denen die Gäste aufgefordert werden, aus ihrer Sicht zu fotografieren und die unentwickelte Filmrolle dem neuen Paar als Teil der Dokumentation des Tages zu überreichen. In der Kunstwelt veröffentlicht Richard Avedon (1923–2004) sein bahnbrechendes Werk *In the American West*, das die ernste, zerrüttete Kultur von Fort Worth, Texas, in krassen, lebensgroßen Schwarz-Weiß-Bildern porträtiert. SY

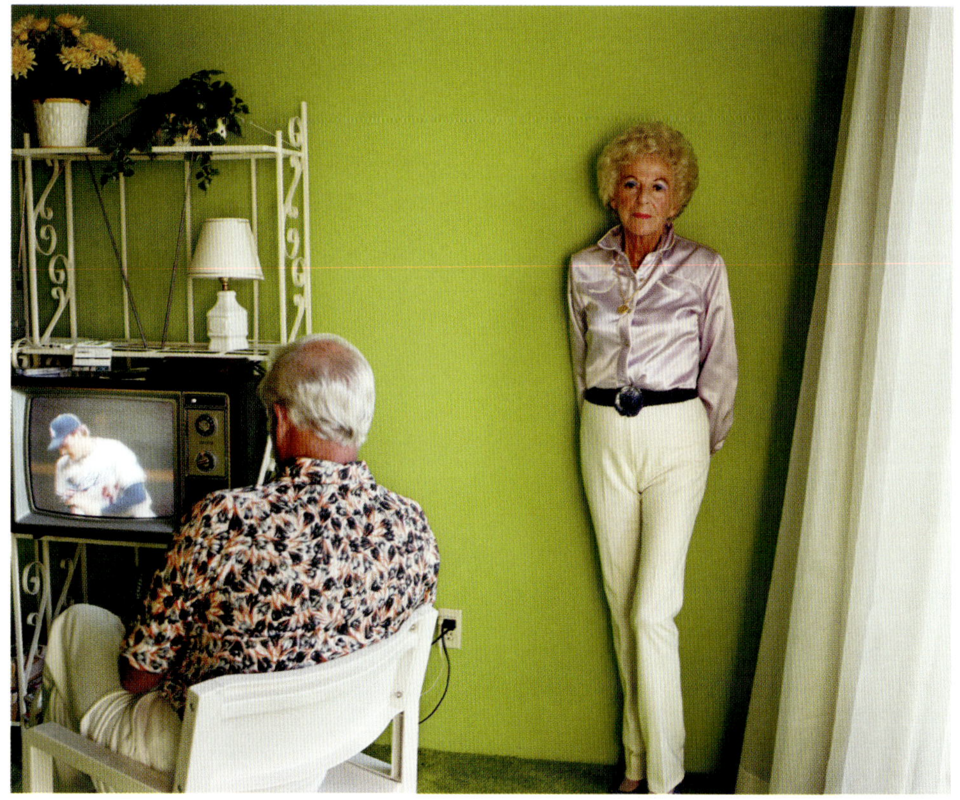

Larry Sultan – *Mutter posiert für mich*

Zwischen 1975 und 2009 schuf Larry Sultan (1946–2009), inspiriert durch die Kindheit im kalifornischen San Fernando Valley, sechs grundlegende Werke, die das vorstädtische Familienleben sowohl psychologisch als auch physisch ausloten. Sultans vertraute, häusliche und persönliche Szenen, die Dokumentation und Inszenierung miteinander vermischen, beeinflussten Folgegenerationen von Fotografen. Dieses Bild war in Sultans Buch und der Ausstellung *Pictures from Home* (1983–1992) zu sehen, in der Aufnahmen von Sultans eigenen Eltern als Hauptthemen und aktiven Teilnehmern versammelt sind und die die Rolle der Fotografie bei der Schaffung von Familiengeschichten erkundet.

Indiens Premierministerin Indira Gandhi wird ermordet.

1984

Tom Wood – aus *Looking for Love*

Tom Wood (geb. 1951) gehörte zu einer Gruppe von Fotografen, die in den 1980er Jahren im Vereinigten Königreich tätig waren, darunter Peter Fraser, Paul Graham, Martin Parr und Paul Reas. Sie brachen mit dem traditionellen Doku-Schwarz-Weiß bei der Darstellung der Arbeiterklasse und fotografierten zunehmend in Farbe. Wood lebte und arbeitete in Liverpool, wo er bald den Spitznamen „Fotograf" erhielt. Dieses Bild stammt aus seinem ersten Buch *Looking for Love* (1989) über das Publikum des Nachtclubs von New Brighton, dem Chelsea Reach. Woods Verwendung von Blitzlicht verleiht den Bildern eine Energie, die den Hedonismus der damaligen Zeit treffend abbildet.

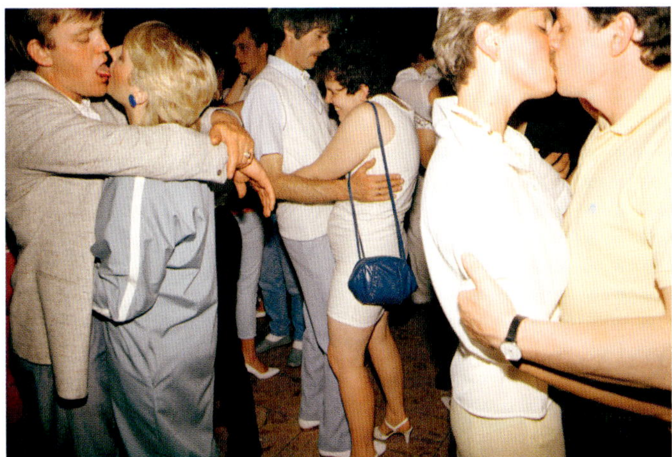

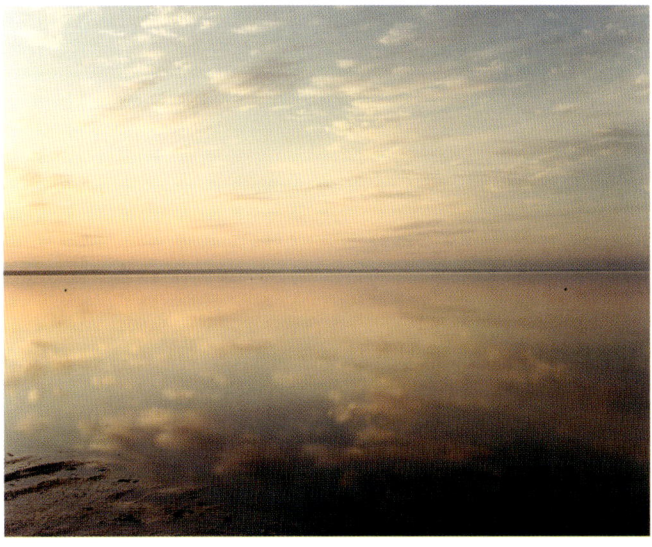

Joel Meyerowitz – *Bay/Sky, Morgendämmerung, Herbst*

Dieses Bild von Cape Cod ist Teil der Sammlung *Bay/Sky* von Joel Meyerowitz (geb. 1938). In den 1970er Jahren machte er mit einer Großformatkamera unzählige Bilder vom Meer, meist von der Veranda seines Hauses mit Blick auf Cape Cod Bay in Massachusetts. Seine Fotos sind eine Meditation über Farbe und Licht und unterscheiden sich stark von den späteren Arbeiten des Straßenfotografen, wie z. B. der Dokumentation der Zerstörung durch 9/11.

Das Greenpeace-Schiff *Rainbow Warrior* wird von Agenten des französischen Service Action versenkt; Fotograf Fernando Pereira kommt dabei ums Leben.

Michail Gorbatschow wird Generalsekretär der KPdSU.

1985

Durch die Nuklearkatastrophe von Tschernobyl am 26. April verbreiten sich radioaktive Stoffe über weite Teile Europas.

Die Raumfähre *Challenger* explodiert 73 Sekunden nach ihrem Start; alle sieben Astronauten an Bord kommen ums Leben.

1986

ZENSUR

Fotografie unterliegt seit jeher der Zensur, sei es durch Regierungen, die Missbrauch oder negative politische Nachrichten vertuschen wollen, oder aus Gründen des öffentlichen Geschmacks und des Anstands.

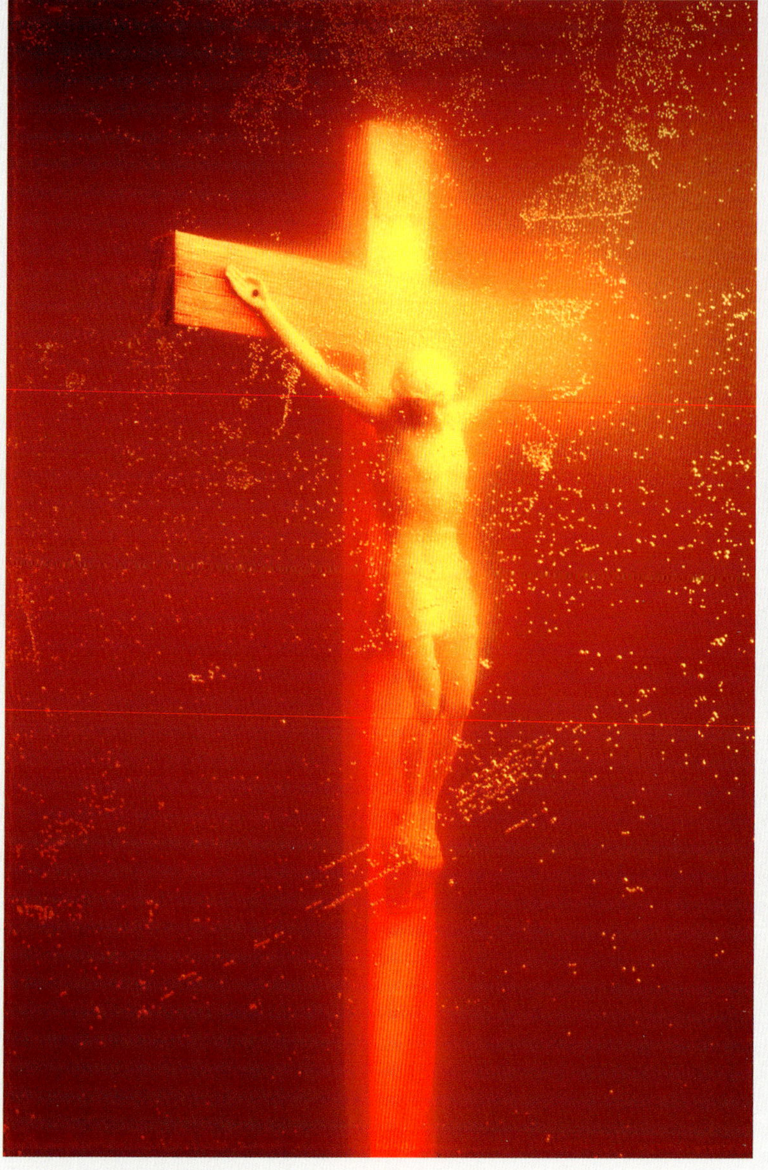

Fotografen haben oft die Toleranzgrenze dessen, was gesehen werden darf und was nicht, infrage gestellt, ob es sich um Kriegsfotografen an der Front handelt, die militärische und zivile Opfer fotografieren, oder um Mode- und Kunstfotografen, die sich auf dem schmalen Grat zwischen Pornografie und Erotik bewegen. Nach den US-Luftangriffen auf den irakischen Truppenrückzug auf der Straße von Basra 1991 machte der US-Fotograf Kenneth Jarecke ein entsetzliches Bild vom Gesicht eines bei lebendigem Leib verbrannten Soldaten am Steuer seines Lkws; sein verkohltes Gesicht war zu einer skelettartigen Fratze erstarrt. Das Bild wurde von der *Time* als zu grausam erachtet, um veröffentlicht zu werden. Auch AP wollte es nicht verbreiten: „Die Zeitungen werden uns sagen: ‚Wir können Leuten keine solchen Bilder zeigen, die gerade beim Frühstück sitzen.'" Am Ende druckte es nur der *Observer* in London und titelte: „Das wahre Gesicht des Krieges". Für *War Porn* (2014), eine Sammlung unveröffentlichter, grausamer Kriegsfotos aus dem Irak und aus Afghanistan, stellte sich der deutsche Fotograf Christoph Bangert den Fragen der Selbst- und Medienzensur. Um die Fotografien betrachten zu können, muss der Leser die Seiten in einem bewussten Akt der Zeugenschaft physisch aufreißen.

OBEN. Andres Serrano–*Versenkung (Piss Christ)* (1987)
Das zu Andres Serranos (geb. 1950) Serie *Körperflüssigkeiten* (1987–1990) gehörige Bild, ein billiges Kruzifix aus Plastik und Holz, das in eine Flasche mit Urin des Künstlers getaucht ist, stellt die Orthodoxie der religiösen Ikonografie infrage. Das Werk wurde vom National Endowment for the Arts finanziert, aber von den Senatoren Al D'Amato und Jesse Helms heftig kritisiert; Hassbriefe und Morddrohungen folgten. Als das Werk 1997 in einer Retrospektive von Serranos Werk in der Nationalgalerie von Victoria (Australien) gezeigt wurde, beantragte die katholische Kirche beim Obersten Gerichtshof von Victoria erfolglos eine einstweilige Verfügung, um das Werk zu verbieten, das später in der Galerie mutwillig zerstört wurde. Die Galerie schloss die Ausstellung, was weitere Kontroversen über Fragen der künstlerischen Freiheit und der Meinungsfreiheit auslöste.

UNTEN. ***Stalin und Jeschow* (1937)**
Jeschowschtschina („Jeschow-Ära"), so wurde nach Nikolai Jeschow, Volkskommissar für Staatssicherheit und Chef der Geheimpolizei (NKWD), die Zeit der Großen Säuberung Stalins in den 1920ern und 1930ern benannt, während der fünf Millionen Bürger verhaftet und bis zu einer Million getötet wurden. Sogar Jeschow selbst fiel Stalin zum Opfer und wurde 1940 heimlich vor Gericht gestellt und hingerichtet. Infolgedessen musste er buchstäblich aus der Geschichte getilgt werden. Alle Fotos von ihm wurden zensiert und er wurde daraus entfernt, wie dieses Bildpaar zeigt: Er wurde zur „Unperson" und quasi aus dem Gedächtnis gelöscht.

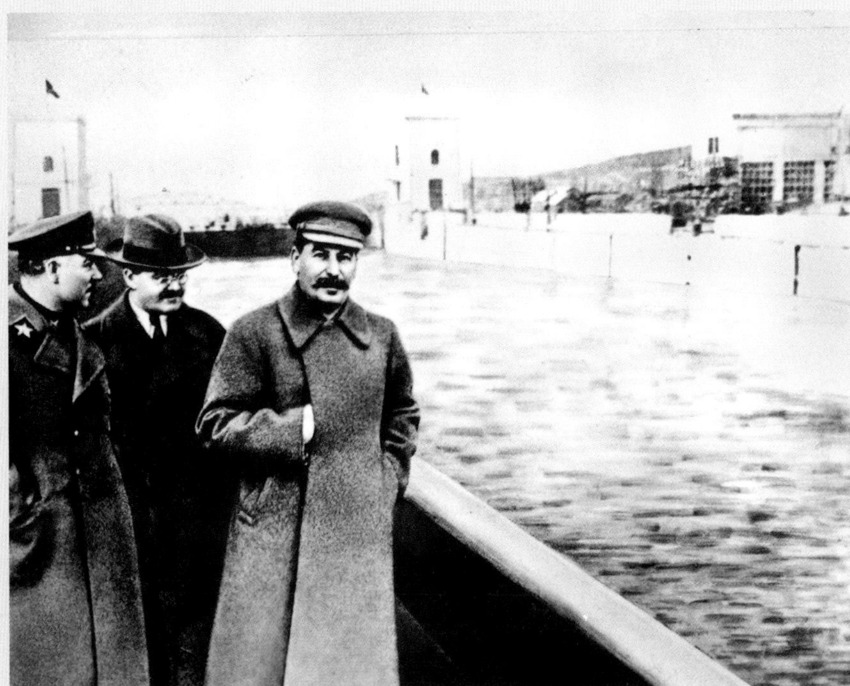

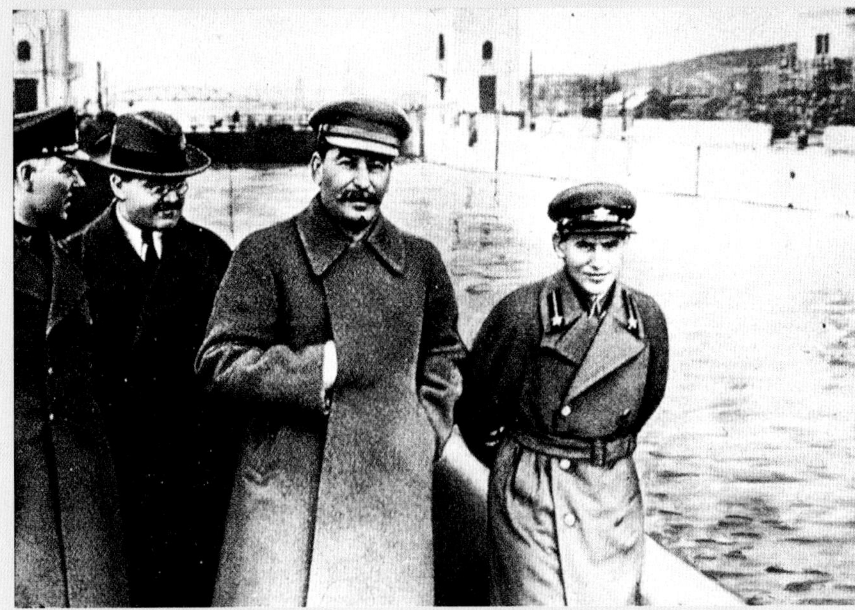

Robert Mapplethorpe (1946–1989)

Der Amerikaner Robert Mapplethorpe hinterfragte in der berühmt-berüchtigten Fotografie *Mann im Polyesteranzug* (1980), das seinen damaligen Geliebten abbildet, dessen Penis aus der Hose schaut, die gesellschaftlichen Normen dessen, was akzeptabel ist. Das Bild, Teil seiner Serie *X Portfolio*, löste Kontroversen aus, als es der konservative Senator von North Carolina, Jesse Helms, 1989 verriss, nachdem es im Cincinnati Contemporary Arts Center ausgestellt worden war. Von der deutlichen Darstellung von gleichgeschlechtlichen Beziehungen war Helms brüskiert und kritisierte die Finanzierung durch die National Endowment for the Arts. Der Fall wurde vor Geschworenen verhandelt, und das Arts Center wurde vom Vorwurf der Obszönität freigesprochen. Der Kultstatus des Fotos wurde 2015 durch die Versteigerung eines Abzugs für 478.000 Dollar besiegelt.

1987–1989

In den späten 1980ern kommt es zu radikalen politischen Brüchen. Die bekanntesten sind die Proteste an der Berliner Mauer, die später das Ende der DDR und eine Öffnung Osteuropas nach fast 30-jähriger Abriegelung vom Westen bewirken werden. Um den Tian'anmen-Platz in Peking werden Hunderte von Demonstranten vom chinesischen Militär getötet; Stuart Frank veröffentlicht sein ikonisches Bild des einsamen Aktivisten vor einem Panzer, den *Tank Man*. James Nachtweys Buch *Deeds of War* erscheint 1989 unter großem Beifall der Kritik. Es deckt die Jahre 1981–1988 ab und zeigt die Breite und Tiefe seiner Kriegsberichterstattung an Orten wie Nicaragua, Haiti, Sudan und Sri Lanka. In der Welt der Mode- und Werbefotografie wird der Dokumentarfilm *Helmut Newton: Frames from the Edge* veröffentlicht, eine umfassende Werkschau von seinen erotischen Schwarz-Weiß-Bildern für Magazine wie *Vogue* bis hin zu Kindheitserinnerungen im Kreise seiner jüdischen Familie in Deutschland und seiner Flucht vor den Nazis 1936. SY

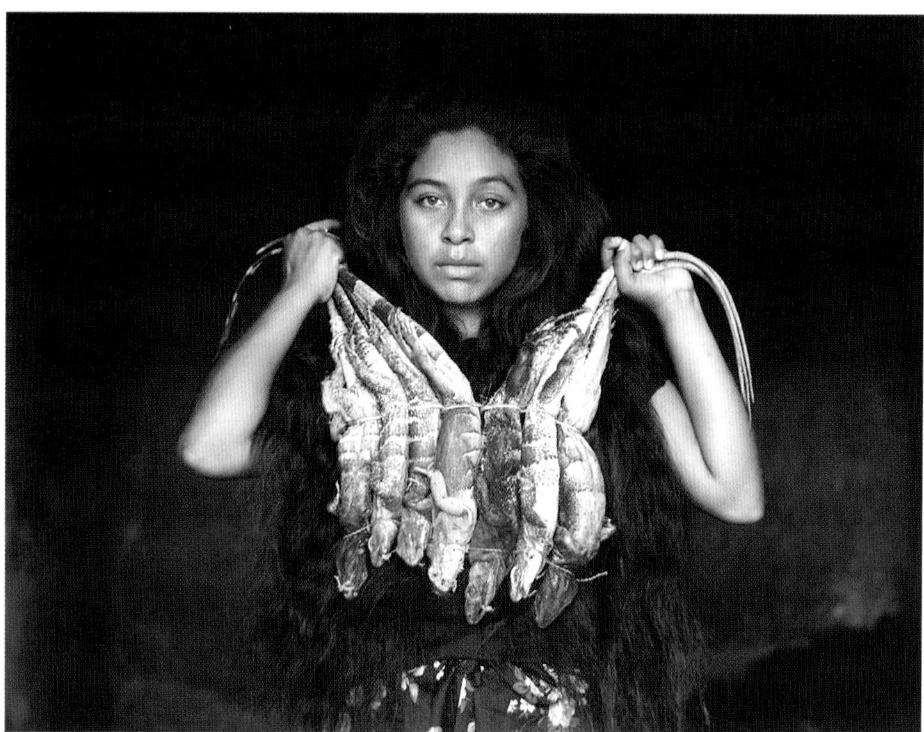

Flor Garduño–*Die Frau*

Beeinflusst durch den mexikanischen Fotografen Manuel Álvarez Bravo versucht Flor Garduño (geb. 1957) die Alltagsrealität der Nachkommen jener zu beschreiben, die in den letzten Jahrhunderten in Amerika gewaltsam reglementiert wurden. Das Bild zeigt eine junge Frau aus Juchitán (Oaxaca), einer Gegend im Süden Mexikos, in der indigene Frauen in einer matriarchalischen Gesellschaft leben. Diese Frau hält eine Reihe von Leguanen in der Hand, die sie auf den Markt bringt, um sie zu verkaufen. Die Bilder sind eine Kritik am gewaltsamen Auslöschen von Traditionen und Identität und ein Plädoyer für den Erhalt dieser Kulturen in der Gegenwart.

US-Präsident Ronald Reagan hält am 12. Juni seine berühmte Rede an der Westberliner Mauer.

1987

Maud Sulter – *Terpsichore*

In ihrer Serie *Zabat* (ein alter ritueller Frauentanz) porträtiert Maud Sulter (1960–2008) schwarze Frauen, die als Musen verkleidet sind, um die fast vollständige Abwesenheit dieser Frauen in der Geschichte der Fotografie zu überdenken. Dieses Bild zeigt Performance-Künstlerin Delta Streete als Terpsichore, die Muse der Chorlyrik und des Tanzes. Die Künstlerin trägt ein Kostüm, das sie für ihre Tanzinstallation über die Beziehung zwischen Sklavinnen und ihren Herrinnen entwarf. Die Porträtserie war Sulters subtiler Kommentar zum 150. Jahrestag der Fotografie, der in der Rochdale Art Gallery in England gefeiert wurde.

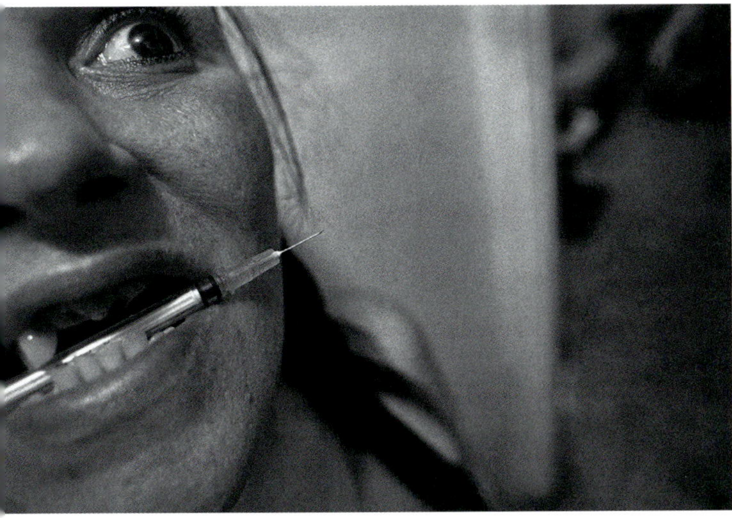

Eugene Richards – *Mariella*

Eugene Richards (geb. 1944) dokumentierte das Leben der einfachen Menschen in den USA und ihren Kampf gegen Armut, Drogenabhängigkeit und Gewalt. Richards schafft eindrucksvolle und fesselnde Kompositionen in sehr privaten Momenten, wie in diesem 1988 entstandenen Bild von Mariella, einer Süchtigen, die im Begriff ist, sich Kokain zu spritzen. Es war das Titelbild seines Buches *Cocaine True, Cocaine Blue* (1994). Zu seinen 17 Publikationen gehört auch *Exploding Into Life* (1986) über den Kampf seiner Frau Dorothea Lynch gegen Brustkrebs, *The Knife & Gun Club: Scenes from an Emergency Room* (1989) über Leben und Tod in einem städtischen Krankenhaus, und *War is Personal* (2010) über die Opfer des Krieges im Irak und in Afghanistan.

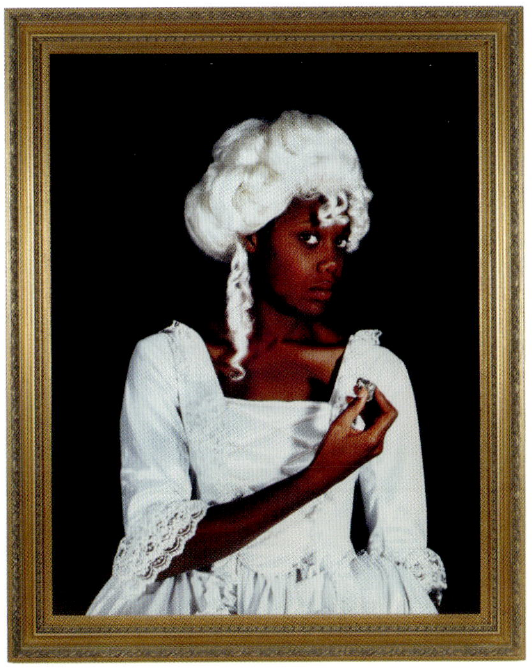

Irak attackiert die Kurden mit Giftgas.

Eine Bombe explodiert auf dem Pan-Am-Flug 103 am 21. Dezember über Lockerbie in Schottland.

1988

Die Absage einer vom National Endowment for the Arts finanzierten Ausstellung von Robert Mapplethorpes sexuell aufgeladenen Fotos in der Corcoran Gallery in Washington D.C. auf Druck von konservativen, gegen die staatliche Förderung der Künste agierenden Lobbyisten ist ein Versuch der Zensur.

Der erste Prototyp einer DSLR wird von Eastman Kodak produziert.

1989

1990–1992

Anfang der 1990er Jahre wird die erste Website im World Wide Web online gestellt; die Öffentlichkeit erfährt von einem möglichen Ozonloch über dem Nordpol; *The Simpsons* wird zum ersten Mal von Fox TV in den USA ausgestrahlt; das erste GPS-Satellitennavigationssystem ist im Handel erhältlich; Freddie Mercury, Frontsänger der Band Queen, stirbt an AIDS. In Los Angeles kommt es nach dem Freispruch der Polizisten, die beim Zusammenschlagen von Rodney King gefilmt wurden, zu Unruhen. Pop-Queen Madonna veröffentlicht ihren umstrittenen Bildband *Sex*. Steven Meisels (geb. 1954) Anfang 1992 aufgenommene Fotos erregen Aufsehen wegen Softporno-Inhalten wie Sadomaso-Szenen und Simulationen sexueller Handlungen. SY

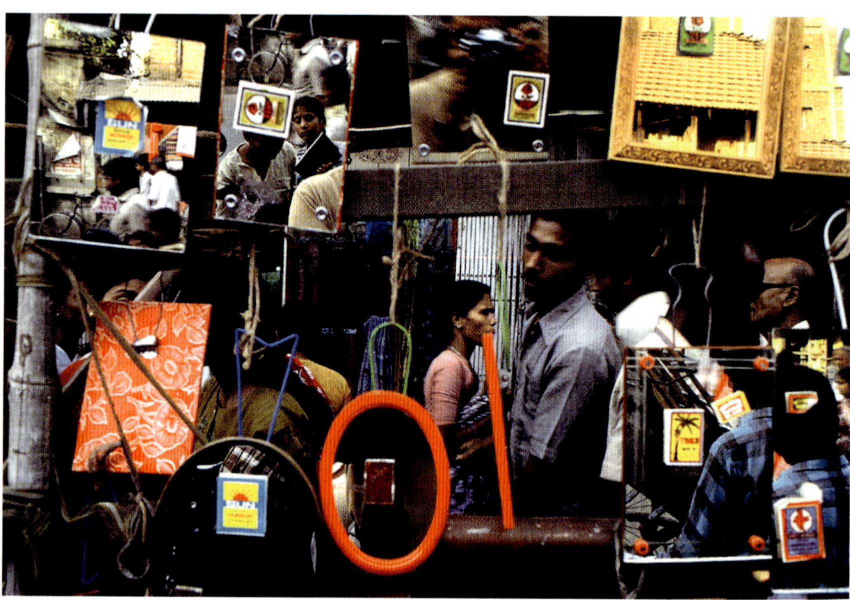

Raghubir Singh – ***Fahrender Spiegelladen***

Raghubir Singhs (1942–1999) politisch engagierte, spitze Kommentare zum Erbe des Kolonialismus in seinem Land sind typisch für seine Arbeit. Er war ein Künstler, der sich damit beschäftigte, wie fremd das britische Christentum seiner eigenen Kultur war, und fotografierte vornehmlich in Farbe, weil dies einer indischen Sichtweise der Welt immanent sei, wie er glaubte. Singh mied Stereotypen wie eine Frau in einem Sari oder ein Foto des Taj Mahal. Stattdessen suchte er nach dynamischen und überraschenden Perspektiven. Sein Standpunkt war oft unorthodox. Das hier gezeigte Foto eines Verkaufsstandes beeindruckt: Es wird durch die Spiegel im Bild praktisch in Fragmente zerlegt.

Die Kodak Photo CD als Bildspeichermedium wird eingeführt.

Kanaltunnelbauer aus Großbritannien und Frankreich treffen sich unter dem Ärmelkanal; es war die erste Bodenverbindung zwischen dem Vereinigten Königreich und dem europäischen Festland seit der Eiszeit.

1990

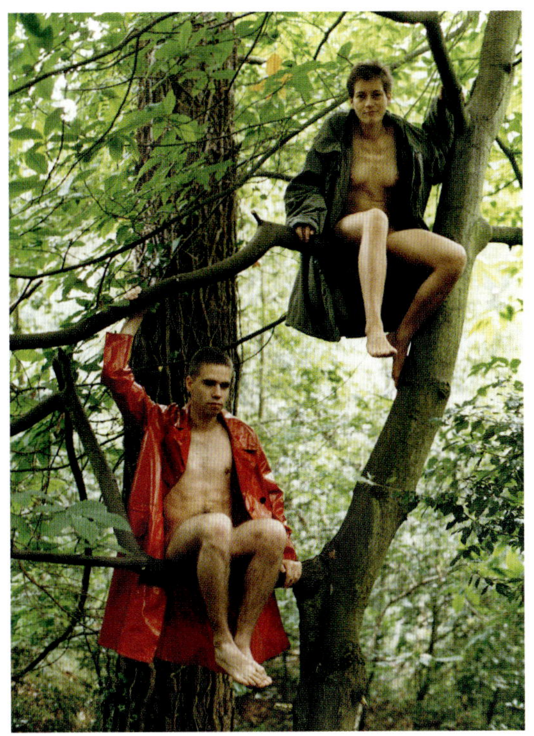

Wolfgang Tillmans – *Lutz & Alex sitzen auf dem Baum*

Wie Corinne Day und Jürgen Teller änderte Wolfgang Tillmans (geb. 1968) in den späten 1980ern und frühen 1990ern mit seinem informellen, dokumentarischen Ansatz das Gesicht der Modefotografie radikal und arbeitete für Zeitschriften wie *i-D* und *The Face*. Dieses Bild seiner Kindheitsfreunde Alex und Lutz war Teil einer Werbekampagne für Regenmäntel, aber seine entspannte, schnappschussartige Ästhetik hat es zu einem ikonischen Bild gemacht, typisch dafür, wie Tillmans' Werk die Grenze zwischen kommerzieller Modefotografie und bildender Kunst überschritt.

David Turnley – *US-Sergeant Ken Kozakiewicz trauert um Andy Alaniz, der durch Eigenbeschuss ums Leben kam*

Am letzten Tag des Golfkriegs 1991 berichtete David Turnley (geb. 1955) über die Arbeit einer Rettungseinheit bei einer Evakuierungsmission verwundeter Soldaten. Er wurde Zeuge eines Angriffs aus eigenen Reihen, eines „Eigenbeschusses", bei dem ein Bradley-Kampffahrzeug von einer US-Rakete getroffen worden war. Turnley hielt den dramatischen Moment fest, als einer der Überlebenden bemerkte, dass sein Freund getötet worden war und in einem Leichensack neben ihm im Hubschrauber lag. Die Medien wurden während des Golfkriegs stark kontrolliert, das US-Militär versuchte zunächst auch, das tragische Bild zu zensieren, aber dann wurde es doch weltweit verbreitet. Das Foto stand symbolisch für den Preis des Krieges und die enge Kameradschaft der Soldaten und wurde 1992 zum Weltpressefoto des Jahres gekürt.

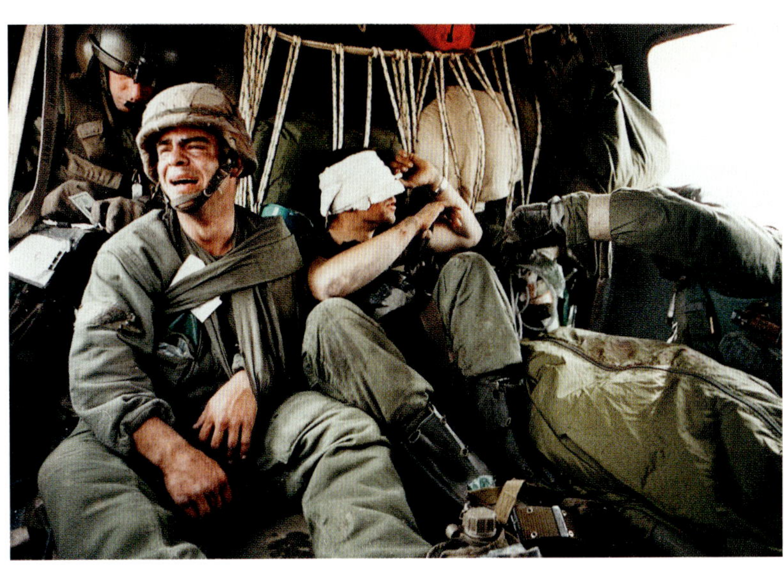

JPEG wird erfunden: Standards zur Bildkompression und -kodierung.

Südafrika erlässt nach vielen Jahren Apartheid eine neue Verfassung für eine multikulturelle Gesellschaft.

Die Jugoslawienkriege führen zum Zerfall Jugoslawiens.

1991

1992

PROMINENZ

Fotografen und Stars empfanden schon immer eine Hassliebe füreinander; einerseits sind Bilder für Marketing und Image unerlässlich, andererseits grenzt die oft fragwürdige Ethik der Paparazzi an Übergriffigkeit und schamlose Ausnutzung.

Fotografie und Prominenz sind seit der Geburt des Mediums untrennbar miteinander verflochten, von Cartes de Visite berühmter Gesichter, die sich im 19. Jahrhundert zu Tausenden verkauften, über Zeitschriften wie *Variety* und *Hello!* bis hin zu *Vogue*, die mit ihren Covern den Promikult fördern. Aber dies war oft ein angespanntes Verhältnis, da PR-Agenten versuchten, das öffentliche Bild ihrer Kunden zu kontrollieren, während Paparazzi exklusive Bilder der Stars zu erhaschen suchten, oft in kompromittierenden Situationen. Der berüchtigte Begriff für derlei Promifotografen wurde erstmals in Federico Fellinis Film *La Dolce Vita* (1960) geprägt, in welchem ein Nachrichtenfotograf namens Paparazzo vorkam, der nach dem Geräusch einer surrenden Mücke so benannt worden sein soll. Zwar gab es etliche aufsehenerregende Fälle, in denen den Paparazzi exzessives Eindringen in die Privatsphäre von Berühmtheiten vorgeworfen wurde, doch der bemerkenswerteste war der Tod von Prinzessin Diana und Dodi Fayed, die 1997 ums Leben kamen, weil ihr Auto von Fotografen durch die Straßen von Paris verfolgt wurde. Nach dem Unfall wurden mehrere Paparazzi verhaftet, aber es wurde niemand verurteilt. Auf der anderen Seite werden Fotografen routinemäßig die Aufenthaltsorte und Reisen berühmter Kunden mitgeteilt, die verzweifelt nach Publicity suchen, um ihre Karriere zu fördern. Seit dem Aufstieg digitaler Medien und Plattformen wie Twitter und Instagram sind Mainstream-Medien gut vernetzt; man kann quasi über Nacht berühmt werden und ein globales Publikum haben, das nach den neuesten Selfies giert.

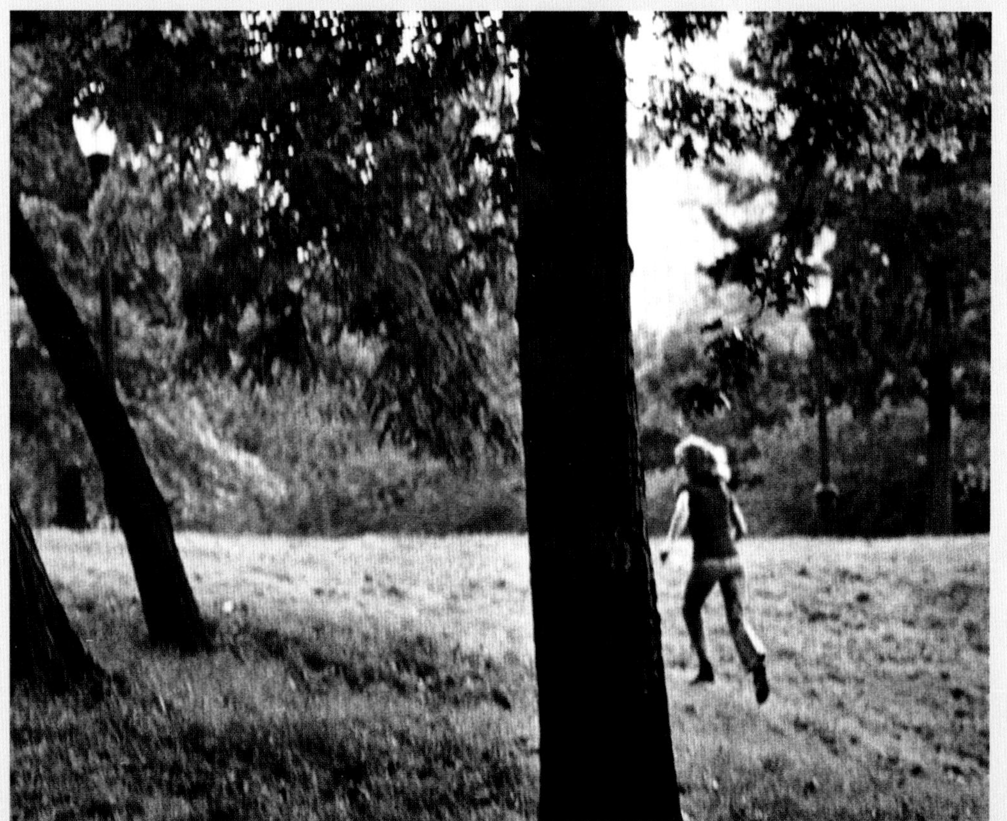

LINKS. Ron Galella – ***Warum rennt Jackie? Central Park, New York City, 4. Oktober*** **(1971)**
Ron Galella (geb. 1931) hatte den wenig beneidenswerten Spitznamen „König der Paparazzi", weil er intime Bilder von Stars und Sternchen machte, ob sie fotografiert werden wollten oder nicht. Die meisten wollten nicht: Marlon Brando schlug ihm fünf Zähne aus, Jackie Onassis erreichte eine einstweilige Verfügung gegen ihn. Sie lief oft vor Galella weg, wie in diesem Moment im Central Park. Später dachte er über seine unerbittliche Verfolgungsjagd nach und fragte sich: „Warum war ich von Jackie so besessen? Ich habe es herausgefunden. Ich hatte keine Freundin. Sie war in gewisser Weise meine Freundin."

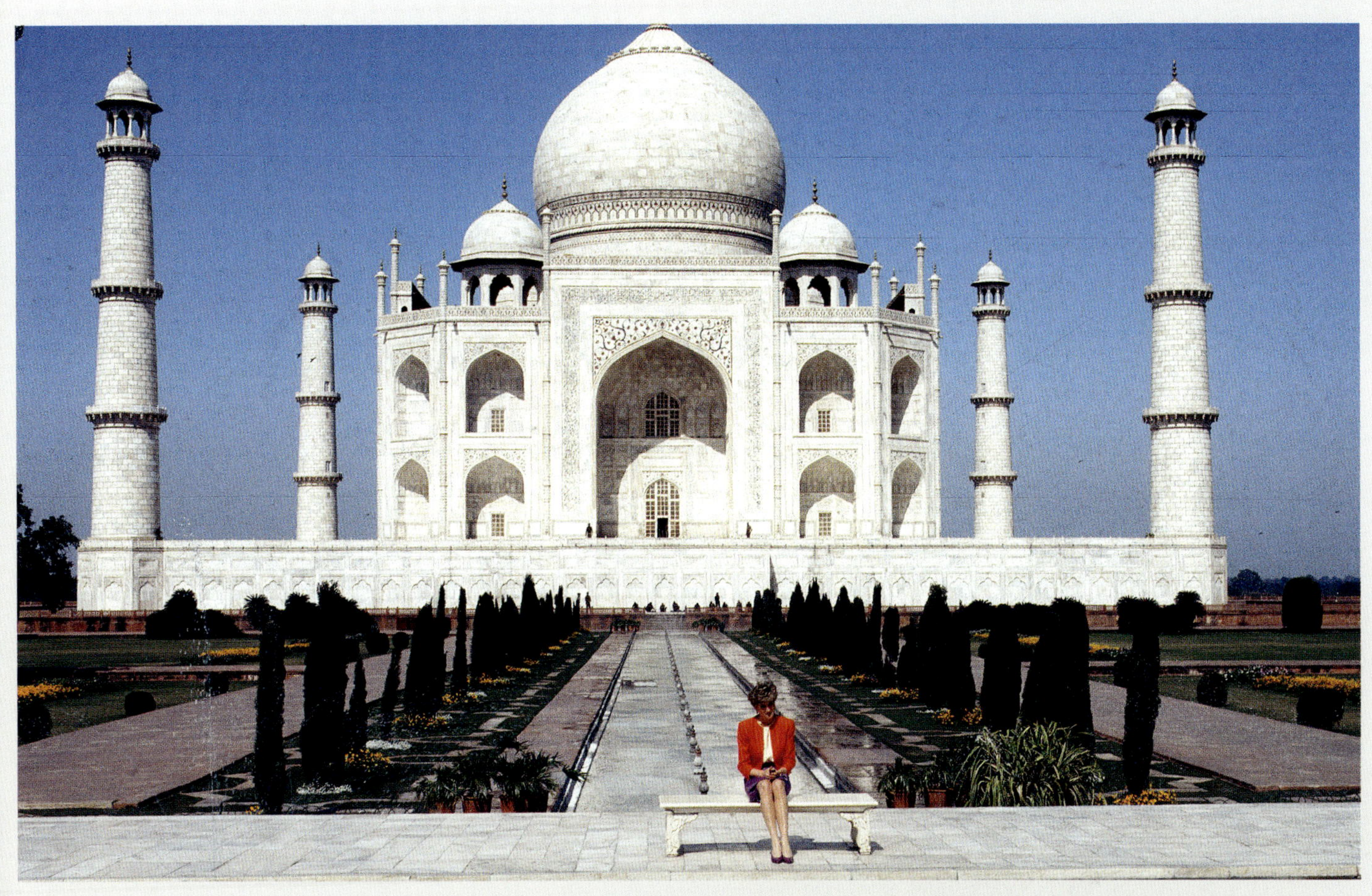

OBEN. Anwar Hussein–***Prinzessin Diana vor dem Taj Mahal*** **(1992)**
Anwar Hussein (geb. 1938) ist einer der wenigen Fotografen, die von der britischen Königsfamilie offiziell zugelassen wurden, und hat deren Leben jahrzehntelang dokumentiert. Prinz Charles, Königin Elizabeth II., Prinzessin Anne und die Königinmutter – alle verwendeten seine Bilder auf ihren offiziellen Weihnachtskarten. Er berichtete über das Leben von Diana, Prinzessin von Wales, von ihrer Zeit als achtzehnjährige Kindergärtnerin bis zu ihrer Beerdigung. Er machte 1992 eines seiner ergreifendsten Bilder von ihr allein vor dem Taj Mahal, das die folgende Trennung des Kronprinzenpaares nur vier Monate später bereits ahnen lässt. Die Bank, auf der sie saß, nennt man dort jetzt „Lady Di's Chair".

Andy Warhol (1928–1987)

Berühmt für seinen Witz von 1968: „In Zukunft wird jeder für 15 Minuten weltberühmt sein", sagte Warhol die Explosion selbst gemachter Möchtegern-Stars im späten 20. und frühen 21. Jahrhundert voraus. Er verwendete Fotos als Inspiration für einige seiner berühmtesten Gemälde wie *Double Elvis* (1963), war aber auch selbst ein produktiver Fotograf: „Ein Bild bedeutet, dass ich jede Minute weiß, wo ich war. Deshalb fotografiere ich. Das ist mein visuelles Tagebuch." Er benutzte Polaroids, Fotokabinen und eine Kleinbildkamera, um sein tägliches Leben festzuhalten, wenn auch gespickt mit Bildern von Berühmtheiten wie Mick Jagger, Alfred Hitchcock, Jack Nicholson, Yves Saint Laurent und Debbie Harry.

1993–1995

In diesen Jahren wird ein Anschlag auf das World Trade Center in New York verübt, der israelische Premierminister Jitzchak Rabin ermordet und der Krieg auf dem Balkan mit dem Abkommen von Dayton beendet. Die Welt schaut zu, wie im ostafrikanischen Ruanda Chaos ausbricht und Tausende in einem blutigen Bürgerkrieg ermordet werden, der schließlich zum Völkermord erklärt wird. Auch in der Kunstwelt ist der Tod nach wie vor Thema. 1993 wird die umstrittene Fotoausstellung von Andres Serrano in der Paula Cooper Gallery in SoHo, New York, eröffnet. Unter dem Titel *The Morgue* zeigen seine Cibachrome-Bilder den Tod in sehr großen, gekonnten Bildern nicht identifizierbarer Leichen in verschiedenen Stadien der Verwesung. Auf fototechnischem Gebiet sind Neuerungen zu verzeichnen, darunter die Produktion der ersten Objektive mit Bildstabilisatoren durch Nikon zur Reduzierung von Verwacklungsunschärfen. SY

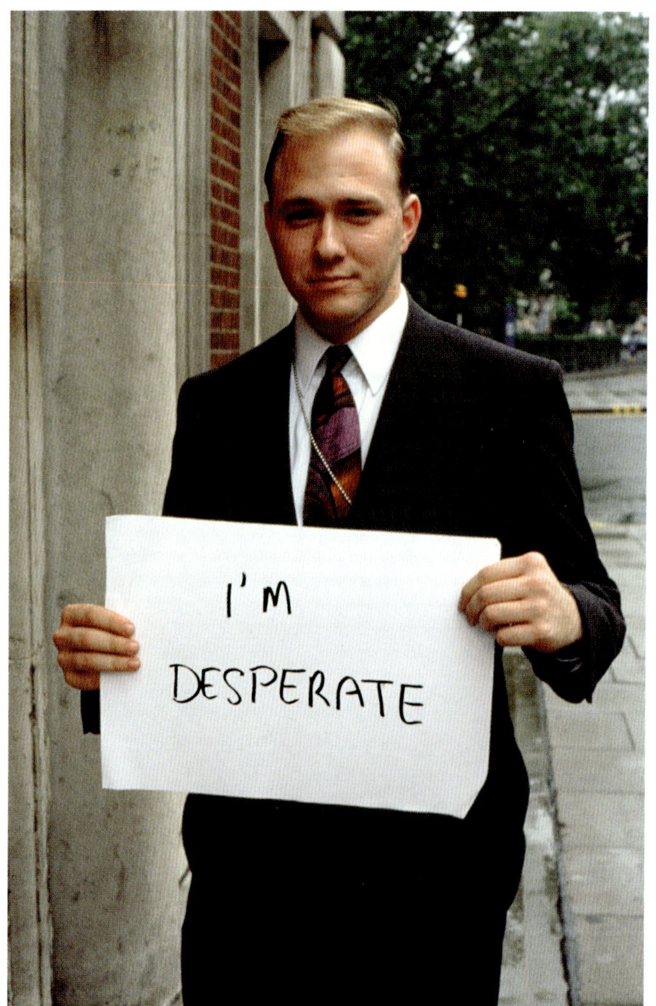

Gillian Wearing–*ICH BIN VERZWEIFELT*
Diese Arbeit entstammt Gillian Wearings (geb. 1963) Serie *Schilder, die sagen, was du mit ihnen sagen willst und nicht Schilder, die sagen, was jemand anderes will, dass du mit ihnen sagst*. Für dieses Projekt, das 1997 mit dem Turner-Preis ausgezeichnet wurde, sprach die britische Konzeptkünstlerin Fremde in den Straßen Londons an und bat sie, ihre Gefühle auf ein Blatt Papier zu schreiben. Die Ergebnisse sind oft überraschend, so diese Momentaufnahme des Mannes, der mit dunklem Anzug und gepflegter Krawatte wohlhabend und selbstbewusst wirkt. Sein Schild verrät etwas anderes. Wearing machte insgesamt 600 Porträts, die die Komplexität ihrer Arbeit und die Ironie im Auftreten der Londoner jener Zeit zeigen.

Mit dem Maastricht-Vertrag wird die EU formell gegründet.

1993

Joan Fontcuberta – *Alrakis (MAG 5,7/5,7)*

Der spanische Fotograf Joan Fontcuberta (geb. 1955) hinterfragt mit seinem Werk den Begriff der Wahrheit. Seine Skepsis kommt in diesem Bild aus der Serie *Sternbilder* vielleicht am besten zum Ausdruck, in der er ein leistungsstarkes Teleskop zu verwenden scheint, um etwas zu zeigen, das wie der Nachthimmel aussieht. Tatsächlich handelt es sich bei den „Sternen" um Schmutzspritzer und Insekten, die während einer Autofahrt auf einem an die Frontscheibe geklebten Stück Fotopapier gelandet waren, von dem er dann Kontaktabzüge erstellte. Sein Projekt hinterfragt, wie wahrhaftig und exakt die Fotografie die Welt um uns zu beschreiben vermag.

Kevin Carter – *Der Geier und das Mädchen*

Dieses berühmte Foto wurde von Kevin Carter (1960–1994) 1993 im Sudan aufgenommen. Als er im Begriff war, ein Bild von diesem verhungernden Mädchen zu machen, das ein nahes UN-Versorgungszentrum zu erreichen suchte, landete ein Geier in der Nähe. Carter berichtete, dass er den Vogel später verjagte und beobachten konnte, wie das Mädchen seinen Weg wieder aufnahm. Die Veröffentlichung seines Bildes in der *New York Times* führte zu einem öffentlichen Aufruhr. Hunderte Leser riefen an, um das Bild und Carters Ethik infrage zu stellen, der zugab, dass er das Versorgungszentrum absichtlich nicht gezeigt hatte, um eine stärkere Wirkung zu erzielen. Trotz der Kontroverse wurde Carter mit dem Pulitzer-Preis ausgezeichnet, was auch dazu führte, dass die Notlage im Sudan einer breiten Öffentlichkeit bewusst wurde.

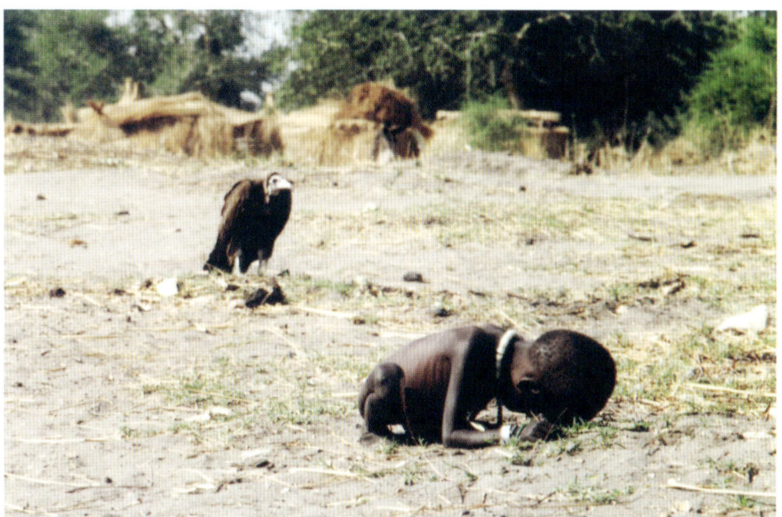

Ein Erdbeben der Stärke 7,3 bei Kobe (Japan) fordert 6433 Menschenleben.

Kodak und Apple bringen die ersten Digitalkameras heraus.

O. J. Simpson wird für unschuldig befunden am Mord von Ex-Frau Nicole Brown Simpson und ihrem Freund Ronald Goldman.

Bosnische Serben besetzen die Enklave Srebrenica und begehen mit dem Massaker an 8000 bosnischen Muslimen die schlimmste ethnische Säuberung seit dem Zweiten Weltkrieg.

1995

PORTRÄT

Das fotografische Porträt bietet die Möglichkeit, den Betrachter direkt mit dem Wesen der dargestellten Person zu verbinden; die Kamera gibt Einblick in Charakter und Persönlichkeit der Abgebildeten.

Gesicht und Körper des Menschen üben seit jeher eine Faszination auf Fotografen und Künstler aus, die Augen gelten gar als „Fenster zur Seele". Über den philosophischen Reiz hinaus werden Porträts auch in fast jeder Publikation verwendet, täglich, überall auf der Welt. Wir sind unendlich fasziniert vom Aussehen der Menschen und hoffen, von ihren Gesichtern auf ihren Charakter schließen zu können, sie dadurch besser kennenzulernen. Porträtiert werden Promis wie Arbeitslose, Reiche wie Arme, Berühmte wie Unbekannte. Manche Fotografen wie Steve Pyke, der mit Rolleiflex und Nahaufsatz vor schwarzem Hintergrund fotografiert, konzentrieren sich einzig auf das Gesicht des Porträtierten, um Einblicke zu gewinnen, während andere, wie Arnold Newman und Annie Leibovitz, Bildkomposition und Inszenierungen nutzen, um mittels der Umgebung einen Aspekt des Porträtierten aufzuzeigen. Newmans berühmtes Bild von Igor Strawinsky an seinem Klavier ist ein Beispiel für die strukturierte Herangehensweise. Er erinnert sich an dieses „symbolische Porträt. Ich habe das Bild nach meiner Vorstellung von Strawinsky entworfen, die Härte, die Schönheit… Spiegel und Ausdruck der Kraft und Schönheit seiner Musik."

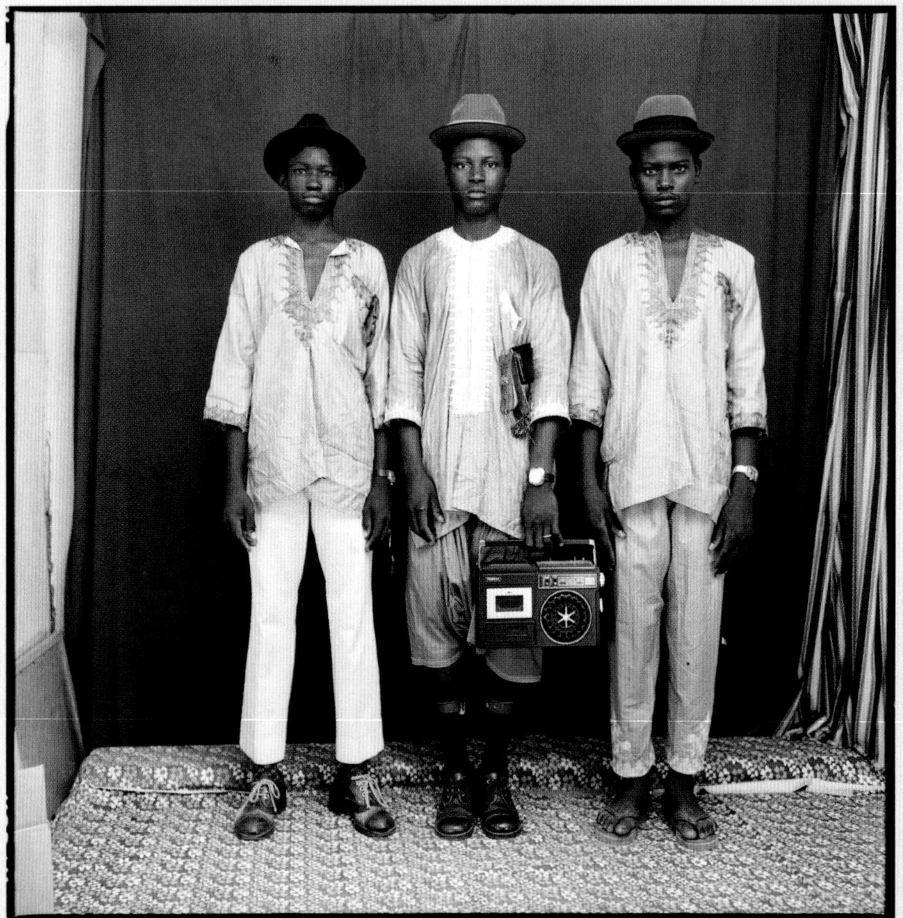

LINKS. Malick Sidibé–*Junge Fulbe-Hirten* (1972)
Malick Sidibé (1936–2016) war einer der bedeutendsten afrikanischen Fotografen. Er eröffnete 1962 sein berühmtes Fotostudio in Bamako, Mali, das zu einem Mekka für Einheimische wurde, die sich dort mit Besitztümern und in modischer Kleidung porträtieren ließen. Diese drei Hirten der nomadischen Ethnie der Fulbe oder Peul zeigen stolz ihr Radio, Symbol der Moderne und der Popmusik, und tragen modische Homburghüte statt der traditionellen aus Stroh. Sidibés Studio war voller Stadtleben und Energie. „Ich wollte der Fotograf des Glücks sein", sagte er später. 2007 wurde er auf der Biennale von Venedig mit dem Goldenen Löwen für sein Lebenswerk geehrt – damit war er sowohl der erste afrikanische Künstler als auch der erste Fotograf, der diesen Preis erhielt.

Harry Callahan (1912–1999)

Über 15 Jahre hinweg schuf Harry Callahan ein außergewöhnliches Porträt seiner Frau Eleanor. Er benutzte fast jedes erdenkliche Kameraformat und fotografierte sie unablässig in den unterschiedlichsten Umgebungen, Stilarten und Situationen; die einzige Konstante war ihr Gesicht. Callahans Agent Stephen White sagte, sie sei seine Muse; er sehe sie als eine Art „zusätzliche Blende. Form und Struktur wurden durch sie klarer, in der Natur und in der Welt. Sie war in seinen Bildern präsent, auch wenn sie nicht auf ihnen zu sehen war." Eleanor erinnerte sich, dass das Bildermachen in ihrer beider Leben zentral war. „Er fotografierte mich, während ich schlief. Oder schlich sich einfach heran. Ich habe nie protestiert. Die Fotografie gehörte ebenso zu unserem Leben wie das morgendliche Aufstehen."

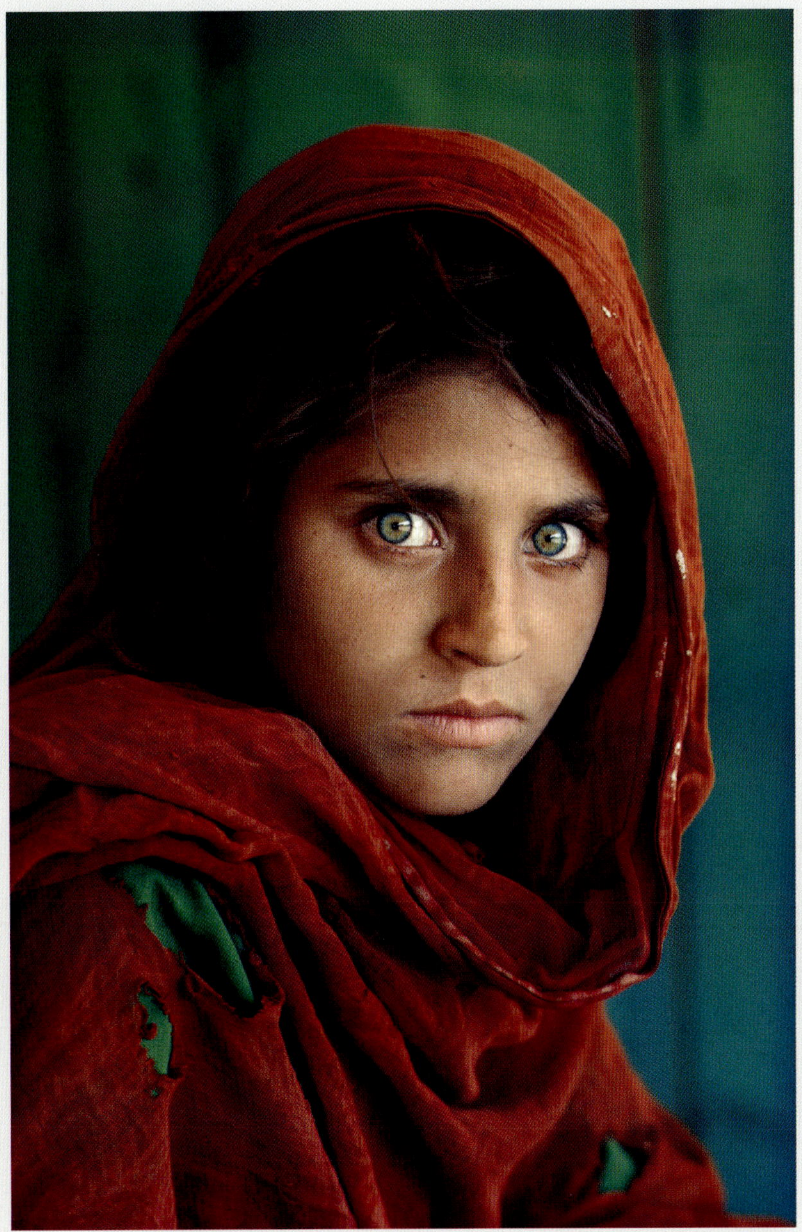

OBEN. Steve McCurry–*Afghanisches Mädchen* (1985)
Als er dieses eindrucksvolle Bild des afghanischen Mädchens Sharbat Gula in einem Flüchtlingslager aufnahm, konnte Magnum-Fotograf Steve McCurry (geb. 1950) nicht ahnen, wie berühmt das Porträt werden würde. Es erschien im Juni 1985 auf der Titelseite der Zeitschrift *National Geographic* und schürte sofort die weltweite Besorgnis über die Opfer des anhaltenden Krieges in Afghanistan. Doch obwohl Gula zu einem Symbol für die Notlage der Flüchtlinge weltweit wurde, wusste man wenig darüber, wer sie war, bis McCurry sie 2002 wieder aufspürte. Das Bild wirft wichtige ethische Fragen darüber auf, wie ein Einzelner zu einem Symbol für eine größere Sache werden kann, ohne ein Mitspracherecht zu haben.

1996–1998

Großbritannien gibt Hongkong an China zurück; Carlos, der Schakal, wird gefasst und von einem französischen Gericht zu lebenslanger Haft verurteilt; die von Prinz Charles geschiedene Prinzessin Diana kommt mit ihrem Lebensgefährten Dodi Fayed bei einem Autounfall in Paris ums Leben. Wichtige Bücher zur Fotografiegeschichte werden veröffentlicht, darunter Mary Panzers *Mathew Brady and the Image of History*, Philip Brookmans *Gordon Parks, Half Past Autumn: A Retrospective* und Bonnie Yochelsons *Berenice Abbott: Changing New York*. In Lateinamerika stellt der Argentinier Marcelo Brodsky sein bisher berühmtestes Werk aus, *Buena Memoria, 1967*, ein vergößertes Klassenfoto aus der achten Klasse, auf dem er handschriftlich vermerkt hatte, wer von seinen Klassenkameraden die brutale Militärdiktatur überlebt hatte, unter der sein Land von 1976 bis 1983 litt, und wer zusammen mit fast 30.000 anderen in jener Zeit „verschwunden" war. SY

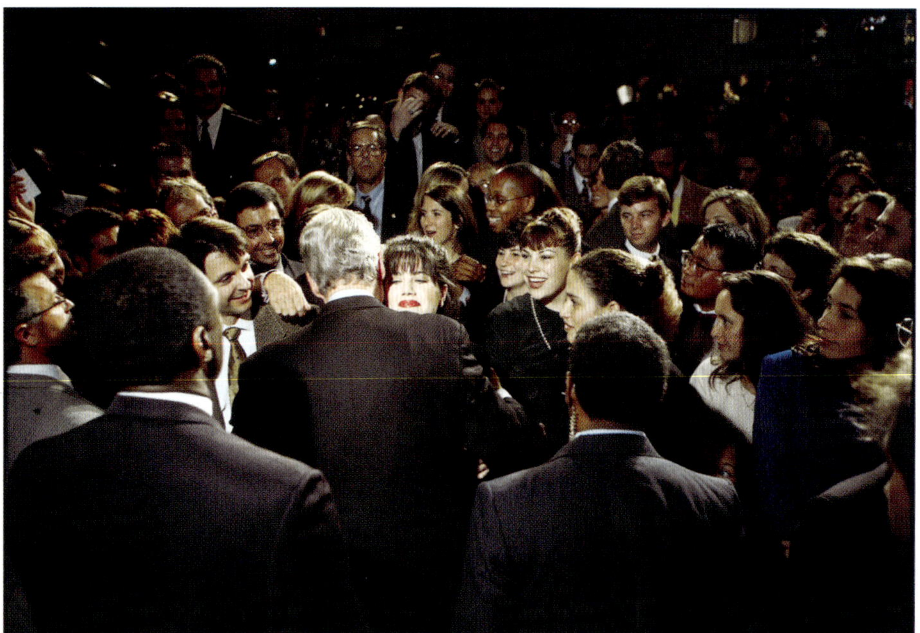

Dirck Halstead – *Bill Clinton umarmt Monica Lewinsky*
Als Fotograf im Weißen Haus für *Time* Magazine hielt Dirck Halstead (geb. 1936) nichts von dem Bild, das er 1996 vom US-Präsidenten machte, als der seine junge Praktikantin bei einer Spendenaktion umarmte. Doch zwei Jahre später erlangte das Foto große Bedeutung, als Clinton öffentlich zugab, sexuelle Beziehungen zu Monica Lewinsky zu haben. *Time* titelte mit diesem Bild auf der Ausgabe vom 10. August 1998; Halstead sagte, es habe nur überlebt, weil er analog fotografiert und den Film aufbewahrt hatte. Hätte er eine Digitalkamera benutzt, hätte er das Foto vermutlich gelöscht, wie viele andere Fotografen, die damals ähnliche Bilder aufnahmen.

Die erste Digitalkamera mit LCD-Anzeige kommt heraus.

In der Schlacht von Grosny erobern tschetschenische Rebellen mit einem Überraschungsangriff die Hauptstadt von den russischen Truppen zurück.

In Lima nimmt die Gruppe MRTA (Movimiento Revolucionario Túpac Amaru) in der japanischen Botschaft Hunderte Menschen als Geiseln.

1996

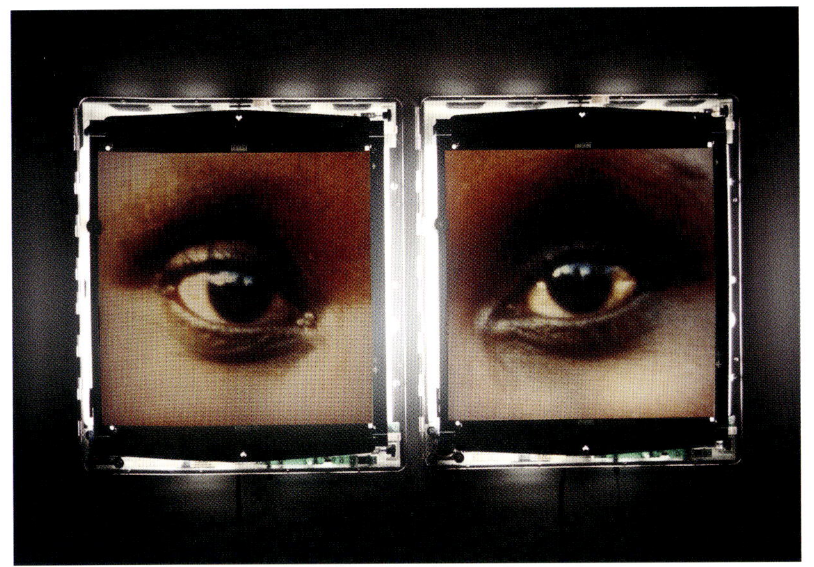

Boris Mikhailov – *Fallstudien*

Boris Mikhailov (geb. 1938) dokumentiert in seiner Heimatstadt Charkiw, Ukraine, die Härten des Alltags im Kommunismus und danach. Auf diesem Foto aus der Serie *Fallstudien* zeigt er die Verzweiflung der Obdachlosen nach dem Zusammenbruch der Sowjetunion. Ein Mann, der durch den Schnee getragen wird, starrt direkt in die Kamera; seine Haltung erinnert an Christus-Gemälde. Doch er ist ein Zeitgenosse, der für die Sünden einer Gesellschaft bezahlen muss, die er nicht geschaffen hat.

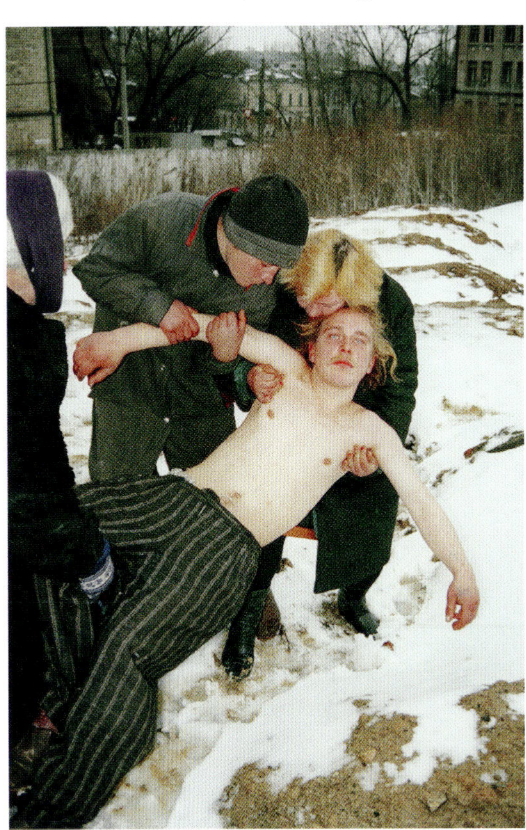

Alfredo Jaar – *Die Augen von Gutete Emerita*

1994 wurden mehr als eine Million Ruander bei einem Völkermord getötet; der chilenische Fotojournalist Alfredo Jaar (geb. 1956) war Zeuge vieler Gräueltaten. Er machte Tausende von Fotos, um die Schrecken zu dokumentieren, doch als er nach Hause zurückkehrte, hatte er das Gefühl, dass keines der Bilder wirklich das vermittelte, was er dort gesehen hatte. Er entschied sich für eine andere, individuellere und persönlichere Herangehensweise. Anstatt eine Bilderserie zu zeigen, schuf er eine Installation mit dem Titel *Das Ruanda-Projekt*. Dieses per Leuchtkasten visualisierte Bild zeigt nur die Augen einer Frau, die Zeugin der Hinrichtung ihrer Familie geworden war; ihre eigenen Worte dazu waren Begleittext des Bildes.

Mars Pathfinder landet auf der Marsoberfläche.

Etliche EU-Staaten beschließen eine gemeinsame Währung: den Euro.

1997

1998

1999–2000

Bei einer Razzia in Miami 2000 macht Alan Diaz ein mit dem Pulitzer-Preis ausgezeichnetes Foto von bewaffneten US-Bundesbeamten vor dem 6-jährigen Elián González und einem Mann, der den Jungen aus dem Meer rettete. Nach internationalem Recht muss Elián nach Kuba zurück. Fotografische Arbeitsweisen ändern sich grundlegend, als die Kyocera Corporation 1999 das Videotelefon VP-210 einführt – das erste Mobiltelefon mit eingebauter Kamera. Ein Jahr später bringt Sharp das J-SH04 und Samsung das SCH-V200 auf den Markt. Ab den 2000er Jahren werden eine Reihe von Hollywood-Filmen über Kriegsfotografen produziert, darunter *Harrison's Flowers*, ein Film über eine Reporterin, die mitten im tobenden Krieg ins ehemalige Jugoslawien reist, um ihren traumatisierten Mann, einen Fotojournalisten, zu finden. SY

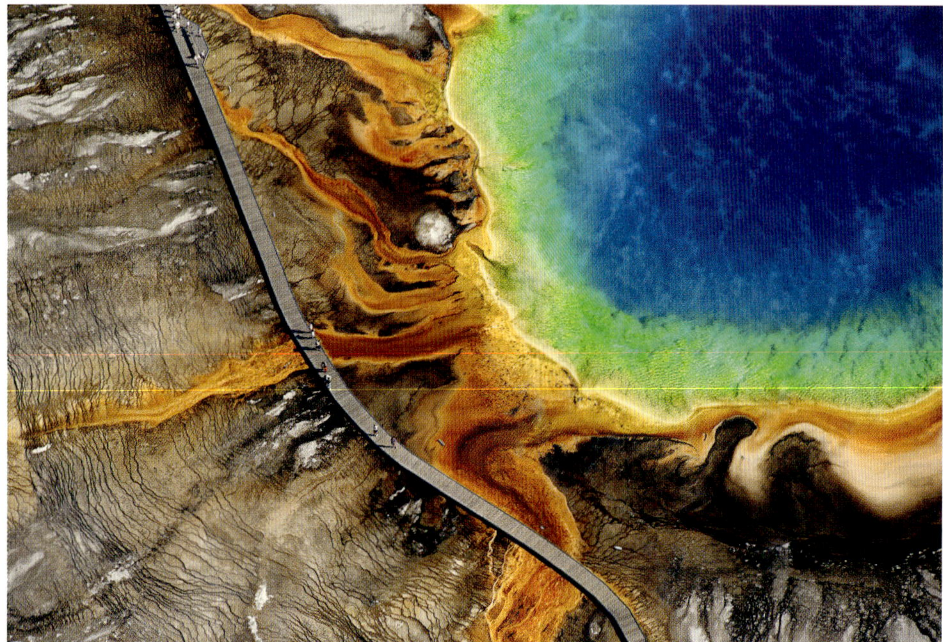

Yann Arthus-Bertrand–*Grand Prismatic Spring, Yellowstone National Park, Wyoming, USA*

Yann Arthus-Bertrand (geb. 1946) begann sich für Luftbildfotografie zu interessieren, als er von einem Heißluftballon aus Löwen fotografierte. Heute sind seine faszinierenden Luftbilder in *National Geographic*, *Paris-Match* und vielen anderen Publikationen zu sehen. Anlässlich des Umweltgipfels von Rio de Janeiro im Jahr 1992 begann er ein Projekt über den Zustand des Planeten. Diese eindrucksvolle Aufnahme des Yellowstone-Nationalparks – des ältesten Nationalparks der Welt – stammt aus seinem 1999 erschienenen Buch *Die Erde von oben*. Die Regenbogenfarben in diesem Thermalbecken werden von mikroskopisch kleinen Algen erzeugt, es ist die weltweit drittgrößte Formation dieser Art.

Ein Beben der Stärke 7,6 fordert 18.000 Menschenleben in der Türkei; 600.000 werden obdachlos.

Der Däne Claus Bjørn Larsen macht ein Foto eines verwundeten Kosovo-Albaners in einer Gruppe von Flüchtlingen aus dem Kosovo, das zum Weltpressefoto des Jahres 2000 gekürt wird.

1999

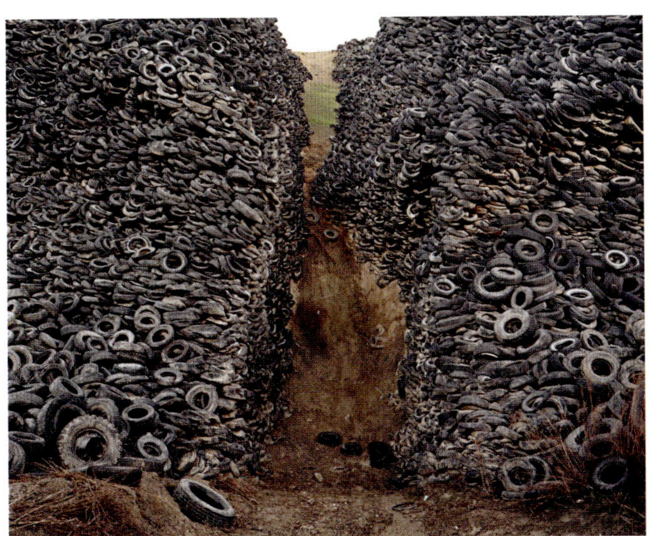

Edward Burtynsky–*Oxforder Reifenhaufen #8*
Im Rahmen eines größeren Projekts über die Auswirkungen der Ölindustrie auf Landschaften suchte der kanadische Fotograf Edward Burtynsky (geb. 1955) nach Möglichkeiten, die Überschwemmung der Welt mit Ölprodukten kreativ darzustellen. Mit diesem unheilvoll aussehenden Friedhof von Reifen verweist er auf globale Probleme im Zusammenhang mit der Nutzung und der Verwertung von Erdöl. Das dokumentarische Bild der alten, schmutzigen Gummireifen bildet einen spannungsvollen Kontrast zur natürlichen Umgebung und betont die negativen Auswirkungen des industriellen Fortschritts auf die Natur.

Cornelia Parker–*Einsteins Abstract*
Cornelia Parker (geb. 1956) ist bekannt für Installationen wie *Cold Dark Matter: An Exploded View* (1991), für die sie die britische Armee einen Schuppen in die Luft sprengen ließ und dann die Holztrümmer raumfüllend aufhing, als wäre die Zeit bei der Sprengung stehengeblieben. Dieses Bild stammt aus der Serie *Abstracts*, für die sie Makroaufnahmen von Objekten großer Denker wie Einstein und Charlotte Brontë machte. Es zeigt eine Kreidetafel, auf der Einstein 1931 an der Universität Oxford seine Relativitätstheorie demonstrierte. Die Kreidepartikel verweisen auf das Sonnensystem und die Art und Weise, wie Wissenschaft unsere Wahrnehmung der Realität hinterfragt.

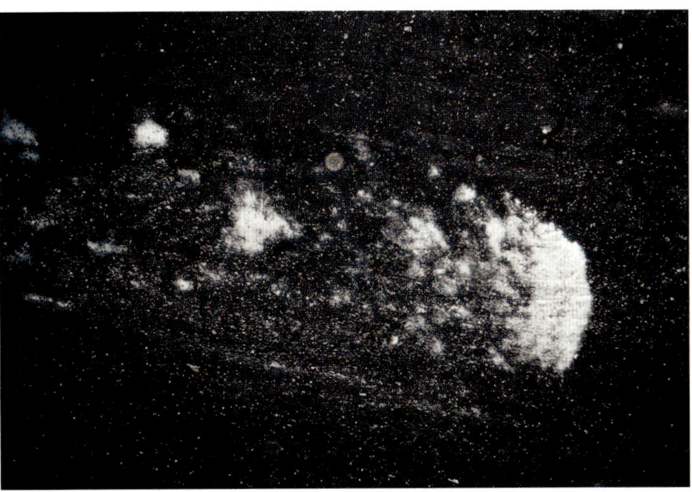

Die Kontrolle über den Panamakanal wird nach 75 Jahren von der USA an Panama übergeben.

Leni Riefenstahl eröffnet in Berlin eine internationale Wanderausstellung mit Bildern der Olympischen Sommerspiele 1936.

Die Wende zum Jahr 2000 vergeht ohne die vorhergesagten flächendeckenden Computerausfälle und Technikstörungen.

2000

6

2000 BIS HEUTE

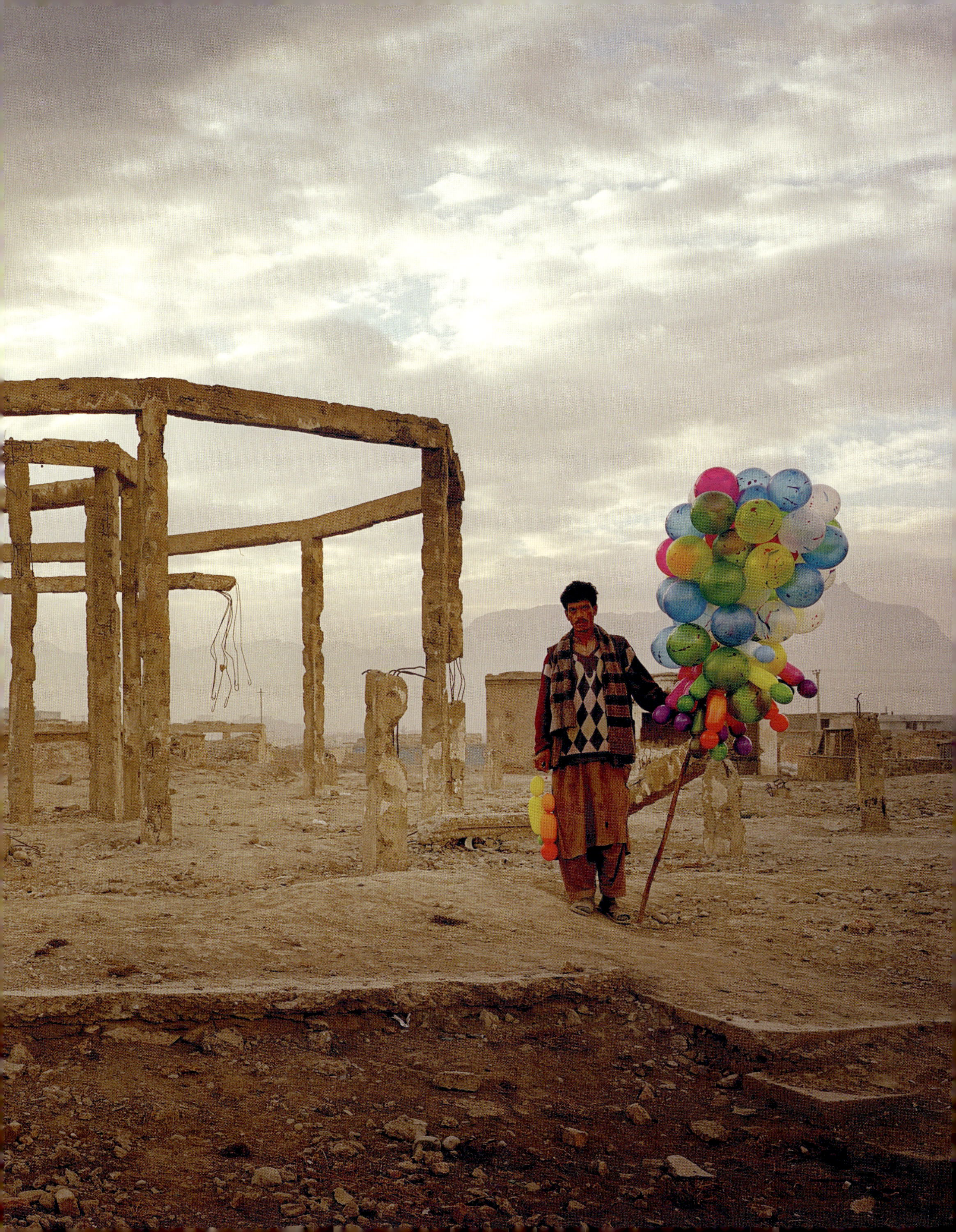

Der Anbruch des neuen Jahrtausends war ein Anlass zu Feiern und Optimismus; die Technik hatte ein Gefühl der globalen Einheit und der Zusammengehörigkeit geschaffen. Die apokalyptischen Vorhersagen, dass das „Jahr-2000-Problem" einen globalen Technikkollaps verursachen würde, erwiesen sich als unbegründet, anstelle einer neuen Krise eröffnete die fortschreitende Digitalisierung neue Möglichkeiten, wie sich im Folgejahrzehnt erwies. Dieser technische Optimismus wurde jedoch durch den ersten globalen Krieg des neuen Jahrtausends gedämpft, der sich von früheren sehr unterschied und wiederum eine neue Art von Bildern hervorbrachte.

Die digitale Revolution des neuen Jahrtausends veränderte die Art und Weise, wie Menschen viele Dinge tun, nicht zuletzt auch ihre Art zu fotografieren. Mit dem Aufkommen von immer preiswerteren und einfacher nutzbaren Digitalkameras war die analoge Fotografie eindeutig auf dem Rückzug, zumindest für Verbraucher. Dies galt in China ebenso wie überall sonst, wo die wohlhabende Mittelschicht, die sich seit den 1970ern herausgebildet hatte, die Fotografie nutzte, um das Leben und den neuen Wohlstand zu dokumentieren. Als man dort von analog zu digital wechselte, wurden riesige Mengen von Negativen weggeworfen. Diese landeten in den städtischen Müllhalden, wo sie wegen des darin enthaltenen Silbers oft wieder eingeschmolzen wurden.

Der französische Fotograf Thomas Sauvin sah darin den Verlust eines riesigen kommunalen Archivs und begann, ausrangierte Filme von der Müllhalde Pekings zu sammeln. Er kaufte über eine Million Negative von den Recyclingfirmen auf und bewahrte sie vor der Vernichtung. Sauvin, der hier eher als Kurator denn als Fotograf tätig war, schuf aus diesem Konvolut thematische Sets und Sammlungen unter dem übergreifenden Projekttitel *Beijing Silvermine*. Die versammelten Bilder bieten einzigartige Einblicke in jene Ära in der Geschichte Chinas, in der die wirtschaftliche Liberalisierung ihren Höhepunkt erreicht hatte. Sie zeigen aber auch die Schnittmenge zwischen China und dem Westen, als

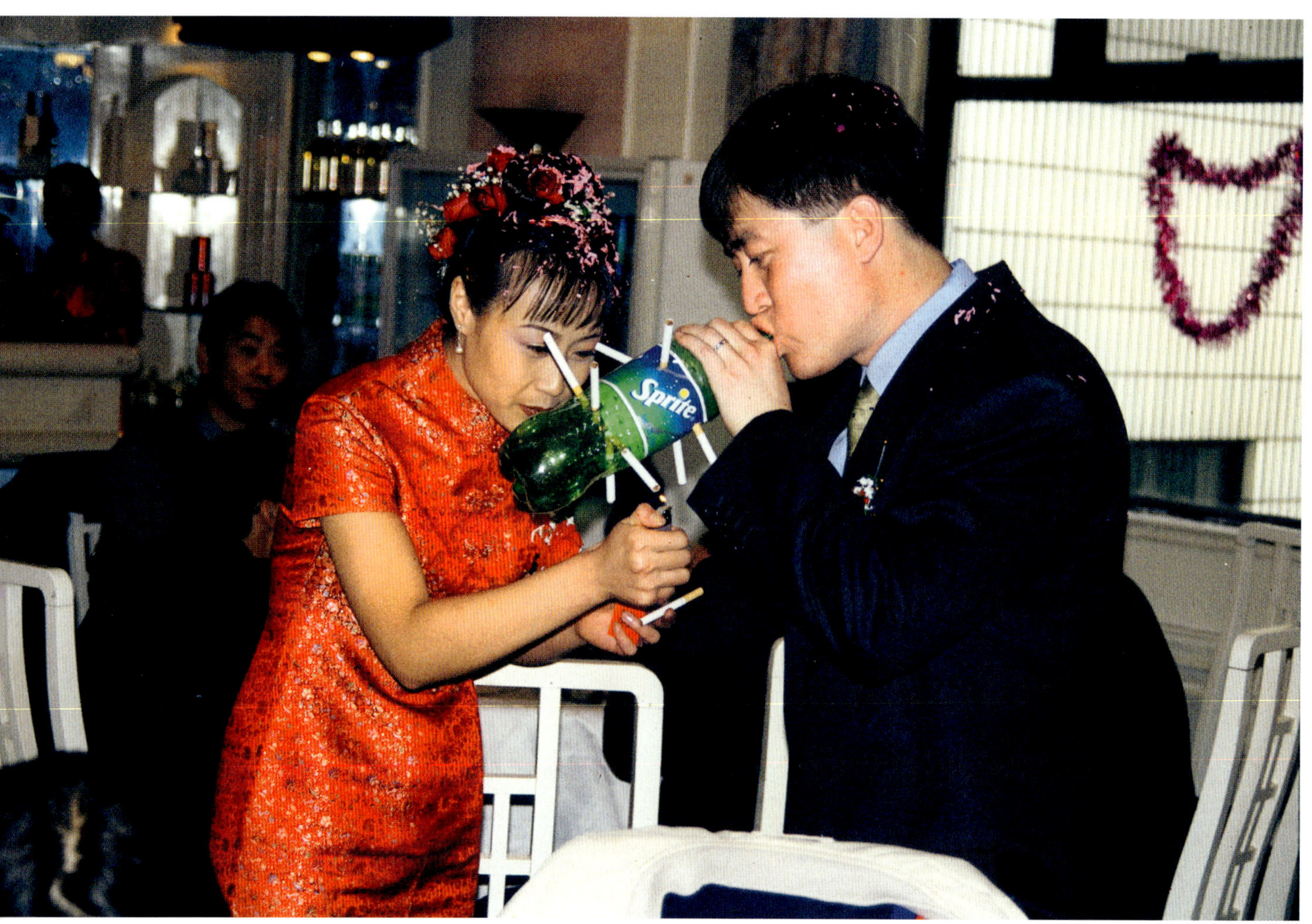

sich China zu öffnen begann und westliche Trends, Moden und Marken das Land zunehmend eroberten.

Die technischen Fortschritte führten auch zu einer neuen Vernetzung in der Fotografie, was wiederum ein größeres Bewusstsein für verschiedene Kulturen und Arbeitsweisen zur Folge hatte. Vor allem die chinesische Kunst und Kultur wurde auf diese Weise in Europa und Nordamerika verbreitet, wodurch chinesischen Fotografen auch im Westen Anerkennung, Ausstellungen und Publikationen zuteil wurden. Die Vernetzung sorgte für die Verbreitung neuer Technologien und Darstellungsformen und förderte das Aufkommen einer neuen Generation chinesischer Künstler und Fotografen, die kreativ, ehrgeizig und international orientiert waren und die bis dato auferlegten Einschränkungen nicht kommentarlos hinnehmen wollten.

Wie viele dieser Fotografen setzt sich Wang Qingsong (geb. 1966) in seinem Werk mit den Folgen des Wandels in China in den letzten Jahren auseinander. Er wurde im selben Jahr geboren, in dem die Kulturrevolution begann, seine Arbeiten spiegeln den Zustand des Landes im Verlaufe der wirtschaftlichen Liberalisierung wider. Dafür konstruiert Wang komplexe Tableaus, die von mehreren Akteuren bevölkert sind. Einige Arbeiten sind ein humorvoller Verweis auf die Perversität der Veränderungen in China und den Kontrast zwischen alten Traditionen und neuen Moden. Andere spielen auf diejenigen an, die zurückblieben oder nicht vom neuen Wohlstand des Landes profitierten, und zeigen, dass es bei allen Vorteilen dieser Entwicklung auch Opfer gab.

Die Verbreitung der Digitaltechnik und das Potenzial der Fotografie, Menschen über große Entfernungen hinweg zusammenzubringen, hatten im neuen Jahrtausend aber auch ihre Schattenseiten. Die Anschläge vom 11. September durch die Terrorgruppe al-Qaida markierten den Beginn eines globalen Konflikts, der oft als „Antiterrorkrieg" bezeichnet wird. Bilder von den Anschlägen, insbesondere von jenen auf die Zwillingstürme des New Yorker World Trade Center, gingen um die Welt und vermittelten das

VORSEITE. Simon Norfolk – *Ballonverkäufer, Kabul* (2000)

LINKS. Thomas Sauvin – *Chinesische Hochzeit* (2005)

UNTEN. Wang Qingsong – *Folge ihm* (2010)

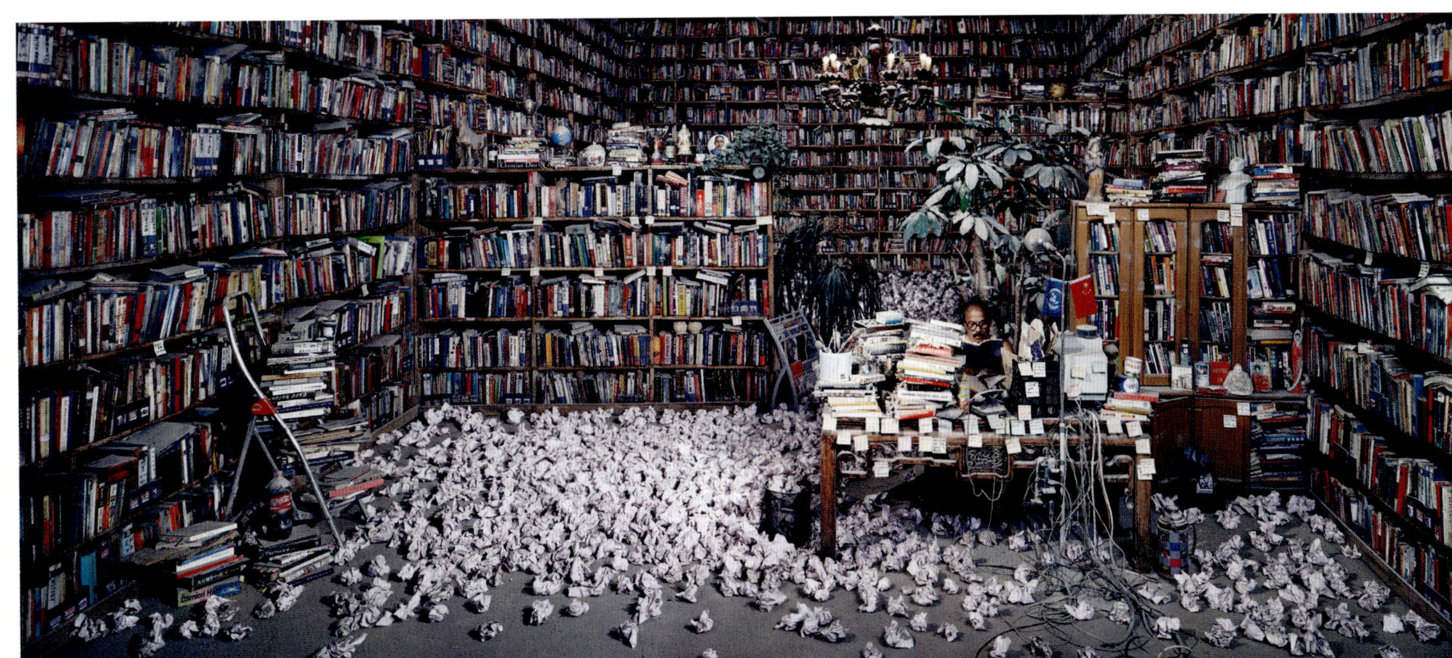

Gefühl eines Angriffs auf die gesamte westliche Welt statt auf ein einzelnes Gebäude oder eine Stadt. Die psychologische Wirkung der Angriffe wurde durch die endlose Wiederholung der Bilder in den folgenden Tagen und Wochen noch verstärkt; die unzähligen, an diesem Tag aufgenommenen Fotos brannten sich in das Gedächtnis all jener, die damals zugegen waren.

Auch der darauffolgende Antiterrorkrieg wurde intensiv fotografiert: erst der Einmarsch in Afghanistan Ende 2001, dann der Einmarsch in den Irak 2003, der ein Pressekorps und Fotografen aus der ganzen Welt anzog. Im Unterschied zu früheren Kriegen entwickelten sich im Zuge des Antiterrorkriegs neue Praktiken wie Restriktionen für Reporter und die Kontrolle der Presse. Trotzdem fotografierten Scharen von Journalisten die Kriege und die anschließende, viel länger währende Instabilität beider Länder. Diese kurzen Perioden konventioneller Kriege in Ländern wie dem Irak waren eine Ausnahme in all den Jahren asymmetrischer Kriegsführung mit unkonventionellen Taktiken. So kam es zum Aufstieg der Drohnen als Kriegswaffe, wiederum eine Technologie, die auf die Übertragung von Bildern über weite Entfernungen angewiesen ist, sodass eine Waffe, die über Afghanistan fliegt, von Menschen in den USA oder Europa kontrolliert werden kann.

Auch verdeckte Operationen gegen al-Qaida und angegliederte Gruppen wurden in großem Umfang eingesetzt. Das Bild des Regierungsfotografen Pete Souza (geb. 1954) vom Kontrollraum des Weißen Hauses zeigt die Hauptprotagonisten des Krieges, die 2011 dem Überfall auf das Gelände von al-Qaida-Führer Osama bin Laden in Abbottabad (Pakistan) zusehen. Bilder und Videos des Vorstoßes wurden nie veröffentlicht, doch Souzas Foto hält die Drahtzieher fest, wobei der Gesichtsausdruck einer jeden Person eine andere Geschichte erzählt, von Präsident Barack Obamas sor-

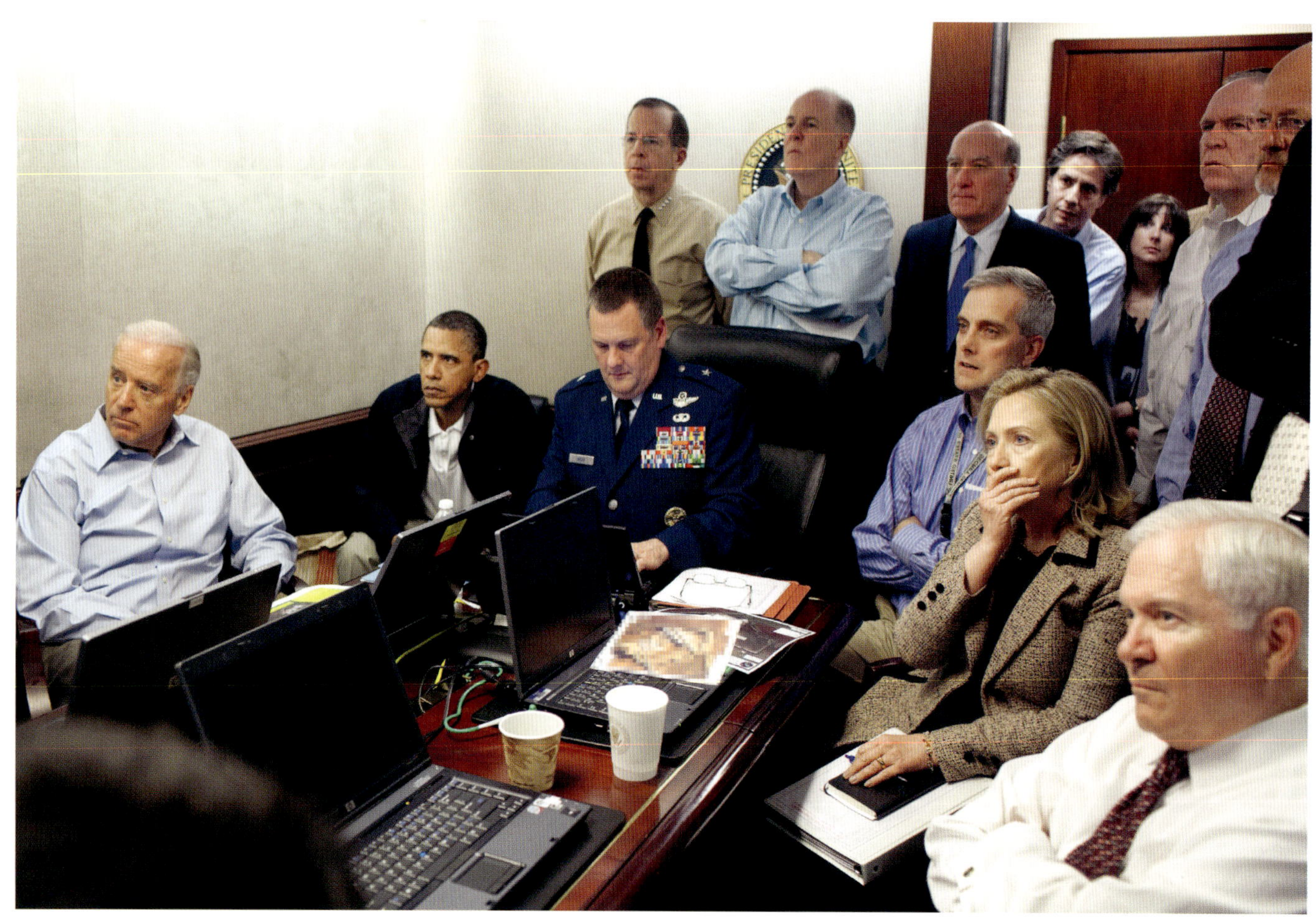

genvollem Blick bis hin zum Hand-vor-dem-Mund-Ausdruck des Schocks von Außenministerin Hillary Clinton. Der anschließende Tod Bin Ladens, der sich fast ein Jahrzehnt lang erfolgreich der Gefangennahme entzogen hatte, wurde als Meilenstein im Antiterrorkrieg angesehen, auch wenn dieser unerbittlich weiterging.

Teilweise als Reaktion auf die neuen Beschränkungen, die der Kriegsberichterstattung auferlegt wurden, und auf den zunehmend abstrakten Charakter vieler wichtiger Themen entstanden in den 2000er Jahren Arbeiten, für die Fotografen und Künstler zunehmend auf Ideen und Praktiken aus anderen Bereichen zurückgriffen. Einer davon ist ein Bereich, der gelegentlich als „konzeptuelle Dokumentation" bezeichnet wird, weil journalistische Themen mit Produktionstechniken und Verbreitungsarten aus der bildenden Kunst kombiniert werden. Marcus DeSienos Projekt *Niemandsland* kombiniert die moderne Technik mit traditionellen fotografischen Techniken des 19. Jahrhunderts, um staatliche Kontrolle und Überwachung individuell zu kommentieren. DeSieno hackte sich in Überwachungskameras ein, die an abgelegenen Orten positioniert waren, und suchte nach Kompositionen, die die natürliche Schönheit der jeweiligen Szenerie einfingen. Dann machte er Screenshots von diesen Standbildern auf seinem Rechner, fotografierte sie mit einer Großformatkamera ab und fertigte von den entstandenen Negativen Salzdrucke an. Er verbindet eine durchdachte, konzeptuelle Ästhetik der bildenden Kunst, die auf die Geschichte des Mediums verweist, mit Fragen zur Rolle des Visuellen in der modernen Gesellschaft und meint, seine Arbeit falle „in einen unbestimmten und umstrittenen Bereich, in dem die Antwort auf die Frage, wie diese Technologie uns geprägt hat, unklar und nebulös bleibt. Wir, als Zivilisation, stehen bereits mittendrin, in diesem Niemandsland."

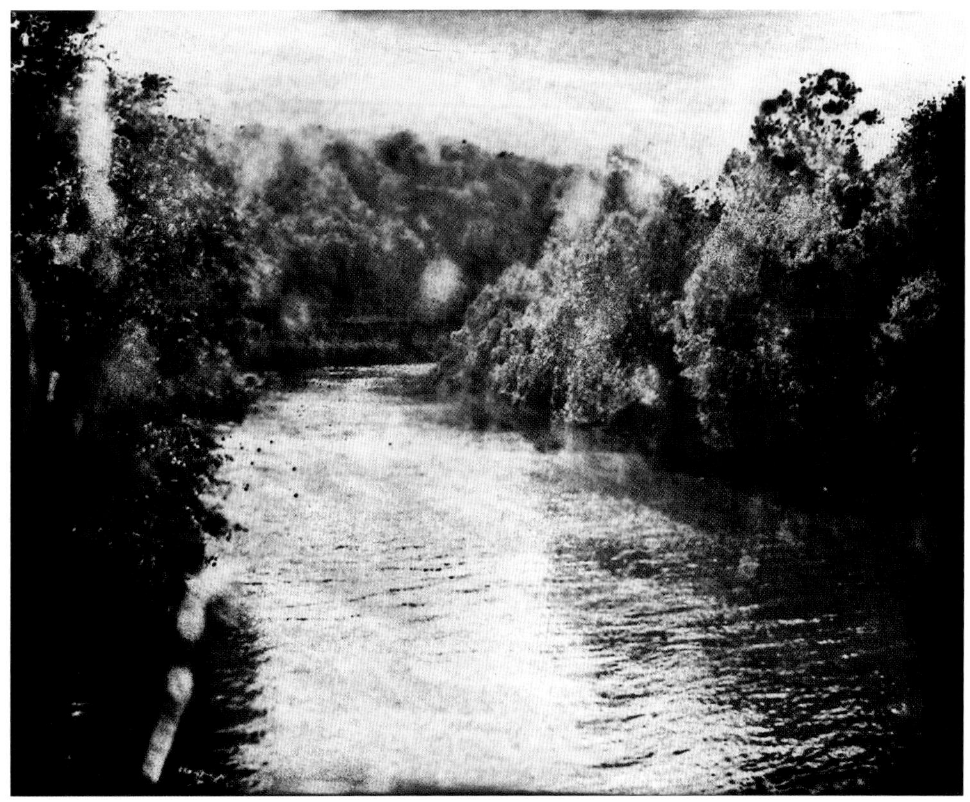

LINKS. Pete Souza – *Kontrollraum* (2011)

RECHTS. Marcus DeSieno – aus *Niemandsland: Ansichten aus einem Überwachungsstaat* (2017)

DIE WELT IN GROSS

Mit der zur Norm werdenden digitalen Bilderfassung löst der Digitaldruck die konventionelle Dunkelkammer ab; Vergrößerungsgeräte werden durch Großformatdrucker ersetzt, die Fotos auf Endlospapierrollen ausgeben können. Neben dem digitalen C-Print, bei dem herkömmliches Fotopapier zum Beispiel in Lambda- oder LightJet-Geräten bedruckt wird, ermöglichte die Erfindung von Tintenstrahl- oder Giclée-Druckern, bei denen Tinte oder Farbstoff aus bis zu zwölf Düsen auf die Oberfläche des Papiers aufgesprüht wird, die Herstellung riesiger Abzüge fotografischer Werke. Dies ging einher mit verbesserten Materialien, auf die die Abzüge aufgezogen werden konnten, wodurch die Fotografie auch in der Größe ihrer Präsentation im Galerieraum mit der Malerei konkurrieren konnte. Mit der zunehmenden Akzeptanz der Fotografie in der Kunstwelt wurden die Grenzen zwischen Künstlern und Fotografen immer unschärfer und weniger relevant. Dies spiegelte sich auch in Preisen wider, die Fotografien bei Auktionen erzielten: Andreas Gurskys *Rhein II* (1999) wurde im November 2011 bei Christie's in New York zum zeitweiligen Rekordpreis von 4,3 Mio. US-Dollar für ein einziges Foto verkauft, und auch Fotografien von Cindy Sherman, Richard Prince und Jeff Wall gingen für mehr als 3 Mio. US-Dollar an neue Besitzer.

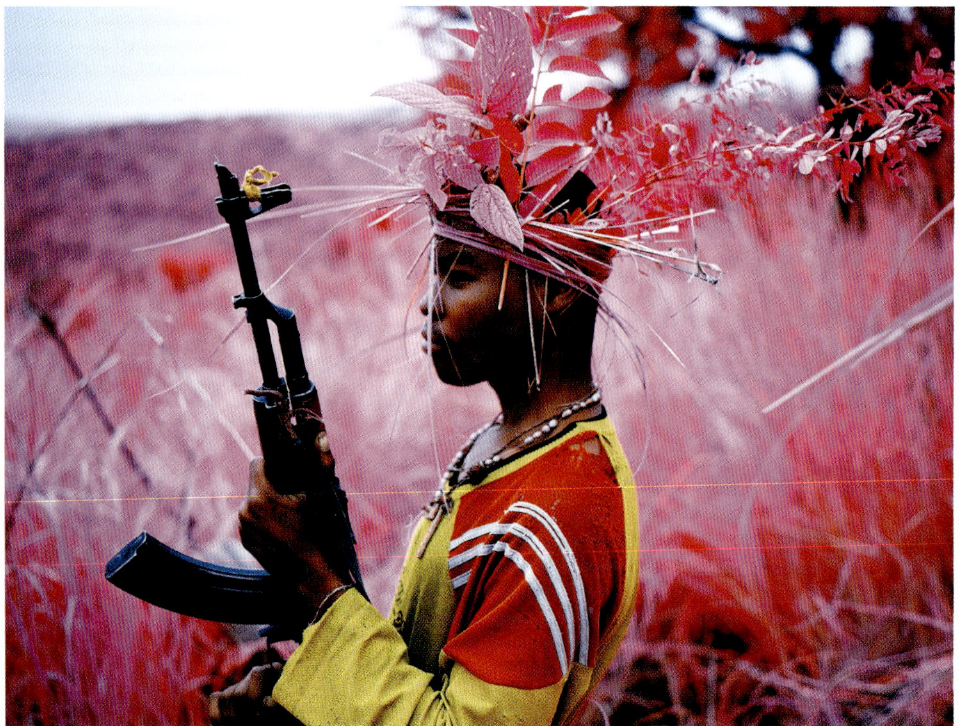

LINKS. Richard Mosse – *Vor Gefahr sicher*, aus *Die Enklave* (2012)
Der irische Fotograf Richard Mosse (geb. 1980) versuchte, neue Einblicke und eine neue Auseinandersetzung mit einem wichtigen, aber unterrepräsentierten Thema zu vermitteln, und verwendete einen alten Infrarotfilm des Militärs, um den Krieg im Osten der Demokratischen Republik Kongo (DRK) zu fotografieren. Der Film zeigt für Menschen unsichtbare Bereiche des Spektrums und sollte ursprünglich feindliche Stellungen in Wäldern aufdecken, wobei er das Grün der afrikanischen Landschaft in lebhafte Rot- und Purpurtöne verwandelte. Mosse präsentierte die Arbeit als eindringliche Multimedia-Installation mit dem Titel *Die Enklave* und versuchte mit Bild, Ton und Videos mit dem Publikum in Kontakt zu treten und die aufkommende Mitleidsmüdigkeit zu überwinden.

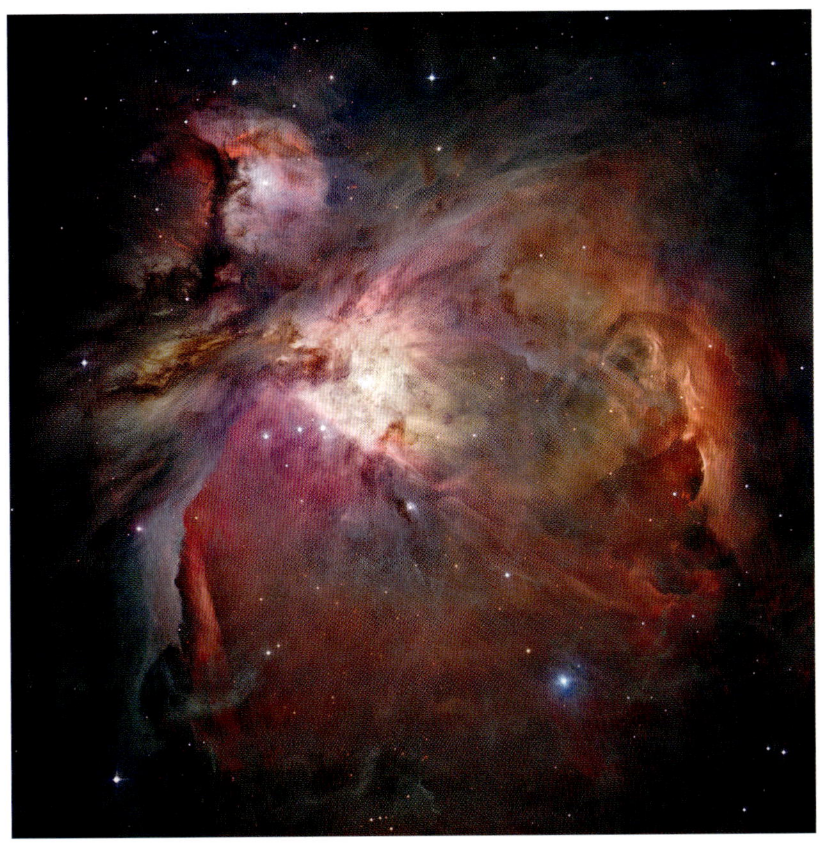

LINKS. NASA–*Der Orionnebel* (2006)
Dieses faszinierende Bild wurde aus 520 Einzelbildern zur bisher schärfsten Aufnahme des mehr als 1500 Lichtjahre entfernten Orionnebels kombiniert. Der Orionnebel hat einen Durchmesser von fast vierundzwanzig Lichtjahren, besteht aus Tausenden Sternen und ist eines der meistfotografierten Objekte am Nachthimmel. Die Fotos wurden mit dem Hubble-Weltraumteleskop der NASA aufgenommen, das 1990 in einer Mission zur Abbildung der Galaxie gestartet wurde. Hubble ist mit einem 2,4 m großen Spiegel ausgestattet, der Licht im nahen Infrarot- und nahen Ultraviolett-Spektrum sowie das sichtbare Licht aufnehmen kann. Da sich das Teleskop außerhalb der Erdatmosphäre befindet, ist es in der Lage, extrem hochauflösende Bilder zu erzeugen; viele führten zu neuen Erkenntnissen in der Astrophysik.

UNTEN. Andreas Gursky–
***May Day IV* (2000)**
Andreas Gursky (geb. 1955) arbeitet in großem Maßstab, was seinen Ehrgeiz, seine Themen und die schiere Größe seiner ausgestellten Arbeiten betrifft. Dieses eindrucksvolle Bild von Teilnehmern einer Techno-Rave-Party ist aus mehreren Großformatbildern digital zusammengesetzt worden, um einen panoramaartigen chromogenen Farbdruck zu erhalten, der erstaunliche 5 m lang und 2 m hoch ist – ein Maßstab, der mit den Gemälden des abstrakten Expressionismus von Jackson Pollock vergleichbar ist, auf die insbesondere dieses Werk in seinen fließenden Mustern menschlicher Körper verweist. Gursky nutzt seinen erhöhten Standpunkt, um das Gefühl einer fast gottgleichen Perspektive zu erzeugen. Er selbst dazu: „Ich stehe in einer gewissen Entfernung, wie ein Mensch aus einer anderen Welt."

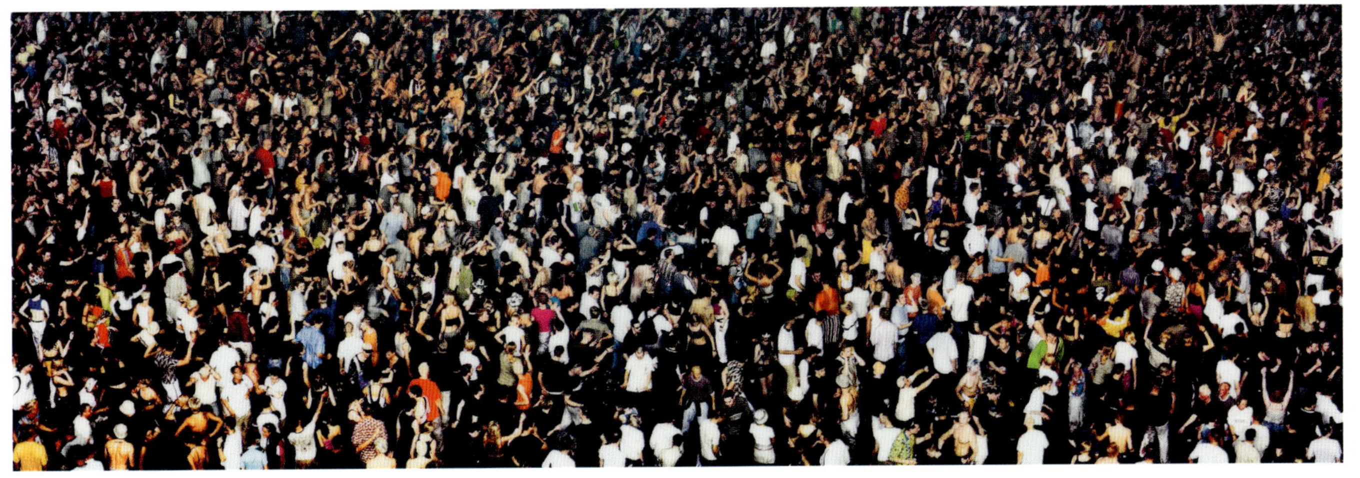

DAS AUFKOMMEN DER FOTOHANDYS

Seit Einführung des ersten Handys mit Digitalkamera im Jahr 2000, dem Sharp J-SH04 J-Phone, hat die Qualität und Auflösung der von Mobilgeräten aufgenommenen Fotos exponentiell zugenommen, heute werden damit Bilder in professioneller Qualität gemacht. Der riesige Markt der sozialen Medien führte zu einer Vielzahl von Apps, mit denen die Benutzer ihre Smartphone-Bilder bearbeiten und verändern können, etwa mit Hipstamatic, einer App, die – etwas ironisch – mittels digitaler Softwarefilter Retro-Effekte nachbilden kann. Im Oktober 2010 wurde Instagram lanciert und etablierte sich in der Welt der sozialen Medien als führende Foto- und Video-Sharing-Plattform. Das Facebook-Unternehmen hatte Anfang 2018 über 800 Millionen Nutzer und über 40 Milliarden Uploads. Inhalte können verschlagwortet werden, und die Benutzer können Bilder und Feeds anderer Leute „liken". Etliche Profi- und Amateurfotografen generierten darüber ein Publikum, das sich direkt mit ihrer Arbeit auseinandersetzte und traditionelle Medienkanäle umging. Doch auch diese erkennen das Potenzial: Das *Time Magazine* beauftragte fünf Fotografen, die viele Instagram-Follower hatten – Michael Christopher Brown, Benjamin Lowy, Ed Kashi, Andrew Quilty und Stephen Wilkes –, die Eilmeldung von den Verwüstungen durch den Hurrikan Sandy im Jahr 2012 zu verbreiten. Chefredakteurin Kira Pollock erklärte: „Wir dachten, dies sei der schnellste Weg der Weitergabe, und es ist der direkteste Weg. Das war kein: ‚Oh, das ist ein Trend, lasst uns auf Instagram umsteigen', es ging einzig darum, die Bilder schnellstmöglich an die Leser zu bringen." Instagrams Konkurrent Snapchat, mit 187 Millionen täglich aktiven Nutzern bei Redaktionsschluss, löscht die geposteten Bilder nach kurzer Zeit wieder, was Nutzer dazu ermutigen soll, aktiver auf hochgeladene Inhalte zu reagieren, sie zu liken oder interaktive Marker zu verwenden.

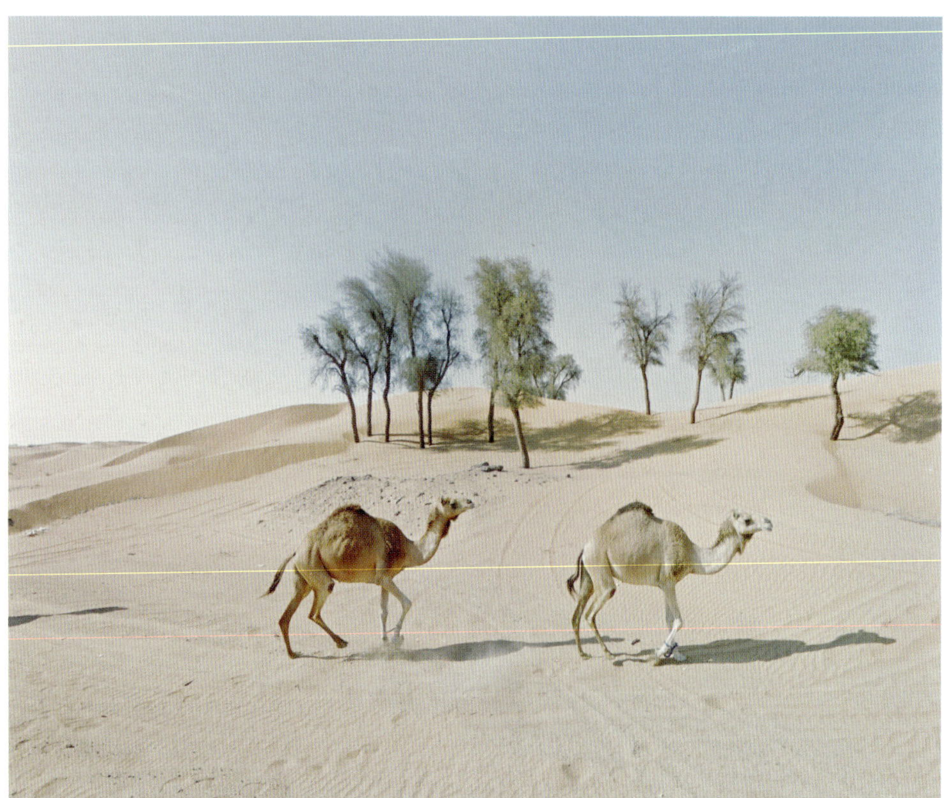

LINKS. Jacqui Kenny (@streetview.portraits)–*Google Street View Aufnahme – Kamele in Sharjah, Vereinigte Arabische Emirate* (2017)
Jacqui Kenny erstellte das Instagram-Konto @streetview.portraits und begann, die Welt über Google Street View zu erkunden. Kenny leidet an Agoraphobie, weshalb ihr das Reisen immens schwer fällt. Stattdessen verwendet sie die App, um exotische und abgelegene Teile der Welt zu erkunden, die sie gerne besuchen würde, und hält einzigartige Szenerien in Screenshots fest. So baute sie vorrangig in Pastellfarben und mit intensivem, hellem Licht eine stimmige visuelle Identität auf, die ihr fast 100.000 Follower auf Instagram brachte. Das war befreiend und sehr vorteilhaft, hatte sie doch befürchtet, dass sie sich „durch dieses Projekt noch weiter von der Welt abkapseln und nur noch drinnen vor dem Bildschirm hocken würde. Aber es war das genaue Gegenteil. Jetzt habe ich diese Community, mit der ich täglich spreche, auch zu Menschen mit Agoraphobie, und das macht mir wirklich Spaß."

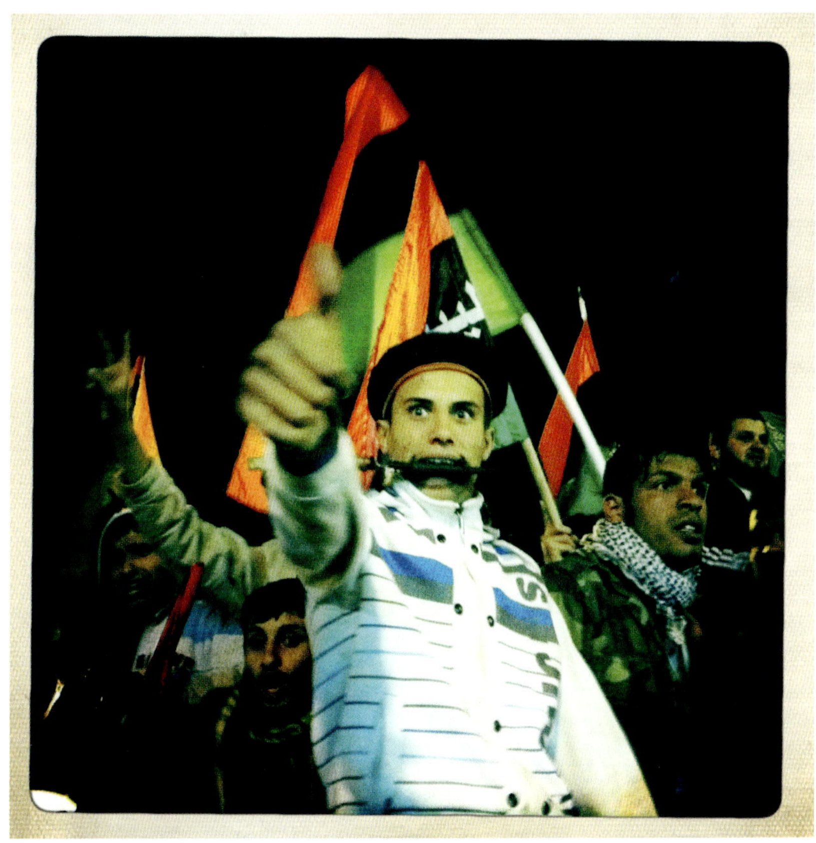

LINKS. Ben Lowy–*Libyen* (2011)
Ben Lowy (geb. 1979) empfand das Aufkommen von hochwertigen Smartphones als entlastend für sein Handwerk als Fotojournalist. Für ihn war es „eine befreiende Erfahrung, einfach draufzuhalten und auszulösen. Dadurch hatte ich wieder die Freude, Unvollkommenheiten und glückliche Zufälle zu entdecken, die mein kleines Gerät eingefangen hatte.“ Lowy nutzte sein Fotohandy sehr erfolgreich zur Dokumentation des Aufstandes gegen Gaddafi 2011 in Libyen und freute sich, dass er direkt mit seinem Publikum kommunizieren konnte. „Das war das neue Paradigma des Journalismus: Kein Agent, kein Verleger – ich habe die Bilder aus Libyen einfach veröffentlicht und hatte in einer Woche mehr als 500 neue Follower.“

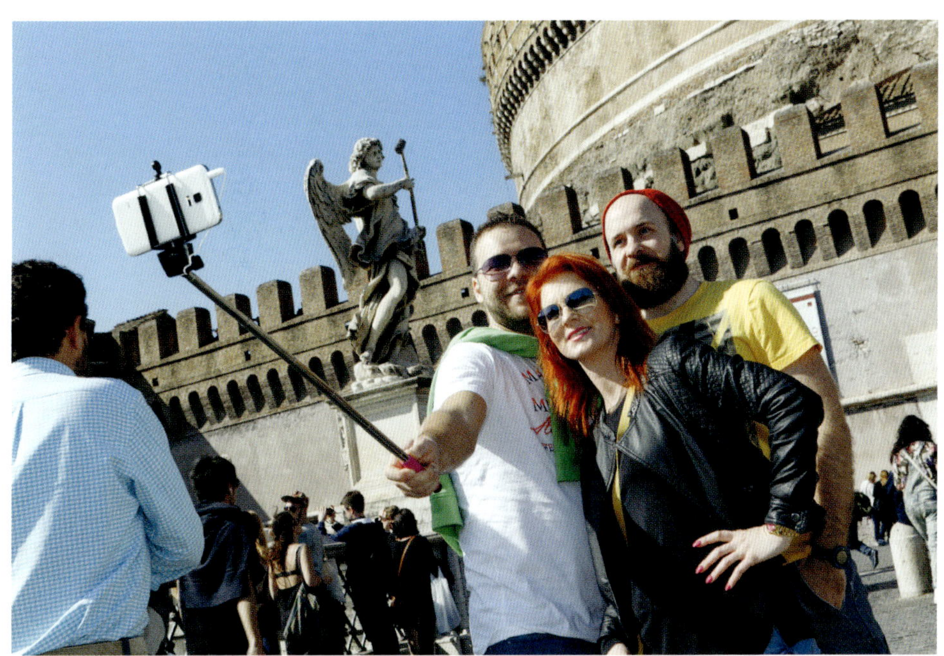

LINKS. Martin Parr–*Selfie-Sticks vor den Vatikanischen Museen* (2014)
Martin Parr hat jahrzehntelang Konsumkultur dokumentiert und den Aufstieg des Kameratelefons als entscheidende Technologie des modernen Tourismus gesehen. In einem Feature über den Selfie-Stick beschreibt er, wie dieser Stick „draußen auf der Straße, vor allem vor diesem Monument oder Wahrzeichen, zur Geltung kommt. Ein Foto von sich und seiner Begleitung mit dem Wahrzeichen im Hintergrund ist obligatorisch. Die Tourismusindustrie, die größte der Welt, schreibt heutzutage fast schon vor, dass jede Reise mit einem „Ich war da“-Foto von sich zu belegen ist. Es verbindet einen mit der Welt, die wir kennen, und ist ein wesentlicher Bestandteil einer gelungenen Urlaubserfahrung. Früher mussten wir einen vorbeigehenden Touristen bitten, das Foto zu machen, aber dank des Selfie-Sticks sind diese Tage vorbei, wir sind jetzt autark.“

2000–2002

Diese Jahre sind geprägt von dem, was wir heute „9/11" nennen – den Terroranschlägen der al-Qaida vom 11. September 2001 auf das World Trade Center in New York und auf das Pentagon in Virginia in den USA, bei denen fast 3.000 Menschen starben. In der Folge erklärt die amerikanische Regierung den „Krieg gegen den Terror" und marschiert auf der Suche nach Osama bin Laden in Afghanistan ein. Fotos wie John Labriolas Feuerwehrmann, Stan Hondas Frau im Staub und Richard Drews *The Falling Man* sind heute ikonische Bilder jener Momente unmittelbar nach den Anschlägen. Im selben Jahr erscheint der preisgekrönte Dokumentarfilm über den Fotojournalisten James Nachtwey, *War Photographer*. Der Film ist auch eine Debatte über die Ausbeutung eines erschütternden Motivs durch den Fotografen. Regisseur Christian Frei befestigte eine kleine Videokamera an Nachtweys Kamera, damit das Publikum versuchen konnte, sich in die Sicht des Fotografen hineinzuversetzen. SY

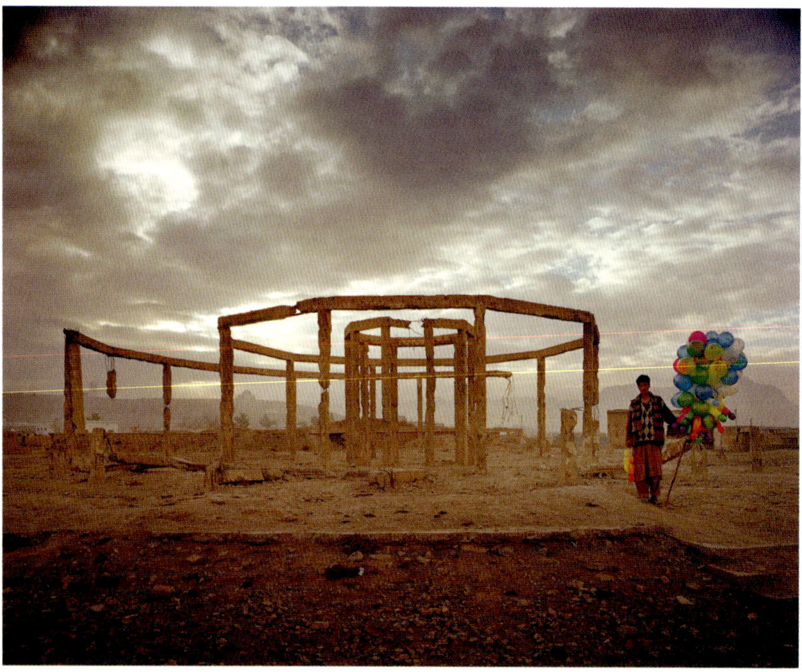

Simon Norfolk – ***Ballonverkäufer, Kabul***

Simon Norfolk (geb. 1963) ist einer der begabtesten Künstler seiner Generation und gilt als Spezialist für „Kriegsfolgenfotografie". Mit einer Großformatkamera, um möglichst viele Details aufzunehmen, besucht er Orte nach Umweltkatastrophen, Kriegen und anderen Arten menschengemachter Gewalt, um die bleibenden Auswirkungen aufzuzeigen. Dieses Bild des Ballonverkäufers inmitten der Ruinen eines Teehauses stammt aus seinem Projekt *Afghanistan: Chronotopia*, das nach der Invasion 2001 entstand. Norfolk empfand Land und Menschen damals optimistisch nach den langen Jahren des Krieges und der Entbehrungen, doch als er ein Jahrzehnt später zurückkehrte, stellte er fest, dass die Lage sogar noch schlechter geworden war.

Slobodan Milošević, Ex-Präsident Jugoslawiens, wird verhaftet und wegen Korruption, Veruntreuung und Kriegsverbrechen angeklagt.

Canon bringt die erste Spiegelreflexkamera mit Vollformatsensor auf den Markt.

Ein Erdbeben erschüttert Gujarat (Indien), mehr als 20.000 Tote.

2000

2001

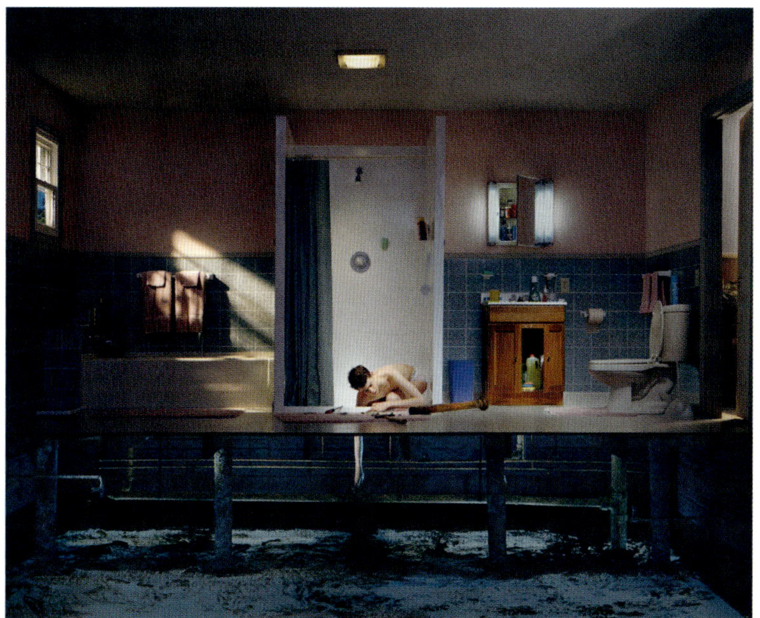

Gregory Crewdson – *Ohne Titel*, aus *Twilight* (2001)
Gregory Crewdson (geb. 1962) greift Themen aus der sozialdokumentarischen US-Fotografie auf und verdichtet sie zu hochgradig konstruierten und aufwendigen, vom Kino inspirierten Großbildern. Auch seine Inszenierungen bewegen sich auf Hollywood-Niveau. Er arbeitet oft in der magischen „blauen Stunde“ zwischen Dämmerung und Dunkelheit und verbringt Monate mit der Recherche und Planung seiner Aufnahmen, um dann mit einem Team von Technikern, Bühnenbildnern und -bauern, Lichtassistenten und Produzenten zusammen seine filmhaften Fotos zu machen. Seine Bilder arbeiten mit Gefühlen der Entfremdung, der Einsamkeit und der Angst, die unter der Fassade des vorstädtischen Amerikas liegt. Crewdson beschreibt seine Fotografien als „eingefrorene Momente“ und sucht eine Art unterbrochene Erzählung zu bewirken, die dem Betrachter Raum lässt, sich ein eigenes Bild von einem möglichen Geschehen zu machen.

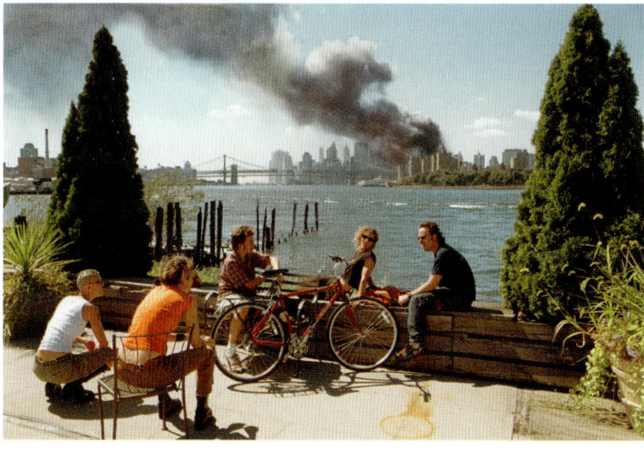

Thomas Höpker – *9/11*
Das Foto dieser gestellten Szene mit dem Qualm von 9/11 im Hintergrund entstand, als der deutsche Fotograf Thomas Höpker (geb. 1936) nach dem Anschlag dort vorüberging. Er war gerade in New York wegen einer Mitgliederversammlung von Magnum. Sein Foto wurde zu einem kontroversen Bild über Wahrheit und Objektivität in der Bildproduktion. Einer der Abgebildeten, Walter Sipser, erhob Einspruch dagegen, da dieses Foto als emotionslos angesehen wurde. Er und seine Freunde hätten sich wie alle anderen an diesem Tag in einem Schockzustand befunden und seien in ein lebhaftes Gespräch über die Katastrophe verwickelt gewesen.

Tschetschenische Rebellen nehmen im Moskauer Theater 800 Geiseln und drohen mit Sprengung des Theaters. Spezialeinheiten stürmen das Gebäude; 128 Geiseln und 41 Rebellen sterben.

Der brasilianische Film *City of God* über das Aufwachsen in den Favelas und den Straßen Brasiliens und einen Jungen, der Fotograf wird, erscheint.

2002

2003–2005

Prägend in diesen Jahren sind die Katastrophe der Raumfähre *Columbia*, der letzte kommerzielle Flug der britisch-französischen Concorde, die Einrichtung des Heimatschutzministeriums in den USA nach 9/11, die Sequenzierung des Humangenoms und der Facebook-Start an der Harvard-Universität durch Mark Zuckerberg. Die Welt sieht zu, wie im Sudan mehr als eine Million Menschen im Zuge der ethnischen Säuberungen durch regierungsgestützte Milizen aus ihrer Heimat fliehen. Der Oscar-gekrönte Dokumentarfilm *Im Bordell geboren* erscheint. Unter der Leitung der Dokumentarfotografin Zana Briski erhalten Kinder von Prostituierten, die in Kalkuttas Rotlichtviertel Sonagachi leben, Filmkameras, erlernen die Grundlagen der Fotografie und werden dann ausgeschickt, um Bilder einer der ärmsten Städte der Welt aus ihrer Perspektive aufzunehmen. Die Ergebnisse sind oft verblüffend; die Bilder werden international ausgestellt. SY

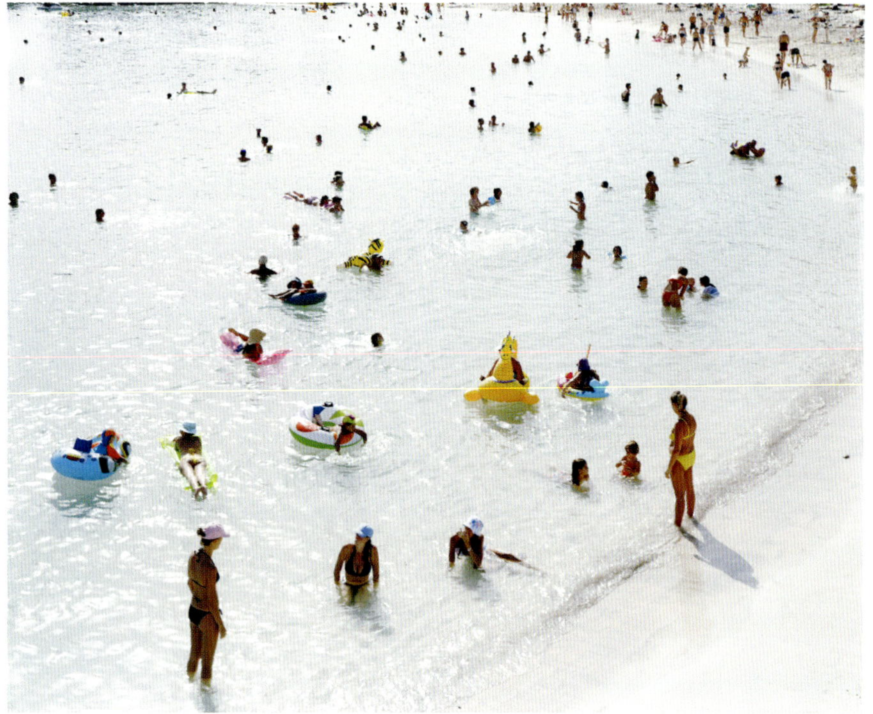

Massimo Vitali–*Animaletti* (Tierchen)
Der italienische Fotograf Massimo Vitali (geb. 1944) fuhr an die Mittelmeerküste seines Heimatlandes, um Landsleute zu beobachten und zu verstehen, warum sie 1994 jemanden wie Silvio Berlusconi gewählt hatten. Am Strand sagte er, finde man „die Crème und den Abschaum" der Bevölkerung. Diese Unterschiede suchte er auszugleichen, indem er von oben fotografierte, bei direktem Sonnenlicht und mit wenigen oder keinen Schatten. Dieses Bild mit den verstreuten Menschen, die im klaren Wasser auf weißem Sand plätschern, hat eine fast durchscheinende, ätherische Qualität. Der Titel verweist auch darauf, dass das Foto mehr ist als eine bloße Strandszene von Sommerurlaubern, nämlich eine Hinterfragung von menschlicher Absicht und menschlichem Urteilsvermögen.

Saddam Hussein, Ex-Präsident des Irak, wird in Tikrit von US-Besatzungstruppen festgenommen.

Im Indischen Ozean fordert das stärkste Erdbeben seit 40 Jahren mit einer Stärke von 9,3 der Richterskala mindestens 290.000 Todesopfer.

2003

2004

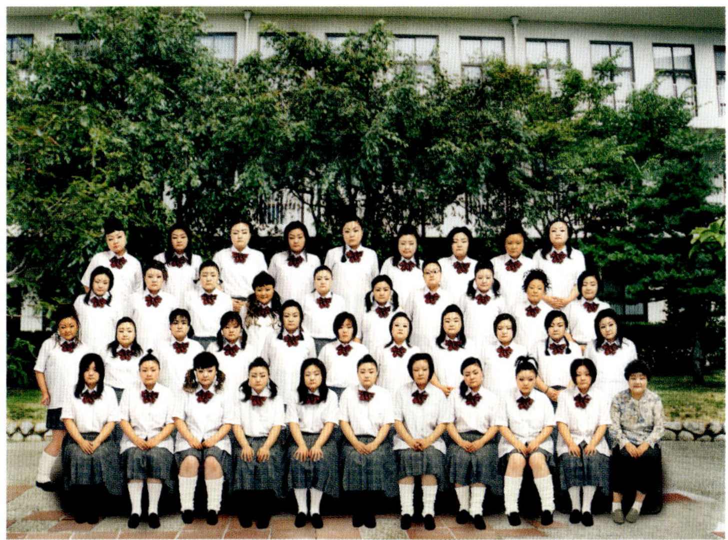

Tomoko Sawada – aus *Schulzeit*
Dieses Foto ist Teil von Tomoko Sawadas (geb. 1977) Serie *School Days*, in der sie mit der Art formaler Porträts spielt, die in Teilen der japanischen Gesellschaft so verbreitet sind. Auf den ersten Blick scheint dies nur ein weiteres banales Gruppenporträt einer Mädchenklasse zu sein – doch bei genauerem Hinsehen erkennt man, dass jedes Mal Sawada selbst zu sehen ist. In jedem Selbstporträt hat sie einen anderen Ausdruck, eine andere Pose oder Frisur, was auf die Komplexität sowohl der Konformität als auch der Individualität in der zeitgenössischen japanischen Gesellschaft abhebt.

Antoine D'Agata – *Japan*
Dieses Bild einer japanischen Prostituierten steht stellvertretend für einen Großteil der Arbeit des französischen Fotografen, der Menschen am Rande der Gesellschaft betrachtet und untersucht, wie sie durch Eskapismus nach anderen Realitäten suchen. Antoine D'Agata (geb. 1961), der in einem Interview als „Biograf, Humanist und Gelehrter" bezeichnet wurde, sagt, dass er an der Szene der Sexarbeiter und Drogenabhängigen selbst teilhat. Er nennt sie „ignorierte Communities". In seiner Arbeit verwendet er eine Ästhetik, die die brutale Realität, in der viele dieser Menschen leben, um eine ätherische Qualität ergänzt.

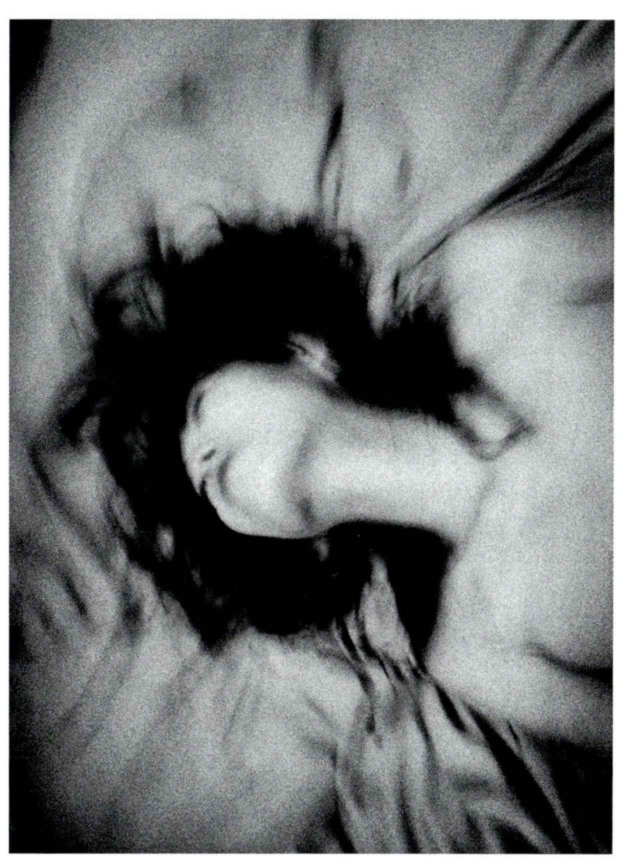

Kodak stellt die Produktion von APS-Kameras ein.

Hurrikan Katrina trifft auf die Küstengebiete von Louisiana, Mississippi und Alabama, flutet ca. 80% von New Orleans und fordert mehr als 1500 Todesopfer.

Der Video-Kanal YouTube wird gegründet.

2005

FOTO-JOURNALISMUS

Fotojournalisten standen oft an vorderster Front, waren Augenzeugen dramatischer Ereignisse und erzählten Geschichten von sozialer, politischer und wirtschaftlicher Relevanz.

Der erste Einsatz der Fotografie zur Darstellung eines besonderen Ereignisses erfolgte 1842, als der deutsche Porträtfotograf Hermann Biow Daguerreotypien der Ruinen von Hamburg anfertigte, nachdem ein Brand mehr als ein Drittel der Stadt zerstört hatte. Es war jedoch erst das Halbtonverfahren, das die direkte Reproduktion von Bildern in Zeitungen und Zeitschriften ermöglichte; die US-Zeitung *Daily Graphic* publizierte 1880 das erste Foto: *A Scene in Shantytown, New York*. Nachrichtenmagazine wie *Collier's* begannen Bildserien zu veröffentlichen, die als Foto-Essays bekannt wurden. Einer der frühesten Versuche, eine Geschichte in Bildern zu erzählen, war James Hares Bericht von der entscheidenden Schlacht von San Juan Hill im Spanisch-Amerikanischen Krieg 1889 auf mehreren Seiten des Magazins. Die Blütezeit des Fotojournalismus begann jedoch erst in den 1920er Jahren, als technische Entwicklungen die Dominanz von Bildmaterial in den Mainstream-Medienpublikationen beschleunigte. Per Kabel konnten Fotografien ab 1921 übertragen werden; neue Druckverfahren ermöglich-

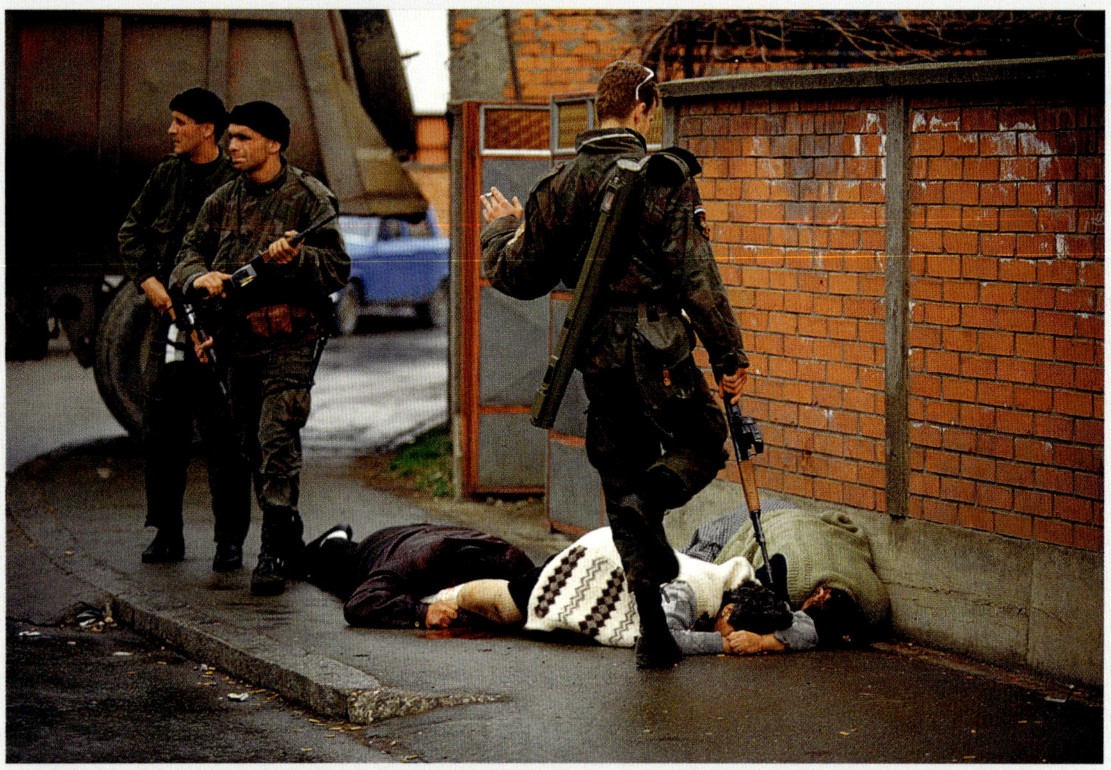

OBEN. Ron Haviv–aus *Blut und Honig* (1992)
In der Frühphase des Bosnienkrieges 1992 verschaffte sich Ron Haviv (geb. 1965) Kontakt zu einer serbischen paramilitärischen Einheit unter der Führung des Kriminellen Željko Ražnjatović, bekannt als Arkan. Er folgte der Freiwilligengarde bei der Durchführung einer der ersten „ethnischen Säuberungen“ in der Stadt Bijeljina und wurde Zeuge der Massenhinrichtungen von Zivilisten. Dieses schreckliche Bild der beiläufigen Gewalt wurde damals vielerorts veröffentlicht und später als Beweismittel in Kriegsverbrecherprozessen des Internationalen Strafgerichtshofs für das ehemalige Jugoslawien verwendet.

ten billigere und qualitativ hochwertigere Reproduktionen. Das Aufkommen von Kleinbild-Rollfilmkameras wie Leica und Contax versetzte Fotografen wie Robert Capa, David „Chim“ Seymour, Felix Man und Kurt Hutton in die Lage, Geschichten aus verschiedenen Blickwinkeln und inhaltlich umfassend darzustellen. Gleichzeitig bot der Aufstieg von Bildmagazinen wie der *Berliner Illustrirten Zeitung*, der französischen *Vu*, der britischen *Picture Post* und der amerikanischen *Life* neue Entwicklungsmöglichkeiten; das illustrierte Nachrichtenmagazin beschleunigte die Verbreitung des Fotojournalismus, und der erweiterte Foto-Essay passte sich ästhetisch und strukturell an. Fotografen, Designer und Redakteure arbeiteten gemeinsam an dieser neuen Bildsprache und gaben Text und Bildern innovative Layouts, die heute noch frisch wirken. In seinen besten Zeiten verkaufte *Life* mehr als 13,5 Mio. Exemplare pro Woche, nahm Einfluss auf die amerikanische Kultur und Gesellschaft und behauptete seine Position als führende Informationsquelle bis zum Beginn des Fernsehzeitalters in den 1950er Jahren.

Sebastião Salgado (geb. 1944)

Der ursprünglich als Wirtschaftswissenschaftler ausgebildete Fotograf Sebastião Salgado arbeitete für die Internationale Kaffeeorganisation und reiste nach Südamerika und Afrika. Dies gab ihm einzigartige Einblicke in die Ungleichheiten der Weltwirtschaft, was ihn im Alter von 29 Jahren dazu brachte, Fotojournalist zu werden. Er wurde zu einem der weltweit führenden Dokumentaristen des sozialen und wirtschaftlichen Wandels und seiner Auswirkungen auf die menschliche und natürliche Welt. Zu seinen monumentalen Werken zählen *Anderes Amerika* (1985), *Sahel* (1986), *Arbeiter* (1993), *Terra* (1997), *Migranten* (2000), das Umwelt-Epos *Genesis* (2013), *Kuwait. Eine Wüste in Flammen* (2016) und *Mein Land, unsere Erde* (2019).

UNTEN. Raymond Depardon–*Der Fall der Berliner Mauer* (1989)
Raymond Depardon war 1966 Mitbegründer von Gamma Photos, später eine der führenden französischen Fotojournalismus-Agenturen. 1978 wechselte er zu Magnum und berichtete über den Bürgerkrieg im Libanon (S. 208). Am 9. November 1989 wurde er Zeuge des Falls der Berliner Mauer und machte dramatische Bilder des historischen Moments, als Tausende Ostdeutsche über die Betonmauer kletterten, um ihre westdeutschen Landsleute zu treffen, nachdem die ostdeutsche Regierung erklärt hatte, die Grenzübergänge seien geöffnet. Er hält das Gefühl der Brüderlichkeit dieser Menschen fest, die sich gegenseitig über die Mauer halfen. Depardon wird auch als renommierter Dokumentarfilmer gefeiert.

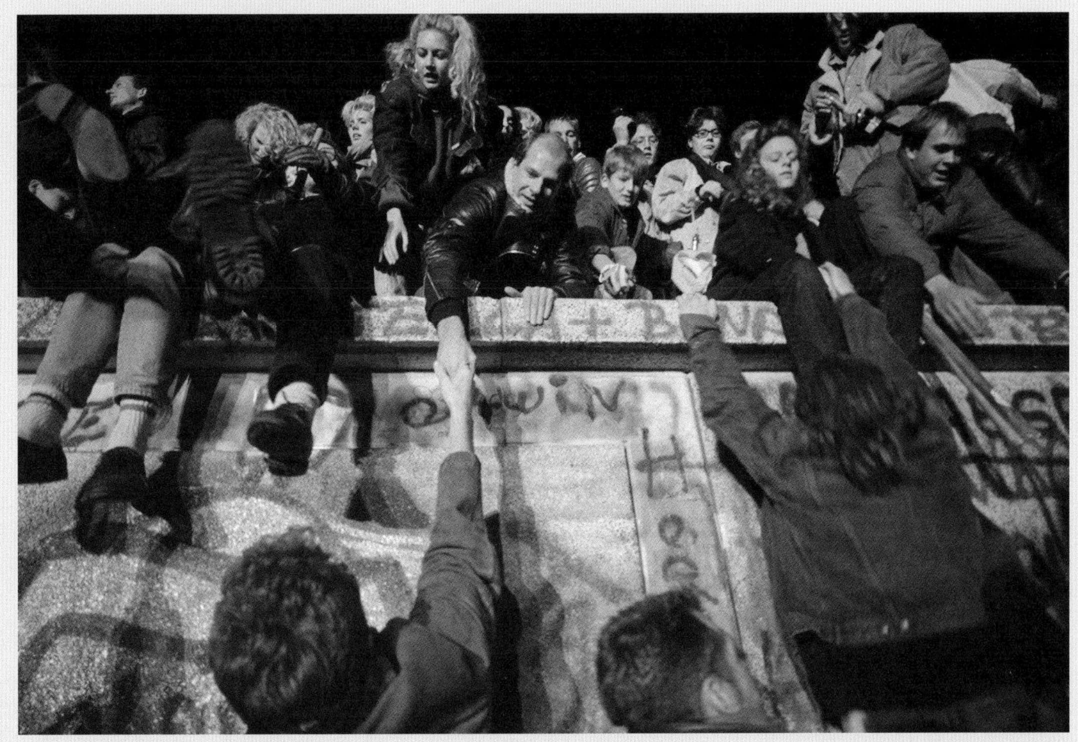

2006–2008

In diesen Jahren herrscht ein Waffenstillstand zwischen den Rebellen der Tamil Tigers und der Regierung Sri Lankas, der den 25-jährigen Bürgerkrieg beenden wird. Die Provinz Sichuan in China wird von einem Erdbeben erschüttert, bei dem mindestens 60.000 Menschen sterben; weitere 5 Millionen werden obdachlos. Der Krieg im Irak wütet weiter. US-Präsident George W. Bush genehmigt nach Ausbruch der Finanzkrise eine Unterstützung von 700 Milliarden US-Dollar. Eine wichtige technische Veränderung ist die Einführung des ersten iPhones, die im nächsten Jahrzehnt zu einer Revolution in der Art und Weise des Fotografierens führen wird, insbesondere zum „Selfie“. In der Kunstwelt werden zwei bemerkenswerte Frauenfilme produziert: *Annie Leibovitz: Leben in Bildern* (2008) über den Werdegang der Fotografin von der Kindheit bis zum Tod ihrer Partnerin Susan Sontag, und die Filminterviews von Paul Hasegawa-Overacker mit der scheuen Künstlerin Cindy Sherman in *Guest of Cindy Sherman* (2008). SY

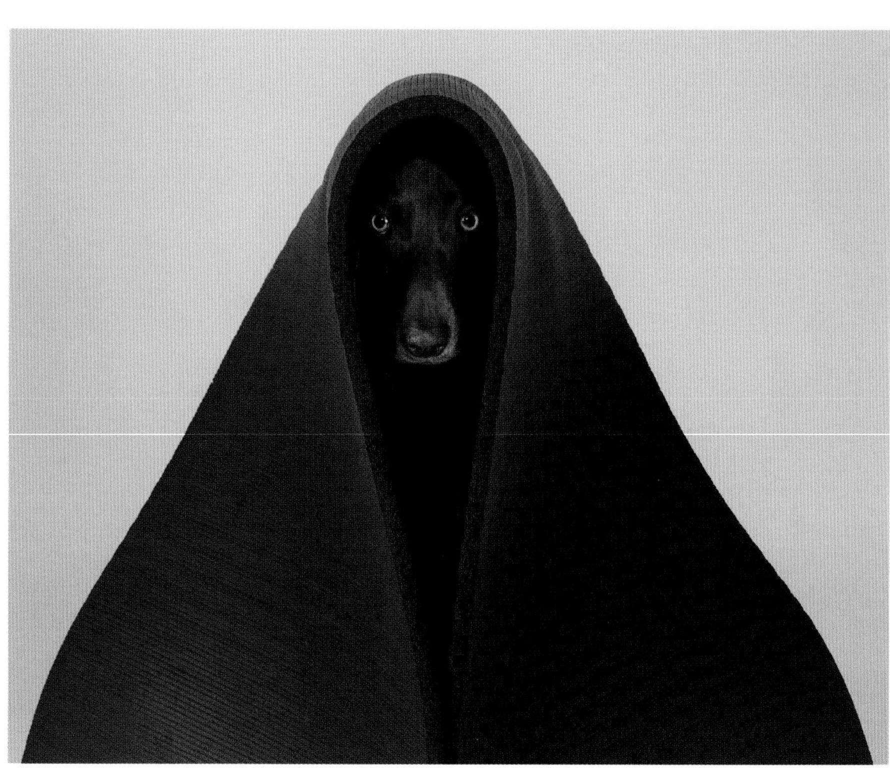

William Wegman – *Ray*

1970 bekam William Wegman (1943–) seinen ersten Weimaraner-Welpen und benannte ihn nach dem amerikanischen Fotografen Man Ray. Seit dieser Zeit sind seine Fotografien dieser Hunde zu einem Teil der Popkultur geworden. Es gibt Bücher, Kalender und andere Artikel, auf denen diese berühmten Hunde zu sehen sind, oft amüsant in verschiedenen Kostümen – in Frauenkleidern, auf Rollschuhen und sogar mit Krawatte. Andere Bilder sind sehr viel subtiler, wie dieses hier, in dem Ray in eine dicke Matte geschlagen ist und aussieht wie ein mittelalterlicher Mönch oder eine Madonna auf einem Renaissance-Gemälde.

Etliche Europäische Zeitungen verbreiten provokante Mohammed-Karikaturen und lösen in den Folgewochen Wut und internationale Proteste aus.

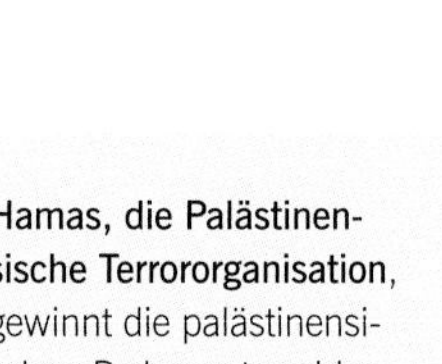

Hamas, die Palästinensische Terrororganisation, gewinnt die palästinensischen Parlamentswahlen.

2006

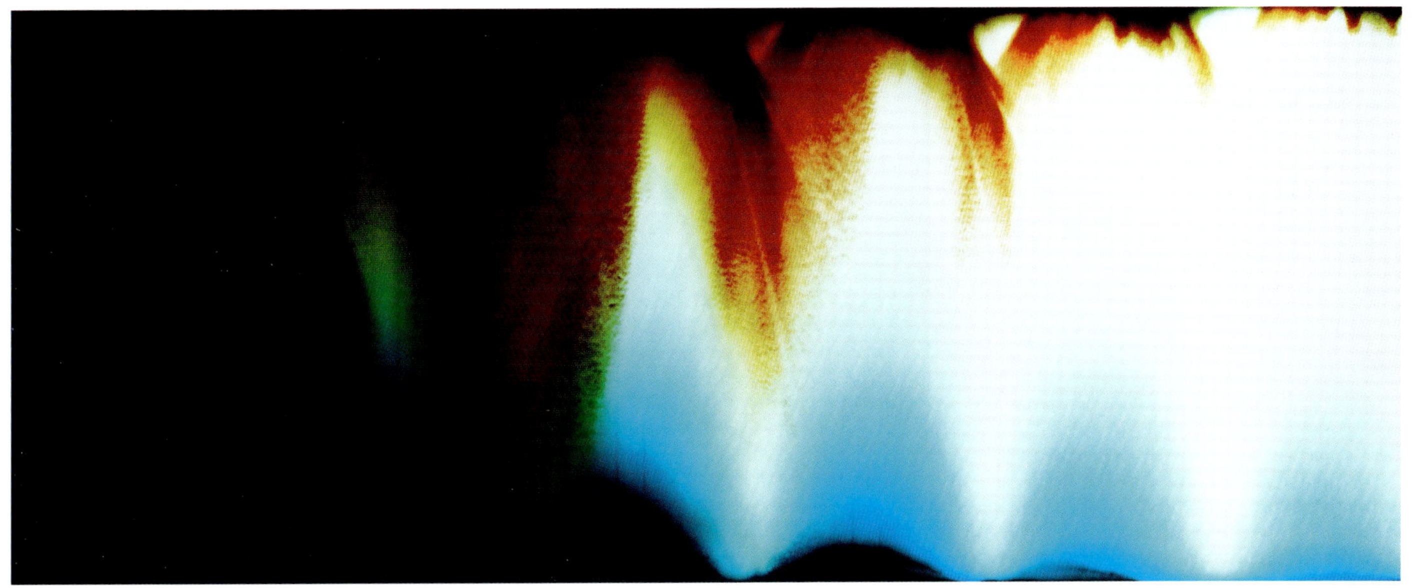

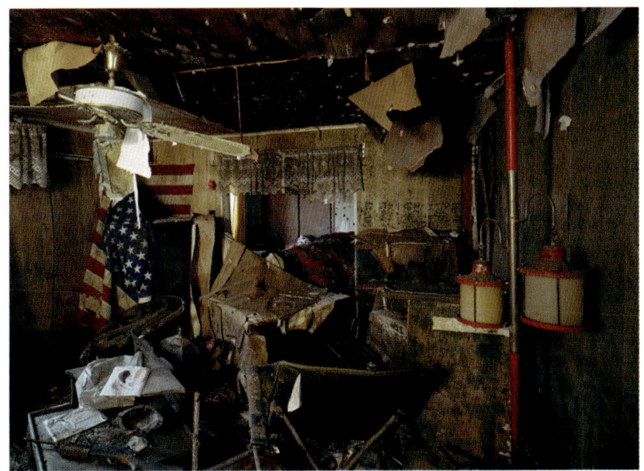

Robert Polidori – ***Lamanche Street 1923***

2005 traf der Hurrikan Katrina New Orleans (Louisiana) und verursachte eine der größten Katastrophen, die die Vereinigten Staaten in ihrer Geschichte erlebt hatten. Robert Polidori (geb. 1951), der vor allem für seine Aufnahmen von Sperrzonen wie denen der Tschernobyl-Katastrophe bekannt ist, wurde zwei Wochen nach dem Hurrikan vom *New Yorker* nach New Orleans geschickt, um die verwüstete Stadt zu fotografieren. In den folgenden zwei Jahren kehrte er wiederholt dorthin zurück, um Häuser, Geschäfte und andere Räume in ihren verschiedenen Stadien der Zerstörung, des Abbruchs und manchmal des Aufbaus zu dokumentieren, wie in der Lamanche Street Nr. 1923. Die Bilder erschienen in seinem Buch *After the Flood* (2006).

Adam Broomberg und Oliver Chanarin –
Die Pressekonferenz, 9. Juni 2008 **[Ausschnitt]**
aus ***The Day Nobody Died***

The Day Nobody Died („Der Tag, an dem niemand starb") ist eine Kombination aus Fotogrammen und einem 23-minütigen Kurzfilm, aufgenommen von zwei Fotografen, dem Südafrikaner Adam Broomberg (geb. 1970) und dem Briten Oliver Chanarin (geb. 1971). Die beiden reisten in die afghanische Provinz Helmand, um die britische Armee zu fotografieren, und wurden dort Zeugen mehrerer tödlicher Angriffe. Sie hatten eine lange Rolle Fotopapier dabei, die sie in 6 Meter lange Stücke schnitten, der Sonne aussetzten und einzigartige abstrakte Bilder einfingen. Sie nennen das eine „Evakuierung des Inhalts" – eine wahre Aufzeichnung von Licht und Hitze der Wüste, aber auch ein bildhafter Kommentar zur Kriegsberichterstattung und zur fotografischen „Tatsache" oder „Wahrheit".

2007

Der letzte Harry-Potter-Band (*Harry Potter und die Heiligtümer des Todes*) erscheint; das Ende einer Ära.

2008

Apple bringt das ultradünne MacBook Air heraus, das weniger als 2,5 cm dick ist und sich beim Aufklappen einschaltet.

Polaroid stellt die Produktion aller Sofortbildprodukte ein.

2009–2011

Barack Obama wird als 44. Präsident der Vereinigten Staaten vereidigt; der Sänger Michael Jackson stirbt unter seltsamen Umständen im Alter von 50 Jahren; Kodak beschließt, den Kodachrome-Film einzustellen. Die Bedeutung der Fotografie wird auch in Filmen hervorgehoben, darunter im Biopic *Bill Cunningham New York* über den liebenswerten Fotografen der *New York Times*, der mit dem Fahrrad durch New York City fährt und Aufnahmen für seine eigene Modeseite in der Zeitung macht, und in der *National-Geographic*-Doku *Search for the Afghan Girl* über die Suche nach dem afghanischen Mädchen, das 1985 von Steve McCurry fotografiert worden war und das Cover des Magazins zierte (S. 227). Bemerkenswert ist auch der Film *The Bang Bang Club*. Er basiert auf der Autobiografie von Greg Marinovich und João Silva und erzählt von vier Kriegsfotografen und den Extremen, denen sie sich während der Apartheid in den Townships Südafrikas aussetzen müssen, um ihre Aufnahmen zu machen. SY

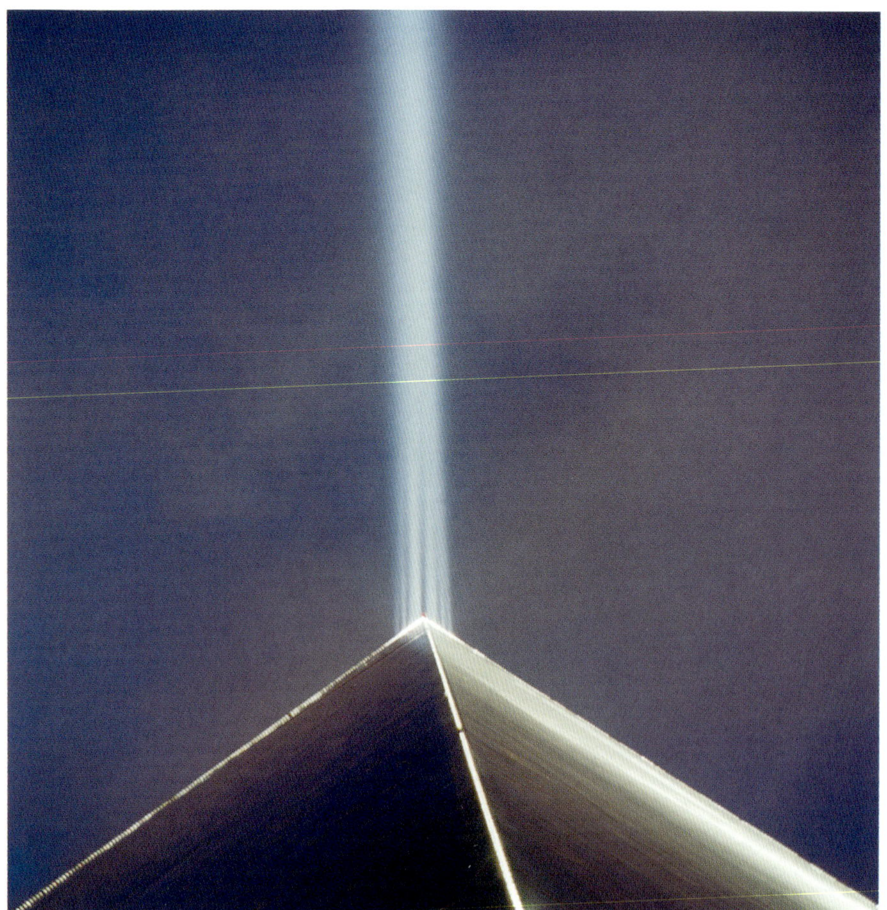

Rinko Kawauchi – aus *Illuminance*
Die als Grafikdesignerin ausgebildete japanische Fotografin Rinko Kawauchi (geb. 1972) wandte sich, inspiriert durch einen Kurs an der Universität, der Fotografie zu. Sie verwendet gewöhnliche, fast banale Gegenstände und beleuchtet sie auf eine sphärische, ätherische Art. Manchmal verwendet sie eine Mittelformatkamera für eine höhere Detailgenauigkeit und Qualität, wie in diesem Bild eines pyramidenhaften Gebildes mit dem von der Spitze ausgehenden Lichtstrahl. Viele ihrer Werke ergänzt sie um kurze Texte, weshalb ihre Bilder auch als „visuelle Haikus" bezeichnet werden.

FujiFilm führt die weltweit erste 3D-Kamera mit Druckservice ein.

Nach der Kollision mit einem Vogelschwarm beim Start notwassert Pilot Chesley B. Sullenberger den US Airways Flug 1549 sicher auf dem Hudson River.

2009

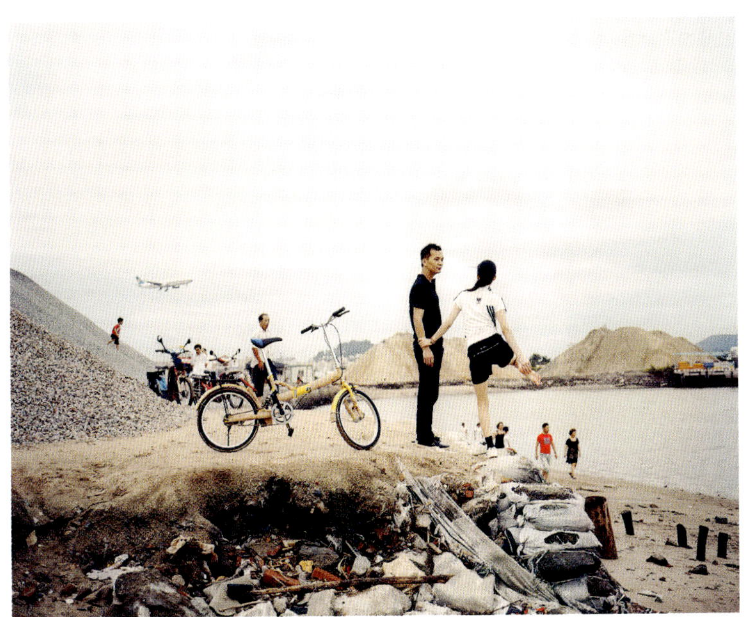

Zhang Xiao–***Küste Nr. 14***

Der Fotojournalist Zhang Xiao (geb. 1981) fotografierte alle Städte an der 9000 Meilen langen chinesischen Küste, um die raschen Veränderungen in der Umwelt aufzuzeigen. Da ein großer Teil der chinesischen Landbevölkerung auf der Suche nach einem besseren Leben an die Küste zieht, verwandelt sich die Küste rasch von einem ruhigen, meist verlassenen Ort in ein geschäftiges Zentrum. Statt der neuen Gebäude, die die Landschaft radikal verändern, zeigen Bilder wie *Küste Nr. 14* mit Farben und Tönen, die an ein altes Familienalbum erinnern, die Menschen, die das Meer genießen; im Vordergrund die Trümmer, die mit diesen raschen Veränderungen einhergehen.

Michael Christopher Brown–***Fotograf Michael Christopher Brown nach einer Mörsergranaten-Verletzung in einem Rettungswagen***

Als seine Fotojournalistenkollegen Tim Hetherington und Chris Hondros bei einem Mörsergranatenangriff in Tripolis (Libyen) starben, war Michael Christopher Brown (geb. 1978) dabei. Dieses Bild nahm er mit seinem Fotohandy von sich auf. Es zeigt seine Not; er wurde bei der Explosion verwundet und ist mit Blut befleckt. Er entschied sich nicht freiwillig dafür, das Handy für die Berichterstattung zu benutzen, hatte aber bei seiner Ankunft in Libyen seine Digitalkamera fallen gelassen und musste daher notgedrungen auf sein Telefon umsteigen. So entwickelte er seinen eigenen Stil, um den Krieg und seine eigene unglückliche Position darin festzuhalten.

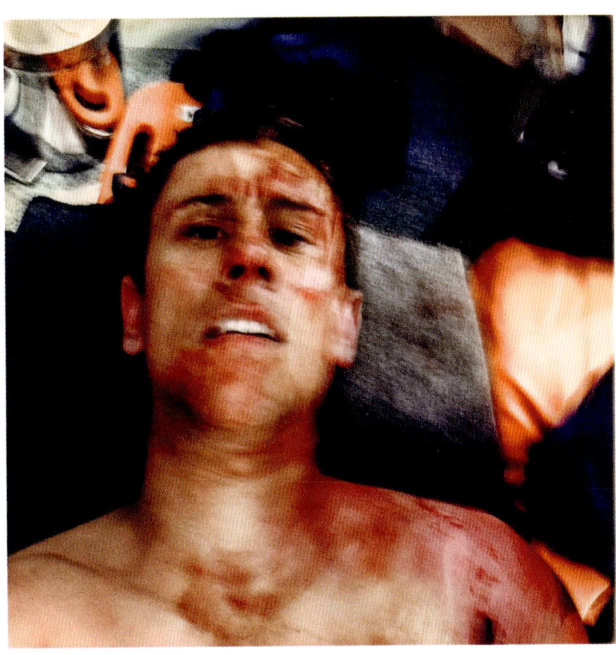

Burj Khalifa, das höchste Gebäude der Welt, eröffnet in Dubai (Vereinigte Arabische Emirate).

Lytro führt die erste Lichtfeldkamera im Taschenformat ein, die Bilder nach der Aufnahme neu fokussieren kann.

Der Tsunami in Folge des Unterwasserbebens vor der Küste Japans löst im Kernkraftwerk Fukushima Daiichi eine Nuklearkatastrophe aus.

2010

2011

MANIPULATION

Die fotografische „Wahrheit“ ist schwer zu beschreiben; der Fotograf hat unzählige Möglichkeiten, ein Bild vor, während und nach der Aufnahme zu manipulieren.

Fotografie ist immer eine Abstraktion und eine Interpretation der Wirklichkeit. Jede Fotografie manipuliert ihr Sujet in irgendeiner Art: durch die Wahl des Kameraformats, die Verwendung von Schwarz-Weiß oder Farbe, durch das, was im Bildausschnitt gezeigt wird und was nicht, durch den Grad der Inszenierung, durch Hinzufügen oder Entfernen von Bildelementen in der Postproduktion etc. Geht es um die Wahrheit einer Fotografie, stehen wir vor komplexen ethischen Problemen. Die Grenze zwischen Akzeptablem und Inakzeptablem ist oft verschwommen und kontextabhängig; was in der bildenden Kunst oder Konzeptfotografie vertretbar ist, würde in der Nachrichten- oder Dokumentarfotografie oft als Fälschung angesehen. Das Beispiel W. Eugene Smith lässt uns fragen, ob die Authentizität der Erlebnisse des Fotografen oder die technischen Grenzen des Mediums wichtiger sind. Er galt als einer der größten Fotojournalisten und glaubte, dass seine Dunkelkammertechniken des extremen Abwedelns und Nachbelichtens, ja sogar das Zusammenfügen von Negativen und das Entfernen von Bildelementen völlig akzeptabel waren, solange er der Interpretation der gesehenen Realität treu blieb. Obwohl er auf diese Weise überzeugende und aussagekräftige Bilder hervorbrachte, wird das Ausmaß der Nachbearbeitung seiner Fotografien im heutigen Fotojournalismus als höchst problematisch angesehen; hochkarätige Fotografen wurden bereits der übermäßigen Manipulation beschuldigt. Dies hat große Fotowettbewerbe wie World Press Photo veranlasst, auf originale, unbearbeitete RAW-Dateien der Bewerber zu bestehen, um die durch Photoshop möglichen Manipulationen zu unterbinden.

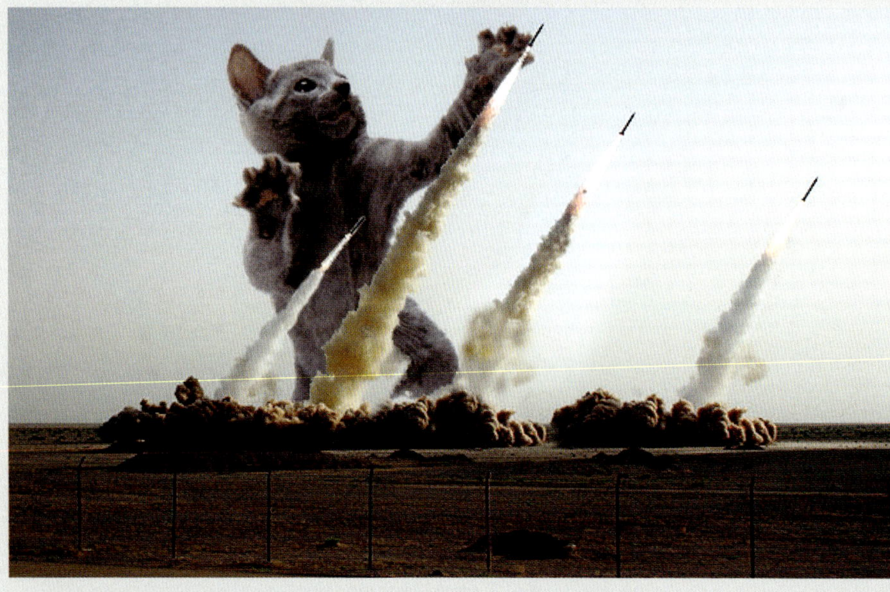

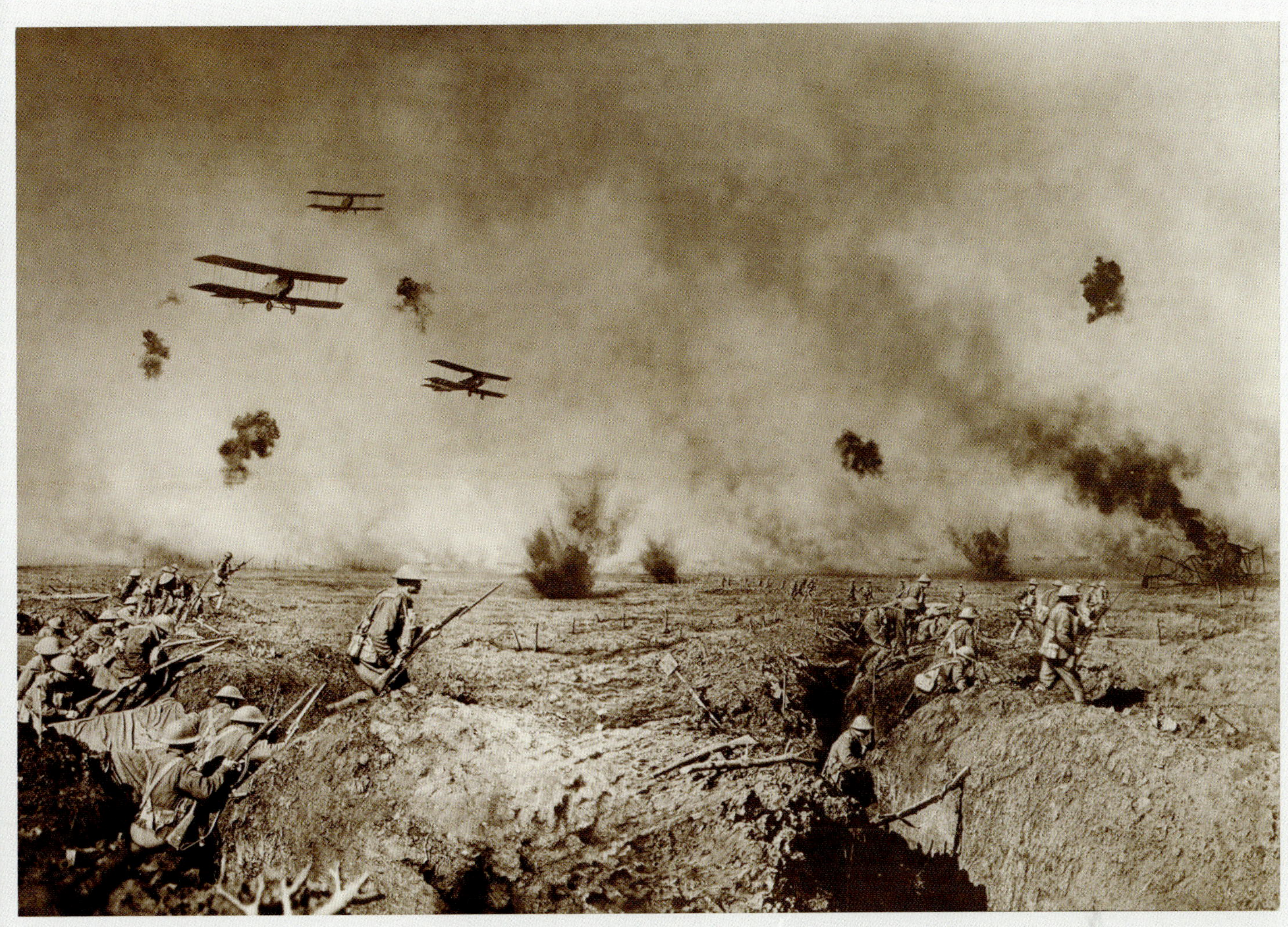

OBEN. Frank Hurley–*Over the Top* (1917)
Frank Hurleys (1885–1962) außergewöhnliche Tableaus der Schrecken des Ersten Weltkriegs waren seine Antwort auf die Frustrationen, die er empfand, als er das Ausmaß und die Realität des Krieges mit den begrenzten technischen Möglichkeiten der damaligen Zeit abzubilden suchte. Er war offizieller Kriegsfotograf der australischen Armee und schrieb in seinen Tagebüchern ausführlich darüber, dass er es seiner Meinung nach nicht schaffe, die Essenz dessen, was er sah und erlebte, in einem Bild einzufangen, und deshalb aufwendige Kompositionen wie diese aus mehreren Fotografien erstellen werde. Bis zu zwölf Einzelnegative kombinierte er zu wandgroßen Abzügen. Sein Verfahren bescherte ihm jedoch scharfe Kritik von Australiens offiziellem Kriegshistoriker Charles Bean, der die Werke als Verfälschungen bezeichnete und Hurley 1917 veranlasste, die Westfront zu verlassen und im Nahen Osten zu fotografieren. Seine dramatischen Tableaus werfen erneut die Frage auf, ob das Erleben des Fotografen und die erzielte Wirkung auf das Publikum wichtiger sind als die Art und Weise der Bilderstellung.

LINKS. LoL Missiles (Clickabiggen)–*Are We Lumberjacks?* (2008)
Lange schon wird die Fotografie auch für Regierungsinteressen genutzt; Bilder so zu verändern, dass sie die passende Geschichte erzählen, spielte in der staatlichen Propaganda seit jeher eine Rolle. Mit dem Aufkommen der digitalen Technik und der sozialen Medien ist dieser Prozess einfacher, aber auch leichter zu kritisieren. 2008 veröffentlichte Sepah News, das Informationsbüro der iranischen Revolutionsgarde, Bilder in internationalen Medien, die angeblich einen erfolgreichen Test von vier Raketen zeigten. Es stellte sich jedoch bald heraus, dass eine der Raketen tatsächlich fehlgezündet und man Flughöhe und Rauchspur in der Postproduktion manipuliert hatte. Dieser Fälschungsversuch wurde schnell in sozialen Medien karikiert, wie in dieser humorvollen Parodie, in der ein sogenanntes LOLcat – der gleichnamigen Plattform lustiger Katzenbilder entnommen – scheinbar die Tatze ausstreckt, um mit der tödlichen Waffe zu spielen.

2012–2014

2012 zerstören Bomber des syrischen Diktators Baschar al-Assad ein von Journalisten genutztes Gebäude in Homs (Syrien) und töten dabei die amerikanische Kriegsreporterin Marie Colvin und den französischen Fotografen Rémi Ochlik. 2013 veröffentlicht der brasilianische Fotograf Sebastião Salgado sein herausragendes Fotobuch *Genesis* mit Bildern zu globalen Umweltfragen. Es enthält atemberaubende Aufnahmen von Urlandschaften, Wildtieren und indigenen Völkern, um die Öffentlichkeit auf gegenwärtige Krisen wie den Klimawandel und andere Umweltkatastrophen aufmerksam zu machen. Seit 2004 war Salgado unterwegs, um Landschaften wie tropische Regenwälder und die Arktis zu dokumentieren, die Natur in ihrem ursprünglichen Zustand einzufangen und zu bezeugen, dass es diese Art von Gebieten noch immer gibt. *Salz der Erde* (2014), ein Dokumentarfilm über Salgados faszinierendes Leben und Schaffen unter der Regie von Wim Wenders und Salgados Sohn Juliano Ribeiro Salgado, präsentiert dieses Werk. SY

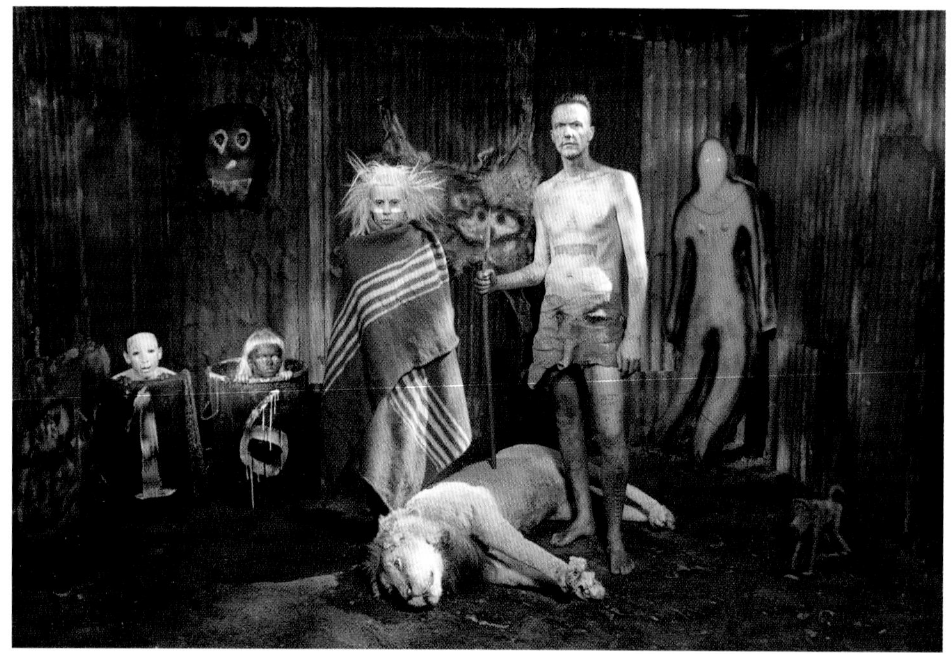

Roger Ballen–*Die Antwoord: Hüttenszene*

Seit seinem ersten Upload auf YouTube im Jahr 2012 hat das Video „I Fink U Freeky" mehr als 55 Mio. Hits erzielt und sowohl den Regisseur des Videos, den Fotografen Roger Ballen (geb. 1950), als auch die südafrikanische Hip-Hop-Gruppe Die Antwoord unter jungen Menschen auf der ganzen Welt bekannt gemacht. Das in Schwarz-Weiß gefilmte Video beschreibt Ballens erstaunliches fotografisches Werk, darunter auch das Bild *Hüttenszene*, eine von Ballens Aufnahmen von Die Antwoord. Das Bild ist beispielhaft für Ballens Schaffen und Teil eines provokanten Projekts an der Schnittstelle zwischen hoher Kunst und Popkultur.

McCullin **kommt heraus**, eine Dokumentation über den britischen Kriegsfotografen Don McCullin.

Der anhaltende Krieg in Syrien erreicht Aleppo – einen der ältesten kontinuierlich bewohnten Orte der Welt.

2012

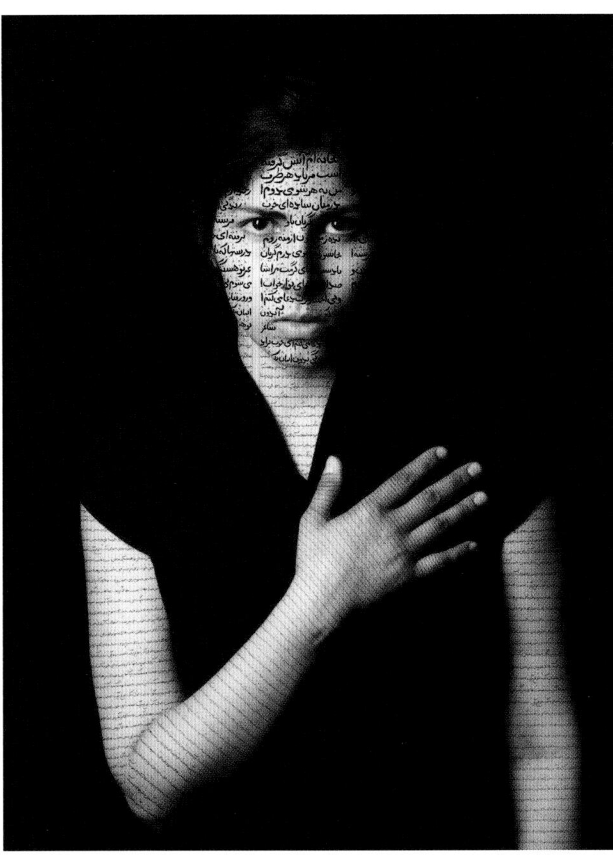

Shirin Neshat–*Sara Khaki („Patrioten"), aus Das Buch der Könige*

Shirin Neshat (geb. 1957) bedient sich vieler Kunstsparten, darunter Video und Fotografie, um die Beziehung zwischen Weiblichkeit und islamischem Fundamentalismus auszuloten. Sie wurde im Iran geboren und lebt seit der Revolution 1979 im Exil in den USA. Ihr *Buch der Könige* ist vom Langgedicht *Shahnameh* (*Das Buch der Könige*) aus dem 11. Jahrhundert inspiriert, das die Geschichte Persiens erzählt und Fakten und Fiktion vermischt. Neshat schuf Porträts von drei Gruppen („Massen", „Patrioten" und „Schurken") und versah sie mit Versen aus dem Gedicht. Das mehrdeutige Werk fragt nach dem Wesen des Widerstands gegen das Regime und nach den wahren Helden und Schurken im heutigen Iran.

Donald Weber–*Molotowcocktail*

Der Fotograf Donald Weber (geb. 1973) verbrachte viele Jahre in der Ukraine und dokumentierte unter anderem den Aufstand von November 2013 bis Februar 2014. Die Euromaidan-Demonstranten in Kiew bauten sich Tausende von Molotowcocktails, um gepanzerte Fahrzeuge und Busse in Brand zu setzen; andere Waffen gegen die Streitkräfte der Regierung standen ihnen nicht zur Verfügung. Die Schlichtheit von Webers Bild steht im Kontrast zur eindrücklichen Botschaft, die diese kleinen Bomben in die Welt schickten. Es wurde 2015 in seinem Fotobuch *Barricade: The Euromaidan Revolt* veröffentlicht.

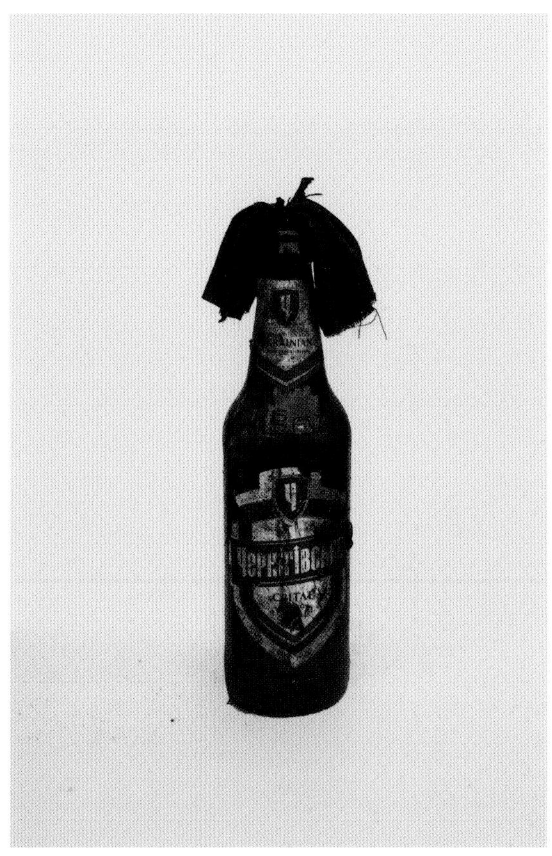

Kardinal Jorge Mario Bergoglio, „Franziskus", Erzbischof von Buenos Aires, wird zum Papst gewählt und damit Nachfolger von Benedikt XVI. nach dessen Rücktritt im Februar 2013.

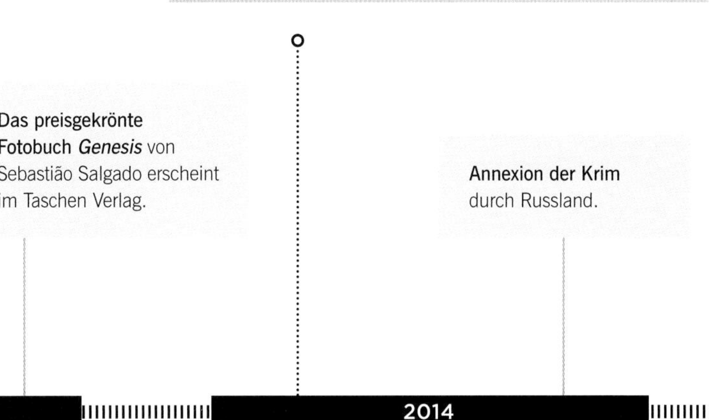

Das preisgekrönte Fotobuch *Genesis* von Sebastião Salgado erscheint im Taschen Verlag.

Annexion der Krim durch Russland.

2013

2014

2015–2018

Vor den ethnischen Säuberungen fliehen mehr als 600.000 Rohingya-Muslime aus Myanmar nach Bangladesch; eine große Menschenrechts- und Flüchtlingskrise beginnt. In Paris sterben bei Terroranschlägen in Restaurants, einem Fußballstadion und einem Konzertsaal 130 Menschen; der „Islamische Staat" (IS) bekennt sich verantwortlich. Der Immobilienmagnat und ehemalige Reality-TV-Star Donald Trump wird US-Präsident. In der Fotografie erscheint der Dokumentarfilm *Hondros* über den Kriegsfotografen Chris Hondros, der bei einem Einsatz in Libyen getötet wurde. Burhan Özbilici gewinnt die Auszeichnung „Pressefoto des Jahres" 2017 für sein Foto von der Ermordung des russischen Botschafters Andrej Karlow in Ankara. Die Ausstellung *Der Tag, an dem die Musik starb* des britischen Fotografen Edmund Clark wird im Januar 2018 im International Center of Photography in New York eröffnet, ein auf zehn Jahre angelegtes Projekt, das die Macht- und Kontrollstrukturen im sogenannten globalen Krieg gegen den Terror untersucht. SY

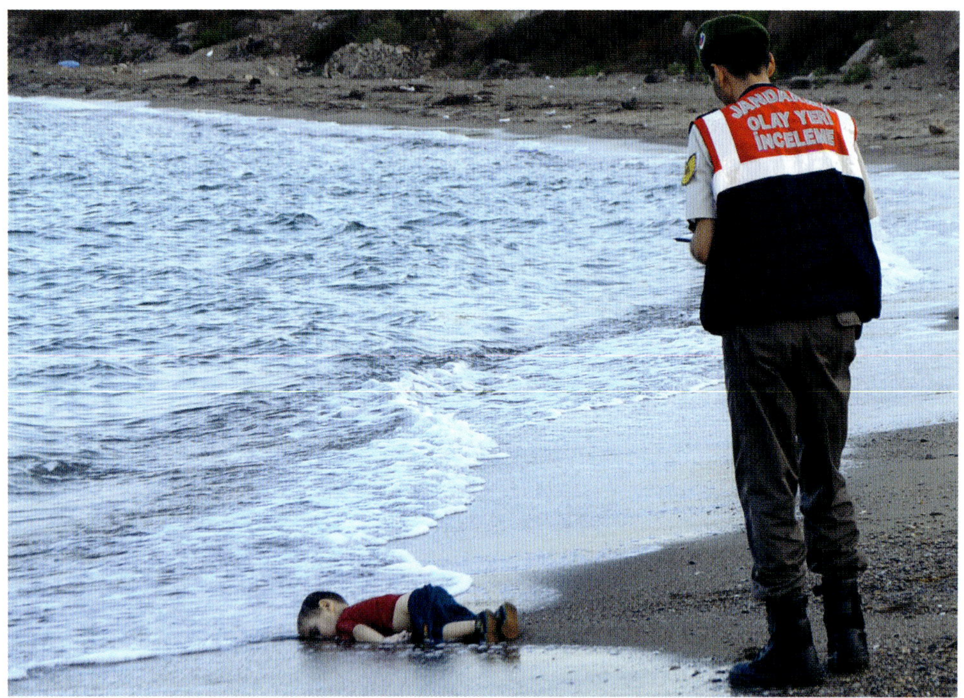

Nilüfer Demir–*Tod von Aylan Kurdi*

Im Spätsommer 2015 wurden der dreijährige Aylan und sein Bruder tot am Strand eines Ferienorts in Bodrum in der Türkei aufgefunden; sie hatten versucht, in einem kleinen Boot von Bodrum zur Insel Kos, nach Europa, zu gelangen. Bei der beschwerlichen Fahrt über das Mittelmeer kamen in jenem Sommer viele ums Leben. Die Fotografin sagte, sie konnte nicht anders, als das Foto zu machen und „den Schrei seines stummen Körpers in die Welt zu tragen". Das Bild von Nilüfer Demir (geb. 1986) machte die Flüchtlingskrise zum zentralen Thema und führte in Europa und den USA zu einer heftigen Debatte über den Umgang mit der wachsenden Katastrophe.

Ein anonymer Fotograf macht eine schockierende Aufnahme des antiken Tempels von Baalshamin in Palmyra (Syrien), der vom IS gesprengt wird.

Beim Anschlag auf das Büro der Satirezeitschrift *Charlie Hebdo* in Paris sterben 12 Menschen, 11 werden verletzt. Al-Qaida bekennt sich dazu.

2015

Nicholas Nixon – ***Die Brown-Schwestern***
Dieses Porträt zeigt Nicholas Nixons (geb. 1947) Frau und ihre drei jüngeren Schwestern in Massachusetts. Seit 1975 macht er jedes Jahr ein Foto, um ihr Leben zu dokumentieren. Die Frauen stehen immer in der gleichen Reihenfolge, mit seiner Frau Bebe als dritter von links. Er fotografiert bei Tageslicht mit immer derselben Kamera und aus demselben Blickwinkel, auf Augenhöhe. Die Fotos zeigten nicht nur das Altern und die damit einhergehenden Veränderungen in ihrem Aussehen, sagt er, sondern auf subtile Weise auch die Beziehungen der Frauen zueinander. In manchen Jahren stünden sie weiter auseinander, in anderen näher beisammen.

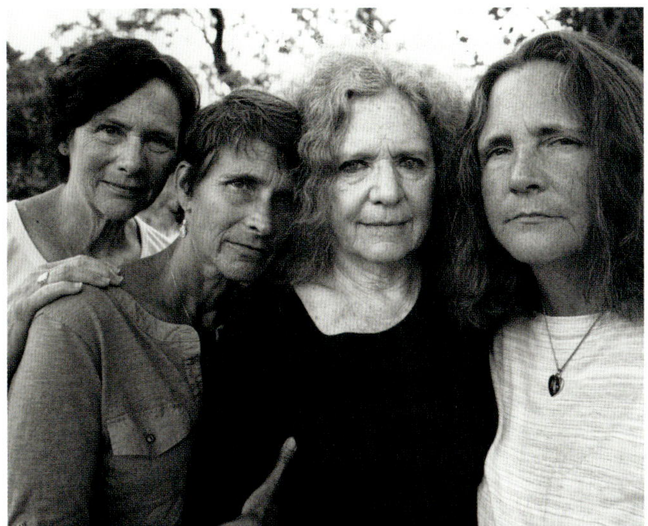

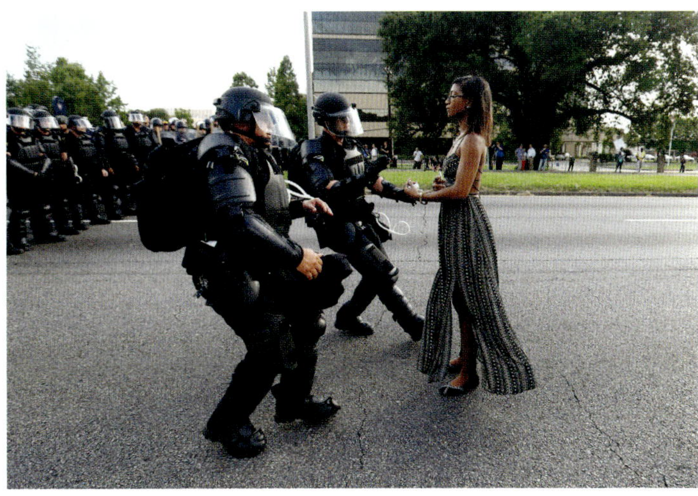

Jonathan Bachman – ***Baton Rouge, Black-Lives-Matter-Protest***
Die USA stehen vor einer anhaltenden Krise im Hinblick auf die hohe Anzahl unbewaffneter junger Afroamerikaner, die durch Strafverfolgungsbehörden getötet werden. Als Reaktion auf den Tod von Michael Brown in Ferguson, Missouri, und Eric Garner in New York City (2014) ist die Bewegung Black Lives Matter entstanden. Sie soll auf die systemischen Menschenrechtsverletzungen aufmerksam machen, die in den USA an einer bestimmten Bevölkerungsgruppe begangen werden. Jonathan Bachmans (geb. 1984) Protestfoto von Ieshia Evans, die weißen Polizisten ruhig gegenübersteht, wurde in Baton Rouge, Louisiana, aufgenommen – es zeigt ihre Menschlichkeit und Verletzlichkeit angesichts von Rassismus und Gewalt im 21. Jahrhundert.

Großbritannien wählt den Austritt aus der EU in einem umstrittenen Schritt, der als „Brexit" bezeichnet wird.

Das Verfassungsreferendum in der Türkei schafft das parlamentarische System zugunsten einer Exekutivgewalt des konservativen Präsidenten Erdoğan ab.

Die Retrospektive von Susan Meiselas eröffnet im Jeu de Paume, Paris, und zeigt ihr Werk, darunter auch wichtige Arbeiten der 1970er Jahre aus Nicaragua.

Wiederwahl des russischen Präsidenten Wladimir Putin mit 76,69% der Stimmen.

2016 — 2017 — 2018

WAS IST EIN FOTOGRAF?

Das Aufkommen von Smartphones und des Internets hinterfragt die herkömmliche Auffassung darüber, was ein Fotograf ist und wie mit Bildern umgegangen wird.

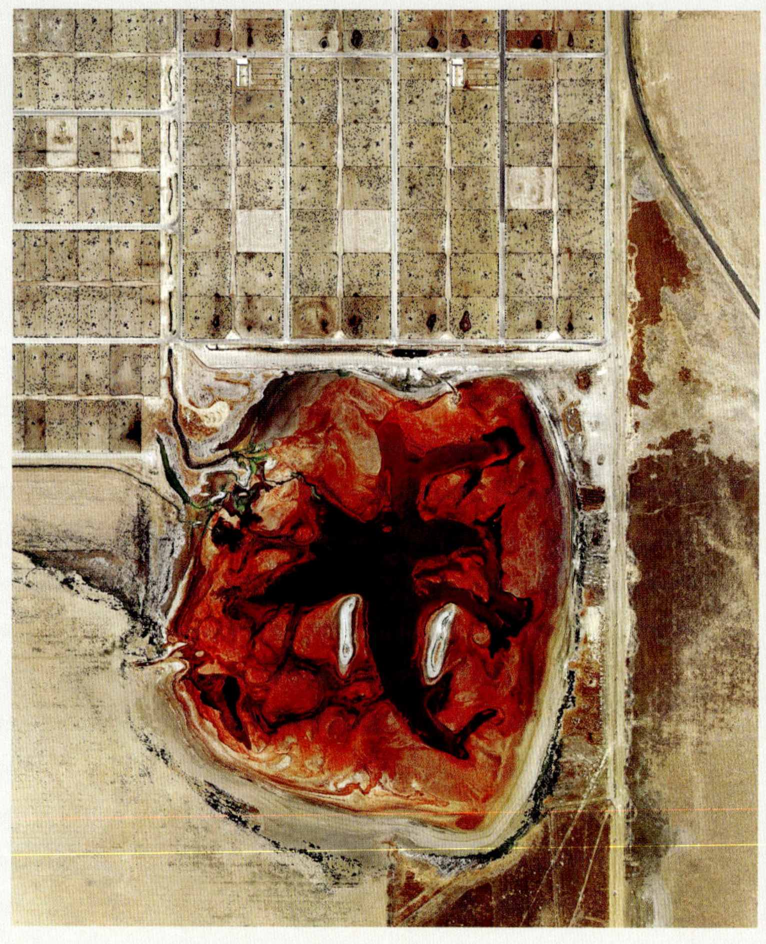

Der Aufstieg des Graswurzel-Journalismus mit der Vor-Ort-Dokumentation von Ereignissen durch Passanten ist alltäglich geworden; oft gelangen ihre dramatischen Augenzeugenbilder in die sozialen Medien, lange bevor professionelle Nachrichtenorganisationen den Schauplatz erreichen können. Ein Paradebeispiel dafür ist das Smartphone-Bild Janis Krums' von der Notwasserung des von Pilot Chesley B. Sullenberger gesteuerten US-Airways-Flugzeugs auf dem Hudson River, nachdem kurz nach dem Start Vogelschlag durch Kanadagänse den Ausfall beider Triebwerke verursacht hatte. Er lud das Bild in seinen Twitter-Account und war überrascht, wie schnell es viral ging und weltweit gesehen und veröffentlicht wurde: „Ich habe es an meine 170 Follower geschickt, nicht an irgendwelche Nachrichtenagenturen. Es war unglaublich zu sehen, was Twitter vermag und wie sich Nachrichten innerhalb weniger Minuten auf der ganzen Welt verbreiten können." Fotografen sind heute auch zu Kuratoren geworden, die Plattformen wie Google Satellite und Street View nutzen und Material aus Archiven hervorholen, um zu erkunden, wie Bilder, die für einen bestimmten Zweck erstellt worden sind, radikal neu interpretiert und als ästhetische Objekte von großer sozialer Bedeutung neu dargestellt werden können. Im 21. Jahrhundert wird die Zahl der verfügbaren Bilder exponentiell zunehmen. Dann wird nicht mehr wichtig sein, wer das Foto gemacht hat, sondern wie und zu welchem Zweck es verwendet werden kann.

OBEN. Mishka Henner – *Coronado Feeders, Dalhart, Texas* (2012)
Mishka Henners (geb. 1976) Arbeit nutzt verschiedene Strategien, um die Gesellschaft zu befragen und Orte zu erschließen, die mit traditionellen Mitteln nur schwer zu fotografieren wären. In *51 US Military Outposts* (2010) und *Dutch Landscapes* (2011) nutzte er Google-Satellitenbilder, um geheime Anlagen auf der ganzen Welt ausfindig zu machen, die auf herkömmlichen Karten nicht verzeichnet sind. Mit derselben Technik kombinierte er Fotos aus Hunderten von Screenshots von hochaufgelösten Satellitenbildern, um diese irritierende und dystopische Vision der industriellen Viehzucht in Amerika zu schaffen; die endgültige Datei hatte eine Größe von drei Gigabyte. Henner arbeitet weitgehend von seinem Wohnsitz in Großbritannien aus und reist nur durch die Nutzung des Internets an weit entfernte Orte: „Wenn Sie mir zwei Wochen lang folgen würden, würden Sie im Traum nicht darauf kommen, was ich als Fotograf mache. Es ist etwas Neues; eine Verschmelzung von Informationssammlung, Datenzusammenführung, Bilderzeugung und Komprimierung."

Michael Wolf (1954–2019)

Michael Wolf, ursprünglich Fotojournalist, untersuchte in seinen letzten Lebensjahren, welch überraschende Reihungen Google Street View aufzeigen kann. Er verbrachte Stunden damit, die Kartierungsplattform mit dem Auge eines klassischen Straßenfotografen zu durchsuchen und Screenshots anzufertigen, deren geometrische Strukturen faszinierende Bilder ergaben. Er sammelte die Arbeiten in seinem Buch *Eine Serie zufälliger Ereignisse* (2011) und hinterfragte die Rolle von Fotografen als Beobachter. Er schuf noch weitere Werke aus vorgefundenen Bildern, darunter *F*** You*, das aus Screenshots von Menschen besteht, die der Kamera den Finger zeigen.

UNTEN. Alexander Chadwick – *7/7 London: Evakuierung von Reisenden* (2005)
Am Morgen des 7. Juli 2005 nahm Alexander Chadwick die Londoner Piccadilly-Line (U-Bahn-Linie) und fuhr zur Arbeit, als eine Bombe explodierte und die Bahn zum Stehen brachte. Die Explosion war Teil eines geplanten terroristischen Selbstmordattentats in London, das auf öffentliche Verkehrsmittel abzielte. Chadwick benutzte sein Mobiltelefon, um diese dramatische Szenerie aufzuzeichnen; das unscharfe und heruntergerechnete Bild bildet das Chaos und die Angst vor der Situation ab. Es wurde im Internet und in den Printmedien wie *The Times* und *New York Times* und vielen anderen Zeitungen veröffentlicht. Mehr als 20 Videos und 1000 Bilder wurden von Überlebenden an diesem Tag an die BBC-Nachrichtenredaktion geschickt.

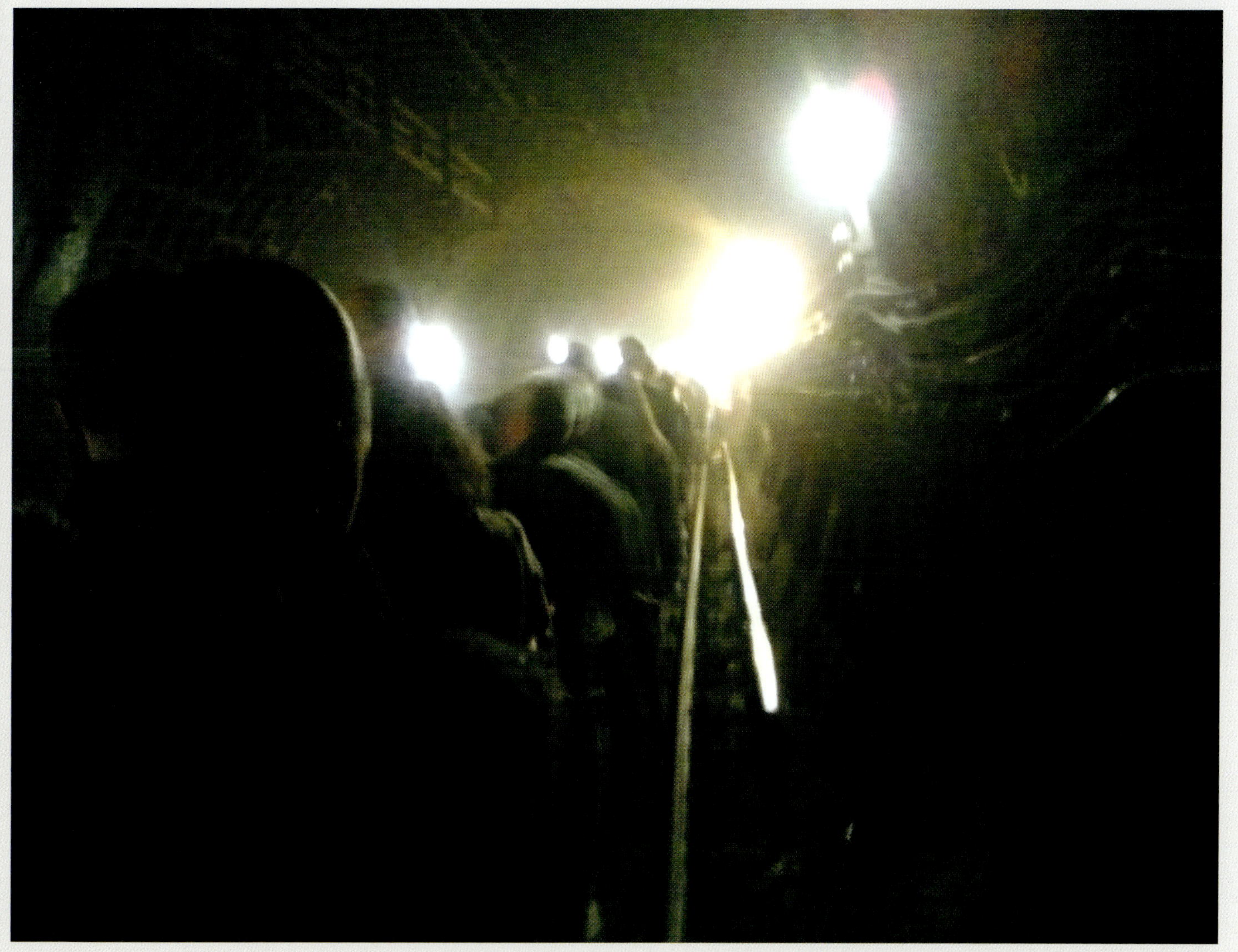

Glossar

35-mm-Film (Kleinbild)
Das ursprünglich für den Bewegtfilm eingeführte Format wurde 1909 standardisiert, für die Aufnahme von Fotografien übernommen und schließlich zum populärsten Filmformat mit Standardnegativen oder Dias von 24 × 36 mm. Format und Größe wurden bei Vollformat-Digitalkameras beibehalten.

Albumin-Druck
Aus Eiweiß gewonnenes Albumin wurde erstmals 1848 für Trockenplatten verwendet, bevor es 1851 durch das Kollodium-Nassplatten-Verfahren abgelöst wurde. Weitaus besser funktionierte das Auftragen von Albumin auf Papier, dort bildete es eine glatte Fläche für die Fotoemulsion. Beschrieben wurde dieses Verfahren 1850 von Louis Désiré Blanquart-Evrard; Albuminpapier blieb bis in die 1890er Jahre beliebt.

Anonyme Fotografien
Bilder, die meist von Amateuren oder „Unbekannten" gemacht werden und oft Familienmitglieder oder Personen in alltäglichen und häuslichen Situationen darstellen. Banalität, Humor oder fotografische Fehler und gelegentlich auch ihr künstlerischer Wert können ihnen Qualität oder Charme verleihen. Sie sind für Sammler und Galerien von besonderem Interesse.

Autochromverfahren
1904 von Auguste und Louis Lumière patentiert und ab 1907 hergestellt. Erstes anwendbares Farbverfahren, bei dem gefärbte Stärkekörner und eine panchromatische Emulsion verwendet wurden, um Farbdiafilme mit einer bestimmten Farbpalette herzustellen. Die Produktion wurde in den 1930er Jahren eingestellt.

Belichtung
Kontrollierte Einwirkung von Licht auf ein empfindliches Material; in der Kamera durch Verschluss und Blende gesteuert.

Beschneiden
Ändern des Bildausschnitts eines Fotos, Negativs oder digitalen Bildes zur Verbesserung der Komposition, Anpassung an eine Darstellungsmethode oder zum Entfernen unerwünschter Bildelemente.

Blende
Öffnung, durch die Licht auf empfindliches Material oder einen Sensor einfällt. Sie befindet sich in der Regel hinter oder innerhalb der Objektivfassung. Ursprünglich abnehmbare Festblenden, heute als variable Irisblenden. Die Blendenöffnung wird in der Blendenzahl *f* angegeben.

Camera lucida
Optisches Gerät mit Prisma, mit dem eine Ansicht oder ein Motivbild in seinen Konturen auf ein Zeichenpapier projiziert werden kann, um es nachzuzeichnen. Es wurde 1807 von William Hyde Wollaston patentiert.

Camera obscura
Optisches Gerät, das während der Renaissance in Gebrauch war. Es besteht aus einem Kasten oder einem abgedunkelten Raum mit einer Öffnung an einer Seite, durch die ein Bild auf die gegenüberliegende Seite projiziert wird. Es wurde als Zeichenhilfe verwendet, weil es die Perspektive wahrte. Im 18. Jahrhundert nutzte man unter Verwendung von Linsen und eines um 45 Grad geneigten Spiegels kleinere, tragbare Geräte.

Chromogenes Verfahren
Durch ein farbstoffbildendes Verfahren hergestellter Druck, auch Farbkuppler-Druck. Das Verfahren wurde Mitte der 1930er Jahre entwickelt und ist die Grundlage für viele moderne Farbfotomaterialien auf Silberbasis, wie Kodachrome, Ektachrome, Kodacolor und Agfacolor für Negative und auch Direktpositive. Die Abzüge werden oft fälschlicherweise als C-Prints bezeichnet, womit eigentlich ein chromogenes Papier namens Kodak Color Print Material Typ C gemeint ist, das von 1955 bis ca. 1959 erhältlich war.

Chronofotografie
Methode zur Bewegungserfassung, bei der in regelmäßigen Abständen Standbilder aufgenommen werden. Sie wurde in den frühen 1870ern unter anderem von Étienne-Jules Marey (S. 85) und Eadweard Muybridge (S. 51) entwickelt. Muybridge konnte 1877 durch Chronofotografie Mareys Behauptung belegen, dass ein Pferd im Trab alle vier Hufe gleichzeitig vom Boden hebt.

Collotypie
Rasterloses Druckverfahren, auch „Lichtdruck", das 1856 von Louis-Alphonse Poitevin erfunden wurde und in den 1870er bis 1920er Jahren populär war.

Cyanotypie
Ein von Sir John Herschel erfundenes, 1842 vorgestelltes Verfahren, auch Eisenblaudruck. Das Verfahren ist einfach und ergibt ein Bild in charakteristischem (Berliner) Blau auf Papier oder Stoff. Von den 1840er bis in die 1880er Jahre wurde es für die Reproduktion von architektonischen oder technischen Zeichnungen genutzt.

Daguerreotypie
Die Daguerreotypie wurde am 7. Januar 1839 vorgestellt und im August 1839 zur weltweiten Nutzung freigegeben (außer in England und Wales, dort war sie patentiert). Das Verfahren ergab ein einzigartiges Bild auf einer versilberten Kupferplatte und war bis Mitte der 1850er populär, in den USA noch länger, bis es durch das lichtempfindlichere nasse Kollodiumverfahren abgelöst wurde.

Digitalabzug
Abzug, der entweder von einem konventionellen Negativ oder einer digitalen Datei durch einen Digitaldrucker erstellt wird. Es gibt digitale Drucktechniken der bildenden Kunst sowie Tintenstrahl- und Laserdruck.

Dokumentarfotografie
Eine fotografische Darstellung der realen Welt, die das Motiv unverfälscht und objektiv darstellen soll. Frühe Arbeiten erstellten Maxime du Camp vom Nahen Osten (S. 54), Roger Fenton von der Krim (S. 57) und Mathew Brady (S. 62) vom amerikanischen Bürgerkrieg. Ein wichtiges Subgenre ist die sozialdokumentarische Fotografie, die

das menschliche Dasein in einem breiteren Kontext festhält. Beispiele reichen von Thomas Annan im Glasgow der 1860er (S. 73) über Jacob Riis im Amerika der 1890er (S. 92) bis zu den Fotografen der Farm Security Administration der 1930er Jahre (S. 149).

Doppelbelichtung
Aufnahme von zwei überlagerten Bildern auf demselben Stück lichtempfindlichen Materials als Fehler oder absichtlich als Teil des kreativen Prozesses.

Dunkelkammer
Ein Raum in völliger Dunkelheit, nur durch rote oder orangefarbene Dunkelkammerleuchten erhellt, sodass lichtempfindliche Materialien wie Film oder Papier verarbeitet, abgezogen oder entwickelt werden können, ohne von unerwünschtem Licht befallen zu werden.

Düsseldorf Schule
Eine Gruppe von Studenten, die Mitte der 1970er Jahre an der Düsseldorfer Kunstakademie bei den einflussreichen Fotografen Bernd und Hilla Becher studierte und klare, objektive Schwarz-Weiß-Bilder industrieller Bauten schuf (S. 12). Zu den bekanntesten Studenten gehörten Thomas Struth und Andreas Gursky (S. 239).

Emulsion
Lichtempfindliches Kolloid, das gewöhnlich aus Silberhalogenidkörnchen in einer Gelatineschicht besteht und dünn auf Glas-, Film- oder Papierträger aufgetragen wird.

Fachkamera
Meist eine Großformatkamera, die in der Regel seitliche und vertikale Bewegungen sowie eine Schwenk- oder Neigungsverstellung an der Objektiv- und/oder Filmstandarte ermöglicht. Traditionell wurde das Bild auf einer Glasplatte der Filmstandarte betrachtet, die später durch ein Digitalrückteil mit Monitor ersetzt wurde.

Farbtransferverfahren
Subtraktives Verfahren zur Herstellung von Farbabzügen von Farbpositiven oder -negativen, das ursprünglich schon 1875 entdeckt, von Eastman Kodak 1935 verbessert und 1946 als Farbtransferverfahren wieder eingeführt wurde und trotz seiner Komplexität sehr erfolgreich war und attraktive, dauerhafte Drucke mit starken Farben erzeugte.

Filter
Ein farbiges oder neutrales Glas (oder Kunststoff), das normalerweise vor dem Kameraobjektiv angebracht werden kann. Einige Filter beeinflussen das einfallende Lichtspektrum, andere (wie Neutraldichte- oder Polarisationsfilter) beeinflussen die Lichtabsorption auf andere Weise.

Fotobuch
Traditionell als fotografisch illustriertes Buch, dann als Bildband bezeichnet, ist ein Fotobuch seit den 1980er Jahren die populäre Bezeichnung für ein Buch, in dem Fotografien einen wesentlichen Beitrag zum Inhalt leisten. Wichtige Beispiele sind Henri Cartier-Bressons *Der entscheidende Augenblick* (1952) und Martin Parrs *The Last Resort* (1986). Der Begriff wird im Handel auch für digital gedruckte Bücher in Einzel- oder Kleinstauflagen verwendet.

Fotogramm
Ein Bild, das ohne Kamera oder Objektiv erzeugt wird, indem ein undurchsichtiger, durchscheinender oder transparenter Gegenstand zwischen, oft direkt auf einem Stück Fotopapier oder -film und einer Lichtquelle platziert wird. Fotogramme gehörten zu den frühesten fotografischen Werken von Thomas Wedgwood und Humphry Davy sowie William Henry Fox Talbot, der sie fotogene Zeichnungen nannte. In den 1920er Jahren wurden sie durch Man Ray, der sie als Rayographien bezeichnete, als kreative Technik wieder populär.

Fotogravüre
Fotomechanisches Tiefdruckverfahren zur schnellen und qualitativ hochwertigen Vervielfältigung von Fotografien; Feinzeichnung und Ton bleiben auf dem Papier erhalten.

Fotojournalismus
1924 geprägter Begriff zur Beschreibung einer Folge von Fotografien, bei denen die fotografische Reportage im Vordergrund stand und die im Unterschied zur Presse- oder Nachrichtenfotografie sowohl fotografische als auch journalistische Fähigkeiten erforderte. Sie florierte mit dem Aufkommen illustrierter Magazine wie *Picture Post* und *Life* in den 1920ern bis in die 1960er und ist heute in Zeitungsbeilagen zu sehen.

Fotomontage
Durch Zusammenfügen mehrerer Bilder (manchmal verschiedener Medien), durch Ausschneiden und Einfügen, Projektion oder digitale Techniken entstandenes Bild.

Hinterleuchtung
Das Motiv wird von hinten beleuchtet, normalerweise in Verbindung mit anderen Leuchten verwendet, kann aber das Motiv auch von einem dunklen Hintergrund abheben oder einen Halo-Effekt um das Motiv herum erzeugen.

Humanistische Fotografie
Fotografisches Genre, das den Menschen in seinem Alltag zeigt und die beschreibende Kraft und emotionale Unmittelbarkeit der Fotografie nutzt, um den Betrachter zu informieren. Besonders beliebt war sie bei den französischen Fotografen der 1930er bis 1960er Jahre; beeinflusste weitere Genres der Fotografie.

inszenierte Fotografie
Gestellte, vor der Kamera inszenierte Szene oder Performance, ähnlich den *tableaux vivants* (lebenden Bildern); als Studioporträts oder Szenarien mit vielen Personen, die vom Fotografen positioniert bzw. angewiesen werden.

Kalotypie
Von William Henry Fox Talbot am 8. Februar 1841 in England und Wales patentiertes fotografisches Verfahren, auch Talbotypie. Das Verfahren war eine bedeutende Verbesserung von Talbots fotogenischen Zeichnungen und verwendete Silberjodid und Gallussäure, um die Lichtempfindlichkeit zu erhöhen. Nach der Belichtung wurde das Papier zur Herstellung eines Negativs entwickelt und dann chemisch fixiert. Die Kalotypie war das erste Negativ/Positiv-Verfahren und ist die Grundlage der modernen Fotografie.

Kameraperspektive
Beschreibt die Position der Kamera relativ zum Motiv. Der Standort der Kamera und die Art des verwendeten Objektivs bestimmen, wie der Betrachter das Motiv wahrnimmt.

Kodachrome
Ein 1933 von Leopold Mannes und Leopold Godowsky Jr. erfundener und 1935 von Eastman Kodak eingeführter Farbdiafilm in den Formaten 35mm, Planfilm und Kinofilm. Für viele Fotografen ein Standard,

an dem alle anderen Formate gemessen wurden. Die Herstellung wurde 2009 eingestellt.

Kohledruck
Schon bevor ihn Sir Joseph Swan 1864 patentieren ließ, wurden Kohleverfahren beschrieben. Swans Pigmentdruck wurde 1865 eingeführt und hatte kommerziellen Erfolg, weil es Fotografen gebrauchsfertige Materialien bot. Die Patente wurden von der Autotype Company aufgekauft. Kohledrucke sind beständig und verblassen nicht. Sie haben in der Regel eine matte Oberfläche und changieren von Schwarz über Grau bis Sepia und anderen Tönen.

Kollodiumverfahren
Ein trockenes oder häufiger nasses Verfahren, bei dem Kollodium als Trägermedium einer lichtempfindlichen Emulsion verwendet wird. Das Kollodium-Nassplatten-Verfahren wurde 1851 von Frederick Scott Archer beschrieben, kam nach einer Weiterentwicklung ab ca. 1854 zur breiten Anwendung und blieb es bis in die 1870er Jahre. Kollodium wurde auch zur Herstellung von Direktpositiven auf Glas (Ambrotypie) und Eisenblech (Ferrotypie) verwendet.

Kombinationsdruck
Zwei oder mehr fotografische Negative oder Abzüge werden zur Herstellung eines einzigen Bildes verwendet. Das Verfahren wurde 1852 von Hippolyte Bayard angeregt, um Belichtungsdefizite in Himmel-Bereichen zu kompensieren. Erstmals gezeigt wurde es 1855 von William Lake Price. Oscar Gustave Rejlanders *Two Ways of Life* (S. 70) von 1857 und Henry Peach Robinsons *Dahinschwinden* (S. 61) von 1858 sind die bekanntesten Beispiele. In den 1920er und 1930er Jahren wurde diese Technik zur Erstellung surrealer Werke wiederbelebt; digitale Techniken machten sie obsolet.

Kombi-Objektiv
Objektiv, das aus zwei verschiedenen, meist fest miteinander verbundenen Objektiven kombiniert ist.

Kunstfotografie
Künstlerische Arbeit, die von einem Fotografen als Kunstwerk angefertigt wird und in der Regel zum Verkauf bestimmt ist.

Kupferplatte
Bei Tiefdruckverfahren verwendete Druckplatte, die geätzt oder gestochen wird, um die auf das Papier zu übertragende Tinte aufzunehmen. Üblicherweise aus Kupfer oder Zink hergestellt, jedoch als „Kupferplatte" bezeichnet.

Laufbodenkamera
Meist großformatige Kameras, deren Objektivrahmen auf einem klappbaren Laufboden (Schienen) verschoben und zum besseren Transport wieder eingefahren werden kann.

Mammutformat
Ein übergroßes Format fotografischer Platten von etwa 18 × 21 Zoll, das von Landschaftsfotografen des 19. Jahrhunderts wie Carleton E. Watkins (S. 6) und William Henry Jackson (S. 73) verwendet wurde, die den amerikanischen Westen in Bildern erschlossen. Einige zeitgenössische Fotografen verwenden die sehr großen Formate noch.

Nachbearbeitung
Bearbeitung eines Negativs oder eines Abzugs nach Abschluss des eigentlichen Entwicklungsprozesses. Im digitalen Zeitalter wird der Begriff eher mit Anpassungen verbunden, die an der Raw-Datei mittels Software wie Photoshop vorgenommen werden.

Nahlinse
Zusatzobjektiv an einem Kameraobjektiv, das die Brennweite verändert. Bei Nahaufnahmen verkürzt eine Positivlinse die Brennweite so, dass sie im Verhältnis zum Abstand zwischen Objektiv und Objekt verringert wird

Piktorialismus
Dieser Begriff, ab dem späten 19. Jahrhundert verwendet und bis zum Ersten Weltkrieg populär, beschreibt einen kunstfotografischen Stil. Der Piktorialismus war Teil einer größeren Debatte über Kunst und Fotografie, die Fotografen seit den 1850er Jahren beschäftigte, und eine Reaktion auf das leichtfertige Fotografieren ab Mitte der 1880er. In den 1920er Jahren wich der Piktorialismus dem Realismus und der Objektivität in der Fotografie, obwohl er nie ganz verschwand und das Interesse an ihm bis heute anhält.

Polaroid
Die Polaroid Corporation wurde 1937 von Edwin Land gegründet, um Polarisationsfolien für dreidimensionale Anwendungen herzustellen. 1948 brachte Land die Polaroid-Kamera Modell 95 auf den Markt, die erste Sofortbildkamera. 1963 wurde der Farbsofortfilm und 1972 die Polaroid-Kamera SX70 eingeführt, die echte Sofortbilder ohne Abziehen oder anschließendes Beschichten des Fotos ermöglichte. Die 1978 erfolgte Einführung des Polavision-Systems für Sofortbildfilme scheiterte, da Verbraucher das Video attraktiver fanden. Im Jahr 2001 beantragte das Unternehmen Insolvenzschutz nach „Chapter 11", ist inzwischen aber wieder am Markt.

PE-Papier
Ein Fotopapier, das beidseitig mit pigmentiertem Polyethylen (PE) versiegelt und auf einer Seite mit der lichtempfindlichen Emulsion beschichtet ist. PE-Papier nimmt weder Wasser noch Chemikalien auf und lässt sich schnell verarbeiten und trocknen. Es wurde ab ca. 1968 eingeführt. Bei klassischem Rohpapier (Barytpapier) wird die Emulsion vom Papier absorbiert, was dem Bild mehr Tiefe verleiht. Es ist archivtauglicher als PE-Papier und wird von Fotokünstlern meist bevorzugt.

Rahmen
Dieser Begriff kann in der Fotografie einen aus verschiedenen Materialien bestehenden Bilderrahmen, den durch den Kamerasucher gesehenen Bildausschnitt oder (in der engl. Entsprechung „frame") ein Einzelbild einer ganzen Serie oder eines Films bezeichnen.

Retusche
In der analogen Verarbeitung: Korrekturen, die mit einem Pinsel oder Messer am Negativ oder Abzug vorgenommen wurden, um Elemente zu entfernen oder hinzuzufügen. Mit dem Aufkommen des digitalen Arbeitens werden diese und andere Korrekturen von einer Software übernommen, von denen Photoshop die bekannteste ist.

Rollfilm
Lichtempfindlicher Film auf einem Träger wie Papier, der auf eine Spule aufgerollt ist und bei Tageslicht in eine Kamera geladen werden kann. Zellulosenitrat-Rollfilm wurde 1889, Filmpatronen 1891 und papierbeschichteter Film, der noch heute produziert wird, 1892 kommerziell eingeführt. Seither wurden verschiedene Rollfilmformate und -längen produziert, am bekanntesten sind Typ 120, 620 und 127.

Ab 1934 wurde Sicherheitsfilm auf Acetatbasis verwendet, Ende der 1940er mit Tri-Acetat, seit den 1980ern mit Polyester.

Salzdruck
Von William Henry Fox Talbot um 1834 entwickeltes fotografisches Verfahren („fotogenische Zeichnung") mit Chlorsilber. Talbot verwendete in Kochsalz getränktes Papier, das getrocknet und mit Silbernitrat bestrichen, dann belichtet und anschließend mit einer Kochsalzlösung oder später mit Natriumthiosulfat fixiert wurde.

Sättigung
Einstellung bei Digitalkameras oder in einer Bildbearbeitungssoftware, die die Intensität der Farbe im Verhältnis zu ihrer eigenen Helligkeit anpasst. Ein entsättigtes Bild erscheint in Grautönen.

Schärfentiefe
Durch die Kamera als scharf wahrgenommener Bildbereich, durch dessen Manipulation per Vergrößerung oder Verkleinerung (seit Erfindung der Fachkameras möglich) das Bildergebnis kreativ beeinflusst werden kann.

Schnappschüsse
Ungestellte Bilder, die oft ohne Kenntnis des Motivs aufgenommen wurden. Sie wurden durch kleine Handkameras möglich. Der erste Schnappschuss stammt angeblich von 1892. 1930 verwendete die *Weekly Graphic* erstmals den Begriff „candid photographs".

Silbergelatine-Print
Auch Silbergelatine-Abzug; seit den frühen 1870ern gängiges, manuelles Verfahren zur Herstellung eines Fotoabzugs unter Verwendung von Gelatine als Kolloid. In jüngerer Zeit wurde der Begriff auf dem Fotokunstmarkt verwendet, um traditionell gefertigte Handabzüge von Digitaldrucken zu unterscheiden.

Solarisation
In der Dunkelkammer oder digital erzielter fotografischer Effekt, durch den die Helligkeitswerte eines Bildes auf einem Negativ oder Abzug ganz oder teilweise umgekehrt werden. Dunkle Bereiche erscheinen hell und helle Bereiche dunkel. Er kann als Fehler entstehen oder bewusst erzeugt werden.

Stereoskop
Binokulares optisches Hilfsmittel zur stereoskopischen Betrachtung, sodass das Stereobildpaar als ein einziges räumliches Bild wahrgenommen wird; Ausführungen sind z. B. das Spiegelstereoskop von Wheatstone (1838), die Zweiobjektiv-Kamera von Brewster (1838, populär ab ca. 1849) und die Holmes-Bauform mit Schärfeeinstellung (ca. 1895).

Stereoskopie
Zwei nebeneinander abgebildete Fotografien zur räumlich wirkenden Betrachtung mit einem Stereoskop. Der Begriff bezieht sich auf jedes Medium, das zur Erstellung eines solchen Bildpaares verwendet wird, kann jedoch konkretisiert werden, z. B. Stereo-Daguerreotypie.

Straight Photography
Fotografischer Stil, bei dem eine Szene oder ein Sujet so realistisch und objektiv wie möglich abgebildet wird. Die „reine Fotografie" lehnt jeden Einsatz von Manipulation ab; der Begriff tauchte erstmals in den 1880er Jahren als Reaktion auf den Piktorialismus auf. Im Jahr 1932 definierte ihn die Gruppe *f*/64 so: „Als reine Fotografie gilt, was weder technisch, gestalterisch noch gedanklich Anleihen bei einer anderen Kunstform nimmt."

Straßenfotografie
Stil der Dokumentarfotografie mit Sujets im öffentlichen Raum. Die Straßenfotografie wurde ab den 1890er Jahren mit der Einführung von Handkameras populär. Seit den frühen 2000er Jahren wird das Genre wieder mehr genutzt.

Tintenstrahldruck
Ein Druckbild, das aus winzigen Tintentröpfchen besteht, die mithilfe elektromagnetischer Felder unter Druck auf Papier aufgeschossen werden. Die Technik wurde ab den 1950er Jahren genutzt und in den 1970ern für den digitalen Fotodruck weiterentwickelt.

Trockenplattennegativ
Obwohl schon Ende der 1850er eingeführt, wurden Trockenplatten erst in den frühen 1870ern mit größerem Erfolg verwendet und verdrängten die Kollodium-Nassplatten. Trockenplatten übertrafen die Empfindlichkeit von Nassplatten und waren bequemer in der Anwendung.

Überbelichtung
Belichtung von lichtempfindlichem Material mit zu viel Licht. Bei Negativfilmen hat dies eine Zunahme des Licht- und Schattenkontrasts und des Negativdichteumfangs zur Folge. Sie erfordern dann längere Entwicklungszeiten und die Aufnahmen wirken körniger.

Unterbelichtung
Belichtung von lichtempfindlichem Material mit zu wenig Licht; resultiert beim Negativ in einer geringeren Dichte und damit in einem Verlust von Kontrast und Zeichnung in den dunkleren Bildbereichen. Beim Dia führt es zu einer höheren Dichte.

Wachspapiernegativ
Das Wachsen – meist mit Bienenwachs – oder Ölen von Negativen, das William Henry Fox Talbot bei seinen Kalotypien vornahm, sollte ihre Transluzenz verbessern und mangelnde Schärfe ausgleichen. 1851 schlug Gustave Le Gray vor, den Papierträger des Negativs zu wachsen, bevor es sensibilisiert wurde. Die fertigen Negative boten mehr Zeichnung und einen höheren Tonwertumfang, vergleichbar mit der Kollodium-Nassplatte, die Glas als Träger nutzt.

Weitwinkelobjektiv
Objektiv mit kurzer Brennweite, um einen größeren Bildwinkel zu ermöglichen.

Woodburytypie
Prozess und Ergebnis eines fotomechanischen Tiefdruckverfahrens. Es wurde 1864 von Walter B. Woodbury entwickelt und von 1866 bis ca. 1900 für Buchillustrationen genutzt. Es war kommerziell erfolgreich und in der Lage, die Zeichnung und den Tonwertumfang einer Fotografie wiederzugeben.

Zonensystem
Verfahren zur Optimierung der Negativerstellung, das die Kluft zwischen Sensitometrie und kreativer Fotografie überbrücken sollte. Es wurde 1939-1940 von Ansel Adams und Fred Archer entwickelt und stützte sich auf empirische Tests von Negativen und Papier, um Informationen über deren Eigenschaften zu erhalten und Fotografen eine Bestimmung der Beziehung zwischen der Visualisierung des Motivs und der fertigen Abbildung zu erleichtern.

Weiterführende Literatur

Abbott, Berenice und **Yochelson, Bonnie**, *Berenice Abbott: Changing New York*, The New Press, 1997

Agee, James und **Evans, Walker**, *Let Us Now Praise Famous Men*, Houghton Mifflin, 1941

Arthus-Bertrand, Yann, *Die Erde von oben*, Frederking & Thaler, 1999

Badger, Gerry und **Parr, Martin**, *The Photobook: A History*, Volumes I, II, III, Phaidon, 2004, 2009, 2014

Bain Hogg, Jocelyn, *The Firm*, Westzone Publishing, 2001

Bajac, Quentin, *Die große Geschichte der Photographie Band I–III*, Schirmer/Mosel, 2017

Barthes, Roland, *Die helle Kammer*, Suhrkamp, 2009

Barthes, Roland, *Auge in Auge. Kleine Schriften zur Photographie*, Suhrkamp, 2015

Bate, David, *Photography (The Key Concepts)*, Berg, 2009

Becher, Bernd und **Hilla**, *Grundformen*, Schirmer/Mosel 2019

Billingham, Richard, *Ray's a Laugh*, Scalo, 1996

Brassaï, *Paris de Nuit* (Paris by Night), Arts et Métiers Graphiques, 1932

Brauchitsch, Boris von, *Kleine Geschichte der Fotografie*, Reclam, 2018

Brothers, Caroline, *War and Photography: A Cultural History*, Routledge, 1997

Burgin, Victor (Hg.), *Thinking Photography*, Macmillan, 1982

Campany, David, *Kunst und Fotografie*, Phaidon, 2005

Campany, David, *David Campany: So present, so invisible: Conversations on photography*, Contrasto, 2018

Capa, Robert und **Whelan, Richard**, *Robert Capa. Die Sammlung*, Phaidon, 2005

Cartier-Bresson, Henri, *The Decisive Moment*, Steidl Verlag, 2018

Cotton, Charlotte, *Fotografie als zeitgenössische Kunst*, Deutscher Kunstverlag, 2011

Davidson, Bruce, *East 100th Street*, Harvard University Press, 1970

Eggleston, William, *William Eggleston's Guide*, Museum of Modern Art, 2002

Elkins, James, *What Photography Is*, Routledge, 2011

Emerson, P. H., *Naturalistic Photography for Students of the Art*, Searle & Rivington, 1889

Evans, Walker, *American Photographs. The Museum of Modern Art*, Schirmer/Mosel, 2012

Frank, Robert, *Die Amerikaner*, Steidl Verlag, 2008

Franklin, Stuart, *The Documentary Impulse*, Phaidon, 2016

Frizot, Michel, *Neue Geschichte der Fotografie*, Könemann, 1998

Fulton, Marianne, *Eyes of Time: Photojournalism in America*, Little, Brown & Co., 1988

Gardner, Alexander, *Gardner's Photographic Sketch Book of the Civil War*, Dover, 1959

Goldin, Nan, *The Ballad of Sexual Dependency*, Aperture, 2005

Hacking, Juliet (Hg.), *Fotografie: Die ganze Geschichte*, DuMont, 2012

Jeffrey, Ian: *Photographie – Sehen, betrachten, deuten*, Schirmer/Mosel, 2009

Jones Griffiths, Phillip, *Vietnam Inc.*, Macmillan, 1971

Kemp, Wolfgang und **Amelunxen, Hubert von**, *Theorie der Fotografie Band I–IV, 1839–1995 [komplett in einem Band]*, Schirmer/Mosel, 2014

Klein, William, *Life is Good & Good for You in New York*, Editions du Seuil, 1956

Koudelka, Josef, *Gypsies*, Aperture, 2011

la Grange, Ashley, *Basic Critical Theory for Photographers*, Focal Press, 2005

Linfield, Susie, *The Cruel Radiance: Photography and Political Violence*, University of Chicago Press, 2010

Loiseaux, Olivier und **Fumey, Gilles**, *Die Entdeckung der Welt. Frühe Reisefotografien von 1850 bis 1914*, Prestel, 2019

Lowe, Paul, *Meisterklasse Fotografie. Die Kreativgeheimnisse der großen Fotografen*, Prestel, 2017

Lyon, Danny, *The Bikeriders*, The Macmillan Company, 1968

Meiselas, Susan, *Nicaragua*, Pantheon Books, 1981

Meyerowitz, Joel, *Cape Light*, Little Brown & Company, 1978

Muybridge, Eadweard, *Descriptive Zoopraxography, or the Science of Animal Locomotion Made Popular*, University of Pennsylvania, 1893

Nachtwey, James, *Deeds of War*, Thames & Hudson, 1989

Nasmyth, James, *Der Mond. Betrachtet als Planet, Welt und Trabant*, Voss, 1876

Newhall, Beaumont, *The History of Photography from 1839 to the Present Day*, Museum of Modern Art, 1978

Panzer, Mary, *Mathew Brady and the Image of History*, Smithsonian Books, 2004

Panzer, Mary, *Things As They Are: Photojournalism in Context Since 1955*, Aperture, 2007

Parks, Gordon, *Half Past Autumn: A Retrospective*, Bulfinch Press, 1997

Parr, Martin, *The Last Resort. Fotografien von Brighton*, Kehrer Verlag, 2009

Peress, Gilles, *Telex Iran*, Aperture, 1984

Polidori, Robert, *After the Flood*, Steidl Verlag, 2006

Robinson, Henry Peach, *Der malerische Effect in der Photographie als Anleitung zur Composition und Behandlung des Lichtes in Photographien*, Knapp, 1886

Ruscha, Ed, *Twentysix Gasoline Stations*, National Excelsior Press, 1963

Salgado, Sebastião, *Genesis*, Taschen, 2019

Schaaf, Larry J., *Sun Gardens. Cyanotypes by Anna Atkins*, Prestel, 2018

Shore, Stephen, *Uncommon Places – Amerika*, Schirmer/Mosel, 2004

Shore, Stephen, *Das Wesen der Fotografie. Ein Elementarbuch*, Phaidon, 2009

Sontag, Susan, *Über Fotografie*, Fischer Verlag, 1980

Sternfeld, Joel, *American Prospects*, Steidl Verlag, 2019

Sultan, Larry und **Mandel, Mike**, *Evidence*, DAP, 2017

Szarkowski, John, *Looking at Photographs: 100 Pictures from the Collection of the Museum of Modern Art*, Bulfinch Press, 1999

Talbot, William Henry Fox, *The Pencil of Nature / Der Zeichenstift der Natur*, Nachdruck der Ausg. von Longman, Brown, Green & Longmans 1844, Hogyf Edition, 1998

Thomson, John, *Street Life in London*, Sampson Low, Marston, Searle and Rivington, 1877

Trachtenberg, Alan (Hg.), *Classic Essays on Photography*, Leete's Island Books, 1980

Trachtenberg, Alan, *Reading American Photographs: Images as History Mathew Brady to Walker Evans*, Hill and Wang, 1989

Warner Marien, Mary, *Photography: A Cultural History*, Laurence King, 2014

Webb, Alex, *Hot Light / Half-Made Worlds*, Thames & Hudson, 1986

Weber, Donald und **Bondar, Arthur**, *Barricade. The EuroMaidan Revolt*, Schilt Publishing, 2015

Weegee, *Naked City*, Da Capo Press, 1945

Wegman, William, *Menschen wie wir*, Schirmer/Mosel, 2017

Wenders, Wim, *Written in the West, Revisited*, Schirmer/Mosel, 2015

Wood, Tom, *Looking for Love*, Cornerhouse, 1989

Index

Verweise auf Abbildungen sind **fett** gedruckt.

Bildnachweis

Die Herausgeber danken Museen, Künstlern, Archiven und Fotografen für die freundliche Erlaubnis zum Abdruck der in diesem Buch vorgestellten Werke. Es wurden alle Anstrengungen unternommen, um alle Urheberrechtsinhaber zu ermitteln. Falls dabei Fehler unterlaufen sind, würden sich die Herausgeber freuen, diese bei der erstbesten Gelegenheit zu beheben. oben = **o**; unten = **u**; links = **l**; rechts = **r**

6 The J. Paul Getty Museum, Los Angeles **7** © Henri Cartier-Bresson/Magnum Photos **8** Joe Rosenthal AP/Press Association Images **9** Courtesy CAAC – The Pigozzi Collection © Seydou Keïta/SKPEAC **10** Michael Ochs Archives/Getty Images **11** © Robert Adams, courtesy Fraenkel Gallery, San Francisco **12** Christie's Images, London/Scala, Florence. Copyright Estate Bernd & Hilla Becher **13** Courtesy Wikipedia.com/Zuma Press/PA Images **14** Ellen DeGeneres/Twitter via Getty Images **15** © Taryn Simon. Courtesy Gagosian **18** Science & Society Picture Library/SSPL/Getty Images **19** J. Paul Getty Museum, Los Angeles, gift of Samuel J. Wagstaff, Jr **20** GraphicaArtis/Archive Photos/Getty Images **21** Boyer/Roger Viollet/Getty Images **22** Universal History Archive/UIG/Getty Images **23 o** Science & Society Picture Library/SSPL/Getty Images **23 u** George Eastman House/Getty Images **24** Science & Society Picture Library/SSPL/Getty Images **25 o** Hulton Archive/Getty Images **25 u** Science & Society Picture Library/SSPL/Getty Images **26** Science & Society Picture Library/SSPL/Getty Images **27 o** Hulton Archive/Getty Images **27 u** Universal History Archive/UIG/Getty Images **28** Royal Photographic Society/SPPL/Getty Images **29 l** William Henry Fox Talbot/Getty Images **29 r** Science & Society Picture Library/SSPL/Getty Images **30** William Henry Fox Talbot/Getty Images **31** Société française de photographie **32** The J. Paul Getty Museum, Los Angeles **33** © Peter Fraser **34** Wikipedia.com **35 l** Library of Congress, LC-DIG-ppmsca-40464 **35 r** Collection Société française de photographie (coll. SFP) **36** SSPL/Getty Images **37 l** The J. Paul Getty Museum, Los Angeles **37 r** The J. Paul Getty Museum, Los Angeles **38** Photo © BnF, Dist. RMN-Grand Palais/image Bn **39** Photo © Centre Pompidou, MNAM-CCI, Dist. RMN-Grand Palais/Jacques Faujour **40** Hulton Archive/Getty Images **41 l** Museum für Kunst und Gewerbe Hamburg/Department of Photography and New Media **41 r** The Metropolitan Museum of Art/Art Resource/Scala, Florence **42** Universal History Archive/UIG via Getty Images **43 l** Southworth & Hawes/George Eastman House/Getty Images **43 r** Photo © RMN-Grand Palais (Musée d'Orsay)/Hervé Lewandowski **46** © Victoria and Albert Museum, London **47** The J. Paul Getty Museum, Los Angeles **48** Interim Archives/Getty Images **49** Sean Sexton/Hulton Archive/Getty Images **50** The New York Public Library **51 o** The J. Paul Getty Museum, Los Angeles **51 u** The J. Paul Getty Museum, Los Angeles **52** George Eastman House/Getty Images **53 o** The Metropolitan Museum of Art/Purchase, The Horace W. Goldsmith Foundation Gift, through Joyce and Robert Menschel, 1995 **53 u** Universal History Archive/UIG/Getty Images **54** The J. Paul Getty Museum, Los Angeles **55 l** Digital image, The Museum of Modern Art, New York/Scala, Florence **55 r** SSPL/Getty Images **56** Yokohama Museum of Art **57 l** The J. Paul Getty Museum, Los Angeles **57 r** Library of Congress, LC-USZC4-9217 **58** Digital image courtesy of the Getty's Open Content Program **59** Larry Burrows/Time Magazine/The LIFE Picture Collection/Getty Images **60** Photo © Paris – Musée de l'Armée, Dist. RMN – Grand Palais/Christian Moutarde **61 l** Google.com **61 r** SSPL/Getty Images **62** Tallandier/Bridgeman Images **63 l** Getty Images **63 r** Granger Historical Picture Archive/Alamy Stock Photo **64** SSPL/Getty Images **65** Hulton Archive/Getty Images **66** The J. Paul Getty Museum, Los Angeles **66 l** Wellcome Images **67 r** The Metropolitan Museum of Art/Gift of George Davis, 1948 **68** Alinari Archives, Florence/Alinari via Getty Images **69 l** The J. Paul Getty Museum, Los Angeles **69 r** SSPL/Getty Images **70** Google.com **71** Courtesy of the artist **72** © RAI **73 l** The J. Paul Getty Museum, Los Angeles **73 r** The J. Paul Getty Museum, Los Angeles **74** © Victoria and Albert Museum, London **75 l** Eugene Appert/Getty Images **75 r** IanDagnall Computing/Alamy Stock Photo **76** Courtesy of the artist and Metro Pictures, New York **77** Photo © BnF, Dist. RMN-Grand Palais/image BnF **78** George Eastman House/Getty Images **79 l** Science & Society Picture Library/SSPL/Getty Images **79 r** Royal Photographic Society/SPPL/Getty Images **80** The J. Paul Getty Museum, Los Angeles **81 o** The Society of California Pioneers, restored by Gawain Weaver **81 u** Photo © Beaux-Arts de Paris, Dist. RMN-Grand Palais/image Beaux-arts de Paris **82** SSPL/Getty Images **83** Galerie Bilderwelt/Getty Images **84** Library of Congress, LC-DIG-ppmsc-04884 **85 l** Roger-Viollet/Topfoto **85 r** Library of Congress, LC-DIG-ppmsca-13274 **86** The J. Paul Getty Museum, Los Angeles **87 l** Mary Evans Picture Library **87 r** The Library of Congress, LC-DIG-ds-07833 **88** © Archives de la Préfecture de Police. All rights reserved/Alphonse Bertillon **89** Weegee (Arthur Fellig)/International Center of Photography/Getty Images **90** The J. Paul Getty Museum, Los Angeles **91 l** The Marjorie and Leonard Vernon Collection, gift of The Annenberg Foundation, acquired from Carol Vernon and Robert Turbin (M.2008.40.2223.23). Los Angeles County Museum of Art **91 r** In the Twilight, 1890 (b/w photo), Sawyer, Lyddell (1856–1927)/British Library, London, UK/© British Library Board. All Rights Reserved/Bridgeman Images **92** Google.com **93 l** Library of Congress, LC-USZ62-44458 **93 r** Collection of Historic Richmond Town **94** The New York Public Library **95** Courtesy #NotABlugSplat **96** © Victoria and Albert Museum, London **97 l** © National Media Museum/Science & Society Picture Library – All rights reserved **97 r** The J. Paul Getty Museum, Los Angeles **98** Photo © BnF, Dist. RMN-Grand Palais/image BnF **99l** George Eastman House/Getty Images **99 r** V&A Images/Alamy Stock Photo **100** © National Science & Media Museum/Science & Society Picture Library – All rights reserved **101 l** Library of Congress, LC-USZC4-6184 **101 r** SSPL/Getty Images **104** The Museum of Modern Art, New York/Scala, Florence **105** The Museum of Modern Art, New York/Scala, Florence **106** Private Collection/Photo © Christie's Images/Bridgeman Images **107** NARA **108** The Metropolitan Museum of Art/Art Resource/Scala, Florence **109 o** The Washington Post/Getty Images **109 u** Library of Congress, LC-DIG-fsac-1a34140 **110** Ullstein Bild Dtl/Getty Images **111 o** bpk/Salomon/ullstein bild/Getty Images **111 u** PHAS/Universal Images Group/Getty Images **112** George Eastman House/Getty Images **113 l** Library of Congress, LC-USZC4-8176 **113 r** The J. Paul Getty Museum, Los Angeles **114** National Media Museum/Royal Photographic Society/SSPL/Getty Images **115 l** Library of Congress, LC-USZ62-112205 **115 r** © The Lartigue Foundation **116** Princeton University Art Museum/Art Resource NY/Scala, Florence **117** The Metropolitan Museum of Art/Art Resource/Scala, Florence. © The Estate of Edward Steichen/ARS, NY and DACS, London 2018 **118** George Shiras/National Geographic Creative **119 l** Universal History Archive/Getty Images **119 r** The J. Paul Getty Museum, Los Angeles **120** W. & D. Downey/Getty Images **121 l** Library of Congress, LC-DIG-prokc-21620 **121 r** Scott Polar Research Institute, University of Cambridge/Getty Images **122** SSPL/Getty Images **123** Neil Leifer/Sports Illustrated/Getty Images **124** Historic Collection/Alamy **125 o** Alfred Hind Robinson/Stringer **125 u** Universal History Archive/UIG via Getty Images **126** © J. Paul Getty Trust **127 l** Universal History Archive/Getty Images **127 r** SSPL/Getty Images **128** Photo © Centre Pompidou, MNAM-CCI, Dist. RMN-Grand Palais/Philippe Migeat **129** The Museum of Modern Art, New York/Scala, Florence. © DACS 2016 **130** Arthur S Mole & John D. Thomas/Chicago History Museum/Getty Images **131 l** The J. Paul Getty Museum, Los Angeles **131 r** Bettmann/Getty Images **132** Peter Horree/Alamy Stock Photo © Man Ray Trust/ADAGP, Paris and DACS, London 2018 **133 l** © 2018 G. Ray Hawkins Gallery, Beverly Hills, CA **133 r** Library of Congress, LC-DIG-npcc-09503 **134** © Horst **135** Horst P. Horst, Vogue © Condé Nast **136** © 2016. BI, ADAGP, Paris/Scala, Florence. © Man Ray Trust/ADAGP, Paris and DACS, London 2018 **137 l** Galerie Bilderwelt/Bridgeman Images **137 r** Museum of Fine Arts, Houston, Texas, USA/museum purchase funded by the Caroline Wiess Law Accessions Endowment Fund, The Manfred Heiting Collection./Bridgeman Images **138** Universal History Archive/UIG via Getty Images **139 l** Photo © Ministère de la Culture – Médiathèque du Patrimoine, Dist. RMN-Grand Palais/André Kertész **139 r** The Art Institute of Chicago, IL, USA / Julien Levy Collection, Special Photography Acquisition Fund / Bridgeman Images **140** The Metropolitan Museum of Art/Art Resource/Scala, Florence/© The Heartfield Community of Heirs/VG Bild-Kunst, Bonn and DACS, London 2018 **141** Photo © RMN-Grand Palais (Musée d'Orsay)/Hervé Lewandowski **142** Museo di Storia della Fotografia Fratelli Alinari, Florence/Alinari/Bridgeman Images **143 l** Photo © Centre Pompidou, MNAM-CCI, Dist. RMN-Grand Palais/Jacques Faujour/© Estate Brassaï – RMN-Grand Palais **143 r** Minneapolis Institute of Arts, MN, USA/The Stanley Hawks Memorial Fund/Bridgeman Images **144** © Archivo Manuel Álvarez Bravo, S.C. **145 l** © Tate, London 2018 **145 r** Oscar Graubner/The LIFE Images Collection/Getty Images **146** The Museum of Modern Art, New York/Scala, Florence. © Center for Creative Photography, The University of Arizona Foundation/DACS 2016 **147** The Museum of Modern Art, New York/Scala, Florence **148** © Robert Capa © International Center of Photography/Magnum Photos **149 l** Library of Congress LC-USF342-008147-A **149 r** Margaret Bourke-White/Time & Life Pictures/Getty Images **150** © The Lisette Model Foundation, Inc. (1983). Used by permission, courtesy of Bruce Silverstein Gallery **151 l** Anton Bruehl/Condé Nast via Getty Images **151 r** Fred Morley/Getty Images **152** © Getty Research Institute **153** Charles Sheeler/Conde Nast via Getty Images **154** Imagno/Getty Images **155 l** John Rawlings/Condé Nast via Getty Images **155 r** © Robert Capa © International Center of Photography/Magnum Photos **156** Alfred Eisenstaedt//Time Life Pictures/Getty Images **157 l** © Frederick & Frances Sommer Foundation **157 r** Frances McLaughlin-Gill/Condé Nast via Getty Images **158** © Gilles Peress/Magnum Photos **159** © Rene Burri/Magnum Photos **160** Library of Congress, LC-DIG-ppmsca-09633 **161 l** © W. Eugene Smith/Magnum Photos **161 r** © George Rodger/Magnum Photos **164** © Bruce Davidson/Magnum Photos **165** © Paul Fusco/Magnum Photos **166** © Philip Jones Griffiths/Magnum Photos **167** © Robert Frank; courtesy Pace and Pace/MacGill Gallery, New York **168** U.S. Air Force **169 o** George Rose/Getty Images Entertainment **169 u** Press Association **170** © Dennis Stock/Magnum Photos **171 o** © Josef Koudelka/Magnum Photos **171 u** © Ed Ruscha. Courtesy Gagosian **172** Robert Doisneau/Gamma-Rapho/Getty Images **173 l** © Werner Bischof/Magnum Photos **173 r** Andreas Feininger/The LIFE Picture Collection/Getty Images **174** © Marc Riboud/Magnum Photos **175 l** © William Klein **175 r** Central Press/Getty Images **176** Photo © Centre Pompidou, MNAM-CCI, Dist. RMN-Grand Palais. © Albert Renger-Patzsch Archiv/Ann and Jürgen Wilde/DACS, London 2018 **177 l** John Sadovy/The LIFE Images Collection/Getty Images **177 r** Roger Mayne/Mary Evans Picture Library **178** © Lee Friedlander, courtesy Fraenkel Gallery, San Francisco **179** © The Estate of Garry Winogrand, courtesy Fraenkel Gallery, San Francisco **180** © Sergio Larrain/Magnum Photos **181 l** Bettmann/Getty Images **181 r** © Eikoh Hosoe/Courtesy of Studio Equis **182** Malcolm Browne/AP/Press Association Images **183 l** Cecil Beaton/Condé Nast via Getty Images **183 r** Naval History and Heritage Command **184** NASA **185** NASA **186** Bill Eppridge/The LIFE Picture Collection/Getty Images **187 l** © Danny Lyon/Magnum Photos **187 r** © James Martin **188** Bill Eppridge/The LIFE

Picture Collection/Getty Images **189 l** John Filo/AP/Press Association Images **189 r** © Trustees of Princeton University **190** Courtesy of Ronald Feldman Fine Arts, New York **191** Courtesy of the Artist and Marian Goodman Gallery **192** Penny Tweedie/Alamy Stock Photo **193 l** Getty Images **193 r** Keystone-France/Gamma-Keystone via Getty Images **194** © Ian Berry/Magnum Photos **195 l** Keystone/Consolidated News Pictures/Getty Images **195 r** © Elliott Erwitt/ Magnum Photos **198** © Hiroshi Sugimoto, courtesy Fraenkel Gallery, San Francisco **199** Courtesy Nan Goldin and Matthew Marks Gallery **200** © Victor Burgin, courtesy Galerie Thomas Zander, Cologne **201** © Richard Prince. Courtesy Gagosian **202** © Richard Misrach, courtesy Fraenkel Gallery, San Francisco **203 o** © Martin Parr/Magnum Photos **203 u** © Eggleston Artistic Trust. Courtesy Cheim & Read, New York **204** Courtesy of the George Eastman Museum **205 o** © Paul Lowe **205 u** Science & Society Picture Library/SSPL/ Getty Images **206** S009/Gamma-Rapho via Getty Images **207 l** © Martine Franck/Magnum Photos **207 r** © Masahisa Fukase Archives. Courtesy of Michael Hoppen Gallery **208** © Raymond Depardon/Magnum Photos **209 l** © Alex Webb/Magnum Photos **209 r** © Leonard Freed/Magnum Photos **210** Bridge Films/Carlo Ponti Production/Sunset Boulevard/Corbis via Getty Images **211** © Eve Arnold/Magnum Photos **212** © Avalon **213 l** nsf/Alamy Stock Photo **213 r** © Susan Meiselas/Magnum Photos **214** © The Estate of Larry Sultan **215 l** Courtesy Tom Wood **215 r** © Joel Meyerowitz, Courtesy Howard Greenberg Gallery **216** Courtesy the artist and Nathalie Obadia Gallery **217** Fine Art Images/Heritage Images/Getty Images and AFP/Getty Images **218** Courtesy Flor Garduño **219 l** © Eugene Richards **219 r** Reproduced courtesy of the Estate of Maud Sulter. © The Estate of Maud Sulter. Photography courtesy of Street Level Photoworks, Glasgow **220** © 2017 Succession Raghubir Singh **221 l** © Wolfgang Tillmans, courtesy Maureen Paley, London **221 r** David Turnley/Corbis/ VCG via Getty Images **222** Ron Galella/WireImage/Getty Images **223** Anwar Hussein/Getty Images **224** © Gillian Wearing, courtesy Maureen Paley, London **225 l** © DACS 2018. Courtesy of the artist **225 r** Kevin Carter/Sygma/Sygma via Getty Images **226** Courtesy Magnin-A Gallery, Paris **227** © Steve McCurry/Magnum Photos **228** Dirck Halstead/Getty Images **229 l** © Alfredo Jaar. Courtesy Galerie Lelong, New York **229 r** © DACS 2016. Courtesy of Sprovieri **230** Hope Productions/Yann Arthus-Bertrand/Getty Images **231 l** © Edward Burtynsky, courtesy Metivier Gallery, Toronto/Flowers Gallery, London **231 r** Courtesy the artist and Frith Street Gallery, London **234** © Thomas Sauvin **235** Silvermine SARL – 34 rue saint Dominique – 75007 Paris **236** The White House **237** © Marcus DeSieno **238** © Richard Mosse. Courtesy of the artist and Jack Shainman Gallery, New York **239 o** NASA **239 u** Christie's Images, London/Scala, Florence **240** © Jacqui Kenny/@streetview.portraits. Courtesy of the artist **241 o** Benjamin Lowy/Getty Images Reportage **241 u** © Martin Parr/Magnum Photos **242** Simon Norfolk/INSTITUTE **243 o** © Gregory Crewdson. Courtesy Gagosian **243 u** © Thomas Hoepker/Magnum Photos **244** © Massimo Vitali **245 l** © Tomoko Sawada, courtesy MEM, Tokyo **245 r** © Antoine d'Agata/Magnum Photos **246** Ron Haviv/VII/Redux/eyevine **247** © Raymond Depardon/ Magnum Photos **248** © William Wegman **249 o** The Press Conference, June 9, 2008 (detail), *The Day Nobody Died*, 2008, Unique C-type, 762mm x 6000mm. Image courtesy of the artists and Lisson Gallery **249 u** Courtesy the artist and Paul Kasmin Gallery **250** Courtesy Rinko Kawauchi **251 l** Courtesy Zhang Xiao **251 r** © Michael Christopher Brown/Magnum Photos **252** Courtesy Lumberjack **253** State Library of New South Wales **254** Courtesy Roger Ballen **255 l** Copyright Shirin Neshat. Courtesy of the artist and Gladstone Gallery, New York and Brussels **255 r** Courtesy Donald Weber **256** Nilufer Demir/AFP/Getty Images **257 l** © Nicholas Nixon, courtesy Fraenkel Gallery, San Francisco **257 r** Reuters/Jonathan Bachman **258** Courtesy Mishka Henner **259** AP Photo/Alexander Chadwick/Press Association

Mitwirkende

Dr. Paul Lowe (PL) ist Dozent für Dokumentarfotografie und Kursleiter des Master-Studiengangs „Fotojournalismus und Digitalfotografie" am London College of Communication, University of the Arts, London, Großbritannien. Lowe ist ein preisgekrönter Fotograf; seine Arbeiten werden von Panos Pictures vertreten und erschienen unter anderem in *Time*, *Newsweek*, *Life*, *Sunday Times Magazine*, *Observer* und *Independent*. Er berichtete über Ereignisse aus aller Welt, darunter den Fall der Berliner Mauer, die Freilassung Nelson Mandelas, die Hungersnot in Afrika, den Krieg im ehemaligen Jugoslawien und die Zerstörung von Grosny. Sein Buch *Bosnians* über zehn Jahre Krieg und Nachkriegszeit in Bosnien erschien im April 2005 bei Saqi books. Lowes Forschungsschwerpunkt ist die Kriegsfotografie, seine Beiträge fanden Eingang in die Bücher *Picturing Atrocity: Photography in Crisis* (Reaktion Books, 2012) und *Photography and Conflict*. Jüngste Veröffentlichungen sind u. a. *Meisterklasse Fotografie* (Prestel, 2017) und, zusammen mit Dr. Jenny Good, *Understanding Photojournalism* (Bloomsbury Academic Press, 2017).

Lewis Bush (LB) ist Fotograf, Autor, Kurator und Pädagoge und erforscht zeitgenössische Mechanismen der Macht. In seiner Arbeit befasste er sich u. a. mit der aggressiven Umgestaltung Londons und dem demokratischen Defizit bei der Informationsbeschaffung. Bush hat international ausgestellt, veröffentlicht und gelehrt und ist Dozent für Dokumentarfotografie am London College of Communication.

Dr. Jennifer Good (JG) ist Autorin und Hochschuldozentin für Geschichte und Theorie des Fotojournalismus und der Dokumentarfotografie am London College of Communication der University of the Arts London. Sie ist die Autorin von *Photography and September 11th: Spectacle, Memory, Trauma* (Bloomsbury 2015), Mitautorin von *Understanding Photojournalism* (Bloomsbury 2017), Mitherausgeberin von *Mythologizing the Vietnam War: Visual Culture and Mediated Memory* (CSP 2014) und schreibt regelmäßig für Fotomagazine und -zeitschriften.

Stephenie Young (SY) ist Professorin für Komparatistik an der Salem State University (SSU) in Massachusetts (USA) und hält Vorlesungen unter anderem zu visueller und materieller Kultur und zu zeitgenössischer Literatur aus Lateinamerika und Osteuropa im Kontext des Krieges und seiner Nachwirkungen. Sie veröffentlichte zahlreiche Beiträge unter anderem in Zeitschriften wie *Dissidences*, *The New Centennial Review* und *Asymptote*.

Dieses Buch wurde produziert von
Quintessence Editions, einem Imprint von The Quarto Group
The Old Brewery
6 Blundell Street
London N7 9BH

Umschlagvorderseite: Horst P. Horst, *Mainbocher Corset*, 1939 (siehe Seite 135)
Seite 2: Eadweard Muybridge – *Sallie Garner im Galopp* (1878),
The J. Paul Getty Museum, Los Angeles

Projektleitung Verlag: Curt Holtz
Assistenz: Josephine Fehrenz
Projektmanagement und Satz: Weiß-Freiburg GmbH – Grafik und Buchgestaltung
Übersetzung ins Deutsche: Maria Meinel
Lektorat: Beate Bücheleres-Rieppel
Korrektorat: Julia Kaesehage
Herstellung: Corinna Pickart

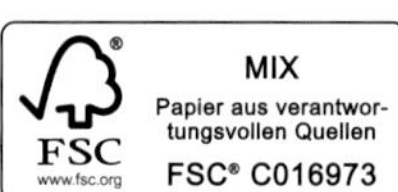

Penguin Random House Verlagsgruppe FSC® N001967

Printed in Singapore

ISBN 978-3-7913-8747-5

www.prestel.de